浙江省普通本科高校"十四五"重点立项建设教材

国际金融

主　编◎俞洁芳

副主编◎王雁茜　范晓清

International

Finance

ZHEJIANG UNIVERSITY PRESS
浙江大学出版社
·杭州·

图书在版编目（CIP）数据

国际金融 / 俞洁芳主编. -- 杭州：浙江大学出版

社, 2025. 1. -- ISBN 978-7-308-25363-5

Ⅰ. F831

中国国家版本馆 CIP 数据核字第 20243W42F4 号

国际金融

GUOJI JINRONG

主　编　俞洁芳

副主编　王雁茜　范晓清

责任编辑　朱　玲

责任校对　傅宏梁

封面设计　周　灵

出版发行　浙江大学出版社

　　　　　（杭州市天目山路148号　邮政编码310007）

　　　　　（网址：http://www.zjupress.com）

排　　版　杭州林智广告有限公司

印　　刷　杭州捷派印务有限公司

开　　本　787mm×1092mm　1/16

印　　张　28.25

字　　数　670千

版 印 次　2025年1月第1版　2025年1月第1次印刷

书　　号　ISBN 978-7-308-25363-5

定　　价　79.00元

FOREWORD 前言

　　20 世纪 80 年代以来，国际金融学开始成为一门独立的学科，越来越多的高校开始专门开设国际金融方面的课程，并出现了专门的国际金融教材。西方高校关于国际金融的教材主要有以下两类：一类是侧重微观领域的国际财务管理或跨国公司财务管理，讨论的是各类跨国公司如何在国际环境中进行投融资决策和股利分配等各类公司财务决策，以实现股东价值的最大化，涉及国际金融市场、汇率预测、汇率风险管理、长期和短期资产负债管理等；另一类是更关注宏观的开放宏观经济学、国际宏观经济学、国际宏观金融学等，讨论的是国家之间的货币与宏观经济、金融关系。国内高校的相关教材总体上更侧重于后者，以国际货币金融关系为研究对象，探求开放经济下内外均衡目标的实现。这些教材又可以进一步分为三类：一是以姜波克教授编著的教材为代表，更注重与国际金融相关的宏观和理论分析；二是以张礼卿、杨胜刚、黄燕君等教授编著的教材为代表，偏重宏观，注意国际金融领域理论和实践的结合；三是以陈雨露教授编著的教材为代表，立足宏观，较多地融入国际金融市场和跨国公司财务管理的相关内容。

　　浙江大学经济学院自开设国际金融课程以来，始终关注教材建设。1997 年，黄燕君教授团队出版第一版《国际金融学》教材，2005 年出版第二版、2013 年出版第三版。截至目前，该教材已印刷 21 次，被国内多所高等院校选作金融、经济、国际贸易等专业的必修课或其他专业的选修课教材，得到了较为广泛的认同，收到了较好的效果。然而，第三版修订出版距今已 10 年有余，这期间，国际金融领域发生了很多深刻的变化。为较好地反映这些变化和团队成员近年来在国际金融领域的相关研究成果，课题组从 2020 年开始便着手准备编写一本体现浙江大学特色的国际金融教材。2023 年 1 月，这本教材入选浙江省普通本科高校"十四五"重点立项教材建设项目。

　　本教材深耕"新文科"领域，具有如下编写特色：

　　1. 立足中国特色，讲好中国故事。一是专门设置中国外汇管理制度、人民币离岸市场、中资银行国际化发展等专题；二是开辟专栏，介绍国际金融发展历史中的中国元素与故事，引发读者的兴趣；三是增加思考题，以互动教学的方式探讨国际金融原理在中国情境中的应用。

　　2. 着眼金融安全，强化思政教育。一方面，结合实际案例讲述外汇交易、国际资本流动、银行国际化发展等国际金融活动的风险因素，强调金融安全底线；另一方面，将"大国崛起""金融强国建设"等思政元素融入专栏与思考题中，培养学生"担当大任、经世济民"的基础素养。

3. 引入金融科技，深化学科交叉。一方面，专门讲述金融科技的内涵、关键技术、发展现状，系统展现金融科技对国际金融创新的影响；另一方面，深入分析杭州作为全球金融科技中心城市的发展现状与国际对比，并选取代表性金融科技企业案例，以专栏形式介绍其业务版图、发展优势和挑战，展现金融科技推动国际金融创新的浙江实践。

本教材由俞洁芳（浙江大学）担任主编，王雁茜（浙江大学）、范晓清（浙大城市学院）担任副主编。本书导论由俞洁芳编写；第一章由马瑾（浙江大学）、王雁茜和俞洁芳编写；第二章由范晓清和周子越（浙江大学）编写；第三章由王雁茜和吕佳敏（浙大城市学院）编写；第四章由范晓清、刘子豪（浙江大学）和王卓安（浙江大学）编写；第五章由俞洁芳、范晓清和胡译文（浙江大学）编写；第六章由马瑾和顾月（浙大城市学院）编写；第七章由王雁茜和吕佳敏编写；第八章由吕佳敏、李文伟（上海黄金交易所）和朱亭睿（浙江大学）编写；第九章由俞洁芳、顾月和裴萧忆（浙江大学）编写；第十章由俞洁芳、王家玮（浙江大学）和万书岐（浙江大学）编写；第十一章由范晓清、顾月和刘子豪编写；第十二章由吕佳敏、朱亭睿和刘海韵（浙江大学）编写；第十三章由顾月、俞洁芳和侯逸雪（浙江大学）编写。

当前全球正面临百年未有之大变局，国际金融领域的发展可谓日新月异，加之我们的学术水平有限，本教材难免存在不足之处，诚挚地希望社会各界以及广大读者批评指正。

作 者

2024 年 5 月 31 日

CONTENTS 目录

第二篇　外汇与汇率

第三篇　国际储备与汇率政策

第六篇　国际金融前沿专题

导　论

学习要点

　　1. 了解国际金融学的形成和发展历史；
　　2. 了解国际金融学的主要研究内容。

第一节　国际金融学的形成和发展

　　国际金融学是研究国际货币关系和金融活动的新兴学科，形成于 20 世纪 60 年代。但其历史源远流长，大致可以分为以下几个阶段。

一、20 世纪 30 年代以前

　　国际金融实务及理论基本上从属于国际贸易实务及理论。原因是各国普遍注重国际商业与贸易往来，国际资金流动是商品流动的产物，货币也仅仅是交易媒介，在经济理论上也就自然而然地出现重贸易轻金融的倾向。这一时期，古典学派的国际经济理论占据宏观经济学的主导地位，它强调全球经济的均衡是可以自动调节的，通过国内价格水平的调整和资金的自由流动，可以使得经济迅速恢复到充分就业和国际收支均衡状态。20 世纪 30 年代经济大萧条前，各国基本上实行的是金本位制（更确切地说是金币本位制），货币汇率由铸币平价决定，相对稳定。国际收支通过黄金在国际的自由流动而自发调节，没有出现较长时间的不平衡。因此，作为国际金融最主要研究内容的汇率和国际收支理论也就不被人们所重视。

二、20 世纪 30—60 年代

　　在 20 世纪 30 年代的经济大萧条中，金本位制彻底崩溃，于是出现了许多研究纸币流通条件下汇率决定和国际收支调节的理论，但是这些理论多数是古典理论的翻版，仍然以贸易理论为基础。布雷顿森林体系取代金本位制之后，国际金融问题开始具有某些独立的特点，也有学者开始把凯恩斯的核心理论应用到国际经济问题的研究中，建立了一些新的国际金融理论模型，但是货币因素依然没有得到重视。20 世纪 50 年代，米德（Meade）在凯恩斯理论中融入了货币因素，但直到 20 世纪 60 年代以前，国际金融学都还未形成独立的学科。其有关内容只出现在西方国家的货币银行学教科书中，被视作开放条件下的货币银行学或货币银行学对国外的延伸。

三、20 世纪 60—70 年代

　　20 世纪 60 年代前后，美国有学者开始出版以国际金融为主题的专著，从而推动了国

际金融学研究的独立发展，国际金融开始成为一门新兴的学科，但学者们对于国际金融学的研究对象仍有不同的理解，其研究范围尚未明确界定。这一时期，国际金融的发展与国际贸易的发展发生了较大偏离，主要表现在：国际外汇市场的交易量大大超过了国际贸易量；国际信贷规模的增长远远超过了国际贸易的增长；国际资本流量不断扩大，并呈现多样化的方向；一大批离岸金融中心出现在贸易与经济并不发达的国家和地区；在发达国家经济萧条甚至衰退时期，国际金融市场仍然迅速发展。

四、20 世纪 70—80 年代

20 世纪 70 年代后，随着生产和资本的国际化，国际交往日益密切，西方经济学从单个经济体的研究上升到对两个或两个以上经济体相互关系的研究，国际经济学应运而生，其除了研究国际贸易关系外，也关注国际收支和国际结算、汇率和国际货币体系、国际资本流动等问题。这一时期的国际金融研究基本上从属于国际经济学。这之后，随着布雷顿森林体系的崩溃，国际金融学得到进一步发展，不仅许多在 20 世纪 60 年代悬而未决的理论得到了进一步验证，而且在汇率理论、国际投资理论及对国际货币体系与国际货币政策方面的研究均有了重大发展，并越来越被各国所重视。同时，经济和金融全球化、自由化、投资机构化、交易电子化等的发展所引发的一系列问题成了国际金融理论迅速发展并成为一门独立学科的重要推动力。

20 世纪 80 年代开始，越来越多的欧美高校开始开设国际金融方面的课程，并且出现了专门的国际金融学教材，国际金融学自此成为一门独立的学科。

五、20 世纪 90 年代以来

随着全球化的推进和国际金融市场的发展，国际金融领域的变革超过其他领域，国际金融的研究重点也相应转向了汇率理论、开放宏观经济学和国际政策的协调、金融危机理论、国际货币体系框架和发展中国家金融自由化以及金融深化等问题。

2008 年全球金融危机以来，全球金融失衡背景下的国际金融调整、宏观审慎监管、系统性风险、国际货币体系改革等方面的研究，推动了国际金融学的进一步发展。与此同时，近年来，随着人工智能、大数据、区块链、云计算、物联网和信息安全等前沿技术的不断涌现并被应用于金融领域，又赋予了国际金融学新的研究范畴。

第二节　国际金融学的主要内容

一、国际金融学的主要研究内容

总结第一节介绍的国际金融学的形成与发展历程，国际金融学的研究范畴应包括国际金融理论、国际金融活动和国际货币金融政策三大部分，并且又可以分别细化，具体见图 0-1。

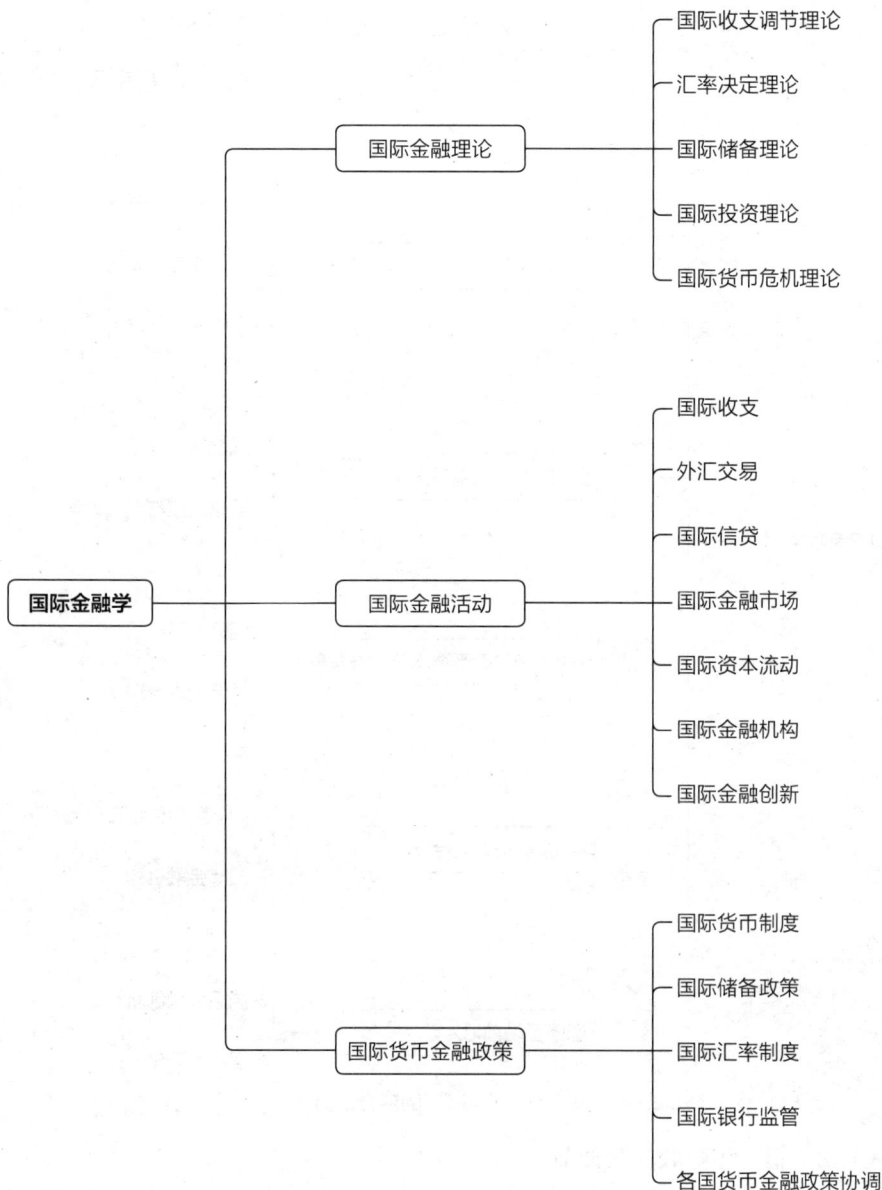

```
                                              ┌─ 国际收支调节理论
                                              │
                                              ├─ 汇率决定理论
                                              │
                              国际金融理论 ────┼─ 国际储备理论
                                              │
                                              ├─ 国际投资理论
                                              │
                                              └─ 国际货币危机理论


                                              ┌─ 国际收支
                                              │
                                              ├─ 外汇交易
                                              │
                                              ├─ 国际信贷
                                              │
    国际金融学 ───────────── 国际金融活动 ────┼─ 国际金融市场
                                              │
                                              ├─ 国际资本流动
                                              │
                                              ├─ 国际金融机构
                                              │
                                              └─ 国际金融创新


                                              ┌─ 国际货币制度
                                              │
                                              ├─ 国际储备政策
                                              │
                              国际货币金融政策 ┼─ 国际汇率制度
                                              │
                                              ├─ 国际银行监管
                                              │
                                              └─ 各国货币金融政策协调
```

图 0-1　国际金融学研究的主要内容

二、本教材的内容安排

　　国际金融理论、国际金融活动和国际货币金融政策三者往往是密不可分的，比如，与外汇和汇率相关的，既有汇率决定理论，又有外汇交易等实践活动，还有各类汇率政策。为方便教学，本教材拟将上述国际金融理论、国际金融活动和国际货币金融政策整合到"国际收支与调节""外汇与汇率""国际储备与汇率政策""国际金融市场与国际资本流动""国际金融协调与合作""国际金融前沿专题"共 6 篇 13 章中，具体如图 0-2 所示。

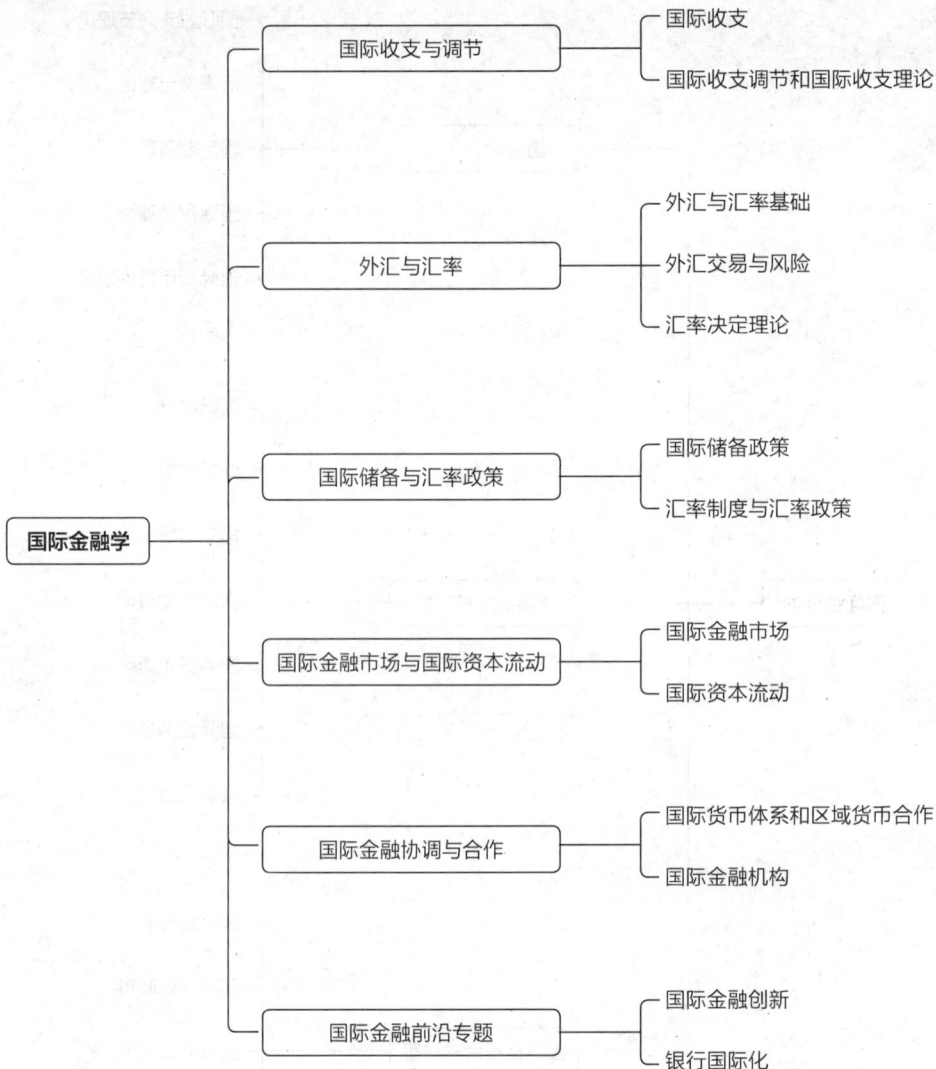

```
                                                        ┌─ 国际收支
                        ┌─ 国际收支与调节 ──────────────┤
                        │                               └─ 国际收支调节和国际收支理论
                        │
                        │                               ┌─ 外汇与汇率基础
                        │                               │
                        ├─ 外汇与汇率 ──────────────────┼─ 外汇交易与风险
                        │                               │
                        │                               └─ 汇率决定理论
                        │
                        │                               ┌─ 国际储备政策
                        ├─ 国际储备与汇率政策 ──────────┤
                        │                               └─ 汇率制度与汇率政策
    国际金融学 ─────────┤
                        │                               ┌─ 国际金融市场
                        ├─ 国际金融市场与国际资本流动 ──┤
                        │                               └─ 国际资本流动
                        │
                        │                               ┌─ 国际货币体系和区域货币合作
                        ├─ 国际金融协调与合作 ──────────┤
                        │                               └─ 国际金融机构
                        │
                        │                               ┌─ 国际金融创新
                        └─ 国际金融前沿专题 ────────────┤
                                                        └─ 银行国际化
```

图 0-2　本教材的内容安排

（一）第一篇　国际收支与调节

国际收支和国际收支平衡表是各国经济联系的账面表现，从中可以看到一国全部对外经济交往的内容，有助于我们从一国的角度来了解国际货币金融活动的来龙去脉，因此这部分内容可以作为我们研究国际金融学的起点。而国际收支调节手段和国际收支理论，可以让我们了解一国为什么以及如何求得开放经济下的对外经济均衡。这些内容构成了本书的第一篇，具体包括第一章"国际收支"及第二章"国际收支调节和国际收支理论"两章内容。

（二）第二篇　外汇与汇率

外汇与汇率是国际金融中最重要、最核心的内容。汇率的实质是什么，汇率水平高低受哪些因素影响，汇率变动又会对经济产生哪些影响？国际市场上有哪几种外汇交易，各自又有怎样的特点与作用？外汇风险有哪些，该如何防范和规避相关风险？有哪些汇率决定理论，不同的理论分别是在什么背景下产生的，如何客观评价相关理论？对上述问题的回答构成了本书的第二篇，具体包括第三章"外汇与汇率基础"、第四章"外汇交易与风险"和第五章"汇率决定理论"三章内容。

（三）第三篇　国际储备与汇率政策

国际储备是国际金融的核心问题之一，它不仅关系各国调节国际收支和稳定汇率的能力，也会影响世界物价水平和国际贸易的发展。汇率制度与汇率政策的选择同样是国际金融学研究的一个热点问题，长期以来，各国都非常关注汇率制度的选择和汇率政策的效果。本篇在介绍国际储备和汇率制度选择相关概念和理论的基础上，重点探讨了国际储备政策和汇率政策，并对我国的外汇管理体制与人民币汇率制度改革进行了专门的分析，具体包括第六章"国际储备政策"和第七章"汇率制度与汇率政策"两章内容。

（四）第四篇　国际金融市场与国际资本流动

国际金融市场是金融资源在全球配置的重要场所和渠道，在国际金融活动中起着极为重要的作用。与此同时，随着世界经济一体化的发展，国际资本流动正日益成为世界经济活动中最活跃的因素，它在促进国际贸易发展、提高资源全球配置效率的同时也为各种危机的产生提供了土壤。本篇主要聚焦这两个主题，具体包括第八章"国际金融市场"和第九章"国际资本流动"两章内容。

（五）第五篇　国际金融协调与合作

当不同的货币跨国流通时，便需要对其进行统一的管理和协调。于是，国际货币体系孕育而生。其中，不同的国际货币体系是特定历史条件下的产物，是各国为协调和制约相互间的利益冲突而共同做出的货币制度安排；由于国际货币体系自身的缺陷，某些邻近的国家或地区为了更好地促进贸易和投资的发展，规避可能的汇率风险，走向了货币一体化，建立共同货币区，如欧元区；国际金融机构具有超国家性质，在促进世界经济发展和稳定国际金融体系中发挥着重要作用。本篇聚焦更高层次的国际金融协调与合作问题，具体包括第十章"国际货币体系和区域货币合作"及第十一章"国际金融机构"两章内容。

（六）第六篇　国际金融前沿专题

从国际金融学的发展历史可知，20 世纪 90 年代以来，国际金融领域的变革超过了其他领域。近年来，随着越来越多的前沿技术被应用于金融领域，国际金融学也被赋予了新的内涵。为了让读者更好地了解国际金融领域的最新发展，本教材在传统国际金融教材体系的基础上专门增加了第十二章"国际金融创新"。同时，编写团队成员在多年国际金融学教学过程中，发现现有教材多聚焦于国际金融机构的研究，鲜有关注金融机构的国际化，因此，从 2015 年以来，我们一直聚焦于银行国际化，希望能对以商业银行为代表的金融机构这一国际金融市场的重要参与者进行全面的研究。基于我们多年的研究成果，在本教材中增加了第十三章"银行国际化"。

第一篇

国际收支与调节

PART 1

INTERNATIONAL
FINANCE

CHAPTER 1

第一章　国际收支

学习要点

1. 掌握国际收支及其相关的基本概念；
2. 了解国际收支平衡表的账户设置和记账原则，学习编制国际收支平衡表；
3. 熟悉主要差额的概念及其经济含义，学习分析国际收支平衡表；
4. 理解国际收支不平衡的原因及影响。

第一节　国际收支

本节从国际收支的概念出发，详细介绍国际收支的起源、发展与特点。

一、国际收支的定义

国际收支的概念最早由 17 世纪的重商主义者提出，其内容随着世界经济的发展和国际往来的扩大而不断变迁，大致经历了以下三个阶段。

第一阶段是 17 世纪初至 19 世纪末的资本主义原始积累时期，国与国之间的经济交往活动主要是对外贸易。为了促进货币资本的积累，各国都极其重视对外贸易，重商主义对各国政策的形成有着重要影响，当时的国际收支被简单地定义为一国在一定时期内的对外贸易差额（balance of trade），由此形成了以对外贸易为基础的古典的国际收支概念。

第二阶段是 19 世纪末到第二次世界大战前。这一时期，资本流动开始在国际经济交往活动中占有了一定地位。尤其是第一次世界大战后，出现了大量战争赔款的跨国转移，以及因金本位制受到冲击而寻求避险的大规模国际短期资本流动。相应的，国际收支的内容被扩展为一国一定时期内的外汇收支（balance of foreign exchange）。该定义的重要特色是将国际收支的统计范围建立在现金基础上，各国间的国际经济交易只要涉及外汇收支，就属于国际收支的范畴。这一以支付或外汇收支为基础的国际收支概念，被称为狭义的国际收支。

第三阶段是第二次世界大战后至今，形成了以国际经济交易为基础的广义的国际收支概念。第二次世界大战后，随着一系列国际组织的建立，国际经济秩序恢复重建，国际经济交往也得到了广泛的发展，不仅交易规模迅速增长，交易内容和方式也逐步丰富，出现了易货贸易、补偿贸易、记账贸易等不涉及外汇收支的非货币性贸易，以及政府援助、私人赠与等非对等交易。国际收支的内涵由"收支"转向"交易"，形成了以一国一定时期内的全部国际经济交易来衡量的国际收支概念。

目前，以国际经济交易为基础的广义的国际收支已被权威性的国际金融机构以及各国政府普遍接受和使用。2009 年由国际货币基金组织（IMF）颁布的《国际收支和国际投资头寸手册》（第六版）中，对于国际收支做了如下定义：国际收支是以统计报表的方式，系统总结特定时期内一国的经济主体与他国的经济主体之间的各项经济交易，它包括货物、服务和收益、对世界其他地区的金融债权和债务的交易以及单向转移。

根据国际货币基金组织的定义，国际收支（balance of payments）可以简单概括为：一定时期内一国居民与非居民进行的全部经济交易的货币价值记录。

二、对国际收支的进一步解释

对于国际收支这个概念，必须从以下几个方面加以理解。

（一）国际收支是一个流量概念，也是一个事后概念

国际收支记录的是一段时期内一国与他国发生的各项经济往来情况。当人们谈及国际收支时，必须说明是哪一段时期，可以是某一年，也可以是某一季度或者某个月。实践中各国一般以一年为报告期。

与国际收支这一流量概念形成对比的，是记录一个国家在一定时点上对外债权与对外债务的国际借贷（international indebtedness）。国际借贷是一个存量概念，描述一国在一定时点上的对外债权、债务余额。它与国际收支有密切关系，国际借贷的变化主要是由国际收支中各种国际经济交易所引起的。

同时，国际收支也是一个事后概念。国际收支是对一国某段时期已经发生的国际经济交易进行的记录，具有事后追记的性质，不具有事前安排或预测的性质。

（二）国际收支反映的是一国居民与非居民之间的经济交易

判断一项交易是否应计入国际收支范围的依据，是交易双方是否分别为该国的居民和非居民。

国际收支中，居民与非居民的划分并不是以国籍为标准的，而是以交易者的经济利益中心所在地为标准。居民是一国经济领土内具有经济利益的经济单位。其中，经济领土是指一个政府有效实施经济管理的区域。一个机构或个人在某经济领土内有某种场所、住所、生产地或者其他建筑物，并且在该地无限期或者有限期但长期地从事一定规模的经济活动或交易，则该机构或个人的经济利益中心在该经济领土内。

为了便于数据的国际比较，避免实际操作中的不一致，国际货币基金组织将经济利益中心的认定时间定义为一年或一年以上。一个自然人，无论其国籍如何，只要其在经济利益中心所在地从事一年或一年以上的经济活动，就被认为是该国的居民。一个企业，只要在一国注册成立并在该国长期从事经济活动，就属于该国的居民。非营利性机构的划分同企业一样。

国际货币基金组织还规定：一国境外的大使馆、军事机构及其官方外交使节、驻外军事人员等一律属于所在国的非居民；国际性机构对于任何国家均属非居民。对于出国进行全日制学习或疾病治疗的人员，一般认为其主要经济利益中心仍然在本国领土，故属于其出国前常住领土的居民，即使其学习或治疗时间超过了一年，也采用这种处理方式。陪读（陪护）家属按照被陪读（陪护）人员的处理方式确定其居民地位。在一国领土之外或跨

越若干领土作业的船舶、飞机、石油钻塔、太空站等设备上的工作人员将当作其本部所在领土的居民处理。

就我国而言，根据交易者经济利益中心所在地标准，我国国际收支统计范围是中国境内，不包括中国香港、澳门和台湾地区。《中华人民共和国外汇管理条例》（简称《外汇管理条例》）所称"居民"包括中华人民共和国居民自然人和居民法人两类。根据《国际收支统计申报办法》，居民自然人包括：在中国境内居留1年以上的自然人，外国及香港、澳门、台湾地区在境内的留学生、就医人员、外国驻华使馆领馆外籍工作人员及其家属除外；中国短期出国人员(在境外居留时间不满1年)、在境外留学人员、就医人员及中国驻外使馆领馆工作人员及其家属。居民法人包括：在中国境内依法成立的企业事业法人（含外商投资企业及外资金融机构）及境外法人的驻华机构（不含国际组织驻华机构、外国驻华使馆领馆）；中国国家机关（含中国驻外使馆领馆）、团体、部队。

（三）国际收支是各种经济交易的货币价值的记录

国际经济交易错综复杂，主要包括四种类型。

第一，交换。其指一国向另一国提供一种经济价值（包括货物、服务、收入等实际资源和金融资产）并从对方得到等值的回报。

第二，转移。其指一国向另一国提供了经济价值，但没有得到任何补偿。

第三，移居。其指一个人把住所从一国搬迁到另一国的行为。移居后该个人原有的资产负债关系的转移会使两个国家的对外资产、债务关系均发生变化，这一变化应记录在国际收支之中。

第四，其他根据推定而存在的交易。在一些情况下，可以根据推论确定交易的存在，即使实际流动并没有发生，也需要在国际收支中加以记录。例如，国外直接投资者收益的再投资。投资者的海外子公司所获得的收益一部分属于投资者本人，如果这部分收益用于再投资，则必须在国际收支中反映出来，尽管这一行为并不涉及两国间资金与服务的流动。

以上国际经济交易多数涉及货币收付，也有一些不涉及货币收付，如物物交换、一国给予另一国的物资援助、一国企业对另一国企业进行的实物资产投资等。在国际收支中，非货币性国际经济交易要折合成货币记录在国际收支中。

第二节　国际收支平衡表

为及时准确地掌握和分析对外经济贸易状况，一国需将其国际经济交易按一定的形式加以统计，编制国际收支平衡表，并以此进行经济分析，制定合理的对外经济政策。对国际收支平衡表的定义、基本结构与编制方法，本节做了较为详尽的介绍。

一、国际收支平衡表的定义

国际收支平衡表（balance of payments statement），是指将一国一定时期内的国际经济交易按照特定账户分类和复式记账原则编制的会计报表。

按照国际货币基金组织的章程要求，所有成员方均有义务定期向其报送国际收支统计数据。目前，世界各国国际收支平衡表的结构及其主要内容，大都是按照国际货币基金组织出版的《国际收支手册》（Balance of Payments Manual，BPM）的规定进行编制的。当然，大多数国家也会根据各自不同的经济分析需要，在国际收支平衡表的编制格式上体现一些差异。

二、国际收支平衡表的编制

国际货币基金组织在成立初期（1948年）即出版《国际收支手册》（第一版），对成员方编制国际收支平衡表的准则、项目分类、标准构成以及管理方法等做出了统一的规定和说明，奠定了各成员方向国际货币基金组织定期提交具有国际标准的报告的基础。为适应国际经济交易和金融体系的变化，《国际收支手册》第二版至第六版先后于1950年、1961年、1977年、1993年和2009年发布。目前，国际上通行的是国际货币基金组织2009年颁布的《国际收支和国际投资头寸手册》（第六版）[①]，这一版本首次将"国际投资"加入到手册中。

专栏 1-1　国际投资头寸表简介

根据BPM6，国际投资头寸表（international investment position，IIP）是一国在某一时点（通常为年末）对世界其他国家的金融资产和金融负债的统计报表，是从存量的角度衡量特定时点一国对外资产和负债的价值及其构成，包括一国的居民对非居民的债权和作为储备资产持有的金块等金融资产，以及一国的居民对非居民的金融负债。具体而言，国际投资头寸表由对外金融资产、对外金融负债和净国际投资头寸三部分组成。其中，对外金融资产可以分为直接投资、证券投资、金融衍生产品（储备除外）和雇员认股权、其他投资以及储备资产五种子头寸；对外金融负债可以分为直接投资、证券投资、金融衍生产品（储备除外）和雇员认股权以及其他投资四种子头寸；一国的净国际投资头寸等于一国的对外金融资产存量和对外金融负债存量之间的差额。当一国的对外金融资产存量大于对外金融负债存量时，该国拥有对外净债权头寸，即为债权国；反之，当一国的对外金融资产存量小于对外金融负债存量时，则该国拥有对外净债务头寸，即为债务国。

国际收支平衡表反映的是在特定时期内一国与世界其他国家或地区发生的一切经济交易（流量），而国际投资头寸表反映的是特定时点上一国对世界其他国家或地区的金融资产和负债存量状况，国际投资头寸表在计价、记账单位和折算等核算原则上均与国际收支平衡表保持一致，并与国际收支平衡表共同构成一个国家或地区完整的国际账户体系。

国际收支平衡表中的经济交易是引起国际投资头寸变化的主要原因，这构成了国际收支平衡表与国际投资头寸表之间的主要联系。例如，我国货物贸易出口带来外汇

[①]　2008年修订的第六版手册名称修改为《国际收支和国际投资头寸手册》（第六版），英文名称为Balance of Payments and International Investment Position Manual，简称BPM6。

收入，国际收支平衡表中贷记货物出口，同时借记金融账户中存款等金融资产增加，国际投资头寸表中存款等金融资产的余额也相应增加。除了经济交易外，价格变动、汇率变化和其他调整也会引起对外金融资产负债余额的变动。如我国居民持有外国公司的股票，如果期末价格较购买时大幅上涨，则这些股票资产价值随之增加，这种与交易无关的价格变动（持有损益）属于非交易变动的一种。因此，国际投资头寸表通过金融账户（各种交易引起的流量）以及金融资产和负债其他变化账户（其他数量变化和重新定值）对应国际投资头寸的期初值和期末值之间的变动情况。

（一）国际收支平衡表的编制原则

1. 复式记账原则

根据BPM6的规定，国际收支平衡表采用复式记账法，遵循"有借必有贷、借贷必相等"的会计记账原则，每笔交易由两个金额相等、方向相反的会计分录组成，贷方分录合计金额与借方分录合计金额相等。表 1-1 是国际收支平衡表的编制原则举例。具体而言，复式记账原则包括如下内容。

表 1-1　国际收支平衡表的编制原则举例

贷方（＋）	借方（－）
出口（货物和服务）	进口（货物和服务）
单方面无偿转移的收入	单方面无偿转移的付出
引进国外的直接投资	在国外进行直接投资
出售外国的有价证券	购买国外的有价证券
对外短期债权的减少	对外短期债权的增加
对外短期负债的增加	对外短期负债的减少
本国外汇储备的减少	本国外汇储备的增加
获得国际货币基金组织的信贷资金	归还国际货币基金组织的信贷资金

第一，每一笔国际经济交易都要分别记录在国际收支平衡表的借方和贷方之下。

第二，一切外汇收入项目或本国负债增加、在国外资产减少的项目都列为贷方（credit items）或正号项目（plus items）。常见的是涉及外国居民向本国居民支付的交易，记入贷方。

第三，一切外汇支出项目或本国负债减少在国外资产增加的项目都列为借方（debit items）或负号项目（minus items）。常见的是涉及本国居民向外国居民支付的交易，记入借方。

第四，原则上贷方项目总和最终必须与借方项目总和一致，即国际收支平衡表中所有记录的总差额应等于零。

2. 权责发生制原则

对流量的记录时间，国际收支统计原则上采用权责发生制确定流量或交易的记录时间。权责发生制是在经济价值被创造、转换、交换、转移或消失时，记录流量。权责发生制下的经济所有权是经济资产或负债的所有者承担的、与经济资产或负债的所有权有关的经济权利和义务，或者收益和风险。这意味着，反映经济所有权变更的流量是所有权转移的时点记录，而服务是在提供时记录。也就是说，经济交易是其在发生期间就记录的，无论当时是否已收付了现金。比如，货物已出口但未收回货款的情况下，应贷记货物出口，同时借记其他投资项下的贸易信贷。

3. 市场价值原则

从计值原则看，国际收支交易主要采用市场价值计价。实际操作中，如果没有市场价值时，则按照等价交易或等价物的市场价值，或者按面值来计值。对国际投资头寸表中的对外金融资产和负债，也是按统计期末市场价值进行计值。

4. 单一记账货币原则

所有记账单位要折合为同一种货币。记账货币可以是本国货币，也可以是其他国家货币。比如，美国国际收支平衡表的记账货币是美元（本国货币），我国国际收支平衡表的记账货币长期以来也是美元（外国货币）。2010 年以后，中国国家外汇管理局同时也编制了以人民币为记账货币的国际收支平衡表，2016 年开始还新增了以特别提款权为记账货币的国际收支平衡表。

（二）国际收支平衡表的账户分类

根据 BPM6，国际收支平衡表的标准组成包括四大类：经常账户、资本账户、金融账户、误差与遗漏净额。与此同时，我国的国际收支平衡表账户分类与 BPM6 的现行分类在整体一致之下也有些许不同，其组成包括：经常账户、资本账户、金融账户、误差与遗漏净额。

1. 经常账户（current account）

经常账户记录的是居民与非居民之间货物、服务、初次收入和二次收入的流量，反映了实际资源在国际的流动状况，在国际收支中占有重要份额，是国际收支平衡表中最为重要的账户。无论是 BPM6 还是我国国际收支平衡表，经常账户下均分为货物和服务、初次收入和二次收入三类。

（1）货物和服务（goods and services）

货物和服务代表生产过程的成果。货物和服务账户可包括前期产生的产品交易（如二手货物、软件、体现在专利权中的研究成果、存货）和大部分体现其他经济领土产出的货物和服务交易（例如再出口和转手买卖中的货物）。BPM6 与我国国际收支平衡表并无区别。

① 货物（goods）

货物为有形的生产性项目，主要包括一般商品、转手买卖货物、非居民在港口购买的货物和非货币黄金等。依据某些特殊海关程序入境的转口贸易货物、金融租赁下出租方获得的货物、移民随身携带的个人财产等未发生所有权变更的，则不计入一般商品。

货物的生产可以与其随后的销售或转售分离开来，故对其可建立所有者权益，且其经济所有权可通过交易由某一机构单位转移至另一机构单位，以满足住户或社会的需求，或用于生产其他货物或服务。

按国际货币基金组织的规定，国际收支平衡表中进出口货物的计值均采用离岸价格（FOB），到岸价格（CIF）与离岸价格之间的差价则计入服务项目。这与国际贸易惯例中出口商品按FOB计价、进口商品按CIF计价是不同的。

②服务（services）

服务是改变消费单位条件或促进产品或金融资产交换的生产活动成果。由于服务通常难以与其生产分离开来，故一般不能单独对服务建立所有者权益。服务的记录时间为提供这些服务的时间。

服务的类型十分广泛，涉及的下一级账户也比较多，主要包括对他人拥有的实物投入的制造服务（加工服务），维护和维修服务，运输，旅行，建设，保险和养老金服务，金融服务，知识产权使用费，电信、计算机和信息服务，其他商业服务，个人、文化和娱乐服务，别处未提及的政府服务等。

其中，对他人拥有的实物投入的制造服务（加工服务）包括由不拥有相关货物的企业承担的加工、装配、贴标签和包装等。该服务由不拥有货物的实体进行，且所有者需向该实体支付一定的费用。因货物的所有权未发生变更，所以在加工者与所有者之间不记录一般商品交易。维护和维修服务指居民为非居民（反之亦然）所拥有的货物提供的维护和维修服务。运输是居民将非居民或其所有物从某一地点运送至另一地点的过程，运输服务包括客运服务、货运服务、附属于运输的相关辅助和附属服务（如装卸、仓储、清洁、领航、救助等），以及邮政和邮递服务。旅行的贷方为非居民在访问某国期间从该国处购买的货物和服务，借方为居民在访问其他国家期间从这些国家购买的货物和服务。例如，个人在其居住领土之外学习或求医而购买的货物和服务，边境工人、季节性工人和其他短期跨境工人在其就业国购买的货物和服务。需要注意的是，在不改变居民地位的前提下，旅行可包括任何期限长度的逗留。建设包括以建筑物、工程性土地改良和其他此类工程建设（例如，道路、桥梁和水坝等）为形式的固定资产的建立、翻修、维修或扩建、安装与装配，以及油漆、测量和爆破等特殊服务。建设项目的管理也计入建筑。保险和养老金服务包括提供人寿保险和年金、非人寿保险、再保险、货运险、养老金、担保服务，以及相关辅助服务。金融服务是指除了保险和养老基金服务之外的金融中介与辅助服务，包括通常由银行和其他金融公司提供的服务，以及金融咨询、金融资产托管、非保险类的风险承担、合并与收购、信用评级、证券交易和信托服务等。

（2）初次收入（primary income）

初次收入账户记录居民与非居民之间的初次收入流量，其中，初次收入是指经济单位因提供劳务、金融资产和出租自然资源而获得的回报。

BPM6中初次收入账户记录的内容主要有两类。

①与生产过程相关的收入，包括向生产过程投入劳务而获得的雇员报酬，以及对产品和生产的税收与补贴。

②与金融资产和其他非生产资产所有权相关的收入，包括投资收益和财产收入。其中，投资收益是提供金融资产所得的股息和准公司收益提取、再投资收益和利息等，财产收入是出租土地或自然资源所得的租金等。

我国国际收支平衡表中将初次收入账户分为雇员报酬、投资收益和其他初次收入三部分。其本质与BPM6相近，只是在分类上进行了细化。其中，其他初次收入主要是将自然资源让渡给另一主体使用而获得的租金收入，以及跨境产品和生产的征税及补贴。

（3）二次收入（secondary income）

二次收入账户记录的是居民与非居民之间的经常转移。经常转移（current transfer）指的是除资本转移（记录在资本账户下）以外的所有其他类型的转移，BPM6 将其分为两类。

① 个人转移，即居民和非居民个人之间进行的所有现金或实物的经常转移。

② 其他经常转移，包括对所得与财富等征收的经常性税收、社保缴款和社会福利、不同国家政府之间或政府与国际组织之间的现金或实物的经常转移等。

我国国际收支平衡表的二次收入分类与 BPM6 相似，只是将"其他经常转移"从名称上改成了"其他二次收入"，便于与前述的"其他初次收入"相统一。

由于经常转移直接影响一国可支配收入的水平和消费能力（经常转移会减少捐赠方的收入和消费能力，并增加接受方的收入和消费能力），因此，二次收入账户反映了国家之间通过政府或慈善组织等的经常转移对收入的重新分配。

2. 资本账户（capital account）

资本账户记录的是居民与非居民之间的资本转移以及非生产非金融资产的取得和处置。经济文献中，"资本账户"通常用来表示《国际收支手册》和《国民账户体系》中所称的金融账户。《国际收支手册》（第五版）之前的版本也一直采用"资本账户"这一术语。BPM6 采用这种表述方法主要是为了与国民账户体系保持一致，以区别资本交易和金融交易。值得注意的是，当国外资产和负债的计价和其他变化不反映为交易时，就不包括在资本账户和金融账户内，而是包括在所附的国际投资头寸（international investment position）中。BPM6 进一步将资本账户分为资本转移以及非生产非金融资产的取得和处置两大类。

（1）资本转移

资本转移是一方提供用于资本目的的资源，但未得到任何直接经济价值回报的转移方式，其通常有三种形式：固定资产（非现金或存货）所有权从一方转到另一方；与交易一方或双方获得或处置固定资产相关或以其为条件的现金转移（如投资捐赠）；债权人不获得相应价值回报而减免的债务。[①]与经常转移相比，资本转移通常数额较大且频率较低。

（2）非生产非金融资产的取得和处置

非生产非金融资产包括自然资源，契约、租约和许可，营销资产等。其中，自然资源是指土地、矿产权、林业权、水资源、渔业权、大气空间和电磁光谱。契约、租约和许可是指确认为经济资产的契约、租约和许可，有时称为无形资产，包括可销售经营租赁、使用自然资源的许可同时不对这些资源拥有完全所有权、进行某些活动的许可（包括某些政府许可）以及购买某项货物或服务的专属权；营销资产是指商誉和品牌、报刊名称、商标、标志和域名等。

BPM6 规定，国际资本转移和非生产非金融资产的取得和处置，按全值分别记录，取

---

① 债务减免需要与债务注销相区分。债务减免根据债务双方的协议产生，具有转让利益的意图，故作为资本转移交易处理，而债务注销则是债权人单方面确认无法回收账款。

得借记、处置贷记，不能轧差记录。

3. 金融账户（financial account）

金融账户记录居民与非居民之间涉及金融资产与负债相关的各类交易。记录金融工具价值时，应剔除所有佣金、费用、服务费、监管税费和税金，而不管这些是明示收取的、被列入买方价格中的，还是从卖方收入中扣除的。与经常账户和资本账户按全值列示交易不同，金融账户按净额分别列示金融资产和负债交易，即金融资产净交易反映的是资产的获得减去资产的减少，而不是资产减去负债。

BPM6将金融账户细分为直接投资、证券投资、金融衍生产品（储备除外）和雇员认股权、其他投资、储备资产五类。

（1）直接投资（foreign direct investment）

直接投资是指一国的居民对另一国的居民企业实施了管理上的控制或重要影响，包括投资者向被投资企业的直接投资和股权收益再投资、被投资企业在其自身的直接投资者中进行的逆向投资以及居民与非居民关联实体之间的投资。其中，关于"控制和影响"的定义，BPM6规定，既可直接实现（即通过拥有股权，获得一个企业10%或以上的表决权），也可间接实现（即通过在另一个对该企业具有表决权的企业中拥有表决权）。

（2）证券投资（portfolio investment）

证券投资是指没有被列入直接投资或储备资产的有关债务或股本证券的跨境交易和头寸，包括但不限于在有组织市场或其他金融市场上交易的股本证券（股权）和债务证券（债券）。其中，股权包括股份、股票、参股、存托凭证等，在对冲基金、私募股权基金和风险资本中获得的未达到10%阈值的股份，也应计入证券投资项下。债券包括可转让存单、商业票据、公司债券、有资产担保的证券等。证券投资一般按市场价值记录。对未上市证券，可以采用直接投资股权计值方法；对已上市但流动性不佳，或因停牌等原因停止交易而无牌价的证券，可以使用现值法估计其市场价值。

（3）金融衍生产品（储备除外）和雇员认股权（financial derivatives and employee stock options）

金融衍生产品是挂钩某一特定的金融工具、指标或商品，在金融市场上对特定金融风险进行交易的金融工具，主要有期权和远期型合约两类。金融衍生产品以资产负债表记录日的市场价格计值。如果没有可用的市场价格数据，则可采用公允价值法（如期权模型或现值）计值。雇员认股权是公司向雇员提供的一种购买公司股权的期权，是支付实物形式工资和薪金的一种方式。雇员认股权按授予的雇员认股权项下的股权公允价值计值。行权时，雇员认股权交易按股权市场价格和股权实付买价之间的差价计入金融账户。

（4）其他投资（other investment）

其他投资为剩余类别，涵盖没有列入直接投资、证券投资、金融衍生产品和雇员认股权以及储备资产的头寸与交易。主要包括非证券形式的股权，货币和存款，贷款，贸易信贷和预付款，人寿保险和年金权益、养老金权益等，其他应收或应付款，特别提款权等。需要说明的是，向国际货币基金组织成员分配的特别提款权，应作为特别提款权接受方的负债，列示在"其他投资——特别提款权"负债项目下，对应分录为"储备资产——特别提款权"。也就是说，从本质而言，"特别提款权"账目会在其他投资和储备资产中均有体现。

（5）储备资产（reserve assets）

储备资产是由一国货币当局控制，并随时可供货币当局用来满足国际收支资金需求，用以干预汇兑市场，影响货币汇率，以及用于其他相关目的的对外资产。储备资产不包括潜在的资产，而是实际存在的、以外币计价和结算的资产，通常包括货币黄金、特别提款权持有、货币和存款、非居民发行的可销售流动证券（包括债务和股本证券）、与储备资产管理有关的金融衍生产品和其他债权。

特别需要注意的是，我国国际收支平衡表中资本账户和金融账户相关的内容，与BPM6在实质一致的前提下，在具体分类上体现了以下几处差异。

第一，我国国际收支平衡表将资本账户和金融账户合并为"资本和金融账户"（capital and financial account），与"经常账户"并列。

第二，为兼顾国内的阅读习惯，我国国际收支平衡表将金融账户分为非储备性质的金融账户以及储备资产两大类，前者包括直接投资、证券投资、金融衍生产品（储备除外）和雇员认股权及其他投资四类。

第三，我国国际收支平衡表将BPM6中的"金融衍生工具（储备除外）和雇员认股权"从名称上简化为"金融衍生工具"，内涵是完全一致的。

第四，就储备资产而言，我国国际收支平衡表将其分为货币黄金、特别提款权、在基金组织的储备头寸、外汇储备和其他储备资产五类，其中，其他储备资产是指不包括在以上储备资产中的、我国中央银行持有的可用作国际清偿的流动性资产和债权。

专栏1-2 我国金融账户的记录方法[①]

截至2014年末，我国的国际收支平衡表和国际投资头寸表均按国际货币基金组织（IMF）1993年发布的《国际收支手册》（第五版）编制。2009年，IMF发布《国际收支和国际投资头寸手册》（第六版），于是我国自2015年开始，按照第六版的标准编制公布国际收支平衡表和国际投资头寸表。新版报表中，金融账户的记录具有不同于以往的一系列特征，主要表现在以下方面。

1. 储备资产并入金融账户下，不再出现"双顺差"

我国2014年之前公布的国际收支平衡表中，储备资产作为一级项目与经常账户、资本和金融账户并列列示。实际上，从《国际收支手册》（第五版）开始，按照标准组成，储备资产即应归入金融账户下，我国将其单列主要是考虑储备资产变化较大且较重要。从2015年开始，我国按照国际标准将储备资产列于金融账户下。这种列示方法有助于还原经常账户与资本和金融账户的对应关系，即经常账户记录实际资源变化，资本和金融账户记录由此引起的净资产变化及资金流动。

2. 金融账户按差额列示，不分别列示借方和贷方

金融账户按差额列示的主要原因是，金融交易往往买卖非常频繁，规模非常大，

---

① 根据中国国家外汇管理局网站《国际收支和国际投资头寸手册》（第六版）系列宣传资料整理。

分析资产和负债的净变化比总流量更有意义，同时总流量通常很难统计，很多时候需根据存量变化推算流量。如存款的存取笔数很多，短期外债的提款和还款频繁，通常最终只关心其净增加多少就可以满足分析需求，同时其余额也会在国际投资头寸表中记录。

3.《国际收支和国际投资头寸手册》（第六版）给出了金融账户新的记录方法——增减法，但也允许沿用第五版的借贷法

增减法是指通过数值的正负说明资产负债的增加或减少，即无论资产还是负债，增加即记正值，减少即记负值。借贷法是指以借方（记负值）记录资产增加或负债减少，贷方（记正值）反之。以储备资产为例，2013年储备资产增加，用借贷法记录为-4314亿美元，而用增减法则记录为4314亿美元。

IMF在公布各国数据时选用增减法，其他国家则根据各自实际情况选择不同的方法，如澳大利亚选用了借贷法，美国、日本选用了增减法。我国在公布第六版表式时选用了借贷法，主要有两方面原因：一是不改变以往的记录方法，方便与第五版衔接；二是借贷法可以表示资金流动的方向，如资产增加或负债减少记负值，表示资金流出。由于各国选用不同的方法，在使用其他国家的数据或进行国际比较时应注意区分。

4. 误差与遗漏净额（net errors and omissions）

由于国际收支平衡表采用复式记账原则编制，经常账户与资本和金融账户的借方总额及贷方总额原则上应该是平衡的，但在实践中，由于以下几方面的原因，它们常常是不平衡的。一是统计数据来源多样；二是某些交易难以全面记录；三是统计数据的真实性和准确性存在一定问题；四是统计时间和计价标准不一致以及各种货币换算产生的误差。

为了国际收支账户的总体平衡，一般通过人为设立误差与遗漏净额账户，在国际收支账户中单独列出。我国国际收支平衡表又将其称为"净误差与遗漏"账户。根据国际货币基金组织的规定，误差与遗漏净额是作为残差项推算的，当官方统计结果借方大于贷方时，两者之间的差额计入误差与遗漏净额项目的贷方；反之则计入误差与遗漏净额项目的借方。各国国际收支平衡表都有误差与遗漏净额项目，以此项目的数字来抵补前面所有项目借方和贷方之间的差额，使借贷双方最终达到平衡。

国际货币基金组织指出，不应认为误差与遗漏净额是编制者的错误。通过对误差与遗漏净额的大小、趋势的分析，可为编制者提供关于数据问题的有用信息。例如，符号连续不变说明一个或更多分项有偏倚。误差与遗漏净额如果一直为正，说明贷方分录被低估或有遗漏，或者借方分录被高估。如果误差与遗漏净额较大或者有波动，可由编制人员根据其他项目（如国内生产总值、头寸数据和总流量等）对其加以评定。

图1-1分别总结了BMP6与我国国际收支平衡表的框架结构，便于对比两者在具体账户安排上的细微差异。

BMP6 的国际收支平衡表框架结构

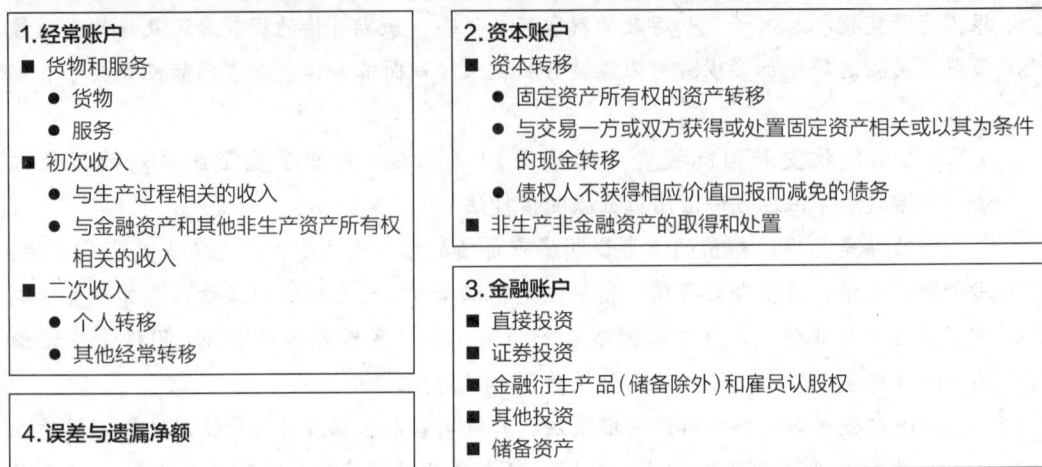

1. 经常账户
- 货物和服务
  - 货物
  - 服务
- 初次收入
  - 与生产过程相关的收入
  - 与金融资产和其他非生产资产所有权相关的收入
- 二次收入
  - 个人转移
  - 其他经常转移

4. 误差与遗漏净额

2. 资本账户
- 资本转移
  - 固定资产所有权的资产转移
  - 与交易一方或双方获得或处置固定资产相关或以其为条件的现金转移
  - 债权人不获得相应价值回报而减免的债务
- 非生产非金融资产的取得和处置

3. 金融账户
- 直接投资
- 证券投资
- 金融衍生产品(储备除外)和雇员认股权
- 其他投资
- 储备资产

我国的国际收支平衡表框架结构

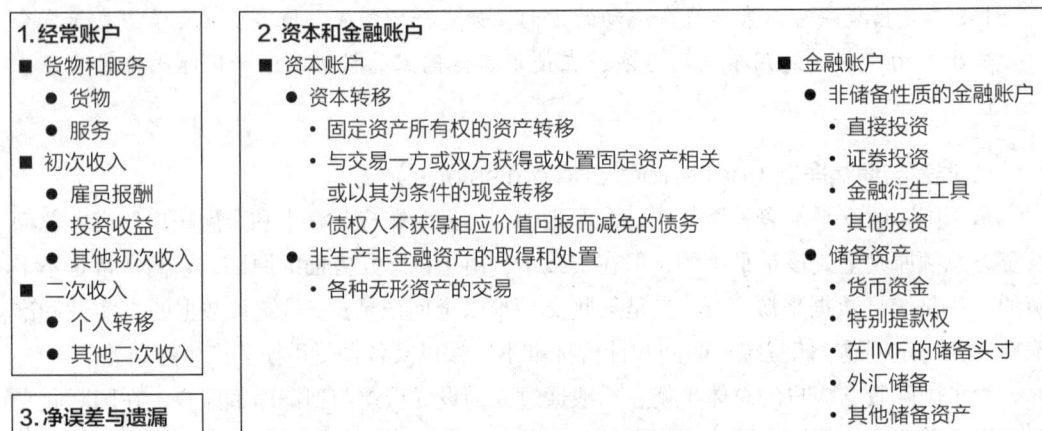

1. 经常账户
- 货物和服务
  - 货物
  - 服务
- 初次收入
  - 雇员报酬
  - 投资收益
  - 其他初次收入
- 二次收入
  - 个人转移
  - 其他二次收入

3. 净误差与遗漏

2. 资本和金融账户
- 资本账户
  - 资本转移
    - 固定资产所有权的资产转移
    - 与交易一方或双方获得或处置固定资产相关或以其为条件的现金转移
    - 债权人不获得相应价值回报而减免的债务
  - 非生产非金融资产的取得和处置
    - 各种无形资产的交易

- 金融账户
  - 非储备性质的金融账户
    - 直接投资
    - 证券投资
    - 金融衍生工具
    - 其他投资
  - 储备资产
    - 货币资金
    - 特别提款权
    - 在IMF的储备头寸
    - 外汇储备
    - 其他储备资产

图 1-1 BMP6 与我国的国际收支平衡表框架结构对比

（三）国际收支平衡表的编制举例

以下以 A 国为例，以我国国际收支平衡表记录方式为依据，说明国际收支平衡表的复式簿记方式。

【例 1-1】A 国某企业出口价值 100 万美元的设备，该企业在海外银行的存款相应增加。这笔交易记录如下。

借方：其他投资　　　　　100 万美元

贷方：货物　　　　　　　100 万美元

【例 1-2】A 国居民到外国旅游花销 30 万美元，该费用从该居民的海外存款中扣除。这笔交易记录如下。

借方：服务　　　　　　　30 万美元

贷方：其他投资　　　　　30 万美元

【例 1-3】A 国企业在海外投资所得利润为 150 万美元，其中，75 万美元用于当地再投资，50万美元购买当地商品运回国内，25万美元结售给政府换取本币。这笔交易记录如下。

> 借方：直接投资　　　　　75万美元
>
> 　　　货物　　　　　　　50万美元
>
> 　　　储备资产　　　　　25万美元
>
> 贷方：初次收入　　　　　150万美元

【例1-4】A国政府动用40万美元储备向国外提供无偿援助，另提供相当于60万美元的粮食药品援助。这笔交易记录如下。

> 借方：二次收入　　　　　100万美元
>
> 贷方：储备资产　　　　　40万美元
>
> 　　　货物　　　　　　　60万美元

上述交易汇总后编制的国际收支账户如表1-2所示。

表1-2　汇总上述交易的A国国际收支平衡表　　　　　　　　单位：万美元

项目	借方（-）	贷方（+）
一、经常账户		
A-1 货物	50（1-3）	100（1-1）+60（1-4）
A-2 服务	30（1-2）	
B 初次收入		150（1-3）
C 二次收入	100（1-4）	
二、资本和金融账户		
A 资本账户		
B-1 非储备性质的金融账户		
直接投资	75（1-3）	
证券投资		
金融衍生工具		
其他投资	100（1-1）	30（1-2）
B-2 储备资产	25（1-3）	40（1-4）

注：表中括号内数字代表对应的例题序号，例如"（1-3）"代表上文例子1-3。

第三节　国际收支分析

国际收支平衡表不仅综合记载了一国在一定时期内与世界各国经济往来的情况，而且集中反映了该国的经济类型和经济结构，因此，国际收支平衡表是经济分析的重要工具。通过对国际收支平衡表的分析，可以了解和判断一国对外经济交往的状况，为分析对外经济和制定对外经济政策提供依据。对国际收支的分析，重点是分析国际收支差额，并找出原因，以便采取相应的对策，对国际收支的不平衡状况加以调节。

一、国际收支的平衡与不平衡

如前所述，国际收支平衡表是采用复式记账法编制的，借方总额和贷方总额总是相等，因而账面上总是平衡的。然而，这种平衡是会计意义上的平衡，也就是说，虽然作为会计报表的国际收支平衡表本身永远是平衡的，但从实际经济意义上看，国际收支平衡表所反映的国际收支状况却未必是平衡的。那么，如何从经济意义上判断国际收支是否平衡呢？应该从国际经济交易的性质入手。一国的国际收支是由各种各样的对外经济交易引起的，这些对外经济交易可以分为两大类。

一是自主性交易（autonomous transactions），主要是指个人或企业出于某种特定经济目的而自主进行的交易，又称事前交易（ex-ante transactions）。比如经常账户的各项交易，金融账户中的直接投资、证券投资等，都是各经济主体出于获取经济利益的目的而自发进行的交易，具有自发性和分散性。这种分散、独立进行的自发交易所产生的收支并不必然相抵，有可能出现收大于支，也可能出现收不抵支。

二是补偿性交易（compensatory transactions），主要是指一国为了弥补或调节自主性交易差额或缺口而进行的各种经济交易活动，故又称为调节性交易（accommodating transactions）或事后交易（ex-post transactions）。这类交易是一种融通性交易，它体现了一国政府的意志，具有被动性和集中性的特点。

自主性交易的收支平衡与否，是判断一国国际收支是否在经济意义上真实平衡的标准。当自主性交易的收支相抵时，一国的国际收支是平衡的。如果自主性交易的收支不能相抵，就必须用补偿性交易来弥补或调节，由此达到的国际收支平衡，既是形式上的平衡，也是被动的平衡。

因此，由自主性交易达成的国际收支平衡才是各国追求的目标。当自主性交易的借贷金额相等时，称为国际收支平衡。当借方金额大于贷方金额时，称为国际收支逆差（deficit in the balance of payments），反之称为国际收支顺差（surplus in the balance of payments）。逆差和顺差统称为国际收支不平衡或者国际收支失衡。国际收支不平衡代表的是一国对外经济活动的不平衡，所以又称为对外不平衡或外部不平衡。

需要说明的是，从理论上看，可以按照自主性交易来判断国际收支是否平衡，但在实际统计中，往往很难准确区分自主性交易与补偿性交易。这是因为，一笔交易从不同的角度看，可以是不同的归类。例如，一国为弥补自主性交易产生的赤字而采取紧缩性货币政策，提高利率，吸引了短期资本的流入。从货币当局的视角来看，这些交易是政策作用的结果，应属于补偿性交易；但从私人交易主体的角度来看，这些交易的动机是为了追求更高的利息收入，不能将其与出于追求安全或投机等目的的自主性短期资本交易完全分开。这意味着，同一笔交易既可归入自主性项目，也可列入补偿性项目。因此，按交易动机识别国际收支是否平衡的方法仅提供了一种思维方式，将其付诸实践还存在诸多困难。

二、国际收支的差额分析

由于一国的国际收支状况集中反映在国际收支平衡表中，因此，全面分析一国的国际收支平衡表，对研究该国的国际经济状况及其发展趋势具有重要意义。虽然在会计意义上，国际收支借方总额与贷方总额相等，差额为零，但实际上从每一个具体项目看，总是有正有负，差额并不为零，此差额具有重要的经济含义。各国编制国际收支平衡表的格式和口径虽然有所差别，计算国际收支差额的方法也不尽相同，但在考察国际收支状况时，一般都比较重视对以下几个项目差额的分析。

（一）贸易收支差额（trade balance）

贸易收支差额是指包括货物与服务在内的进出口贸易之间的差额，又称广义贸易差额。对大多数国家而言，贸易收支在全部国际收支中所占的比重相当大，因而贸易收支差额在很大程度上决定了国际收支的总差额。同时，贸易收支的数据，尤其是商品贸易收支的数据，易于通过海关的途径收集，能较快地反映出一国对外经济交往的情况。因此，对贸易收支的差额进行分析是十分重要的。

狭义的贸易差额是指货物贸易的收支差额。这是传统上用得较多的一个口径，其收支状况在国际收支中有着特殊重要性。这是因为，货物的进出口情况综合反映了一国的产业结构、产品质量和劳动生产率状况，反映了该国产业在国际上的竞争能力。通过对货物收支差额的分析，可以看出一国商品进出口的结构和地区分布是否合理，进而了解该国产业结构、生产技术水平是否与世界经济发展相适应，其贸易在世界贸易中所占的地位和比重如何，从而找出贸易失衡的原因。当货物贸易出现逆差时，必然有某种资金来源与之抵补，或是靠经常项目中的服务和收入项目的顺差来抵补，或是靠金融项目中的外资流入，也可能是用国家的储备资产来解决。因此，贸易差额无论是顺差还是逆差，都必然会引起国际收支其他项目的相应变化。

（二）经常账户差额（current account balance）

经常账户差额是指一定时期内一国货物贸易、无形贸易（即服务和初次收入）以及经常转移项目贷方总额与借方总额的差额。它反映了一国在对外经济关系中拥有的可交易的实际资源的增减变化，是一个国家对外经济交易一般态势的综合体现。由于货物和服务是经常账户的主体，其收支差额往往决定了经常账户差额的方向。

各国和国际货币基金组织都特别重视经常账户差额，国际货币基金组织还经常依据这一指标对成员方经济进行衡量。如果一国经常账户有逆差，表示从国外净购入了一些商品和服务供国内使用，这会相应减少本国在外国的资产，或是增加本国对外国的负债；如果经常账户有顺差，表示向国外净供应了一些商品和服务，这会相应增加本国的对外资产，或减少本国对外国的负债。本国经常账户涉及的交易一般只要发生就不可撤销，故可以通过经常账户差额及其变化，衡量一国的国际竞争能力，预测经济发展和政策变化的效果。经常账户差额常被当作制定国际收支政策和产业政策的重要依据。

（三）资本和金融账户差额（capital and financial account balance）

资本和金融账户差额是指资本账户与金融账户收支的汇总差额，反映着本国资本输出和输入与金融产品跨国交易的收支状况。资本和金融账户差额为正值时，表明该国资本与金融资源流入大于流出，多出部分称为净盈余；差额为负值时，表明该国资本与金融资源流出大于流入，多出部分称为净赤字。

资本和金融账户差额既是一国资本市场开放程度和金融市场发达程度的折射，也是该国经常账户收支状况和融资能力的反映。根据国际收支的复式记账原则，一笔贸易流量通常对应一笔金融流量。如果不考虑误差与遗漏因素，经常账户的余额必然对应着资本和金融账户在相反方向上的数量相等的余额。因此，资本和金融账户与经常账户之间具有融资关系。当经常账户出现赤字时，常对应着资本和金融账户的相应盈余，这意味着一国利用金融资产的净流入为经常账户赤字融资。

随着国际金融一体化的发展，资本和金融账户与经常账户之间的融资关系也逐渐发生了变化。由于资本流动存在独立的运动规律，其流量已远超国际贸易的流量并摆脱了对贸易的依附，资本和金融账户已不再被动地由经常账户决定，并为经常账户提供融资了。资本和金融账户呈现出的经济含义正趋于复杂化，对其差额应当进行全面分析，并谨慎地运用相应的政策工具。

（四）基本账户差额（basic balance）

除前述差额以外，基本账户差额（basic balance）也曾被用于分析一国国际收支的状况。基本账户差额是指经常账户差额与长期资本流动差额之和。它排除了短期资本流动和官方储备变动的影响，将国际收支平衡表中比较稳定的因素全部包括在内，反映了一国国际收支的长期趋势。一般认为，基本账户差额赤字的增加通常意味着经济状况的恶化。

随着 1980 年以来各种新型金融业务与金融工具的出现，资本交易期限长短之间的区分趋于模糊。一些名义上被列为长期资本流动的资本交易，实际上具有短期的性质；同时，一些被列为短期资本流动的交易则具有长期的性质。因此，1993 年发布的《国际收支册》（第五版）已不再使用基本账户差额的概念。

（五）综合账户差额（overall balance）

综合账户差额是指经常账户与资本和金融账户中的资本转移、直接投资、证券投资、其他投资账户等所构成的余额，即将国际收支账户中的储备资产账户剔除后的余额。它是全面衡量一国国际收支状况的综合指标，即通常所说的国际收支盈余或赤字。

国际收支综合账户差额具有非常重要的意义，常被用来作为衡量国际收支对一国官方储备造成的压力，以及判断一国货币汇率未来走势的重要依据。如果综合账户差额为正，该国外汇储备就会不断增加，本国货币将面临升值的压力；如果综合账户差额为负，该国外汇储备就会下降，本国货币也将面临贬值的压力。中央银行可以根据这一差额判断是否需要对外汇市场进行干预，政府也可以根据这一差额确定是否应对经济政策进行调整。国际货币基金组织也倡导使用综合账户差额这一概念。在没有特别说明的情况下，国际收支的盈余或赤字通常指的是综合账户差额为盈余或赤字。

贸易收支差额、经常账户差额、资本和金融账户差额、基本账户差额及综合账户差额之间的关系可归纳如图 1-2 所示。

三、国际收支平衡表的分析方法

国际收支平衡表的分析方法包括静态分析法、动态分析法和比较分析法。

（一）静态分析法

国际收支的静态分析是指对某国在某一时期（一年或一个季度）的国际收支平衡表进行账面上的分析。这种分析方法需要对国际收支平衡表中各个账户及其差额进行定量分

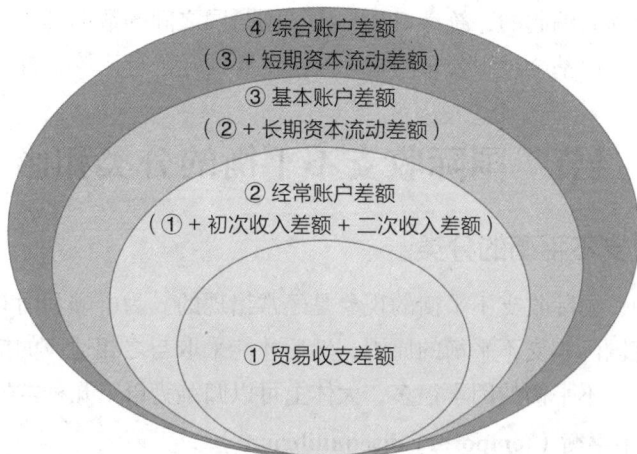

④ 综合账户差额
（③ + 短期资本流动差额）

③ 基本账户差额
（② + 长期资本流动差额）

② 经常账户差额
（① + 初次收入差额 + 二次收入差额）

① 贸易收支差额

图 1-2　不同口径的国际收支差额关系示意

析，用几个重要的差额来相互补充，分析一国的国际收支状况。在实践中，按照人们的传统习惯和国际货币基金组织的做法，静态分析法可以从贸易收支差额、经常账户差额、资本和金融账户差额入手，逐一分析各个差额形成的原因及其对国际收支总差额的影响，从而找出总差额形成的原因。由于各个账户差额产生的原因是多方面的，在分析其差额形成原因时，还应结合其他相关资料进行综合分析，以全面认识和把握实际情况。

对国际收支平衡表进行静态分析，不能仅局限于对各账户数字进行简单的加减或比较，还要进一步通过数字找到背后隐藏的经济关系及其作用和后果，为决策提供依据。

（二）动态分析法

国际收支的动态分析是指对一国若干连续时期的国际收支平衡表进行分析的方法，是一种纵向分析方法。一国一定时期的国际收支状况，是过去一段时期内该国经济结构状态、经济发展进程和经济政策导向的综合结果，而经济结构、经济发展以及经济政策是随着国内外经济环境的变化而不断变化的。因此，要深入了解一国的国际收支状况，只对其某一年的国际收支平衡表进行分析是不够的，还要分析以往的情况。对国际收支平衡表各账户及其差额在一个较长时期内的发展变化情况进行综合分析，这有助于揭示一国在不同时期国际收支态势间的内在联系，促使该国保持最佳国际储备水平、实现国际收支的动态平衡。

（三）比较分析法

国际收支的比较分析是一种横向分析法，是指将一国的国际收支平衡表与其他国家尤其是主要经济大国的国际收支平衡表进行比较，找出本国与他国的国际收支顺（逆）差的异同及其原因，分析本国与他国的国际收支结构以及调节措施，把握本国和他国在世界经济中的地位，并借鉴他国经验以调节本国国际收支平衡。

不同国家编制的国际收支平衡表在账户分类和局部差额的统计上不尽相同，数据可比性的不足使得比较分析方法的实际运用存在一定困难。要解决这一问题，可以考虑利用国际货币基金组织公布的有关国际收支统计资料。国际货币基金组织公布的国际收支主要指标是经过重新整理后编制的，统计口径一致，国与国之间的数据具有可比性，因此实践中，人们常用国际货币基金组织公布的国际收支主要指标进行比较分析。

第四节　国际收支不平衡的分类和影响

一、国际收支不平衡的分类

在现实生活中，国际收支不平衡的现象是经常出现的。为了顺利而有效地调节国际收支，首先必须研究国际收支不平衡的原因，然后才能采取与之相适应的措施进行调节。造成一个国家国际收支不平衡的因素很多，大体上可以归结为以下几种类型。

（一）临时性不平衡（temporary disequilibrium）

临时性不平衡是指短期的、由不确定或偶然的因素（如自然灾害、气候变化、政局动荡等）引起的国际收支不平衡。这种国际收支不平衡程度一般较轻，持续时间不长，带有可逆性。在浮动汇率制度下，这种性质的国际收支不平衡往往不需要政策调节，通过市场汇率的变动就能对其加以调节。固定汇率制度下一般也不需要采用政策措施，只需动用官方储备便能加以调整。临时性不平衡多被认为是一种正常现象。

（二）周期性不平衡（cyclical disequilibrium）

周期性不平衡又称循环型不平衡，是指一国经济周期波动引起该国国民收入、价格水平、生产和就业发生变化，从而导致的国际收支不平衡。周期性不平衡是各国国际收支不平衡的常见原因。由于市场经济中分工、交换与价格机制的作用，经济增长过程中往往交替出现繁荣、衰退、萧条、复苏，从而使各国经济处于不同程度的周期性波动之中。经济周期的不同阶段会对国际收支产生不同影响。通常情况下，在经济衰退阶段，国民收入减少、总需求下降、物价下跌，这会促使出口增长、进口减少，从而出现顺差；而在经济繁荣阶段，国民收入增加、总需求上升、物价上涨，引起进口增加、出口减少，从而出现逆差。

（三）结构性不平衡（structural disequilibrium）

结构性不平衡是指因国内经济、产业结构不能适应世界市场的变化而产生的国际收支不平衡。这种不平衡通常反映在贸易账户或经常账户上。结构性不平衡有两层含义。

第一层含义，是指因经济和产业结构变动的滞后和困难所引起的国际收支不平衡。例如，一国的国际贸易在一定的生产条件和消费需求下处于均衡状态，而国际市场发生了变化，当新款式、高质量产品不断淘汰旧款式、低质量产品或新的替代品不断出现的时候，如果该国的生产结构不能及时加以调整，原有的贸易平衡必然会被打破，贸易逆差就会出现。这种性质的结构性不平衡在发达国家、发展中国家都有可能发生。

第二层含义，是指因一国的产业结构比较单一，或该国经济结构不合理，随着经济发展或外来冲击的出现而引起的国际收支不平衡。譬如，中东地区石油输出国的对外贸易以单一的原油产品为主。20世纪80年代初，主要资本主义国家受经济危机的影响，国内的能源需求增长迟缓，甚至一度出现负增长，而石油输出国组织（OPEC）在"限产保价"

政策效果不佳的情况下，推行"减价保产"政策以争夺市场份额，导致石油供过于求，油价暴跌，石油输出国的出口收入由此大幅下降，引起国际收支不平衡。结构性不平衡具有长期性质，扭转起来相当困难，且在发展中国家中表现得尤为突出。

（四）货币性不平衡（monetary disequilibrium）

货币性不平衡指的是在一定汇率水平下，一国的物价和商品成本高于其他国家，引起出口货物价格相对高昂、进口货物价格相对便宜，从而导致贸易收支和国际收支不平衡。由于这种不平衡主要是由国内通货膨胀或通货紧缩引起的，故又称为价格性不平衡（price disequilibrium）。例如，一国发生通货膨胀，其出口商品成本必然上升，使用外币计价的本国出口商品的价格就会上涨，从而削弱本国商品在国际市场上的竞争力，客观上起到抑制出口的作用。同时，由于国内商品价格的普遍上升，进口商品显得相对便宜，这会鼓励对外国商品的进口，从而导致贸易收支出现逆差。由于国内物价水平上升的原因一般被认为是货币供应量的过度增长，故称这类国际收支不平衡为货币性不平衡。

需要注意的是，通货膨胀可能会引起该国货币汇率一定程度的贬值。一般来说，汇率贬值的幅度要比物价上涨幅度小得多，因而其影响也小得多。本币贬值只能缓和但不会改变通货膨胀对国际收支的影响。货币性不平衡可能是短期的，也可能是中期的或长期的。

（五）收入性不平衡（income disequilibrium）

收入性不平衡是指由于各种经济条件的变化引起国民收入的较大变动，从而引致的国际收支不平衡。引起国民收入变动的原因很多。如果国际收支不平衡由经济周期性波动所致，这属于周期性不平衡。如果是因经济增长率的变化而引致的，则这种国际收支不平衡具有长期性，属于持久性不平衡。这是因为，一般来说，随着国民收入的大幅增加，全社会消费水平会提高，社会总需求也会扩大。在开放经济条件下，社会总需求的扩大往往引起进口增长，从而导致国际收支出现逆差；反之，当经济增长率较低、国民收入增长缓慢时，进口需求下降，国际收支出现顺差。

（六）其他因素造成的国际收支不平衡

除前述因素外，国际债务和短期资本流动等因素也可能造成国际收支不平衡。如果一国不顾自身负担能力而借入过多的外债，或外债的结构安排不当、还债期过于集中，那么在该国进入偿债高峰期时，极易出现国际收支的不平衡，甚至出现债务危机，正如20世纪80年代爆发的发展中国家债务危机那样。此外，随着金融自由化、国际化的推进，国际金融市场上出现了巨额的以追求短期利润为目的的投机资金，其在各国间的频繁流动会造成相应国家短期资本项目的不稳定，使其国际收支剧烈波动。同时，因逃税或规避管制而出现的资本外逃也会引致一国国际收支的不平衡（逆差）。

二、国际收支不平衡对一国经济的影响

国际收支是一国对外经济关系的综合反映。随着各国经济的日趋国际化，对外经济与对内经济关系日益密切。相应的，国际收支不平衡对一国经济的影响范围越来越广，程度也越来越深。一般来讲，国际收支不平衡直接影响一国汇率水平的波动，而且经过一定时

期后还会逐渐影响国内的经济增长、物价水平，甚至影响就业等问题。虽然国际收支不平衡的发生是必然的，但对一国而言，国际收支出现持续、大规模的不平衡，不管是逆差还是顺差，都会对这个国家的经济产生不利影响。

（一）国际收支逆差的影响

首先，国际收支逆差恶化就业状况，使本国经济增长受阻。无论是贸易逆差还是资本净流出，都会对总需求产生紧缩作用，从而对就业和经济增长产生负面影响。

其次，在浮动汇率制度下国际收支逆差会引起一国货币贬值。本币贬值可能引起贸易条件恶化，同时如果存在严重逆差，可能会使该国货币汇率急剧下跌，从而诱发货币危机。此外，汇率的不稳定也会增大贸易和投资风险。

再者，若政府在逆差情况下维持汇率稳定，必然导致本国的外汇储备减少。外汇减少会影响本国必需的生产资料和原料的进口，使国民收入的增长速度放慢。当外汇储备减少到一定程度时，该国可能会出现国际偿付困难。一国偿债能力下降会损害该国在国际上的信誉，从而进一步影响该国的经济和金融实力。

最后，调整国际收支逆差的政策可能引起经济衰退。在国际收支出现巨额逆差时，可行的调节办法通常是实行紧缩性的财政货币政策，通过降低社会总需求，来压缩进口、减少外汇支出。紧缩性政策的实施，在减少外汇支出的同时，也会引起国内经济的衰退。

（二）国际收支顺差的影响

一国国际收支出现顺差，一般会增加其外汇储备，提升对外支付能力。这使得有时候国际收支顺差甚至会成为政府追逐的经济目标之一。但是，当国际收支顺差长期存在且数额巨大时，同样会给一国经济带来不利影响。虽然国际收支顺差对一国经济的消极作用往往不像国际收支逆差那样明显，但其持续发展造成的不利影响依然不容忽视。

一是国际收支顺差会给本币带来升值压力。本币升值会引发对外贸易中抑制出口、鼓励进口的局面，从长远来看会加重国内的就业压力，削弱本国国内经济实力。

二是增加外汇储备，使本国产生通货膨胀压力。持续顺差会增加外汇的供给，在汇率要保持稳定的情况下，可能迫使本国中央银行扩大货币投放，从而产生通货膨胀的压力。

三是使本国金融市场受到冲击。在资本账户开放的条件下，本币汇率上升的市场预期必然诱发国际短期资本的大量流入，冲击金融市场，导致金融市场的动荡。

四是不利于国际经济关系。一国的顺差同时意味着贸易伙伴国的逆差。大量的顺差说明该国出口较多、进口较少，而贸易伙伴国则出口少、进口多，这样显然不利于贸易伙伴国的经济发展，因而很可能引起国际摩擦，影响国际经济关系。

五是国际收支巨额的顺差如果主要是贸易顺差，则意味着国内可供使用的实际资源不断减少，不利于本国经济的可持续发展。

综上，一国的国际收支无论是持续性顺差还是持续性逆差，通常都会对该国经济带来不良影响，甚至引致全球经济失衡。因此，无论是顺差国还是逆差国，都应该采取相应的调节措施，使国际收支趋于平衡。

专栏 1-3　改革开放以来中国国际收支的演变 [①]

自 1982 年中国政府首次发布年度国际收支数据以来,中国国际收支经历了持续快速增长及与全球经济在发展中互动的动态演变历程(见表 1-3),并呈现了以下几个特点。

表 1-3　1982—2022 年中国国际收支的变动　　　　　　　单位:亿美元

年度	经常账户	货物	服务	初次收入	二次收入	资本和金融账户	非储备性质的金融账户	储备资产	净误差与遗漏
1982	57	42	6	4	5	−60	−17	−42	3
1983	42	18	8	12	5	−41	−14	−27	−2
1984	20	−2	2	15	4	−32	−38	5	12
1985	−114	−131	6	8	2	139	85	54	−25
1986	−70	−90	16	0	4	83	65	17	−12
1987	3	−13	16	−2	2	11	27	−17	−14
1988	−38	−56	15	−2	4	48	53	−5	−10
1989	−43	−72	23	2	4	42	64	−22	1
1990	120	70	37	11	3	−89	−28	−61	−31
1991	133	62	54	8	8	−65	46	−111	−68
1992	64	19	31	2	12	19	−3	21	−83
1993	−119	−143	25	−13	12	217	235	−18	−98
1994	77	35	39	−10	13	21	326	−305	−98
1995	16	128	−8	−118	14	162	387	−225	−178
1996	72	122	54	−124	21	83	400	−317	−155
1997	370	366	63	−110	51	−147	210	−357	−223
1998	315	456	−18	−166	43	−127	−63	−64	−187
1999	211	329	−23	−145	49	−33	52	−85	−178
2000	204	299	−11	−147	63	−86	20	−105	−118
2001	174	282	−1	−192	85	−125	348	−473	−49
2002	354	377	−3	−149	130	−432	323	−755	78
2003	431	398	−40	−102	174	−513	549	−1061	82
2004	689	514	−2	−51	229	−819	1082	−1901	130
2005	1324	1243	3	−161	239	−1553	912	−2506	229
2006	2318	2068	21	−51	281	−2355	453	−2848	36
2007	3532	3028	52	80	371	−3665	911	−4607	133
2008	4206	3445	44	286	432	−4394	371	−4795	188
2009	2433	2355	−153	−85	317	−2019	1945	−4003	−414
2010	2378	2381	−151	−259	407	−1849	2822	−4717	−529
2011	1361	2287	−468	−703	245	−1223	2600	−3878	−138
2012	2154	3116	−797	−199	34	−1283	−360	−966	−871
2013	1482	3590	−1236	−784	−87	−853	3430	−4314	−629
2014	2360	4350	−2137	133	14	−1692	−514	−1178	−669
2015	2930	5762	−2183	−522	−126	−912	−4345	3429	−2018

[①]　资料来源:张明.改革开放四十年来中国国际收支的演变历程、发展趋势与政策涵义.国际经济评论,2018(6):38-51.

续表

年度	经常账户	货物	服务	初次收入	二次收入	资本和金融账户	非储备性质的金融账户	储备资产	净误差与遗漏
2016	1913	4889	−2331	−549	−95	272	−4161	4437	−2186
2017	1887	4759	−2589	−165	−119	179	1095	−915	−2066
2018	241	3801	−2922	−614	−24	1532	1727	−189	−1774
2019	1029	3930	−2611	−392	103	263	73	193	−1292
2020	2488	5111	−1525	−1182	85	−901	−611	−289	−1588
2021	3529	5627	−1012	−1245	159	−2184	−303	−1882	−1345
2022	4019	6686	−923	−1936	191	−3113	−2110	−1000	−906

资料来源：中国国家外汇管理局。

1. 经常账户：长期保持顺差

在 1982—2022 年间，中国仅有 5 年出现过经常账户逆差，且均发生在 1994 年之前。自 1994 年以来，中国经常账户出现了持续 29 年的顺差状态，尤其是中国的经常账户顺差占 GDP 比率在中国加入世界贸易组织（WTO）之后一度显著上升，由 2001 年的 1.3% 攀升至 2007 年的 10.0%。中国经常账户顺差余额在 2008 年达到 4206 亿美元的历史性峰值后不断下降，2018 年下降至 241 亿美元。也正是在 2008 年全球金融危机爆发之前，全球范围内流行过一阵关于全球经常账户失衡（global imbalance）的讨论。其时美国指责中国通过操纵人民币汇率来实现过高的经常账户顺差，并认为如果经常账户顺差占 GDP 比率超过 3%~4%，就说明该国存在经常账户失衡。不过，中国的经常账户顺差占 GDP 的比率从 2009 年起显著下滑，并在 2011—2017 年期间连续七年低于 3%，这说明即使按照美国的标准来衡量，中国的经常账户失衡已经不复存在。

货物贸易一直是中国经常账户顺差的最重要来源，在近年来甚至成为经常账户顺差的唯一来源。在 1994 年初的人民币汇率并轨之后，中国在 1994—2022 年实现了连续 29 年的货物贸易顺差。在中国加入 WTO 之后，中国货物贸易顺差迅速增长，由 2001 年的 282 亿美元攀升至 2022 年的 6686 亿美元。其中，在 1998 年东南亚金融危机与 2008 年美国次贷危机爆发之后，中国货物贸易顺差均出现了显著下降的趋势。

就服务贸易而言，在 1998—2022 年间，中国出现了持续 20 余年的服务贸易逆差，仅 2005—2008 年间有短暂顺差。从规模看，服务贸易逆差由 1998 年的 18 亿美元上升至 2022 年的 923 亿美元。这说明中国服务业的发展相对于发达国家而言整体是较为落后的。值得注意的是，过去 10 多年来，中国服务贸易逆差的增长速度相当快，在 2014—2017 年期间，中国服务贸易逆差已经达到货物贸易顺差的一半左右。这可能与中国人均收入到达一定门槛之后，对服务品的消费需求显著增强有关。

此外，初次收入项又可以分为雇员报酬与投资收益两个细项。2003—2020 年间，中国的雇员报酬一直为正，这意味着中国居民的境外劳务收入持续高于外国居民的中国劳务收入。然而，除 2007 年与 2008 年这两年之外，中国的投资收益细项在 1993—2022 年间持续为负，这说明中国的海外投资收益持续低于外国的中国投资收益。

二次收入项主要反映了中国与全球之间的转移支付。中国的二次收入项在 2013

年之前一直为正，而在 2013 年后则负多正少。背后的原因是，随着中国综合国力的增强，中国接受外部援助的规模下降，而中国对外援助的规模上升。

2. 非储备性质的金融账户：由持续性顺差转为顺逆差交替

在 1982—2022 年间，中国有 13 年出现过非储备性质金融账户的逆差。在 1982—1984 年、2014—2016 年以及 2020—2022 年期间，中国经济出现了三次持续数年的非储备性质金融账户逆差。有趣的是，迄今为止，中国还没有任何年份出现过经常账户逆差与非储备性质金融账户逆差并存的"双逆差"局面。相反，在 1999—2011 年间，中国曾经连续 13 年出现经常账户顺差与非储备性质金融账户顺差并存的"双顺差"格局。

非储备性质金融账户可以分为直接投资、证券投资、金融衍生工具与其他投资四个子账户。在 1982—2022 年间，中国有 40 年存在直接投资顺差（仅在 2016 年出现过直接投资逆差），25 年存在证券投资顺差，17 年存在其他投资顺差。

从直接投资来看，由于中国政府从 20 世纪 90 年代起开始实施针对外商直接投资的优惠政策，外商直接投资流量在 20 世纪 90 年代与 21 世纪初快速增长。2008 年美国次贷危机爆发之后，中国政府开始鼓励中国企业"走出去"，到境外进行直接投资。2016 年，中国的外商直接投资与对外直接投资流量分别为 1747 亿美元与 2164 亿美元，中国在改革开放之后第一次成为直接投资的净输出国。

在证券投资方面，由于中国政府长期以来对跨境证券投资保持着较为严格的管制，在相当长的时期内，境内外投资者只能分别通过合格境外机构投资者（qualified foreign institutional investor，QFII，2002 年）与合格境内机构投资者（qualified domestic institutional investor，QDII，2007 年）的渠道投资于境内与境外证券市场。随着中国人民银行从 2009 年起开始推进人民币国际化，中国政府增设了人民币合格境外机构投资者（RMB qualified foreign institutional investor，RQFII，2011 年）、沪港通（2014 年）、深港通（2016 年）、债券通（2017 年）等跨境证券投资通道。在 2007—2022 年间，除 2015 年、2016 年和 2022 年外，中国均出现证券投资顺差，说明境外投资者的对内投资额超过了境内投资者的对外投资额。

与证券投资余额形成鲜明反差的是，在 2007—2022 年间，中国有 10 年面临其他投资逆差。由于其他投资账户主要反映企业跨境与金融机构的借贷，其他投资逆差表明中国对外贷款规模超过了境外对境内的贷款规模。其他投资账户的变化在较大程度上主导了中国非储备性质金融账户余额的变化。

随着中国人均收入水平的提升与产业结构的升级转型，中国对外直接投资的增长速度可能持续超过外商直接投资的增长速度，这意味着未来中国的直接投资子账户可能出现持续逆差。同时，由于中国政府逐渐放松了对境内机构投资者与境外机构投资者的跨境投资限制，未来中国证券投资资产与负债均会呈现显著增长，而证券投资余额则可能时正时负。另外，随着人民币兑美元的汇率进一步呈现双向波动特征，以及中国政府逐渐放松资本管制，其他投资账户余额未来也会呈现时正时负的特征。综上所述，未来相当长时间内，中国可能面临非储备性质金融账户余额交替出现正负的格局。

3. 国际储备：由快速增长转为保持稳定

从国际收支表的角度来看，国际储备账户是一个平衡项目，它等于经常账户余额、非储备性质金融账户余额和误差与遗漏项余额之和。就国际储备的结构来看，外汇储备是中国国际储备最主要的构成部分，其变动也主导着国际储备账户的变动。

1999—2011 年的国际收支"双顺差"时期也是中国外汇储备急剧增长的时期，外汇储备增量由 1999 年的 97 亿美元激增至 2010 年的 4696 亿美元。尤其值得注意的是，在 2007—2011 年这 5 年期间以及 2013 年，中国年均外汇储备增量均超过了 4300 亿美元。中国的外汇储备存量在 2014 年 6 月底达到 4 万亿美元的峰值。随着 2015—2016 年间中国非储备性质金融账户余额由顺差转为逆差，外汇储备显著下降，并在 2015 年和 2016 年出现了负增长。从 2014 年下半年至 2015 年末，中国外汇储备下降了大约 1 万亿美元，主要原因是中国人民银行为了抑制人民币兑美元的贬值，在外汇市场上出售美元并买入本币。自 2016 年年初以来，中国外汇储备存量一直稳定在 3.0 万亿美元至 3.2 万亿美元的区间内，侧面反映出中国央行不再将出售外汇储备作为维持人民币汇率稳定的政策工具。

4. 净误差与遗漏项：存在明显的持续性特征

在 1982—2022 年间，中国有 31 年都出现了净误差与遗漏项的逆差，净误差与遗漏项余额表现出明显的持续性特征，而非围绕零值上下做正态分布。这从一定程度上反映了地下渠道的资本流动。在 2002—2008 年间，出现了持续 7 年的净误差与遗漏项流入；而在 2009—2022 年间，则出现了持续 14 年的净误差与遗漏项流出。值得关注的是，净误差与遗漏项流出规模在 2015—2017 年间呈显著上升（年均 2214 亿美元）趋势，高于之前 3 年年均 723 亿美元的水平，这意味着地下渠道的资本流出压力自 2015 年以来显著放大。

综上，中国国际收支的演变是改革开放以来中国经济结构性变迁的缩影，分析这一演变历程的特征及其原因，不仅有助于深入了解改革开放 40 多年来中国经济的结构性变迁及其与全球经济在发展中的互动特征和阶段变化，同时也是中国经济实现持续发展和转型升级所不可或缺的内外均衡政策制定的起点。

本章小结

1. 国际收支是一定时期内一国居民与非居民进行的全部经济交易的货币价值记录。

2. 国际收支平衡表是将一国一定时期内的国际经济交易按照特定账户分类和复式记账原则编制的会计报表。目前，世界各国一般按照国际货币基金组织编制的《国际收支手册》规定的账户分类及构成标准编制国际收支平衡表，设有经常账户、资本账户、金融账户和误差与遗漏净额四个一级账户。我国国际收支平衡表框架结构与国际货币基金组织规定的有些许不同，主要设定有经常账户、资本和金融账户、净误差与遗漏三个一级账户。

3. 由于国际收支平衡表按复式记账原则编制，从会计意义上说一国的国际收支总是平衡的，但从经济意义上看，只有经济主体出于获取经济利益的目的而分散、独立进行的自主性国际经济交易达到平衡，才能称为国际收支平衡。故从经济意义上说，一国的国际收支常常是不平衡的。

4. 现实中，各国常通过贸易收支差额、经常账户差额、资本和金融账户差额、基本账户差额和综合账户差额来考察一国的国际收支状况。

5. 国际收支不平衡，无论是持续的顺差还是持续的逆差，最终均会给一国经济造成不利影响，因此要加以调节。

核心术语

国际收支（balance of payments）

国际收支平衡表(balance of payments statement)

经常账户（current account）

资本账户（capital account）

金融账户（financial account）

资本和金融账户（capital and financial account）

误差与遗漏净额/净误差与遗漏账户（net errors and omissions）

自主性交易（autonomous transactions）

补偿性交易（compensatory transactions）

国际收支顺差（surplus in the balance of payments）

国际收支逆差（deficit in the balance of payments）

贸易收支差额（trade balance）

经常账户差额（current account balance）

资本和金融账户差额（capital and financial account balance）

基本账户差额（basic balance）

综合账户差额（overall balance）

临时性不平衡（temporary disequilibrium）

周期性不平衡（cyclical disequilibrium）

结构性不平衡（structural disequilibrium）

货币性不平衡（monetary disequilibrium）

收入性不平衡（income disequilibrium）

思 考 题

1. 国际收支平衡表记录的国际经济交易与国内经济交易的主要区别是什么？

2. 国际收支平衡表的记账原则是什么？

3. 简述国际收支平衡表的基本账户及其主要内容。

4. 如果一国国际收支平衡表中误差与遗漏净额账户出现较大数额的赤字（净额为负数），其原因可能有哪些？

5. 国际收支不平衡的衡量标准和口径是什么？

6. 试用动态分析法分析某国（如中国或美国）近五年来的国际收支走势与特点。

7. 试用比较分析法比较不同国家近年来的国际收支状况及特点。

CHAPTER 2

第二章　国际收支调节和国际收支理论

学习要点

1. 理解国际收支不平衡的自发和政策调节机制；
2. 理解国际收支弹性论的主要观点，掌握马歇尔－勒纳条件的推导过程及其含义，熟悉货币贬值的 J 曲线效应的含义；
3. 理解国际收支乘数论的主要观点，熟悉哈伯格条件的含义；
4. 了解国际收支吸收论、货币论的理论框架及政策建议。

第一节　国际收支调节

如上一章所述，国际收支平衡表遵循复式记账原则，因而借方与贷方在账面上总是相等的，其差额为零。但在现实生活中，出于不同的关注角度与研究动机，国际收支平衡表的使用者可能尤其关注其中某些科目而非整张报表的大小关系。当这些具有经济学意义的科目组合在某些年份出现了持续性、显著性的不平衡时，不管是逆差还是顺差，都会对一国的经济产生不利影响，需要加以调节。本节将首先介绍国际收支的自发调节机制和政策调节机制，接着对国际收支理论进行简单介绍，以此引出国际收支弹性论、乘数论、吸收论、货币论这四种对国际收支调节政策影响较大且运用较广的理论。

一、国际收支失衡的自发调节机制

国际收支失衡的自发调节机制是指在不考虑政府干预的情况下，通过市场机制的自发调节作用而实现的对国际收支的调节，即依靠收入、价格、利率、汇率、货币供应量等经济变量的联动关系对国际收支进行自动调节。由于不同货币制度与汇率制度下内外经济联系的传导机制不同，因此国际收支自动调节机制也会不同。

（一）金本位制下的国际收支自发调节机制

这里的金本位制特指最典型的金币本位制。在金本位制下，一国经济内外联系的传导中介是黄金，国际收支的自发调节机制是通过英国哲学家、历史学家、经济学家大卫·休谟（David Hume）提出的"物价－现金流动机制"（price-specie-flow mechanism）（又称"价格—铸币机制"）实现的，这一机制由休谟在 1752 年提出，被视为是第一个系统分析国际收支运动规律的理论学说，并在机制提出一百年后的金本位制下受到广泛运用。当一国发生国际收支逆差时，意味着该国的黄金净输出，黄金外流导致国内的黄金存量下降、货币供应量（发行量）减少，推动国内物价水平下降，使得该国商品价格的国际竞争力上升，出口增加、进口减少，从而国际收支逆差逐渐改善直到恢复平衡，这一传导过程可用

图 2-1 表示。反之，当国际收支发生顺差时，该国黄金内流、货币供应量增加、物价水平上升，导致出口减少、进口增加，最终使国际收支顺差减少直至平衡。

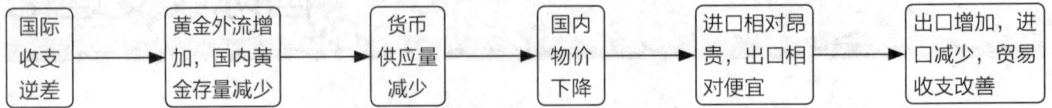

| 国际收支逆差 | → | 黄金外流增加，国内黄金存量减少 | → | 货币供应量减少 | → | 国内物价下降 | → | 进口相对昂贵，出口相对便宜 | → | 出口增加，进口减少，贸易收支改善 |

图 2-1　金本位制下的物价-现金流动机制示意

（二）纸币本位制下的国际收支自发调节机制

在纸币本位制下，国际收支差额不是直接用黄金进行结算的，国内货币供应量也不与黄金挂钩，国际收支的自发调节机制变得更为复杂。其变化主要有两种情况：一种是在固定汇率制度下，一国货币当局通过外汇储备来干预外汇市场以维持汇率稳定，外汇储备的变动导致国内货币供应量的变化，并通过利率机制、收入机制或价格机制自发地调节国际收支。另一种是在浮动汇率制度下，货币当局不再对外汇市场进行干预，而是由市场外汇供求自由决定汇率的上升或下降，通过汇率机制来自发调节国际收支。

1. 固定汇率制度下的国际收支自发调节机制

固定汇率制度（fixed rate system）是指政府通过行政或法律手段，选择一个基本参照物，并确定、公布和维持本国货币与该参照物之间的固定比价，现实中的汇率只能围绕平价在很小的范围内上下波动（详见本教材第七章）。换言之，固定汇率制度是指一国货币当局把维持本国货币汇率稳定作为一项宏观政策目标的汇率制度。在这一制度下，国际收支一旦失衡，外汇储备、货币供应量就会随之发生变动，影响国民收入、物价和利率等变量，并使国际收支逐渐趋于平衡。具体来说，这种调节机制共有三种体现的方式。

（1）货币-价格机制

货币-价格机制与物价-现金流动机制的主要区别是货币形态，后者以金属铸币参与流通，前者则完全是纸币流通。不过这两种机制论述的国际收支自动调节原理是较为相近的。具体而言，在货币-价格机制之下，当一个国家国际收支发生逆差时（顺差情况正好相反），意味着该国的对外支付大于收入，对外币的需求增加，相应的，外币有相对升值、本币有相对贬值的趋势。由于又是在固定汇率制度中，一国政府负有维持汇率稳定的义务，不能放任外币升值、本币贬值，因此为缓解本币贬值的压力，政府动用外汇储备在外汇市场上进行抛售，以增加外币的供给，但此举会引起国内货币供应量的减少。在其他条件既定的情况下，货币供应量减少会推动国内物价水平的下降，使得国内商品价格的国际竞争力上升，出口增加、进口减少，从而国际收支逆差逐渐改善直到恢复平衡。以上自动调节机制的传导过程如图 2-2 所示。

| 国际收支逆差 | → | 对外支付增加，对外币需求增加 | → | 本国货币相对贬值 | → | 为缓解本币贬值压力，外汇储备减少 | → | 货币供应量减少 | → | 国内物价下降 | → | 进口相对昂贵，出口相对便宜 | → | 出口增加，进口减少，贸易收支改善 |

图 2-2　固定汇率制度下的货币-价格机制示意

（2）收入机制

收入机制与货币－价格机制的主要区别在于货币供应量变化后的作用渠道从后者的物价变成了国民收入。具体而言，当一个国家国际收支发生逆差时，该国的对外支付大于收入，对外币的需求增加，本币有贬值趋势，为了维持固定汇率制，该国政府会抛售外汇储备，使得外汇储备减少，市场的货币供应量也随之减少，这会进一步使得国内投资减少、国民收入下降，公众支出减少，导致进口需求下降，出口相对地增加，从而国际收支逆差逐渐改善直到恢复平衡。以上自动调节机制的传导过程如图 2-3 所示。

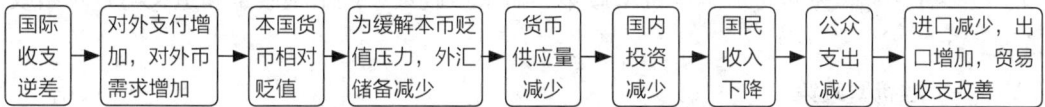

图 2-3　固定汇率制度下的收入机制示意

（3）利率机制

利率机制与收入机制、货币－价格机制的主要区别在于货币供应量变化后的作用渠道从货币－价格机制的物价、收入机制的国民收入变成了利率。具体而言，当一个国家国际收支发生逆差时，该国的对外支付大于收入，本币有贬值趋势，为了维持固定汇率制度，该国政府会抛售外汇储备，外汇储备减少，市场的货币供应量也随之减少。利率是货币供求的价格，货币供应量减少自然也会使得国内货币资金的价格——利率上升，一国的利率上升表明该国的金融资产收益率上升，资金外流减少或资金内流增加，国际收支改善。以上自动调节机制的传导过程如图 2-4 所示。

图 2-4　固定汇率制度下的利率机制示意

2. 浮动汇率制度下的国际收支自发调节机制

在浮动汇率制度下，一国经济内外联系的主要传导媒介是汇率。当一国国际收支出现逆差时，外汇市场上会出现外汇需求大于供给的情况，相应的，外币有相对升值、本币有相对贬值的趋势。由于是浮动汇率制度下，若该国政府允许汇率自由波动而不加以干预，因此外币会真实地升值、本币会真实地贬值，造成本国出口商品相对价格的下降，使得出口数量增加、进口数量减少，从而改善国际收支逆差状况。反之亦然。以上自动调节机制的传导过程如图 2-5 所示。

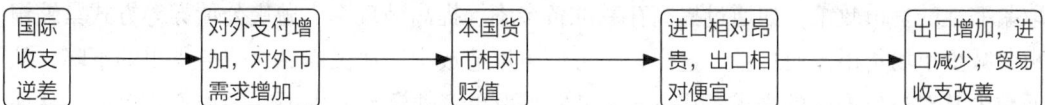

图 2-5　浮动汇率制度下的国际收支自发调节机制示意

当然，国际收支的自动调节是存在局限的。一方面，只有在纯粹的自由市场经济（即经济高度发达且充分自由的经济状况）中，自动调节才能产生上述理论所描述的作用。现代经济中的各种干扰会使自动调节机制的作用下降甚至失效。另一方面，在国际收支逆差时，国际收支的自动调节往往以紧缩国内经济为代价，这会造成国内的就业、产出下降，影响内部均衡的实现和经济发展。

二、国际收支的政策调节机制

如前所述，现代经济并不是纯粹的自由市场，国际收支自动调节机制的作用会被大大削弱，这就需要政府对市场进行干预，以便实现国际收支平衡。政府对国际收支进行调节的手段多种多样，基本可分为融资型政策、需求型政策、供给型政策和道义与宣示型政策等。

（一）融资型政策

融资型政策简称融资政策，主要包括官方储备和国际信贷便利的使用。如果国际收支不平衡是由临时性的、短期性的冲击引起的，就可以优先用融资型政策弥补，因其既可很快见效，又可避免对内对外的经济波动。但是一国的官方储备是有限的，而对外举债则要付出一定的成本，有时还会因国际金融市场资金紧张难以筹措得到，且最终必须连本带利归还。因此，融资型政策大多作为应急措施。

如果国际收支不平衡是由中长期因素导致的，那么就势必要运用其他政策进行调整。当然，融资型政策与其他国际收支调节政策并不是只能非此即彼的关系，而是可以互相搭配使用。

（二）需求型政策

需求型政策简称需求政策，主要包括支出增减型政策和支出转换型政策。

1. 支出增减型政策

支出增减型政策（expenditure rising or reducing policy）是指改变社会总需求（总支出）以改变本国对外国商品、劳务和金融资产的需求量，从而达到调节国际收支目的的政策，主要包括财政政策和货币政策。

财政政策主要是通过财政收入政策、财政支出政策和公债政策来影响社会总需求或总支出，进而调节国际收支。一般而言，在国际收支出现逆差时，政府紧缩财政开支，减少公共投资，扩大公债发行，以控制社会总体需求和物价上涨，从而改善国际收支。在国际收支顺差时，政府则采用扩张性的财政政策，结果恰好相反。

货币政策对国际收支的调节，主要是通过货币量的增减来实现的。货币政策包括调整存款准备金率、贴现政策和公开市场政策等。一般在国际收支出现逆差的情况下，一国采取紧缩性的货币政策，如通过提高存款准备金率、提高贴现率、抛售公债券等方式紧缩银根，减少市场货币流通总量。这样，一方面可以造成本国居民商品、劳务支出的下降，从而减少其对进口商品的需求；另一方面可以吸引更多外资流入本国，增加外汇供应，从而改变国际收支逆差状况。在国际收支顺差的情况下，则采取扩张性的货币政策，结果恰好相反。

2. 支出转换型政策

支出转换型政策（expenditure switching policy）是指不改变社会总需求（总支出）而

改变需求（支出）方向的政策，主要包括汇率政策、税收政策、出口补贴以及直接管制。所谓改变方向，是指将国内支出从外国商品和劳务转移到国内的商品和劳务上来。

汇率政策，即通过调节汇率水平来调节国际收支。例如，人为地使本币对外币贬值，促使本国出口商品相对价格下降，增加商品出口数量，改善国际收支逆差；通过制定双重或多重汇率来调节货币和劳务收支等。再如，建立外汇平准基金，即由政府拨出一笔基金（包括外汇和本币），专门用于货币当局在外汇市场上买卖外汇，通过调节外汇供求关系的变化来影响汇率进而调节国际收支。由于外汇平准基金数量有限，一般只适合于对偶发性或季节性的国际收支失衡的调节。

税收政策是指政府通过税率的高低和税收的增减来影响商品的进出口及资本的流动，进而改善国际收支。例如，通过提高进口关税来减少商品的进口；通过出口退税鼓励商品出口；通过减免税等优惠税收政策吸引外商来本国直接投资；通过设立利息平衡税来限制资本外流；等等。

出口补贴是指政府给出口企业适当的价格补贴，以降低出口商品的价格，增强出口商品的竞争能力，增加出口数量和出口收入。

直接管制包括外汇管制和外贸管制，前者是指政府直接限制外汇的收支、买卖、汇出入、兑换等，后者是指政府直接限制商品进出口的方式。需要指出的是，有的教科书把直接管制列为一种单独的国际收支调节政策，它既不属于支出增减型政策，也不属于支出转换型政策。实际上，直接管制也是一种支出转换型政策，汇率、税收、出口补贴政策通过改变货币、进口商品和进口替代品的相对价格来达到支出转换的目的，而直接管制则是通过改变外汇或者进口品的相对可获得性来达到支出转换的目的。国际经济组织和经济学理论多半不赞成采用直接管制，但在国际收支发生较严重的困难时，发达国家和发展中国家都在不同程度上采用过直接管制。

（三）供给型政策

供给型政策简称供给政策，主要包括科技政策、产业政策和制度创新政策。顾名思义，供给型政策围绕本国供给，旨在改善一国的经济结构和产业结构，通过提高劳动生产率来增加社会商品和劳务的供给和质量，以此改善国际收支状况。与需求型政策相比，供给型政策具有长期性，需要在一段时间后才能见效，但其能从根本上提高一国的经济实力和在国际市场上的竞争力，从而为实现内部均衡和外部平衡创造条件。

科技政策，主要是指通过促进科学技术进步和提高管理水平等措施，来提高劳动生产率，降低企业的生产经营成本，增强出口商品的竞争力。

产业政策，一是指进行生产结构的调整，优化产业结构与出口商品结构，提高具有高科技含量和高附加值的商品出口的比率；二是指根据国际市场供求变化，随时调整本国出口商品的种类结构和地区结构，以在国际市场竞争中掌握主动权。

制度创新政策，从宏观上说，主要是指建立新的经济管理体制、建立规范化的金融市场和完善的融资体系、提供良好的企业运作环境等；从微观上说，主要是指进行企业产权制度和人事制度改革，完善企业治理结构和内部监督机制，建立有效的企业经理人激励与监督机制等。

（四）道义与宣示型政策

道义与宣示型政策是指政府在经济和行政手段之外所采取的、没有强制约束力的国际收支调节政策。例如，政府的指导谈话、发言等。道义与宣示型政策的效果取决于政府号召力与公信力的大小，也与该国国际收支不平衡的持续性有关。长期性的国际收支不平衡不可能仅仅通过道义和宣示手段来消除，而必须配合其他政策工具，开展经济本身的调整。

三、国际收支理论概述

国际收支理论又称国际收支决定理论，主要分析一国国际收支的决定因素与实现国际收支平衡的调节方法。

国际收支调节理论最早可以追溯到休谟的"物价–现金流动机制"，该理论在相当长的一段时间内占据了国际收支调节理论的主导地位。直到 20 世纪 30 年代，国际金本位制崩溃，新的国际金融格局驱使经济学家对国际收支调节理论进行了全新的探索。

近代英国经济学家、新古典学派创始人马歇尔（Marshall）提出了供求弹性的局部均衡分析，经过英国经济学家罗宾逊（Robinson）、美国经济学家勒纳（Lerner）等的进一步发展，形成了完整的国际收支弹性论。

20 世纪三四十年代至第二次世界大战前后，凯恩斯主义开始盛行，以凯恩斯主义追随者哈罗德（Harrod）、梅茨勒（Metzler）、马克卢普（Machlup）等为代表的经济学家，运用凯恩斯的乘数理论提出了国际收支乘数论。

1952 年，米德和亚历山大（Alexander）在凯恩斯宏观经济学的基础上，从国民收入和总需求的角度提出了国际收支吸收论。

20 世纪 60 年代，随着货币主义在经济学界的崛起，美国经济学家约翰逊（Johnson）和他的学生弗兰克尔（Frenkel）提出了国际收支货币论。

这些理论从不同角度深入分析了国际收支不平衡的原因及调节办法，为货币当局调节国际收支提供了重要的理论依据。下文将对以上提及的国际收支弹性论、乘数论、吸收论和货币论进行逐一介绍。需要注意的是，不同的理论有不同的适用前提，对某种特定的国际收支不平衡现象具有较强的解释力度，对于其他则往往显得不足。深刻理解不同国际收支理论的历史背景、出发点和政策主张有助于掌握国际收支与国际金融经济活动发生的原因。

第二节　国际收支弹性论

国际收支弹性论（the theory of elasticity approach）又称国际收支弹性分析法，主要研究在其他条件不变的情况下，汇率变动（货币贬值）对国际收支调节的作用。

一、弹性论产生的历史背景

国际收支弹性论是国际金本位制崩溃和 20 世纪 30 年代世界经济大萧条的产物。在国际金本位制下（主要是指金币本位制），一国出现国际收支差额时，可以通过黄金的自由输出和输入加以调节，自动达到平衡。各国货币汇率和物价受黄金输送点的制约，也能够有效地进行调节。因此，这时国际收支的较大波动情况并不多见，政府也较少对汇率加以干预和调节。第一次世界大战以及 20 世纪 30 年代初爆发的世界性经济危机，使得国际金本位制彻底崩溃，不仅国际金融进入混乱和动荡时期，各国汇率和国际收支频繁波动，汇率战、货币战愈演愈烈，以邻为壑（beggar-thy-neighbor）的经济思想甚嚣尘上，而且自由市场经济遭到破坏，失业问题严重。这时凯恩斯的有效需求理论应运而生，主张通过国家干预来达到资本主义经济的平衡。凯恩斯的市场干预主张对这一时期的国际收支调节理论产生了重要影响，国际收支弹性论在此背景下产生，由于这一理论紧紧围绕着进出口商品的需求弹性来论述国际收支调节问题，因此而得名。

具体而言，英国经济学家马歇尔最早将弹性分析引入国际贸易领域，1937 年，英国经济学家罗宾逊在马歇尔微观经济学和局部均衡分析的基础上正式提出国际收支的"弹性理论"，在研究外汇市场供求时不仅考虑进出口需求，还加入进出口需求弹性。20 世纪 40 年代初，美国经济学家勒纳特别探讨了既定进出口弹性下货币贬值政策的国际收支效应问题，提出了著名的"马歇尔-勒纳条件"。

专栏 2-1　弹性的基本定义 [1]

商品价格变动会影响商品需求和供给数量的变动。需求量变动的百分比与价格变动的百分比之比，称为需求对价格的弹性，简称需求弹性。供给量变动的百分比与价格变动的百分比之比，称为供给对价格的弹性，简称供给弹性。弹性越高，意味着需求数量对价格的变动越敏感。在进出口方面，就有四个弹性，它们分别是：进口商品的需求弹性（E_m）、出口商品的需求弹性（E_X）、进口商品的供给弹性（S_m）和出口商品的供给弹性（S_X），其公式分别如下：

$$进口商品的需求弹性 E_m = \frac{进口商品需求量的变动率}{进口商品价格的变动率} \tag{2-1}$$

$$出口商品的需求弹性 E_X = \frac{出口商品需求量的变动率}{出口商品价格的变动率} \tag{2-2}$$

$$进口商品的供给弹性 S_m = \frac{进口商品供给量的变动率}{进口商品价格的变动率} \tag{2-3}$$

$$出口商品的供给弹性 S_X = \frac{出口商品供给量的变动率}{出口商品价格的变动率} \tag{2-4}$$

特别需要注意的是，根据惯例，本教材约定弹性本身含义均为正数。

二、弹性论的前提假设与主要观点

（一）前提假设

国际收支弹性论的前提条件包括以下方面。

第一，运用局部均衡分析，假设国民收入、商品价格、利率、工资等其他条件不变，只考虑汇率变动对国际收支的影响。

---

[1] 姜波克. 国际金融新编[M]. 6 版. 上海：复旦大学出版社，2021：33-34.

第二，假设非充分就业，所有国内外商品（进出口商品）都有无限供给弹性（供给弹性无穷大）。这是因为，只有在非充分就业情况下，一国才能有闲置资源来提供商品出口供给，此时货币贬值的效果便完全取决于需求弹性。

第三，假设不考虑资本流动，则国际收支等于贸易收支，即只考虑经常账户下的收支平衡。

第四，假设贸易收支最初是平衡的。

（二）主要观点

根据以上假设，国际收支弹性论认为，国际收支调节不是自动调节过程，而是政府政策起作用的过程，政府可以通过货币贬值来改善贸易收支和贸易条件。这背后的原理是：货币贬值会通过进出口商品相对价格的变化影响本国进出口商品的数量，在一定的进出商品需求弹性下，货币贬值可以改善贸易收支和贸易条件，进而起到调节国际收支的作用。此路径可概括为：贸易逆差→本币贬值→出口价格下降→出口上升→贸易收支改善。

弹性论通过以上路径，回应了当时"货币贬值对一国国际收支改善是否真有作用"这一问题，更重要的是，其还进一步得出了货币贬值改善贸易收支的前提——著名的马歇尔-勒纳条件（Marshall-Lerner condition），以及货币贬值对贸易条件的影响。

三、弹性论的核心理论

（一）马歇尔-勒纳条件

1. 马歇尔-勒纳条件的具体阐述

国际收支弹性论认为，若本币贬值，则出口商品的本币价格不变，而以外币表示的本国出口商品价格下降，而且其下降幅度为货币贬值的幅度。以外币表示的出口商品价格的下降会刺激本国出口数量的上升，但只有当出口数量增加的幅度大于以外币表示的出口商品价格下降的幅度时，出口额才会增加。显然，这取决于出口商品价格下降一单位时数量能够增长多少，即外国对本国出口商品的需求价格弹性。下面我们来进一步举例说明上述情况（见表2-1）。在这个例子中我们假定英国为本国，美国为外国。

表2-1　不同需求弹性下英镑贬值对出口收入（美元）的影响

情况	出口商品的英镑单价	汇率	出口商品的美元单价	出口商品	价格变动率	出口数量变动率	出口外币收入
0	£1	£1= $2	$2	10000	—		$20000
1	£1	£1= $1.8	$1.8	10500	10%	5%	$18900
2	£1	£1= $1.8	$1.8	12000	10%	20%	$21600

从表2-1可知，在第1种情况下，当英镑兑美元贬值，汇率从£1= $2变为£1=$1.8时，虽然出口商品用本币（英镑）表示的单价没变，但用外币（美元）表示的单价却下降了10%，从2美元下降到1.8美元。由于商品外币价格的下降，该商品的出口数量增加了5%，从10000个单位增加到10500个单位，但是此时出口商品的美元收入却从原先的20000美元下降到了18900美元，这是因为出口商品的需求弹性较小（小于1），由出口数量增加而增长的美元收入不足以抵补因价格下降而减少的美元损失，最终反而使美元收

入整体减少了 1100 美元。第 2 种情况与第 1 种情况相比，英镑贬值幅度没变，其他条件也没有变，只是出口数量从 10000 个单位增加到 12000 个单位，增长了 20%，使得最终美元收入净增加了 1600 美元，这是因为此种情况下的出口商品需求弹性大于 1 所致。

上面仅仅讨论了在不同的出口商品需求弹性条件下，本币对外币贬值对本国贸易值的影响。如果也同时考虑进口商品需求弹性，即将进出口商品需求弹性进行组合，那么本质上也不会发生什么变化，由此可以得到完整的马歇尔－勒纳条件：只有当进口商品的需求弹性与出口商品的需求弹性之和大于 1 时，本币贬值对改善国际收支是有效的。马歇尔－勒纳条件用公式表示为：

$$E_X + E_m > 1 \qquad (2\text{-}5)$$

反之，当进口商品的需求弹性与出口商品的需求弹性之和小于 1 时，本币贬值将使国际收支进一步恶化；当进口商品的需求弹性与出口商品的需求弹性之和等于 1 时，本币贬值对国际收支不产生影响。

2. 马歇尔－勒纳条件的公式推导

假设 e 为直接标价法下的外汇汇率，X 为以本币表示的出口额，M 为以外币表示的进口额，B 为以本币表示的经常账户差额，则有：

$$B = X - eM \qquad (2\text{-}6)$$

对式（2-6）的汇率 e 求导，可得：

$$\frac{dB}{de} = \frac{dX}{de} - \frac{dM}{de} \times e - M \qquad (2\text{-}7)$$

将出口商品需求对汇率的价格弹性记为 E_X，根据弹性定义有：

$$E_X = \frac{e}{X} \times \frac{dX}{de} \qquad (2\text{-}8)$$

同样地，可定义进口商品需求对汇率的价格弹性：

$$E_m = -\frac{e}{M} \times \frac{dM}{de} \qquad (2\text{-}9)$$

由于弹性论认为期初的贸易收支是平衡的，因而有：

$$X = eM \qquad (2\text{-}10)$$

将式（2-8）、式（2-9）、式（2-10）代入式（2-7），整理得：

$$\frac{dB}{de} = M\left[(E_X + E_m) - 1\right] \qquad (2\text{-}11)$$

因此本币贬值（$de > 0$）能够改善一国贸易收支状况（$dB > 0$）的条件即为 $E_X + E_m > 1$，进一步可得：

当且仅当 $E_X + E_m > 1$ 时，有 $\frac{dB}{de} > 0$，即只有当一国的进出口商品需求弹性之和大于 1 时，本币贬值才会改善贸易收支状况。

若 $E_X + E_m = 1$，则 $\frac{dB}{de} = 0$，表明本币贬值对一国的贸易收支未产生影响。

若 $E_X + E_m < 1$，则 $\frac{dB}{de} < 0$，表明本币贬值将恶化一国的贸易收支。

【例 2-1】假设本国国际收支在期初保持平衡，本国的进出口量均为 10000 个单位，进出口商品的需求价格弹性分别为 0.5、0.7。假设本币贬值 5%，那么国际收支状况是恶化还是改善？具体影响是多少？为什么？

答：已知 $X=M=10000$ 个单位

$$de = 5\%$$
$$E_X = 0.7$$
$$E_m = 0.5$$

因为

$$\frac{dB}{de} = M\left[(E_X+E_m)-1\right]$$

所以

$$
\begin{aligned}
dB &= M(E_X + E_m - 1)\,de \\
&= 10000 \times (0.7+0.5-1) \times 5\% \\
&= 100 \text{ 个单位}
\end{aligned}
$$

即本币贬值 5% 使该国的贸易收支增加了 100 个单位，因此该国的国际收支状况得以改善。实际也是因为该国进出口商品的需求价格弹性之和大于 1，即满足马歇尔-勒纳条件。

需要注意的是，马歇尔-勒纳条件的假设前提是进出口商品的供给弹性无穷大。一旦这一假定条件不满足，进出口商品以供给方货币表示的价格就不会在贬值后保持不变。出口商品的本币价格将因贬值所造成的出口需求上升而上升，而进口商品的外币价格可能因进口需求下降而下降（这需要本国在国际市场上具有一定的进口地位，不是单纯的贸易价格接受者）。此时，进出口商品的数量就不会单纯取决于进出口商品的需求弹性，而是分别由进口商品的供给弹性与需求弹性、出口商品的供给弹性与需求弹性共同决定。在这种情况下，马歇尔-勒纳条件将不再生效。本国货币贬值能否改善贸易收支，取决于进出口商品的需求弹性和供给弹性是否满足毕肯戴克-罗宾逊-梅茨勒条件（Bickerdike-Robinson-Metzler condition），即

$$\frac{S_X S_m (E_X + E_m - 1) + E_X E_m (S_X + S_m - 1)}{(E_X + S_X)(E_m + S_m)} > 0 \qquad (2\text{-}12)$$

式中，S_X、S_m 分别为出口商品的供给弹性和进口商品的供给弹性。式（2-12）表明，汇率贬值对贸易收支的影响与进出口商品的需求弹性和供给弹性有着密切的关系。如果式（2-12）中括号内的数值为正，贬值可以改善贸易的收支状况；如果括号内的数值为负，则贬值后，贸易收支恶化；如果括号内的数值为零，则贬值后贸易收支状况不变。其推导过程本教材不再展示。

（二）J 曲线效应

结合前文所述，是不是一国的贸易结构满足马歇尔-勒纳条件后，本币贬值就能立刻引起出口商品的数量变化，从而改善国际收支状况？通常来说，在短时间内，即使马歇

尔−勒纳条件成立，本币贬值也不能立即引起国际收支（特指贸易收支）状况的改善，反而可能导致其恶化，只有经过一段时间后，国际收支状况才会得以改善，这一现象被称为J曲线效应（J-curve effect），其描述了本币贬值后贸易收支随时间变化的轨迹，是对马歇尔−勒纳条件的进一步补充与发展。具体如图 2-6 所示。

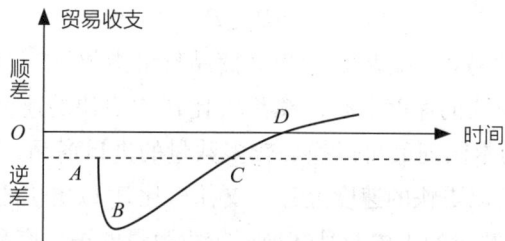

图 2-6　J曲线效应示意

　　根据图 2-6，假设 A 点时刻贸易收支存在逆差，此时政府采取本币贬值措施，则贸易收支在此后的一段时期内进一步恶化到 B 点，之后才慢慢开始改善，逐步从 B 点移动到 C 点，直到移动到 D 点时刻，贸易收支才恢复平衡，此后若继续的话，则贸易收支出现顺差。之所以会出现J曲线效应，主要可从贸易订单的三个阶段分别来看。

1. 货币合同阶段

　　在这一阶段，进出口商品的数量和单价都不会因贬值而改变，主要是因为在这个阶段执行的都是先前已经签订的订单。这样，以本币表示的贸易差额就取决于进出口合同规定的计价货币。在进出口合同以外币计价的情况下，这部分进口合同和出口合同的本币价格就会与贬值同比例上升。如果本币贬值以前的进口支出大于出口支出，贸易赤字就会进一步扩大，即如果本币贬值前存在贸易逆差，本币贬值将使贸易逆差进一步扩大，因为本币贬值后出口收入减少，进口支出增加。

2. 价格传导阶段

　　在这一阶段，一方面，新签订的进出口合同的价格会因本币贬值而进行实质上的调整，但进出口商品的数量却由于进出口的供求黏性而暂时不会改变。在价格调整之前，由于本币贬值使进口商品的本币价格上升而数量并没有减少，因而以本币表示的进口支出就会增加；另一方面，出口商品的外币价格往往以和贬值相同的幅度下降，其结果就是以本币表示的出口收入下降，从而导致贸易收支的进一步恶化。只有在价格调整后，贸易收支逆差才从谷底逐渐上升。

3. 数量调整阶段

　　在这一阶段，进出口商品的数量将因贬值和价格变化而变化。此时，贬值对贸易收支的正面刺激开始发挥作用。如果进出口商品的需求弹性符合马歇尔−勒纳条件，贸易收支逆差将开始改善。

　　综上所述，根据J曲线效应的观点，由于国际贸易市场的订单数量变动存在黏性，货币贬值不会立即引起贸易收支的改善，反而可能导致其恶化，只有经过一段时间后，贸易收支才会得以改善。

（三）货币贬值对贸易条件的影响

弹性论认为，货币贬值不仅会影响贸易收支而且还会影响贸易条件。贸易条件又称交换比价，是指出口商品单位价格指数与进口商品单位价格指数之间的比例，用公式表示为：

$$T = P_X / P_m \qquad (2\text{-}13)$$

式（2-13）中，T表示贸易条件，P_X表示出口商品价格指数，P_m表示进口商品价格指数。如果某国的P_X比P_m以更快的速度上升，或者P_m比P_X以更快的速度下降，T都会增大，说明该国出口相同数量的本国商品可以换回较多数量的进口商品，称为贸易条件改善；反之，如果某国的P_m比P_X以更快的速度上升，或者P_X比P_m以更快的速度下降，则T都会下降，说明该国出口相同数量的本国商品却换回较少数量的进口商品，称为贸易条件恶化。可以看到，贸易条件实际上是指一国国际经济交易中价格的变动对实际资源转移的影响。货币贬值对贸易条件的影响也与进出口商品的供给弹性与需求弹性有关。弹性论得出的结论是：

$S_X S_m > E_X E_m$，贸易条件恶化；

$S_X S_m < E_X E_m$，贸易条件改善；

$S_X S_m = E_X E_m$，贸易条件不变；

S_X表示出口商品的供给弹性，S_m表示进口商品的供给弹性。需要指出的是，以上情况都只是理论推导，有待更充分的实证检验。实际上，本币贬值引起的多数是一国贸易条件的恶化，至多是贸易条件不变，将货币贬值作为调节贸易收支进而调节国际收支的手段只能在短期使用，如果长期使用或者说货币持续贬值，对该国内外经济都会产生不良影响。

四、对弹性论的评价

（一）理论贡献

国际收支弹性论具有相当的可取之处。

一方面，在金本位制崩溃之后，弹性论纠正了当时货币贬值一定能改善国际收支的片面看法，不仅揭示了货币贬值调节国际收支的前提条件——进出口商品需求弹性之和大于1，而且还解释了其背后的传导机制——货币贬值可通过改变进出口商品相对价格来改变进出口商品需求，进而影响贸易收支和国际收支。这是很有实际意义的，也可以说这是弹性论的核心贡献所在。

另一方面，弹性论其实还指出了货币贬值对不同国家有不同的影响。一般来说，发达国家的进出口商品大多是弹性较大的工业制成品，货币贬值改善国际收支的作用较大；而发展中国家的进出口商品大多是弹性较小的初级商品（如原材料等），货币贬值改善国际收支的作用要小一些。这一点适应了当时西方国家制定经济政策的需要，并在许多国家调节国际收支的实践中都取得了一定的成果。

（二）理论局限

国际收支弹性论也具有一些局限。

首先，弹性论使用的是局部均衡分析。它只考虑了汇率变动（货币贬值）对进出口贸易的影响，而忽略了汇率变化对社会总支出和总收入的影响。当然，弹性论的这一局限同其发展的背景息息相关，在弹性论出现的 20 世纪 30 年代，当时的宏观经济学体系尚未建立，学者们以已经存在的微观经济学作为各种理论的基础是常理之中的事。

其次，这一理论的不同假设之间存在矛盾。弹性论假设收入等其他条件不变，即经济处于充分就业状态，这与马歇尔–勒纳条件所要求的进出口供给弹性无穷大的假定是矛盾的，因为后者往往以非充分就业为前提。

再次，弹性论假设货币贬值前该国的贸易收支处于平衡状态，这一假定不符合实际情况。既然贸易收支是平衡的，又为何需要贬值操作呢？弹性论无法回答这一问题。

最后，弹性论将贸易收支等同于国际收支，没有考虑本币贬值对资本账户的影响。显然，这不符合国际经济交易的发展现状。

第三节　国际收支乘数论

国际收支乘数论（the theory of multiplier approach），又称国际收支乘数分析法，主要研究在其他条件不变的情况下，国民收入变动对国际收支的调节作用。

一、乘数论产生的历史背景

前文所述的弹性论假定汇率变动不会引起国民收入的变化，从而国民收入并不会对国际收支产生影响，但这样的假定与现实有较大出入。正因为如此，20 世纪 30—40 年代，以凯恩斯学派的哈罗德、梅茨勒、马克卢普等为代表的经济学家，运用凯恩斯的乘数理论分析了国民收入的变化对国际收支的影响，由此形成了国际收支调节的乘数论，这在一定程度上弥补了弹性论研究视角的缺失。

二、乘数论的前提假设与主要观点

（一）前提假设

国际收支乘数论的前提条件包括以下方面。

第一，运用局部均衡分析，假定汇率、商品价格、利率、工资等其他条件不变，只考虑国民收入变动对国际收支的影响。

第二，假设非充分就业，所有国内外商品（进出口商品）都有无限供给弹性（供给弹性无穷大）。

第三，假设不考虑资本流动，则国际收支等于贸易收支，即只考虑经常账户下的收支平衡。

第四，假定小型开放经济，不考虑外国回转效应，小型开放经济的出口是完全外生的。

（二）主要观点

遵循以上假设，国际收支乘数论阐述了国民收入变动对贸易收支的影响，因此乘数论又被称为"收入论"或"收入分析法"。具体而言，乘数论认为进口支出是国民收入的函数，当一国支出增加（投资支出增加，或消费支出增加，或两者均增加），可通过乘数作用促进国民收入增加，而国民收入的增加会引起该国进口的增加，从而造成其国际收支逆差相对恶化。此路径可概括为：一国支出增加→国民收入增加→进口上升→贸易收支逆差恶化。

正因为如此，乘数论进一步主张，一国可以通过需求管理政策调节国际收支不平衡。

三、乘数论的核心理论

（一）乘数模型

1. 开放经济条件下的国民收入决定

在开放经济中，国民收入 Y 是由消费 C、投资 I、政府支出 G 以及出口净额（$X–M$）所决定的，且假设对外转移支付不存在，消费投资和进口均为国民收入的线性函数，政府支出和出口均为自主性变量（即外生变量，不受国民收入影响），则开放经济的宏观经济模型为：

$$Y = C + I + G + (X - M) \tag{2-14}$$

$$C = C_0 + cY \tag{2-15}$$

$$I = I_0 + hY \tag{2-16}$$

$$M = M_0 + mY \tag{2-17}$$

其中，C_0，I_0 和 M_0 分别表示自主性消费、自主性投资和自主性进口，c（$0<c<1$）、h（$0<h<1$）和 m（$0<m<1$）分别表示边际消费倾向、边际投资倾向和边际进口倾向。

将上述方程组代入整理，可得到开放经济中均衡国民收入为：

$$Y = \frac{1}{1-c-h+m}(C_0 + I_0 - M_0 + G + X) \tag{2-18}$$

由于边际储蓄倾向 $s=1–c$，代入式（2-18）整理得：

$$Y = \frac{1}{s-h+m}(C_0 + I_0 - M_0 + G + X) \tag{2-19}$$

其中，$1-c-h=s-h>0$。

2. 对外贸易乘数

对外贸易乘数理论是马克卢普和哈罗德等人在凯恩斯的投资乘数理论的基础上引申提出的。假设在短期自主消费、自主投资和自主进口保持不变的情况下，式（2-19）的增量方程可以表示为：

$$\Delta Y = \frac{1}{s-h+m}(\Delta G + \Delta X) \tag{2-20}$$

式（2-20）显示了政府支出、出口增加与国民收入增加之间的数量关系。其中，$\frac{1}{s-h+m}$ 即为对外贸易乘数。假定边际投资倾向不变，边际储蓄倾向和边际进口倾向越小，则对外贸易乘数越大，国民收入的增倍幅度也越大。假定边际消费倾向、边际投资倾向在封闭经济和开放经济中一样，由于 $\frac{1}{s-h+m} < \frac{1}{s-h}$，因此开放经济中对外贸易乘数作用小于准开放经济中的乘数作用。开放经济中进口相较于准开放经济中的进口更大程度地替代了国内

生产，导致国民收入流量的更多漏出。

3. 国际收支调整

对外贸易乘数反映了一国政府支出和出口的变动对国民收入的影响，而国民收入的变动又会影响一国国际收支状况。因为乘数论假定不考虑国际资本流动，因此一国国际收支差额即为贸易收支差额，记为 B：

$$B = X - M = X - M_0 - mY \tag{2-21}$$

则可以得到：

$$\Delta B = \Delta X - m\Delta Y \tag{2-22}$$

将式（2-22）代入式（2-20），可以得到：

$$\Delta B = \frac{s-h}{s-h+m}\Delta X - \frac{m}{s-h+m}\Delta G \tag{2-23}$$

式（2-23）即为国际收支乘数论的数量表达式，它说明了国民收入各个不同部分对国际收支的影响。以出口为例，假定其他条件不变，一国出口增加可直接改善该国的国际收支状况。但是由于对外贸易乘数的作用，出口的增加会促使国民收入水平倍增，而国民收入水平的增加会引起进口增加，从而间接导致国际收支状况趋于恶化。所以，出口增加一方面会产生改善国际收支的直接效应，另一方面会产生恶化国际收支的间接效应。

因此，乘数论认为，当一国国际收支出现逆差时，政府可以通过需求管理政策来调节国际收支失衡，例如，当出现国际收支逆差时，可以通过紧缩性的货币政策或财政政策来减少人们的收入，使之相对减少进口，从而改善国际收支状况。反之，国际收支顺差时则采用扩张性政策。

（二）哈伯格条件

弹性论认为，只要满足马歇尔－勒纳条件（$E_X + E_m > 1$），本币贬值就会改善一国的国际收支状况，但正如上文所述，其实这只是分析了货币贬值的直接效应。然而，货币贬值还会存在间接效应，通过引起国民收入的变化，间接影响进口的变化，从而影响国际收支。正因为如此，美国经济学家哈伯格等将货币贬值的直接效应（即价格效应）与间接效应（即收入效应）相结合，修正了马歇尔－勒纳条件成为哈伯格条件（Harberger condition）：

$$E_X + E_m > 1 + m \tag{2-24}$$

式（2-24）中，m 为边际进口倾向。哈伯格条件认为，一国的货币贬值后，只有进出口商品弹性需求之和大于 1 加上边际进口倾向时，才能改善该国的国际收支状况。

四、对乘数论的评价

（一）理论贡献

国际收支乘数论建立在凯恩斯宏观经济分析的框架之上，从开放经济条件下国民收入恒等式出发，着重从国民收入的角度分析贸易收支问题，揭示了国际收支的收入调节机制。这一理论不仅对国际收支的研究具有重要意义，而且对研究一国贸易与经济增长亦意义深远。

（二）理论局限

国际收支乘数论的局限主要有以下几点。

一是虽然乘数论已经拓展到了凯恩斯的宏观经济分析框架上，但其仍然属于局部均衡分析法，只分析了国民收入变动对国际收支的影响，仍失之偏颇。

二是其前提假设依旧存在矛盾：汇率、价格不变以充分就业为前提，但商品供给弹性无穷大以非充分就业为前提。

三是它没有考虑国际资本流动，实际上一国国民收入增加意味着该国经济繁荣，会吸引外国资本的流入，使一国资本与金融账户得到改善，从而可以部分抵消收入增加对贸易收支的不利影响。因而乘数论关于国民收入对国际收支影响的分析是不全面的。

第四节　国际收支吸收论

国际收支吸收论（the theory of absorption approach），又称国际收支吸收分析法，主要研究在其他条件不变的情况下，总收入和总支出变动对国际收支调节的作用。

一、吸收论产生的历史背景

国际收支吸收论是由美国经济学家亚历山大于 1952 年在《贬值对贸易收支的效应》一文中首先提出的，此后美国经济学家米德也对此理论做了充实。根据前文已知，国际收支弹性论是在 20 世纪 30 年代世界经济大萧条之下产生的，当时西方国家存在着设备闲置、开工不足、失业遍野等现象，有条件满足货币贬值后对追加出口品与进口替代品的需要。但是第二次世界大战后，西方国家经济恢复迅速，失业率大大下降，但国际收支不平衡却不断加深，使得人们对弹性论提出了诸多质疑，并在经济学界展开了关于弹性论的激烈争论。除此之外，吸收论产生的另一个历史背景是第二次世界大战后，凯恩斯理论快速成为西方经济学的主流学派，凯恩斯的各类经济政策主张也被西方各国政府普遍采用，使得越来越多的人进一步使用凯恩斯的各类理论成果来分析国际收支问题。

二、吸收论的前提假设与主要观点

（一）前提假设

国际收支吸收论的前提假设包括如下方面。

第一，假设不考虑资本流动，则国际收支等于贸易收支，即只考虑经常账户下的收支平衡。

第二，假设货币贬值是出口增加的唯一原因。

（二）主要观点

在以上假设基础上，根据凯恩斯的宏观经济理论（尤其是凯恩斯的有效需求理论），国际收支吸收论认为国际收支不仅仅与进出口商品的相对价格相关，而且与整个国民经济相关，只有弄清产出和支出变动之后，才能理解国际收支的变化。因此，该理论着重研究了总收入和总支出在国际收支调节中的作用，并主张通过调节总收入和总支出来调节国际收支。

三、吸收论的核心理论

按照凯恩斯的宏观经济模型，国民收入（Y）和国民支出（E）的关系可以表述为：

$$Y = E \tag{2-25}$$

在开放经济条件下，有：

$$E = C + I + G + (X - M) = Y \tag{2-26}$$

其中，C为消费（支出），I为投资（支出），G为政府支出，X为出口，M为进口，（$X-M$）则为出口净额。

将式（2-26）移项，得：

$$X - M = Y - (C + I + G) \tag{2-27}$$

等式左侧为贸易收支差额，记为B，因为吸收论同样不考虑资本流动，因此贸易收支差额即为国际收支差额。（$C + I + G$）代表国内总支出，即国民收入中被国内吸收的部分，用A来表示。由此，国际收支差额（B）实际上可由国民收入（Y）与国内吸收（A）之间的差额来表示，用公式表示即为：

$$B = Y - A \tag{2-28}$$

式（2-28）即为国际收支吸收论的基本公式。事实上，这是一个会计恒等式，但亚历山大等学者赋予了其逻辑上的因果关系。他们认为等式右侧的（$Y-A$）为国际收支发生的动因，左侧的B则为国际收支的结果。该等式表明国际收支不平衡的根本原因是总收入与总吸收的失衡。也就是说，当一国在一定时期内的总收入大于总吸收（$Y>A$）时，国际收支表现为顺差；反之，当总收入小于总吸收（$Y<A$）时，国际收支表现为逆差；当总收入与总吸收相等，国际收支平衡。

因此，在国际收支失衡时，吸收论认为可以通过变动总收入和总吸收进行调节，对于具体采取何种政策组合，吸收论进一步指出：在非充分就业的情况下，当一国国际收支出现逆差时，社会上存在着闲置资源和失业工人，则可以通过加总收入的方法改善国际收支逆差，包括货币贬值、贸易控制（如关税、补贴等）。货币贬值的目的是调节总收入和总吸收的相对关系，一方面扩大商品出口，增加收入，另一方面把国外支出转向购买国内商品。贸易控制的目的主要是减少进口，把国内支出从进口外国商品转向购买国内商品，同时也是为了刺激出口，把外国支出转向购买本国商品。

在充分就业的情况下，生产已经无法再扩大，当一国国际收支出现逆差时，增加总收入的办法或是失效，或是会引起国内通货膨胀，更好的办法就是通过减少总吸收来改善国际收支逆差，包括紧缩性财政政策和紧缩性货币政策。紧缩性财政政策可以直接减少政府支出，而紧缩性货币政策可以减少总体需求，包括对进口商品的需求。

四、对吸收论的评价

（一）理论贡献

吸收论作为国际收支理论的特色主要在于以下方面。

首先，国际收支吸收论建立在凯恩斯宏观经济学的基础之上，采用一般均衡分析方法，将国际收支和整个国民经济的诸多变量联系起来进行分析，从而克服了国际收支弹性论、乘数论等理论采用局部均衡分析的局限。

其次，吸收论具有明显的政策搭配含义。这一理论认为，当国际收支存在逆差时，在采用货币贬值措施的同时，应采用紧缩性财政政策和货币政策来减少吸收（需求），从而使内部经济和外部经济同时达到平衡。

再次，吸收论指出了弹性论所忽视的国际收支失衡的货币方面，强调了货币因素的重要性。在国际收支理论的发展过程中，吸收论起到了明显的承前启后作用。一方面，它指出了国际收支弹性论的局限，又吸纳了弹性论的某些合理内容，因而它是在弹性论基础上的一大进步；另一方面，它指出了国际收支失衡的宏观原因，并注意到国际收支失衡的货币方面，由此国际收支吸收论也是 20 世纪 60 年代后期出现的国际收支货币论的先导。

（二）理论局限

但是，国际收支吸收论同样存在局限。

第一，吸收论假定货币贬值是出口增加的唯一原因，同时与弹性论一样，以贸易收支代替国际收支，因此从宏观角度看缺少了对资本流动的分析。

第二，对于式（2-28）这一会计恒等式，吸收论提出了以收入和吸收为因、以贸易收支为果的观点，但并未能提供任何令人信服的逻辑分析方法。实际上，收入与吸收固然会影响贸易收支，但贸易收支也会反过来影响收入和吸收。

第三，吸收论没有考虑到货币贬值后相对价格变动在国际收支调整过程中的作用。事实上，在货币贬值后，可贸易商品的价格相对于不可贸易商品的价格上升，必然会导致资源的再分配。如果此时的资源已接近充分利用，则贸易收支的改善主要依靠资源重新配置、居民支出结构重新分配引起的吸收减少。但是，如果居民支出减少的部分主要发生在不可贸易商品领域，而非对外国的支出，此时货币贬值对于国际收支的改善显然没有任何帮助。货币贬值引起可贸易商品相对价格上升在国际收支调节过程中的作用是不可忽视的，只有当出口商品和进口替代品相关生产所需要的资源提升时，货币贬值才能够改善国际收支。

第四，吸收论认为充分就业条件下生产不能扩大，收入不能增加，但其实还可以通过资源的合理配置、劳动生产率的提高等来增加生产和收入。

专栏 2-2　国际收支弹性论与吸收论的比较[①]

国际吸收论和弹性论作为调节国际收支的两种重要理论有其共同之处，即两者都认为国际收支的不平衡需要政府出面调节，而通过货币贬值有可能改善国际收支逆差

[①] 黄燕君，何嗣江，等. 新编国际金融[M]. 3 版. 杭州：浙江大学出版社，2013：27.

状况。但是两者也存在许多差别，主要表现在以下几个方面。

1. 分析方法不同

弹性论建立在马歇尔微观经济学基础之上，采用的是局部均衡分析方法，所以它只是从进出口商品相对价格和需求的变化来探讨国际收支调节政策与方法；吸收论则是建立在凯恩斯宏观经济学基础之上，采用的是一般均衡分析方法，所以它从国民收入和总吸收（总支出）的相互关系出发来考察国际收支失衡的原因及调节国际收支的政策措施。

2. 政策主张不同

弹性论认为贸易收支与贸易值（贸易总额）有关，而贸易值与进出口商品的需求弹性有关，因此它主张通过货币贬值来影响贸易收支及贸易条件，以最终调节国际收支；而吸收论认为造成国际收支不平衡的原因是一国总收入与总吸收的不平衡，因此主张通过增减总收入和总吸收的政策来调节国际收支。

3. 对货币贬值的效果分析不同

虽然弹性论和吸收论都认为通过货币贬值有可能改善国际收支，但弹性论认为货币贬值改善国际收支的效果主要取决于进出口商品的需求弹性，即马歇尔－勒纳条件，若进出口商品需求弹性之和大于1，就能改善国际收支逆差状况。而吸收论则认为货币贬值的效果与国内经济是否处于充分就业状态有关，若国内经济已达到充分就业，无论进出口商品需求弹性有多大，由于生产无法扩大，增大的出口需求与进口替代品需求无法得到满足，贬值的效果就体现不出来。只有在非充分就业的条件下，货币贬值才能改善国际收支逆差。弹性论与吸收论的这种差别与两者产生的历史背景不同有关，弹性论产生在20世纪30年代世界经济大萧条时期，故它假设进出口商品的供给弹性无限大；而吸收论产生在第二次世界大战后世界经济快速发展时期，当时失业率已然较低，它就不能不考虑进出口商品的供给问题。

第五节 国际收支货币论

国际收支货币论（the theory of monetary approach），又称国际收支货币分析法，主要研究在其他条件不变的情况下，货币供给与需求变动对国际收支调节的作用。

一、货币论产生的历史背景

国际收支货币论是随着现代货币主义的兴起而产生的，其代表人物是美国经济学家约翰逊和他的学生弗兰克尔。货币论正式产生于20世纪60—70年代，但是其思想发源可以追溯到18世纪休谟提出的"物价－现金流动机制"。该机制认为，一国国际收支不平衡会引起黄金的输出与输入，从而引起货币供求的失衡，而货币量的变化会通过商品相对价格及贸易收支的变化调节国际收支，使之重新达到平衡。国际收支货币论也认为货币供求量的变化对国际收支有着重要影响，强调国际收支本质上是一种货币现象，并由此展开了分析。用约翰逊的话说："国际收支货币论是休谟的'物价–现金流动机制'的重新组合。"两者不同的是："物价–现金流动机制"认为货币量变化引起的商品相对价格变化会促使国际收支自动达到平衡；而货币论则强调过多的货币供给与货币需求会对国际收支失衡产生直接的影响。

货币论在 20 世纪 60—70 年代出现有其特殊的时代背景。这一时期，西方各国经济面临的突出问题不再是弹性论面临的经济萧条，也不是吸收论面临的经济高速发展所需的劳动力、原材料缺乏，而是通货膨胀。于是当时在西方经济理论中出现了货币数量论的复兴，主张通过控制货币量的办法来抑制通货膨胀，达到内部经济平衡。国际收支货币论实质上则是在此理念基础上，强调通过调节货币供应量来达到外部经济的平衡。

二、货币论的前提假设与主要观点

（一）前提假设

国际收支货币论有四个基本假设。

第一，假设在充分就业的均衡条件下，一国的实际货币需求是收入和利率的稳定函数。

第二，假设货币供给变动不影响实际产量。

第三，假设可贸易商品的价格是由国际市场决定的，从长期来看，一国的价格水平和利率水平接近国际市场水平。

第四，各国货币当局不对国际资本流动采取"冲销"政策，这意味着货币供给和国际储备同方向变动。

（二）主要观点

根据以上假设，国际收支货币论认为，国际收支不平衡的根本原因在于国内货币供给与货币需求的失衡。如果货币需求大于货币供给，这部分超额货币需求必须通过国外货币的流入来满足，从而使得国际收支出现顺差；如果货币需求小于货币供给，这部分超额货币供给必须通过本国货币的流出来消化，从而使得国际收支出现逆差。

在此理论分析之下，货币论主张用国内货币政策（尤其是国内货币供给政策）来调节国际收支不平衡。更进一步来说，其认为国际收支从本质上看是一种货币现象，那么就只能用货币工具来调节它：紧缩性的货币政策可以减少国际收支逆差；扩张性的货币政策可以减少国际收支顺差。而其他的诸如货币贬值、贸易控制、关税等政策说到底还是要通过货币需求的增加或货币供应的减少来改变国际收支的逆差状况。

三、货币论的核心理论

在各项假设条件下，国际收支货币论的基本理论可用以下公式表达：

$$M_s = M_d \tag{2-29}$$

式（2-29）中，M_s 为名义货币供应量，M_d 为名义货币需求量。从长期来看，可以假定货币供给与货币需求相等。此外，货币论认为一国的货币需求与该国的物价水平（P）、国民收入（Y）和利率水平（i）有关，即：

$$M_d = P \times f(Y, i) \qquad (2\text{-}30)$$

而一国的货币供给主要有两个来源：一是中央银行的国内信贷或支持货币供给的国内资产（D），它代表了来自国内的基础货币；另一个则是由国际收支顺差所形成的国外资金流入（R），也被称为是来自国外的基础货币，并以国际储备为代表。此外，还需考虑货币乘数效应，记为 m，代表银行体系通过存贷操作使基础货币放大的倍数。货币供给用公式可表示为：

$$M_s = m\,(D + R) \qquad (2\text{-}31)$$

为简化计算，此处假定 $m=1$，则有：

$$M_s = D + R \qquad (2\text{-}32)$$

将式（2-32）代入式（2-29），整理得到：

$$R = M_d - D \qquad (2\text{-}33)$$

式（2-33）概括了货币论的主要观点，是货币论的最基础理论阐述公式。它表示，国际收支不平衡是由货币供需不平衡引起的，当货币需求大于国内货币供给，社会公众就会从国外寻找货币来源，例如扩大商品出口、变卖外国资产等，以满足货币需求。这样会引起国外资金的流入，表现为 R 的增加，亦表现为国际收支顺差。反之，当货币需求小于国内货币供给时，由于货币供给不影响实物产量，多余的货币就要从国外寻找出路，如扩大商品进口和对外投资，以促使货币供求平衡。这又会引起国内资金的外流，表现为 R 的减少，亦表现为国际收支逆差。只有当国内的货币供求均衡时，国际收支才是平衡的。

对货币贬值调节国际收支的效应，货币论也做了与弹性论、吸收论不同的解释。如前所述，弹性论认为货币贬值的效应取决于进出口商品的需求弹性，吸收论认为货币贬值的效应取决于国内经济是否处于充分就业状态，而货币论则认为货币贬值量是否增加取决于在货币贬值的同时国内货币供给是否增加。因为在货币论看来，货币贬值的作用是紧缩国内的信用，促使国内物价上涨，根据式（2-30），这又会使得货币需求增加，以吸纳过多的货币供应，从而促使货币供求均衡，改变国际收支逆差状况。但货币贬值调节国际收支逆差的这种效应要以在贬值时，货币供应量不增加为前提，如果国内货币供应量与贬值刺激的货币需求同时增加，则货币贬值的效应就不能发挥。与此同时，货币论认为在调节国际收支逆差时，国内信贷规模的紧缩比本币贬值的效果要好，因为本币贬值可能会引起更多的国际摩擦，而缩减国内信贷却不会导致其他国家的报复，并且货币当局的可控性更高。

四、对货币论的评价

（一）理论贡献

国际收支货币论的主要贡献在于以下方面。

首先，货币论在"物价–现金流动机制"之后再一次从货币因素角度入手分析国际收支，强调了货币因素在引起与调节国际收支不平衡方面的重要作用，从而为各国利用货币政策调节国际收支提供了理论依据。实际上货币论的政策主张目前已经被许多国家所采用。

其次，货币论克服了弹性论和吸收论仅从贸易收支来分析国际收支的局限，充分考虑了国际资本流动的因素，并将国际收支的差额与官方储备的增减联系起来。因此它研究的是国际收支的总体平衡，而不是项目平衡或局部平衡。

再次，货币论扩展到了开放经济，将货币来源区分为国内部分和国外部分，这一基本原理成为汇率决定的货币供求说的基础。

（二）理论局限

虽然国际收支货币论的基本观点及其提倡的国际收支调节方法，在国际收支理论研究以及各国实际经济实践中都有广泛影响，但对其的质疑声音并未因此消失。其局限性主要表现在以下几个方面。

第一，过分突出了货币因素在国际收支决定中的作用。国际收支货币论认为货币是国际收支失衡及其调节的唯一重要因素，而把收入、支出和贸易条件等其他因素看成次要的，这实质上是把现实的经济因果关系颠倒了。

第二，用外汇储备变动替代国际收支差额的视角并不全面。国际收支货币论只注重估计国际收支的最终结果，即官方外汇储备账户的变动，而忽略了国际收支的结构问题，即经常账户和资本与金融账户的自身平衡及相互影响问题。如果经常账户逆差从数量上恰好等于资本与金融账户顺差，那么以国际收支货币论的观点，官方储备不变，国际收支平衡，无须采取任何调节政策或措施。但是，依靠借债来平衡经常账户逆差，将增加未来年份的外债的还本付息负担，一旦资本流入中断，经常账户差额无法弥补，国际收支失衡问题便会立即显现。所以，只关注外汇储备账户的国际收支政策取向缺乏前瞻性，容易使政府陷入被动局面。

第三，货币论的假设条件不尽合理。一方面，货币需求函数是否稳定这一问题长期以来都存在争论，这个争论主要来源于凯恩斯主义和货币主义的辩论。凯恩斯主义者认为，货币需求受利率影响较大，货币需求会随着经济形势和利率波动而发生变化，因而货币需求并不稳定。但是，货币主义者认为，货币需求主要受恒久性收入影响，由于恒久性收入是一定时期的平均收入，相对比较稳定，所以货币需求函数也是稳定的。如果货币需求不稳定，则货币论的各种政策主张将受到挑战。另一方面，货币论还假设货币供给变动不影响实际产量，这也与实际情况不符。因为货币量变化后，人们在改变对国外商品和投资支出的同时也会改变对国内商品和投资的支出，从而影响国内的生产量。

第四，货币论在政策层面也存在一定的局限性。货币论提出要改善国际收支状况，必须采取紧缩性货币政策，这显然以牺牲国内的实际消费、投资、收入和经济增长为代价，这一点受到了许多发展中国家经济学家的批评。

总体来看，以上四种国际收支理论都是从某一角度分析了国际收支不平衡的原因及调整对策。在开放经济条件下，有些政策可能在实现国际收支平衡的同时，影响了国内宏观经济目标的实现。因此一国采取的政策究竟符合哪一种理论所述的观点，还需要根据实际情况、具体问题具体分析。更重要的是，目前越来越多的经济学家主张，当一国出现国际收支不平衡时，应同时采用多种政策加以调节，以便扬长避短，收到更好的效果。

本章小结

1. 国际收支的自发调节机制是指在不考虑政府干预的情况下，通过市场机制的自发调节作用而实现的对国际收支的调节，即依靠收入、价格、利率、汇率、货币供应量等经济变量的联动关系对国际收支进行自动调节。

2. 不同的本位制度下所形成的自发调节机制有所不同。其中，金本位制下国际收支能够自动恢复均衡，这一过程最早由休谟提出，称为"价格—铸币机制"。这一机制发生作用的关键在于黄金的输入输出会影响该国的货币供应量，并进而影响经济。在纸币本位下，国际收支失衡仍然具有自发调节的机制：一类是在固定汇率制度下，货币当局为维持汇率而引发的外汇储备变动会导致国内货币供应量的变化，从而影响国际收支；其作用路径可进一步通过"货币—价格机制""收入机制""利率机制"进行解释。另一类是在浮动汇率制度下，市场通过汇率机制自发调节国际收支。

3. 现代经济并不是纯粹的自由市场，国际收支自动调节机制的作用会被大大削弱，这就需要政府对市场进行干预，以便实现国际收支平衡。国际收支的政策调节机制基本可分为融资型政策、需求型政策、供给型政策和道义与宣示型政策等。

4. 国际收支弹性论主要研究在其他条件不变的情况下，汇率变动（货币贬值）对国际收支调节的作用。其在局部均衡分析法之下，认为政府可以通过货币贬值来改善国际收支。进一步地，弹性论指出只有当进口商品的需求弹性与出口商品的需求弹性之和大于1时，本币贬值对改善国际收支才是有效的，这就是著名的马歇尔—勒纳条件。此外，根据J曲线效应的观点，由于国际贸易市场的订单数量变动存在黏性，货币贬值不会立即引起贸易收支的改善，反而可能导致其恶化，只有经过一段时间后，贸易收支才会得以改善。

5. 国际收支乘数论主要研究在其他条件不变的情况下，国民收入变动对国际收支调节的作用。其在局部均衡分析法之下，认为进口支出是国民收入的函数，当一国支出增加时，可通过乘数作用促进国民收入增加，而国民收入的增加会引起该国进口的增加，从而造成其国际收支逆差相对恶化。正因为如此，乘数论主张一国可以通过需求管理政策调节国际收支不平衡。

6. 国际收支吸收论主要研究在其他条件不变的情况下，总收入和总支出变动对国际收支调节的作用。其在一般均衡分析法之下，认为国际收支不仅仅与进出口商品的相对价格相关，而且与整个国民经济相关。国际收支不平衡的根本原因是总收入与总吸收的失衡，当一国在一定时期的总收入大于总吸收时，国际收支表现为顺差；反之则国际收支表现为逆差。因此，吸收论主张通过变动总收入和总吸收进行国际收支不平衡的调节。

7. 国际收支货币论主要研究在其他条件不变的情况下，货币供给与需求变动对国际收支调节的作用。其在一般均衡分析法之下，将国际收支看成一种货币现象，并认为国际收支失衡的根本原因在国内货币供给与货币需求的失衡。如果货币需求大于货币供给，这部分超额货币需求必须通过国外货币的流入来满足，从而国际收支出现顺差，如果货币需求小于货币供给，这部分超额货币供给必须通过本国货币的流出来消化，从而国际收支出现逆差。因此，吸收论主张用国内货币政策（尤其是国内货币供给政策）来调节国际收支不平衡。

核心术语

物价－现金流动机制（price-specie-flow mechanism）

支出增减型政策（expenditure rising or reducing policy）

支出转换型政策（expenditure switching policy）

国际收支弹性论（the theory of elasticity approach）

马歇尔－勒纳条件（Marshall-Lerner condition）

J曲线效应（J-curve effect）

国际收支乘数论（the theory of multiplier approach）

哈伯格条件（Harberger condition）

国际收支吸收论（the theory of absorption approach）

国际收支货币论（the theory of monetary approach）

思 考 题

1. 简述金本位制下的物价－现金流动机制。

2. 简述固定汇率制度和浮动汇率制度下国际收支自动调节机制的主要区别。

3. 比较支出增减型政策和支出转换型政策调节国际收支不平衡的异同及其效果。

4. 为什么说财政政策与货币政策搭配使用可以在短期内解决内外经济均衡的矛盾？

5. 哈伯格条件的数学推导过程如何？

6. 什么是J曲线效应？产生J曲线效应的原因是什么？

7. 简述国际收支弹性论、乘数论、吸收论和货币论的基本观点及政策主张，并比较它们之间的异同。

第二篇

外汇与汇率

PART 2

INTERNATIONAL
FINANCE

CHAPTER 3 　第三章　外汇与汇率基础

学习要点

1. 掌握外汇与汇率的含义、外汇标价法、汇率分类等基础知识；
2. 理解开放条件下影响汇率变动的主要因素，学会分析汇率水平走势；
3. 理解汇率变动对经济的影响，并学会分析其传导机制。

第一节　外汇与汇率的基础知识

开放经济中的国家都不同程度地需要同其他国家进行货币经济往来。商品的贸易、资金的汇兑、资本的跨国转移以及国与国之间债权债务的清算与支付，最终都要借助货币来完成，并高度依赖于本国货币与外国货币之间的兑换。汇率就是两国货币进行兑换的比率。在西方金融理论中，利率被视为货币的价格，而汇率则被视为货币的对外价格，是国际金融学中非常重要的一部分内容。

一、外汇概述

"外汇"（foreign exchange）是适应国际商品流通和劳务交换的需要而发展起来的，是以外国货币表示并可用于国际结算和国际债务清偿的支付工具。

（一）外汇的定义

外汇具有动态（dynamic）和静态（static）两种含义。

动态的外汇是指"国际汇兑"这一经济行为，即把一国的货币兑换成另一个国家的货币，以清偿国际债权、债务关系的一种专门性的经营活动。

静态的外汇又有广义和狭义之分。广义静态外汇是指一切以外币表示的、可用于国际结算和债务清偿的金融资产；狭义静态外汇则是指以外币表示的、可直接用于国际结算的支付手段和工具，其主体是国外银行的外币活期存款，以及包括银行汇票、本票、支票等在内的外币票据，不包括股票、债券等外币有价证券。由此可以看出，广义与狭义静态外汇的核心区别在于能否直接用于国际结算，前者强调了外汇的对外债权属性，而后者强调了外汇的国际结算功能。

国际货币基金组织（IMF）曾对外汇做出明确的定义：外汇是货币当局（中央银行、货币管理机构、外汇平准基金组织及财政部）以银行存款、国库券、长短期政府债券等形式所保有的在国际收支逆差时可以使用的债权。

我国 2008 年 8 月颁布的《中华人民共和国外汇管理条例》也对外汇范围做了规定，指出外汇包括以下几种形态：一是外币现钞，包括纸币、铸币；二是外币支付凭证或支付工具，包括票据、银行存款凭证、银行卡等；三是外币有价证券，包括政府公债、国库券、公司债券、股票、息票等；四是特别提款权；五是其他外汇资产，包括在境外的人寿保险金以及境内居民在境外的稿酬、版税、专利转让费等。

显然，国际货币基金组织和我国采用的均为广义静态外汇概念。

（二）外汇的特征

世界各国在自然环境等方面存在巨大差异，所处的经济发展阶段也大不相同，客观上在资源、劳动力、技术和产品上有着相互需求、相互依赖的关系。一国的外汇本质上就是用本国的物资、技术和劳务所换来的，对他国商品、技术和劳务的要求权。作为能满足一国社会和经济发展需要的"战略资源"，不是所有的外国货币都能成为外汇，一种外币成为外汇需要具备以下三个基本特征。

第一，可自由兑换性。外汇的可自由兑换性是指其能够自由地兑换成其他国家的货币，或购买其他信用工具以进行多边支付。国际货币基金组织按照货币的可兑换程度，把各国货币大体分为完全可自由兑换货币（主要自由兑换货币见表3-1）、有限或部分可兑换货币、不可兑换货币三类。严格意义上的外汇应是完全的可自由兑换货币，但是某些具有较大影响力的有限或部分可兑换货币亦可成为外汇。

表3-1 主要自由兑换货币（人民币除外）符号

货币名称	货币英文名称缩写	世界标准化组织制定的货币符号
美元	USD	$
欧元	EUR	€
日元	JPY	J¥
英镑	GBP	£
加拿大元	CAD	CAN$

资料来源：国家外汇管理局。

专栏 3-1 货币的可兑换性

由于各国货币制度不同，外汇管制宽严程度不同，以及政府维持货币主权的要求不同，一国货币兑换成另一种货币的难度也会有所不同。国际货币基金组织按照货币的可兑换程度，把各国货币大体分成三类：

第一，完全的可自由兑换货币（freely convertible currency）。当一国政府对本币兑换成外币的行为没有严格限制，不采取差别性的复汇率措施时，该国的货币就成为完全的可自由兑换货币。美元、欧元、日元、英镑、加拿大元、新加坡元、澳大利亚元、新西兰元、卢布等均为其中的代表。

第二，有限的或部分的可兑换货币。当一国政府对本币兑换外币的行为实行某些方面的严格限制时，该国货币就成为有限的或部分可兑换的货币。通常情况下，有限的或部分的可兑换的货币可被进一步分为经常账户下的可兑换货币以及资本与金融账户下的可兑换货币。顾名思义，前者是指一国对经常账户下的国际支付和转移不予限制，后者是指一国货币在资本与金融账户之下可以自由兑换。前述的完全的可自由兑换货币本质即是在经常账户以及资本与金融账户之下均可实现自由兑换的货币。

第三，不可兑换货币。若一国政府对本币兑换外币的行为实行严格的外汇管制，境内没有外汇市场，所有本币兑外币的行为都须经过政府的审批，则该种货币即为不可兑换货币。

那么，人民币属于何种货币呢？ 1996 年 11 月 27 日，中国人民银行行长戴相龙致函国际货币基金组织，正式宣布我国从 1996 年 12 月 1 日起接受《国际货币基金组织协定》第八条款规定，基本实现了经常账户下交易的人民币自由兑换，自此我国被称为所谓的"第八条款国"，人民币开始成为有限的或部分的可兑换货币。除此之外，2016 年 9 月 30 日，国际货币基金组织宣布纳入人民币的全新特别提款权（SDR）货币篮子将于 10 月 1 日生效。从此之后，人民币被进一步认定为可自由使用货币（freely usable currency）。《国际货币基金组织协定》中对"可自由使用"货币的定义是：基金组织认定实际上广泛用于国际交易支付并在主要外汇市场广泛交易的成员货币。虽然可自由使用离可自由兑换仍有距离，但可自由使用的概念在国际货币基金组织的金融业务中发挥着核心作用。

第二，普遍接受性。即该种货币在国际经济交往中被各国普遍地接受和使用。一个国家的货币能普遍地被其他国家接受为外汇，实际上反映了该国具有相当规模的生产能力和出口能力，或者该国丰富的自然资源正是其他国家所缺乏的，这使其货币的物质偿付能力得到充分保证。

第三，可偿性。即该种外币资产是可以保证方便地得到偿付的，也就是说，具有可靠的物质偿付保证。假如一国的经济规模小且低效，自然资源贫乏，其出口产品在国际市场上又缺乏竞争力，那么该国货币就不可能具备充分的物质偿付保证，因而难以成为外汇。

以上三个特征又被称为"成为外汇的三个充分条件"，而作为外汇的必要条件则是外汇必须是外国货币或者以外币计价的金融资产。所谓资产即用货币表现的经济资源，它可以是实物性的（如土地、房产、机器设备等），也可以是金融性的（如现金、信用、票据、有价证券等）；可以是有形的（如汽车、存单等），也可以是无形的（如商标权、专利权等）。然而，需要指出的是，任何以外币计值的实物资产和无形资产并不构成外汇，因为外汇必须能够用作对外支付。

（三）外汇的分类

外汇的种类可以从不同角度，以不同的标准或根据不同的研究目的来划分。常用的分类主要有以下几种。

1. 外汇按来源和用途分类，可分为贸易外汇和非贸易外汇

贸易外汇是指通过商品进出口贸易引起收付的外汇，主要包括进出口贸易货款及其从属费用（如运费、保险费、广告宣传费等），是一国外汇收支的主要项目。非贸易外汇是指贸易外汇以外的一切外汇，即一切非来源于或用于进出口贸易的外汇，如劳务外汇、旅游外汇、捐赠和援助外汇、投资收益汇回等，其在一国外汇收支中也占有重要地位。

2. 外汇按是否可以自由兑换分类，可分为自由外汇和记账外汇

自由外汇（free foreign exchange）是指不需要经过货币发行国的批准，就可以随时自

由兑换成其他国家的货币，用以向对方或第三国办理支付的外国货币及其支付手段，又称多边结算的外汇。例如，美元、英镑、日元、欧元等货币的发行国基本上取消了外汇管制，持有这些货币可以自由兑换成其他国家的货币或者对第三国进行支付。记账外汇（foreign exchange account）亦称双边外汇、协定外汇或清算外汇，是指用于贸易协定或支付协定项下双边清算所使用的外汇。一般是在两国签订协议后，在双方中央银行或指定银行设立双边清算账户，以协定中规定的货币作为记账货币，两国之间发生的外汇收支均以记账货币为单位记入对应的清算账户，最后以轧差的方式清算协定范围内所发生的债权债务。记账外汇所使用的货币既可以是协定国任何一方的货币，也可以是第三国货币，但不经货币发行国批准均不能自由兑换其他国家货币，也不能对第三国进行支付，只能在协议国之间使用。我国的人民币因在资本项目之下仍有较为严格的外汇管制，因此属于记账外汇。

3. 外汇按交割期限分类，可分为即期外汇和远期外汇

即期外汇也称现汇，是指在即期外汇买卖交易中按当期汇率成交的外汇，原则上买卖双方需在成交日当天或成交后的两个营业日内办理交割。远期外汇是指外汇买卖双方按照合同约定，在未来某一日期办理交割的外汇，又称期汇。

4. 外汇按形态分类，可分为现钞和现汇

现钞是指外国钞票、铸币，主要从国外携入。而现汇是一种外汇结算凭证，银行可以通过电子结算直接入账，它包括从国外银行汇到国内的外汇存款，以及外币汇票、本票、旅行支票等。

除以上常见划分外，外汇还有许多其他分类，如官方外汇、私人外汇、黑市外汇、劳务外汇、旅游外汇，等等。

二、汇率的标示与分类

外汇作为一种资产，可以和其他商品一样进行买卖。商品买卖中是以货币购买商品，而货币买卖是以一种货币购买另一种货币。因此，汇率应运而生。

（一）汇率的定义

汇率（foreign exchange rate）又称汇价，即两国货币的兑换比率或比价，也就是以一国货币表示的另一国货币的价格。

外汇在外汇市场上的买卖构成了外汇交易，由于外汇市场上的供求经常变化，汇率也经常发生波动，因此汇率又称为"外汇行市"。在包括我国在内的一些国家，本币兑换外币的汇率通常在银行挂牌对外公布，这时汇率又被称为"外汇牌价"。

（二）汇率的标价方法

外汇的价格不同于其他商品的价格，其他商品的价格只能用货币标价，而不能反过来。外汇买卖的对象双方都是货币，都是表示商品价格或双方货币价格的手段。究竟是用本币来表示外币的价格，还是用外币来表示本币的价格，这就是汇率的标价方法所要解决的问题。汇率的标价方法主要有以下三类。

第一，直接标价法（direct quotation），是以一定整数单位的外国货币为基准，折算成

若干单位的本国货币来表示两国货币的汇率，又称应付标价法（giving quotation）。在直接标价法下，一定单位外币折算成的本币比原来增多，说明外币汇率上涨或本币汇率下跌，即外币升值或本币贬值。反之，说明外币汇率下跌，本币汇率上涨，即外币贬值或本币升值。目前，包括我国在内的世界上绝大多数国家货币都采用直接标价法。例如，2023年3月13日美元兑人民币的汇率用直接标价法可被表示为：1美元=6.8660元人民币，可记为USD/CNY=6.8660，或者USD1=CNY6.8660。

第二，间接标价法（indirect quotation），是以一定整数单位的本国货币为基准，折算成若干单位的外国货币来表示两国货币的汇率，又称为应收标价法（receiving quotation）。在间接标价法下，一定单位本币折算成的外币数额增大，说明本币汇率上涨或外币汇率下跌，即本币升值或外币贬值。反之，说明本币汇率下跌，外币汇率上涨。目前只有英镑、美元、欧元、澳大利亚元等少数货币采用间接标价法，因其是重要的国际货币，在世界上绝大多数货币采用直接标价法的背景下，这些重要的国际货币采用间接标价法，则正好可以达到与其他货币标价一致的目的，利于使用。同样以2023年3月13日美元与人民币间的汇率举例，在间接标价法之下，其可被表示为：1元人民币=0.1456美元，可以记为CNY/USD=0.1456，或者CNY1=USD0.1456。

显然，直接标价法和间接标价法表示的汇率互为倒数，两者的乘积必等于1（见表3-2）。掌握了其中一种标价法下的汇率，便可推算出另一种标价法下的汇率。因此，汇率的两种不同标价方法只是形式上的不同。不过，在这两种标价法下，汇率上涨或下跌的含义正好是相反的。因此，在引用某种汇率并说明其高低或涨落时，必须明确是哪一个外汇市场或采用哪一种标价方法，以免混淆。

表3-2 直接标价法和间接标价法的比较

标价法	直接标价法		间接标价法		间接标价法	
外汇市场	中国银行 （每100外币合人民币数）		伦敦外汇市场 （每1英镑合外币数）		纽约外汇市场 （每1美元合外币数）	
汇率 （2023年7月28日）	USD	713.38	USD	1.2864	CNY	7.1488
	GBP	916.06	CNY	9.1980	GBP	0.7774
	EUR	786.27	EUR	1.1656	EUR	0.9061
	JPY	5.1491	JPY	180.5334	JPY	140.7200
	CAD	541.51	CAD	1.7024	CAD	1.3225

资料来源：中国银行、英格兰银行、美国联邦储备系统

注：纽约外汇市场采用的主要是间接标价法，但对英镑和欧元的标价保留了直接标价法。表3-2中美元兑英镑和欧元的汇率也以直接标价法标价，是为了更清楚地看出间接标价法。

第三，美元标价法（U.S. dollar quotation），是以一定单位的美元为基准，以其他国家货币来表示美元的价格。第二次世界大战后，由于纽约外汇市场交易量的迅速扩大以及美元的国际货币地位的确定，为了便于在国际市场进行外汇交易，银行之间的报价多以美元为基准，市场参与者不必区分直接标价法还是间接标价法。这不仅简化了报价的程序，而且还便于广泛地比较各种货币的价格。目前，在国际外汇市场上，除英镑、欧元、澳大利亚元、新西兰元等少数几种货币用非美元报价法外，其他大多数货币均采用美元报价法。

这一约定俗成的习惯已被世界市场参与者所普遍接受，成为惯例。世界各金融中心的国际银行所公布的外汇牌价，都是美元兑其他主要货币的汇率，采用非美元报价法的货币之间的汇率则通过各自兑美元的汇率进行套算。

（三）汇率的分类

汇率可以从不同的角度、按照不同的标准，划分为不同的种类。

1. 按银行买卖角度的不同，汇率可分为买入汇率、卖出汇率和中间汇率

买入汇率（buying exchange rate）又称买价或银行出价，是指银行向客户或同业买入外汇时所使用的汇率。

卖出汇率（selling exchange rate）又称卖价或银行要价，是指银行向客户或同业卖出外汇时所使用的汇率。

各国外汇市场上银行与客户进行本币与外币交易时，均采用双向报价法，即同时报出买入汇率和卖出汇率。外汇银行买卖外汇的目的在于通过低价买入、高价卖出赚取价差，因而外汇的买入价和卖出价之间的差价就是银行经营外汇业务的利润，一般在1‰~5‰，具体幅度受币种、金额、供求关系以及外汇银行经营策略等因素的影响。

关于汇率的买入价和卖出价，需要注意以下几点：第一，买入价和卖出价都是站在银行的角度来讲的，而不是客户的角度。如果客户要买入外汇，则需要按照银行的卖价进行交易，因为对银行来讲是卖出外汇。反之，客户要卖出外汇，则要遵循银行的买价。如果是两家银行进行交易，买价和卖价则是指报价行的买价和卖价。第二，买入价和卖出价的对象是外汇，而非本币。第三，如果汇率等式中没有本币，两端均为外汇，则处于等式左端的基准货币，其买价在前，卖价在后；而处于等式右端的报价货币，其卖价在前，买价在后。

【例3-1】某日纽约外汇市场：GBP1=USD1.5870~1.5880。请问：（1）这是直接标价法还是间接标价法？（2）英镑买入汇率是多少？卖出汇率是多少？

答：（1）因为是纽约外汇市场，因此USD是本币，GBP是外币。说明以上是直接标价法。（2）英镑的买入汇率是1.5870，卖出汇率是1.5880。

【例3-2】某日纽约外汇市场，银行挂出欧元的牌价是：USD1=EUR0.7535~0.7550。请问：（1）这是直接标价法还是间接标价法？（2）欧元买入汇率是多少？卖出汇率是多少？

答：（1）因为是纽约外汇市场，因此USD是本币，EUR是外币。说明以上是间接标价法。（2）欧元的买入汇率0.7550，卖出汇率0.7535。

中间汇率（middle exchange rate）又称中间价或挂牌价格，是外汇的买入价和卖出价的算术平均数，是市场报价时使用的汇率。中间汇率一般适用于外汇汇率变化和走势分析，而不适用于客户交易。表3-3列举了人民币汇率中间价的例子。

2. 按外汇支付方式的不同，汇率可分为电汇汇率、信汇汇率和票汇汇率

电汇汇率（telegraphic transfer rate, T/T rate）也称电汇价，是指银行卖出外汇时用电讯方式通知境外联行或代理行支付外汇给收款人时所使用的汇率。在电汇方式下，银行一

表 3-3　人民币汇率中间价

日期	USD/CNY	EUR/CNY	100JPY/CNY	GBP/CNY	CAD/CNY
2023-07-31	7.1305	7.8836	5.0802	9.1955	5.4008
2023-07-28	7.1338	7.8627	5.1491	9.1606	5.4151
2023-07-27	7.1265	7.9208	5.0895	9.2390	5.4124
2023-07-26	7.1295	7.8850	5.0629	9.2005	5.4109
2023-07-25	7.1406	7.9636	5.0882	9.2263	5.4680
2023-07-24	7.1451	7.9880	5.0670	9.2284	5.4306
2023-07-21	7.1456	8.0041	5.1399	9.2556	5.4608
2023-07-20	7.1466	8.0879	5.1724	9.3360	5.4865

资料来源：中国外汇交易中心。

般用电传、电报、传真等方式通知境外分行支付款项，外汇解付迅速，银行很少占用客户的资金，同时可降低所承担的汇率风险。因此，国际支付大多采用电汇方式，同业买卖外汇或资金划拨也多使用电汇。目前电汇汇率是外汇市场的基准汇率。

信汇汇率（mail transfer rate，M/T rate）也称信汇价，是指银行卖出外汇时用信汇方式通知境外联行或代理行支付外汇给收款人时所使用的汇率。信汇一般采用信函方式通知付款行支付外汇，所用时间比电汇长，银行可以在一定时期内占用客户资金。因此，信汇汇率通常比电汇汇率低一些。历史上信汇汇率主要用于向中国香港以及东南亚地区付款，其他地区很少使用。

票汇汇率（demand draft rate，D/D rate）也称票汇价，是指银行卖出外汇后，开出一张由其境外分支机构或代理行支付汇款的汇票交给收款人，由收款人自带或寄往境外进行解付时采用的汇率。由于汇票从售出到付款这段时间内，银行可以占用客户资金，因而票汇汇率也低于电汇汇率。

3. 按交割期限的不同，汇率可分为即期汇率和远期汇率

即期汇率（spot exchange rate），即现汇汇率，是外汇买卖成交后在两个营业日内进行交割时所使用的汇率。一般即期外汇交易都是通过电话、电报、电传等方式进行，因此电汇汇率就是即期汇率，同时也是外汇市场上的基本汇率。

远期汇率（forward exchange rate），也称期汇汇率，是外汇买卖成交后，按照约定在未来某一日期进行交割时所使用的汇率。远期汇率是以即期汇率为基础约定的，又与即期汇率有一定的差异。当远期汇率高于即期汇率时，称为升水（premium）；当远期汇率低于即期汇率时，称为贴水（discount）；当远期汇率与即期汇率相等时，称为平价（par）。汇率的升水、贴水或平价主要受利率差异、外汇供求关系以及汇率预期等因素的影响。

4. 按制定方法的不同，汇率可分为基本汇率与套算汇率

基本汇率（basic exchange rate）是一国货币同关键货币的汇率。由于外国货币种类很多，一国在制定本国货币的对外汇率时，若逐一根据其实际价值进行对比来确定汇价既麻烦也没有必要，一般做法是，在众多外国货币中选择一种货币作为关键货币，根据本国货币与这种关键货币的实际价值对比而制定出的汇率，称为基本汇率。关键货币的选择合理与否在很大程度上影响一国所制定的汇率是否合理，因此各国政府在关键货币的选择上都非常慎重。一般遵循以下原则：一是必须是该国国际收支尤其是国际贸易中使用最多的货币；二是必须是在该国外汇储备中所占比重最大的货币；三是必须是可自由兑换的、在国际上可以普遍接受的货币。由于美元在国际上的特殊地位，不少国家都把美元作为关键货币，把兑美元的汇率作为基本汇率。

套算汇率（cross exchange rate）又称交叉汇率，是在基本汇率的基础上换算出来的各种货币之间的汇率。制定出基本汇率后，其他各种外国货币与本币之间的汇率可以通过基本汇率和国际金融市场行情套算出来。

5. 按营业时间的不同，汇率可分为开盘汇率和收盘汇率

开盘汇率（opening exchange rate）又称开盘价，是指外汇银行在一个营业日刚开始营业时，进行首笔外汇买卖时所使用的汇率。

收盘汇率（closing exchange rate）又称收盘价，是指外汇银行在一个营业日结束时，进行最后一笔外汇买卖时所使用的汇率。

开盘汇率和收盘汇率大致反映了外汇市场上汇率在本营业日内变化的趋势。

6. 按管制程度的不同，汇率可分为官方汇率和市场汇率

官方汇率（official exchange rate）又称外汇牌价或法定汇率，是由一国货币当局规定的、要求一切外汇交易都采用的汇率。官方汇率又可分为单一汇率和多重汇率。单一汇率是指货币当局只规定一种汇率，所有外汇收支全部按此汇率计算。多重汇率又称复汇率，是指一国政府对本国货币与某一外国货币之间的汇价因用途及交易种类不同而规定两种及以上的汇率。多重汇率是外汇管制的一种特殊形式，其目的在于奖励出口、限制进口、限制资本的流入或流出，以改善国际收支状况。

市场汇率（market exchange rate）是指在外汇市场上自由买卖外汇的汇率，它由外汇市场上的供求关系所决定，随着外汇供求关系的变化而波动。

7. 按买卖对象的不同，汇率可分为银行间汇率和商业汇率

银行间汇率（inter-bank exchange rate）又称同业汇率，是指银行与银行之间买卖外汇所使用的汇率。一般报纸上刊登的汇率即银行同业间电汇汇率的中间价。由于外汇银行是外汇市场的主要参与者，银行间的外汇交易是整个外汇交易的中心，故银行间汇率等同于前述的市场汇率。银行间汇率由外汇市场供求关系决定，买卖价差很小。

商业汇率（commercial exchange rate）又称商人汇率，是指银行与客户之间买卖外汇所使用的汇率。商业汇率是根据银行同业汇率适当增（卖出价）减（买入价）而形成的，所以买卖价差要大于同业汇率。

8. 按汇率制度的不同，汇率可分为固定汇率和浮动汇率

固定汇率（fixed exchange rate）即固定比价，是指一国货币同另一国货币的汇率保持基本固定，汇率的波动限制在一定幅度以内，由官方干预来保证汇率的稳定。所谓的固定比价，并非一成不变的，而是会有小的变动。

浮动汇率（floating exchange rate）即可变汇率，是指一个国家不规定本国货币的固定比价，也没有任何汇率波动幅度的上下限，汇率随外汇市场供求关系自由波动。

9. 按测算方式的不同，汇率可分为名义汇率、实际汇率和有效汇率

名义汇率（nominal exchange rate），一般是指官方公布的汇率或汇率的市场标价，即在市场上通行的、没有剔除通货膨胀因素的汇率。名义汇率仅仅表示一单位的某种货币名义上兑换多少单位的另一种货币，并没有考虑其购买商品和劳务的实际能力。名义汇率的升值或贬值不一定表明一国商品在国际市场上竞争能力的增强或减弱。因此，名义汇率并不能完全反映两种货币实际所代表的价值量的比值。

实际汇率（real exchange rate），是指在名义汇率的基础上剔除了通货膨胀因素的汇率。它反映了通货膨胀对名义汇率的影响，一般通过同一时期两国相对物价指数调整而得到，计算方法为：

$$E = \frac{P_f}{P_d} S \qquad (3\text{-}1)$$

其中，E为本国实际汇率，S为本国名义汇率（直接标价法下），P_f为外国物价指数，P_d为本国物价指数。

此外，实际汇率有时还会采用名义汇率加上（或减去）各国政府为达到奖励出口、限制进口的目的而对各类出口商品进行的财政补贴和税收减免。实际汇率可以反映两国货币间汇率的实际变动趋势，在研究汇率调整、货币购买力、倾销调查与反倾销措施时经常被采用。在理论分析中，一般使用的也是实际汇率。

有效汇率（effective exchange rate），是指用本币数量表示的一篮子外币的加权平均值，计算方法为：

$$EER = \sum_{i=1}^{n} W_i e_i \qquad (3\text{-}2)$$

其中，n为一篮子货币中的货币种类数，W_i为第i种外币在计算中的权重，e_i为第i种外币的汇率（直接标价法）。一篮子货币中货币种类的选择以及权重的计算主要由本国与其他国家对外经济往来的密切程度确定，通常以贸易比重为权重。根据汇率决定的购买力平价理论，有效汇率可以进一步区分为名义有效汇率（NEER）和实际有效汇率（REER），后者为在名义有效汇率的基础上剔除通货膨胀对各国货币购买力的影响。

由于一个国家往往会同多个国家发生经济往来，本币常与多种外币产生兑换关系，从而会出现多种双边汇率，这些汇率的走势可能是不同的。例如，一国货币可能在对美元升值的同时对欧元贬值，并对日元保持稳定。要分析一国货币汇率在国际上的总体竞争力和总体波动幅度，或研究汇率变动对其宏观经济的影响，使用针对任何一个国家货币的汇率都是不够准确的，这时就需要采用有效汇率的概念。也就是说，有效汇率不是反映两种货币之间的汇率，而是综合反映一种货币对多种货币的多边汇率平均值，它可以用来观察一种货币对其他货币汇率的总体波动幅度，进而用以分析该货币在国际经贸和金融领域中的总体地位。美元指数便是非常典型的有效汇率，用来衡量美元兑一篮子货币（截至2023年7月底，欧元占57.6%、日元占13.6%、英镑占11.9%、加拿大元占9.1%、瑞典克朗占4.2%，瑞士法郎占3.6%）的汇率变化程度。

专栏 3-2　有效汇率之人民币汇率指数

我国一直坚持以市场供求为基础、参考一篮子货币进行调节、有管理的浮动汇率制度。然而事实上，起初人民币受美元波动影响很大，一揽子货币权重的非公开、非透明使得市场主体事实上只钉住美元。在此背景下，2015 年 12 月 11 日晚间，中国外汇交易中心正式发布了参考 CFETS 货币篮子的 CFETS 人民币汇率指数。同时，中国外汇交易中心还发布了相对于国际清算银行（BIS）货币篮子与特别提款权（SDR）货币篮子的人民币汇率指数。

这三种人民币汇率指数的公布，对推动转变市场观察人民币汇率视角具有重要意义，有助于引导市场改变过去主要关注人民币兑美元双边汇率的习惯，逐渐把参考一篮子货币计算的有效汇率作为人民币汇率水平的主要参照系，有利于保持人民币汇率在合理均衡水平上的基本稳定。三大指数基期均为 2014 年 12 月 31 日，基期指数是100 点，指数计算方法均是几何平均法。具体如下。

CFETS 人民币汇率指数参考 CFETS 货币篮子，具体包括中国外汇交易中心（China Foreign Exchange Trade System，CFETS）挂牌的各人民币对外汇交易币种，主要包括美元、日元、欧元、新加坡元、瑞士法郎、加拿大元等 24 种样本货币。样本货币权重采用考虑转口贸易因素的贸易权重法计算而得。货币篮子取价是当日人民币外汇汇率中间价。

BIS 货币篮子人民币汇率指数主要参考 BIS 货币篮子，主要包括美元、欧元、日元、英镑等 40 种样本货币。样本货币权重采用 BIS 货币篮子权重。对于中国外汇交易中心挂牌交易的人民币外汇币种，样本货币取价是当日人民币外汇汇率中间价和交易参考价，对于非中国外汇交易中心挂牌交易的人民币外汇币种，样本货币取价是根据当日人民币兑美元汇率中间价和该币种兑美元汇率套算形成。

SDR 货币篮子人民币汇率指数主要参考 SDR 货币篮子，包括美元、欧元、英镑、日元 4 种样本货币。样本货币权重由各样本货币在 SDR 货币篮子的相对权重计算而得（见表 3-4）。样本货币取价是当日人民币外汇汇率中间价。

表 3-4　新版 SDR 货币篮子和权重

币种	权重
美元（USD）	0.49452804
欧元（EUR）	0.33413133
日元（JPY）	0.08652531
英镑（GBP）	0.08481532

资料来源：中国外汇交易中心，2023 年 1 月 1 日起生效。

第二节　汇率的变动

汇率作为两国（地区）货币之间的交换比率，其本质是两国（地区）货币各自所代表或所具有的价值的比率，因此，汇率决定的基础是各国（地区）货币所具有或所代表的价值。但在不同货币制度下，货币发行基础、货币的种类和形态各异，因而汇率变动的幅度和方式也有所不同。

一、汇率变动的计算

经济生活中有很多因素会引起汇率的变动，汇率变动又会反作用于经济的运行，对一国的国内经济和国际经济产生影响。正因为如此，汇率成为各国宏观经济调控的重要经济杠杆之一。要充分发挥汇率的杠杆作用，首先必须把握汇率的变动。

（一）货币的升值与贬值

汇率的变动是指货币对外价值的上下波动，包括货币升值和货币贬值。在不同的汇率制度下，汇率变动的形式有一定的区别。

在固定汇率制度下，汇率变动的两种形式是货币的法定升值和贬值。如果政府正式宣布提高本国货币的法定平价，或者提高本国货币兑外国货币的基准汇率，即是法定升值。反之则是法定贬值。

在自由浮动汇率制度下，货币的汇率主要取决于外汇市场供求关系，汇率的波动严格来说不是升值或贬值，而是上浮或下浮。当外汇供不应求时，外币汇率上浮；当外汇供过于求时，外汇汇率下浮。汇率的上浮或下浮反映了货币相对价值随外汇市场供求关系的变化而上下波动，但其法定平价并未调整。从经济意义上看，外汇汇率上浮意味着该国货币贬值，外汇汇率下浮意味着该国货币升值。

（二）汇率的变动幅度

无论在哪种汇率制度下，货币的升值与贬值都是指一种货币相对于另一种货币而言的。直接标价法下，汇率升值指外币对本币升值（本币对外币贬值）；间接标价法下，汇率升值指本币对外币升值（外币对本币贬值）。升值和贬值的幅度，可以通过变化前后的汇率水平计算出来。

在直接标价法下：

$$本币汇率的变化幅度（\%）=（旧汇率/新汇率-1）\times 100\%$$
$$外币汇率的变化幅度（\%）=（新汇率/旧汇率-1）\times 100\%$$

在间接标价法下：

$$本币汇率的变化幅度（\%）=（新汇率/旧汇率-1）\times 100\%$$
$$外币汇率的变化幅度（\%）=（旧汇率/新汇率-1）\times 100\%$$

【例 3-3】1998 年 9 月 10 日东京市场上，美元兑日元的汇率为 USD1=JPY134.115；2005 年 1 月 25 日，美元兑日元的汇率为 USD1=JPY104.075。请问：（1）这一期间，日元兑美元的汇率变化幅度是多少？（2）同一期间，日元兑美元的汇率变化幅度是多少？

答：（1）该期间日元兑美元的汇率变化幅度为：（134.115/104.075-1）×100%=28.86%，即日元相对于美元升值28.86%。（2）同期美元兑日元的汇率变化幅度为：（104.075/134.115-1）×100%=-22.40%，即美元相对于日元贬值22.40%。

二、影响汇率变动的主要因素

在纸币流通条件下，直接影响汇率水平及其变动的因素主要是外汇供求状况。市场上外汇供不应求时，汇率就会上升，反之汇率就会下降。因此，所有可能直接或间接影响各国货币供求关系的因素都会最终反映到汇率上。影响外汇供求变化的既有经济因素，也有政治和社会因素；既有中长期因素，也有短期因素。这些因素所占的影响权重也各不相同。

从经济因素看，影响汇率变动的主要因素大致可分为两类。一类是中长期因素，它决定并影响着汇率的中长期趋势；另一类是短期因素，它主要引起汇率的短期波动。

（一）中长期因素

1. 国际收支与外汇储备

国际收支是一国对外经济活动的综合反映，其差额直接影响外汇市场上的供求关系，并在很大程度上决定了汇率的基本走势和实际水平。一般而言，当一国国际收支出现逆差时，外汇市场上会出现外汇供不应求的情况，促使外汇升值、本币贬值；当一国国际收支出现顺差时，外汇市场上则会表现为外汇供大于求，促使外汇贬值、本币升值。需要指出的是，国际收支对汇率的影响通常需要较长的时期才能表现出来。长期的、巨额的国际收支逆差，一般来说会导致本国货币汇率下降，而暂时的、小规模的国际收支差额则较易被国际资本流动等因素所抵消或调整，不一定会导致汇率的变动。

当一国出现长期的国际收支顺差时，外汇储备往往会迅速增加。过高的外汇储备形成了市场直接或间接的外汇供应，进而引起外币贬值、本币升值。反之，如果一国的外汇储备不足，则会出现相反的情况。1997 年东南亚金融危机中，东南亚各国货币汇率暴跌的一个重要原因便是各国政府的外汇储备在索罗斯量子基金领衔的国际游资围攻之下迅速下降，市场上外汇供应严重不足，导致外币大幅升值、本币迅速贬值。

2. 相对经济增长率

经济增长率与汇率之间的关系相对比较复杂。当一国经济高速增长时，该国国民收入增加，促使该国进口需求上涨，如果出口不能同步增加，则该国国际收支经常账户将出现逆差，进而导致外汇汇率上升、本币汇率下跌。如果该国经济以出口导向型为主，或经济增长伴随着劳动生产率的提高，那么经济的增长意味着出口的增加，这会使经常账户产生顺差，促使外汇汇率下降、本币汇率上升。除此之外，一国经济增长率提高反映了该国经济实力的增强，这也会提升其货币在国际外汇市场上的地位，从而使该国货币汇率有上升趋势。

因此，一般来说，相对较高的经济增长率在短期内不利于本币在外汇市场的行市，因而一国经济快速发展初期通常会出现外汇短缺、外汇汇率上升现象。但从长期看，高经济增长率又有着支持本币汇率走势的强劲动力，在较长时期内经济保持高速增长的国家，其货币汇率也大多保持稳定或趋于坚挺。当然，上述分析一般是对出口比例较大的开放型国家而言的，至于出口比例较小的封闭型国家，经济高速发展对汇率的影响要小得多。

3. 相对通货膨胀率

通货膨胀率是影响汇率变动的一个长期、主要且有规律性的因素。在纸币流通条件下，两国货币之间的汇率从根本上看是由各自所代表的实际价值量的对比关系所决定的。在一国发生通货膨胀时，该国货币所代表的价值量减少，其实际购买力下降，直接影响该国商品及劳务在国际市场上的竞争能力，引起出口减少、进口增加，使外汇供求关系发生变化，导致外汇汇率上涨、本币汇率下跌。同时，分析通货膨胀对汇率的影响还要考察外币发行国的通货膨胀率。如果外币发行国也发生了通货膨胀，并且幅度恰好一致，两者就会相互抵消，两国货币间的名义汇率可以不受影响。但这种情况罕见。一般来说，两国通货膨胀率是不一样的，通货膨胀率相对较高的国家，因其货币代表的价值量比另一国以更快速度下降，进而货币汇率下跌；通货膨胀率相对较低的国家，其货币汇率上升。

通货膨胀对汇率的影响一般要经过一段时间才能显现出来，因为它的影响要通过以下渠道产生作用：一是商品劳务贸易渠道。一国发生通货膨胀时，该国出口商品、劳务的国内成本提高，这会提高其商品、劳务的国际价格，从而削弱该国商品、劳务在国际上的竞争能力，抑制出口和外汇收入。在进口方面，通货膨胀会使进口需求增加，刺激外汇支出增长，从而不利于该国经常项目收支，并导致外汇供不应求。二是国际资本流动渠道。一国发生通货膨胀，必然使该国实际利率（即名义利率减去通货膨胀率）下降，用该国货币表示的各种金融资产的实际收益将随之下降，从而引起投资者把资本向国外转移，导致资本项目收支恶化。三是心理预期渠道。一国发生持续通货膨胀时，市场上对其汇率走势会出现贬值的预期，继而外汇市场参与者可能产生外汇惜售、待价而沽或抛售本币、抢购外汇的现象，导致外汇汇率上涨。据相关研究估计，通货膨胀对汇率的影响往往需要经历半年以上的时间才能显现出来，且影响延续时间较长，一般在几年以上。

4. 财政收支

一国财政收支状况对汇率变动的影响也较为复杂。一般来说，庞大的财政赤字说明财政支出过度，这会引发通货膨胀，导致国际收支经常项目恶化，使一国货币汇率下降。

但这种情况是否会发生，主要取决于弥补财政赤字的方法。当一国出现财政赤字时，政府可选择用以弥补财政赤字的措施有四种：增加税收，减少政府公共支出，增发货币或发行债券。前两种属于紧缩性政策，会导致国内利率上升、物价下跌，有利于本国出口，吸引资本流入，从而改善国际收支，使本币汇率趋于坚挺。后两种类似于扩张性政策，可能引起国内物价上涨、利率下降，抑制本国出口，促使资本外流，导致国际收支恶化，本币贬值。一般来看，各国政府往往优选后两种，尤其是发行国债。因为发行国债最不容易引起本国居民的对抗情绪，而且国债素有金边债券之称，收益高、风险低，深受投资者的欢迎。因此，一国财政在出现大规模赤字时，其货币汇率往往是趋于下跌的。

5. 其他宏观经济情况

一国的宏观经济状况除了上述提到的国际收支、经济增长、通货膨胀、财政收支之外，还包括科技发展、投资环境等诸多方面。若一国宏观经济情况良好，其货币汇率就会相对趋于坚挺或上升。反之，则会出现较大幅度的波动，甚至本币对外币持续贬值。因此，保持一个良好的宏观经济发展状态，是维持汇率及经济稳定的一个重要前提。

（二）短期因素

1. 相对利率

利率是金融资产收益率的反映，一般资金总是从利率低的地区流向利率高的地区。在开放经济条件下，利率的变化通过作用于短期资本流出流入而影响汇率。当一国利率水平高于外国时，其本国金融资产的收益率相对较高，对投资者也更具吸引力，因而短期资金流入增加，外汇市场上外汇供给增多，本国货币汇率趋于上升。相反，当一国利率水平低于外国时，其本国金融资产的收益率相对较低，则短期资金流出增加，外汇市场上外汇供给减少，外汇汇率上升，本国货币汇率趋于下降。

相对利率水平变动引起汇率变动的典型案例很多。例如，为改善国际收支状况，1963年美国开征了"利息平衡税"，规定美国居民购买外国债券所得收益高出本国证券投资收益的差额部分，必须作为税款交给国家。这使得美国资本市场的低利率优势丧失，大批美元存款从美国国内转移到欧洲货币市场，促进了"欧洲美元"的形成；1999年欧元推出后，由于美国利率高于欧元区国家利率，促使欧元汇率一路走低。2001年美国为了刺激经济，美联储连续11次降息，使得美元兑欧元大幅度贬值，等等。

值得注意的是，这里所说的利率是指实际利率，利率差异也是指剔除相对通货膨胀率后的实际利率差异。此外，对于国际市场中追求高额利润的短期资本来说，在投资于外国金融市场时，除了考虑利率差异外，还要考虑汇率的预期变动率、外汇管制程度、外汇市场及信用制度的发达程度等诸多因素，因此，利率对汇率的影响往往是短期的。

2. 中央银行干预

不论在固定汇率制度下，还是在浮动汇率制度下，为实现自身政策目标，中央银行往往都会主动或被动地干预外汇市场、稳定外汇汇率，以避免汇率波动对经济造成不利影响。这种通过干预直接影响外汇市场供求的行动，虽不能从根本上改变汇率的中长期走势，却对汇率的短期走向有一定的影响。布雷顿森林体系建立的固定汇率制度在第二次世界大战后能维持二十多年，足以显示中央银行干预的成效。20世纪80年代后，西方主要国家在管理浮动汇率制度的基础上进行联合干预，更使得中央银行成为外汇市场上影响汇率的不可忽视的力量。

3. 市场心理预期

20世纪70年代后被引入汇率研究领域的预期理论认为，外汇市场参与者的心理预期是经济主体根据各种信息所做出的主观判断（包括对利率、汇率、通货膨胀率、资本收益率等经济指标的预期），其对汇率的短期波动影响巨大，有时甚至远远超过其他因素对汇率的影响。

影响市场上公众心理预期的信息主要有三个方面：一是与外汇买卖和汇率变动相关的数据资料信息；二是来自电视、电台、报纸等的新闻报道及舆论；三是社会上人们相互传播的未经证实的消息。另外，外汇市场的参与者和研究者致力于汇市走势的分析，他们对市场的判断以及交易者自身对市场走势的预测等，都会影响市场交易者的心理预期，进而影响汇率。当市场预期某种货币将贬值时，交易者往往大量抛售该货币，造成该货币汇率下跌的事实；反之，当人们预期某种货币将趋于坚挺时，则会大量买进该货币，使其汇率上涨。市场心理预期具有投机性、分散性和易变性等特点，是造成汇率短期波动的重要因素。

4. 投机冲击

随着浮动汇率制度的出现以及西方各国对外汇和国际资本流动管制的放松，外汇市场上各种投机活动已十分普遍。正因为如此，投机资本对外汇市场供求关系和外汇行市的影响不容忽略，且其影响是复杂多样的。有时，投机活动会使外汇汇率跌宕起伏，失去稳定；有时，投机活动又会抑制外汇行市的剧烈波动。例如，当国际金融市场出现利率、汇率等价格的地区差或时间差，或者利率预期、汇率预期等发生变化时，必然会吸引大批国际游资涌入外汇市场，这会增大外汇交易规模，加剧汇率波动。1992 年英镑危机、1997年泰国金融危机等，均是投机活动引起某国汇率波动的典型案例。然而，当外汇市场汇率高涨或暴跌时，投机性的卖空、买空交易又会抑制涨跌势头，起到平抑行市的作用。

特别需要说明的是，上述影响汇率变动的中长期因素和短期因素只是相对而言的，中长期因素也会在短期内令汇率大幅波动，而短期因素也可能会成为汇率中长期走势的一个征兆。总而言之，各类因素间相互影响、相互制约，共同发挥作用。

（三）其他因素

除了受上述经济因素的影响外，汇率还受到以下因素的影响。

1. 政治因素

一国国内的重大政治事件或者国际性的政治、军事等突发事件往往对汇率变动有着不可忽视的影响作用。例如，国内政局不稳、政权交替，国际政治局势的恶化和好转，地区性、局部性军事冲突的爆发、升级或缓和等都会对汇率变动产生重大影响。一般而言，当重大的国际或国内事件对一国有利时，该国货币会升值；反之则会贬值。

专栏 3-3　俄乌冲突对俄罗斯卢布汇率的影响

自 2022 年 2 月 15 日俄乌冲突爆发以来，国际金融市场特别是外汇市场出现了强烈的动荡。如图 3-1 所示，2022 年 2 月末至 6 月的 3 个多月时间内，俄罗斯卢布的汇率经历了过山车般的起伏，先是从 1 美元兑 75 卢布狂泻至 1 美元兑 150 卢布，贬值超过一半，创下历史新低，仅 2 月 28 日单日跌幅就达到了惊人的 25%；然而，以 3 月 11 日为分水岭，卢布对美元发起了反攻，并开始一路上涨，不但收复了俄乌冲突之后的"汇率失地"，而且与冲突前相比还上涨了约 30%。截至 2022 年 6 月 10 日收盘，美元兑俄罗斯卢布汇率上涨至 56.8，这是自 2015 年 6 月以来美元兑俄罗斯卢布汇率首次升破 58。

俄罗斯卢布汇率的剧烈波动是西方制裁与俄罗斯反制裁"金融战"的结果。俄乌冲突的爆发，促使美国及其盟友大幅升级对俄金融制裁措施，包括冻结俄大型国有金融机构在美资产，限制俄使用美元、欧元、英镑和日元进行商业交易的能力，将部分俄银行排除在环球银行间金融通信协会（SWIFT）支付系统之外，冻结俄央行资产并禁止与其交易等。西方国家试图以金融制裁为手段促成卢布危机，进而将俄罗斯经济整体拖入泥潭。

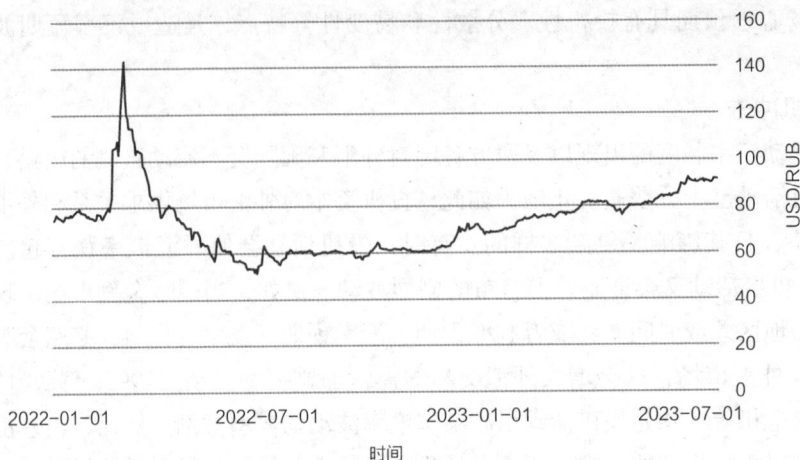

图 3-1　2022 年 1 月至 2023 年 7 月美元兑俄罗斯卢布汇率数据

资料来源：Tradingconomics 网站。

　　面对西方各国实施的全面制裁，俄罗斯利用自身的能源优势，打出一组资本管制"组合拳"，削弱俄罗斯对外汇的需求，并减少国内资本外流。首先，俄罗斯央行于 2 月 28 日宣布将基准利率由 9.5% 调升至 20.0%，同时开始强制结汇并限制外汇出境，实施资本管制，其中包括强制俄罗斯出口企业把外汇收入的 80% 进行结汇、禁止民众携带逾 10000 美元等值外汇现金出境、俄罗斯居民每人每月汇款至海外金额不得超过 5000 美元等。更为关键的是，3 月 31 日，俄罗斯总统普京签署天然气"卢布结算令"，被俄罗斯列入"不友好国家和地区清单"的交易对象须使用卢布作为结算货币，否则将被停止天然气的供应，其中"不友好国家和地区清单"包括美国、欧盟国家、英国、加拿大、日本等 48 个国家和地区。"卢布结算令"大幅增加了市场上对卢布的需求量，且俄罗斯通过本国银行交易，降低了外汇收入被西方冻结的风险，同时使得西方国家承担了卢布波动的风险。这意味着交易流程及控制权全部转移至俄罗斯，也成了俄罗斯反制裁措施中的突破点。

　　2022 年下半年，卢布汇率一直维持在低位运行；但自 2023 年以来，卢布面临的贬值压力再次陡增，半年跌幅约为 19%，是 2023 年表现最差的新兴市场货币之一。2023 年 7 月 5 日，美元兑俄罗斯卢布汇率突破 91，回到了冲突发生前的水平。2023 年 6 月 23 日俄罗斯国内爆发了瓦格纳武装叛乱事件，尽管该事件在短短一天的时间内就迅速偃旗息鼓，但这很可能为俄罗斯资本市场留下了潜在的创伤。在政治风险上升、政府财政因能源收入下滑而面临压力之际，卢布依然承压，汇率具有较大的不确定性。

2. 突发因素

　　突然暴发的自然灾害，如地震、飓风、火灾、洪涝等，也会直接或间接引起汇率发生变动。此外，国际黄金市场、股票市场、石油市场等投资品市场价格的变化也会引致外汇市场汇率联动。

影响汇率变动的因素及其相互关系是错综复杂的，有时是多种因素共同起作用，有时是某种因素起主导作用，有时一些因素的作用又会相互抵消，有时一种因素的主导作用会被另一种因素迅速取代，等等。在对汇率实际变动进行分析的时候，必须结合实际对有关因素进行综合分析和具体考察。

第三节　汇率变动对经济的影响

作为开放经济中重要价格变量之一的汇率，其一方面受到前文所述的经济、政治等多种因素的影响，另一方面，汇率变动又会反过来对一国的经济状况甚至整个世界经济发展产生重大影响。一国要保持汇率与经济稳定，需同时把握汇率变动对经济的影响并分析影响汇率变动的因素，两者缺一不可。

一、汇率变动对一国国际收支的影响

毫无疑问，汇率变动与国际收支之间存在着最直接和最紧密的双向联系。要正确把握汇率变动对国际收支的影响，必须全面分析汇率变动对国际收支中的贸易收支、非贸易收支、资本流动和外汇储备产生的影响。

（一）汇率变动对贸易收支的影响

汇率变动对贸易收支的影响可从微观和宏观两个层面来观察。从微观上看，汇率变动会改变进出口企业成本、利润的核算；从宏观上看，汇率变动可通过影响货物进出口和服务贸易，从而使贸易收支差额乃至国际收支差额发生变化。

就方向而言，汇率变化对贸易收支产生的影响一般表现为：一国货币对外贬值，有利于本国商品的出口，不利于外国商品的进口，因而会减少本国的贸易逆差或增加贸易顺差；反之，则有利于外国商品的进口、不利于本国商品的出口，进而会减少本国的贸易顺差或增加贸易逆差。

正因为如此，在实践中，诸多国家会倾向于使本国的货币贬值而非升值。例如，1995年上半年日元兑美元大幅度升值（4月18日达到USD1=JPY79.95的美元汇率最低点），导致许多日本中小企业因此亏损甚至倒闭。在东南亚金融危机中，东南亚国家的货币大幅度贬值后，人民币汇率的坚挺造成了当时中国出口商品的困难。此外，面对中国商品大举占领国际市场时，以日本、美国、欧洲为代表的发达国家和地区从2003年开始对我国政府不断施加压力，要求人民币升值，如此等等。

需要指出的是，汇率的变动对贸易收支的影响需要满足马歇尔-勒纳条件才能发挥作用，且要经过一段"时滞"才会表现出来，这就是所谓的"J曲线效应"。

专栏3-4　人民币汇率变动对我国贸易收支的影响

表3-5反映了人民币汇率变动与中国的进出口收支状况，从表3-5中可以看出，人民币汇率变动对中国进出口收支有着明显的影响。例如，与1993年相比，1994年人民币兑美元贬值了49.7%，促使当年出口大幅度上升，贸易收支由1993年的赤字

122 亿美元变为盈余 53.5 亿美元，此后历年均为贸易顺差。2005 年人民币汇率形成机制改革后，人民币进入升值通道，尤其是 2008 年人民币兑美元升值 8.7%，结果引起出口增长速度明显放缓，贸易差额开始减少。2015 年 8 月 11 日，中国人民银行宣布，做市商在每日银行间外汇市场开盘前，参考上日银行间外汇市场收盘汇率，综合考虑外汇供求情况以及国际主要货币汇率变化向中国外汇交易中心提供中间价报价，即 "8·11" 汇改。此次汇改使人民币兑美元的汇率从改革开始时的 6.2097 一路贬值到 2017 年初的 6.9557，贬值幅度达 12%，同时也带来了贸易顺差的显著增加。

表 3-5　人民币汇率变动与中国的进出口收支状况

年份	年均汇率（100 美元合人民币数）	人民币汇率变动/%	出口总额/亿美元	进口总额/亿美元	贸易差额/亿美元
1993	576.19	—	917.4	1039.6	−122.2
1994	862.32	−49.66	1210.1	1156.2	53.9
1995	834.89	3.18	1487.8	1320.8	167.0
1996	831.43	0.41	1510.5	1388.3	122.2
1997	828.98	0.29	1827.9	1423.7	404.2
1998	827.90	0.13	1837.1	1402.4	434.8
1999	827.83	0.01	1949.3	1657.0	292.3
2000	827.84	0.00	2492.0	2250.9	241.1
2001	827.70	0.02	2661.0	2435.5	225.5
2002	827.70	0.00	3256.0	2951.7	304.3
2003	827.70	0.00	4382.3	4127.6	254.7
2004	827.68	0.00	5933.3	5612.3	321.0
2005	819.17	1.03	7619.5	6599.5	1020.0
2006	797.18	2.68	9689.8	7914.6	1775.2
2007	760.40	4.61	12200.6	9561.2	2639.4
2008	694.51	8.67	14306.9	11325.6	2981.3
2009	683.10	1.64	12016.1	10059.2	1956.9
2010	676.95	0.90	15777.5	13962.5	1815.1
2011	645.88	4.59	18983.8	17434.8	1549.0
2012	631.25	2.27	20487.1	18184.1	2303.1
2013	619.28	1.90	22090.0	19499.9	2590.2
2014	614.28	0.81	23422.9	19592.4	3830.6
2015	622.84	−1.39	22734.7	16795.6	5939.0
2016	664.23	−6.65	20976.3	15879.3	5097.1
2017	675.18	−1.65	22633.4	18437.9	4195.5
2018	661.74	1.99	24867.0	21357.5	3509.5
2019	689.85	−4.25	24994.8	20784.1	4210.7
2020	689.76	0.01	25899.5	20659.6	5239.9
2021	645.15	6.47	33630.2	26871.4	6758.8

资料来源：国家外汇管理局。

（二）汇率变动对非贸易收支的影响

一国货币汇率的变动对国际收支经常账户中的非贸易收支，尤其是劳务收支和单方面转移的收支也会产生影响。在国内物价水平保持稳定的情况下，当一国货币对外贬值时，一定数量的外汇可以换到更多的该国货币，这意味着该国的劳务、教育、交通、住宿、就餐等费用变得相对便宜，由此外国对该国的劳务及其他服务需求会增加，该国的非贸易收入如旅游、运输、教育等收入就会增加。同时，外国劳务及其他服务价格相对该国提高，引起该国对外国的服务需求减少，支出相应下降。当一国货币对外升值时，情况恰好相反。

不过，一国货币对外贬值可能会对一国的单方面转移产生不利影响。以侨民赡养费汇款为例，由于本币贬值，单位外币所能换到的本国货币数量增加，对侨民而言，以本币表示的一定数量的赡养费用，所需外币少于贬值前的水平，从而使本国的侨汇收入数量下降。

需要注意的是，汇率对非贸易收支的影响同对贸易收支的影响一样，也存在供求弹性的制约和时滞问题。

（三）汇率变动对资本流动的影响

国际资本的流动是由国际市场的货币交易而产生的货币转移行为，外汇市场中的汇率变动对国际资本流动特别是短期资本流动影响很大。

对具有高度流动性和强套现能力的短期资本来说，汇率变动对其流动造成的影响相对更为直接和显著，且这种影响的方向具有不确定性。这是因为，汇率变动会引起人们心理预期的变化，而不同的心理预期对资本流动方向的影响是不同的。当一国货币对外贬值时，如果人们对该国货币失去信心，普遍认为该国货币进一步贬值的趋势一时难以改变，为避免损失，该国资本持有者或外国投资者会在外汇市场上将该国货币兑换成币值坚挺的外币，将资金调往国外（该影响总体上以货币自由兑换为前提，若货币可兑换性低，则其影响也会相对减少）。如果人们普遍认为该国货币贬值只是暂时现象，很快会稳定甚至升值，那么国际短期资本就会选择流入以等待升值获利。就现实情况来看，在本币贬值之后的一段时间内，短期资本流出的规模一般都大于短期资本流入的规模。从这一意义上说，一国货币贬值往往会带来短期资本的净流出，不利于资本账户收支的改善。

对国际长期资本流动来说，汇率变动也有一定的影响力，但造成的影响相对比较小。在其他条件不变的情况下，一国货币贬值将使得外国货币的购买力相对上升，则外国投资者在本国投资的成本下降，这有利于外商增加对货币贬值国的直接投资，外国资本流入增加；同时，本币贬值使本国居民对外投资的成本增加，从而抑制了本国资本外流。但在一国发生严重通货膨胀的情况下，若该国货币汇率的下跌幅度大于通货膨胀的幅度，贬值后的新汇率扣除通货膨胀因素之后又低于基期汇率时，贬值可能降低长期投资的盈利水平，从而不利于外商的直接投资。实际中，由于长期资本流动还受制于投资安全性等因素，汇率变动造成的影响只是诸多因素中的一个，一般不起决定性作用。

（四）汇率变动对外汇储备的影响

对世界上大多数国家来说，外汇储备是其国际储备的主体部分，因而储备货币的汇率变动将直接影响一国外汇储备的实际价值，进而影响一国的外汇储备总量和结构。当某种外汇储备货币汇率下跌，持有该币种外汇储备的国家就会遭受损失。反过来，某种储备货币汇率上升，持有国则获得储备价值上升的收益。因此，对外汇储备货币持有国而言，当外汇储备货币汇率发生波动时，该国政府为了防控外汇储备的汇率风险，往往会减少汇率贬值或波动较大的储备货币的持有比例，并增加币值稳定、汇率趋升的储备货币的持有比例，从而引起该国外汇储备结构的变化。

对储备货币发行国而言，汇率变动会影响该储备货币的国际地位与作用。如果某种储备货币发行国的国际收支长期恶化、货币汇率不断下跌，该储备货币的国际地位和作用就会不断削弱，甚至会失去储备货币的地位。例如，第二次世界大战使英国出口受损、国力下降，战后英镑不断贬值，英镑作为国际储备货币的地位也因此大大削弱。

在当前全球储备货币多元化的情况下，汇率变化对外汇储备的影响也是多元化的。有时虽然外汇市场汇率波动较大，但因储备货币中升、贬值货币的力量均等，外汇储备的价值就不会受到明显影响。国际储备货币多元化加之汇率变动的复杂化，使国际储备管理的难度加大，因而各国货币当局都应随时注意外汇市场行情的变化，并相应进行储备货币的调整，以避免汇率波动给外汇储备造成损失。

二、汇率变动对一国国内经济的影响

在开放经济条件下，汇率的变动改变了一国国内外相对价格水平，除了对该国国际收支产生影响外，也必然会影响其国内经济的发展。为简化分析，以下集中论述本币汇率贬值对国内经济的影响，至于本币升值的影响，可反过来进行阐释。

（一）汇率变动对国内物价水平的影响

在现实经济生活中，本币汇率贬值可能通过以下渠道，导致国内工资和物价水平的交替上涨，使得其通货膨胀居高不下。

一是货币工资渠道。本币贬值造成进口消费品的本币价格上涨，使公众生活费用支出增加，人们会要求更高的名义工资；而工资的增加会使生产成本和生活费用进一步上涨，最终引起出口品和进口替代商品甚至整个物价水平的上涨。

二是生产成本渠道。本币贬值也会使进口原材料、中间产品、机器设备的本币价格上涨，当进口原材料和机器设备构成出口品生产的必要环节时，本币贬值会引发成本推动型通货膨胀，使出口商品价格上涨，并可能恶化本国贸易收支。

三是货币供应渠道。对于货币工资和生产成本的上升，货币当局可能不愿意采取紧缩性的抵消政策，而是通过扩大货币供给来应对物价上涨的压力，以维持原有的生产规模和消费水平。此外，本币贬值后，出口增加、进口减少使得外汇储备增加，政府结汇也会支出更多的本国货币，从而导致货币供应量增加。

四是产品供应渠道。本币贬值后，商品出口增加，当国内该商品的生产能力没有相应增加时，新增加的出口将会直接减少本国的商品可供量，使国内市场供应出现缺口，从而导致物价上涨；随着国外对本国劳务需求的增加，本国的劳务价格也将上涨。

由此可见，本币贬值有助长国内通货膨胀的倾向，而通货膨胀本身又是引起本币贬值的一个重要原因。历史上许多国家因此陷入"贬值、通货膨胀、再贬值、通货膨胀加剧"的恶性循环。

当然，汇率贬值是否会引起物价上涨，还受制于进出口商品的需求弹性、经济结构和人们的心理预期等因素。一国经济越开放，货币工资收入者和企业对生活费用的上涨越敏感；一国进口商品的需求弹性越小，贬值对其外汇收支的改善作用越小，国内物价水平更易因此上涨。可以说，任何较大程度的货币贬值都会或多或少地引起国内物价水平上涨，并不同程度地对国民经济各部门产生影响。

（二）汇率变动对国内利率的影响

本币贬值对国内利率水平的影响具有双重性。一方面，从货币供应量的角度来看，本币贬值会鼓励出口、增加外汇收入，使本币投放量增加。同时，进口减少、外汇支出减少，货币回笼也会减少。因此，本国货币贬值会增大货币供应量，促使利率水平下降。

另一方面，从国内居民对现金的需求来看，在本币贬值的情况下，物价普遍上涨，人们手中持有现金的实际价值下跌，需要增加现金持有额才能维持原来的货币需求水平，因而整个社会的储蓄水平会下降。同时，人们会把持有的金融资产转换成现金，这会导致金融资产价格下降，金融市场上的利率水平会因此趋于上升。

综上可见，本币贬值对一国利率水平的影响具有不确定性，可能提高利率水平，也可能降低利率水平，具体影响取决于一国实际中上述两种力量的对比情况。

（三）汇率变动对国民收入和就业的影响

一般而言，一国货币对外贬值有利于出口而不利于进口，可以扩大该国的商品出口和进口替代品在国内市场上占有的份额，因而为国内相关生产企业的发展提供更广阔的空间。在经济中存在闲置资源的前提下，由于生产的关联性，出口商品和进口替代品市场的扩大会直接或间接地使生产扩大、国民收入提高，并创造更多的就业机会。

需要注意的是，通过货币贬值来提高国民收入和就业是有前提的：一是该货币贬值国存在闲置的生产要素，即未实现充分就业。只有在这样的情况下，本币对外贬值才会在扩大出口、相对减少进口的同时，促使出口商品及进口替代品生产的增长，进而引起国民收入的增加和就业的提升。如果该国经济已经处于充分就业状态，不存在闲置的生产要素，那么本币贬值只会引起物价的上升，很难有产量的扩大，除非贬值能通过纠正原先的资源配置扭曲提高生产效率。二是货币贬值可以使贸易条件保持不变或得到改善。如果一国货币贬值后，受供给和需求弹性的限制，贸易条件不仅没有改善反而恶化，则会引起出口收入减少、进口支出增加，从而导致贬值国国民收入的下降。

（四）汇率变动对产业结构的影响

一国的产业结构可按其受汇率变动影响的程度大小分为国际贸易部门和非国际贸易部门两大类。国际贸易部门的产品主要用于国际贸易，非国际贸易部门的产品则主要用于国内消费。汇率变动对国际贸易部门的冲击通常更为直接和显著，影响程度远大于非国际贸易部门，因而汇率的变动往往引起生产资源在两个部门的重新配置，进而影响一国的产业结构。

以贬值为例，一国货币贬值将使本国出口产品价格相对下降，出口产品在国际市场上的竞争力相应提高，出口规模扩大，出口部门及国际贸易部门收入增加，由此导致生产资源由非国际贸易部门向国际贸易部门转移。进一步地，整个经济体系中国际贸易部门对经济增长的贡献增加，本国产业结构更倾向于国际贸易部门，本国对外开放程度加大。

另外，一国货币持续对外贬值会鼓励国内高成本、低效益的出口产品和进口替代品的生产，在一定程度上具有保护落后产业、扭曲资源配置的可能。由于国外先进技术进口时的本币价格相对较高，一些需要这些先进技术的企业会承担过重的经济负担，不利于本国产业结构的升级。因此，对货币贬值国的企业而言，其本国货币贬值后，企业增加的收入更应该用于改善生产技术，更新生产装备，研发新产品和向新产业转移，长此以往，该国的劳动生产率和经济、产业结构才会得到改善。

三、汇率变动对国际经济关系的影响

浮动汇率出现后，外汇市场上各国货币频繁的、不规则的波动，不仅给各国国际收支、国内经济等造成了深刻影响，而且作用于各国之间的经济关系。在经济进入相对过剩、国内就业压力日益增大的情况下，许多国家不时采用各种措施降低本国货币价值，以期达到增加国民收入和促进就业的目的。

大量事实表明，一国货币贬值带来的国际收支状况改善和经济增长加快，很可能伴随着贸易伙伴国的国际收支状况恶化和经济增长放缓。如果一国为摆脱国内经济衰退而简单地实行本币贬值，除汇率外，劳动生产率、成本、效率等其他条件并没有改变，这相当于"以邻为壑"，把衰退带入其他国家，往往会激起国际社会的强烈不满。不管是招致其他国家贸易保护主义政策的报复，还是引发各国货币的竞相贬值（如"汇率战"），其结果都是国际经济关系的恶化。从长期看，这对贬值国和世界经济的发展都是有害的。因此，国际货币基金组织的章程规定，会员方只有在经过充分的多边协商后，才能采取较大幅度的贬值行动。

不仅如此，金融市场上货币汇率的持续坚挺，同样也可能引发国际经济矛盾。20世纪 80 年代前半期的美元和 20 世纪 90 年代初期的德国马克就是典型的例子。从后者来看，20 世纪 90 年代初期，德国马克凭借其强大的经济实力和高利率而不断升值，对整个欧洲货币体系造成了巨大压力，其他欧洲国家的货币如意大利里拉、法国法郎等在其强势之下大幅度贬值，使西欧联合浮动汇率机制难以维系，只得扩大汇率波动的界限，进而导致了当时欧共体各国之间经济矛盾的进一步加深。

综合而言，汇率变动意味着国内外货币兑换比价的改变，无论对一国国际收支还是国民经济，乃至国际经济关系，都将产生广泛的影响，且在不同环境、不同条件下，产生的效果也各不相同。在实践中，若想运用汇率变动来实现经济政策目标，应充分地评估其可能产生的正负面影响，并谨慎判断该措施是利大于弊还是弊大于利。

本章小结

1. 动态的外汇是指"国际汇兑"这一经济行为，即把一个国家的货币兑换成另外一个国家的货币，以清偿国际债权、债务关系的一种专门性的经营活动。静态的外汇又有广义和狭义之分。广义静态外汇是指一切以外币表示的、可用于国际结算和债务清偿的金融资产；狭义静态外汇则是指以外币表示的、可直接用于国际结算的支付手段和工具，其主体是国外银行的外币活期存款，以及包括银行汇票、本票、支票等在内的外币票据，不包括股票、债券等外币有价证券。由此可以看出，广义与狭义静态外汇的核心区别在于能否直接用于国际结算，前者强调了外汇的对外债权属性，而后者强调了外汇的国际结算功能。

2. 汇率是指两国货币的兑换比率或比价，也就是以一国货币表示的另一国货币的价格。目前汇率有三种标价方法，即直接标价法、间接标价法和美元标价法。

3. 在纸币流通条件下，直接影响汇率水平及其变动的因素是外汇供求状况：当市场上外汇供不应求时，汇率就会上升；当市场上外汇供大于求时，汇率就会下降。影响外汇供求的中长期因素主要有：一国国际收支与外汇储备、两国相对经济增长率、相对通货膨胀率、财政收支状况等。影响外汇供求的短期因素主要有：两国相对利率、中央银行干预、市场心理预期和投机冲击。其他因素还包括政治因素和自然灾害等突发因素。

4. 汇率水平变动会对一国的国际收支、国内经济和国际经济关系产生重要影响。一般而言，一国货币对外贬值有利于促进该国经常账户收支的改善和国际储备的增加。如果同时该国国内市场商品供大于求，有利于促进该国经济增长；如果同时该国国内市场商品供不应求，则有可能引起或加剧该国的通货膨胀。

核心术语

外汇（foreign exchange）

汇率（foreign exchange rate）

直接标价法（direct quotation）

间接标价法（indirect quotation）

买入汇率（buying exchange rate）

卖出汇率（selling exchange rate）

即期汇率（spot exchange rate）

远期汇率（forward exchange rate）

固定汇率（fixed exchange rate）

浮动汇率（floating exchange rate）

名义汇率（nominal exchange rate）

实际汇率（real exchange rate）

有效汇率（effective exchange rate）

思 考 题

1. 外汇具有哪些基本特征？

2. 直接标价法和间接标价法有什么区别和联系？

3. 在有关网站查询外汇行情，根据美元汇率分别套算直接标价法和间接标价法下的两种非美元货币之间的汇率。

4. 影响汇率变动的中长期因素有哪些？它们是如何影响汇率变动的？

5. 影响汇率变动的短期因素有哪些？它们是如何影响汇率变动的？

6. 试分析货币贬值（或升值）影响一国国际收支的传导机制。

7. 试分析货币贬值（或升值）影响一国国内经济的传导机制。

8. 以人民币升值为例，试分析汇率变动对中国经济的影响。

CHAPTER 4　第四章　外汇交易与风险

学习要点

1. 理解外汇市场的分类、构成及特征，了解世界主要外汇市场及其特点；
2. 掌握各种外汇交易方式的特点、作用及其发展趋势；
3. 掌握外汇风险相关的基本概念；
4. 掌握外汇风险管理的办法，理解不同方式在规避汇率风险方面的利弊，学会运用不同外汇交易方式的操作来规避汇率风险。

第一节　外汇市场

外汇交易是最基本的国际金融活动，而外汇市场（foreign exchange market）便是从事外汇交易的场所。更具体来说，外汇市场是进行外汇买卖并决定汇率的渠道或交易网络。外汇市场上的外汇买卖包括两种形式：一是本币与外币之间的买卖，如英国居民用英镑购买瑞士法郎，或卖掉人民币换回英镑；二是不同外汇之间（即外汇与外汇之间）的买卖，如英国居民以美元购买加拿大元，或卖掉日元换成澳元等。作为国际金融体系中极为重要的一环，外汇市场的发达程度也是衡量一国金融体系成熟与否的重要标志之一。

一、外汇市场的分类

外汇市场根据不同的标准可有不同的分类，下面介绍其中几种主要的分类。

（一）按组织形态

外汇市场按组织形态可分为有形外汇市场和无形外汇市场。有形外汇市场又称"交易所市场"，主要是指在固定的交易所内集中进行外汇交易的市场，且一般有固定的交易时间。无形外汇市场又称"柜台市场"，主要是指没有固定的交易场所，而通过电话、电传、传真或计算机网络等通信工具连接买卖双方完成外汇交易的市场。无形外汇市场的出现使外汇交易更加便利，并且效率明显提高，因此其实现了迅速发展，即使在欧洲大陆国家，大部分外汇交易也是在无形市场进行的。因此，无形外汇市场是当今世界外汇市场的主导形式。

（二）按交易主体

外汇市场按交易主体可分为外汇零售市场和外汇批发市场。外汇零售市场主要是商业银行同客户之间买卖外汇的市场。客户可能因为进出口需要买卖外汇，也可能因为投资于某一外汇资产而买卖外汇，无论哪种情况，商业银行都在外汇终极供应者与终极需求者之间起中介作用，即一方面从客户手中买入外汇，另一方面又把外汇卖给需要的客户，从中赚取买卖差价。这一层次的外汇交易每笔金额相对较小,被称为外汇零售市场。外汇批发市场是指商业银行同业之间(即商业银行与商业银行之间)或者商业银行与中央银行之间买卖外汇或调剂外汇余缺的市场。就前者而言,一方面商业银行可能出于投机、套利、套汇等目的买卖外汇;另一方面,商业银行在为客户提供外汇买卖中间业务时,由于客户对各种外汇买卖金额的不匹配,银行某种外汇的买入数量会超过卖出数量(即超买,多头),或者卖出数量超过买入数量(即超卖,空头),由此形成"敞口头寸"或"头寸暴露"。为了防范敞口头寸带来的汇率风险,商业银行需要在汇率尚未变动时及时通过同业之间的交易来轧平头寸。这一市场每笔交易的金额大、起点高,被称为外汇批发市场。外汇批发市场汇集了巨额的供需流量,是目前全球外汇市场的最主要构成部分。

(三)按管制程度

外汇市场按管制程度可分为自由外汇市场、官方外汇市场和外汇黑市。自由外汇市场是指外汇交易不受政府限制,按照市场供求变化形成的汇率进行外汇交易的市场。美国、英国等发达经济体的外汇市场常为自由外汇市场。官方外汇市场是指按照所在国政府指定的外汇管理机构规定的官方汇率进行外汇买卖的市场。这种外汇市场对参与主体、汇价和交易过程都有具体的规定,常存在于发展中国家。外汇黑市是指非法进行外汇买卖的市场,外汇交易过程具有非公开性。发展中国家多以官方外汇市场占主导,由于其外汇管制较为严格,外汇黑市的存在亦相对普遍。

二、外汇市场的构成

外汇市场的构成可以从外汇交易的参与者和外汇市场的层次两方面进行分析。

(一)外汇交易的参与者

1. 商业银行

商业银行是外汇市场上最重要的参与者,外汇市场上几乎所有的大额交易都是由商业银行开展的。在诸多国家,其中央银行一般指定或授权一些商业银行经营外汇业务,被指定或授权的商业银行称为"外汇银行",又称外汇指定银行或授权银行。大中型商业银行也在外汇衍生品市场参与外汇交易,而且很多外汇衍生产品都是由它们设计和提供的。

2. 外汇经纪商

外汇经纪商是指介于商业银行之间或商业银行与客户之间为外汇交易牵线搭桥的中间商,他们与银行及客户有着密切的联系,并了解与掌握外汇市场的各种行情与信息,能够利用现代化的通信工具对瞬息万变的外汇价格报出最新的出价与要价,能够以买卖双方都能接受的价格及其他条件促成买卖成交。一般而言,外汇经纪商自己并不买卖外汇,在外汇交易中不垫付资金,也不承担风险,只是接受银行与客户委托,介绍外汇成交并从中收取佣金。

3. 非银行类客户

非银行类客户是指因从事国际贸易、国际投资及其他国际经济活动而买卖外汇的非银行机构及个人,他们是外汇市场最终的供给者和需求者。根据参与外汇交易的目的不同,这些非银行类客户的外汇买卖可以分为四类:第一,交易性的外汇买卖。例如,从事国际贸易的进出口商、到东道国投资的跨国公司、筹措外币贷款的国内企业等都需要进行外汇交易。第二，保值性的外汇买卖。这类客户利用不同外汇市场的汇率差，通过套期保值交易赚取利润。第三，投机性的外汇买卖。他们通过预测汇率的走势，以少量保证金从事大额外汇交易并赚取差价。第四，小额的外汇供需。这类交易主体有留学生、侨汇者及旅行者等。

4. 中央银行

各国的中央银行或货币当局都持有相当数量的外汇余额作为国际储备的重要构成部分，并承担维护本国货币汇率稳定的职责，中央银行参与外汇市场交易的目的是对外汇市场进行干预，或将本国货币的汇率稳定在一个预期的水平上，或减少由国际短期资本流动造成的本国货币汇率剧烈波动。中央银行的外汇市场干预活动通常通过外汇经纪商或外汇银行进行。

（二）外汇市场的层次

以上外汇交易的参与者构成了外汇市场的三个层次（见图4-1）：商业银行与客户之间、商业银行同业之间以及商业银行与中央银行之间。

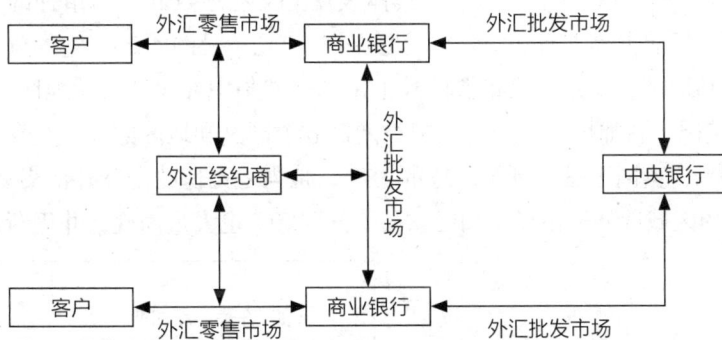

图 4-1　外汇市场层次示意

第一，商业银行与客户之间的外汇交易属于外汇零售市场。如前所述，商业银行通过增减其在海外分支行或国外代理行中有关币种存款账户上的外汇资金余额，代客户买卖外汇，赚取差价。此外，它们也直接收兑不同国家的货币现钞。

第二，商业银行同业之间的外汇交易属于外汇批发市场。如前所述，商业银行为了避免汇率波动造成的损失，在经营外汇业务时，常遵循"买卖平衡"的原则。当出现某种外汇"多头"时，则将多余部分的外汇卖出；当出现"空头"的时候，则将短缺部分的外汇买进。此外，商业银行还出于投机、套利、套汇等目的从事同业的外汇交易。

第三，商业银行与中央银行之间的外汇交易属于外汇批发市场。中央银行干预外汇市场的行为是通过与商业银行之间进行交易而达成的。通过调节外汇市场上的货币供求量，中央银行可以使外汇的市场汇率相对地稳定在某一界限上。

三、外汇市场的主要特征

外汇市场之所以成为金融市场的核心组成部分，与其自身的特征有着莫大关系。现代外汇市场的主要特征如下。

（一）交易规模巨大

随着各国金融市场开放步伐的加快，全球外汇交易量持续增长，外汇市场已成为世界上交易规模最大的金融市场。国际清算银行（BIS）每隔三年会对外汇及外汇衍生品进行一次统计调查（见表4-1），从中可以清晰地看到，2022年全球日均外汇市场交易量已高达7.5万亿美元，且每种类型的交易规模都呈现逐年快速上升的态势。

表 4-1　2010—2022 年全球每日外汇交易量

单位：百万美元

项目	2010 年	2013 年	2016 年	2019 年	2022 年
即期交易	1489081	2046697	1652349	1987441	2104019
远期交易	474694	678961	699633	999318	1163471
掉期交易	1759154	2240060	2377805	3202667	3810157
货币互换	42780	54003	82151	108486	123945
期权及其他	206952	336849	254414	297522	304400

资料来源：国际清算银行（BIS）。

（二）市场集中度高

外汇市场是一个相对集中的市场，具体表现为交易地点和交易币种的相对集中。从交易地点来看，目前世界上有30多个主要的外汇市场（见图4-2），它们分布于世界各大洲的不同国家和地区，但是，最重要的外汇市场仍然集中在少数发达地区。截至2022年4月，英国、美国、新加坡、日本和中国香港这五个国家和地区的外汇交易量占全球外汇交易总额的78%，英国更是占到了全球的38%，是当之无愧的全球外汇交易中心。另外，一些新兴地区的区域性外汇市场（如巴拿马、开罗等）也大量涌现，并逐渐走向成熟。

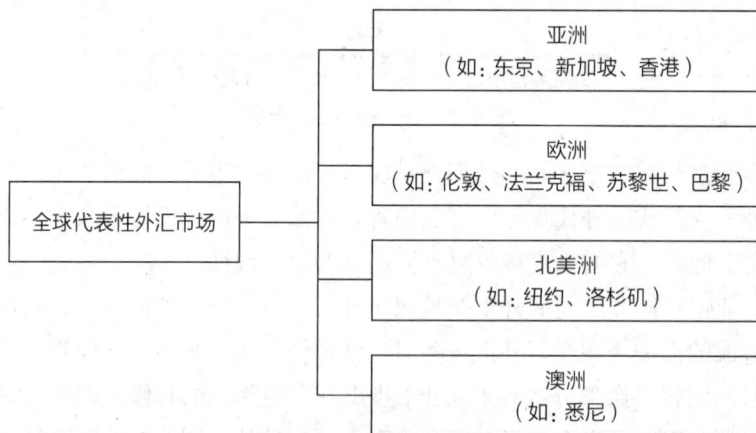

图 4-2　全球代表性外汇市场

从交易币种来看，在全球外汇市场交易的货币大多为可自由兑换货币，主要有美元、欧元、日元、英镑等。国际清算银行（BIS）数据显示，截至2022年4月，外汇交易中近九成涉及美元，美元在黄金市场、原油市场等国际商品市场上被当作货币标准使用。因而，虽然美国的外汇交易市场份额远低于英国，但从币种来看，美元仍是外汇交易中占比最大的货币。除此之外，欧元、日元和英镑紧跟其后，分别占全球外汇交易的31%、17%和13%。人民币占全球外汇交易的7%，相比2019年（4.3%）增幅最大，已经成为全球第五大交易货币（2019 年排名全球第八）。

（三）全天候一体化

凭借迅捷、发达的通信设施，全球外汇市场得以突破时间和空间的限制。具体而言，分布在世界各地的外汇市场处于不同的时区，其开、闭市时间既有交错，又能首尾衔接，由此形成了一个全天 24 小时连续作业的、一体化的市场（见图 4-3），使得市场参与者可以在世界各地进行交易，外汇资金流动更为顺畅。投资者可以寻找最佳时机进行交易，处于不同时区的各国货币当局也能够在干预外汇市场汇率方面采取联合行动。

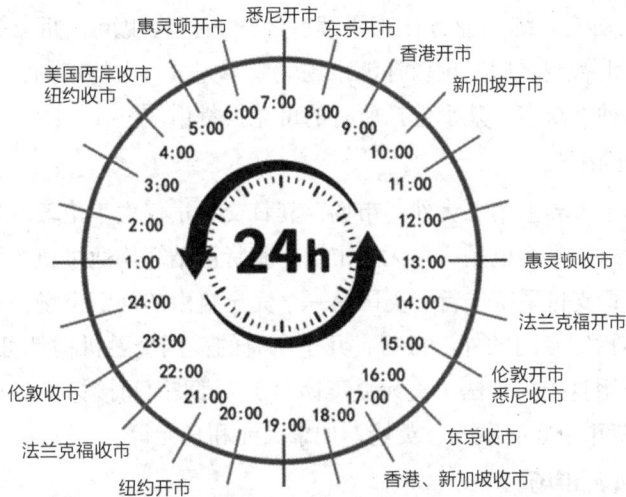

图 4-3　全球主要外汇市场交易时间分布（北京时间）

（四）汇率全球趋同

外汇市场全天候一体化的特征，也促使世界各地外汇市场的汇率趋于一致。处于不同时区的外汇市场在每日开始营业时，一般都会先联系询问刚收市的前一时区市场的收盘汇率，以此来确定自己的开盘汇率。因此，各外汇市场的行情及金融情报能够迅速相互传递，而国际资金借助现代化的通信工具又可以迅速转移，从而使得各外汇市场之间的汇率差异缩小。高效率的套汇活动也会使得各外汇市场的汇率差异迅速减小。必须要说明的是，由于现实交易存在成本，不同市场间的汇率并不是完全相等的，只不过其汇率差距不足以抵补套汇的成本而已。

（五）交易日趋复杂

一方面，自 1995 年以来，外汇衍生品交易量一直高于外汇即期交易量，并处于稳步上升之中。外汇衍生品交易量占全部外汇交易量的比重，从 1995 年 4 月的 58% 上升到 2016 年 4 月的 68%、2019 年 4 月的 70% 以及 2022 年 4 月的 72%，其交易量已达同期即期外汇交易量的两倍还要多，外汇衍生品的复杂性相比即期外汇交易高出许多，这就使得全球外汇交易的整体复杂性日益增强。另一方面，由于世界经济不平衡加剧、国际资本流动的自由化以及外汇市场上投机活动的活跃，外汇市场上的汇率波动更加频繁和剧烈，这也显著增加了外汇交易的复杂性。

四、世界主要外汇市场

目前，世界上最有代表性的外汇市场包括伦敦、纽约、新加坡、香港、东京等。

（一）伦敦外汇市场

伦敦外汇市场因其悠久的历史和庞大的交易规模而成为久负盛名的国际外汇市场。目前，其外汇交易量仍居世界外汇市场首位。伦敦外汇市场是一个典型的无形市场，它没有固定的交易场所，只是通过电话、电传、电报等通信设备完成外汇交易，并由英格兰银行指定的外汇银行和外汇经纪人组成，两者分别组成了伦敦外汇银行公会（制定外汇交易规则）和外汇经纪人协会（统一业务往来手续、经纪人行为规范、佣金等）。自 1979 年英国政府完全解除外汇管制之后，伦敦外汇市场就成了完全自由的市场，汇率报价采用间接标价法，交易货币种类众多，几乎包括所有的可兑换货币。

（二）纽约外汇市场

纽约外汇市场是世界上第二大外汇市场，其日交易量仅次于伦敦，且为世界美元交易的清算中心。纽约外汇市场也是一个无形市场，其货币结算均通过纽约地区银行同业清算系统和联邦储备银行支付系统进行。美国是一个完全自由的外汇市场，对经营外汇业务没有限制，政府也不指定专门的外汇银行，几乎所有的美国金融机构都可以经营外汇业务。它的汇率报价既采用直接标价法（美元兑英镑时），又采用间接标价法（美元兑其他国家货币时）。其交易货币主要有欧元、英镑、加拿大元和日元等。

（三）新加坡外汇市场

新加坡外汇市场起初是随着亚洲美元市场的发展而发展起来的，美元交易占总交易的85%左右。新加坡时区优越，上午可与香港、东京、悉尼进行交易，下午可与伦敦、苏黎世、法兰克福等欧洲市场进行交易，中午还可同中东的巴林、晚上同纽约进行交易，这也是其可以成长为全球最重要外汇市场的核心原因。新加坡外汇市场也是一个典型的无形市场，参加者由外汇银行（经营外汇业务的本国银行、经批准可经营外汇业务的外国银行）和外汇经纪商组成。新加坡无外汇管制，资金可自由流入流出。它的汇率报价采用直接标价法。

（四）香港外汇市场

自 1973 年香港取消外汇管制后，国际资本大量流入。此外，香港的地理位置和时区条件与新加坡较为相似，也可以十分方便地与其他国际外汇市场进行交易，使得香港外汇市场日益活跃、发展迅猛。香港外汇市场是无形市场，市场参与者分为商业银行（外汇银行）、存款公司和外汇经纪商三大类型，从币种来看主要包括两大组成部分：一是港元和外币的兑换，其中以美元为主；二是美元兑换其他外币的交易。香港外汇市场也是完全开放的自由外汇市场，采用直接标价法。

（五）东京外汇市场

东京外汇市场同样也是无形市场，参加者有五类：一是外汇专业银行，即东京银行；二是外汇指定银行，指可以经营外汇业务的银行，共 340 多家，其中日本国内银行 240 多家，外国银行百余家；三是外汇经纪人；四是日本银行，即日本的中央银行；五是非银行客户，主要是企业法人、进出口企业商社、人寿财产保险公司、投资信托公司、信托银行等。由于外贸收付款时间较为集中，东京外汇市场的交易总是在月底和年底更为活跃，具有明显的季节性特征。从交易货币上看，东京外汇市场上的交易币种比较单一，主要是日元兑美元、日元兑欧元的交易。除此之外，相较于其他国际外汇市场，东京外汇市场对外汇交易存在若干限制，且为了维持日元汇率稳定，政府干预较多。它的汇率报价采用直接标价法。

专栏 4-1　中国外汇市场发展

为顺应社会主义市场经济的发展需要，1994 年我国外汇管理体制进行了重大改革，建立了全国统一的银行间外汇市场。从此，我国外汇市场进入了新的发展阶段。从市场结构来看，我国外汇市场与传统外汇市场一致，分为外汇零售市场和外汇批发市场两个层次。其中，我国的外汇零售市场又称银行结售汇市场、银行对客户外汇市场。银行结售汇包括结汇、售汇和付汇。在结售汇制度下，办理结售汇业务的银行是外汇指定银行（即外汇银行）。外汇批发市场包括银行与银行相互之间进行的外汇交易，以及外汇银行与中央银行之间进行的外汇交易。它的基本功能是形成人民币市场汇价，是汇率形成机制的核心。

中国外汇交易中心在我国外汇市场中扮演着重要的作用。中国外汇交易中心暨全国银行间同业拆借中心于 1994 年 4 月 18 日成立，其以建设"全球人民币及相关产品交易主平台和定价中心"为目标，为银行间外汇市场、货币市场、债券市场等现货及衍生产品提供发行、交易、交易后处理、信息、基准和培训服务，承担市场交易的日常监测、利率定价自律机制和全国外汇市场自律机制秘书处工作，为中央银行货币政策操作与传导提供支持和服务，授权发布人民币汇率中间价、上海银行间同业拆放利率（SHIBOR）、贷款市场报价利率（LPR）、人民币参考汇率等。具体业务包括：交易服务、交易后处理服务、信息服务、基准服务和技术服务。

近年来，我国外汇市场改革持续深化，从强制结售汇转向意愿结售汇；最大限度地允许外汇银行自由参与外汇交易，成为真正的市场主体和造市者；发展短期货币市场，推进利率市场化进程。这些都将直接促进人民币汇率水平的合理化和人民币汇率机制的市场化进程，从而推动我国外汇市场的高质量发展。

国家外汇管理局统计数据显示，2022 年 12 月，中国外汇市场（不含外币对市场，下同）总计成交 16.03 万亿元人民币（等值 2.30 万亿美元）。其中，银行对客户市场成交 3.06 万亿元人民币（等值 0.44 万亿美元），银行间市场成交 12.97 万亿元人民币（等值 1.86 万亿美元）；即期市场累计成交 5.93 万亿元人民币（等值 0.85 万亿美元），衍生品市场累计成交 10.10 万亿元人民币（等值 1.45 万亿美元）。2022 年 1—12 月，中国外汇市场累计成交 231.44 万亿元人民币（等值 34.50 万亿美元）。截至 2023 年 3 月，市场上的人民币对外汇交易的挂牌币种已经有美元、港元、欧元、日元、英镑、澳大利亚元等 24 种（见表 4-2），参与主体也扩大到取得相应资格的银行类金融机构、非银行金融机构和非金融企业。

表 4-2　人民币对外汇交易的挂牌币种

货币对	中间价	涨跌	货币对	中间价	涨跌
美元 / 人民币	6.8374	335.00 ▼	欧元 / 人民币	7.4069	606.00 ▼
100 日元 / 人民币	5.2286	63.00 ▼	港元 / 人民币	0.87107	44.70 ▼
英镑 / 人民币	8.3977	363.00 ▼	澳元 / 人民币	4.5671	328.00 ▼
新西兰元 / 人民币	4.2700	90.00 ▼	新加坡元 / 人民币	5.1499	174.00 ▼
瑞士法郎 / 人民币	7.4587	354.001 ▼	加元 / 人民币	4.9814	258.00 ▼
人民币 / 马来西亚林吉特	0.64629	20.10 ▼	人民币 / 俄罗斯卢布	11.1390	641.00 ▼
人民币 / 南非兰特	2.6479	42.00 ▼	人民币 / 韩元	187.80	166.00 ▼
人民币 / 阿联酋迪拉姆	0.53712	26.30 ▲	人民币 / 沙特里亚尔	0.54942	27.80 ▲
人民币 / 匈牙利福林	51.8004	476.00 ▼	人民币 / 波兰兹罗提	0.63217	48.20 ▲
人民币 / 丹麦克朗	1.0058	87.00 ▲	人民币 / 瑞典克朗	1.5116	121.00 ▲
人民币 / 挪威克朗	1.5216	15.00 ▲	人民币 / 土耳其里拉	2.78609	144.40 ▲
人民币 / 墨西哥比索	2.7185	101.00 ▲	人民币 / 泰铢	4.9787	24.00 ▲

资料来源：中国外汇交易中心，数据截至 2023 年 3 月 24 日。

第二节　外汇交易

外汇交易又称"外汇买卖"，是指在不同情况下用一国货币买卖或兑换另一国货币的行为。正如前文所述，外汇交易的类型日趋复杂化、多样化，主要包括即期外汇交易、远期外汇交易、外汇期货交易、外汇期权交易等。

一、即期外汇交易

以下将从概念和报价两方面对即期外汇交易的基础知识进行介绍，并在此后介绍即期外汇交易的作用和套汇交易的操作。

（一）即期外汇交易概述

1. 即期外汇交易的定义

即期外汇交易（spot exchange transaction）又称现汇交易，是指交易双方以当时外汇市场的价格（即期汇率）成交，并在成交后的两个营业日内完成货币交割的外汇交易。对于即期外汇交易概念的把握，需要注意以下方面。

一是这里所谓的交割是指款项的实际收付，即买汇者支付现款收进外汇，卖汇者支付外汇收进现款的行为，代表着双方钱款的实际到位。此外，由于外汇买卖中款项收付均是通过银行进行清算的，因此交割日也是清算日。

二是外汇买卖的交易国与清算国很可能不一致。外汇买卖的交易国是进行实际外汇交易的市场所在国，清算国是买卖的两种货币的发行国。如果买卖的两种货币中有一种是市场所在国货币，那么交易国就是两个清算国之一，例如在伦敦市场用英镑买美元，那么交易国是英国，清算国是英国和美国。如果买卖的两种货币均不是市场所在国货币，那么交易国与清算国就是不一致的，例如在伦敦市场用美元买日元，交易国是英国，清算国是美国和日本。

三是即期外汇交易必须在两个营业日内进行交割。当然，虽说是在两个营业日内交割均可，但在实际操作中，在成交后的第二个营业日进行交割是最常见的即期外汇交易方式。例如，星期一成交，星期三完成交割。在成交日至交割日期间内，如果恰逢交易国和清算国中任何一方节假日，则交割日往后顺延，直至成交后的第二个工作日。一旦交割完毕，买入的外汇便开始计息，所以交割日也称起息日。由于各国的利率高低不同且不断变化，何时进行交割就会直接关系到外汇买卖双方的利益。

2. 即期外汇交易的报价

在即期外汇交易中，外汇银行的报价有以下几个惯例。

第一，一般而言，货币的报价均是针对美元，即所报货币与美元的比价，两种非美元货币之间的汇率往往需要通过其各自与美元的汇率套算而得。同时，大部分货币的汇率报价均采用直接报价法，只有英镑、欧元、澳大利亚元等采用间接报价法。

第二，如教材第三章所介绍的，外汇银行的报价一般采用双向报价方式（也称双档报价），即银行同时报出买入价和卖出价，两者的差额称为差价。例如，2018年2月14日，东京外汇市场银行所报的美元兑日元价为：USD1=JPY106.42~108.42。该等式左边美元为基准货币，右边日元为标价货币，为直接标价法。直接标价法下，较小的数值为东京的银行买入外汇的汇率，较大的数值为东京的银行卖出外汇的汇率。当然，若是遇到间接标价法的情况，那么较小的数值为银行卖出外汇的汇率，较大的数值为银行买入外汇的汇率。据此，在直接标价法下，前一个是买入价，后一个是卖出价；而在间接标价法下，前一个是卖出价，后一个是买入价。

在国际市场上，几乎所有的货币兑美元都有一个比价。而一种非美元货币兑另一种非美元货币的汇率，往往就需要通过这两种货币各自兑美元的汇率进行套算，这种套算出来的汇率就被称为交叉汇率，也称套算汇率。交叉汇率的计算，是学习外汇交易的重要一步。其计算方法可以总结为以下两点。

一是无论是采用直接标价法还是间接标价法，只要采用了相同的标价法，则将双向报价"~"左右的相应数字交叉相除。

二是若是采用了不同的标价法，则将双向报价"~"左右的相应数字同边相乘。

【例4-1】已知温哥华外汇市场：USD1=CAD1.2820~1.2840

悉尼外汇市场：USD1=AUD1.3440~1.3460

求：CAD1=AUD？以及AUD1=CAD？

答：以上无论是温哥华外汇市场还是悉尼外汇市场，都采用了直接标价法，则应进行交叉相除，得：

加拿大元买入价为：CAD1=AUD1.3440/1.2840=AUD1.0467

加拿大元卖出价为：CAD1=AUD1.3460/1.2820=AUD1.0499

于是可得：CAD1=AUD1.0467~1.0499

同理求得，澳元与加拿大元是互为倒数关系：AUD1=CAD0.9524~0.9554

【例 4-2】已知伦敦外汇市场：GBP1=USD1.5350~1.5360

苏黎世外汇市场：USD1=CHF1.2025~1.2035

求：GBP1=CHF？以及CHF1=GBP？

答：以上伦敦外汇市场采用了间接标价法，苏黎世外汇市场采用了直接标价法，则应进行同边相乘，得：

英镑买入价为：GBP1=CHF1.5350×1.2025=CHF1.8458

英镑卖出价为：GBP1=CHF1.5360×1.2035=CHF1.8486

于是可得：GBP1=CHF1.8458~1.8486

同理求得，英镑与瑞士法郎是互为倒数关系：CHF1=GBP0.5409~0.5418

第三，在即期外汇交易中，报价的最小单位被称为基本点或基点（basic point，BP），是标价货币最小价值单位的 1%。例如，美元的最小币值为美分，报价的最小单位便为 1%美分，即万分之一美元。假设GBP1=USD1.6120，那么最小的报价单位应在小数点后四位，如若汇率变为GBP1=USD1.6140，则称英镑升值 20 个基点。在国际外汇市场上，报价银行在报价时往往并不报出全价而是只报出小数点后面的最后两位数。例如，当英国某银行向美国某银行询问英镑兑美元的汇率时，若即期汇率为GBP1=USD1.6120~1.6140，则该美国银行交易员则会报出"价 20~40"。因为各银行都安装有显示行情的荧光屏，询价行的交易员对"20~40"前面的数字非常清楚，而且汇率变化一般在一天中不会超过最后两位小数。万一事后发现有一方搞错了也没有关系，各大银行均有报价记录可供核对。

第四，由于外汇行情瞬息万变，一个价格报出后几秒钟内价格可能已经发生变化。因此，询价行应对报价行报出的价格做出及时的反应，如果询价行回应缓慢，报价行便可改变原来的报价。当然，报价行也同样受到时间约束，尤其是有些国际性大银行要求他们的交易员将报价时间压缩在 5 秒内，以争取更多客户。

（二）即期外汇交易的作用

即期外汇交易是最基本的外汇交易形式，其作用主要有以下三点。

第一，满足国际经济交易者对不同币种的要求。通过即期外汇买卖，客户可以将手上的一种外币即时兑换成另一种外币，用以开展商品贸易、服务贸易、国际投资等活动的外汇结算。

第二，减少外汇风险。从银行来看，银行在经营外汇买卖业务中，经常会出现有的币种买入多于卖出（多头），有的币种卖出多于买入的情况（空头）。一旦汇率发生波动，无论是多头还是空头都可能使外汇银行蒙受损失，因此，银行要通过即期外汇交易抛出多头部分、补足空头部分来平衡外汇头寸和调剂余缺，从而减少外汇风险。从客户来看，即期外汇交易可以帮助客户调整手中外币的币种结构，以达到"不要把所有的鸡蛋都放在同一个篮子里"的目的。例如，某公司原本持有的外汇全是美元，其后续通过即期外汇交易，将其全部外汇的 1/6 由美元调整为欧元，1/3 调整为人民币，由此可以分散外汇风险。

第三，进行外汇投机，获取投机利润。有时银行或客户并没有实际的外汇交易需求，但却会根据自己对外汇市场供求及汇率走势的判断，进行投机性的即期外汇交易。他们的目的是希望在低价位时买进，待到高价位时抛出，以获取外汇买卖的差价。当然，这种投机行为既可能带来丰厚利润，也可能造成巨额亏损。

（三）套汇

套汇（currency arbitrage）是指利用同一种货币在不同外汇市场的汇率差异，在某一地买进、另一地卖出，以赚取汇差利润的行为。在实际的外汇市场上，高度发达的通信技术使得在各个外汇市场上的汇率差异非常小，而且这种差异转瞬即逝，因此一般只有交易设备精良、资金雄厚的大银行才能通过套汇赚取利润。同时，如前所述，套汇也会使整个外汇市场的汇率迅速趋于一致。

根据是否涉及多个外汇市场，套汇交易一般可分为直接套汇和间接套汇。

1. 直接套汇

直接套汇（direct arbitrage）又称两地套汇、两角套汇或双边套汇，顾名思义，是利用同一时间两个外汇市场的汇率差异进行贱买贵卖，以赚取汇率差额的外汇交易活动。直接套汇是最简单的套汇方式。

例如，在某一时点，外汇市场的行情如下。

纽约外汇市场：GBP1=USD1.5540~1.5590

伦敦外汇市场：GBP1=USD1.5510~1.5530

由此可见，英镑在纽约外汇市场上比在伦敦外汇市场上贵，投资者此时套汇，即可获得收益。具体的套汇操作是：在纽约外汇市场以GBP1=USD1.5540（外汇买入价，客户卖英镑相当于银行买英镑，因此用外汇买入价）的价格卖出英镑、买入美元；此后，在伦敦外汇市场以GBP1=USD1.5530的价格卖出美元、买入英镑，则每1英镑经过转手可得差价0.0006英镑（等于1.5540/1.5530–1）。若投资者动用1000万英镑进行套汇，不考虑交易成本的话，则可获利6000英镑。当然，如果套汇交易继续进行下去，则伦敦外汇市场上的美元需求减少，供应增加，英镑需求增加，供应减少，那么在伦敦外汇市场上，美元必定贬值，英镑必定升值；同理在纽约外汇市场，美元升值，英镑贬值，从而使两地汇率趋于一致。

理论上，套汇交易是一种无风险交易，但如果第一笔交易发生后市场的汇率出现不利变化，而第二笔交易尚未完成，那么套汇者就要承担汇率风险。而且套汇交易要花费佣金、电传费用等交易费用，所以只有在汇差大于交易成本，并且有足够利润使套汇者愿意承担汇率风险的情况下，套汇交易才可能发生。

2. 间接套汇

间接套汇（indirect arbitrage）又称三地套汇、三角套汇或三边套汇（这里的"三"是虚指，表示"多"），是指利用三个或更多地点的外汇市场的汇率差异，在这些市场贱买贵卖，以赚取汇率差额的外汇交易活动。相对于直接套汇来说，间接套汇比较复杂。投资者在进行间接套汇时，必须先判断是否有套汇的机会，然后再确定套汇路线。

例如，某投资者拥有100万英镑，在某一时点，外汇市场的行情如下。

伦敦外汇市场：GBP1=USD1.4200

纽约外汇市场：USD1=CAD1.5800

多伦多外汇市场：GBP100=CAD220.00

第一步，计算交叉汇率，以判断是否存在套汇机会。通过伦敦外汇市场和纽约外汇市场的报价，可得GBP=CAD1.4200×1.5800=CAD2.2436。随后，将多伦多外汇市场汇率中的单位货币统一为1，即GBP1=CAD2.2000。通过两者对比可清晰地看到，交叉汇率中的英镑与多伦多外汇市场的英镑汇率不同，说明存在套汇机会。

第二步，确定套汇路线。通过第一步的交叉汇率与多伦多外汇市场的汇率对比，可知英镑在伦敦外汇市场更贵，而在多伦多外汇市场更便宜。根据"贱买贵卖"原则，该投资者应该先在伦敦外汇市场卖出100万英镑，得到100×1.42=142（万美元）；再在纽约外汇市场卖出142万美元，得到142×1.58=224.36（万美元）；最后在多伦多外汇市场卖出224.36万加元，得到224.36÷2.2=101.98万英镑，即投资者最终通过套汇可获利1.98万英镑。用箭头表示此套汇路线如下。

伦敦外汇市场：GBP100.00万→USD142.00万

纽约外汇市场：USD142.00万→CAD224.36万

多伦多外汇市场：CAD224.36万→GBP101.98万

在现实操作中，有以下几点需要补充：一是这种套汇只有在参与者能够即时获得报价并能进行交易时才可能存在。因此，一般情况下，只有外汇交易员才能够进行这种套汇活动，公众参与者很难进行套汇。二是套汇只有在没有外汇管制和政府干预的条件下才能够顺利进行。三是外汇交易员一旦识别套汇机会，需要迅速做出反应，因为这种机会转瞬即逝。

除了计算交叉汇率来判断套汇机会之外，还可以通过汇率连乘的简便方式来判断市场是否存在套汇机会。下面同样以前文为例进行套汇演示。

首先，将三个市场的汇率用同一标价法表示（统一为直接或者统一为间接均可），并将被表示货币单位统一成1。具体到例子中，则先将多伦多市场汇率中的单位货币统一为1，即GBP1=CAD2.2000。此后，将各市汇率统一为间接标价法。

伦敦外汇市场：GBP1=USD1.4200

纽约外汇市场：USD1=CAD1.5800

多伦多外汇市场：CAD1=GBP0.4545

其次，将以上三个汇率相乘。即1.4200×1.5800×0.4545=1.0198。

最后，将连乘的最终值与1进行比较。如果乘积等于1，说明不存在套汇机会；如果乘积不等于1，说明存在套汇机会。

本例中，1.4200×1.5800×0.4545=1.0198，乘积不等于1，说明存在套汇机会。

二、远期外汇交易

远期外汇交易是在即期外汇交易的基础上产生的，其主要作用是规避汇率风险。远期外汇交易与即期外汇交易的最大区别在于交割期限的不同。

（一）远期外汇交易概述

1. 远期外汇交易的定义

远期外汇交易（forward exchange transaction）又称期汇交易，是指买卖双方达成外汇买卖协议后，并不立即办理交割，而是约定在未来某一特定时间按照一定的外汇数量和协议汇率进行实际交割的外汇交易方式。也就是说，无论后续汇率发生什么变化，买卖双方都必须按事先合同规定的条件进行外汇交割。远期外汇交易的本质是交易者期望锁定未来的交易价格，以便到期按照已经锁定的汇率进行交割，从而避免汇率波动的风险。远期外汇交易的期限通常为 1 个月、3 个月、6 个月、1 年，也有一个星期或 1 年以上的。

2. 远期外汇交易的报价

开展远期外汇交易时所依据的协议汇率称为远期汇率，其报价方式有两种。

（1）直接报价法

直接报价法又称完全报价法，其与即期汇率报价方法相同，即直接标出远期汇率的实际汇率。其特点是简单明了，一目了然。

例如，某日东京某银行报价如下。

即期汇率：USD1=JPY104.20~104.25

3 个月期汇率：USD1=JPY105.20~105.25

6 个月期汇率：USD1=JPY106.80~107.10

以上所列出的 3 个月期、6 个月期汇率便是远期汇率。

（2）报点数法

报点数法又称远期差价法，其只报出远期汇率与即期汇率的差价。其中，根据远期汇率与即期汇率的差值可以分为升水、贴水和平价。升水是指远期汇率高于即期汇率，远期差价为正；贴水是指远期汇率低于即期汇率，远期差价为负；平价表示两者相等，远期差价为零。在直接标价法下，升水时，远期汇率等于即期汇率加上升水值；贴水时，等于即期汇率减去贴水值。在间接标价法下，升水时，远期汇率等于即期汇率减去升水值；贴水时，等于即期汇率加上贴水值。需要进一步解释的是，运用报点数法报远期汇率时，实践中一般只报出点数，并不会具体说明是升水还是贴水，这就使得在计算远期汇率时，需要先判断远期汇率是升水还是贴水。在直接标价法下，所报的外汇点数，若小数在前大数在后，说明是升水；相反，若大数在前小数在后，说明是贴水。在间接标价法下，若小数在前大数在后，说明是贴水；相反，若大数在前小数在后，说明是升水。

以上运算规则总结见表 4-3。

表 4-3　远期外汇交易报点数法计算规则

计算规划	判断升贴水	远期汇率计算
直接标价法	• 若小数在前大数在后，则升水 • 若大数在前小数在后，则贴水	远期汇率 = 即期汇率 $\begin{matrix}+\text{升水}\\-\text{贴水}\end{matrix}$
间接标价法	• 若小数在前大数在后，则贴水 • 若大数在前小数在后，则升水	远期汇率 = 即期汇率 $\begin{matrix}-\text{升水}\\+\text{贴水}\end{matrix}$

下面将用两个例子，进一步学习报点数法的相关知识。

【例4-3】某日，苏黎世外汇市场和多伦多外汇市场在直接标价法下的远期汇率行情如表4-4所示。（1）请判断苏黎世外汇市场和多伦多外汇市场的美元远期分别是升水还是贴水？（2）两个市场一个月期的远期汇率，用直接标价法分别如何表示？

表4-4　直接标价法下远期汇率行情

汇率	苏黎世外汇市场	多伦多外汇市场
	美元／瑞士法郎	美元／加拿大元
	买价—卖价	买价—卖价
即期汇率	1.2550~1.2560	1.3610~1.3620
1个月远期汇率	80~85	100~95
3个月远期汇率	120~128	290~285
6个月远期汇率	204~214	550~540

答：（1）由于在直接标价法下，外汇点数若小数在前大数在后，说明是升水；相反，若大数在前小数在后，说明是贴水。因此，在苏黎世外汇市场，美元升水；在多伦多外汇市场，美元贴水。

（2）由于在直接标价法下，升水时，远期汇率等于即期汇率加上升水值；贴水时，等于即期汇率减去贴水值。因此，在苏黎世外汇市场，1个月期远期汇率的直接报价计算应为：

USD/CHF=1.2550~1.2560

　　+　　　　80~85

USD/CHF=1.2630~1.2645

同理可得，在多伦多外汇市场，1个月期远期汇率的直接报价计算应为：

USD/CAD=1.3610~1.3620

　　−　　　　100~95

USD/CAD=1.3510~1.3525

【例4-4】某日，伦敦外汇市场和纽约外汇市场在间接标价法下的远期汇率行情如表4-5所示。（1）请判断伦敦外汇市场和纽约外汇市场的美元远期分别是升水还是贴水？（2）两个市场3个月期的远期汇率，用直接标价法分别如何表示？

表4-5　间接标价法下远期汇率行情

汇率	伦敦外汇市场	纽约外汇市场
	英镑／美元	美元／瑞士法郎
	卖价—买价	卖价—买价
即期汇率	1.8270~1.8280	1.2410~1.2420
1个月远期汇率	120~125	60~52
3个月远期汇率	210~215	120~110

答：（1）由于在间接标价法下，若小数在前大数在后，说明是贴水；相反，若大数在前小数在后，说明是升水。因此，在伦敦外汇市场，美元贴水。但是特别需要注意的是，在纽约外汇市场，大数在前小数在后虽然按照口诀表明是升水，但实际升水的是瑞士法

郎并不是美元。所以更确切地说，在伦敦外汇市场，美元贴水，英镑升水；在纽约外汇市场，瑞士法郎升水，美元贴水。

（2）由于在间接标价法下，升水时，远期汇率等于即期汇率减去升水值；贴水时，等于即期汇率加上贴水值。因此，在伦敦外汇市场，3个月期远期汇率的直接报价计算应为：

GBP/USD=1.8270~1.8280

$$+ \quad 210~215$$

GBP/USD=1.8480~1.8495

同理可得，在纽约外汇市场，3个月期远期汇率的直接报价计算应为：

USD/CHF=1.2410~1.2420

$$- \quad 120~110$$

USD/CHF=1.2290~1.2310

进一步地，观察例4-3和例4-4还可以看到，报点数法下，远期汇率和即期汇率之间的计算，无论是什么标价法，外汇点数只要是小数在前大数在后即相加，否则即相减。具体如图4-4所示。

例4-3 直接标价法

答4：USD/CHF=1.2550 ~ 1.2560

   + 80 ~ 85

USD/CHF=1.2630 ~ 1.2645

答5：USD/CAD=1.3610 ~ 1.3620

   - 100 ~ 95

USD/CAD=1.3510 ~ 1.3525

例4-4 间接标价法

答4：GBP/USD=1.8270 ~ 1.8280

   + 210 ~ 215

GBP/USD=1.8480 ~ 1.8495

答5：USD/CHF=1.2410 ~ 1.2420

   - 120 ~ 110

USD/CHF=1.2290 ~ 1.2310

图4-4　报点数法下计算远期汇率的简便方法

3. 远期外汇交易的特殊形式

（1）远期择期外汇交易

远期择期外汇交易（forward exchange option）是指银行客户可以选择在交易日第二天起至到期日内的任何一天进行交割，而不是在特定到期日才能进行交割的外汇交易活动。如2023年6月1日成交的1个月期的远期外汇交易，交割日应在7月1日，但若是远期择期外汇交易则可以由客户在6月2日至7月1日这一个月时间内的任何一天提出交割。此业务是为了适应进出口商在贸易合同签订后，由于不能预先知道确切的支付款项日期，又要尽量防范汇率变化的风险而推出的。远期择期外汇交易的特点主要包括：一方面，远期择期外汇交易在交割日上对客户较为有利，能够保证客户及时付款或收款，从而避免了远期外汇交割日固定不变的缺点，增强了进出口商等客户买卖外汇的灵活性。另一方面，远期择期外汇交易可在一段时间内由客户选择交割日，这对客户是相当有利的，但对外汇银行却是相对不利的。因此，作为一种补偿，在远期择期外汇交易中，常常采用对银行有利而对客户不利的汇率。换言之，对客户而言，相比远期外汇交易，远期择期外汇交易的成本往往较高。

（2）无本金交割远期外汇交易

无本金交割远期外汇交易（non-deliverable forward，NDF）指合约到期后，交易双方不需要进行基础货币（即本金）的交割，而是根据合同确定的远期汇率与合约到期时即期汇率的差额进行差额支付的交易。由于名义本金实际上只是用于汇差的计算，无须实际交付，故对企业未来现金流量不会造成影响。无本金交割远期外汇交易的特点主要包括：第一，其本金货币主要为实行外汇管制的国家的货币或国际上适用范围较窄的、自由兑换受限制的货币。因为发达国家的远期外汇市场非常活跃，很容易找到各种类型的金融工具满足其特定要求；可是在一些新兴市场和发展中国家，远期外汇市场发育程度低，并且存在外汇管制，当事人很难获得这种货币用于交割。无本金交割远期外汇交易的产生很好地解决了这一问题。第二，以自由兑换货币进行汇率差额交割。由于无本金交割远期外汇交易的本金兑换往往受到限制，因而国际上只能用美元等自由兑换货币进行汇率差额交割，从而减少或避免本金货币存在的兑换风险。第三，交易形式主要为离岸交易。由于交易货币的兑换受到限制，为减少限制，无本金交割远期外汇交易一般在境外市场上采取非公开离岸交易形式。例如，目前无本金交割远期外汇交易主要发生在香港、新加坡、伦敦等金融发达、管制较少的国际金融中心。

（3）掉期外汇交易

掉期外汇交易（swap exchange transaction）是指在买进或卖出某一期限的某种货币的同时，卖出或买进另一期限的同等金额的该种货币的外汇交易方式。可以用于避免国际资本流动中的汇率风险，以及改变货币币种，满足国际经济交易需要作用类型。掉期外汇交易按交易对象可以划分为纯掉期交易（pure swap）和制造掉期交易（engineered swap）。前者是指交易者与同一交易对手同时进行两笔数额相同、方向相反、交易目的不同的外汇交易。纯掉期交易的成本较低，是最常用的掉期方式。后者是由两笔分别单独进行的交易组成的，每笔交易分别与不同交易对手进行。例如，a向b卖出即期美元的同时，向c买进远期美元。

掉期外汇交易按掉期的期限还可分为即期对远期、即期对次日和远期对远期三类。即期对远期（spot-forward）是指买入或卖出一笔现汇的同时，卖出或买进一笔远期。例如，美国某公司准备在法国证券市场投资1000万欧元，预计3个月后收回，该公司可以即期买入1000万欧元的同时，卖出1000万3个月远期欧元以规避汇率风险。即期对次日（spot-next）又称隔夜交易，即在成交后的第2个营业日做一次交割（即期交易），在第3个营业日（即期交割的次日）做反向交割（本质是远期外汇）。远期对远期（forward-forward）的掉期交易是指买进和卖出两笔同种货币但不同交割期的远期外汇。例如，一个交易者在卖出100万30天远期美元的同时，又买进100万60天远期美元。

需要注意的是，严格意义上掉期外汇交易并不从属于远期外汇交易，而是至少包含一项远期外汇交易的复合型外汇交易。

（二）远期外汇交易的作用

1. 减少汇率波动带来的风险

就进出口商而言，在国际贸易中，自买卖合同签订到实际交货、清算货款要经过一段时间。在这段时间里，如果计价货币的汇率出现波动，进出口商就难以准确计算成本和利润，且还有可能遭受损失。为此，进出口商在签订商品买卖合同时，常在外汇市场上进行远期外汇交易，等到进出口商品实际交割时再进行远期外汇买卖清算。同理，对国际投资者而言，其可以利用远期外汇交易，避免国际资本流动中的汇率变动风险。而对外汇银行来说，进出口商、国际投资者等经济主体为降低汇率变动风险而向银行买卖远期外汇，实际上是把汇率变动的风险转嫁给了外汇银行。外汇银行只有平衡远期外汇头寸，才能避免或降低汇率变动可能给自己造成的损失。

与利用远期外汇交易降低汇率风险息息相关的一种重要做法为"套期保值"。套期保值（hedging）是为了在货币折算或兑换过程中保障收益或锁定成本，通过外汇衍生交易规避汇率变动风险的做法。远期外汇合约是套期保值中最常见的金融衍生工具。具体而言，当事人为了避免已持有的外币资产（债权）或负债（债务），在到期时因汇率的变动而面临风险，进而在外汇市场进行远期外汇交易，使外汇头寸实现平衡。通过此操作，如果汇率变动使原已持有的外币头寸在到期时发生损失，那么其开展的远期外汇交易却能产生收益，从而抵消了已持有部分外汇造成的损失。同理，如果外汇市场上的远期外汇交易因汇率变动而出现亏损，则原持有的外币头寸反而获利，同样可抵消损失。套期保值操作一般应遵循以下原则：币种相同或相近、期限相同或相近、方向相反、数量相当。例如，2000 年 7 月 20 日，中国某企业与一法国进口商签订了一份贸易合同，3 个月后将收入 100 万欧元。此时欧元即期结汇价为 EUR1=CNY7.6450，而中国银行 3 个月远期欧元兑人民币的报价为 EUR1=CNY7.6250~7.6630。为防范欧元贬值带来的风险，客户与中国银行签订了远期合同，规定客户到期时，即 10 月 20 日，可以按 1 欧元兑换 7.6250 元人民币的价格向中国银行出售欧元。10 月 20 日，欧元兑人民币的即期结汇价跌至 6.9570，但由于客户已远期结汇，锁定了欧元兑人民币的汇率风险，仍可以以远期结汇价 7.6250 的汇率卖出 100 万欧元，收入 762.5 万元人民币。假设客户没有采取任何措施，则只能以 6.9570 的即期结汇价卖出欧元，仅收入 695.7 万元人民币，损失高达 66.8 万元人民币。

2. 进行外汇投机，获取投机利润

由于远期外汇交易在成交时只需签订合同，并不需要进行实际交割，这就给外汇投机提供了便利。利用远期外汇交易进行投机并不需要像即期外汇交易那样持有资金或外汇，投机者在手中既没有资金也没有外汇的情况下，仍然可以进行远期外汇买卖。例如，在苏黎世外汇市场，某日 3 个月期美元的远期汇率为 USD1=CHF1.2300，某投机者判断，由于美国的通货膨胀等原因，美元汇率会下跌，于是他在远期外汇市场上出售 3 个月期 10 万美元合同。此时他只需与买入方签订买卖合约，并不需要真正卖出 10 万美元（甚至他可以根本没有 10 万美元）。假如他预测正确，3 个月后美元汇率果然下降，即期汇率变为 USD1=CHF1.1910，那么他可以在外汇市场上花 119100 瑞士法郎买入 10 万美元现汇，再将这 10 万美元用于远期外汇合约的交割，进而收进 123000 瑞士法郎，可获利 3900 瑞士法郎。当然，假如他预测失误，美元汇率不是下降而是上升，他就要遭受损失。这就说明进行外汇投机也是要承担风险的。

专栏 4-2 亚洲金融危机中的索罗斯与泰铢

乔治·索罗斯（George Soros），1930 年 8 月 12 日生于匈牙利布达佩斯，货币投机、股票投资者，慈善家。现任索罗斯基金管理公司和开放社会研究所主席。索罗斯开展的金融活动中，最具代表性的有：1992 年，打赌英镑贬值，获利 10 亿美元；1997 年，狙击泰铢及港元，引发亚洲金融风暴。那么在亚洲金融危机中，索罗斯是如何阻击泰铢的？

20 世纪 90 年代，得益于日本、西方国家的产业转移，作为"亚洲四小虎"之一的泰国从 1990 年至 1996 年的年均 GDP 增速达到了 9% 以上，大量的外国投资蜂拥而至，尤其是日本在 20 世纪 80 年代签署广场协议后货币急速升值，更是加大了对泰国等东南亚国家的投资。众所周知，经济发展的"三驾马车"包括投资、出口和消费，此时的泰国拥有了投资和出口"两驾马车"，且为了更好地吸引外资，泰国政府在 1990 年前后全面放开了金融管制，国际资本可以自由出入。全球资金的大量流入，很快就催生了泰国股市和楼市的火爆局面。然而，推动这些资产暴涨的资金大多为短期的海外资金，投机性质明显，但泰国的金融机构显然未曾意识到这背后的风险，还不断地为这些暴涨"添砖加瓦"。

在此背景下，索罗斯看到了机会。索罗斯认为泰国经济严重泡沫，从楼市到股市、再到汇市都是虚高的，加之泰国的宽松金融管制以及有限的外汇储备，他决定做空泰铢，并开展了两轮"攻势"。

第一轮：1997 年，索罗斯带着量子基金和大批国际游资进入泰国，并大量地从泰国各个银行贷款借入泰铢，每笔金额高达几十亿元。随后，索罗斯把这些泰铢通过各种渠道迅速向市场抛售并换成美元，重复多次后，泰国市场上的泰铢泛滥，市场上的恐慌情绪也开始蔓延，许多人开始跟着抛售泰铢。到了 1997 年 5 月，市场上 1 美元已经能兑换 26.7 元泰铢。不过，泰国政府很快做出应对，投入了 120 亿美元的巨额外汇储备从市面上买入泰铢；同时泰国政府直接发布命令，禁止本国银行借泰铢给索罗斯和其他外国游资；还一举将隔夜的拆借利率从 1% 提升至 100% 以上，大大增加了索罗斯的财务成本。在这首轮"攻势"中，索罗斯很快败下阵来，亏了 3 亿美元。泰铢汇率也得到了稳定。

第二轮：索罗斯虽然在首轮"攻势"中有了亏损，不过泰国政府的外汇储备也耗去了大半。索罗斯就等这个关键时机卷土重来，他依旧继续通过各种方式买入、借入海量的泰铢，并抛出兑换成美元。虽然泰国政府禁止银行借泰铢给索罗斯，但面对各种利益诱惑，诸多泰国银行未能坚守政府的命令。除银行外，索罗斯还从其他金融机构、企业甚至有钱的个人手中不遗余力地购买泰铢，并通过舆论不断在泰国及国际市场上宣扬泰铢要贬值，导致越来越多的泰国人前往银行将泰铢换成了美元。所有的这些操作，都让泰国政府手里的美元外汇越来越少。与此同时，索罗斯也在泰国的股市、期货市场等全面出击，拼命抛售泰铢，并吸引国际资本跟进，致使泰国股市恐慌性下跌。为了应对索罗斯的全面攻势，泰国政府很快就耗光了剩下的上百亿美元外汇。然而，市面上的泰铢依然如漫天黄沙般汹涌而来。到 1997 年 7 月 2 日，泰国政府败下阵

来，不得不宣布"放弃美元与泰铢之间的固定汇率"，泰铢很快迎来暴跌，一路跌至
1 美元兑 40 多泰铢，泰国金融市场一时间哀鸿遍野，以泰国为起点的亚洲金融危机爆
发。而索罗斯却获益颇丰，因为泰国贬值了一大半，他只需要用手里的部分美元换成
泰铢还给当初借给他泰铢的银行和其他投资者，剩下的约 40 亿美元全是他的收益。

3. 进行外汇套利，获取额外利息收入

套利（interest arbitrage）又称套息，是指投资者根据不同国家金融市场上短期利率的
差异，将利率低的国家的货币兑换成利率高的国家的货币以获利的行为。例如，某一时
期，美国金融市场上的 3 个月期定期存款的利率为 10%，英国则为 6%，这时英国的投资
者就会把英镑资金兑换成美元，然后存入美国的银行以获取更高的利息。假设资金总额为
100 万英镑，汇率不变，那么在不计交易费用的情况下，该投资者在英国存款 3 个月可得
利息 1.5 万英镑（100 万英镑 ×6%×1/4）；而这笔资金存在美国可得利息 2.5 万英镑（100
万英镑 ×10%×1/4）。套利的结果是该投资者多得了 1 万英镑利息。

但是在实际外汇市场上，汇率是经常发生变化的。同样展开上面的例子，若是英镑兑
美元从 GBP/USD=1.5250 跌到 GBP/USD=1.5000，那么相比于存在英国市场，存在美国市
场可多获利 2.71 万英镑，计算过程如下：100 万英镑 ×1.525×（1+10%×1/4）/1.5–100 万
英镑 ×（1+6%×1/4）=104.2083–101.5=2.71（万英镑）。

也就是说，需要先把英镑在即期按照即期汇率兑换成美元，在美国开始计息，并在计
息 3 个月后重新按照 3 个月后的即期汇率将美元本利和兑换回英镑。这样套利不仅可以赚
得 1 万英镑的额外利息收入，而且还可以获得 1.71 万英镑的汇差收入。当然，若是英镑
兑美元上涨了，如从 GBP/USD=1.5250 涨到 GBP/USD=1.5750，那么通过计算可得，这样
的套利操作将不仅得不到 1 万英镑的利差收入，而且还将额外亏损 2.25 万英镑。

按照利率平价理论（本教材后续将在"汇率决定理论"中详述），低利率国家货币的
远期汇率会上升，高利率国家货币的远期汇率会下跌，上述第一种情况从理论上说是不存
在的。从实际上看，大量出现的是第二种情况。因此在套利活动中，套利者常采用掉期
交易来避免高利率国货币贬值而使自己蒙受损失。如上例中，该投资者在将英镑兑换成美
元存入美国银行的同时，会在远期外汇市场上将美元卖掉，这被称为抛补套利（covered
interest arbitrage），是套利的主要形式。相对应地，套利的同时不进行掉期交易的套利活
动被称为非抛补套利（uncovered interest arbitrage）。

三、外汇期货交易

外汇期货交易是外汇交易的一种衍生方式，虽然它以外汇汇率报价，但直接买卖的对
象不是外汇，而是外汇期货合约。以下将从概念、基本特征等方面对外汇期货交易进行介
绍，并在此后分析外汇期货交易的作用。

（一）外汇期货交易概述

1. 外汇期货交易的定义

外汇期货交易（foreign exchange futures transaction）是买卖标准化的外汇期货合约的
交易，即买卖双方在有组织的期货交易市场上先就交易币种、成交单位、金额、汇率、期

限等达成协议，并缴纳一定的保证金，待未来某一个到期日再进行实际交割的外汇交易活动。

期货（futures）按照交易标的的不同可以分为商品期货和金融期货两大类。商品期货主要包括农产品期货、金属期货、能源期货以及化工期货等，而金融期货主要包括股指期货、利率期货和外汇期货等。因此，外汇期货交易属于金融期货交易的一部分。但是追根溯源，外汇期货交易是在商品期货交易的基础上产生与发展的。自19世纪初起，芝加哥就是美国最大的谷物集散地。为避免季节性等原因造成的谷物供求矛盾，加之远期交易方式的发展，1848年，美国82位谷物交易商发起组建了芝加哥期货交易所，带来了商品期货交易的萌芽。1865年，芝加哥期货交易所正式用标准化的期货合约取代了远期合约，同时实行了保证金制度，由此产生了完整意义上的期货交易。

当然，外汇期货交易的产生要比商品期货交易晚许多年，20世纪70年代才在美国首次出现。1971年8月15日，以美元为中心的国际货币体系——布雷顿体系崩溃，浮动汇率制取代了固定汇率制，汇率从相对稳定转变为频繁波动，给进出口企业、外汇银行等造成了相当大的外汇风险。为了减少外汇风险，外汇期货交易应运而生。1972年5月，美国芝加哥商品交易所开辟了国际货币市场（International Monetary Market, IMM），成立国际货币市场分部，开始开展包括英镑、加拿大元、德国马克、意大利里拉、日元、瑞士法郎和墨西哥比索等货币在内的七种外汇期货合约交易，自此揭开了期货市场创新发展的重要一幕。1978年纽约商品交易所也增加了外汇期货业务，1979年纽约证券交易所亦宣布设立一个新的交易所来专门从事外币和金融期货。1982年，英国设立了伦敦国际金融期货交易所，经营包括货币期货在内的各种金融期货交易。此后，世界各国和地区纷纷开办了外汇期货交易，当时主要交易期货货币品种有英镑、瑞士法郎、德国马克、日元、美元等。此后，澳大利亚、加拿大、荷兰、新加坡等国也陆续设立了多家货币期货交易所，全球外汇期货市场迅速发展，交易量激增了数十倍。

2. 外汇期货交易的基本惯例

（1）交易过程

期货交易的过程可分为开仓、持仓、平仓或实物交割三步。其中，开仓是指交易者新买入或新卖出一定数量的期货合约，例如，某一卖方新卖出10手英镑期货合约，就被称为开仓交易。持仓即持有一定数量的期货合约的行为。平仓又称对冲，是指买回已卖出的合约，或卖出已买入的合约的行为；而实物交割是指交易者开仓之后不选择择机平仓来了结期货合约，而是保留至最后交割日进行实物交割。交割时，卖者将所有权证书交给买者，买者即可提取实物或现汇等。现实过程中，以平仓方式结束期货头寸比实物交割更为省事和灵活。

（2）合约内容

一般来说，外汇期货合约主要包括以下内容（见表4-6）：一是货币种类。合约内会明确规定交易货币的种类，且大部分采用间接标价法。如芝加哥IMM外汇期货合约均以美元计价，即每单位货币值多少美元。二是合约金额。如每份IMM合约的金额都是标准化的，与股票交易的"手数"同理，合约买卖均以此为最小交易单位，所有的交易金额必须是最小单位的整数倍，即每份英镑期货合约金额为 62500 英镑，每份瑞士法郎期货合约金额为 125000 瑞士法郎。三是最小价格波动。其中，最小价格波动是指外汇期货合约在买卖时，由于供需关系使合约价格产生变化的最低限度。在交易场内，经纪商所做的出价或叫价只能是最小波动幅度的倍数，如 IMM 对每一种外汇期货报价的最小波动幅度都做了规定。四是交割月份。这是外汇期货合约规定的外币合约的到期月份。IMM 的外币期货合约的交割月份分别为 3 月、6 月、9 月、12 月，若合约到期前未进行对冲（即进行相反的买卖行为），则双方必须进行现汇交割。五是交割日期。这是指到期外汇期货合约进行现汇交割的具体日期，要精确到交割月份的某一天。例如，IMM 规定的交割日期是交割月的第三个星期的星期三，若有人卖出一份 3 月份英镑期货合约，若到期前没有进行对冲，则他必须在 3 月份的第三个星期的星期三，用英镑现汇按合同商定的价格卖出。六是交易终结日。这是指期货合约终止买卖的时间。IMM 将其定在交割日前的第 2 个交易日，由此保证合约的交割得以顺利进行。

表 4-6　IMM 代表性外汇期货合约内容

期货合约种类	合约交易金额	最小价格波动	交割月份	交割日	交易终结日
英镑	62500（英镑）	0.0001 美元 / 英镑（6.25 美元）	3 月、6 月、9 月、12 月	合约月份的第三个星期三	合约月份第三个周三之前的第二个营业日
加拿大元	100000（加元）	0.00005 美元 / 加元（5 美元）	3 月、6 月、9 月、12 月	合约月份的第三个星期三	合约月份第三个周三之前的第二个营业日
日元	12500000（日元）	0.0000005 美元 / 日元（6.25 美元）	3 月、6 月、9 月、12 月	合约月份的第三个星期三	合约月份第三个周三之前的第二个营业日
瑞士法郎	125000（瑞士法郎）	0.0001 美元 / 瑞士法郎（12.5 美元）	3 月、6 月、9 月、12 月	合约月份的第三个星期三	合约月份第三个周三之前的第二个营业日

（3）清算机制

场外交易难以消除双方的履约风险，多是因为买卖双方相互不了解，或者相互之间缺少制约，而清算所作为期货合约各方的交易对手出现，有效减少了买卖双方的交易不便。具体而言，清算所是随着期货交易的发展而设立的清算结算机构，有些清算所是交易所的一个重要部门，有些清算所则是在组织机构、财务体系、运行制度等方面独立于交易所的机构。清算所是期货市场运行机制的核心，对于期货合约的买方来说，清算所是卖方；对于期货合约的卖方来说，清算所是买方，即期货交易始终存在一个共同的交易对手方——清算所。这样独特的清算机制，使得期货买卖双方无须考虑对方的身份，无论考虑从哪里买进还是卖向哪里，买卖双方再无履约风险的顾虑，显著提升了交易双方的交易积极性与便利性。

（4）保证金制度与日结算制度

期货交易的清算机制带来了期货市场流动性的大幅提升，但是也将上述提到的买卖双方的交易风险转移到了清算所。为了防止期货合约亏损的一方违约，期货交易所规定买卖期货合约必须缴纳一定的保证金。保证金可进一步分为初始保证金和维持保证金，初始保证金是指期货合约开仓时，由期货交易者向清算所缴纳的保证金，一般为合约价值的 1%~10%；维持保证金是指交易者权益头寸下降，但仍不需要存入补充保证金的最低水平，一般为初始保证金的 70%~80%。

同时，为使得保证金制度有效，期货交易实行每日结算制度，即逐日盯市制度。在每个交易日结束时，清算所负责清算期货交易者每日盈亏，凡未平仓的每笔期货均按当日市场的收盘价清算，计算账面盈亏，盈利表现为保证金增加，亏损表现为保证金减少。当账户内的保证金低于维持保证金时，清算所便通知期货交易者追加保证金至初始保证金水平（而非维持保证金），否则清算所有权进行强行平仓。强行平仓也是交易所控制风险的手段之一。

3. 外汇期货交易与远期外汇交易的比较

外汇期货交易以远期外汇交易为基础，都是由买卖双方先签订合约，规定外汇买卖的币种、金额、汇率及期限，在将来的某个时间再进行交割。两者的基本目的都是减少外汇风险，因此有许多共同之处。当然，两者也存在着许多差别（见表 4-7），需要进行辨析和理解。

表 4-7　外汇期货交易与远期外汇交易的区别

项目	外汇期货交易	远期外汇交易
交易合约标准化程度	标准化合约	非标准化合约
交易币种	较少	较多
合约金额	每份合约交易金额固定	每份合约交易金额不固定
交易时间	明确规定每种期货合约的交割日期	可在任何月份任何时间
交易主体	法人和自然人均可参加交易	主要是金融机构和大企业
交易方式	场内交易（有形市场）	多数是场外交易（无形市场）
交割方式	绝大多数是现金交割	绝大多数是实物交割
保证金要求	买卖双方必须按规定缴纳保证金	一般无须缴纳保证金
佣金要求	必须支付外汇经纪商佣金	通过经纪商需要佣金，直接沟通不需要
流动性	合约可以流通转让	合约不可以流通转让

首先，合约的标准化程度不同。外汇期货合约是标准化合约，即合约的交易币种、合约金额、交易时间等都有统一的规定，也就是说，每一份外汇期货合约都有大量的与其完全同质化的合约，是一个标准化的"合约单位"；而远期外汇合约是非标准化的合约，交易币种、合约金额、交易时间等都可以由买卖双方进行协商确定。也正因为如此，远期外汇交易的货币多数是可自由兑换货币，而外汇期货交易的货币只限少数几种，如截至 2023 年 8 月底，IMM 交易的币种仅有美元、英镑、欧元、瑞士法郎、加拿大元、澳元、日元 7 种。

其次，交易的具体情况不同。就交易主体而言，远期外汇交易的交易主体主要是金融机构和大型跨国公司，极少有自然人参与；而外汇期货市场上，法人和自然人均可参加交易，哪怕是自然人也可以通过外汇经纪商进行外汇期货的买卖。就交易方式而言，远期外汇交易通常是在场外无形市场中进行，即由银行之间、银行与经纪商或客户之间通过电话、电报电传等通信网络进行；而外汇期货交易一定是在有形的市场开展的，主要交易场所便是期货交易所。就交割方式而言，远期外汇交易大部分最终都要进行实物交割，也就是说，买方最终付款收汇，卖方最终付汇收款，以此结束合约关系；外汇期货交易进行实物交割的比例较低，通常不足 10%，绝大多数是通过平仓的形式进行现金交割和差额结算。例如，某人以 GBP1=USD1.723 的价格买进 10 万英镑外汇期货，需花费 17.23 万美元；假如到交割日汇率变为 GBP1=USD1.823，那么此人清算的结果是收进 1 万美元，合约便算了结。如果到交割日汇率变为 GBP1=USD1.623，那么此人只要支付 1 万美元也就了结了合约关系。且由于外汇期货交易的清算都是通过清算所进行的，所以买卖双方并不知道也无须知道对方是谁。

再次，交易的核心要求不同。远期外汇交易一般不需要支付保证金，履约全凭信誉，因此一般中小企业和个人较难进行远期外汇期货交易；外汇期货交易实行严格的保证金制度且逐日盯市。远期外汇交易一般不收佣金，只是在通过外汇经纪商进行交易时才需支付，而外汇期货交易由于必须委托经纪商进行，因此必须支付佣金。此外，远期外汇合约因为标准化程度低、定制化程度高，一般不能中途转让；而外汇期货合约的标准化使其可以在到期前反复流通转让，具有非常强的流动性，买卖和转手十分方便。

（二）外汇期货交易的作用

外汇期货交易的作用与远期外汇交易较为相似，核心作用也包括套期保值和投机两大方面，除此之外，外汇期货交易还有价格发现的功能。

1. 套期保值，规避风险

受共同经济因素和政策因素的影响，外汇的现货价格和期货价格在变动趋势与方向上具有一致性，即现货价格与期货价格同向变动，如果现货价格下跌，则期货价格也一定会下跌，反过来亦如此。正是因为此特性，使得交易者可以利用外汇期货和现货不同方向的买卖，来实现单纯的现汇交易所不具备的吸收风险、转移风险的功能。这一功能的存在，是期货交易得以产生并经久不衰的一个重要原因。

具体而言，外汇期货交易的套期保值有两种基本操作类型：多头套期保值和空头套期保值。

（1）多头套期保值（long hedging）

多头套期保值又称买入套期保值，是指在未来即将买进某种外汇的投资者，为避免汇率上升的风险，即期时刻在期货市场上买入期限相近、金额相等的同种货币期货的交易行为。换言之，多头套期保值，即买入期货合约，以使未来买进外汇的价格锁定在较低的水平。

【例 4-5】某年 6 月 20 日，美国某公司从欧洲货币市场借入 100 万期限为 3 个月的瑞士法郎，即期换成美元用于经营活动，当时的汇率为 USD1=CHF1.2850，该公司希望 3 个月后仍然能按相近的汇率将美元兑换成瑞郎归还贷款。请问该美国公司该怎么利用期货市场进行套保？

答：该美国公司本身拥有的货币应是美元，因借入了 100 万瑞士法郎，会担心瑞士法郎 3 个月之后升值，使得其未来需要用更多的美元来换瑞士法郎，因此可以开展多头套期保值，即可以在即期时刻（6 月 20 日，也是借入 100 万瑞士法郎的同一天），在外汇期货市场上买进 100 万 3 个月期限的瑞士法郎期货合约，并在 3 个月后再卖掉同量的合约进行平仓。具体操作和假设如表 4-8 所示。

表4-8 多头套期保值具体操作

即期外汇市场	外汇期货市场
6月20日 • 借入100万瑞士法郎，将之兑换成美元使用 • 已知即期汇率为：USD1=CHF1.2850，那么可得77.82万美元	6月20日 • 买入8份在9月底到期的瑞士法郎期货合约（因IMM每份瑞士法郎期货合约为12.5万瑞士法郎，那么需要购买8份瑞士法郎期货合约，使金额与该公司在欧洲货币市场借入的100万瑞士法郎金额相等；且因该公司在欧洲货币市场借入的瑞士法郎于9月20日到期，因此这8份期货合约需在9月底到期） • 假设每一瑞士法郎期货合约报价为0.7780美元，那么8份合约总价值为77.80万美元
9月20日 • 买入100万瑞士法郎偿还借款 • 假设当时的即期汇率为：USD1=CHF1.2350，那么应支付80.97万美元	9月20日 • 卖出8份在9月底到期的瑞士法郎期货合约并进行平仓 • 假设每一瑞士法郎报价为0.8010美元，那么8份合约总价值为80.10万美元
损失3.15万美元	盈利2.3万美元
套期保值净结果：亏损8500美元	

从表4-8中可以清晰地看到，该美国公司虽然因为瑞士法郎升值而在现货市场上亏损了3.15万美元，但是因为期货市场与现货市场价格具有同向性，因此期货市场的瑞士法郎也是升值的，其在期货市场低买高卖一定可以获得部分盈利（在本例中盈利2.3万美元），这部分期货市场的盈利可以抵消现货市场的部分损失，从而实现了套期保值，减少了外汇风险。

（2）空头套期保值（short hedging）

空头套期保值又称卖出套期保值，是指在未来即将卖出某种外汇的投资者，为避免汇率下跌的风险，即期时刻在期货市场上卖出期限相近、金额相等的同种货币期货的交易行为。换言之，空头套期保值，即卖出期货合约，以使未来卖出外汇的价格锁定在较高的水平。

【例4-6】某年4月2日，美国某跨国公司在英国的一家子公司急需62.5万英镑，6月28日该公司的英国子公司就有一笔英镑收入，可将62.5万英镑调回总公司。于是该总公司当天就在即期外汇市场上买入62.5万英镑汇给英国子公司。但该公司担心3个月后收到子公司调回的62.5万英镑时，英镑汇率下跌，从而遭受损失。请问该美国公司该怎么利用期货市场进行套保？

答：该美国公司因3个月后将有一笔英镑收入，会担心英镑贬值，使得其未来收到的英镑最终换成美元时会变少（一般而言，美国公司最终一定会持有美元而不会长期持有英镑，因为持有美元才能真的没有汇率风险），因此可以开展空头套期保值，即可以在即期时刻（4月2日，也就是买入62.5万英镑的同一天），在外汇期货市场上卖出62.5万3个月期限的英镑期货合约，并在3个月后再买入同量的合约进行平仓。具体操作和假设如表4-9所示。

表 4-9　空头套期保值具体操作

即期外汇市场	外汇期货市场
4 月 2 日 • 买入 62.5 万英镑给英国子公司 • 假设即期汇率为：GBP1=USD1.5100，那么应支付 94.375 万美元	4 月 2 日 • 卖出 10 份在 6 月底到期的英镑期货合约（因 IMM 每份英镑期货合约为 6.25 万英镑，那么需要卖出 10 份英镑期货合约，使金额与该公司在即期外汇市场买入的 62.5 万英镑金额相等；且因该公司的一笔英镑收入将于 6 月 28 日收到，因此这 10 份期货合约需在 6 月底到期） • 假设每一英镑报价为 1.5200 美元，那么 10 份合约总价值为 95 万美元
6 月 28 日 • 收到 62.5 万英镑收入，将其卖出 • 假设当时的即期汇率为：GBP1=USD1.4800，那么应收入 92.5 万美元	6 月 28 日 • 买入 10 份 6 月底到期的英镑期货合约并进行平仓 • 假设每一英镑报价为 1.4700 美元，那么 10 份合约总价值为 91.875 万美元
损失 18750 美元	盈利 31250 美元
套期保值净结果：盈利 12500 美元	

从表 4-9 中可以清晰地看到，该美国公司虽然因为英镑贬值而在现货市场上亏损了（少收入了）18750 美元，但是因为期货市场与现货市场价格具有同向性，期货市场的英镑贬值让其在期货市场高卖低买平仓一定可以获得部分盈利（在本例中盈利 3.125 万美元），这部分期货市场的盈利可以抵消现货市场的部分损失并且还最终有盈余。

当然如果上例中，到 6 月 28 日，英镑汇率不是下跌而是上升，那么即期外汇交易会盈利，而外汇期货交易会亏损，从而抵消或减少即期外汇交易的盈利。显然，套期保值在转移风险的同时，会一并将可能获得的盈利也转移出去，但是将巨大的不确定性转变成为确定性，才是套期保值行为的本质特征。

2. 以小博大，投机获利

投资者通过外汇期货交易进行投机有明显的优势：一是与现货市场相比，期货交易并不一定需要实物交割，且标准化的合约使得其交易成本相对较低；二是期货的保证金制度使投资者能够以较少的保证金在期货市场上频繁交易，以小博大，发挥杠杆效应；三是在期货市场上卖空比在现货市场上更加容易，投资者手中没有此种货币也可以进行看空。可以说，期货投机活动的便利，有效促进了期货市场的高效流动。不过外汇期货市场上的投机活动必须严格按照法律限制的范围及市场规则进行，超越法律允许范围的投机会受到法律的严厉惩罚。此外必须注意的是，期货以小博大的特性会使得其能获得高额利润的同时也可能遭受巨额亏损，期货投机巨亏事件在历史上层出不穷，仅就我国而言，2004 年的"中航油"巨亏案、2005 年的国储铜巨亏案、2020 年的"原油宝"巨亏案等都给其相对应的机构和投资者造成了重创，因而期货投机需尤为谨慎。

3. 发现供需，导向价格

汇率一般由外汇供求关系形成并调节，但即期汇率反映的只是当期外汇的供需，并不能反映将来外汇供求关系及汇率的走势。而外汇期货价格由大量买方与卖方在公开的期货交易所集中竞价形成，以有效反映供需双方对未来外汇供求和汇率走势的共同预期，由此提供了较长期外汇供求及价格走势信息，从而成为引导即期汇率的重要因素。

四、外汇期权交易

外汇期权交易也是外汇交易的一种衍生方式，其直接买卖的对象是代表着一定外汇买卖选择权的外汇期权合约。以下将从概念、分类、基本惯例等方面对外汇期权交易进行介绍，并随后具体阐述外汇看涨期权和外汇看跌期权的应用。

（一）外汇期权交易概述

1. 外汇期权交易的定义

外汇期权交易（foreign exchange option transaction）又称外汇选择权交易，是买方与卖方签订协议，买方付一定的保险费（期权费）给卖方后，就有权在未来一定时期或某一固定时期，按照某一协议价格从卖方手中买进或卖出一定数量的某种货币的权利。当然，买方也可以不行使期权，让其到期自动作废，因此于买方而言，外汇期权合约是一种权利而非义务。

期权交易是在期货交易的基础上演变而生的。商品期权交易在商品期货交易产生不久后就出现了，金融期权（股票期权）交易也早在 1910 年就于美国股票市场中有所尝试，但是由于制度不健全等因素影响，期权交易的发展一直受到抑制。直到 1973 年 2 月，芝加哥期货交易所的成立也标志着标准化的金融期权交易的产生，期权交易开始走向繁荣。目前，外汇期权交易主要集中在美国费城股票交易所、美国芝加哥商品交易所国际货币市场、欧洲期权交易所等。

2. 外汇期权交易的分类

（1）根据期权持有者权利的不同，可分为看涨期权和看跌期权

看涨期权（call option）又称买入期权，是指期权的买方可以在约定的未来时间、以执行价格向期权的卖方买入一定数量某种外汇的权利。看跌期权（put option）又称外汇卖出期权，是指期权的买方可以在约定的未来时间、以执行价格向期权的卖方出售一定数量某种外汇的权利。

（2）根据期权执行时间的不同，可分为欧式期权和美式期权

欧式期权（European option）是指期权买方仅在到期日当天才可选择行权或放弃履约的一种期权，即行使期权日（行权日）固定。美式期权（American option）是指期权买方可以在成交日至期权到期日之间的合约规定的一定期限内选择行权或放弃履约的一种期权，即行使期权日（行权日）不固定。

（3）根据外汇期权的执行价与即期外汇交易价关系的不同，可分为有利期权、无利期权和平价期权

有利期权（in the money option）是指外汇期权的协议价格低于即期汇率（对看涨期权而言）或高于即期汇率（对看跌期权而言）的期权合约，即买入有利期权后若立即行权并在即期市场做反向交易，立即可获利。无利期权（out of the money option）则与有利期权相反。平价期权（at the money option）是指协议价格等于即期汇率，若立即行权并在即期市场做反向交易不赔不赚的期权合约。

3. 外汇期权交易的基本惯例

（1）合约内容

外汇期权合约也是一种标准化的合约。一般来说，外汇期权合约主要包括以下内容。一是买方与卖方。如前所述，买方是期权合约的购买方，有权选择行使期权还是放弃期权（即任其到期作废）；卖方是期权合约的出售方，有义务应买方的要求按一定的条件买进或卖出某种外汇。二是交易币种与金额。与外汇期货合约相似，外汇期权交易的币种也是很有限的，必须在交易所挂牌或外汇银行指定的币种中选择，且交易的单位金额是固定的。三是协议价格。协议价格又称协定价格、交割价格、执行价格、成交价格等，是由买卖双方在合约中确定的期权合约的执行价格，一旦合约被执行，买卖双方就要按此价格买卖外汇。四是期权有效期。其是指合约签订至合约到期之间的时间，超过这段时间，合约便自动作废。期权的有效期一般为 3 月、6 月、9 月、12 月期，并以 3 月期最为常见。五是期权保险费。如前所述，期权保险费又称期权费、行权费，是购买期权的价格，由期权买方向卖方支付，无论期权合约是否被执行，买方无追索权，也就是说，保险费一旦付出便归期权卖方所有，买方不可拿回。此外，外汇期权合约报价时一般都会同时报出期权协议价格和期权保险费。

（2）期权保险费的决定因素

期权保险费的高低主要受以下因素的影响：一是期权的协议价格。看涨期权的协议价格越高，与即期汇率之间的差距就越大，越不容易执行，因此保险费越低；看跌期权则相反。二是期权的有效期。有效期越长，期权执行的概率会更高，因此保险费越高。三是市场现行汇价水平的走势。也就是即期汇率的走势，当其呈现上升趋势时，看涨期权越容易执行，保险费高，而此时看跌期权越不容易执行，保险费低。四是即期汇率预期波幅。汇率波幅越大，期权执行的概率会更高，因此保险费越高。五是利率波动。当一国利率高于别国时，该国货币的远期汇率会下跌，那么看跌期权容易执行，保险费高；看涨期权不容易执行，保险费低。六是期权交割方式。相比欧式期权固定日交割，美式期权的买方执行期权的时间更加灵活，因此美式期权的期权费相对较高。七是期权的供求关系。若某种期权供大于求，则保险费低；供小于求，则保险费高。

4. 外汇期权交易与外汇期货交易的比较

相较于远期外汇交易，外汇期权交易与外汇期货交易有较多的相似之处，具体体现在以下方面：两者的合约均为标准化合约，能交易的币种较少，每份合约交易金额固定，均在场内交易所买卖，绝大多数都采用现金交割平仓方式了结合约而非实物交割，法人和自然人均可参加交易，合约可以流通转让。具体见表 4-10。

当然，外汇期权交易与外汇期货交易也存在以下区别。

第一，交易本质不同。外汇期权交易是一种权利交易，其交易对象是一种将来可以买卖某种货币的权利；而外汇期货交易仍是对外汇本身的交易。

第二，交割日期不同。外汇期货交易明确规定每种期货合约的交割日期，但是外汇期权交易可因其具体为欧式期权还是美式期权而存在交割日期的不同。

表 4-10　外汇期权交易与外汇期货交易的区别

	外汇期权交易	外汇期货交易
交易合约标准化程度	标准化合约	标准化合约
交易币种	较少	较少
合约金额	每份合约交易金额固定	每份合约交易金额固定
交易时间	美式期权不固定，欧式固定	明确规定每种期货合约的交割日期
交易主体	法人和自然人均可参加交易	法人和自然人均可参加交易
交易方式	场内交易	场内交易
交割方式	绝大多数是现金交割	绝大多数是现金交割
流动性	合约可以流通转让	合约可以流通转让
风险与盈亏	买卖双方风险和收益是不对称的	买卖双方风险和收益是对称的
保险费要求	有保险费	无保险费
保证金要求	仅卖方需要缴纳保证金	买卖双方必须按规定缴纳保证金

第三，买卖双方风险与盈亏的对称性不同。外汇期货交易的买卖双方具有对称的风险收益，即买方亏了的风险就等于卖方盈利的可能，反之亦然；但是外汇期权的买方有权利但不承担义务，外汇期权的卖方只有义务但不享有权利，这从经济意义上来看就会出现如下情况：外汇期权的买方最差的情况就是不执行期权，损失所有的保险费，但其可能会有无限的盈利空间，然而外汇期权的卖方最多只能赚得保险费，但可能会有无限亏损的可能，因此外汇期权买卖双方的权利和义务、风险与盈亏是不对称的。

第四，保险费与保证金要求不同。外汇期货合约不存在保险费，且买卖双方均直接以清算所为对手方，均同时存在无限亏损的风险，因此买卖双方均需在进行期货交易时缴纳保证金。然而外汇期权交易的买卖双方风险与盈亏是不对称的，因此外汇期权的买方需要缴纳保险费给卖方，而外汇期权的卖方由于可能面临无限亏损的风险，会被交易所（清算所）要求缴纳保证金，而外汇期权的买方并不需要。

（二）外汇看涨期权的应用

1. 买入外汇看涨期权

买入看涨期权是指期权的买方在支付保险费后，获得了在到期日或到期日之前按协议价格购买期权合约规定的某种外汇资产的权利。当投资者预计某种货币的市场价格（即期汇率）将要上涨时，他可以买进该货币的看涨期权。若该货币的未来市场价格果真上涨，而且涨至期权合约的协议价格以上，则该投资者可通过执行期权而获利，其获利大小视市场价格上涨幅度而定；但当该货币的未来市场价格未上涨到协议价格乃至比初始的即期价格更低时，投资者可以放弃执行期权，其最大的损失就是购买期权时所支付的保险费。

【例 4-7】假设某人 3 月 5 日买进 1 份 6 月底到期的英镑看涨期权合约，合约的协议价格为 GBP1=USD1.6000，保险费为每英镑 4 美分，一份期权合约的金额为 2.5 万英镑。问：（1）此人共支付了多少保险费？这份期权合约可带给此人什么样的权利？（2）到了 6 月底，此人最终的收益会有几种情况？盈亏平衡点的汇率是多少？

答：（1）0.04 美元 ×25000 英镑 =1000 美元，此人仅花了 1000 美元便买进了一种权利，即在 6 月底以前，无论英镑是涨还是跌，此人始终有权按 GBP1=USD1.6000 的价格从卖方手中买进 25000 英镑。

（2）到了 6 月底，此人最终的收益会有 4 种情况（盈亏示意见图 4-5）。

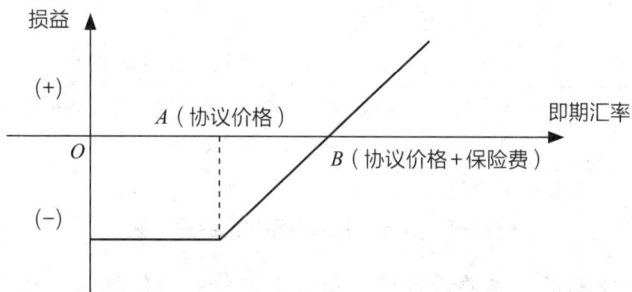

图 4-5　买入外汇看涨期权的盈亏示意

情况 1：6 月底即期汇率≤协议价格，则期权买方将选择放弃执行期权，因为他完全可以到现货市场上按照即期汇率去买英镑，这明显更便宜。此时，买方的损失为当初支付的全部保险费，共计 1000 美元。

情况 2：协议价格<6 月底即期汇率≤协议价格+保险费（=1.6000+0.0400），则期权买方将选择行使期权，可以追回部分或全部保险费。例如，当即期汇率为 GBP1=USD1.6300 时，行使期权后可得每英镑 0.03 美元的盈利，但因为最初已经支付了每英镑 0.04 美元的保险费，因此最终期权买方仍会遭到每英镑 0.01 美元的亏损。而当即期汇率为 GBP1=USD1.6400 时，投资者则不盈不亏，这个不盈不亏的点便被称为"盈亏平衡点"。

情况 3：即期汇率>协议价格+保险费（=1.6000+0.0400），则期权买方将选择行使期权来获得利润，即期汇率上涨越多，其获利越大，原则上获利没有上限。

情况 4：在到期前，期权买方选择转让期权（在市场上将该份期权卖掉）。在英镑汇率上升时，该份期权的保险费也会上升，此时转让期权，可以获取保险费差价收益。在英镑汇率下跌时，该份期权的保险费也会下跌，此时转让期权，可以追回部分保险费。

综上所述，一是对于看涨期权买方而言，购买看涨期权的风险有限而且事先可知，其最大风险就是损失全部保险费。二是外汇看涨期权的协议价格加上保险费是买卖双方的盈亏平衡点。三是只要即期汇率上升到协议价格加保险费以上，购买外汇看涨期权就有利可图，即期汇率上升越多，获利越多，从理论上说，购买外汇看涨期权的最大利润是无限的。

2. 卖出外汇看涨期权

卖出看涨期权是指期权合约的卖方在收取一定的保险费后，赋予期权买方将来以协议价格买进某种货币的权利，即期权卖方卖出了一个让对方买的权利。

【例 4-8】同样回到例 4-7，英镑看涨期权的卖方收进 1000 美元保险费，则无论在 6 月底以前英镑汇率如何变化，都有义务应买方的要求，按 GBP1=USD1.6000 的价格出售 25000 英镑给买方，而买方若不行使期权，卖方也无能为力。站在期权卖方角度，该交易的盈亏具体可以分为以下三种情况（盈亏示意见图 4-6）。

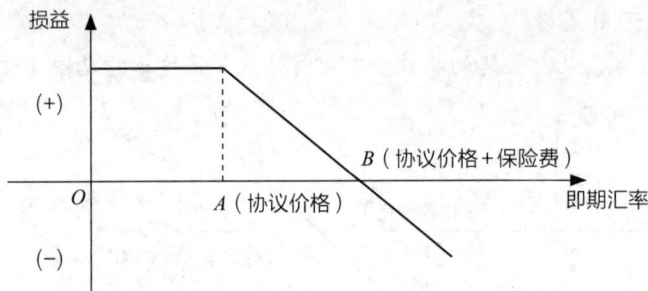

图 4-6　卖出外汇看涨期权的盈亏示意

情况 1：6 月底即期汇率≤协议价格，期权买方放弃行使期权，那么期权卖方不被要求履行其义务，将获取全部保险费收入，共计 1000 美元。

情况 2：协议价格＜6 月底即期汇率≤协议价格+保险费（=1.6000+0.0400），期权买方将选择行使期权，那么期权卖方将被要求履行义务，卖方可赚得部分保险费或者不亏不赚。

情况 3：即期汇率＞协议价格+保险费（=1.6000+0.0400），期权买方将选择行使期权，期权卖方将被要求履行义务，于是其开始遭受损失，且原则上损失没有上限。

综上所述，一是对于看涨期权卖方而言，只要即期汇率不超过期权合约的协议价格，卖方便可获得全部保险费收入，这是期权卖方的最大利润。二是外汇看涨期权的协议价格加上保险费是买卖双方的盈亏平衡点。三是只要即期汇率上升到协议价格加保险费以上，外汇看涨期权卖方便要遭受损失，即期汇率上升越多，则期权卖方的损失越大，从理论上说，期权卖方的损失是无限的。

（三）外汇看跌期权的应用

1. 买入外汇看跌期权

买入看跌期权是指期权的买方在支付保险费后，获得了在到期日或到期日之前按协议价格出售期权合约规定的某种外汇资产的权利，即期权买方购买了一个卖的权利。如果该货币的未来市场价格（即期汇率）大于协议价格，则看跌期权买方不会执行期权合同，其损失为保险费。当协议价格与保险费之差≤市场价格＜执行价格，期权买方执行期权，但仍有亏损。若市场价格＜协议价格与保险费之差，买方将赚取较大的价差利润。具体盈亏示意如图 4-7 所示。

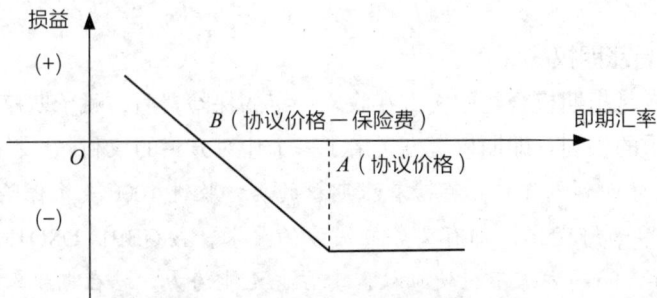

图 4-7　买入外汇看跌期权的盈亏示意

2. 卖出外汇看跌期权

卖出看跌期权是指期权合约的卖方在收取一定的保险费后，赋予期权买方按执行价格出售某种货币的权利，即卖方卖出了一个卖的权利。看跌期权的卖方盈亏情况与买方相反。具体如图 4-8 所示。

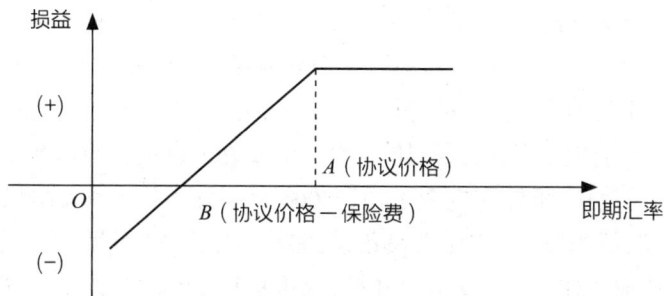

图 4-8　卖出外汇看跌期权的盈亏示意

第三节　外汇风险及其管理

自 1973 年布雷顿森林体系瓦解后，世界上绝大多数国家实行了浮动汇率制，这使得货币之间的汇率波动幅度明显增大，进而加大了国际经济金融活动的外汇风险。同时，跨国公司、经营进出口业务的公司、金融机构在经营过程中都会面临外汇风险，因此外汇风险影响的主体范围非常广泛。本节将在阐述各种外汇风险的基础上，介绍管理外汇风险的主要方法和技术。

一、外汇风险概述

要做到有效地防范外汇风险，首先要正确认识外汇风险的内涵及其在日常生产、生活中的表现。以下将介绍外汇风险的概念与分类，并对其进行研究。

（一）外汇风险的定义

外汇风险（foreign exchange exposure）又称汇率风险、汇兑风险，一般是指在国际经济、贸易、金融等活动中，以外币定价或衡量的资产、负债、收入与支出，以及未来经营活动中可能产生的净现金流量，在用本币表示其价值时因汇率波动而产生损失或收益的不确定性。进一步地，我们可从三个方面理解外汇风险：第一，外汇风险的直接成因在于汇率的变动，因而只有在国际经济交往中或会计处理时发生货币与货币之间的兑换关系后才会产生外汇风险。第二，并不是所有的外汇等都会面临外汇风险，只有在外汇买卖中表现为外汇持有额中"超买"或者"超卖"的部分，或者在企业经营中表现为其外币资产与外币负债不相匹配的部分才承担外汇风险，这部分承担外汇风险的外币资金被称为"敞口"或"风险头寸"，本质是一种"净值"。第三，外汇风险具有两重性，其既有损失的可能性，也有获利的可能性。外汇风险实质上是实际价值对预期价值的一种偏离。

（二）外汇风险的分类

外汇风险具有多种表现形式，一般可以分为三类：交易风险、经济风险和会计风险。

1. 交易风险（transaction risk）

交易风险又称买卖风险，是指已经签订的以外币标价的合同，由于当前汇率与将来结算时的汇率存在差异，从而导致相同金额的外币合约按现时汇率和未来汇率折算为本币金额时不同而产生的风险，是一种流量风险。交易风险是一种最常见的外汇风险，开办外汇买卖业务的商业银行面临着大量的外汇风险，工商企业在以外币进行应收或应付贸易结算、贷款或借款等活动中也存在交易风险，个人买卖外汇也不例外。例如，上市公司中恒集团（600252）子公司梧州桂江电力公司，2004 年度外币借款为 2180.08 万欧元，2004年 6 月 30 日欧元汇价为 10.3383 元人民币，2004 年 12 月 31 日欧元汇价上升为 11.2627元人民币，由此造成了桂江电力公司 2017 万元人民币的损失，影响公司利润 1563.93 万元，进而拖累总公司 2004 年业绩表现，使其净利润大幅下滑。

2. 经济风险（economic risk）

经济风险又称经营风险，是指由于无法预料的汇率变化引起企业未来运营现金流变化从而导致企业价值发生变化的风险，是一种潜在风险。与交易风险不同的是，经济风险并不仅仅针对某一笔或某几笔交易活动，其更为复杂、影响也更为长期和深远。经济风险的大小主要取决于汇率变动对企业生产规模、销售价格和生产成本的影响程度。例如，当一国本币贬值时，出口品的外币价格下降，有可能刺激出口品需求及出口收入增加；如果出口品为加工贸易，原材料主要为进口品，本币表示的进口品价格上涨则会增加出口品的生产成本，结果导致出口企业的未来收入可能增加，也可能减少，进而影响其市场份额、竞争能力、生存与发展潜力，此种风险即属于经济风险。可见，对经济风险的分析很大程度上取决于公司的预测能力，而预测的准确程度将直接影响企业的战略决策和投资效益。

3. 会计风险（translation risk）

会计风险又称折算风险、转换风险，是指经济主体对资产负债表进行会计处理时，因汇率波动而引起货币转换时造成的账面收益或损失的可能性，是一种存量风险。公司在一国注册，按照主权原则，会计报表必须使用注册国货币作为记账货币，这就要求该公司发生的外币收支、资产和负债等要根据会计准则，转换为本国货币表示。此外，本国企业设在国外的分公司，合并报表时也应该折算为本国货币。在这一过程中，采用的换算汇率不同，以本国货币表示的外币资产和负债状况就会不同。不过会计风险所带来的损益仅为账面损益，并不涉及企业的现金变动。因此在一般情况下，会计风险并不被作为企业外汇风险管理和控制的重点。

二、外汇风险管理

正因为存在外汇风险，我们才需要对其进行管理和控制。外汇风险管理，是指外汇持有者通过风险的识别、衡量和控制等方法，预防、规避或消除外汇业务经营中的风险，从而减少或避免可能的经济损失。

（一）交易风险管理

对于交易风险，可供选择的管理方法主要有三类：签约时的风险管理方法、签约后利用国际金融市场进行风险管理的方法以及其他交易风险管理方法。

1. 签约时的风险管理方法

（1）选择合适计价和结算货币

一方面，尽可能以本币收付。由于本币收付不涉及外汇和汇兑，就可避免汇率风险，因为不论将来汇率如何变化，公司都可以收到（或付出）确定金额的本币。当然，从交易双方来看，合同采用本币标价并不能消除交易风险，只不过是把风险从本国公司转移到外国公司。

另一方面，收款用硬货币，付款用软货币。其中，硬货币是指汇率稳定且具有升值趋势的货币；软货币是指汇率不稳定且具有贬值趋势的货币。这种做法需要对硬货币和软货币进行认定，如果判断错误，则反而不利，因而带有投机的成分。

（2）在贸易合同中加列保值条款

一是黄金保值条款。在第二次世界大战后的布雷顿森林体系下，汇率由各国规定的货币名义上的含金量决定，只有货币含金量发生变化，汇率才会变化，因此在贸易合同中加列黄金保值条款，便可避免汇率风险。例如，英国在 1967 年 11 月 18 日宣布，每 1 英镑的含金量从 2.48828 克纯金下降到 2.13281 克纯金，贬值 14.3%。假如在英镑贬值前，美国某出口商与英国一进口商签订了一个价值 100 万英镑的贸易合同，并规定以黄金保值。那么，签订合同时，该笔价值 100 万英镑的交易相当于 248.828 万克黄金（2.48828 克 ×100 万）。英镑贬值后，英国进口商仍然要支付相当于 248.828 万克黄金的英镑，即 116.67 万英镑（248.828 万/2.13281），如果没有加列黄金保值条款，美国出口商就只能收到 100 万英镑。

二是一篮子货币保值条款，又称货币指数保值条款。例如，假设有一个价值 90 万美元的进出口合同，双方商定以美元支付，以英镑、瑞士法郎、日元三种货币保值，它们所占的权数各为 1/3。签订合同时汇率为：USD1=GBP0.5；USD1=CHF1.5；USD1=JPY120，则三种货币各自计算的 30 万美元分别相当于 15 万英镑、45 万瑞士法郎以及 3600 万日元。若付款时汇率变为：USD1=GBP0.45；USD1=CHF1.4；USD1=JPY130，则 15 万英镑、45 万瑞士法郎和 3600 万日元分别相当于：33.33 万美元、32.14 万美元和 27.69 万美元，于是最终这笔交易应该支付 93.16 万美元。

2. 签约后利用国际金融市场进行风险管理的方法

在签订交易合同以后，经济主体可以利用外汇市场和货币市场来控制汇率风险。其中，前者主要包括利用远期外汇交易、外汇期货交易、外汇期权交易等进行合理的套期保值活动，前文已有详细介绍，在此不再赘述；后者主要包括利用货币市场借贷来管理外汇风险。

货币市场借贷主要通过创造与未来外汇收入与支出相同币种、相同金额和相同期限的债权或债务，以达到消除汇率风险的目的。对于一个未来有外汇收入或外汇支出的进出口商或投资者，面对汇率风险，可通过货币市场借款的方式来控制风险，具体操作如下。

对于出口商（或债权人）而言，其拥有外币应收账款，第一步可在签订合同以后当即从银行借入一笔外汇，借款期限与未来外汇收入的期限相同，借款金额按相关利率计算与未来外币收入等值。第二步，把所借外汇在即期外汇市场卖出，兑换成本国货币，以消除外币与本币之间的汇率风险（因为换成本币之后，本币与外币之间的价值波动不再存在）。第三步将本币进行投资，以弥补借入外币的利息成本以及将外币兑换成本币的银行卖汇成本。到结算日或清偿日，出口商（或债权人）可以收入的外币偿还到期的银行外汇借款。

【例 4-9】日本某出口商 90 天后有一笔价值 500 万美元的出口应收账款，签约时即期汇率为 USD1=JPY120。为了避免 90 天后日元升值风险，该出口商利用货币市场借贷对 500 万美元应收账款进行外汇风险管理。假设 90 天后即期汇率变成 USD1=JPY115，美元 3 个月借款年利率为 5%，日本货币市场 3 个月存款年利率为 4%，请问不利用或利用货币市场借贷法会有什么差异？

答：（1）如果不利用货币市场借贷法，则 90 天后该日本出口商只能收到 $500 \times 115 = 57500$（万日元），相比 90 天前损失了 $500 \times (120-115) = 2500$（万日元）。

（2）如果利用货币市场借贷法，则根据上文所提三个步骤，可得到如下外汇风险管理过程（见图 4-9）。

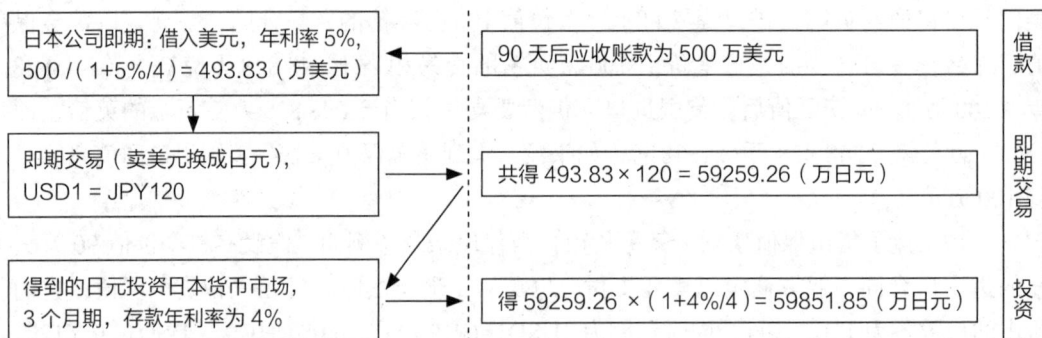

图 4-9　利用货币市场借贷法管理外汇应收账款风险过程示意

也就是说，通过货币市场借贷法，该日本出口商 90 天后 500 万美元应收账款到账后刚好可以用以偿还银行美元借款的本利和；此外，该日本出口商手头还将持有 59851.85 万日元。这相当于其在控制风险之余还赚了 $59851.85 - 500 \times 115 = 2351.85$ 万日元（约 20.45 万美元）。

相应的，对于进口商（或债务人）而言，其拥有外币应付账款，签订合同以后，同样可利用货币市场借贷法三步管理外汇风险：第一步，当即从银行借入一笔本国货币，借款期限与未来外汇支出的期限相同，借款金额按即期汇率和相关利率计算与未来外汇支出等值。第二步，以所借本币在即期外汇市场买入外汇，也就是即期将本币换成外币，以消除外币与本币之间的汇率风险（因为换成本币之后，本币与外币之间的价值波动不再存在）。第三步，将所购外汇做相应期限的投资。到结算日或清偿日，进口商（或债务人可以收回的外币履行支付或偿还义务。

3. 其他交易风险管理方法

除了上述两类方法外，还有一些其他降低外汇交易风险的方法，主要有以下方面。

第一，提前或延后。提前或延后是指经济主体根据对计价货币汇率走势的预测，将收付外汇的结算日提前或者延后，以达到防范汇率风险的目的。对于出口商（或债权人）来说，如果预测计价货币的汇率会下跌，可以征得交易对方的同意，争取提前收入外汇，以避免由于汇率下跌造成本币收入减少的损失；相反，如果预测计价货币的汇率将上涨，可争取或同意延期收进外汇，以获得汇率上升增加本币收入的好处。对于进口商（或债务人）来说，如果预测计价货币的汇率会下跌，可以征得交易对方的同意，争取延期支付外汇；反之，如果预测计价货币的汇率将上涨，则尽量争取提前支付外汇。

第二，外汇风险保险。参加外汇风险保险，是指经济主体向有关保险公司投保汇率变动险。投保人按期缴纳少量的保险费，一旦因汇率变动而蒙受损失，由保险公司给予合理的赔偿。

（二）经济风险管理

经济风险管理的目标是防止意料之外的汇率变动对整个企业未来现金流产生消极影响，因此不可能运用一般的套期保值方法对其进行简单处理，而必须从企业全局的角度，通过企业营销策略、生产策略和财务策略的调整，来有效地降低风险。有时企业只需调整三大经营策略中的一个，有时则需要同时调整三大经营策略。

1. 营销策略调整

在汇率频繁波动的情况下，根据汇率波动趋势，调整企业的营销战略可以确保企业获得更多的国际竞争优势。企业可采用的营销策略调整措施有市场选择、定价战略、促销战略和产品战略等。例如，企业可以寻求销售市场的多样化，以便使其销售和现金流在不同的外汇条件下保持稳定。企业也通过产品分化、产品创新和产品升级，产生更多的现金流，而不必局限于外汇领域。

2. 生产策略调整

生产策略更关注控制和管理企业的生产成本敞口所面临的外汇风险。企业可采用的生产管理调整的措施有生产要素重组、转移生产、工厂选址、提高劳动生产率等。

3. 财务策略调整

营销策略和生产策略若想有效的实施，往往需要花费很长的时间。而财务策略调整是对企业的债务结构进行重新调整，可以在很短的时间内完成。通常，跨国企业在进行营销和生产策略调整时，必须同时进行财务策略调整，以便使营销和生产策略调整引起的资产收益下降被相应的清偿债务的成本下降所抵消。财务管理策略调整的具体措施包括资产负债匹配、业务分散化、融资分散化和营运资本管理等。

（三）会计风险管理

虽然会计风险只是账面价值的波动，并不影响国际企业的现金流，但是跨国企业在资本市场上的形象可能因利润指标的变化而发生改变；另外，跨国企业要对子公司进行业绩考评，被折算汇率扭曲的子公司业绩也不利于跨国企业对其做出正确评价。因此，跨国企业的财务管理人员必须意识到会计风险的存在和产生的机理，必要时采取一定的措施减少会计风险的影响。会计风险管理方法主要包括以下方面。

1. 资产负债表保值

跨国公司在考虑对会计风险进行管理时，通常采用的是以资产负债表保值。这种方法要求在资产负债表上以各种功能货币表示的受险资产与受险负债的数额相等，以使其会计风险头寸为零，从而使得经济主体不至于因汇率变动而带来任何折算上的损失。换言之，其通过匹配资产负债表中的外币资产和外币债务，来最小化会计风险。

2. 契约性保值

除了采用资产负债表套期保值外，会计风险管理的另一种方法是契约性保值。这里的契约性保值，并非如前面所讲的利用远期市场套期保值，实际上是通过做远期投机获利来与会计折算的损失相抵消。

3. 其他会计风险管理方法

采用契约性保值有以下局限性：收益预测值不准确；某些货币无远期合约；会计信息的扭曲可能增加交易风险。因此，很多跨国公司对待会计风险的最好方式是向公众声明其合并收益如何受到汇率波动的影响，这样，股东和投资者能更客观地了解会计风险的实际情况。

本章小结

1. 外汇市场是进行外汇买卖并决定汇率的渠道或交易网络。按组织形态，外汇市场可分为有形外汇市场和无形外汇市场；按交易主体，外汇市场可分为外汇零售市场和外汇批发市场；按管制程度，外汇市场可分为自由外汇市场、官方外汇市场和外汇黑市。

2. 外汇市场的构成可以从外汇市场的参与者以及外汇市场的层次两方面进行了解。外汇市场的参与者包括商业银行、外汇经纪商、非银行类客户和中央银行。外汇市场包括外汇零售市场和外汇批发市场两个层次。

3. 外汇市场具有交易规模巨大、市场集中度高、全天候一体化、汇率全球趋同和交易日趋复杂等特征，目前世界上最有代表性的外汇市场包括伦敦、纽约、新加坡、香港、东京等。

4. 外汇交易是指在不同情况下用一国货币买卖或兑换另一国货币的行为，主要包括即期外汇交易、远期外汇交易、外汇期货交易和外汇期权交易等，前两种是传统的外汇交易方式，后两种是衍生的外汇交易方式。

5. 外汇期货交易与远期外汇交易的主要区别：一是合约的标准化程度不同，外汇期货合约是标准化合约，其交易币种和金额、交割日期、交割地点等都是标准化的，而远期外汇交易合约则是非标准化的，各项内容由买卖双方商定。二是交易的具体情况不同，远期外汇交易的交易主体主要是金融机构和大型跨国公司，而外汇期货市场上法人和自然人均可参加交易；远期外汇交易通常是在场外无形市场中进行，而外汇期货交易一定是在有形的市场开展的；远期外汇交易大部分最终都要进行实物交割，而外汇期货交易绝大多数是通过平仓的形式进行现金交割和差额结算。三是交易的核心要求不同，外汇期货交易中买卖双方必须缴纳保证金，以保证金强制买卖双方履约，而远期外汇交易一般无须缴纳保证金。此外，外汇期货合约在到期前可以反复流通转让，远期合约则不能流通转让。

6. 外汇期货交易的主要作用是：套期保值，规避汇率风险；以小博大，投机获利；发现外汇供需，引导汇率水平。

7. 外汇期权交易与其他外汇交易方式相比的主要特点是：风险有限而且事先可以确定，但相对交易成本较高。

8. 外汇风险是指在国际经济、贸易、金融等活动中，以外币定价或衡量的资产、负债、收入与支出，以及未来经营活动中可能产生的净现金流量，在用本币表示其价值时因汇率波动而产生损失或收益的不确定性。一般可以分为交易风险、经济风险和会计风险三类。

9. 对于交易风险，可供选择的管理方法主要有三类：签约时的风险管理方法、签约后利用国际金融市场进行风险管理的方法以及其他交易风险管理方法。经济风险管理的目标是防止意料之外的汇率变动对整个企业未来现金流产生消极影响，因此不可能运用一般的套期保值方法对其进行简单处理，而必须从企业全局的角度，通过企业营销策略、生产策略和财务策略的调整，来有效地降低风险。会计风险管理方法主要包括资产负债表保值、契约性保值和其他会计风险管理方法。

核心术语

外汇市场（foreign exchange market）

即期外汇交易（spot exchange transaction）

套汇（currency arbitrage）

远期外汇交易（forward exchange transaction）

套利（interest arbitrage）

外汇期货交易（foreign exchange futures transaction）

多头套期保值（long hedging）

空头套期保值（short hedging）

外汇期权交易（foreign exchange option transaction）

看涨期权（call option）

看跌期权（put option）

欧式期权（European option）

美式期权（American option）

外汇风险（foreign exchange exposure）

交易风险（transaction risk）

经济风险（economic risk）

会计风险（translation risk）

思 考 题

1. 简述外汇市场不同参与者的交易目的及其在外汇市场中的作用。

2. 当今世界外汇市场有何特点?

3. 如何判断多个外汇市场是否存在套汇机会?

4. 简述远期外汇交易的特点与作用。

5. 外汇期货交易与远期外汇交易有何异同?

6. 举例说明如何利用外汇期货交易进行套期保值。

7. 简述外汇期权交易的特点。

8. 外汇看涨期权交易对买方与卖方而言各有何利弊?

9. 比较利用远期外汇交易、外汇期货交易及外汇期权交易进行套期保值的利弊。

10. 简述外汇风险的概念和分类。

11. 简述交易风险、经济风险和会计风险管理的基本方法。

CHAPTER 5　第五章　汇率决定理论

学习要点

1. 了解国际收支理论的基本内容；
2. 掌握购买力平价理论的主要内容、分析思路和评价方法；
3. 学会利用利率平价理论分析汇率与利率的关系；
4. 理解弹性价格货币分析法、黏性价格货币分析法、资产组合分析法的主要内容和分析思路；
5. 了解 20 世纪 80 年代以来汇率决定理论的新发展。

第一节　国际收支理论

国际收支理论（balance of payment theory）是从国际收支角度分析纸币本位制下汇率决定的一种理论，其前身是第一次世界大战前金本位制时期的国际借贷理论（theory of international indebtedness）。第二次世界大战后，随着凯恩斯主义的宏观经济分析被广泛运用，很多学者开始用凯恩斯模型来分析影响国际收支的主要因素，从而形成了国际收支理论的现代形式。

一、国际借贷理论

1861 年，英国经济学家戈逊（Goschen）在其《外汇理论》一书中较为完整地阐述了汇率与外汇供求之间的关系，即国际借贷理论。该理论以金本位制为前提，把汇率变动归结于国际借贷关系中债权与债务变动所引起的外汇供求变化，在理论上具有重要意义。

戈逊认为，汇率作为外汇的价格，取决于外汇市场上的供给和需求，而外汇的供给和需求又源于国际借贷，因此国际借贷关系的变化是汇率变动的主要原因。商品的进出口、股票和债券的买卖、利润和捐赠的收付、旅游支出和资本交易等活动都会通过影响国际借贷关系影响汇率；而物价水平、黄金存量、利率水平虽然也会对汇率产生一定影响，但都是次要因素。

戈逊又根据流动性的大小，把国际借贷分为固定借贷（consolidated indebtedness）和流动借贷（floating indebtedness）两种类型。前者是指借贷关系已经形成，但未进入实际支付阶段的借贷；后者是指已经进入实际支付阶段的借贷。戈逊指出，影响当前汇率变动的主要是已经转化成了实际外汇供求的流动借贷，而固定借贷因为没有得到清算，只会影响未来的外汇供求。因此在一定时期内，当一国的流动债权（外汇收入）多于流动债务（外汇支出）时，外汇的供给大于需求，外汇汇率下降；当一国的流动债务多于流动债权时，外汇的需求大于供给，外汇汇率上升。

国际借贷理论流行于第一次世界大战前的金本位制时期。戈逊第一次较为系统地从国际收支角度考虑影响汇率变动的因素，具有一定的前瞻性和实践上的合理之处。但是戈逊仅说明了国际借贷不平衡时外汇供求关系对汇率变动的影响，而未指出国际借贷平衡时汇率的变动情况及汇率决定的基础，并且进一步考虑也会发现戈逊对物价水平等因素的忽视也使得该理论不能很好地应用于信用货币体系下汇率变动的分析。因此，在金本位制转变为纸币本位制后，国际借贷理论的局限性就日益凸显。

二、国际收支理论

国际借贷理论的部分局限在国际收支理论中得到了弥补。布雷顿森林体系崩溃后，各国纷纷实行浮动汇率制度，一些经济学家应用凯恩斯模型来分析影响国际收支的主要因素，并进一步分析了这些因素如何通过国际收支影响外汇供求和汇率，形成了汇率决定的国际收支理论，美国经济学家阿尔盖（Argy）对此进行了系统的总结。国际收支理论认为，汇率是外汇市场上的价格，外汇市场上供求的变动会对汇率造成直接的影响，又因外汇市场供求受到国际收支的影响，因此国际收支状况与汇率的变动之间存在着密切的联系。

假设汇率完全自由浮动，政府不对外汇市场进行任何干预，汇率可以通过自身变动来实现外汇市场上的供求平衡，从而使国际收支始终处于平衡状态。在这个条件下，外汇汇率取决于外汇供求。又因为国际收支状况决定着外汇市场上的外汇供求状况，汇率实际上取决于国际收支，因此，凡是影响国际收支均衡的因素都会影响汇率变动。

假设国际收支账户由经常账户（CA）和资本与金融账户（KA）组成，并且始终有：

$$BP = CA + KA = 0 \tag{5-1}$$

首先看经常账户。简单起见，将其视为贸易账户，收支主要由商品与服务的进出口决定。其中，进口主要由本国国民收入（Y_d）和实际汇率决定（$e_r = \dfrac{eP_f}{P_d}$），出口主要由外国国民收入（Y_f）和实际汇率（$e_r = \dfrac{eP_f}{P_d}$）决定。

可以得到：

$$CA = f_1(Y_d, Y_f, P_d, P_f, e) \tag{5-2}$$

其中，e 为直接标价法下的名义汇率（即 e 越大本币汇率越低）；P_d 和 P_d 分别为本国和外国的物价水平。

再看资本与金融账户。简单起见，假定资本与金融账户收支只取决于本国利率（i_d）、外国利率（i_f）和对未来汇率水平变化的预期（$\Delta e = \dfrac{E - e}{e}$）。

可以得到：

$$KA = f_2(i_d, i_f, e, E) \tag{5-3}$$

其中，E 为预期的未来汇率水平。

联立式（5-1）、式（5-2）和式（5-3），得到：

$$BP = f(Y_d, Y_f, P_d, P_f, i_d, i_f, e, E) = 0 \tag{5-4}$$

式（5-4）表明，如果将其他变量视为外生变量，那么汇率将在这些变量的共同影响下发生变动，调节国际收支并最终实现国际收支的平衡，即：

$$e = g\,(Y_d, Y_f, P_d, P_f, i_d, i_f, e, E)\qquad\qquad(5\text{-}5)$$

故影响汇率的因素有本国国民收入、外国国民收入、本国物价水平、外国物价水平、本国利率水平、外国利率水平以及人们对未来汇率水平的预期等。

下面简单分析各变量的变动对汇率的影响。

第一，国民收入。当其他条件不变时，本国国民收入的增加将通过增加本国边际进口倾向的方式带来本国进口的上升，本国经常账户恶化，外汇市场上出现对外汇的超额需求，外币升值，本币贬值；反之，外国国民收入的增加将通过增加本国边际出口倾向的方式带来本国出口的上升，本国经常账户盈余，外汇市场上出现对外汇的超额供给，外币贬值，本币升值。

第二，物价水平。当其他条件不变时，本国物价水平的上升将提高本国商品相对于外国商品的价格，本国商品竞争力下降，本国出口下降，本国经常账户恶化，外币升值，本币贬值；反之，外国物价水平的上升将提高外国商品相对于本国商品的价格，外国商品竞争力下降，本国出口上升，本国经常账户盈余，外币贬值，本币升值。

第三，利率水平。当其他条件不变时，本国利率的提高将吸引更多的资本流入，外汇市场上出现外汇的超额供给，外币贬值，本币升值；反之，外国利率的提高将吸引更多的资本流出，外汇市场上出现对外汇的超额需求，外币升值，本币贬值。

第四，对未来汇率水平的预期。当其他条件不变时，如果预期本币在未来将贬值，资本将流出以避免可能的外汇损失，本币即期贬值；反之，如果预期外币在未来将贬值，资本将流入以避免可能的外汇损失，本币即期升值。

需要指出的是，以上各变量变动对汇率影响的分析均是在其他条件不变的情况下得出来的，而实际上，这些变量之间存在着复杂的关系，我们难以简单地确定它们对汇率的具体影响。以国民收入这一变量为例，本国国民收入的增加在增加进口的同时也会造成本国货币需求的上升，从而使得本国利率相应提高，带来资本的流入，因此，国民收入的增加对汇率的影响取决于这两种效应的相对大小；又如，本国物价水平上升会在使得本国出口减少、进口增加的同时，使市场上的实际货币余额减少，利率上升，资本内流，前者将导致经常账户出现逆差，后者却会引发资本账户的顺差，故汇率最终变化的方向和幅度较难确定。

三、对国际收支理论的评价

（一）理论贡献

国际收支理论是关于汇率决定的流量理论，是凯恩斯主义国际收支理论在浮动汇率制度下的应用，其贡献主要表现在以下方面。

国际收支理论在国际借贷理论的基础上进一步考察了影响国际收支的具体因素，指出了汇率与国际收支之间存在着密切关系，具体表现在它运用供求分析方法将影响国际收支的各种因素纳入了对汇率影响因素的分析当中，更完整地解释了相关因素对汇率的影响，为现代汇率决定理论提供了一个新的视角，对于全面分析汇率的决定因素，尤其是在短期内分析汇率的变动方向是极为重要的。

（二）理论局限

当然，国际收支理论也存在着一些不足。

首先，从现实情况来看，影响国际收支的众多因素以及这些因素与汇率之间的关系都是错综复杂的，国际收支理论却并没有对类似现象进行深入分析，而只是在研究各变量对汇率的影响时采用了局部均衡的分析方法，并假定其他变量不变，因此它作为一种汇率决定理论来说是不完整的。

其次，国际收支理论是关于汇率决定的流量理论，其核心思路是国际收支引起的外汇供求流量决定了短期汇率水平及其变动，这一特点导致它很难解释现实中的一些经济现象。例如，利率上升在很多情况下并不能持续吸引资本流入使汇率发生相应的变动；汇率常常在外汇市场交易流量变动很小的情况下发生大幅变动等。因此，有学者认为，国际收支理论并不是完整的汇率决定理论，而只是一种分析汇率变动的方法或工具。

第二节　购买力平价理论

1922年，瑞典经济学家卡塞尔（Cassel）在其出版的《1914年以后的货币与外汇》一书中系统阐述了购买力平价理论（purchasing power parity theory，PPP）。卡塞尔认为，货币的价值在于货币具有的购买力，本国人之所以需要外国货币，是因为外国货币在外国市场上具有购买力，可以购买到外国的商品和服务，因此不同货币之间的兑换比率取决于其购买力之比，即汇率与各国物价水平之间具有直接的联系。虽然该理论不断受到各种批评，且常与实证检验不相符，但它至今仍构成开放宏观经济学研究中的基本假设之一，也是汇率决定理论中最有影响力的一种。

一、开放经济中的一价定律

如果在经济活动中存在这样一种商品：在不同国家完全同质，即不存在任何商品质量及其他方面的差别；价格能够根据供求关系灵活的调整，即价格具有弹性。那么当该商品在两国之间的价格存在差异时，套购者就可以在低价国家买入这种商品，然后在高价国家卖出，以赚取差价。套购者的持续套购行为将改变该商品在两个国家的供求情况，使得该商品在两个国家之间的价格差异大幅收敛。假设剔除掉所有影响套购的不利因素，如运输成本、关税、进出口配额等，那么同一种商品在各个地区的价格都应该是一致的。

因此对于单个商品 i，可以得到：

$$P_d^i = eP_f^i \tag{5-6}$$

其中，P_d^i 为该商品在本国的价格；P_f^i 为该商品在外国的价格；e 为直接标价法下两国之间的汇率。

式（5-6）就是开放经济中的一价定律（the law of one price，LOP）的表达式，体现为在交易成本为零的条件下，用同种货币衡量的不同国家的同种商品的价格相同。

对式（5-6）进行恒等变换可以得到：

$$e = \frac{P_d^i}{P_f^i} \qquad (5\text{-}7)$$

从式（5-7）可知，如果一价定律成立，汇率等于单个同质商品在两个国家价格的比值。需要注意的是，上述讨论所涉及的商品套购只可能针对可贸易品展开，因此并不是所有的商品都满足一价定律。当某种商品因套购成本过高或本身不可跨境转移等原因无法通过套购活动消除地区间价格差异时，其在不同国家之间的价格将难以满足一价定律。该种商品通常被定义为非贸易品，主要是服务和不动产，如建筑物、基础设施、旅游资源、餐饮、医疗、教育等。

二、绝对购买力平价

为使货币购买力在汇率分析中具有更大的实践价值，可将一价定律中针对汇率与两个国家某一可贸易品价格的分析进行进一步的扩展。

如果一价定律对于两国之间的任何一种可贸易品都成立，并且在两国物价指数的编制中，各种可贸易商品所占权重相等，那么这两个国家由可贸易品构成的物价水平之间就存在以下关系：

$$\sum_{i=1}^{n} \theta^i P_d^i = e \sum_{i=1}^{n} \theta^i P_f^i \qquad (5\text{-}8)$$

其中，e 是直接标价法下的汇率；P_d^i 和 P_f^i 是第 i 种可贸易品的本国价格和外国价格；θ^i 表示第 i 种可贸易品在物价指数中所占的权重。式（5-8）将一价定律中的单一商品扩展到了由各种可贸易品组成的商品篮子，并假设各个国家的该商品篮子的构成相同。

进一步将商品篮子推而广之，分别用 P_d 和 P_f 来表示本国和外国的物价水平，再对式（5-8）进行恒等变换，可以得到更一般的表达：

$$e = \frac{P_d}{P_f} \qquad (5\text{-}9)$$

式（5-9）就是绝对购买力平价（absolute purchasing power parity，absolute PPP）的一般形式。它的经济学含义为：换算成同一种货币之后，商品篮子在两个国家之间的价格相同。在实际应用中，式中的物价水平既可以是消费者价格指数（CPI），也可以是生产者价格指数（PPI）或GDP平减指数。此外，因为一种货币的购买力是指每单位该货币能够购买到的商品数量，故货币购买力可以表示为物价水平的倒数。沿着这种思路再对式（5-9）进行恒等变换，便可得到汇率与两国物价水平以及货币购买力之间的关系：

$$e = \frac{P_d}{P_f} = \frac{\dfrac{1}{P_f}}{\dfrac{1}{P_d}} \qquad (5\text{-}10)$$

式（5-10）表明，如果在某一时点绝对购买力平价成立，那么两国货币间的均衡汇率便等于两国的一般物价水平之比，也等于两国货币对商品的购买力之比的倒数。

专栏 5-1　绝对购买力平价的长期偏离

有学者认为，虽然汇率在短期内很难符合一价定律和绝对购买力平价，但在长期内仍有趋向绝对购买力平价的趋势。然而，20世纪60年代的一些研究则表明，汇率在长期中也可能会背离购买力平价，这就是著名的巴拉萨—萨缪尔森效应（Balassa-Samuelson effect）。它认为，在经济增长率越高的国家，工资实际增长率也越高，实际汇率也上升得越快。

我们可以这样来理解。假设一价定律在可贸易品部门成立，那么在快速增长的经济中，可贸易品部门的技术进步将会快于非贸易品部门，这将会导致可贸易品部门在工资水平提高的同时保持产品价格不变，使得一价定律在可贸易品部门依然成立。但非贸易品部门的工人可能会据此要求提高工资水平，然而由于非贸易品部门生产率不能像可贸易品部门一样获得同等程度的提高，该部门工资水平的提高只能通过产品的价格提高来满足，从而使得整体物价水平得到提升。但此时，由于可贸易品部门仍然满足一价定律，名义汇率保持不变，国内价格水平的提高不能被同等程度的汇率贬值所抵消。因而，如果购买力平价在期初成立，那么国内物价水平的提高就会使得本币被高估，有贬值的趋势。

三、相对购买力平价

在现实生活中，绝对购买力平价的成立仍然存在着明显的障碍，主要表现在：信息成本和交易成本的存在使得商品套购难以充分实现；在各国物价水平的计算中，不同商品的权重、可贸易品和非贸易品的口径有所不同，物价水平缺乏可比性。考虑到这些问题的存在，卡塞尔对绝对购买力平价进行了拓展，提出了更广泛适用的相对购买力平价（relative purchasing power parity，relative PPP），即在考虑交易成本、商品篮子的构成存在差异的情况下，分析汇率与两国物价水平之间的关系。

以购买力平价的定义为起点，对当期的购买力平价公式进行恒等变换，可以得到：

$$e^t = \frac{P_d^t}{P_f^t} = \frac{P_d^0 \frac{P_d^t}{P_d^0}}{P_f^0 \frac{P_f^t}{P_f^0}} = \frac{P_d^0}{P_f^0} \times \frac{\frac{P_d^t}{P_d^0}}{\frac{P_f^t}{P_f^0}} \tag{5-11}$$

其中，e^t 表示当期汇率水平；P_d^0 和 P_d^t 分别表示本国基期物价水平和本国当期物价水平；P_f^0 和 P_f^t 分别表示外国基期物价水平和外国当期物价水平。

更进一步地，假设基期绝对购买力平价 $e^0 = \frac{P_d^0}{P_f^0}$ 成立，并用 π_d 和 π_f 分别表示本国和外国的通货膨胀率，可以得到：

$$e^t = e^0 \times \frac{\frac{P_d^t}{P_d^0}}{\frac{P_f^t}{P_f^0}} = e^0 \times \frac{1+\pi_d}{1+\pi_f} \tag{5-12}$$

对式（5-12）进行恒等变换可以得到：

$$\frac{e^t}{e^0} = \frac{1+\pi_d}{1+\pi_f} \tag{5-13}$$

对式（5-13）两边同时减 1 可以得到：

$$\Delta e = \frac{e^t - e^0}{e^0} = \frac{1+\pi_d}{1+\pi_f} - 1 = \frac{\pi_d - \pi_f}{1+\pi_f} \approx \pi_d - \pi_f \qquad (5\text{-}14)$$

式（5-14）就是相对购买力平价的一般公式。它的经济学含义为：在某一时期内，预期汇率的变化幅度近似等于同一时期内预期的两国通货膨胀率之差。因此，相对购买力平价认为，汇率应该随着两国物价水平的变动而调整：如果本国通货膨胀率高于外国通货膨胀率水平，则本币远期贬值，外币远期升值；如果本国通货膨胀率低于外国通货膨胀率，则本币远期升值，外币远期贬值。

从上述分析可以看出，绝对购买力平价将物价水平与汇率水平联系起来，解释了某一时点上汇率决定的基础，是静态的购买力平价；相对购买力平价将价格变动与汇率变动联系起来，解释了某一时期汇率变动的原因，是动态的购买力平价。一般地，绝对购买力平价成立，相对购买力平价一定成立；但是，相对购买力平价成立，绝对购买力平价不一定成立。

四、对购买力平价理论的评价

（一）理论贡献

购买力平价理论是汇率决定理论中最具影响力的一种理论，其贡献主要表现在以下方面。

一是购买力平价理论从货币的基本功能——代表一定购买力这一角度来分析汇率，并以国内外物价对比作为决定汇率的依据，不仅符合逻辑，而且易于理解。

二是购买力平价理论使理论上的汇率具有了量化尺度，对汇率水平与物价水平、汇率变动与两国通货膨胀率差异之间的关系这样的复杂问题给出了最简洁的描述，因而被广泛运用于对汇率水平的分析和政策研究之中。

三是购买力平价理论揭示了汇率变动的长期原因，通常被作为汇率的长期均衡标准应用于其他汇率决定理论的分析之中。研究表明，购买力平价理论在说明和分析汇率的长期变动趋势上有不可替代的优势。

（二）理论局限

但同时，购买力平价理论也存在许多明显的不足。

首先，购买力平价理论以"一价定律"为基础，而在现实中，由于国家主权的存在，各种关税、贸易、金融限制等使得各种商品的价格水平并不相等，"一价定律"并不成立，这也成了购买力平价理论的最大局限。此外，计算购买力平价的诸多技术性困难使其具体应用受到了限制。

其次，购买力平价理论的另一基础是货币数量说，将汇率变动完全看成一种货币现象，认为货币数量决定货币的购买力，这意味着该理论只考虑了价格对汇率的影响，而忽略了诸如生产率的变化、消费者偏好的变化、国际贸易中管制措施的变动等实际因素，然而从长期看，实际因素的变动会引起实际汇率以及相应的名义汇率的显著调整，从而使名义汇率与购买力平价产生长久性的偏离。

再次，购买力平价理论把汇率与价格的关系看成完全的单向因果关系，忽视了汇率变动本身对物价水平的影响，也没有分析是否存在其他外生变量同时影响汇率和物价水平的可能情况。

最后，购买力平价理论没有考虑国际资本流动对汇率的影响，在存在巨额国际资本流动的今天，国际资本流动所带来的外汇供给和需求可以在中短期内使现实的汇率产生显著变动，甚至能够使现实的汇率与购买力平价发生重大的偏离，而购买力平价理论却不能在这方面给出有力的分析和解释。

专栏 5-2　购买力平价的现实应用：巨无霸汉堡指数

巨无霸汉堡指数（big mac index）是《经济学人》杂志于 1986 年起发布的一个非正式的经济指数。该指数以购买力平价为理论基础，选取麦当劳连锁店中的巨无霸汉堡作为购买力平价的标的物，以此来分析两种货币的汇率在理论上是否合理。

该杂志选用巨无霸汉堡作为标的物主要有三个方面的原因：首先，麦当劳餐厅遍布全球六大洲 119 个国家，不会有类似非贸易品的局限；其次，巨无霸汉堡的制作原料规格和制作工序在世界各地基本没有差别，可以保证商品的同质性；最后，巨无霸汉堡虽只是一件商品，却包含了"一篮子"商品和服务，如面粉、肉类、蔬菜、调料、包装、制作、运输和销售等，可以大致地看作一种综合指数。

根据《经济学人》2022 年 1 月最新发布的指数，在美国，巨无霸汉堡目前的售价为每个 5.81 美元，如果一个国家的巨无霸汉堡价格（以市场汇率折算美元）低于美国的价格，就意味着这个国家的货币购买力被低估；反之，如果该国的巨无霸汉堡价格高于美国的价格，就说明这个国家的货币购买力被高估。巨无霸汉堡在中国的售价为每个 24.40 元人民币，在美国的售价为每个 5.81 美元，计算可得人民币被低估了 34%；瑞士的巨无霸汉堡价格最高，紧随其后的是挪威——这两个国家的物价水平相对较高，并且与其他经济合作与发展组织（OECD）国家相比，它们的工资水平也较高；委内瑞拉汉堡价格涨幅最大，自 2004 年以来，巨无霸汉堡的价格上涨了近 250%，这主要是因为该国多年来一直受到恶性通货膨胀的困扰；俄罗斯的巨无霸汉堡价格最便宜，反映了该国较低的物价水平。

当然，该指数确实存在缺陷。首先，非交易性服务在不同国家的价格可能不同，巨无霸汉堡的价格会受到劳动力等成本的影响，但这并不是相对货币价值的反映，《经济学人》杂志发布了经 GDP 调整的巨无霸汉堡价格指数，以应对这种批评；其次，麦当劳并不是在世界上每个国家都有，这意味着巨无霸汉堡价格指数的地理范围上有一些局限性，尤其是在非洲；再次，该指数只由一个项目——巨无霸汉堡组成，缺乏消费者价格指数等其他多样性的经济指标。

专栏 5-3　购买力平价在中国的应用：换汇成本论

换汇成本论（the theory of exchange cost）由中国学者根据购买力平价理论和中国的具体情况提出，并被中国理论界和实务界普遍采用。换汇成本论实质上是购买力平价论在中国的运用与发展。

1. 出口换汇成本

出口换汇成本是一定时期中国出口商品用人民币衡量的总价格（出口商品生产成本加上适当的利润）与出口商品用外汇（美元）表示的总价格（离岸价格）之比，说明的是中国出口企业每创收 1 美元所要支付的人民币成本，用公式表示为：

$$出口换汇成本 = \frac{EY \times (1+P)}{ED} \qquad (5\text{-}15)$$

式（5-15）中，EY 为一定时期内以人民币衡量的中国出口总值；P 为预期利润率；ED 为一定时期内以美元衡量的出口总收入。

例如，假设中国某月全部出口商品的国内采购价格是 600 亿元人民币，中国企业平均利润率为 10%，那么这批出口商品用人民币衡量的总价值便为 660 亿元人民币。假设这批商品在国际市场卖掉可收入 100 亿美元，出口换汇成本便为 6.6，即中国出口企业每创收 1 美元需要支出 6.6 元人民币，因此人民币与美元的汇率应大致为：USD1=CNY6.6。

2. 进口换汇成本

进口换汇成本是中国进口商品在国内市场的销售总收入与以美元表示的中国进口商品的总价值（进口商品到岸价格加上适当的利润）之比，说明的是每进口 1 美元的商品在中国市场上可以卖得多少元人民币，用公式表示为：

$$进口换汇成本 = \frac{MY}{MD \times (1+P)} \qquad (5\text{-}16)$$

式（5-16）中，MY 为一定时期内中国进口商品在国内市场销售的总收入；MD 为一定时期内以美元衡量的中国进口商品总价值；P 仍为预期利润率。

假如，假设某年中国进口 1000 亿美元的商品，在国内市场可卖得 7350 亿元人民币，中国企业平均利润率为 10%，进口换汇成本便为 6.68，即中国每进口 1 美元的商品在国内市场上可以卖得 6.68 元人民币，因此人民币与美元的汇率应大致为：USD1=CNY6.68。

出口换汇成本和进口换汇成本在数值上常常不相等，由于我国长期实行鼓励出口的政策，因此一直把出口换汇成本作为我国人民币汇率的重要影响因素。在官方汇率占主导地位时期，出口换汇成本是央行制定人民币汇率的重要依据。在汇率市场化改革后，换汇成本仍然是影响汇率水平的一个重要因素，也是出口退税的一个重要依据。

3. 对换汇成本论的评价

换汇成本论在购买力平价论的基础上发展形成，两者均以货币数量及一价定律为理论基础，均通过国内外物价对比来考察汇率，因此换汇成本论也存在着与购买力平价理论同样的缺陷。但换汇成本论对购买力平价论也进行了一定的修正和发展：一是购买力平价论用一般商品价格之比来考察汇率，而换汇成本论则直接用进出口商品价格之比来考察汇率，由于进出口商品价格比一般商品价格容易统计与获得（如通过海关获得），因此更具可操作性；二是购买力平价理论将货币数量或商品价格视为决定汇率的唯一因素，而换汇成本论不仅认为货币数量或商品价格决定汇率，而且认为劳动生产率等实际因素对汇率也有决定作用。

第三节　利率平价理论

利率平价理论（interest rate parity theory，IRP）又被称为远期汇率理论，其基本思路是，在资本自由流动前提下，如果两国利率存在差异，资金会从低利率国流向高利率国以牟取利差收入（套利），但是资金在两国间流动必然进行货币兑换，如果两国货币汇率稳定，套利者可以获得稳定的利差收入，如果高利率国货币汇率下跌，套利者有可能不仅不能获利甚至会遭受本金损失。为避免这种损失，套利者在将低利率国货币兑换成高利率国货币进行投资的同时，在远期外汇市场上将高利率国货币卖掉换回低利率国货币。这样远期外汇市场上高利率国货币供应不断增加，低利率国货币需求不断增加，促使高利率国货币远期汇率下降，低利率国货币远期汇率上升，直到两国货币汇率的差异与两国利率的差异相等，套利活动就会终止，金融市场达到均衡，利率平价成立。该理论通过分析国际资本套利活动来研究开放经济条件下汇率和利率之间的关系，在国际资本流动频繁的当下具有重要意义。

利率平价理论的基本思想可以追溯到19世纪下半叶，20世纪20年代由英国经济学家凯恩斯等予以完整阐述。1923年，凯恩斯在《货币改革论》一书中完整阐述了利率平价理论，凯恩斯认为，利率平价具有抛补利率平价（covered interest parity）和非抛补利率平价（uncovered interest parity）两种形式。

一、抛补利率平价

抛补利率平价主要通过投资者的抛补套利（covered interest arbitrage）来实现。为简化分析，凯恩斯假设本国和外国的资本可以自由流动，本国货币可以与外国货币自由兑换，交易成本为零。

假设投资者手上有一笔资金，打算将其投资于一年期债券，当资金在国际的流动不存在任何限制和交易成本时，投资者就面临着投资本国金融市场或外国金融市场两种选择。相关计算方法在第四章中已有部分说明，本章将以公式形式进行回顾和细化。具体而言，如果本国金融市场上一年期债券利率为i_d，外国金融市场上一年期债券利率为i_f，直接标价法下的即期汇率为e。

当投资者选择在本国市场上购买债券时，1单位本币一年后可以收到$1+i_d$的本币。

当投资者选择在外国市场上投资购买债券时，可以将其投资的整个过程分为三步进行分析。

第一步，将本币在外汇市场上以即期汇率兑换成外币。对于1单位本币，可以按即期汇率兑换成$\frac{1}{e}$单位的外币。

第二步，将兑换到的外币在外国金融市场上进行投资。将$\frac{1}{e}$单位的外币在外国金融市场上投资一年，到期可以得到 $\frac{1+i_f}{e}$ 的外币。

第三步，将到期得到的外币资产兑换成本币。由于一年后的即期汇率不确定，投资者为规避风险会选择购买一年期的远期合约，假设一年期远期合约的汇率为 f，则一年后投资于外国市场产生的本金和收益折合成本币总共为 $\frac{f(1+i_f)}{e}$。

在通过远期合约消除了外汇风险的情况下，投资本国市场还是外国市场主要取决于在这两种市场上投资的收益高低。当 $1+i_d < \frac{f(1+i_f)}{e}$ 时，投资者将投资于外国市场；当 $1+i_d > \frac{f(1+i_f)}{e}$ 时，投资者将投资本国市场；当 $1+i_d = \frac{f(1+i_f)}{e}$ 时，投资哪个市场对投资者都没有差别。

如果在本国与外国的投资收益不相等，假设在本国市场上的投资收益低于在外国市场上的投资收益时，投资者会纷纷选择将本币兑换成外币投资于外国市场，表现为外币市场上的即期购入外币，远期抛售外币，从而使本币在即期贬值，远期升值，投资于外国金融市场的收益 $\frac{f(1+i_f)}{e}$ 逐渐下降，至 $1+i_d = \frac{f(1+i_f)}{e}$ 时，外汇市场上对本币和外币的供求达到平衡，即期汇率和远期汇率也稳定下来。如果本国市场上的投资收益高于外国市场上的投资收益，结果正好相反。

所以当投资者选择以远期合约的抛补套利方式规避外汇风险的时候，利率与即期汇率会达到一个平衡：

$$1+i_d = \frac{f(1+i_f)}{e} \qquad (5\text{-}17)$$

将式（5-17）整理后可得：

$$\frac{f}{e} = \frac{1+i_d}{1+i_f} \qquad (5\text{-}18)$$

记外币即期汇率与远期汇率之前的升（贴）水率为 ρ，即：

$$\rho = \frac{1+e}{e} \qquad (5\text{-}19)$$

将式（5-19）带入式（5-18）并化简，可得：

$$\rho + \rho \times i_f = i_d - i_f \qquad (5\text{-}20)$$

由于 ρ 和 i_f 均是很小的数值，故它们的积 $\rho \times i_f$ 可以省略，我们得到：

$$\rho \approx i_d - i_f \qquad (5\text{-}21)$$

式（5-21）就是抛补利率平价的一般形式。其经济含义为：两国货币汇率的远期升贴水率近似地等于两国货币的利率差，高利率货币远期贴水，低利率货币远期升水。也就是说，如果本国利率高于外国利率，本币在远期贴水；如果本国利率低于外国利率，本币在远期升水。抛补利率平价说明，在资本具有充分国际流动性的条件下，投资者的套利行为使得汇率的变动可以不断地抵消两国间的利率差异，并最终使得以不同货币计价的相似的金融资产的收益率趋于一致，即将一价定律从国际商品市场扩展至了国际金融市场。

值得注意的是，在抛补套利的过程中，套利者在赚取两种货币利差的同时，又通过远期外汇交易规避了高利率国货币贬值的风险，因此抛补套利行为一般是不存在任何风险的。

二、非抛补利率平价

与不存在任何风险的抛补套利不同，非抛补套利（uncovered interest arbitrage）假定投资者是风险中性的，即投资者拥有确定的汇率预期，因此并不关心远期抛补。这样，投资者根据自己对未来汇率变动的预期计算预期的收益，在承担一定汇率风险的情况下进行投资活动。

显然，非抛补套利也有不存在交易成本、无资本流动障碍、套利资金规模不限等的假设。对非抛补套利的投资者而言，将 1 单位本币投资于本国金融市场产生的收益为 $1+i_d$，在同一时刻，如果投资者将 1 单位本币投资于外国金融市场，产生的收益为 $\frac{1+i_f}{e}$，此处的分析与前面抛补套利的分析相同，不同的是，非抛补套利中投资者不进行远期交易，仅根据自己对未来汇率变动的预期计算收益，如果假设投资者一年后的预期收益为 E，则一年后投资于外国市场产生的本金和收益折合成本币为 $\frac{E(1+i_f)}{e}$。

通过前面的分析我们知道，只有当投资收益在本国和外国相等时，资本市场才能达到平衡，用公式表示为：

$$1+i_d = \frac{E(1+i_f)}{e} \tag{5-22}$$

记为预期两国汇率变化率，对式（5-22）进行整理可得：

$$\rho_E \approx i_d - i_f \tag{5-23}$$

式（5-23）就是非抛补利率平价的一般形式，其经济含义是：两国货币预期的汇率变动率等于两国货币利率之差。在非抛补利率平价成立时，如果本国利率高于外国利率，则意味着市场预期本币在未来将贬值，外币将升值；反之，如果本国利率低于外国利率，则意味着市场预期本币在未来将升值，外币将贬值。

三、抛补利率平价与非抛补利率平价之间的关系

首先，抛补利率平价的一般形式与非抛补利率平价的一般形式非常相似，但是它们的经济含义并不相同，与抛补利率平价相关的经济含义是升贴水（远期相对于即期汇率的变化），因为其进行了远期外汇交易；而非抛补利率平价并没有进行远期外汇交易，因此与非抛补利率平价相关的经济含义是升贬值，其在即期汇率的框架之下，哪怕是未来的汇率，也指的是未来的即期汇率。

除此之外，在前面的分析中，抛补利率平价与非抛补利率平价的成立分别是由两种类型的交易活动实现的。但在外汇市场上，还存在着另外一种交易者——投机者。投机者交易的目的不在于获得随时间变动的资产增值，而在于利用资产在特定时刻的差价获利。当预期的未来汇率与相应的远期汇率不一致时，投机者就会进行交易。

假设投机者预期 $E>f$，他就可以在外汇市场上以 f 的汇率买入远期外汇合约，等到合约到期时，按 f 的汇率买入远期外汇交割合约，再将得到的外汇以 E 的价格出售，此番交易投机者可以获得的预期收益为 $E-f$；反之，假设投机者预期 $E<f$，他就可以在外汇市场上以 f 的汇率卖出远期外汇合约，等到合约到期时，按 E 的汇率购得外汇，再以 f 的汇率卖出远期外汇交割合约，此番交易，投机者可以获得的预期收益为 $f-E$。

可以发现，投机者的存在使得预期汇率与远期汇率的差距逐渐缩小，直至趋同，此时$E=f$，抛补利率平价与非抛补利率平价同时成立。

四、对利率平价理论的评价

（一）理论贡献

第一，利率平价理论从商品流动转移到资本流动，指出了汇率与利率之间的密切关系，有助于正确认识现实外汇市场上汇率的形成机制。由于现实的外汇市场上资金流动非常迅速而频繁，利率平价尤其是抛补利率平价的前提始终能够较好的成立，具有坚实的分析基础。

第二，利率平价理论只是描述了汇率与利率之间相互作用的关系，并不是一个独立的汇率决定理论，它与其他汇率决定理论之间是相互补充而不是相互对立的，常常作为一种基本关系被运用在其他汇率决定理论的分析中。因为不仅利率的差异会影响汇率的变动，汇率的改变也会通过资金流动影响不同市场上的资金供求关系，进而影响利率。更为重要的是，利率和汇率可能会同时受到更为基本的因素（如货币供求等）的作用而发生变化，而利率平价只是在这一变化过程中表现出来的利率与汇率之间的联系。

第三，利率平价理论具有特别的实践价值。由于利率的变动非常迅速，同时利率又可以对汇率产生立竿见影的影响，利率与汇率之间存在的这一关系就为中央银行对外汇市场进行灵活调节提供了有效的途径：在一个发达的、有效率的货币市场上，货币当局可以利用利率尤其是短期利率的变动来调节汇率。例如，当市场上存在着本币贬值的预期时，一国货币当局就可以相应提高本国利率以抵消这一贬值预期对外汇市场的压力，从而维持汇率的稳定。

（二）理论局限

对利率平价理论的批评主要有以下方面。

一方面，利率平价理论的假设条件在现实中很难实现。它忽略了交易成本和资本流动的障碍，并假定套利资本的规模是无限的，这在现实世界中很难成立，因此国际金融市场上的一价定律难以实现，特别是当经济、政治等诸多因素引发货币危机时，按照利率平价理论进行的远期汇率预测往往与实际情况有较大差异。

另一方面，利率平价理论只是描述了汇率与利率之间的关系，并未表明到底是利率平价决定汇率变动，还是汇率变动决定利率平价，因而不能判断利率平价理论究竟是汇率决定理论还是利率决定理论。

第四节　资产市场理论

20 世纪 70 年代以来，固定汇率制的崩溃让汇率决定的研究复杂性大大增强，加之国际资金流动的发展和财富的资产化使资本与金融账户对汇率的变动产生了重大影响，投资者以预期收益为依据进行资金的跨国流动，外汇市场上绝大部分的交易量都与国际资金流动有关。在这种背景下，资产市场理论（asset market approach）逐渐发展成为一种重要的汇率决定理论。

资产市场理论认为，汇率是一种资产价格，这一价格是在资产市场上确定的，所以在分析汇率的决定时应采用与普通资产价格决定基本相同的理论。

与传统理论相比，汇率的资产市场理论在分析方法上存在三点不同。

首先，该理论强调通过存量资产的变动来恢复市场的均衡，即当一国外汇市场或金融市场失衡时，在各国资产具有完全流动性的前提下，资产存量的变化可以有效地调节外汇市场或金融市场。因此决定汇率的是存量因素而不是国际收支理论强调的流量因素。

其次，该理论强调了预期在即期汇率决定中的作用。与普通商品市场不同的是，资产市场对未来经济条件的预期会非常迅速地反映在即期价格中，这导致在现实经济条件没有明显变化的情况下，汇率仍然可能出现剧烈波动。

最后，该理论强调运用一般均衡分析法，即强调需要将本国的商品市场、外汇市场和货币市场，与外国的商品市场、外汇市场和货币市场联系在一起来进行汇率决定的分析，这与以往运用局部均衡分析法有很大的不同。

一、资产市场理论的基本思想和分类

在讨论资产市场理论时，我们假定如下。

第一，本国是一个高度开放的小国，既无法影响国际利率水平，也无法影响世界商品市场、外汇市场和货币市场上的价格。

第二，外汇市场是有效的，市场上的当前价格反映了所有可能得到的信息。

第三，本国私人部门可以在本国货币市场以及外国货币市场上进行资产配置。

第四，资本完全流动，抛补利率平价始终成立。

基于以上假设，资产市场理论认为，均衡汇率是指两国资产市场供求存量保持均衡时两国货币间的相对价格，因此，在各国资本具有完全流动性的条件下，当一国金融市场供求失衡后，市场均衡的恢复不仅可以通过商品市场的调整来完成，还可以通过国内外资产市场的调整来完成。

在资产市场理论的分析过程中存在两个关键问题：一是国内外资产之间替代程度的问题；二是在本国的市场受到冲击后，各个市场价格调整速度的问题（即商品价格是弹性的还是黏性的）。由此，资产市场理论可以进行不同的分类，详见图 5-1。

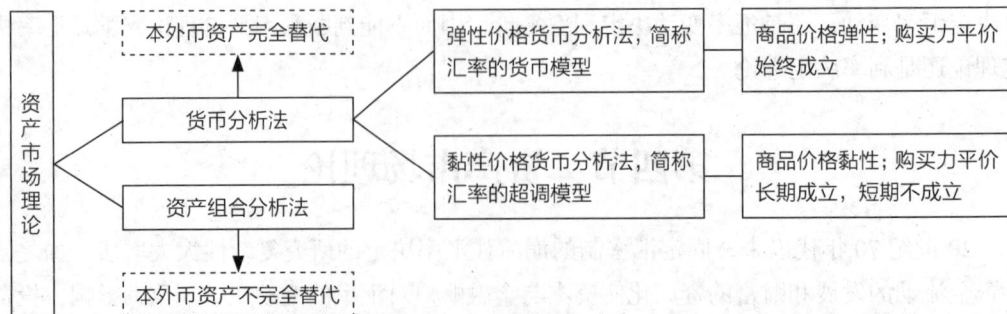

图 5-1　资产市场理论分类

按照本外币资产是否可以替代，资产市场理论可以分为货币分析法（monetary approach）

和资产组合分析法（portfolio approach）。货币分析法认为本币资产和外币资产是完全替代的，一种资产市场达到平衡时另一种资产市场也会同时达到平衡，因此，两种资产市场各自的平衡可以用一个市场来进行讨论；而资产组合分析法则认为本币资产和外币资产是不完全替代的，它们各自的平衡问题要分开进行讨论。

按照对价格调整速度的不同假设，货币分析法又可以分为弹性价格货币分析法（flexible price monetary approach）和黏性价格货币分析法（sticky price monetary approach）。弹性价格货币分析法简称"汇率的货币模型"，其认为商品价格和资产价格对货币供给的变动都具有完全弹性，购买力平价始终成立；而黏性价格货币分析法简称"汇率的超调模型"（overshooting model），其认为只有资产价格对货币供给的变动具有完全弹性，而商品价格对货币供给的变动不具有完全弹性，即商品价格具有一定的黏性——当货币供给发生变动时，资产价格会立即做出充分反应，而商品价格由于受到多种因素的影响，其调整速度要慢于资产价格的调整速度，此时购买力平价长期成立，短期不成立。

二、弹性价格货币分析法

（一）主要观点

该理论主要分析货币供求变动对汇率的影响。它认为汇率是货币相对价格的一种表现形式。一国的实际货币需求是相对稳定的，不受货币市场存量的影响，只受一国实际经济因素（如国民收入、利率、公众的流动性偏好等）的影响。当货币供应相对于货币需求过快增长时，以汇率表示的货币相对价格就会下降。

（二）基本模型

弹性价格货币分析法的基本模型假定如下。

第一，充分就业，即总供给曲线垂直，此时产出已经不会再增加，总需求的变化不会影响利率和产出，只会影响物价水平。

第二，货币需求是国民收入和利率的稳定函数。

第三，货币供给是中央银行可以控制的外生变量。

第四，商品价格具有完全弹性，即购买力平价永远成立。

在上述前提假设下，我们可以分别得到本国实际货币需求函数和外国实际货币需求函数。

本国的实际货币需求为：

$$\frac{M_d^d}{P_d} = L\left(Y_d,\ i_d\right) = Y_d^a I_d^{-b} \tag{5-24}$$

外国的实际货币需求为：

$$\frac{M_f^d}{P_f} = L\left(Y_f,\ i_f\right) = Y_f^a I_f^{-b} \tag{5-25}$$

其中，Y_d 和 Y_f 分别为本国国民收入和外国国民收入；I_d 和 I_f 分别为本国利率水平和外国利率水平；a 为货币需求的收入弹性；b 为货币需求的利率弹性。

在货币市场均衡的条件下，无论本国还是外国，均有：

$$M^s = M^d \tag{5-26}$$

据此，将式（5-24）和式（5-25）中的货币需求替换成货币供给，我们可以得到：

$$\frac{M_d^s}{P_d} = Y_d^a I_d^{-b} \tag{5-27}$$

$$\frac{M_f^s}{P_f} = Y_f^a I_f^{-b} \tag{5-28}$$

又因为购买力平价持续成立，汇率 E 等于：

$$E = \frac{P_d}{P_f} \tag{5-29}$$

对式（5-27）、式（5-28）和式（5-29）两边同时取自然对数并移项可以得到：

$$\ln P_d = \ln M_d^s - a\ln Y_d + b\ln I_d \tag{5-30}$$

$$\ln P_f = \ln M_f^s - a\ln Y_f + b\ln I_f \tag{5-31}$$

$$\ln E = \ln P_d - \ln P_f \tag{5-32}$$

联立式（5-30）、式（5-31）和式（5-32），整理可得：

$$\ln E = (\ln M_d^s - \ln M_f^s) - a\,(\ln Y_d - \ln Y_f) + b\,(\ln I_d - \ln I_f) \tag{5-33}$$

如果用 e 表示汇率的对数，用 m_d^s、m_f^s 分别表示本国和外国货币供给量的对数，用 P_d、P_f 分别表示本国和外国物价水平的对数，用 y_d、y_f 分别表示本国和外国国民收入的对数，用 i_d、i_f 分别表示本国和外国利率的对数，则上式可以化简为：

$$e = (m_d^s - m_f^s) - a\,(y_d - y_f) + b\,(i_d - i_f) \tag{5-34}$$

式（5-34）即为弹性价格分析法的基本模型。式中第一项表示本国和外国货币供给变动的差额，第二项表示本国和外国国民收入变动的差额，第三项表示本国和外国利率变动的差额。因此，本国与外国之间的货币供给水平、国民收入水平以及利率水平通过影响各自的货币供求关系来影响物价水平，并最终通过购买力平价决定汇率水平。这样，弹性价格货币分析法就将货币市场上的一系列因素都引入到了汇率水平的决定中。

下面我们分别分析式（5-34）中各因素的变动对汇率水平的影响。

1. 货币供给水平

在其他条件都不变的情况下，一国的货币当局一次性增加货币供给，会造成人们手中的货币余额超出其愿意持有的货币量，人们会增加支出以减少手中的货币余额。在充分就业的假设下，产出水平和利率水平都不会再变动，额外的货币支出将使得物价水平同比例上升。由于假定购买力平价始终成立，因而本国物价水平的提高将带来本国货币的同比例贬值。

2. 国民收入

在其他条件都不变的情况下，本国国民收入的增加将会带来本国货币需求的增加，由于货币供给没有相应增加，本国增加的货币需求只能通过物价水平的下降来实现。本国物价水平的下降将通过购买力平价关系造成本国货币的相应升值。

3. 利率水平

在其他条件都不变的情况下，本国利率的上升会降低货币需求，在原有的货币供给水平上，使货币供给大于货币需求，这会造成货币支出的增加和物价水平的上升，从而通过购买力平价关系造成本国货币的贬值。

（三）对弹性价格货币分析法的评价

1. 理论贡献

弹性价格货币模型是在购买力平价理论和国际货币收支分析理论的基础上建立起来的，其对汇率决定理论的贡献主要表现在以下方面。

第一，弹性价格货币分析法将购买力平价这一形成于商品市场的汇率决定理论运用到资产市场上，将汇率视为一种资产价格，抓住了汇率的特殊性质，并给现实中市场汇率的频繁变动提供了一种解释。因此，通常认为弹性价格货币分析法是购买力平价理论的现代表现形式。

第二，弹性价格货币分析法突出了货币因素在汇率决定和变动中的作用，引入了货币供应量、国民收入等经济变量，避免了直接用购买力平价而产生的物价指数选择问题，并指出了预期在一定程度上对汇率的影响，在现实中的应用更广泛。

第三，弹性价格货币分析法使用了一般均衡分析法，包含商品市场均衡、外汇市场均衡和货币市场均衡，这使得它的视角相较于局部均衡分析法更加开阔。

第四，弹性价格货币分析法指出了货币供给量与汇率变动的直接联系，具有政策意义，从理论上为浮动汇率制下运用和协调货币政策与汇率政策，加强宏观经济调控和国际收支调节奠定了基础。

2. 理论局限

弹性价格货币分析法的不足主要表现在如下方面。

首先，弹性价格货币分析法以购买力平价理论为前提，而事实上，无论在长期还是短期，均没有充分实证证据证明购买力平价的成立，这使得货币的弹性价格模型对现实的解释力度也大打折扣。

其次，弹性价格货币分析法的假设在现实中并不成立。该模型假设商品价格具有完全弹性、货币需求是稳定的，这与现实不符。大量研究表明，商品市场上的价格调整不同于金融市场上的价格变动，一般比较缓慢，在短期表现出黏性；而货币需求也受到很多因素的影响，将其看成稳定变量并不合适。虽然这些假设简化了对问题的分析，但同时也削弱了该理论的说服力。

最后，弹性价格货币分析法片面地强调了货币因素的作用，忽视了经济结构等实际因素的影响；只注意了货币市场总的均衡，而忽视了对货币市场各个部分结构的分析。

三、黏性价格货币分析法

如前文所述，黏性价格货币分析法也被称为超调模型，最早由美国经济学家多恩布什（Dornbusch）于 1976 年提出，是对蒙代尔－弗莱明模型（Mundell-Fleming model）完全预期的扩展。与弹性价格货币分析法相比，这一模型的最大特点在于：它认为商品市场价格与资产市场价格的调整速度是不同的——当市场面对冲击（如货币供给量增加）时，资产市场的价格能够迅速做出调整，其价格没有黏性；而商品市场的物价水平却不能在短期内立即做出反应，其价格具有黏性。因此一国市场在面对货币供给增加的冲击时，购买力平价在短期内不能成立，经济存在着由短期不平衡向长期平衡的过渡过程。

（一）主要观点

商品市场价格具有黏性，当货币市场出现失衡时，商品价格在短期内难以做出反应，调整货币供求失衡的任务完全由资产市场来承担，引起利率和汇率水平的超调（大幅度上升或下降）。过了一段时间后，商品价格开始调整，这时利率和汇率水平的超调现象得以纠正，资产市场达到长期均衡。

（二）基本模型

黏性价格货币分析法假设如下。

第一，商品市场与资产市场的调整速度不同，商品市场上的价格具有黏性，而资产市场上的价格对冲击的反应极其迅速，没有黏性。

第二，总供给会随着货币供给的变动、价格的变动以及利率的变动而发生相应变动。

第三，购买力平价短期不成立，长期成立。这是因为当一国市场面临冲击时，资产价格能够迅速调整，而商品市场的价格调整滞后，购买力平价短期不成立；但在长期内，随着商品市场物价水平逐步调整至均衡水平，购买力平价能够很好地成立。

黏性价格货币分析法的基本模型与弹性价格货币分析法的基本模型（式 5-34）相同，但其作用机理因上述假设的变化而有所不同。商品市场价格具有黏性，当货币市场出现失衡时，商品价格在短期内难以做出反应，调整货币供求失衡的任务完全由资产市场来承担，引起利率和汇率水平的超调（大幅度上升或大幅度下降）。过了一段时期后，商品价格开始调整，这时利率和汇率水平的超调现象得以纠正，资产市场达到长期均衡。

如图 5-2 所示，假如本国货币当局为了刺激经济增长，大幅度地提高了货币供应量，使之超过了实际货币需求，这一般会引起生产（收入）的增加、物价的上涨和利率的上升，但由于生产的滞后效应和商品价格的黏性特征，使收入和生产短期内保持不变，于是过多的货币供应引起利率大幅度下降（超出其短期均衡水平），而利率的大幅度下降会引起大量资金外流，出现外汇短缺，促使以直接标价法表示的汇率 e 大幅上升，本币大幅度贬值（超出其短期均衡水平）。但本币贬值会促进出口的增加，从而拉动国内商品价格的上升，利率下降引起的投资和消费需求的增加，也会促使商品价格上升。商品价格的上升可以吸纳市场过多的货币量，使货币市场达到均衡，利率和汇率达到一个新的长期均衡点。也就是说，黏性价格货币分析法作用机理的最终结果表现为：第一，产出（收入）增加；第二，物价水平上升；第三，本币汇率先贬值后升值；第四，本国利率先降后升。以上因素最终在新的购买力平价处实现平衡，从而决定汇率。

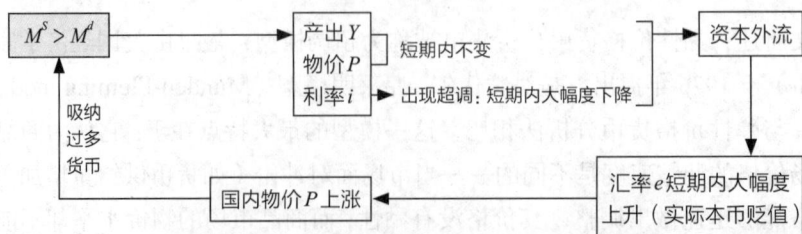

图 5-2　货币市场失衡后商品市场与资产市场的调整过程

（三）对黏性价格货币分析法的评价

1. 理论贡献

黏性价格货币分析法在现代汇率决定理论中具有重要地位，具体体现在以下方面。

第一，黏性价格货币分析法以货币模型为基础，融入了商品价格黏性这一更切合现实生活的假设，并放开了弹性价格货币模型中产出不变这一假设，合理地解释了现实世界中广泛存在的汇率超调现象，是对货币主义和凯恩斯主义的一种综合，成为国际金融学中对开放经济进行宏观分析的最基本模型。

第二，黏性价格货币分析法首次涉及汇率的动态调整问题，创立了汇率决定理论的一个重要分支——汇率动态学（exchange rate dynamics）。继黏性价格货币分析法后，研究者又从多个角度将汇率动态学的研究推向深入，例如，在弹性价格假定下，经济中也存在着与超调具有相似之处的汇率过度调整现象；除价格黏性外，其他一些因素也会造成汇率的超调；在一些情况下，汇率还有可能出现短期内调整不足即"低调"（undershooting）现象；等等。这些都使汇率动态学的内容逐步丰富，成为汇率决定理论中一个相对独立的研究领域。

第三，黏性价格货币分析法具有鲜明的政策含义。根据黏性价格货币分析法，超调是在开放经济条件下资金自由流动和汇率自由调整的必然现象，而汇率的过度波动会给金融市场和实体经济带来较大冲击甚至破坏。因此，完全放任资金自由流动、完全自由的浮动汇率制度并不是最合理的，政府有必要对资金流动、汇率乃至整个经济进行干预和管理。这对于发展中国家的资本与金融账户开放具有重要的启发意义。

第四，黏性价格货币分析法的意义不仅在于汇率决定，还在于对内部均衡和外部平衡分析方法的扩展。它在蒙代尔-弗莱明模型的基础上加入了价格调整和理性预期，极大地加强了蒙代尔-弗莱明模型的解释力。

2. 理论局限

和其他理论一样，黏性价格货币分析法也存在着不足之处。

首先，黏性价格货币分析法是建立在货币主义模型基础上的，因而也具有与货币主义相同的一些缺陷，如假设货币需求是稳定的以及国内外资产具有完全的替代性。事实上，由于交易成本、外汇管制及各种风险，各国资产之间的替代性并不是完全的，而货币需求因为具有一定的内生性，也不完全是稳定的。

其次，黏性价格货币分析法较为复杂，选择恰当的计量方法对其进行实证检验较为困难。现实生活中对汇率造成冲击的因素有很多，既有资产市场上的货币性冲击也有商品市场上的实际性冲击，难以确定汇率的变动究竟是由哪种冲击造成的。此外，对汇率的变动我们也难以明确汇率此时是处于短期波动，还是处于向长期状态的回调。因此在研究中，超调模型更多地被利用在对某些经济现象的解释以及对汇率长期变动趋势的说明上。

最后，作为存量理论的黏性价格货币分析法将汇率波动完全归因于货币市场的失衡，忽略了对国际收支流量的分析，即商品市场变动对汇率的影响。例如，在黏性价格货币分析法中，汇率的超调会使购买力平价在短期内不成立，而实际汇率在短期内的波动会使经常账户发生变化，导致货币需求的改变，使汇率发生波动。

四、资产组合分析法

汇率的资产组合分析法可以追溯到 20 世纪 60 年代麦金农（Mckinnon）和奥茨（Oates）的研究，后经过多位学者的拓展，形成了多种形式的资产组合理论。1977 年，美国普林斯顿大学教授布朗森（Branson）在其发表的《汇率决定中的资产市场与相对价格》一文中将资产组合理论引入汇率的研究，创立了汇率决定的资产组合分析法，并对其进行了系统和全面的阐述。布朗森认为，货币分析法仅强调了货币市场均衡在汇率决定中的作用，这是不够完善的，并且其关于各国资产具有完全替代性的假定过于严格，不符合实际，应该将传统分析法与货币主义分析法结合起来，重视货币供求和经济实体等因素诱发的资产调节与资产评价过程，将汇率水平看成是由这两方面因素所共同决定的。

（一）与货币分析法的区别

从布朗森的分析可以看出，资产组合分析法是比汇率决定的货币分析法更为一般的汇率决定分析框架，具有更好的理论意义和现实意义。虽然资产组合分析法与货币分析法都将汇率看成外汇资产的价格，主张通过对资产市场的分析来解释汇率的决定和变动，但是与货币分析法相比，资产组合分析法还具有以下特点。

一方面，资产组合分析法假定本币资产与外币资产不完全替代。这主要是因为国内外资产存在的风险差异和税收差异等因素使非抛补利率平价不能成立。投资者为了规避风险，必须对国内外资产进行合理的组合，在本国与外国两个金融市场上进行资产配置，因此我们也需要在两个独立的市场上对本币资产与外币资产的供求平衡进行考察。

另一方面，资产组合分析法把资产总量直接引入了分析模型，将流量因素与存量因素结合了起来。资产总量直接制约着本国私人部门对各种资产的持有量，而国际收支中经常账户的变动会对本国资产总量的变动造成影响，从而在该模型的分析中，国际收支成为影响汇率变动的重要因素，成功地将流量因素与存量因素有机地结合了起来。

（二）主要观点

资产组合分析法的主要观点是：汇率是使资产市场供求存量保持和恢复均衡的关键变量。在均衡汇率水平上，包括货币市场在内的资产市场达到均衡。这种均衡由一定水平的预期收益和风险在各种资产之间进行分配平衡而形成。当外部冲击使某些资产的预期收益发生变化时，原有均衡会被打破，利率、汇率等会进行调整，以达到新的均衡。

（三）基本模型

资产组合分析法假定：

第一，国外利率 i_f 是给定的。

第二，本国居民持有的资产总量记为 W，由三种资产构成：本币（记为 M），它不产生利息；本国政府发行的以本币为面值的债券（记为 B），它能给投资者带来利率为 i_d 的收益；外币资产，这里主要考虑外国债券，即外国政府发行的以外币为面值的债券（记为 F），它能给投资者带来利率为 i_f 的收益。需要注意的是，F 是外币资产，只有将其按汇率折算为本币资产（$e \cdot F$）之后才能与以本币表示的其他资产相乘。这意味着对外国债券的过度需求可部分通过本币贬值，即外币升值得到满足。

因此，当各国资产具有完全流动性时，一国私人部门持有的以本币发行量来计值的资产总量在任何时候都由下式构成：

$$W = M + B + e \cdot F \tag{5-35}$$

式（5-35）意味着一国私人部门持有的资产总量由本国货币、本国债券和外国债券构成，投资者可根据不同资产的收益率、风险及自身的风险偏好情况，将资产在本国货币、本国债券以及外国债券之间进行比例分配，以确定最优的资产组合。

从需求来看，本国私人部门对资产的选择原则是：第一，随着财富总量的增加，对三种资产的需求都将增加；第二，各种资产的选择比例与其自身的预期收益率成正比，与其他资产的预期收益率成反比。

从供给来看，本国货币和本国债券的供给是由政府控制的外生变量；外国债券的供给则是通过经常账户的盈余获得的，因此如果我们在短期内假定经常账户不发生变动，外币资产的供给也是固定的外生变量。

因此，当三种资产供求达到均衡水平时，本国私人部门对该三种资产的需求函数如下：

$$M = \alpha\,(i_d,\,i_f,\,\Delta e)W \tag{5-36}$$

$$B = \beta\,(i_d,\,i_f,\,\Delta e)W \tag{5-37}$$

$$eF = \gamma\,(i_d,\,i_f,\,\Delta e)W \tag{5-38}$$

$$\alpha + \beta + \gamma = 1 \tag{5-39}$$

式中，α、β 和 γ 分别表示私人部门愿意以本国货币、本国债券和外币资产形式所持有的财富占总财富（即资产总量）的比例。由于 $\alpha + \beta + \gamma = 1$ 恒成立，所以当资产总量供求平衡时，只要三个市场中的两个市场达到均衡，剩下的市场必定也处于均衡状态。

（四）对资产组合分析法的评价

1. 理论贡献

资产组合分析法在现代汇率研究领域中占有重要地位，主要有以下贡献。

第一，资产组合分析法引入了存量分析，并将存量分析与流量分析相结合。这一点体现在模型中便是它既区分了本国资产与外国资产的不完全替代性，将汇率视为一种资产价格，着重分析资产市场的均衡；又将经常账户这一流量因素纳入了存量分析之中，改变了传统汇率决定理论把研究重心置于国际收支差额特别是经常账户收支差额的局限性。其从根本上改变了研究视角，不仅使理论更贴合经济现实，而且提高了汇率模型对各种因素的包容程度。

第二，资产组合分析法运用的是一般均衡分析。该模型从本国货币市场、本国债券市场和外国债券市场三个市场的动态调整来研究汇率的决定问题，体现了一般均衡分析法的特点，克服了传统汇率决定理论局部均衡分析的局限性，能对现实汇率做出一定的解释。

第三，资产组合分析法把政府作为一个市场主体，着重分析政府行为对汇率造成的影响，具有特殊的政策价值。例如，资产组合分析法明确了货币供给量的不同结构会在不同程度上影响汇率。货币当局改变货币供给量的方法分为两种，购买外国资产与购买国内资产，前者对汇率的影响大于后者，因此中央银行在对外汇市场进行干预时，可以结合当前的重点，更有效地进行宏观调控。

2. 理论局限

资产组合分析法的不足主要表现在如下方面。

一方面，资产组合分析法建立在金融市场高度发达、资本完全自由流动，普遍实行浮动汇率制的前提下，这使它的运用范围受到制约，也在很大程度上影响了实证检验的效果。

另一方面，资产组合分析法虽然纳入了流量因素，但它并没有对流量因素本身进行更为专门和全面的分析。一国的经常账户是受各种因素影响的，是在经济发展中不断调整的，因此并不能简单地以它在长期内必然平衡而回避对经常账户状况的分析；此外，资本与金融账户的资金流动也会极大地影响一国的外币资产、本国债券以及货币存量的变动，而资产组合分析法却没有充分分析这个问题。

第五节　汇率决定理论的新发展

前面介绍的传统汇率决定理论主要从宏观基本因素，如国际收支、物价水平、利率、资产市场等角度来解释汇率的决定和波动。然而随着 20 世纪 70 年代后浮动汇率制度的推行，在现实经济中，国际金融市场的资金流动成了影响汇率形成越来越重要的因素，这使得传统汇率决定理论对汇率走势的预测能力并不能令人满意，大量的实证检验结果也表明，由于浮动汇率制度本身的特点，外汇市场上的汇率水平变化迅速，传统汇率决定理论对这种短期汇率变动的解释能力非常有限。面对上述问题，20 世纪 80 年代起，学者们开始重新审视传统汇率决定理论的假设前提和分析视角，从不同方向进行突破和发展，将汇率决定理论的发展推向了一个新的阶段。

一、均衡汇率理论

（一）均衡汇率概念的提出

固定汇率制度下对于汇率问题的研究主要集中在汇率的决定理论上，而在浮动汇率制度产生后，学者们更加关注外汇市场频繁波动的原因，开始研究均衡汇率问题。因此，与传统的汇率决定理论不同，均衡汇率理论不研究汇率的决定，而是计算使经济体实现不同宏观均衡状态时应有的汇率水平，同时分析基本经济因素变化对均衡汇率的影响。

"均衡汇率"一词最早由英国经济学家格里高利（Gregory）在 1934 年提出；凯恩斯在其 1935 年发表的《国外汇兑的前途》一文中也对这一概念做了界定——当一国国际收支和国际借贷稳定、黄金没有大量外流时，均衡汇率也应维持在某一稳定水平上保持不变；在凯恩斯的基础上，1945 年，诺克斯（Nurkse）给出了均衡汇率的完整定义，即均衡汇率是指一定时期内，在贸易和资本流动未受到过分限制或干预以及未产生过度失业时，能够使国际收支实现均衡的汇率。我们可以将其简单理解为使得一国经济同时达到内部均衡和外部均衡的汇率，此处的内部均衡是指充分就业，而外部均衡是指国际收支（主要是经常账户）的平衡。需要注意的是，诺克斯关于均衡汇率的定义，尽管提到了内部均衡，但更侧重外部均衡的实现。

（二）早期的均衡汇率理论

无论是早期提出均衡汇率思想的凯恩斯，还是给出了完整均衡汇率概念的诺克斯，他们都只对均衡汇率的概念进行了定性的描述，并未形成完整的理论体系。澳大利亚经济学家斯旺（Swan）于1955年提出的宏观经济均衡分析法是对均衡汇率理论的发展，主要用来论述均衡汇率和宏观经济内外部均衡之间的关系，又称"斯旺模型"（Swan model）。

斯旺明确区分了内部均衡和外部均衡，把均衡汇率定义为使宏观经济内外部均衡相一致的汇率。此处的内部均衡是指实现了经济的潜在生产能力，即经济的产出水平与充分就业、可持续的低通货膨胀率是一致的；外部均衡是指实现了内部均衡的国家之间可持续的均衡的资源的净流动，表现在国际收支平衡表中即为经常账户的均衡。

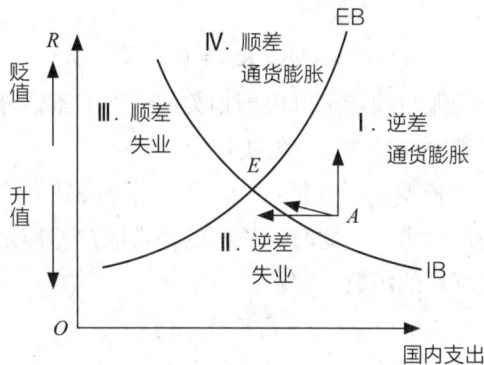

图 5-3　斯旺模型图示

斯旺的宏观经济均衡分析法可以用图5-3进行描述：横轴是国内支出，其为支出增减型政策的代表；纵轴是实际汇率R（直接标价法下的本币实际汇率），其为支出转换型政策的代表。斯旺曲线由IB（internal balance）曲线和EB曲线（external balance）构成。其中，IB曲线表示实际汇率与国内支出的组合，以实现内部均衡，曲线从左到右向下倾斜，表示本币汇率下降（实际升值），将减少出口，增加进口，带来净出口下降和总需求下降，要维持内部均衡就必须增加国内支出。EB曲线表示实际汇率与国内支出的组合，以实现外部平衡。曲线从左到右向上倾斜，表示本币汇率上升（实际贬值），将增加出口，减少进口，带来净出口增加，要维持外部平衡就要增加国内支出，以抵消进口的减少。

EB曲线和IB曲线结合在一起，可划分出四个区域：Ⅰ区存在通货膨胀和国际收支（在该理论中特指经常账户，下同）逆差；Ⅱ区存在失业和国际收支逆差；Ⅲ区存在失业和国际收支顺差；Ⅳ区存在通货膨胀和国际收支顺差。IB曲线和EB曲线相交的E点表示内外均衡状态，即与E点相应的国内支出水平和实际汇率的组合，能够在实现国内充分就业的同时保持国际收支平衡。

尽管斯旺在理论阐述中强调国际收支均衡的重要性，但在实际处理时却倾向于用经常账户代替国际收支，而不考虑资本与金融账户的影响。此外，由于没有涉及对资产市场上资产配置的分析，这一理论其实只是一种静态的分析。为了克服之前研究没有考虑货币的缺陷，1971 年，蒙代尔（Mundel）把货币引入到均衡汇率决定模型中，把均衡汇率重新定义为货币市场、国内商品市场、国外商品市场同时达到均衡状态时的实际汇率。

（三）均衡汇率理论的发展

1. 基本要素均衡汇率理论

1983 年，威廉姆森（Williamson）在斯旺的基础上提出了基本要素均衡汇率理论（fundamental equilibrium exchange rates，FEER），后又经多名学者的发展和完善，形成了一个较为完整的理论体系。

基本要素均衡汇率理论认为，宏观经济均衡概念包括内部均衡和外部均衡两个方面，其中内部均衡是指经济实现充分就业并达到潜在的产出水平，外部均衡是指在保持内部均衡的条件下，经济实现经常账户和资本与金融账户的均衡。

由国际收支平衡表可知，要想达到外部均衡，经常账户（CA）和资本与金融账户（KA）应满足条件：

$$CA + KA = 0 \tag{5-40}$$

由于中期的资本与金融账户均衡可以根据相关的经济因素估算得到，因此基本要素均衡汇率理论的注意力主要集中在经常账户的决定上。

首先对简化的经常账户模型进行分析：一般地，当经济处于均衡状态时，国内和国外的产出均处于充分就业的产出水平，此时，长期的经常账户差额是本国潜在产出 Y_d、外国均衡产出 Y_f、实际均衡汇率 e^* 的函数，即：

$$CA = f(Y_d, Y_f, e^*) \tag{5-41}$$

对式（5-41）进行变换，可得：

$$e^* = f(Y_d, Y_f, CA) \tag{5-42}$$

可以发现，在给定经常账户的模型和参数时，利用外生的可持续资本流动净额，根据基本要素均衡汇率理论就可以计算出实际均衡汇率。由于计算时隐含假定现实的实际有效汇率会逐渐地收敛于基本要素均衡汇率理论计算出的实际均衡汇率，所以体现在基本要素均衡汇率理论模型中的汇率决定理论也是汇率的经常账户决定理论。

与早期的均衡汇率理论相比，基本要素均衡汇率理论首次把资本账户引入到均衡汇率模型中，并且抽象掉短期的周期性因素和暂时性因素，集中分析基本经济因素对均衡汇率的影响，揭示了均衡汇率变化的本质，对政府实施宏观调控、有效引导汇率方向具有非常重要的意义。

但基本要素均衡汇率理论也存在一些不足。首先，汇率能否对经常账户实现长期调节仍然存在争议；其次，基本要素均衡汇率理论需要对本国和贸易国的经常账户、资本与金融账户以及国内外的需求进行评估，不能避免主观因素对基本经济变量和模型造成的影响，弱化了在经济中的实证应用；最后，基本要素均衡汇率理论没有考虑货币市场与资产市场的均衡问题，仍然是局部均衡分析。

2. 行为均衡汇率理论

行为均衡汇率理论（behavioral equilibrium exchange rates，BEER）最早由克拉克（Clark）和麦克唐纳德（MacDonald）等于 1998 年提出并应用，主要在基本要素均衡汇率理论中加入了其没有考虑到的影响汇率实际行为的变量效应，克服了基本要素均衡汇率理论假设的只要内外均衡位置不受扰动汇率就保持不变的局限性。

行为均衡汇率理论以非抵补利率平价为基础，认为均衡汇率（e^*）主要受汇率预期（E）、国内外利率差（Δi）和风险贴水（R）三个方面因素的影响，即：

$$e^* = f(E, \Delta i, R) \tag{5-43}$$

其中，汇率预期（E）与长期均衡汇率有关，主要影响因素包括贸易条件（ToT）、国外净资产（NFA）、巴拉萨–萨缪尔森效应（BS）等；国内外利率差（Δi）由实际汇率的差异决定，即 $\Delta i = f(i_d - i_f)$；风险贴水（R）是一国财政状况的线性函数，即 $R = f(\text{Gov})$。

故均衡汇率（e^*）可以表示为：

$$e^* = f(E, \text{ToT}, \text{NFA}, \text{BS}, i_d - i_f, \text{Gov}) \tag{5-44}$$

进一步地，行为均衡汇率理论又将现实的实际有效汇率解释为具有长期持续效应的经济基本因素向量、中期影响实际汇率的经济基本因素向量、短期影响实际汇率的暂时性因素向量和随机扰动项的函数，在对均衡汇率分析的基础上研究总汇率失调，即总汇率失调是当前汇率失调和中长期基本经济因素偏离的函数，即：

$$\text{tm}_t = \beta T_t + \varepsilon_t + [\alpha_1 (Z_1 - Z_1^*) + \alpha_2 (Z_2 - Z_2^*)] \tag{5-45}$$

其中，tm_t 代表总汇率失调；βT_t 为短期暂时性因素，ε_t 为随机干扰因素，两者一起表示当前汇率失调程度；$\alpha_1 (Z_1 - Z_1^*) + \alpha_2 (Z_2 - Z_2^*)]$ 表示中长期基本经济因素偏离。可见，行为均衡汇率理论既可用于测算均衡汇率，又可在原则上用于解释现实汇率的周期性变动。

行为均衡汇率理论考虑了短期暂时性因素和中长期基本经济因素的影响，对于分析汇率波动更有现实性。对于总汇率失调的研究，有利于区分汇率失调的性质，可以更有针对性地进行政策调整，可操作性更强。

然而，行为均衡汇率理论仍有不可忽视的缺陷：首先，行为均衡汇率理论没有直接要求经济内外均衡，无法体现经济内外均衡对汇率的重要意义；其次，对短期、中期、长期基本要素的划分具有较强的主观性；最后，行为均衡汇率理论依然是一种局部均衡的分析方法。

3. 均衡汇率理论的其他发展

除了基本要素均衡汇率理论和行为均衡汇率理论外，均衡汇率理论还有自然均衡汇率理论（natural real exchange rate，NATREX）、均衡实际汇率理论（equilibrium real exchange rate，ERER）和动态随机一般均衡理论（dynamic stochastic general equilibrium，DSGE）等多种理论分支，就目前的研究成果来看，各种均衡汇率理论受限于错综复杂的经济实际，均有无法克服的缺陷，均衡汇率是否适用于一国实际情况，该国汇率究竟是被高估还是被低估依然没有定论。不断结合具体情况，更新研究方法，建立更有指导意义的理论模型依然是均衡汇率理论的发展方向。

二、微观结构汇率理论

传统汇率决定理论的分析一直建立在宏观经济关系的框架之下，忽视了微观基础的作用；而微观结构汇率理论（microstructure exchange rate theory）则认为汇率在更大程度上可以看作人们根据自己的消费方式选择内外资产的结果，经济主体的行为及其影响因素等微观基础在宏观经济变量发生变化的过程中起着重要的作用，基于这种观点，形成了具有微观基础的汇率宏观经济分析方法——微观结构汇率理论，其重点考虑在私有信息、异质交易者或市场机制条件下，汇率的形成将出现怎样的规律。

（一）私有信息

传统汇率决定理论认为只有公开信息才与汇率变化有关，而无视私有信息及其集合的过程对汇率变动的重要影响。微观结构理论则跳过了传统理论中宏观经济变量对汇率影响的分析过程，认为外汇市场的订单流（order flow）和做市商报出的买卖价差这两个关键的微观金融指标才是传递和反映私有信息的核心工具。莱昂斯（Lyons）和埃文斯（Evans）等在 2001 年和 2002 年发现，汇集了各个交易者私有信息的订单流与对汇率波动几乎没有解释力度的宏观经济指标相比，能够很好地说明国际金融市场上主要外汇的走势，即使仅利用近年外汇交易中较小部分的订单流数据，也可以解释 40%~70% 的汇率波动。

（二）异质交易者

异质交易是指市场参与者及其预期是否具有异质性。1990 年，美国经济学家弗兰克尔和弗鲁特（Froot）指出，外汇市场既有基本因素分析者，也有按照历史数据来分析的技术分析者，以及按照其他一些噪声信息来预测汇率的噪声交易者，而这种异质性市场结构的形成，主要是因为在信息不对称条件下包括技术分析交易在内的噪声交易有时能够获得更大收益。

对于外汇市场预期的研究则主要运用直接测度的方法，比较具有代表性的是日本学者伊藤清（Kiyoshi Ito）。他在 1990 年对日本 44 家企业进行了为期两年的调查研究，结果显示预期是异质的。在非理性预期被证实存在的同时，理性预期假说被微观结构理论拒绝了。很多经济学家分析认为，异质性预期使得有效市场假说不能成立，也是原有汇率理论无法很好地解释现实汇率波动的一个重要原因。在考虑市场参与者及其预期的异质性的条件下，一些经济学家提出用噪声交易者模型来代替有效市场假说。

（三）市场机制

从外汇市场交易系统方面的研究来看，外汇市场是一个庞大的二层结构的分散市场（银行间的交易市场和银行与客户间的交易市场），外汇市场有效性检验的失败，其原因和外汇交易体系的特殊结构密切相关，除了二层结构的特征以外，外汇市场还有其他一些特征，如这一市场的巨大交易量是通过多个做市商机制来完成的：交易者除了选择银行间的直接交易形式外，还可以选择利用经纪人中介的间接交易；这一市场没有对交易价格和交易量等信息随时披露的要求，因此透明度明显低于其他金融市场；等等。

在这样的市场上，参与者的交易动机各不相同，而且在银行间交易市场中发挥做市商职能的各个银行获取信息的渠道也不一样，这就必然产生信息不对称对汇率影响的问题。在早期的外汇市场微观结构理论中，有许多经验证据表明，市场集中程度的差异可能对解释市场表现的差异非常重要。

实际上，以上作为线索的信息、市场参与者的异质性和市场机制这三个方面是密切相关和相互影响的。从某种程度上来说，没有分散市场的制约，就无法充分体现私有信息的价值，噪声交易者也就不可能从中谋取利润。反过来，噪声交易的行为又增加了分散市场的信息不对称程度，使私有信息对价格的影响更为显著。

三、汇率决定的新闻模型

新闻模型（news model）最早由穆萨（Mussa）于 1979 年提出。穆萨将未预期到的且能够引起人们对汇率预期值修正的所有的新信息统称为新闻，认为汇率的变动就是由未预期到的新闻引起的，其主要观点如下。

一是新闻的信息能够迅速反映在汇率的变动上，使得远期汇率成为将来即期汇率的有偏估计，从而可以解释外汇市场有效性检验的失败。

二是新闻因素不断进入外汇市场可以在一定程度上解释汇率的频繁波动。

三是新闻的不可预见性意味着新闻的出现是一个随机游走的过程。

可以发现，新闻模型主要是把人们对金融市场上随时出现的信息或者对新闻做出的反应作为切入点，运用统计学和计量经济学方法来研究即期汇率变化的规律。

其模型的基本形式为：

$$e_t = f(x^{t-k,t}) + \mu_t \tag{5-46}$$

其中，e_t 为未来即期汇率水平；$x^{t-k,t}$ 为从第 $t-k$ 期到第 t 期内出现的所有影响汇率水平的新闻项；μ_t 为误差项。

多恩布什（Dornbusch）等在 20 世纪 80 年代初对新闻模型进行了实证上的数据支持分析，表明新闻因素对汇率变动具有影响。此外，其他学者的实证研究也表明新闻是 20 世纪 70 年代以来浮动汇率变化无常、剧烈波动的主要原因。

新闻模型在分析汇率变动时具有很直接的优势。首先，新闻影响汇率无论从理论上还是从实际中都是很直观的。其次，新闻的多样性也使得更多的因素被包含进了汇率的变动分析中——引起汇率变动的新闻既包括如货币供应量、实际产出、利率等对汇率起重要作用的基本信息，也包括如石油价格、政治选举、地区冲突等其他信息；长期的观察也表明，在金融市场某些重大信息公布之前，外汇市场通常异常平静，交易量锐减，如纽约外汇市场在每周四前往往都在等待美联储公布的美国货币供应量数据，如果公布的数据与市场预期有出入，瞬间将引起汇率的波动和交易量的剧增。最后，该模型一方面结合资产市场理论和有效市场理论将汇率作为外汇资产的价格，将外汇市场作为特殊的资产交易市场，另一方面结合理性预期假说，将汇率的决定因素分为预期因素和非预期因素，在汇率理论的发展过程中具有很大的启发意义。

但是新闻模型存在着两个大的缺陷。首先，其模型推导的过程忽略了外汇市场上理性投机泡沫的存在。其次，新闻模型没有指明新闻的具体内容，其深层次含义为，新闻变量既无法包括所有的未预期信息，也难以进行量化。虽然 1983 年爱德华（Edwards）给出了一个标明新闻具体内容的新闻模型，并给出了各种新闻的效应，但这仍然仅仅是一种理论上的推断。

四、汇率决定的混沌分析方法

最早将混沌分析运用于经济学研究的是美国经济学家司徒泽（Stutzer），他在经济增长方程中揭示了混沌现象。1991 年，比利时经济学家德格劳威（DeGrauwe）和杜瓦赫特（Dewachter）首次将混沌理论运用于汇率研究，提出汇率决定的混沌货币模型，认为投资者异质性预期假设是产生混沌吸引子的根本原因。随后，更多学者试图运用混沌理论探究金融系统内部的动力学特征和结构。然而，关于金融时序具有混沌动力学特征的实证研究结果却仍然很模糊。

混沌是指在确定性系统中出现的貌似随机的运动。自然科学中的混沌理论认为，运动确定性并不等价于可预测性，确定性运动能够产生不可预测的行为。随着数学工具的完善，一些学者放弃了汇率理论理性预期的假设，试图通过混沌理论来模拟汇率的运动，从而开辟了汇率决定的混沌分析方法。

假定经纪代理人是异质的（技术分析者和基本因素分析者），他们分别使用不同的有限的信息集合。正是他们之间的相互作用，在汇率的形成中引入了充分的非线性，从而使得外汇市场上的混沌运动成为可能。简单的汇率决定的混沌模型表达为：

$$e_t = [e_{t-1} f(e_{t-1}, \cdots, e_{t-n})^{m_t} (e_{t-1}^* / e_{t-1})^{\alpha(1-m_t)}]^{\beta} \tag{5-47}$$

$$m_t = 1/[1 + \beta (e_{t-1}^* - e_{t-1})^2] \tag{5-48}$$

$$S_t = [S_{t-1} f(S_{t-1}, \cdots, S_{t-n})^{m_t-1} (S_{t-1}^* / S_{t-1})^{\alpha(1-m_t)}]b \tag{5-49}$$

$$m_t = 1/[1 + \beta (S_{t-1} - S_{t-1}^*)^2] \tag{5-50}$$

式中，$f(e_{t-1}, \cdots, e_{t-n})$ 是技术分析者使用的预测规则，也是技术分析者所使用的各种模型的一般表达式；(e_{t-1}^*/e_{t-1}) 是基本因素分析者预期的稳定态的均衡汇率；m 是给予技术分析者的权重。

关于未来汇率变化的预期，包括技术分析者的预期和基本因素分析者的预期，且这种预期是基于（$t-1$）时期的数据。

当市场汇率等于均衡汇率时，技术分析者的权重达到最大值，就像市场上没有基本因素分析者一样，技术分析者（噪声交易者或图表分析者）利用过去的汇率信息来外推将来汇率变化，市场预期由其信念支配；当市场偏离基本汇率时，技术分析者的权重趋于下降，基本因素分析者权重上升，市场预期被基本因素分析者支配，基本因素分析者通过汇率模型决定均衡汇率，并认为该均衡汇率值是市场汇率将趋向的那一部分。正是这两种因素交替的不确定性使得汇率运动呈现混沌。

混沌分析方法革新了汇率理论观念。现实中，汇率具有非线性高频变动的特征，混沌模型通过非线性方程组描述了汇率变动，也解释了很多原有汇率理论难以说明的问题，如混沌系统对初始条件的敏感性可以说明现实中预测汇率的困难。时间序列的混沌分析方法最常用的是时间延迟方法，实证研究结果指出，汇率的混沌模型能够模拟一些重要的事实如远期外汇升水的偏差，同时它也考虑到通过汇率的过去变化来预测短期汇率，指出了基于基本因素预测汇率的困境。

但是，应用混沌理论总体上只是一种方法创新，截至目前还谈不上是理论创新。混沌模型存在的主要问题如下：模型没有融入中央银行干预的分析；虽然实证研究指出汇率变动有混沌现象，但是用混沌理论解释汇率还处于初始阶段，对汇率变动混沌现象的判断可能有待进一步研究；和其他理论一样，混沌理论的成立也要依赖特定的前提假设。

本章小结

1. 汇率决定理论是国际金融理论中最重要的部分，主要包括：国际收支理论、购买力平价理论、利率平价理论和资产市场理论。

2. 国际收支理论的基本观点是：外汇汇率取决于外汇供求，又因为国际收支状况决定着外汇市场上的外汇供求状况，汇率实际上取决于国际收支。因此，凡是影响国际收支均衡的因素都会影响汇率变动，包括本国国民收入、外国国民收入、本国物价水平、外国物价水平、本国利率水平、外国利率水平以及人们对未来汇率水平的预期等。

3. 购买力平价理论是最早用来解释纸币流通条件下汇率决定的理论，也是汇率决定理论中影响最大、应用最广的一种理论。其核心观点是：纸币流通的条件下，决定汇率的基础是两国纸币所代表的购买力（物价）之比，两国物价的相对变化会引起汇率的变动。购买力平价理论具体可细分为绝对购买力平价和相对购买力平价。

4. 利率平价理论的基本思路是：在资本自由流动的前提下，如果两国利率存在差异，资金会从低利率国流向高利率国以牟取利差收入（套利），直到两国货币汇率的差异与两国利率的差异相等，套利活动就会终止，利率平价成立。利率平价理论具体可细分为抛补利率平价和非抛补利率平价。

5. 资产市场理论认为，均衡汇率是指两国资产市场供求存量保持均衡时两国货币间的相对价格。资产市场理论具体可细分为汇率的货币分析法和资产组合分析法，其划分依据是本外币资产是否具有完全替代性。货币分析法又分为弹性价格货币分析法和黏性价格货币分析法（汇率超调模型），其划分依据是商品价格对货币供应量的变化是否与金融资产价格一样具有弹性。

6. 黏性价格货币分析法认为，商品价格具有黏性，短期内不会对货币供应量的变化做出反应。因此，货币供应量的变化在短期内会引起利率、汇率的超调，造成汇率的剧烈波动。从长期看，商品价格会和利率、汇率一样做出反应，从而纠正汇率超调现象，促进资产市场达到新的均衡。

7. 资产组合理论认为货币分析法仅强调了货币市场均衡在汇率决定中的作用，且其关于各国资产具有完全替代性的假定不符合实际，应该将传统分析法与货币主义分析法结合起来，重视货币供求和经济实体等因素诱发的资产调节与资产评价过程，将汇率水平看成是由这两方面因素所共同决定的。资产组合理论的核心观点是：汇率是使资产市场供求存量保持和恢复均衡的关键变量。资产市场的均衡由一定水平的预期收益和风险在各种资产之间进行分配而形成。当外部冲击使某些资产的预期收益发生变化时，原有均衡会被打破，利率、汇率等会进行调整，以达到新的均衡。

8. 20 世纪 80 年代起，学者们开始重新审视传统汇率决定理论的假设前提和分析视角，从不同方向进行突破和发展，将汇率决定理论的发展推向了一个新的阶段。代表性的汇率决定新理论有：均衡汇率理论、微观结构汇率理论、汇率决定的新闻模型和汇率决定的混沌分析方法。

核心术语

国际收支理论（balance of payment theory）

购买力平价理论（purchasing power parity theory）

一价定律（the law of one price）

绝对购买力平价（absolute purchasing power parity）

相对购买力平价（relative purchasing power parity）

利率平价理论（interest rate parity theory）

抛补利率平价（covered interest parity）

抛补套利（covered interest arbitrage）

非抛补利率平价（uncovered interest parity）

非抛补套利（uncovered interest arbitrage）

货币分析法（monetary approach）

资产组合分析法（portfolio approach）

弹性价格货币分析法（flexible price monetary approach）

黏性价格货币分析法（sticky price monetary approach）

斯旺模型（Swan model）

基本要素均衡汇率理论（fundamental equilibrium exchange rate theory）

行为均衡汇率理论（behavioral equilibrium exchange rate theory）

微观结构汇率理论（microstructure exchange rate theory）

思 考 题

1. 简述购买力平价与一价定律之间的关系。
2. 简述绝对购买力平价理论和相对购买力平价理论的内容及两者的区别。
3. 简要评价购买力平价理论的贡献与局限。
4. 简述利率平价理论的主要内容与局限。
5. 比较抛补利率平价和非抛补利率平价。
6. 比较弹性价格货币分析法和黏性价格货币分析法。
7. 什么是资产组合分析法？其贡献与局限主要有哪些？
8. 简述 20 世纪 80 年代以来汇率决定理论的新发展。

第三篇

国际储备与汇率政策

PART 3

INTERNATIONAL
FINANCE

CHAPTER 6　第六章　国际储备政策

学习要点

1. 理解国际储备及其相关的基本概念，掌握国际储备的构成；
2. 了解国际储备的重要作用以及国际储备体系的变迁；
3. 理解国际储备的管理原则，学习国际储备的各类管理方法；
4. 熟悉中国国际储备的发展历史与现状特征，思考其当前存在的问题与解决方法。

第一节　国际储备概述

无论对单一国家还是世界整体而言，国际储备及其管理均具有十分重要的意义。它关系到各国调节国际收支和稳定汇率的能力，也会影响世界物价水平和国际贸易的发展。本节从国际储备的定义和构成讲起，并基于此分析全球国际储备体系的变迁及国际储备的重要作用。

一、国际储备的定义和构成

（一）国际储备的含义与特点

国际储备（international reserve）是一国货币当局持有的，能随时用来干预外汇市场、支付国际收支差额的金融资产。国际储备具有以下三个特点。

第一，官方持有性。一国的国际储备必须是该国货币当局能够直接掌握的资产，非官方金融机构、企业和私人持有的资产不能算作国际储备。因而，国际储备又被称为"官方储备"（official reserve）。

第二，充分流动性。一国的国际储备应有充分的变现能力，以满足该国货币当局随时干预外汇市场或支付国际收支差额的需要。

第三，普遍接受性（或自由兑换性）。国际储备必须是在外汇市场上或在政府间清算时被普遍认同和接受的资产。同时，基于其被广泛认可的特性，作为国际储备的资产一般具有自由兑换性，可以自由地与其他金融资产相交换。

（二）国际储备的构成

根据国际货币基金组织（IMF）的统计口径，一国的国际储备由黄金储备、外汇储备、在IMF的储备头寸（普通提款权）和特别提款权（SDR）四个方面构成。

1. 黄金储备

黄金储备（gold reserve）是指一国货币当局持有的货币性黄金（monetary gold）。与用于满足工业、艺术、民间收藏等需求的非货币性黄金不同，黄金储备体现在国际收支平衡表的资本和金融账户中，而后者体现在经常账户中。黄金储备往往被认为是最诚实可靠的结算手段和保值手段，不受任何超国家权力的限制和干预，是维护一国货币主权的重要手段之一。但黄金储备也有一定的缺点：相比其他国际储备，黄金的供给有限、流动性欠缺、保管费用较高。此外，黄金的价格往往随着全球宏观经济的发展与市场炒作而上下波动。表 6-1 展现了当前黄金储备总量超过 100 吨的国家、地区和国际组织。

表 6-1 部分国家、地区和国际组织的黄金储备情况

排名	国家、地区和国际组织	黄金储备总量 / 吨	占国际储备比例 /%	截止时间
1	美国	8133.5	68.2	2023 年 6 月
2	德国	3352.6	67.4	2023 年 6 月
3	国际货币基金组织	2814.0	–	2023 年 6 月
4	意大利	2451.8	64.4	2023 年 6 月
5	法国	2436.9	66.3	2023 年 6 月
6	俄罗斯	2329.6	24.6	2023 年 6 月
7	中国大陆	2113.5	3.8	2023 年 6 月
8	瑞士	1040.0	7.2	2023 年 5 月
9	日本	846.0	4.2	2023 年 6 月
10	印度	797.4	8.2	2023 年 6 月
11	荷兰	612.5	56.4	2023 年 6 月
12	欧洲央行	506.5	35.8	2023 年 6 月
13	土耳其	439.8	28.7	2022 年 11 月
14	中国台湾	423.6	4.4	2023 年 5 月
15	葡萄牙	382.6	68.9	2023 年 6 月
16	乌兹别克斯坦	377.3	68.6	2023 年 6 月
17	沙特阿拉伯	323.1	4.3	2023 年 5 月
18	哈萨克斯坦	313.5	55.8	2023 年 6 月
19	英国	310.3	11.0	2023 年 6 月
20	黎巴嫩	286.8	54.2	2023 年 3 月
21	西班牙	281.6	17.7	2023 年 6 月
22	奥地利	280.0	56.1	2023 年 6 月
23	波兰	277.1	9.4	2023 年 6 月
24	泰国	244.2	6.7	2023 年 1 月
25	比利时	227.4	34.0	2023 年 6 月
26	新加坡	225.4	4.1	2023 年 6 月
27	阿尔及利亚	173.6	13.4	2023 年 6 月
28	菲律宾	161.5	9.9	2023 年 5 月
29	委内瑞拉	161.2	83.7	2018 年 6 月
30	伊拉克	132.6	7.4	2023 年 5 月
31	巴西	129.7	2.3	2023 年 6 月
32	埃及	125.8	24.0	2023 年 4 月
33	瑞典	125.7	13.2	2023 年 6 月
34	南非	125.4	12.5	2023 年 6 月
35	墨西哥	120.2	3.5	2023 年 6 月

排名	国家、地区和国际组织	黄金储备总量 / 吨	占国际储备比例 /%	截止时间
36	利比亚	116.6	8.9	2020 年 11 月
37	希腊	114.3	53.7	2023 年 6 月
38	韩国	104.4	1.5	2023 年 5 月
39	罗马尼亚	103.6	9.9	2023 年 6 月
40	国际清算银行	102.0	–	2023 年 5 月

资料来源：世界黄金协会。

2. 外汇储备

外汇储备（foreign exchange reserve）是指一国货币当局所持有的以储备货币表示的国际储备资产，其形式表现为现钞、银行存款、有价证券（国债）、货币市场工具、外汇衍生品合约等。外汇储备是当今各国国际储备的主体，一方面体现在其数额上，外汇储备的金额超过了所有其他类型的国际储备资产；另一方面体现在其使用频率上，外汇储备也是各国货币当局使用最为频繁的国际储备资产。在 20 世纪 30 年代前，英镑是全球最主要的储备货币；布雷顿森林体系确立后，美元几乎成为唯一的储备货币；直至 20 世纪 70 年代，储备货币出现了多元化趋势，但美元仍然是最主要的储备货币。要成为储备货币必须具备一定的条件：一是在国际货币体系中占有重要的地位；二是能自由地兑换成其他货币；三是内在价值比较稳定。外汇储备的供给状况直接影响世界贸易和国际经济往来能否顺利开展。表 6-2 为 IMF 成员外汇储备的币种构成情况。

表 6-2　IMF 成员外汇储备的币种构成情况

单位：%

储备货币	2015Q4	2016Q4	2017Q4	2018Q4	2019Q4	2020Q4	2021Q4	2022Q4
美元	65.75	65.36	62.73	61.76	60.75	58.92	58.80	58.36
欧元	19.15	19.14	20.17	20.67	20.59	21.29	20.59	20.47
日元	3.75	3.95	4.90	5.19	5.87	6.03	5.52	5.51
英镑	4.72	4.35	4.54	4.43	4.64	4.73	4.81	4.95
人民币	–	1.08	1.23	1.89	1.94	2.29	2.80	2.69
加元	1.78	1.94	2.03	1.84	1.86	2.08	2.38	2.38
澳元	1.77	1.69	1.80	1.63	1.70	1.83	1.84	1.96
瑞士法郎	0.27	0.16	0.18	0.14	0.15	0.17	0.17	0.23
其他	2.82	2.33	2.43	2.45	2.51	2.65	3.09	3.45

资料来源：IMF。

3. 在IMF的储备头寸

在 IMF 的储备头寸（reserve positions in IMF）又叫"普通提款权"（general drawing rights，GDRs），是 IMF 成员在 IMF 普通账户中可以随时自由提取和使用的资产，包括以黄金、外汇或特别提款权认缴的 25% 的份额，IMF 为满足成员借款需要而使用掉的本国货币以及 IMF 向该国借款的净额。按照 IMF 的规定，IMF 成员加入时须按一定的份额缴纳会费。其中，25% 以可兑换货币缴纳，75% 用本国货币缴纳。当成员发生国际收支困难时，有权以本国货币做抵押向组织提出申请提用可兑换货币。提用的数额分五档，每档 25%，最多可以达到份额的 125%。第一档条件最宽松，其余逐级严格。第一档被称为储备部分提款权，也叫普通提款权，在成员发生国际收支逆差时可以随时无条件地提取使用，不需要经过 IMF 批准。其余四档为信用提款权，实际上是 IMF 向成员提供的可兑换货币贷款。

4. 特别提款权

特别提款权（special drawing rights，SDR）是 IMF 创立的一种记账单位，是其为补充成员储备资产而创设并无条件分配给成员的一种账面资产，是分配给成员的一种使用资金的权利，又被称为纸黄金。SDR 具有以下特点。

第一，价值稳定。创立初期，IMF 规定，1SDR 等于 1 美元，即 35SDR 等于 1 盎司黄金。随着 20 世纪 70 年代初黄金与国际货币制度的脱钩以及美元币值的波动，改用加权平均法来确定其价值。1974 年 1 月 1 日起，SDR 定值与黄金脱钩，改用一篮子 16 种货币作为定值标准。1980 年 9 月 18 日起，改用世界贸易中 5 个主要国家（美国、德国、日本、英国、法国）的货币作为定值标准，每 5 年评估后调整一次。1999 年 1 月 1 日欧元诞生后，欧元取代原货币篮子中的德国马克和法国法郎。2015 年 11 月 30 日，IMF 执董会批准人民币加入 SDR，2016 年 10 月 1 日起，人民币正式作为 SDR 货币篮子中的第五种货币。从以上可知，SDR 的价值相对来说是比较稳定的。

第二，人为创造。SDR 作为国际结算的信用资产，只是一种记账单位，不像黄金那样具有内在价值；它是集体创造的，只能由各国货币当局持有，不像外汇储备那样以一国的政治、经济实力作为后盾，从这个意义上说，它是一种"有名无实"的储备资产。

第三，无偿分配。不同于 IMF 的普通提款权，SDR 由 IMF 按份额比例分配给成员，无须预先缴纳共同基金，成员无条件享有其分配额，无须偿还。

第四，使用受限。SDR 只能在 IMF 及其成员之间发挥作用，其用途严格限制于国际支付目的，不能作为国际流通手段和支付手段。

SDR 的主要功能包括：第一，作为 IMF 成员的储备资产；第二，作为 IMF 成员应对国际收支危机的流动性手段，一国一旦出现国际收支危机，就可以动用 SDR 份额兑换主要国际储备货币进行支付；第三，作为 IMF 和相关机构的记账单位。

（三）国际储备与国际清偿力

国际清偿力（international liquidity）是一个与国际储备密切相关但又需要加以区分的概念。它是指一国货币当局平衡国际收支、维持汇率稳定的总体能力。决定国际清偿力大小的因素主要有：第一，货币当局持有的国际储备的数量，数量越多，国际清偿力就越强。第二，从国际金融市场和国际金融机构借款的能力，借款能力越大，国际清偿力就越强。第三，该国商业银行持有的外汇资产、金融部门从私人部门可迅速获得的短期外汇资产，这些资产越多，国际清偿力就越强。第四，一国发生国际收支逆差时，外国人有愿意持有该国货币的意愿，意愿越强，国际清偿力就越强。第五，在未发生不利的国内影响的条件下，利率提高或利率期限结构变化鼓励资金内流的程度，该程度越高，国际清偿力就越强。

由上述分析可知，国际清偿力的概念涵盖了国际储备，国际储备是国际清偿力的核心部分，但它仅仅反映了一国现实的对外清偿力，而国际清偿力还包括潜在的对外清偿能力。另外，国际储备只包括可以直接、无条件使用的资产，因此也被称为是自有储备

（owned reserve），而国际清偿力除了这些之外，还包括备用信贷、互惠信贷和支付协议、商业银行的对外短期可兑换货币资产等有条件的清偿能力，这部分也被称为"借入储备（borrowed reserve）"。从图6-1中可以看到国际储备和国际清偿力的区别。在现实中，也有不少学者把国际清偿力称为广义的国际储备，相应的，IMF统计口径的国际储备被称为狭义的国际储备。

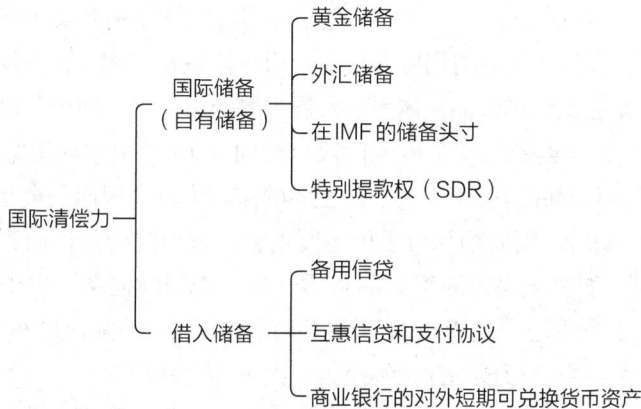

图6-1　国际储备与国际清偿力的辨析

专栏 6-1　借入储备

借入储备（borrowed reserve）是一国由对外借款转化而来的国际储备。与自有储备不同，借入储备虽然可以在一定时期内加以运用，但终究需要偿还，对本国来说属于负债。借入储备主要包括备用信贷、互惠信贷和支付协议、商业银行的对外短期可兑换货币资产等。

备用信贷是IMF成员在国际收支发生困难或预计要发生困难时，同IMF签订的一种备用借款协议。协议一经签订，IMF成员在需要时便可按协议规定的方法提用，无须再办理新的手续。备用信贷协议中规定的借款额度，有时并不被完全使用，对于未使用部分的款项，只需缴纳约1%的管理费。部分成员在与国际货币基金组织签订了备用信贷协议后，几乎不使用备用信贷，但协议的签订对国际外汇市场上的交易者会产生一定的心理暗示作用，从而起到调节国际收支的作用：协议的签订既表明了政府干预市场的决心，又反映了政府干预市场的能力。

互惠信贷和支付协议是指两个国家签订的使用对方贷款和使用对方货币的协议。当其中一国发生国际收支困难时，便可按协议规定的条件（通常包括最高限额和最长使用期限）使用对方的贷款和货币，然后在规定的期限内偿还。这一国际储备资产和备用信贷相似，均为借入资产，且可以随时使用。但不同的是，互惠信贷和支付协议是双边而非多边的，只能用来解决协议国之间的收支差额，不能用于清算同第三国的收支差额。

此外，部分学者也将商业银行的对外短期可兑换货币（尤其是在离岸金融市场或欧洲货币市场上的资产）纳入国际清偿力范围中，主要是考虑到虽然其所有权不属于政府，也未被政府所借入，但这些资金流动性强，对政策的反应十分灵敏，政府可以通过政策的、新闻的、道义的手段来诱导其流向，从而间接达到调节国际收支的目的。

二、国际储备体系的变迁

国际储备体系（global reserve system）是指充当国际储备的各类资产的组成结构及其在国际储备中的地位和作用，它与国际金融（货币）体系密切相关，并随着各国经济实力和贸易水平的变化而变化。国际储备体系的发展主要经历了以下四个阶段。

第一阶段，"黄金—英镑"储备体系阶段，时间为19世纪中期至第一次世界大战前夕。在国际贸易产生和发展的初期，黄金是主要的流通手段，因而黄金是国际储备的最初形式。但19世纪中期后，随着国际贸易的不断增长，黄金的产量逐渐开始不能满足国际贸易的需要。此时，能够充当国际贸易的货币开始成为国际储备。由于英国是当时世界工业、贸易和国际信贷中心，英镑和以英镑表示的票据成为国际流通和支付的手段，"黄金—英镑"储备体系也由此形成，并延续至第一次世界大战前夕。

第二阶段，"英镑—美元—黄金"储备体系阶段，时间为第一次世界大战至第二次世界大战后。第一次世界大战后，英、美两国的经济实力发生了变化，使得美元在国际结算中的使用比例不断提高，逐渐成为仅次于英镑的另一种国际流通和支付手段，由此推动了"英镑—美元—黄金"储备体系的诞生，并持续至第二次世界大战后。

第三阶段，"美元—黄金"储备体系阶段，时间为第二次世界大战后至20世纪70年代初期。第二次世界大战结束后，英国的经济实力锐减，美国则一跃成为世界经济强国，美元的国际地位相应提高。随后，布雷顿森林体系的建立更加奠定了美元独一无二的地位，催生出"美元—黄金"储备体系，直至20世纪70年代初期。

第四阶段，多元化货币储备体系阶段，时间为20世纪70年代至今。1973年，布雷顿森林体系崩溃和浮动汇率制度的实行使得美元汇率波动日益频繁，增加了持有美元储备的风险。同时，随着德、日经济的迅速发展，德国马克和日元的国际地位不断提升。为防范风险，一些国家调整了外汇储备的货币结构，更多地持有德国马克、日元等货币，减少了美元储备。于是，国际储备中美元的垄断地位被打破，出现了多元化的国际储备货币体系。1976年，随着牙买加体系的建立，IMF实行"黄金非货币"，并决定将SDR作为储备资产，进一步推动了多元化货币储备体系的发展。

专栏6-2　多元化货币储备体系的利与弊

多元化货币储备体系是世界经济贸易发展变化的结果，有其内在的优点。

一是摆脱了国际储备对单一货币的过度依赖。"美元—黄金"储备体系存在着不可克服的内在缺陷：一方面，美元的数量必须不断增长，以满足国际流通的需要；另一方面，随着美元数量的不断增长，美元和黄金之间的可兑换性难以维持，出现"特里芬两难"。多种外汇供给来源的增加相对解决了国际清偿能力的不足，缓和了美元危机。

二是增加了国际储备资产的选择余地。各国进行外汇管理可以根据需要灵活调整，从而更有效地分散和防范汇率风险。

三是有利于促进国际金融领域内的合作和协调。多元化货币储备体系下，任何储备货币发行国都不能听任其国际收支逆差无限度扩大，必须通过互相协作和约束来共同干预和管理国际储备，从而促进国际金融领域内的国际合作。

但是，多元化货币储备体系也存在一定的不足。

第一，这一体系并没有从本质上解决"特里芬两难"问题。目前，各国货币的发行量完全依赖于其货币政策和对外负债的变化，缺乏权威的储备供应监督和协调机制，这也意味着多元化货币储备体系仍然具有不稳定性。

第二，加剧汇率风险，影响各国经济稳定。当储备货币发行国的经济和政策发生变动并导致其汇率变动时，可能会引起官方储备结构的调整，进一步加剧国际金融市场的动荡，反过来影响该国的经济发展与政策实施。

第三，增加储备管理难度，削弱各国金融政策效力。相比单一货币储备体系，多元化货币储备体系要求各国根据每种货币的汇率变化随时对国际储备进行调整，大大增加了储备管理的难度。

第四，发达国家与发展中国家储备分配不合理。当前的国际储备货币仍以发达国家所发行的货币为主（如美元、欧元、日元、英镑等），发展中国家数量众多但货币储备偏低，导致国际清偿能力匮乏。部分发展中国家不得不向发达国家借债以扩大国际清偿力，但这又往往导致其陷入债务危机。

三、国际储备的作用

国际储备的持有是以牺牲储备资产的生产性运用为代价的，即国际储备持有量的增加意味着储备资产生产性运用的减少，国际储备的机会成本提高。但国际储备对全球经济金融的稳定、国际贸易的开展具有非常重要的作用，主要体现在以下几个方面。

（一）保持国际清偿能力，调节国际收支差额

国际储备最直接的作用在于保持一国的国际清偿能力，需要时用于弥补其国际收支逆差，从而稳定国内经济。具体来看，对于国际收支基本处于均衡状态的国家而言，如果国内经济受到短期震荡的威胁（如主要出口产品价格下跌引发国际收支暂时失衡），中央银行可以动用持有的国际储备，弥补国际收支差额，避免这一情形给经济造成的混乱。对于国际收支出现逆差且无法回升（如主要出口产品因出现替代产品而销售量永久性收缩）的国家而言，因国际收支的长期均衡状态被打破，必须进行国际收支调整。如果该国没有国际储备来弥补这一逆差，便不得不实行紧缩政策，这可能导致国内生产和就业的急剧下降。在这种情况下，如果政府动用国际储备弥补这一国际收支差额，可以避免国内生产和就业的急剧下降，为国内经济实行阶段性的结构调整赢得时间，促使经济在更高层次上实现均衡。

（二）适度干预外汇市场，维持本国汇率稳定

在浮动汇率制下，货币汇率主要由货币的供给力量和需求力量决定，外汇市场中的汇率价格也经常处于变动之中。汇率的频繁波动对国内经济的稳定运行与国际贸易投资的顺利开展均有负面影响，过度贬值甚至会危及投资者对该国货币的信心。因此，各国中央银行通常运用国际储备，通过在外汇市场上的外汇交易，直接影响货币的供给和需求，以稳定本国货币的价格。基于国际储备的这种作用，国际储备有时也被定义为，当一国国际收支发生逆差时，该国金融当局能直接地或有保证地通过同其他资产的兑换，以维持其货币汇率的所有资产。当然，国际储备作为干预资产效能的发挥，要以充分发达的外汇市场和本国货币的完全自由兑换为其前提条件。而且，外汇干预只能改变汇率在短期内的波动幅度，无法改变其长期变动趋势。

（三）维护国家货币信用，提升货币国际竞争力

国际储备是维护一国货币信用的基础。一国的国际储备状况是国际金融市场中评估国家风险的一个重要指标。持有足量的国际储备无论从客观上还是从心理上都能提高本国货币在国际上的信誉，对其货币的国际竞争力和国际地位有较大的影响。如果一国的国际收支长期处于逆差状态且国际储备呈下降趋势，那么该国的还款能力便会受到质疑，其在国际金融市场上进行筹资时成本便会上升，这又会进一步导致国际收支恶化，形成恶性循环，严重阻碍经济发展。

第二节　国际储备管理

如第一节所述，国际储备具有非常重要的作用，但持有国际储备是有成本的，过多的国际储备甚至会影响本国经济的发展。因此，一国政府或货币当局需要进行国际储备管理（international reserve management），即根据一定时期内本国的国际收支状况和经济发展情况，对国际储备的规模、结构及储备资产的运用等进行计划、调整和控制，以实现储备资产规模适度化、结构最优化、使用高效化的过程。

一、国际储备的需求与供给

为有效管理国际储备，首先需要分析国际储备的需求与供给。

（一）国际储备的需求分析

1. 国际储备需求的定义

国际储备需求是指一国在一定时期内，在特定条件下，愿意而且能够获得（并持有）的国际储备资产的量。国际储备需求应具备两个条件：一是有持有意愿，二是有获得并持有的能力，两者缺一不可。

与国际储备需求相关的概念有以下几个方面（见图 6-2）。

一是适度国际储备量，即国际储备成本与国际储备收益相等时的国际储备量，是理想状态下最优的储备数量。国际储备成本是指由于获得和持有国际储备，使一部分资源不能在经济增长中发挥实际作用而带来的损失。国际储备收益是指由于存在这部分国际储备，

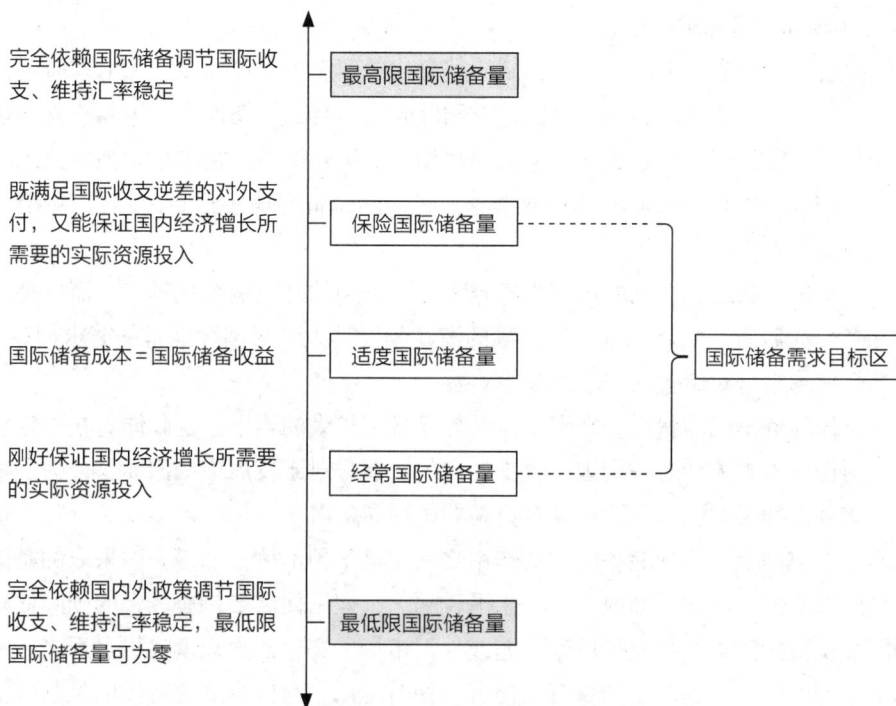

图 6-2 国际储备需求相关概念

使得它能够配合国内各项经济政策来解决国际收支不平衡的问题并稳定汇率，从而避免国内经济增长遭受严重的损失。

二是最低限国际储备量，即完全采用国内经济调整政策和国外融资政策来解决国际收支逆差时，国际储备的持有额。此时的国际储备持有额可为零。

三是最高限国际储备量，即放弃国内经济调整政策和国外融资政策，完全依靠变动国际储备来解决国际收支和维持汇率稳定所需要的储备额。可以看出，最低限国际储备量和最高限国际储备量均是极端状态下的国际储备需求概念。一般而言，一国不会完全依赖单一的经济政策或国际储备来维持国际收支的平衡和汇率的稳定，大多情况下均是国内经济调整政策与国际储备变动并举。

四是经常国际储备量，即保证正常经济增长所必需的进口不会因储备不足致其减损的储备量。此时的国际储备无法发挥其他作用。

五是保险国际储备量，即既能满足国际收支逆差的对外支付，又能保证国内经济增长所需要的实际资源投入的储备额。

六是国际储备需求目标区。一般而言，最低限国际储备量与最高限国际储备量在实践中存在的可能性很小，而适度国际储备量在实际中又难以操作，实现的概率也极小。因此，相比确定的"储备量"，储备量变化的区域更有意义。国际储备需求目标区，即以适度国际储备量为中心、以保险国际储备量为上限、以经常国际储备量为下限的国际储备波动的目标区域。只要国际储备需求量在该区域内变化，就可以认为此时的国际储备是合理的。

2. 影响国际储备需求的因素

国际储备需求经常处于变化之中，制约其变化的因素主要包括以下几个方面。

第一，国际收支状况及其调节机制。就国际收支本身的状态而言，国际收支的规模和频率变动越不稳定，且国际收支逆差越偏向短期，对国际储备的需求便越高。就国际收支的调节机制和政策而言，政策的调节效率越高，国际储备需求便越低；反之，调节效率越低，国际储备需求便越高。

第二，进出口状况。一国的进口规模越大，其占用的外汇资金便越多，需要持有越多的国际储备作为后盾。此外，进出口差额的波动幅度越大，对国际储备的需求便越大；反之，波动幅度越小，对储备的需求便越小。

第三，国际资本流动状况。在资本流动规模日益扩大的当下，国际储备在一定程度上承担着应对国际资本流动对一国国际收支冲击的功能。对于发展中国家而言，为了增强本国经济抵御外部冲击的能力，一般具有更高的国际储备需求。

第四，汇率制度。国际储备的重要作用之一便是干预汇率。如果一国采取的是固定汇率制，且政府不愿意经常性地改变汇率水平，那么，该国便需要持有较多的国际储备，以应对国际收支可能产生的突发性巨额逆差或外汇市场上突然的大规模投机。反之，一个实行浮动汇率制的国家，其储备的保有量便可以相对较低。与这个概念有关的是与外汇管制相关的情形：实行严厉外汇管制的国家，储备保有量相对较低，反之，则较多。

第五，国际融资能力。一国对国际储备的需求与其融资能力呈负相关关系。融资能力越强，越可以方便迅速地筹措、利用国际金融市场的信贷资金，或者获得国际金融机构或外国政府的贷款，则其对国际储备的需求较小。反之，一国国际融资能力越弱，对国际储备的需求越高。

第六，金融市场的发达程度。发达的金融市场能提供较多的借入储备，且对利率、汇率等调节政策反应更为灵敏，因此，金融市场越发达，政府保有的国际储备便可相应越少。反之，金融市场越落后，调节国际收支对政府储备的依赖便越大。

第七，本币的国际地位。如果一国货币为主要国际储备货币，则该国在调节国际收支平衡时便可以用本币对外支付和清偿债务。因此，国际储备货币发行国无须保持规模过大的国际储备。但与此同时，国际储备货币发行国必须具有强大的经济实力以维持其货币的国际地位。

第八，持有国际储备的机会成本。一国政府的储备，往往以存款的形式存放在外国银行，这会导致一定的成本。举例来说，若动用储备进口物资所带来的国民经济增长和投资收益率，高于国外存款的利息收益率，其差额就构成持有储备的机会成本。再如，持有储备而导致国内货币供应量增加，物价上升，也构成持有储备的一种成本。因此，持有储备的相对（机会）成本越高，国际储备的保有量便应该越低。

第九，政府政策选择偏好。如果一国以经济增长和提高国民收入为首要目标，偏好膨胀性的经济政策，持有较多的国际储备有利于经济和收入的稳定。如果一国的对外开放度高，对外贸易规模很大，该国对国际储备的需求也会相应增加。在内部均衡及经济增长与外部平衡发生冲突的时候，一国的政策偏好也会影响其国际储备的需求：如果一国认为内部均衡和经济增长更重要，国际收支差额（不平衡）就会发生，从而国际储备也会发生变动；在经济增长和外部失衡可持续的情况下，储备增加或减少的累计幅度就可以扩大；反之，则只能减少。

第十，国际货币合作状况。如果一国政府同外国货币当局和国际金融机构有良好的合作关系，签订有较多的互惠信贷、备用信贷协议，或当国际收支发生逆差时，其他货币当局能协同干预外汇市场，则该国政府对国际（自有）储备的需求就少。反之，对国际（自有）储备的需求就大。

（二）国际储备的供给分析

国际储备供给是指国际储备的来源，对一国而言，其国际储备的供给渠道如下所述。

一是国际收支顺差。当一国出现经常账户或资本和金融账户顺差时，其货币面临升值压力，这时，如果央行通过在外汇市场抛售本币、买进外汇阻止其升值，该国的国际储备就形成了。因此，国际收支顺差是一国国际储备最主要、最直接的来源。需要注意的是，由经常账户顺差形成的国际储备是相对稳定的，而由资本和金融账户（尤其是短期资本流入）顺差形成的国际储备则相对不稳定。

二是汇率变化引起的估值效应。由于美元、欧元、日元、英镑等主要储备货币的汇率经常处于变动之中，由这些货币计值的国际储备也相应地增加或减少。

上述两个渠道主要会对国际储备的形成产生较大的影响。

三是货币金融当局收购的黄金。一国既可以用本国货币在国内收购黄金（称为"黄金的货币化"），也可以从国际黄金市场上收购黄金。但由于大多数国家的货币不可自由兑换，在国际黄金市场中收购黄金必须动用国际储备，在这种情况下，该国黄金储备增长的同时，往往伴随着国际储备的减少。

四是在IMF中的储备头寸及其分配的SDR。只有当该国在IMF的份额或分配方法发生改变时，这两类储备才可能发生变化，理论上，一国在IMF的债权可以增加其国际储备规模，但大多数会员方在现实中并无需求，这一方式仅适用于少数国家。SDR则因为发行数量有限，分配机制还不完善，所以目前无法成为储备增加的主要来源。

专栏 6-3　美国国际收支逆差与世界美元储备的关系

储备货币发行国特别是美国为什么持续不断地保持其国际收支逆差和输出货币呢？一种理论认为：美国的国际收支逆差，是因为别国希望增加储备，追求国际收支顺差所造成。另一种理论认为：美国国际收支逆差是因为美国国内信贷膨胀、国际经济地位相对下降造成的。这两种说法均有一定的道理。从更深层次来看，主要有以下原因。

第一，从世界货币史看，货币史的发展是一个纸币不断代替金币的过程。在当今世界上，既然没有一个统一的世界性中央银行，没有统一的世界货币，则美国及其他储备货币发行国的纸币凭其发行国的实力，自然而然地发挥世界货币的作用，以满足世界经济发展的需要。

第二，储备货币发行国与非发行国都从储备货币发行国的国际收支逆差中获得了巨大的利益。对于发行国而言，由于其货币发挥着世界货币的作用，其在国际货币金融领域中就居于支配地位。此外，通过输出纸币，发行国还可以获得巨大的铸币税（seigniorage）。所谓铸币税，是指货币发行者凭借其发行特权获得的货币面值与发行成本之间的差额。如100美元的纸币，其印刷和发行成本与其代表的价值相比几乎为零，但通过输出这100美元，美国便可获得相当于100美元的实际财富。第二次世界大战后，美国通过国际收支逆差来维持其在全世界的政治、经济和军事开支，攫取实际利益，就是铸币税运用的一个例子。对其他国家而言，储备货币的输入，使它们获得了世界货币，促进了对外经贸及国内经济的发展。

储备货币发行国通过国际收支逆差输出货币，取得在世界货币金融领域中的支配地位和铸币税。但与此同时，它们也须承担一定的义务，或付出一定的代价。储备货币发行国的货币政策，常常受到外界的干扰，其货币政策的自主性和独立性常常受到世界各国对储备货币要求波动的影响，也受到外汇市场上投机性因素的影响。以美国为例，如果美国货币当局因国内通货膨胀而抽紧银根、提高利率，那么，很可能因美元资产收益率的提高而导致大量资金流入美国（即在外汇市场上，人们购买美元，抛出其他货币，美国货币当局被迫增加美元供应），从而达不到预计的政策目标（见图6-3）。

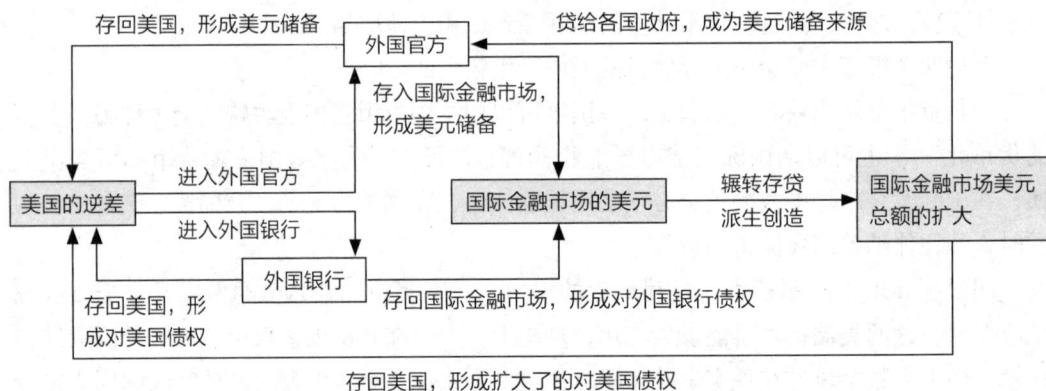

图6-3　国际金融市场对美元储备的派生创造

同样，非储备货币发行国通过获取储备货币而便利和扩大了本国的国际经济交往，但同时也须为之承担义务。当它们与储备货币发行国之间的国际收支发生不平衡时，它们必须首先承担起调节的任务，并承受较多的调节成本，有时它们甚至不得不采取引起社会震荡和经济萎缩的措施来纠正国际收支逆差。

二、国际储备管理的原则

一般而言，世界各国在管理其国际储备时，主要遵循以下管理原则。

一是储备资产的安全性，即储备资产存放可靠。各国在选择储备资产的存放国家及银行、币种、信用工具时，应预先做好充分的风险评估工作，如充分了解相关国家的外汇管理政策、相关银行的资信状况、币种和信用工具的种类等情况，确保储备资产的安全性。

二是储备资产的流动性，即储备资产要能随时兑现，灵活调拨。各国在安排国际储备时，应根据本年度外汇支付的时间、金额、结算币种，将国际储备做短、中、长不同期限的投资，做到既能使储备资产增值，又不致影响储备资产的调拨使用，使流动性和盈利性恰当结合。当然，在实践中，盈利性与流动性往往是互相排斥的，因而需要综合权衡。

三是储备资产的稳定性，即储备资产能稳定地供给使用。一方面，各国应根据其对外贸易的商品结构、地区流向、国际贸易和金融及其他经营活动对支付储备货币的要求做出正确抉择。另一方面，各国应参照在国际市场（主要是外汇市场）上为支持本国货币汇率而实行干预时所需要的储备货币类型与数量，选择合理的储备货币结构。

四是储备资产的保值性，即储备资产要能保持其原有的价值。在浮动汇率制度下，储备货币的汇率波动往往较大，不同储备货币的利率水平和通货膨胀程度不尽相同。因此，各国应做好储备货币发行国的政治、经济、金融等状况调查，以对其货币汇率的波动做出长期预测，并根据短期内国际金融市场的利率、汇率以及其他重大政治、经济突发事件的影响等，及时调整各种储备货币的结构，尽量使储备货币多样化。

五是储备资产的盈利性，即储备资产在安全、稳定和保值的基础上要尽可能有较高的收益。当今国际金融市场上，金融创新浪潮迭起，新的金融工具层出不穷，其收益率参差不齐，所承担的汇率风险也不尽相同。所以，在选择投资的金融工具时，既要考虑利率水平，又要重视汇率风险，在确保储备资产安全性和流动性的前提下，争取较高的收益。

三、国际储备的数量管理

如前文所述，影响国际储备最优水平的因素众多且错综复杂，适度国际储备量在实际中很难实现，甚至国际储备需求目标区的定量也十分困难。在实践中，各国在估测其国际储备最优数量时，往往会综合其经济发展的实际情况、经济的政策目标及经验，共同决定最优的储备水平，从而将理论分析、规范研究和经济经验三者结合起来，得出一个比较切合实际的判断。具体而言，关于一国最优国际储备量的确定，主要有以下方法。

（一）比例分析法

一是国际储备额占进口额的比例。这一方法是由美国著名经济学家罗伯特·特里芬（Robert Triffin）在 1960 年出版的《黄金和美元危机》一书中提出的。他在书中总结了第一次世界大战和第二次世界大战之间以及第二次世界大战后初期（1950—1957 年）世界上 30~40 个国家的国际储备状况，并结合考察的外汇管制情况，得出结论：一国持有的国际储备额与它的进口额之间存在着一定的比值关系。国际储备的合理数量为该国年进口总额的 20%~50%。实施外汇管制的国家，因政府能较有效地控制进口，故储备可少一点，但底线在 20%；不实施外汇管制的国家，储备应多一点，但一般不超过 50%。一般认为，一国的国际储备应该能满足该国 3 个月的进口需要。这个数额按全年储备对进口的比例计算，约为 25%。这一指标简便易行，因此，在 1960 年后，国际储备额占进口额的比例成为国际上测度最佳国际储备量的标准方法。但是，该方法也存在明显的不足：首先，这一方法仅考虑了对外贸易支付，忽略了资本与金融账户变动对储备的需求和影响；其次，该方法以资金的单向流动衡量储备量，忽视了国际收支中资金对流的实质；再次，用国际储备额占进口额的比例计算最佳国际储备忽视了储备使用的规模经济效应，可能高估国际储备量。

二是国际储备额占国内生产总值的比例。在开放体制下，各国之间的相互联系更加密切。一国经济规模越大，发展速度越快，对外依赖程度也就越大，因此需要更多的储备以满足其发展需要。一般认为，一国的国际储备与该国国内生产总值的比例在 10% 左右是较为合理的水平。

三是国际储备额占外债总额的比例。这一方法产生于 20 世纪 80 年代中期，该指标还反映了一国对外清偿能力和资信程度，合理范围为 30%~50%。在具体实践中，这一指标将直接影响一国举借外债和引进外资的顺利开展，所以被认为对发展中国家的经济发展具有重要意义和作用。

（二）回归分析法

20 世纪 60 年代以后，弗兰克尔（Frankel）等西方经济学家运用回归技术建立了许多经济计量模型，对影响一国最佳国际储备量的因素进行了分析。在建立的回归模型中，引入的诸多经济变量主要包括国民收入、货币供给量、国际收支变量、进口水平、边际进口倾向、持有储备的机会成本等。与比例分析法相似，回归分析法模型的建立也主要依赖于经验数据，但回归分析法将对国际储备的分析从单纯的规范分析转向实证分析，使得对国际储备数量的分析更为全面，也为国际储备的数量管理提供了新的思路。

（三）成本－收益分析法

这一方法认为，一国之所以持有国际储备，一方面是因为国际储备可以带来收益，主要表现为融资成本和调节成本的节约，而随着国际储备持有额的增加，储备的边际收益递减；另一方面，持有国际储备也要付出代价和成本，表现为一国资本生产力和国际储备收益率之差，且持有储备的边际成本随着储备的增加而增加。只有当持有国际储备的边际收益等于边际成本时，才会达到储备量的均衡点，此时是最佳国际储备量水平（见图 6-4）。但这一方法多用于理论分析，实践中准确衡量持有储备的收益和成本则十分困难。

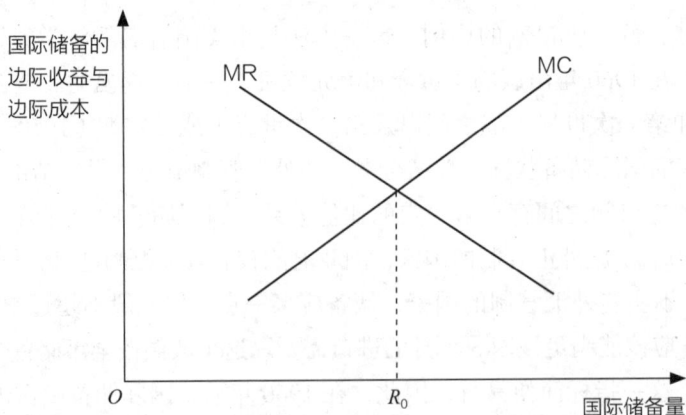

图 6-4　成本－收益分析法

（四）区间分析法

正如本节前文所述，在针对国际储备的管理实践中，确认并维持最佳的国际储备水平比较困难，因此人们往往会选择一个国际储备需求目标区，使储备额在此区间内以较小的幅度波动。其上限是该国的保险国际储备量，它既能满足一国在国际收支逆差时的对外支付，又能保证国内经济增长所需要的实际经济资源投入不会引起通货膨胀；其下限是该国的经常国际储备量，以保证正常经济增长所需的进口不因储备不足而受到影响。

（五）标志分析法

这一方法认为国际储备短缺或过剩将对某些关键性经济变量产生影响，这种影响会通过国内货币供应量或通过鼓励特定政策而发生作用，所以人们只需观察所执行的政策或某些关键性经济变量，便可得知国际储备数量是否合理。具体而言，如果一国实施紧缩性需求政策或进口限制和出口补贴等政策，说明该国国际储备不充分；反之则反是。

（六）定性分析法

20世纪70年代，经济学家卡包尔（Carbaugh）等提出通过定性分析法判断一国的最佳国际储备规模，即充分考虑影响国际储备（尤其是外汇储备）需求的不同因素，从而定性地论证国际储备的规模问题。从前文的论述中可以发现，一般用于定性分析的因素主要包括国际收支状况及其调节机制、进出口状况、国际资本流动状况、汇率制度、国际融资能力、金融市场的发达程度、本币的国际地位、持有国际储备的机会成本、政府政策选择偏好、国际货币合作状况等。应当理解，定性分析法虽然大大丰富了储备适度规模理论的研究，但是没有对最佳国际储备量做出精确的量化分析，无法在具体实践时提供较为明确的指导。

专栏6-4　从世界整体视角看国际储备数量管理

国际储备的数量管理除对单个国家十分重要之外，对世界整体而言也具有相当的意义。因为世界储备量充足与否，关系到世界经济的发展与稳定，影响着国际货币体系改革的走向。

目前，世界储备量的主要供给包括以下几个方面。

一是黄金的产量减非货币用金量。长期以来，黄金的产量一直跟不上世界经济的增长，因此，黄金已经不再是当今国际储备的主要来源。根据世界黄金协会的估计，截至2023年3月底，世界黄金储备总量为35815.83吨，但全球59%的国家或地区黄金储备占外汇储备的比例低于10%。

二是IMF创设的特别提款权。货币基金组织迄今为止分配了四期，1981年发行两次累计总额达214亿特别提款权单位；2009年批准2500亿美元的特别提款权增发计划；2021年8月2日，IMF理事会批准了规模为6500亿美元的新一轮特别提款权（约合4560亿特别提款权单位），是IMF历史上规模最大的一次SDR分配。但总体来看，特别提款权在国际储备中所占份额仍非常之低，目前，全球SDR的规模为9357亿美元，仅占全球储备资产的约2%，其规模与世界日趋增长的储备资产规模不相匹配；而且随着国际储备规模的快速增长，SDR在国际储备中的占比呈明显下降趋势。

三是储备货币发行国的货币输出。第二次世界大战后，世界储备的主要来源是储备货币发行国通过国际收支逆差输出的货币。输出的货币一部分进入各国官方手中，成为它们的外汇储备；另一部分进入国外银行业，成为它们对储备货币发行国的债权。如果各国官方和银行机构未将储备货币发行国输出的货币直接存入发行国的银行，而是将它们存入国际金融市场，则通过国际银行业的辗转存贷和信用扩张，又可创造出部分派生储备。

关于三者的关系及其在世界储备供给中所起的作用，不同的学派有不同的观点。

（1）特里芬的供给决定论。该理论认为，在第二次世界大战后，各国的国际储备以美元为主，而美元的供给主要取决于美国国际收支赤字减去各国增加的储备中要兑换黄金的部分，这部分的供给决定着世界的国际储备数量。

（2）阿里伯尔（Aliber）和麦金农的需求决定论。这一理论认为，各国都有各自期望的储备增长率，美国财政赤字主要是世界其他国家积累储备的愿望所决定的剩余数。因此，IMF控制特别提款权创造率的能力并不是控制总储备增长率的力量，而只是影响储备构成的力量。

（3）阿伯施拉（Abtiala）的派生资产论。该理论将黄金和IMF的储备头寸看作储备货币，外汇储备是派生的流动资产，一定量基础货币会产生一定量派生的流动资产，就像通常的银行存款倍数一样。

四、国际储备的结构管理

国际储备的结构管理是指一国通过安排其国际储备资产的构成，使黄金储备、外汇储备、在IMF的储备头寸和特别提款权等各种形式的国际储备资产在持有量上保持合适的比例关系。值得注意的是，由于一国所持有的在IMF中的储备头寸和特别提款权数额是由该国向IMF缴纳份额的多寡决定的，份额不变，其持有的数量也不会变化；与此同时，黄金储备的数量变化往往不大。因此，国际储备的结构管理，更多的是对外汇储备的结构管理，即外汇储备中各储备货币之间、将外汇储备存放于外国银行和投资于外国证券之间的结构管理。

（一）结构管理的必要性

国际储备结构管理（尤其是外汇储备币种构成管理）的必要性伴随着国际货币制度的变化而强化。在第二次世界大战后至20世纪70年代，各国外汇储备以美元为主，各国货币同美元保持固定的比价，国际储备的结构管理更多体现在黄金储备与美元储备的比例调节上，而非不同储备货币之间的调整。

20世纪70年代后，牙买加体系建立，国际货币制度发生了重大变化，这些变化的出现强化了外汇储备中币种结构管理的重要性。

第一，单一的固定汇率制度转变为多种的浮动汇率制度。储备货币的汇率波动频繁，各国金融当局被迫关注货币汇率的变动并采取相应的措施，以避免本国储备资产的损失。

第二，储备货币从单一的美元转变为美元、日元、英镑、欧元等多种储备货币同时并存的局面，且不同储备货币的汇率、利率和通货膨胀率均不相同。汇率的下浮、利率的下降或通货膨胀率的上升均会损耗某一币种储备资产的价值。因此，外汇储备的币种管理便需要研究不同国家汇率、利率、通货膨胀率的变动趋势，恰当调度和搭配储备资产的币种构成，以减少损失，增加收益。

第三，随着国际货币制度发生重大变化，国际金融市场也相应地发展起来，新的金融投资工具层出不穷，银行国际经营的风险也随着国际债务问题和信用膨胀而增加，这进一步加强了储备资产币种管理的必要性。

（二）结构管理的目标

作为国际储备管理的重要环节，其结构管理的目标便是在国际储备管理的原则（安全性、流动性、稳定性、保值性、盈利性）指导下，调整优化不同储备资产间的比例，尽可能平衡各项原则，实现最优收益。

一是货币保值。这是国际储备结构管理的基础目标。尤其是在 20 世纪 70 年代各国实行浮动汇率制后，各主要储备货币的汇率波动日益频繁，以外汇为核心的国际储备资产价值便也时常处于波动中。这就要求各国政府和中央银行不同程度地采取国际储备资产分散化、多元化的长期性战略，选择不同类型资产甚至不同货币的外汇资产进行搭配，以互相抵消汇率波动带来的影响，保持国际储备的价值。以 IMF 成员截至 2022 年底的外汇储备为例（见图 6-5），各成员分别持有不同数量的美元、欧元、日元、英镑、人民币、加元、澳元、瑞士法郎等外汇储备资产，通过多元化的外汇储备资产管理，减轻单一货币汇率波动风险的负面影响。

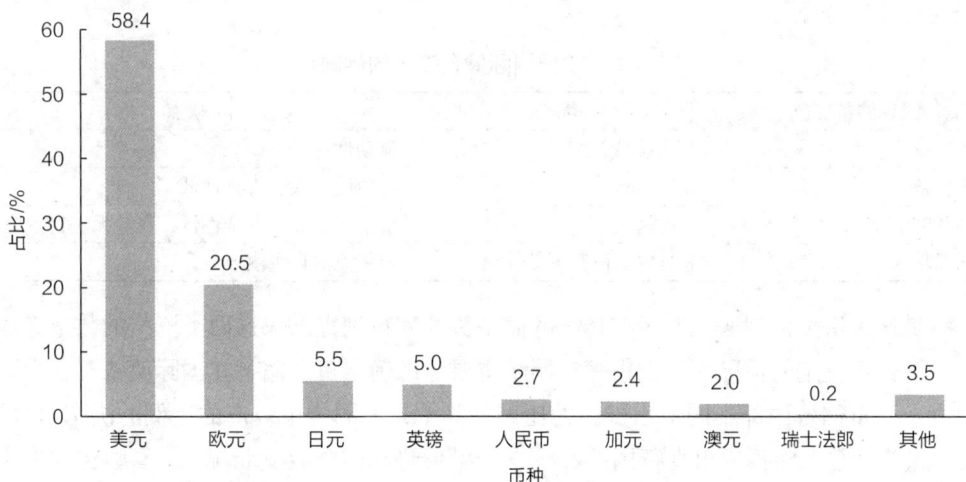

图 6-5 截至 2022 年底 IMF 成员各类外汇储备资产占比

二是国际交往的便利性。国际储备资产，尤其是外汇储备资产的多元化策略，不仅仅具有货币保值这一个目的。多种货币资产的持有也在一定程度上为相应国家的国际贸易提供了便利。因此，很多国家在搭配储备货币币种及其数量时，往往会考虑本国对外经贸、债务等方面往来的区域范围和其所对应的清算货币币种，努力保证国际储备中的币种与日常使用的币种在结构上相一致。

三是增加储备资产的收益。由于各储备货币发行国的利率政策和利率水平各不相同，同一储备货币发行国在不同的经济发展阶段，其利率政策和利率水平也时有变化，因而不同货币的储备资产收益也不尽相同。如果各国货币金融当局对其储备货币采取消极的结构管理模式，不仅无法获取较好的货币收益，甚至可能因某些储备货币发行国的通货膨胀而使储备资产丧失原有的价值。因此，为了增加国际储备资产收益，各国货币当局应对各储备货币发行国利率和通货膨胀的变动趋势进行科学预测，及时采取各种可行的管理措施，调整储备货币的结构。

四是实现储备资产投向的最佳组合。随着国际金融市场的发展，借贷方式和投资对象日趋多样化，金融创新使新的金融工具不断涌现，大大提升了国际储备资产投向的丰富性，但这也在给国际储备资产的运用和选择提供更多机会的同时，增加了储备资产的管理难度和复杂性。这便要求货币当局统筹管理、精心安排，使国际储备存放于国外银行部分同投资于国外证券部分之间保持适当的比例，实现储备资产的最佳组合，从而获得最佳效益。

此外，黄金储备政策也是国际储备结构管理的重要组成部分。虽然黄金的数量相对稳定，且在国际储备中所占比重有日益下降的趋势，但由于金价波动对黄金储备价值影响颇甚，因而也存在着黄金同储备货币的转换问题，加强对黄金储备的管理也甚为迫切。

（三）结构管理的方法

黄金储备、外汇储备、在IMF的储备头寸和特别提款权作为国际储备资产各有优劣（见表6-3），不同的结构管理策略均是为了寻找到更优的储备资产搭配方案，以实现储备资产的最佳组合。

表6-3 不同国际储备资产的优缺点

国际储备资产	优点	缺点
黄金储备	安全性高	流动性低
外汇储备	流动性高	价值波动大、安全性低
在IMF的储备头寸	流动性高	价值波动大、安全性低，数量无法自主决定
特别提款权	兼具安全性和流动性	数量无法自主决定

一是比例搭配控制法。鉴于在IMF的储备头寸和特别提款权这两类资产的数量无法完全由一国自主决定的情况，比例搭配控制法主要考虑确定黄金储备在国际储备资产中的比例，以及外汇储备内部不同货币资产的比例。其中，不同货币资产的比例的决定过程中，需要充分考虑：①储备货币发行国的经济、金融形势和国际收支状况；②本国在对外支付中所需要的币种结构；③不同货币的预期收益率。

二是资产多元组合法。这一方法需要先根据各储备资产的风险、收益和流动性等特点对资产进行分类；再按照一定的原则进行权衡，从而确定不同储备资产的相对比例。以外汇储备的货币选择为例，根据货币的收益率情况选择多种货币作为储备资产，可以通过各组成部分货币价值升贬的相互抵消来达到保值的目的。具体而言，美元、欧元、日元、英镑等均是当前常见的国际储备货币，人民币也于2017年4月1日正式成为全球储备货币之一。各国货币当局在选择外汇储备时，多包含上述几种储备货币。

三是市场预测调整法。这一方法强调对国际金融市场利率、汇率变动趋势进行预测，并相应调整国际储备资产的结构，即通过较为及时的动态调整，始终保持国际储备资产的组合处在一个良好的状态。

此外，对国际储备的结构管理，除四类国际储备资产的组合调整外，还应重视既有国际储备（尤其是外汇储备）的投资保值管理。投资组合选择法是较为常见的方法，即把储备资产分散投放在多种金融资产上。具体而言，以现金、活期存款等形式持有的资产具有流动性强、盈利性差的特点，以有价证券等形式持有的资产具有收益高、风险大、流动性差的特点。把资产按一定比例分散在不同资产上，当收益和风险发生变化时，某些资产可能遭受风险而受损，另一些资产却可能得到意外收获，两者相抵补，预期收益不变或变动不大。因此，将储备资产以不同比例投放在风险和收益不同的多种资产形式上，是降低储备资产风险，兼顾其流动性和盈利性的良好途径。

此外，谨慎地在国际金融市场上从事证券投资也是各国管理储备资产的常规做法。因为证券市场变幻无常，各国需要随时注意行情变动形势，及时调整储备资产中的各类证券的投资比例，以确保其安全性。一般而言，储备资产的证券投资均偏好风险低、评级高的证券，例如美国的政府债券。证券期限也大多为短期，但也适当可根据国家的经济发展状况、储备实力进行部分中长期投资，提升收益性。总之，在世界正处于百年未有之大变局的当下，储备资产的结构管理将愈发重要与困难，也应当日益为各国政府和金融当局所重视。

专栏 6-5 不同国家在不同时期的币种管理

有学者曾对不同时期全球不同国家的外汇储备币种管理案例进行过研究，发现除经济金融因素外，国际政治、外交战略、军事等特定因素也会影响国际储备中外汇储备的币种选择。本专栏在上述有关学者研究的基础上，展现不同国家在不同时期的币种管理。

根据美国国家经济局和欧洲央行针对 19 个国家 1890—1913 年的外汇储备币种结构的调查研究，一国外汇储备的币种结构，除与储备货币币值稳定性、发行国经济规模和交易成本等经济金融因素相关外，也与外交关系等地缘政治因素相关。从回归系数看，外交关系良好甚至缔结同盟对外汇储备币种比例的影响可达 30 个百分点。例如，奥匈帝国在 1882 年与德国缔结同盟后，外汇储备中德国马克的比重大幅提升，1905—1910 年甚至突破了 50%。俄国在与法国缔结同盟后，外汇储备中法国法郎的占比直线上升，第一次世界大战前夕超过了 60%。

日本央行则对 1919—1939 年间日本的外汇储备结构进行了研究。这一时期正值第一次世界大战结束至第二次世界大战爆发前，英国和美国的金本位制先后瓦解，日本外汇储备的币种结构频繁调整。与当时世界上大多数国家相同，日本当时的外汇储备主要由英镑、美元、法国法郎、德国马克 4 种货币组成，但英镑和美元占据了 95% 的外汇储备额度。20 世纪 20 年代中期，英镑在日本外汇储备中的占比高达 80%。但随后，英镑汇率大跌，英国放弃金本位制，日本开始增持美元。截至 1932 年，日本外汇储备中的美元占比已接近 90%。1933 年，美国退出金本位制并禁运黄金之后，日本再次选择英镑，英镑资产占比再次突破 60%。1939 年，随着第二次世界大战的爆发和英国的外汇管制，日本重新增持美元，此时美元再次超越英镑，在日本外汇储备中的占比超过50%。可以发现，当时日本外汇币种的变迁与英美两国的政治环境变迁及英镑和美元的汇率风险波动显著相关，即汇率的稳定性是当时日本货币当局进行币种管理时的重要考量。

巴黎政治大学、加州大学伯克利分校对1928—1936年法国外汇储备币种管理的研究则在一定程度上反映了币种管理的局限性。时值"大萧条"前后，全球各国关于英国、美国放弃金本位制的猜测在不断发酵，英镑迅速贬值。法国央行在此期间亏损23.5亿法郎，相当于该行可动用资本金和外汇储备的2倍。尽管法国央行曾主动抛售英镑资产，但是效果不佳。与此同时，针对另一主要外汇储备货币美元的贬值预期也并未减退，很难通过币种间的调整维持国际储备的价值。法国央行最终采用了增加黄金储备的举措以渡过难关。1928—1930年，法国的黄金储备从300亿法郎攀升到500亿法郎；1931—1932年，在英国放弃金本位制后，法国央行不仅抛售了英镑，而且清空了美元资产，并全部转换为黄金，黄金储备在不到一年的时间里，从500亿法郎跃升到800亿法郎。该国在全球黄金储备中的份额从1928年的7%跃升至1932年的27%。

第二次世界大战后，以"美元为核心"的布雷顿森林体系确立，美元取代英镑成为全球最主要的储备货币，各国的外汇储备货币结构也随之相应调整。英国谢菲尔德哈勒姆大学和格拉斯哥大学关注了澳大利亚和新西兰这两个英联邦国家在1965—1976年间的外汇储备货币结构变化。20世纪60年代初，两国外汇储备中的英镑占比均超过90%；但在20世纪70年代末，两国外汇储备中的英镑占比已经分别降至10%以下和20%左右。这两国的货币调整主要受到贸易结算和融资币种的驱动，但受制于两者与英国的紧密联系，在长达20年的调整过程中，两国的外汇储备变动也不断受到英国的干预。如1968年，英国为阻止各国减持英镑，与澳大利亚、新西兰等34个国家签署协议，承诺将为90%英镑资产的美元价值提供担保，从而要求这些国家继续维持一定比例的英镑资产。

总而言之，外汇储备的币种管理是各国进行国际储备管理的重要一环，经济金融、地缘政治等均可能是导致其结构调整的原因，但币种调整的空间不是无限的，无法仅通过币种调整完全保证国际储备的价值稳定甚至提升。

第三节　中国的国际储备及管理

一、中国国际储备的构成现状

同世界绝大多数国家一样，中国的国际储备主要包括黄金、外汇储备、在IMF的储备头寸（我国也简称为"基金组织储备头寸"）和特别提款权，此外还有一些其他储备资产。表6-4显示了截至2023年6月我国的国际储备资产构成。

表 6-4　中国的国际储备资产构成

项目	亿美元 （100million USD）	亿 SDR （100million SDR）	占比 /%
黄金（gold）	1299.34	976.89	3.84
	6795 万盎司	6795 万盎司	3.84
外汇储备（foreign currency reserves）	31929.98	24006.17	94.33
基金组织储备头寸（IMF reserve position）	97.01	72.94	0.29
特别提款权（SDRs）	521.14	391.81	1.54
其他储备资产（other reserve assets）	1.05	0.79	
合计	33848.53	25448.60	

资料来源：国家外汇管理局，数据截至 2023 年 6 月。

结合相关数据可以发现，我国的国际储备具有以下特点。

第一，黄金储备规模不断增加但相比发达国家仍然偏低。2000 年以前，我国的黄金储备一直稳定维持在 12.67 万盎司的水平上，2023 年 6 月，这一数值已增至 6795 万盎司，上涨 500 余倍。但与此同时，我国的黄金储备总量仍然低于美国、德国、意大利、法国、俄罗斯等（见表 6-5），仅为美国黄金储备总量的四分之一。

表 6-5　黄金储备总量排名前十的国家、地区和国际组织

排名	国家、地区和国际组织	黄金储备总量 / 吨	占国际储备比例 /%	截止时间
1	美国	8133.5	68.2	2023 年 6 月
2	德国	3352.6	67.4	2023 年 6 月
3	国际货币基金组织	2814.0	—	2023 年 6 月
4	意大利	2451.8	64.4	2023 年 6 月
5	法国	2436.9	66.3	2023 年 6 月
6	俄罗斯	2329.6	24.6	2023 年 6 月
7	中国	2113.5	3.8	2023 年 6 月
8	瑞士	1040.0	7.2	2023 年 5 月
9	日本	846.0	4.2	2023 年 6 月
10	印度	797.4	8.2	2023 年 6 月

资料来源：世界黄金协会。

第二，在IMF的储备头寸和特别提款权占比很小。截至 2023 年 6 月，我国在IMF的储备头寸为 97.01 亿美元，占我国国际储备规模的 0.29%；特别提款权为 521.14 亿美元，占我国国际储备规模的 1.54%。这两类国际储备在我国的国际储备资产中占比偏低，反映出我国经济实力仍不够强大，向IMF缴纳的份额不多。当然，我国在IMF中的份额经历了不断提升的过程，目前在IMF的份额约占总份额的 6.40%，仅次于美国（17.43%）和日本（6.47%），说明我国在IMF及世界经济中的地位在不断提升。

第三，外汇储备增长迅速且占比偏高。我国在IMF的储备头寸和特别提款权的额度有限，再加上黄金储备规模尚不及部分发达国家，导致外汇储备在我国的国际储备资产中占据了极其重要的地位。首先，我国的外汇储备资产在近 20 年间经历了高速增长（见图 6-6），2014 年 6 月一度达到 39932.13 亿美元的顶峰，2023 年 6 月，这一数值仍高达

31929.98 亿美元。其次，我国外汇储备占国际储备资产的规模偏高，达 94.33%。这意味着我国国际储备资产的数量管理将主要依赖于外汇储备的变动。再次，在我国的外汇储备中，美元资产占据主导（约在 60% 以上），且主要以美国国债的形式存在。这导致我国成了美元"铸币税"的主要承担者，并更多地承担了美元贬值的风险。

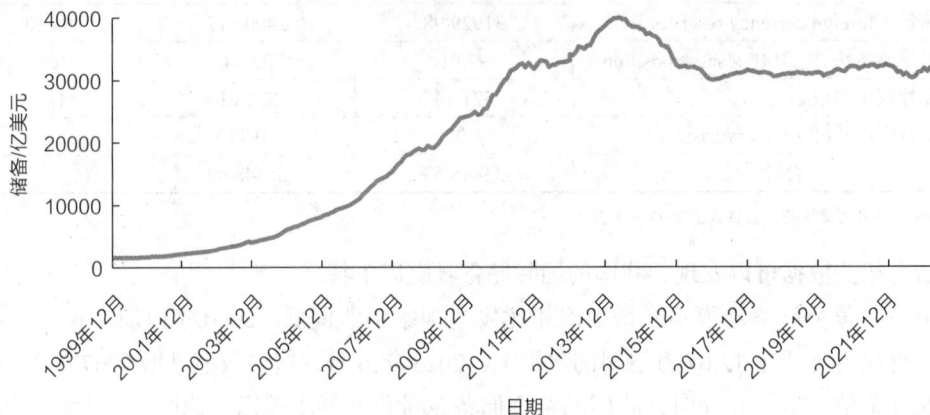

图 6-6　中国外汇储备规模变动日期

资料来源：中国人民银行。

专栏 6-6　中国外汇储备的发展历程

从图 6-6 中可以看出，中国的外汇储备从严重不足开始，经历了快速增长和有所下降的阶段，在近年趋于平稳。我国外汇储备的快速增长和随之出现的下降均有其独特的背景因素，充分理解这些变动产生的原因具有重要意义。

我国的外汇储备从 20 世纪 90 年代开始便进入增长阶段，在 21 世纪的前 15 年呈现跳跃式增长。2014 年 6 月，我国外汇储备规模一度达到 39932.13 亿美元，是 1993 年底（212 亿美元）的 188 倍，年均增长率高达 30% 以上。其中，2006 年，中国外汇储备规模超过日本，达 10663 亿美元，成为世界上最大的外汇储备国。当然，中国的外汇储备在这一阶段的飞速攀升有其特殊性，是一定的制度和经济因素共同作用的结果。一方面，稳定的政治经济环境、持续的经济高速增长是我国外汇储备飞速增长的基础。邓小平同志南方谈话以来，我国的政治经济环境稳定并卓有成效地坚持了社会主义市场经济体制的改革方向，经济持续高速增长，经济结构、投资环境均取得较大改善。与此同时，"9·11"事件及世界经济的不景气进一步提升了我国经济的国际竞争力和对外资吸引力，使得中国国际收支长期维持双顺差，从而奠定了我国外汇储备快速增长的基础。另一方面，强制结售汇制度是我国外汇储备高速增长的主要原因。1994 年，我国建立了以市场供求为基础的、单一的、有管理的浮动汇率制，在资本和金融账户实行严格管制的同时，对经常账户下外汇收入实行强制结售汇，经常账户下企业用汇需凭借有效的商业凭证，居民用汇则有地域和数额的限制。与此同时，我国对外汇银行实行额度管理，超过额度的部分必须在银行间外汇市场上抛出，央行出于稳定人民币汇率的需要而全力接盘，由此便形成了国家的外汇储备。我国很长一段时间外汇储备规模的高速增长主要便是强制性的结汇（强买）和有条件的售汇（弱卖）这一制度安排造成的。1994 年以来强制结售汇制度虽有多次改动，如经常账户下企业开立外汇账户的标准有所降低、留汇额度有所扩大，居民用汇指标及外汇银行额度也有较大的提高。但"强买弱卖"的非意愿结售汇制并未发生根本性的改变。2008 年，《外汇管理条例》进行修订，明确企业和个人可以按规定保留外汇或者将外汇卖给银行，即将强制结售汇改变为意愿结售汇，但"弱卖"性质仍较为明显。

从 2015 年开始，中国外汇储备的规模呈现缓慢下降的态势，2015 年较 2014 年仅一年时间便减少了 5126.56 亿美元，2016 年又比 2015 年减少了 3198.45 亿美元。这一阶段外汇储备规模的减少可以从外部和内部两个视角进行分析。从外部环境来看，美国货币政策的变动极大地影响了国际资本的流动方向。随着美国经济从 2008 年金融危机中逐渐复苏，美联储决定，自 2014 年 1 月起，美国开始逐步退出量化宽松的货币政策。由此，国际金融市场对美元加息的预期不断强化，与之对应，人民币出现了相对贬值的预期。从 2014 年年中开始，中国的外汇储备规模出现了明显下降的态势：从 2014 年 6 月最高峰值的 39932.13 亿美元连续减少，下滑至 2015 年 12 月的 33303.62 亿美元；至 2016 年 12 月，又下滑至 30105.17 亿美元。从内部环境来看，中国的经济发展变化和汇率制度调整也影响着自身外汇储备的变动。自 2015 年后，中国 GDP 的增长率不再高于 7%，经济由高速增长进入中高速增长阶段，投资和消费增速下降，人们对中国经济增长预期看低，叠加同期人们对美联储加息的预期，形成了全球对人民币贬值的预期，因而中国人民银行不得不进行必要的外汇干预，以防止人民币汇率的大幅波动。与此同时，随着中国经济的发展，中国进出口理念和跨境结算方式发生了变化。以往依靠企业大规模出口获得大规模贸易顺差，从而累积外汇储备，而目前开始逐渐强调进口的重要性、企业走出去投资以及跨境人民币结算等，一定程度上削弱了外汇供给的能力。此外，相较于对外投资，中国引进外资的要求偏高，使得中国资本和金融账户处于逆差状态，这也使得外汇储备规模有所下降。

二、中国国际储备存在的问题

对中国国际储备问题的探讨，大多集中于我国的外汇储备资产上，主要从两个角度入手：外汇储备的规模问题和外汇储备的结构问题。

（一）外汇储备的规模问题

针对我国外汇储备规模问题的争论，主要在于其规模是否处于合理的区间范围内。目前，大多数观点认为中国的外汇储备规模偏高。截至 2023 年 6 月，我国外汇储备规模达 31929.98 亿美元，是世界排名第二的日本外汇储备规模的 2 倍（约 1.4 万亿美元）。

以 2022 年为例，截至当年 12 月，我国外汇储备规模达 31276.91 亿美元，当年进口总额为 31504 亿美元，外汇总额与进口总额的比例为 99.3%；当年 GDP 规模为 17.96 万亿美元，外汇总额与 GDP 的比例为 17.4%；当年外债总额为 24528 亿美元，外汇总额与外债总额的比例为 129%。按照比例分析法，一国国际储备总额与进出口总额的合理比例为 25% 左右、与 GDP 的合理比例为 10% 左右、与外债总额的合理比例在 30%~50%。而中国仅外汇储备与相关变量的比例便均已超过一般认为的合理范围，即使无须完全按照相关比例判定外汇规模的合理性，中国的外汇规模总量也的确偏高。

人们之所以如此关注中国外汇储备的规模问题，是因为外汇储备的规模及其增长会对我国的经济发展带来一系列深远影响。在积极作用上，充足且持续增长的外汇储备有利于帮助我国经济抵御国际风险；提升我国对外清偿的能力，增强国内外对中国经济和人民币的信心；推动稳健货币政策的执行，并为进一步扩大改革开放奠定物质基础。但外汇储备并非多多益善，近年来中国外汇储备规模的急剧扩大也对经济发展产生了一系列消极作用，如过多的外汇储备实质上是对资源的浪费，可能损害经济增长的潜力；外汇储备的管理往往意味着高额的运作成本和风险成本；此外，过多的外汇储备会导致外汇占款过多，从而影响金融调控的能力；等等。

但也有学者提出，我国确实需要较高额的外汇储备，他们认为在考虑中国的外汇储备规模时，不能忽视以下这些因素：一是中国的进出口规模虽日益扩大，但出口商品结构和档次偏低，国际竞争力不强，易受市场变化的影响。二是中国累计利用外商投资将逐渐进入投资回报阶段，而且不少投资是投向不创汇的基础设施和基础产业，需向银行购汇返还利润。三是中国是债务大国，截至2022年末，外债总额为24528亿美元，我国的外债及其增长问题需要持有较大的外汇储备规模予以解决。四是当前中国国内的众多企业正处于转型升级期，市场适应能力仍有待加强，因此需要保持汇率的相对稳定，也要较多的外汇储备予以支撑。五是政府政策的实施需要适量的外汇储备，既要干预外汇市场，稳定人民币汇率，也要满足IMF第八条款下兑换经常账户交易的需要。六是人民币还不是自由兑换的硬通货，不能直接用于对外支付，且中国实行银行结售汇制度，外汇储备基本上集中体现了总体对外支付的能力。七是当前全球正面临百年未有之大变局，有较多不可预测的因素，为了应对意外风险，也需要持有相当规模的外汇储备。

（二）外汇储备的结构问题

中国外汇储备的结构并未对外明确公布，但据相关估计，中国外汇储备资产60%以上均为美元资产，且相当大的比重为高流动性的美国国债。较高的美元占比也引发了人们对中国外汇储备结构问题的探讨。

部分学者认为，我国将外汇储备用于购买美国国库券和增加美元存款，可能是目前可以选择的最好方法。但也有学者提出，中国外汇储备中持有太多低息美元债券，这意味着我国势必要承担较大的美元币值下跌的风险。随着我国对日本、欧洲、共建"一带一路"国家贸易的扩大，交易货币的多样化也对储备货币的合理搭配和调整提出了更高的要求。此外，我国对长期非货币金融资产的管理缺乏避险工具，储备资金投放国内的渠道单一，外汇风险防范技术落后，也极大地影响了储备资产的保值和风险规避。

专栏6-7　美国冻结俄罗斯外汇储备的警示

2022年2月，俄乌冲突爆发。随后，美国在72小时内便冻结了俄罗斯中央银行3000亿美元的外汇储备。这一举动让人们纷纷思考：美国是否会对中国的外汇储备采取极端行动？

截至 2023 年 6 月，中国有将近 3.2 万亿美元的外汇储备，规模极为庞大。而近年来，随着全球经济的持续疲软与中国整体国力的不断增强，中美之间摩擦不断，美国政府正通过各种制裁方式以达到削弱中国经济实力的目的。不过，当前大部分的观点仍然倾向于美国将审慎做出相关决定。一方面，美国冻结俄罗斯外汇储备的举动已经严重破坏了美国的国际信誉，动摇了西方国家占支配地位的国际金融体系的信用基础。中国外汇储备规模庞大，在美资产也十分可观，若短时间内再次采取如此激进的制裁措施，无疑是对其信誉的再次重创。另一方面，我国与美国的经济贸易往来仍然十分密切。根据中国海关的数据，2023 年 1—9 月，中国对美国出口总额达 26007.1 亿元人民币，进口总额达 8625.8 亿元人民币，美国是中国第三大贸易伙伴。而美国商务部的数据也显示，中国是美国五大贸易伙伴国之一。

虽然大多数学者认为美国不会轻易对中国采取过于激进的制裁手段，但中国的外汇储备管理（尤其是币种结构和投资方向管理）迫在眉睫。除调整国际储备和外汇储备的结构外，人民币国际化的推进也将对我国外汇储备的安全性有所助益。当然，推动人民币成为国际储备货币是一个长期的过程，需要完善的资本市场、灵活的汇率制度、资本的自由跨境流动以及逐渐积累的国际信用等，但这是我国保障国际储备安全、提升国际竞争力的必然选择。

三、中国国际储备的管理

一是完善国际储备管理制度，加强协调。中国当前采取的是以中国人民银行为主体、以国家外汇管理局和外汇指定银行为分支的相对分散化的管理格局。虽然初步理顺了国际储备管理主体和经营主体之间的关系，但还是缺乏进一步的协调和监督。未来应当更进一步协调好国际储备管理主体和经营主体之间的关系。中国人民银行要处理好政策制定和监督经营主体政策执行的关系，外汇管理局应处理好实施监督和政策贯彻之间的关系，外汇指定银行需处理好经营国际储备和管理自身外汇结存的关系。此外，中国国际储备管理制度和人民币汇率政策是国际储备非平衡增长的制度性因素，只有进一步改革国际储备管理体制和完善人民币汇率形成机制，才能从根本上改变中国国际储备的非平衡增长。

二是完善经济税收相关政策，确保收支平衡。我国国际储备长久以来的增长趋势大多是由"双顺差"引起的，即经常账户以及资本和金融账户均实现顺差。当前，我国国际储备规模已经达到了较高的水平，未来的国际储备管理应当更加注重内外经济政策的平衡及中国经济转型升级的发展需求。一方面，通过出口税制的改革，支持和培育具有自主知识产权和自主品牌的商品出口，提高出口商品附加值；同时限制一些能耗型、污染型、资源型商品出口，改善我国产业结构，使对外贸易从数量扩张向质量提高和国际竞争力提升转变。另一方面，改变以引进外资多少来衡量官员政绩的传统观念；逐步取消外商直接投资在所得税等方面的优惠政策，对其实行国民待遇；放松对资本流出的限制，鼓励国内企业对外投资，培植本国的跨国公司。

三是进行外汇资产功能划分，实现高效管理。对官方外汇资产做出明确的功能划分，并确定相应的管理机构，同时规定适当的监管框架。例如，将国家外汇资产划分为两个部分：①流动性部分，其投资对象主要集中于发达国家具有高流动性和高安全性的政府债务。这部分外汇资产形成"官方外汇储备"，继续由中央银行负责持有并管理，主要功能是为货币政策和汇率政策的实施提供资产基础。②投资性部分，主要投资于更具收益性的金融资产。其中一部分可交由其他政府经济部门管理，形成"其他官方外汇资产"，主要用于贯彻国家对外发展战略调整；其余的外汇资产可结合"藏汇于民"的管理思路，配合外汇管制放松的步调，鼓励企业和居民购买并持有。

四是增加储备资产多样性，保障安全。我国目前的国际储备资产以美国国债为主，基于国际储备结构管理的稳定性、盈利性、方便性、安全性原则，我国应保持多元化的储备资产。从广泛的国际储备资产类别来看，应增加黄金和重要商品储备，全球经济动荡的时候，黄金仍然是保障资产安全性的重要选择；同时，一些重要商品，如石油、有色金属等，是国民经济发展中不可或缺的资源，但大多数又是不可再生的。随着经济的深入发展和国际竞争的日趋激烈，对这些重要商品的储备要提高到国家战略的高度，这关乎国家经济安全。从更为具体的外汇储备资产类别来看，外汇储备的币种应尽可能与交易结算货币相匹配。2022年，我国十大贸易伙伴为美国、韩国、日本、越南、德国、澳大利亚、马来西亚、俄罗斯、巴西、印度尼西亚，因此，美元、欧元、日元、英镑等均为重要的结算货币。此外，我国与共建"一带一路"国家和RCEP[①]区域国家的经济往来日益密切，人民币国际化的进程也在持续推进中，人民币的国际储备货币地位正在持续上升。

五是探索外汇管理金融工具，加强创新。如可以借鉴日本、新加坡等外汇基金管理的经验，发行以国家外汇储备为资产基础的外汇储备债券，用发行所得向中央银行购买超额的外汇储备资产，向社会发行人民币定值的外汇储备债券，使中央银行得以回笼与这笔外汇资产相对应的高能货币。这样既能缓解累积的外汇储备压力，又可抑制通货膨胀的压力，还能进一步实现外汇资产持有主体的多元化。

本章小结

1. 国际储备是一国货币当局持有的，能随时用来干预外汇市场、支付国际收支差额的金融资产。国际储备具有官方持有性、充分流动性和普遍接受性（或自由兑换性）的特点。

2. 国际储备由黄金储备、外汇储备、在IMF的储备头寸（普通提款权）和特别提款权（SDR）四个方面构成。一般认为，国际储备是一国国际清偿力的核心部分。国际清偿力是指一国货币当局平衡国际收支、维持汇率稳定的总体能力。

3. 国际储备具有保持国际清偿能力、调节国际收支差额，适度干预外汇市场、维持本国汇率稳定，维护国家货币信用、提升货币国际竞争力的重要作用。

4. 在国际储备的数量管理中，各国多通过比例分析、回归分析、成本－收益分析、

---

① 《区域全面经济伙伴关系协定》（Regional Comprehensive Economic Partnership，RCEP）2012年由东盟发起，历时8年，由包括中国、日本、韩国、澳大利亚、新西兰和东盟10国在内共15个成员制定，于2022年1月1日正式生效。

区间分析、标志分析、定性分析等方法判断本国国际储备的合理或最优数量，并据此进行管理。

5. 国际储备的结构管理是指一国通过安排其国际储备资产的构成，使黄金储备、外汇储备、在IMF的储备头寸和特别提款权等各种形式的国际储备资产在持有量上保持合适的比例关系。其中，外汇储备管理是重点，包括外汇储备中各储备货币之间、将外汇储备存放于外国银行和投资于外国证券之间的结构管理。

6. 进入21世纪以来，中国的国际储备增长显著，外汇储备尤甚。但这也引起了关于外汇储备规模合理性、外汇储备结构科学性的思考与讨论。在世界面临百年未有之大变局的时代背景下，对我国国际储备的科学管理显得愈加重要。

核心术语

国际储备（international reserve）

官方储备（official reserve）

黄金储备（gold reserve）

外汇储备（foreign exchange reserve）

普通提款权（general drawing rights）

特别提款权（special drawing rights）

国际清偿力（international liquidity）

自有储备（owned reserve）

借入储备（borrowed reserve）

国际储备体系（global reserve system）

国际储备管理（international reserve management）

思 考 题

1. 国际储备和国际清偿力的主要区别是什么？

2. 在国际储备体系的变迁中，不同国际储备资产的重要性发生了怎样的变化？出现这些变化的原因是什么？

3. 简述影响国际储备需求的主要因素和国际储备供给的主要来源。

4. 什么是最优国际储备量？如何确定一国的最优国际储备量？

5. 论述国际储备（尤其是外汇储备）多元化管理的必要性和基本方法。

6. 美国为什么能够且愿意源源不断地输出美元，使其成为其他国家外汇储备的重要组成部分？尝试分析未来各国外汇储备结构的发展趋势。

7. 结合当前国内外经济金融发展形势，分析中国国际储备在规模和结构上存在的问题，并谈谈针对现有问题的解决方案。

CHAPTER 7 第七章 汇率制度与汇率政策

学习要点

1. 了解汇率制度的分类以及各种汇率制度的特点；
2. 掌握固定汇率制和浮动汇率制的优点与不足；
3. 了解世界汇率制度选择的实践发展和理论演变，理解三元悖论、汇率目标区和各种中间汇率安排；
4. 理解米德冲突的基本内涵和政策主张，掌握蒙代尔－弗莱明模型及其政策含义；
5. 了解外汇管制的方法及其利弊，掌握外汇市场干预的类型；
6. 了解中国外汇管理体制的演变，把握人民币汇率制度变迁的脉络。

第一节　汇率制度概述

汇率制度（exchange rate system）又称汇率安排，是指一国货币当局对本国汇率水平的确定、汇率变动方式及调整原则等做出的一系列安排与规定。本节将介绍汇率制度的分类，并进一步阐述汇率制度的优劣和选择。

一、汇率制度的分类

（一）传统的分类

传统上，按照汇率波动有无平价以及汇率波动幅度的大小，可将汇率制度大致分为固定汇率制度和浮动汇率制度。

1. 固定汇率制度

固定汇率制度（fixed exchange rate system）是指政府通过行政或法律手段，选择一个基本参照物，并确定、公布和维持本国货币与该参照物之间的固定比价，现实中的汇率只能围绕平价在很小的范围内上下波动的汇率制度。也就是说，固定汇率制度的汇率平价相对固定，且汇率变动幅度也相对固定。其中，充当参照物的可以是黄金，也可以是某一国货币或一组货币。

必须指出的是，汇率制度是在不同的国际货币体系（具体详见第十章）下产生和发展起来的。从历史发展来看，固定汇率制度又分为金本位制下的固定汇率制度和布雷顿森林体系下的固定汇率制度。

（1）金本位制下的固定汇率制度

金本位制是以黄金作为基础的货币制度，这一制度盛行于 19 世纪后期至第一次世界大战前，具体又经历了金币本位制、金块本位制和金汇兑本位制三种形式的演变。其中，金币本位制是最典型的金本位制。在金币本位制下，汇率由铸币平价决定，外汇市场上的汇率受供求变动影响而围绕铸币平价上下波动，其幅度受黄金输送点限制。黄金输送点（gold point）包括黄金输出点和黄金输入点，它由铸币平价和黄金运送费用（包装费、运费、保险费、运送期间的利息等）两部分组成。以直接标价法表示，黄金输出点等于铸币平价加上黄金运送费用，黄金输入点等于铸币平价减去黄金运送费用。由于黄金输送点较为稳定，货币的含金量也基本上是固定不变的，因此，金币本位制下各国实行的汇率制度是以铸币平价为基础、汇率波动受黄金输送点限制的固定汇率制度。

随着经济的发展，黄金的产量日益落后于货币的需求，黄金本身参与流动和支付的程度不断下降，于是出现了金块本位制。在金块本位制下，黄金不再直接流通，银行发行纸币（银行券）作为主要流通手段，不过纸币的发行仍须以黄金为基础。金汇兑本位制又是在金块本位制的基础上进一步延伸的、广义的金本位制。实行金汇兑本位制的国家，会将本国货币的发行与某个实行金币或金块本位制的国家的货币相挂钩，并规定本国货币与该外国货币之间的兑换比价。可以说，在金块和金汇兑本位制下，黄金不再直接充当甚至完全不充当流通手段，黄金的输入和输出也受到了极大的限制，因此货币汇率由政府公布的纸币含金量之比决定，称为法定平价（铸币平价和法定平价都属于金平价），市场汇率根据供求关系围绕法定平价上下波动。不过，这时汇率波动的幅度已经不再受制于黄金输送点，政府通过设立外汇平准基金等方式来维护汇率的稳定。因此，金块本位制和金汇兑本位制下各国实行的汇率制度是以法定平价为基础、汇率波动受政府调节的固定汇率制度。

（2）布雷顿森林体系下的固定汇率制度

第二次世界大战后建立的布雷顿森林体系下的汇率制度其实仍属于金汇兑本位制，其以"双挂钩、一固定、上下限、政府干预"为主要特征，也被称为布雷顿森林体系下的固定汇率制度。

"双挂钩"包括两个方面：一是美元与黄金挂钩。根据国际货币基金组织的规定，成员方确认美国规定的35美元兑换一盎司黄金的官价，美国政府则承担准许外国政府或中央银行按照黄金官价用美元向美国兑换黄金的义务。二是其他国家的货币与美元挂钩。其他国家规定本国货币的含金量，或直接规定本国货币兑美元的汇率。

"一固定"是指本国货币的平价一经国际货币基金组织确认就基本固定，不得随意变动；只有当成员方的国际收支发生根本性不平衡时，才可变动其货币平价。当平价变动的幅度在10%以内时，成员方可自行调整，不必经过国际货币基金组织批准；当平价的变动幅度在10%~20%时，须经国际货币基金组织的批准，而且国际货币基金组织须在72小时内做出同意与否的决定；当平价的变动幅度超过20%时，国际货币基金组织批准与否没有时间限定。未经批准而擅自调整货币平价的成员方，有可能被剥夺利用国际货币基金组织资金的权利，甚至可能被强制退出国际货币基金组织。

"上下限"是指外汇市场上现实汇率的变动幅度不得超过平价上下各1%。1972年12月，国际货币基金组织又将现实汇率围绕平价波动的幅度扩大至上下各2.25%。

"政府干预"是指当外汇市场汇率围绕平价的波动幅度超过规定的界限时，成员方政府有义务采取各种干预措施，使汇率的波动幅度控制在规定的范围内。当时政府干预汇率的措施主要有：动用外汇平准基金，进行公开市场操作；运用货币政策调整利率；进行国际借贷或直接输出和输入黄金；实行外汇管制；变动本币的平价，宣布本币法定贬值或法定升值等。

（3）不同本位制下固定汇率制度的比较

以上固定汇率制度的共同之处主要有两点：其一，无论是金币本位制下的铸币平价，还是金块本位制、金汇兑本位制和布雷顿森林体系下的法定平价，本质都是对本国货币规定了平价；其二，现实汇率围绕平价在一定范围内波动，波动幅度较小。

其本质区别则表现在三个方面。

一是汇率决定的基础不同。金币本位制下的固定汇率以两国货币的实际含金量为基础，是自发形成的；金块本位制、金汇兑本位制和布雷顿森林体系下的固定汇率（平价），是人为建立起来的。

二是汇率的调整机制不同。金币本位制下的固定汇率围绕铸币平价上下波动，其幅度由黄金输送点决定，通过黄金自由输出入来自动调整，使汇率稳定在黄金输送点的上下限范围内；而金块本位制、金汇兑本位制和布雷顿森林体系下的固定汇率制度，其汇率的波动幅度是人为规定的，是通过各国政府的干预，人为地使汇率稳定在一定的范围内。

三是汇率的稳定程度不同。金币本位制下，各国货币的含金量基本上是固定的，一般不会变动；金块和金汇兑本位制下，由于金平价是虚设的，各国货币的平价只要有必要（国际收支发生根本性不平衡时）就可以调整，汇率的稳定性已逐步下降。而到了布雷顿森林体系之下的固定汇率制度，其汇率的稳定性更是大幅下降。

2. 浮动汇率制度

浮动汇率制度（floating exchange rate system）是指一国不规定本币对外币的平价和上下波动的幅度，汇率由外汇市场的供求状况决定并上下浮动的汇率制度。

从现实中来看，浮动汇率制度也有较长的历史。早在国际金本位制出现以前，美国、俄罗斯等曾使本币处于浮动状态。在国际金本位制时期，也有一些未采用金本位制的国家实行浮动汇率制度。例如，印度实行银本位制时，印度卢比对金本位制国家货币的汇率就随金银比价的变动而波动；在第二次世界大战后的固定汇率制度时期，仍有少数货币实行浮动汇率，如加拿大元在1950年9月至1962年5月期间实行浮动汇率制度。1973年布雷顿森林体系崩溃后，主要西方国家纷纷放弃固定汇率制度转而实行浮动汇率制度。时至今日，浮动汇率制度已经成为世界上许多国家尤其是发达国家普遍实行的汇率制度。

（1）按政府是否干预，浮动汇率可分为自由浮动和管理浮动

自由浮动（free floating）指一国政府对汇率不进行任何干预，市场汇率完全跟随外汇市场的供求变化而自由波动的汇率浮动方式，又称清洁浮动（clean floating）。从现实来看，由于汇率的波动直接影响一国经济的稳定与发展，各国政府都不愿放任汇率长期在供求关系的影响下无限制波动，因而纯粹的自由浮动往往只是相对的、暂时的。管理浮动（managed floating）指一国政府从本国利益出发，对汇率的波动进行不同程度干预的汇率浮动方式，又称肮脏浮动（dirty floating）。其中，政府干预汇率的方式主要有三种：一是直接干预外汇市场；二是运用货币政策，如通过调整贴现率或银行利率来影响汇率；三是

实行外汇管制，主要是通过各种管制措施来影响国际资本流动的方向和规模。

（2）按浮动的形式，浮动汇率可分为单独浮动和联合浮动

单独浮动是指一国货币不与他国货币发生固定联系，其汇率根据外汇市场的供求变化而自动调整。联合浮动又称共同浮动，是国家集团在成员之间实行固定汇率，同时对非成员方货币实行共升共降的浮动汇率。例如，1973 年 3 月开始，欧洲经济共同体（简称"欧共体"）9 国建立了联合浮动集团，实行联合浮动。参加联合浮动的国家的货币相互之间保持固定比价，汇率上下波动幅度为 2.25%。当成员之间的汇率波动超过该限幅时，有关国家的中央银行要进行干预。对集团以外其他货币的汇率，则任其随市场供求关系变化自由浮动。一旦成员中任意一方货币汇率受到抛售或抢购等冲击时，参加联合浮动的各成员则采取一致行动。欧洲货币体系内部汇率先后进行过多次调整，以保证成员之间联合浮动的长期稳定。1999 年 1 月欧元启动前，欧洲经济共同体成员的货币一直实行联合浮动。

当然，很多汇率制度并不是完全的固定汇率制度或者完全的浮动汇率制度，是介于固定汇率制度和浮动汇率制度之间的，旨在兼顾固定汇率制度的稳定性和浮动汇率制度的灵活性，这些汇率制度被统称为"居中安排的汇率制度"。

（二）国际货币基金组织的分类

从 1975 年开始，国际货币基金组织根据成员提交的报告对各成员的汇率制度进行法规性的分类，这一分类的主要依据是各成员官方在国际货币基金组织所填报的汇率制度，即"法定（de jure）的汇率制度"分类。然而，各成员实行的汇率安排往往与其官方宣布的汇率安排存在一定的差异。例如，法定采用浮动汇率制度的国家，事实上出于"浮动的恐惧"而对外汇市场进行了普遍的干预；法定采用固定汇率制度的国家，却经常对本国货币的汇率进行贬值。

因此，从 1999 年 1 月开始，国际货币基金组织采取了事实性分类方法，即"事实（de facto）的汇率制度"分类。具体做法是：以实际汇率制度为基础，根据汇率安排的弹性、货币政策框架、维持汇率走势的政策意图等信息，将成员的汇率安排分为三个大类，即严格固定的汇率制度、浮动汇率制度和中间汇率制度，三个大类共包含 8 个小类。2009 年，国际货币基金组织对事实分类法再次做出重大修订，修订后的汇率制度按照从固定到浮动的程度排列，分为硬钉住、软钉住、浮动汇率制度以及其他共四大类，并在大类之下分了诸多小类。

1. 硬钉住（hard pegs）

硬钉住又称严格钉住，包括无独立法定货币的汇率安排和货币局制度两个小类。

第一，无独立法定货币的汇率安排（exchange arrangement with no separate legal tender）。这种汇率制度是指一国以他国货币作为法定货币，或经济联系密切的多个国家成立货币联盟，货币联盟成员拥有共同的法定货币。

第二，货币局制度（currency board arrangement）。实施这一制度就是通过明确的法律形式，来承诺本币和某一特定外币之间的固定兑换比率，并且对本国或本地区货币的发行做特殊的限制，以保证履行这一法定义务。在该制度下，货币发行必须以一定（一般为100%）的该外国（地区）货币作为准备金，并且要求本币在流通中始终满足这一准备金

要求。由于失去了货币发行的主动权，该制度中的货币当局被称为货币局。采用该制度的成员中，中国香港最为典型，其实行的汇率制度又被称为联系汇率制度。

2. 软钉住（soft pegs）

软钉住包括以下五个小类。

第一，传统钉住（conventional peg arrangement）。传统钉住汇率制是指一个国家正式或名义上以一个固定的汇率将其货币钉住另一种货币或一个货币篮子。货币当局通过直接干预或间接干预，随时准备维持固定平价。该汇率制度没有承诺永久保持平价，但该名义制度被经验证实：市场汇率围绕中心汇率在不超过上下 1% 的狭窄范围内波动；或即期市场汇率的最大值和最小值保持在 2% 的狭窄范围内至少 6 个月。

第二，稳定化安排（stabilized arrangement），又称为类似钉住制度（peg-like arrangement）。该制度要求，无论对单一货币还是对货币篮子，即期市场汇率的波动幅度保持在 2% 的范围内至少 6 个月（除了特定数量的异常值或步骤调整外），并且不是浮动汇率。稳定化安排下的汇率稳定是官方行动的结果。

第三，爬行钉住（crawling peg）。爬行钉住汇率制在 20 世纪 60 年代曾引起起学术界较为广泛的讨论，其含义是：爬行钉住汇率制是指本币与外币保持一定的平价关系，但货币当局会根据一系列经济指标频繁地、小幅度地调整平价，但调整规则要事前公布，无波动区间或波动区间极小。调整一般按照以下指示变量来进行：相对于主要贸易伙伴国的本国价格的变化、外汇储备水平、出口业绩、国际收支经常账户的状况等。在实践中，爬行钉住汇率制一直被高通货膨胀国家所采用。如 1999 年前的巴西、阿根廷等拉美国家，把物价水平作为调整钉住汇率的指示器，每隔一段较短的时间，就对本国货币进行一次较小幅度的贬值，以保持出口产品的竞争力。

第四，类似爬行安排（crawl-like arrangement）。类似爬行安排汇率制是指一国货币的汇率在至少 6 个月内，以一个统计上可识别的趋势保持 2% 的波动范围（除了特定数量的异常值或步骤调整），并且不是浮动汇率。该制度下汇率的最小变化率通常大于稳定化安排下的最小变化率。

第五，水平区间钉住（pegged exchange rate within horizontal bands），又称爬行带内浮动汇率制、汇率目标区制度。其理论以保罗·克鲁格曼（Paul Krugman）1991 年发表于《经济学季刊》上的《目标区和汇率动态》一文为代表。汇率目标区制度（target zone）的基本内容是：政府事先确定中心汇率和汇率水平的波动区间，当汇率有可能超出波动区间时，政府利用货币政策等工具进行干预，以将汇率变动幅度控制在目标区内。汇率目标区制度下的汇率变动具有某些重要的特征：以本币贬值为例，当本币汇率（直接标价法）接近目标区上限时，假定交易者预期政府将会干预，即本币将会升值，交易者会提前在外汇市场上买入本币、抛出外币以获取收益，这会使得本币自发地升值，结果是市场汇率向中心汇率接近，政府实际上无须出面干预外汇市场。本币升值的情况也类似。也就是说，在政府可信的前提下，汇率目标区下的市场汇率应该能够自发围绕中心汇率上下波动，当离开中心汇率至一定程度后便会自发向之趋近，这一现象正如情侣在短暂分离后重新聚首，因而被形象地称为"蜜月效应"（honeymoon effect），具体如图 7-1 所示。

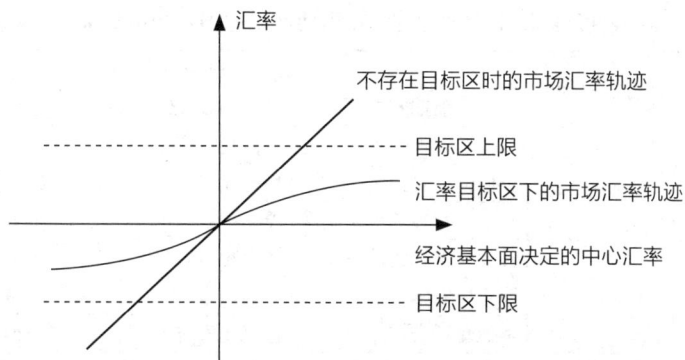

图 7-1　汇率目标区制度下的"蜜月效应"示意

汇率目标区下的汇率变动还存在另外一种情况，那就是由于经济基本面向某个方向的变动程度很大并且已表现为长期的趋势，市场交易者普遍预期汇率目标的中心汇率将有较大的调整时，政府维持汇率目标区的承诺不再被市场普遍相信。此时，市场中的投机就会发生，市场汇率将不再自发地回归于中心汇率，且汇率波动会较为剧烈并最终导致中心汇率的崩溃。相对应地，这一现象类似情侣们发现双方根本上存在性格不合而不再维持婚姻关系，因此被称为"离婚效应"（divorce effect）。

在国际货币基金组织的定义中，该制度是汇率围绕中心汇率在 ±1% 的区间内波动的，或最高和最低汇率之间的波动幅度不超过 2%。其中的中心汇率和波动区间要么是公开的，要么是报知国际货币基金组织的。1979 年创立的欧洲货币体系汇率机制（ERM）就属于此类。

3. 浮动汇率制度（floating exchange rate system）

浮动汇率制度包括两个小类。

第一，浮动（floating）。在该汇率制度下，汇率主要由市场决定，没有可预测的水平和方向；允许直接或间接干预，但干预行动的管理目标很广泛，可以是国际收支状况、外汇储备、平行市场的发展等，而非维持某一特定汇率水平；浮动汇率安排应体现出波动性，波动程度取决于经济冲击大小。

第二，自由浮动（free floating）。此类汇率制度在满足浮动汇率制度条件的基础上，对干预的频率和透明度有更高要求：干预频率很低（通常界定是在过去 6 个月中最多干预 3 次，每次最多持续 3 个工作日）；异常情况下的干预以维护市场秩序为目的，且干预信息完全透明。

4. 其他有管理的汇率制度（other managed arrangement）

这本质是一个残差项，即当一国汇率制度没有满足其他任何类别的标准时，就会被归于此类。在很长一段时间内，国际货币基金组织将人民币汇率制度定义为"其他有管理的汇率制度"，直到 2020 年 7 月 31 日，国际货币基金组织从事实上分类，将人民币汇率制度归类为类似爬行安排，具体见表 7-1。

表 7-1 代表性国家汇率安排的变化和由此产生的国际货币基金组织重新分类

国家	法定汇率制度	当期汇率制度		
		前期安排	当期（2021 年以后）	重新分类的生效日期
阿富汗	管理浮动	其他有管理的汇率制度	类似爬行安排	2020 年 3 月 2 日
阿尔及利亚	管理浮动	类似爬行安排	稳定化安排	2020 年 4 月 24 日
安哥拉	浮动	其他有管理的汇率制度	浮动	2020 年 5 月 17 日
阿根廷	浮动	其他有管理的汇率制度	类似爬行安排	2020 年 1 月 27 日
亚美尼亚	自由浮动	稳定化安排	浮动	2020 年 3 月 10 日
孟加拉国	浮动	类似爬行安排	稳定化安排	2020 年 2 月 3 日
柬埔寨	管理浮动	类似爬行安排	稳定化安排	2020 年 6 月 17 日
智利	自由浮动	浮动	自由浮动	2020 年 6 月 4 日
中国	管理浮动	其他有管理的汇率制度	类似爬行安排	2020 年 7 月 31 日
刚果民主共和国	浮动	类似爬行安排	其他有管理的汇率制度	2020 年 5 月 18 日
刚果民主共和国 *			类似爬行安排	2020 年 8 月 7 日
埃及	浮动	类似爬行安排	其他有管理的汇率制度	2020 年 3 月 17 日
埃及 *			稳定化安排	2020 年 10 月 7 日
埃塞俄比亚	其他有管理的汇率制度	类似爬行安排	其他有管理的汇率制度	2020 年 11 月 18 日

资料来源：国际货币基金组织，截至 2021 年 4 月 30 日。

注：* 表示如果在报告期内进行了重新分类，"前期安排"一栏中的单元格为空。

二、汇率制度的优劣比较

作为汇率制度的两极，固定汇率制度与浮动汇率制度的优劣是国际金融领域中争论不休的问题。不同汇率制度的比较实际上意味着在内外均衡目标的实现过程中对汇率稳定性（可信性）和灵活性的权衡，而这两者常常是不可兼得的，因而无论是固定汇率制度还是浮动汇率制度，都无法简单地得出哪种制度更为优越的结论，只能从一般意义上论述不同汇率安排的优点与不足。

（一）固定汇率制度的优缺点

1. 固定汇率制度的优点

（1）避免汇率的大幅度波动，促进了国际贸易和国际投资的发展

固定汇率制度为市场提供了一个汇率的名义锚（nominal anchor），为国际贸易与投资提供了较为稳定的环境，降低了汇率风险，便于进出口成本核算和投资项目的利润评估，从而有利于对外经济活动的开展。与此同时，经济主体不必投入大量资金进行套期保值活动，可为经济主体带来可观的精力和资金节约。因而，这通常被认为是固定汇率制度的最大优点。

（2）限制了政府不负责任的宏观经济政策

在固定汇率制度下，一国若采取扩张性货币政策、通过增加货币供应量来刺激经济，必然会使该国物价上涨、引致国际收支逆差。由于此时汇率固定，政府不能采取对外贬值来刺激进出口，只能动用自身的国际储备弥补逆差。为避免大量消耗国际储备，该国政府只能放弃扩张性的货币政策，由此固定汇率制度得以约束政府滥用扩张性货币政策的可

能。此外，固定汇率制度也可有效防止该国政府采用汇率战、货币战等恶性竞争方式破坏正常的国际经济秩序。

（3）有利于抑制国际货币投机

货币投机是低价买进、高价卖出某种货币以获取差价收入的行为。在固定汇率制度下，汇率的波动幅度很小，投机者既无法获取较高的汇率差价，也无须承担较大的风险，因而外汇投机活动远不如在浮动汇率制度下活跃。不过需要注意的是，当汇率波动较大时，如果大多数投机者预测汇率将向相反方向变动，则会吸引实力强大的国际资金进入该国进行货币投机活动，并可能演变成与政府的较量，20 世纪 90 年代东南亚金融危机中，泰国政府与索罗斯等国际投机者关于泰铢汇率的较量便是典型例子。

2. 固定汇率制度的缺点

（1）丧失本国货币政策的独立性

正如前面在介绍固定汇率制度的优点中所提及的，在固定汇率制度下，货币当局往往通过在外汇市场上抛出或买进外汇来调节外汇供求以把汇率维持在某一水平附近，而不能有效采用货币政策来调节汇率。因为当一国通过扩张性货币政策来刺激经济增长时，往往会引起外汇的升值；为了维持汇率稳定，货币当局又不得不紧缩货币供应，使扩张的货币政策半途而废。因此，在固定汇率制度下，该国货币政策的独立性受到很大影响。

（2）促进了通货膨胀的国际传播

当某储备货币发行国发生相对通货膨胀时，该国商品价格相对别国升高，这会引起进口需求的增加，从而导致该国货币大量流入他国外汇市场。如果流入国实行的是钉住该国货币的固定汇率制度，政府为了维持汇率稳定，将不得不用本币收购外汇，从而导致本币投放量的增加，引起或加剧本国的通货膨胀。

（3）容易造成汇率制度僵化

当一国经济形势发生变化时，汇率水平不能随之进行灵活调整，必然会对经济和国际竞争力造成不利影响。特别是当本国经济走势与其所钉住国家的经济走势不一致时，极易招致投机攻击。另外，当经济遇到较大的外来冲击时，僵化的汇率往往成为加速经济恶化、引爆金融风险的导火索，损害该国经济和金融安全。

（二）浮动汇率制度的优缺点

1. 浮动汇率制度的优点

（1）国际收支均衡得以自动实现

在浮动汇率制度下，汇率由供求决定、自发涨落。当一国国际收支出现逆差时，外汇市场上对外汇的需求会大于供给，促使外汇汇率上升，从而改变本国进出口商品的相对价格，增加出口、减少进口，使国际收支恢复均衡；出现国际收支顺差时，情况正好相反。因此，浮动汇率制度可以通过外汇市场上汇率的自发性变动，自动实现国际收支均衡。这一特点是浮动汇率制度支持者最重要的论据之一。

（2）能够实行独立的货币政策

与固定汇率制度相反，浮动汇率制度下，货币当局没有义务将汇率维持在某一水平上，可根据国内宏观经济调节的需要，相应采取扩张性或紧缩性的货币政策，直至达到预期的政策目标。也就是说，浮动汇率制度将一国的货币政策从对汇率目标的依附中解脱出来，为货币当局实现内外部均衡提供了更为充足的政策工具。

（3）减少国际储备量

在浮动汇率制度下，货币当局没有干预外汇市场、维持汇率稳定的义务，无须像固定汇率制度下那样持有大量的国际储备，可将节约的外汇用于进口资本品，促进本国经济的发展。

（4）提高资源配置效率

浮动汇率制度下，汇率能够对市场做出灵敏的反应，汇率得以反映国际交往的真实情况，有效调节进出口商品的地区结构和种类结构，并使得商品、劳动、货币资金等各种资源在世界范围内实现合理配置。

2. 浮动汇率制度的缺点

（1）增大了外汇风险，不利于国际贸易与投资的开展

浮动汇率制度下，汇率有可能暴涨暴跌，使得商品的报价、计价货币的选择、成本的核算等都变得十分困难，并大大增加了国际贸易和投资的风险。套期保值活动虽然能够减少风险，但却是有成本的，有时候成本还会比较高，且各类金融衍生品交易自身的风险也并不容易控制。此外，套期保值也无法适用于所有情况，例如长期投资、人力资本投资等也可能受到外汇风险影响，但缺少有效的风险管理工具。这都会对国际贸易和投资活动产生负面影响。

（2）助长了外汇市场上的投机活动

浮动汇率制度下，汇率短期波动较多受预期因素的影响，预期心理变幻莫测，常常引发汇率波动频繁、波幅较大的局面，吸引外汇投机者利用汇率差价进行投机活动。大规模的投机活动可能扩大汇率波动，引起汇率的错位或者超调，由此带来外汇市场的动荡。

（3）央行缺乏纪律性，容易引发政策滥用

浮动汇率制度下，一国货币政策不受维持汇率稳定的制约，货币当局可以较为方便地采取扩张性的货币政策来扩大货币供应量，从而引发通货膨胀。

由此可见，无论是固定汇率制度，还是浮动汇率制度，均利弊互见、优缺点并存。关于固定汇率与浮动汇率优劣的争论至今还没有结束，并沿着两个方向发展：一是研究什么条件下固定汇率制度或浮动汇率制度是更合理的；二是研究什么样的汇率制度可以更好地结合固定汇率制度与浮动汇率制度的优点。前一方向的研究形成了最适度货币区理论，后一方向的研究则产生了新的中间汇率制度设计。

第二节 汇率制度的选择与宏观经济政策协调

汇率制度的选择与宏观经济政策协调搭配是一国实现内外均衡的关键一环，也是国际经济金融领域一个经久不衰的话题，在国际金融学和发展经济学中占有重要地位。

一、汇率制度选择的实践发展

各国经济和政策实践充分表明，汇率制度的安排与选择是影响宏观经济稳定的重要因素，因此，汇率制度选择是政府和实务界关注的焦点。一般来说，一个国家选择什么样的汇率制度，与以下因素有关。

第一，经济规模大小。经济规模通常以一国的国内生产总值（GDP）来衡量。一般来说，经济规模越大的国家，经济上的独立性越强，更不愿意为了保持汇率固定而使国内的经济政策受制于其他国家，因此通常倾向于选择浮动汇率制度。相反，经济规模越小的国家，为了尽可能减少汇率波动对其经济发展的冲击，越倾向于选择固定汇率制度，尤其是选择与其主要经济伙伴的货币保持汇率固定。

第二，经济发达程度。经济发达程度往往以一国的人均国内生产总值（人均GDP）来衡量。一般而言，经济发达程度越高的国家，越可能选择浮动汇率制度，因其经济、金融发展程度较高，金融体系和金融制度较为完善，资本管制较少，愿意且有能力选择浮动汇率制度来增强资源的配置效率。而经济发达程度较低的国家，更倾向于采用固定汇率制度，以减少外汇风险。当然，在发达经济体中，也存在某些靠石油资源致富或经济规模较小的国家选择固定汇率制度的情况。

第三，经济开放程度。经济的开放程度反映了一国与外部经济的联系程度，它可以用多种指标来反映，如进出口贸易额占GDP的比例、资本流动的规模占GDP的比例等。一般来讲，一国的经济开放程度越高，汇率变动对国家整体经济的影响也就越显著，通常更倾向于选择固定汇率制度来减少汇率变动的负面影响，经济规模较小国家尤甚；而一国的经济开放程度相对较低时，其更偏向于选择浮动汇率制度。

第四，本国货币的国际化程度，即在国际贸易、国际结算、国际投资、国际借贷等国际经济活动中使用本国货币的比率。一般来说，只有当本国货币是自由兑换的货币时，才有可能采用浮动汇率制度。

第五，对大国的政治经济依附程度。如果一国的经济、政治甚至军事对于某一个大国的依附程度较大，则出于维护本国经济稳定发展的考虑，会采取本国货币与该大国货币相挂钩的钉住汇率制。如果一国的经济、政治、军事并不依附于一个大国，而是依附于几个工业发达的大国，则该国往往采取让本国货币钉住这几个国家合成货币的汇率制度。

第六，经济冲击的主要来源。20世纪90年代以后，在经济全球化、金融市场一体化的背景下，新兴市场经济体频频爆发货币金融危机，使得经济冲击对汇率制度的选择影响日益明显。一般而言，如果一国的经济冲击主要来源于货币因素（如货币需求的变化、影响价格水平的冲击）或国内因素，其偏向于采用固定汇率制度，前者因为所有商品和服务价格成比例的变动不会改变它们的相对价格，后者则是由于固定汇率制度有利于形成一定的外部约束。如果一国的经济冲击主要来源于实质性因素（如消费偏好的改变）或外部冲击，则该国通常偏向于选择浮动汇率制度，因为相对价格的频繁变动使得以汇率作为政策工具来调整经济的必要性显著提升。

总之，影响汇率制度选择的因素复杂多样，且随着政治、经济和金融等因素的发展而不断地变化，因此，作为政治、经济和文化等因素"合成"的结果，一国的汇率制度是其具体情况的相机选择，并随着各种影响因素的变化而处于动态的转换过程中。

专栏 7-1　全球主要货币当局的汇率制度选择

　　图 7-2 给出了国际货币基金组织 2022 年 7 月 7 日报告的 193 个成员（包括 190 个国家和 3 个地区）的汇率制度选择。近 10 年来，根据国际货币基金组织的统计数据，选择介于自由浮动汇率制度和固定汇率制度之间的汇率制度——中间汇率制度的成员数量明显增加，这也是对 20 世纪 90 年代以来盛行的"两极论"的一次挑战。1999 年，国际货币基金组织曾建议发展中国家和新兴市场国家实行"两极化"的汇率制度安排，即要么实行货币联盟或货币局等"硬钉住"制，要么实行完全由市场自由决定货币价值的完全浮动汇率制。

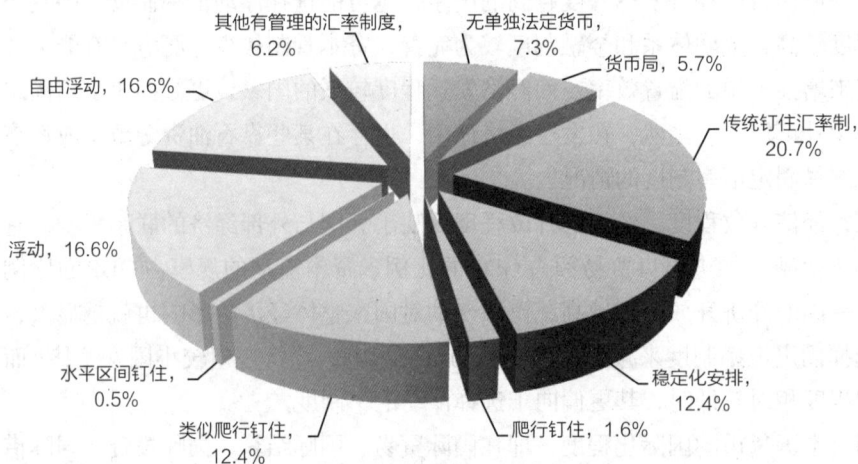

图 7-2　国际货币基金组织成员的汇率制度

资料来源：IMF Annual Report on Exchange Arrangement and Exchange Restrictions, 2021。

　　然而，实践经验表明，无论是在通货膨胀方面还是在经济增长方面，固定汇率制度都很难使新兴市场国家受益，甚至还会增大其发生货币危机或金融危机的可能性，同时，发展中国家又大多难以承受自由浮动汇率制度下汇率剧烈波动所带来的冲击。因此，对于众多的发展中经济体而言，中间汇率制度实现了钉住汇率制度和浮动汇率制度之间和谐的平衡：它既能够保留固定汇率制度通货膨胀率低、名义和实际汇率波动小以及贸易开放度更大的优点，同时其汇率也较少出现被高估的情况。正因为如此，截至 2021 年，国际货币基金组织成员中有 92 个采用了软钉住汇率制度，占所有成员总数的 47.7%。其中，仅有丹麦、新加坡和瑞士 3 个国家处于联合国认定的发达国家行列。可见，有越来越多的发展中经济体和新兴市场国家采用软钉住汇率制度。

　　除此之外，在 32 个实行自由浮动汇率制度的成员中，发达国家占比高达 67.5%。其中，实行货币联盟制度的欧元区国家虽然对内维持固定汇率，但由于欧元对区域外依旧自由浮动，因此仍归属于实行自由浮动汇率制度的国家。

二、汇率制度选择的理论演变

20 世纪 70 年代后，固定汇率制度与浮动汇率制度优劣之争的焦点转移到汇率制度的选择和国内经济结构与经济特征之间的关系上来。在这一时期，蒙代尔在其论文《最适度通货区理论》的基础上，进一步提出了将世界划分为若干个货币区，区内实行固定汇率制度、对外则实行浮动汇率制度的"最适度通货区"设想。之后，麦金农和凯南（Kenen）等又对最适度通货区理论进行了拓展，主张区分一国经济结构特征，并就这些特征给出某些标准，提出满足标准的国家和地区有必要组成货币联盟。进入 20 世纪 80 年代后，随着欧洲货币联盟的运行，最适度通货区理论在加入通货区成本和收益的分析上又有了进一步发展。

随着金融衍生工具的发展，汇率的不确定性已经可以通过多种对冲形式加以规避。同时，外汇市场上投机资金的规模也在急剧膨胀。当投机资金引发了多次地区性货币危机后，人们对如何通过汇率制度的安排来防范和隔绝货币危机产生了浓厚的兴趣。除了早期的将汇率制度安排与货币危机结合起来的国际收支危机模型外，许多学者也研究了货币性冲击、结构性冲击对汇率制度安排的影响。

与此同时，人们对开放经济条件下汇率稳定与货币政策自主性之间的关系进行了新的论述，在 20 世纪 50 年代的"米德冲突"（详见专栏 7-2）的基础上加入了货币政策，使传统的"二元冲突"演变为国际资本的自由流动、货币政策的独立性和汇率的稳定性三个基本目标之间的"三元"冲突，即开放经济条件下一国政府只能同时实现三个目标中的两个，而不能三者兼得。这就是所谓"三元悖论"（the impossible trinity）。更具体地，美国经济学家克鲁格曼提出，在开放经济条件下，一国要同时实现汇率稳定、本国货币政策独立性和资本自由流动是不可能的，最多只能同时实现其中的两个目标，而放弃另一个目标。"三元悖论"为发展中国家在开放经济条件下的政策选择提供了一份菜单，也被许多国家作为汇率制度选择的依据。

从现实中看，人们发现货币危机多发生在实行中间汇率制度的国家，而实行角点汇率制度的国家大都有效地防止了危机的发生。这一现象使人们提出了"汇率制度的角点解假设"：一国发生危机后，政府可以维持的是角点汇率制度，而不是中间汇率制度。这就是资本高速流动下的"中间制度消失论"。直到现在，关于角点汇率制度与中间汇率制度在应对投机压力和汇率失调方面的表现的争论仍在继续。

2000 年前后，部分学者开始从"原罪论（original sin）"和"浮动恐惧（fear of floating）"的角度分析多数国家（特别是发展中国家）采取钉住美元，使汇率维持在一个狭小幅度内的弹性浮动汇率制度的合理性。"原罪"是指一国本币不能用于国际借贷，甚至在本国市场也不能用本国货币进行长期借贷，导致国内金融市场的不完善和脆弱性，因而本国企业或政府在用外币进行借贷或投资时便会面临期限错配、货币错配的问题。当本币贬值或外币利率提高时，会有大批对外借债的企业由于资产缩水、资不抵债而陷于破产。因此，政府和企业都不愿意汇率变动，更不愿意本币贬值，进而使得政府倾向于采取软钉住甚至硬钉住的汇率制度。所谓"浮动恐惧"，是指一些归类为实行浮动汇率制度的国家，将其汇率维持在对某一货币的一个狭小幅度内。许多国家不愿让货币升值，原因在于害怕损害其国际竞争力和破坏出口多样性，同时他们会更强烈地抵制本币贬值，因为贬值有紧缩效应，会影响国内经济的发展。

随着产权理论的发展和完善，有些学者开始运用产权理论和制度变迁理论来分析汇率制度的安排和演变。以巴格瓦蒂（Bhagwati）和克鲁格曼为代表的国际经济学派提出了汇率制度中的寻租问题。一些国家在考虑经济因素、政治和社会制度等因素后，采取较为多变的汇率制度；另外一些国家则可能采取较为持久的汇率制度；对于低通货膨胀国家，一个较好的固定汇率可以减少腐败并改善财政系统。在中国，由于产权理论的兴起，不少学者试图从契约经济学的角度重新审视汇率制度的安排与选择，强调汇率制度的选择与相应的产权制度安排具有高度的依存和互动关系，并提出了"新制度金融学"的研究范式。

三、蒙代尔–弗莱明模型及其政策含义

实行不同的汇率制度以及对资本在国际的流动进行不同程度的管理，会对一国的宏观经济政策效果进而对一国宏观经济产生怎样的影响？蒙代尔–弗莱明模型在一定程度上回答了这一问题，因而成了开放经济下宏观经济政策协调的核心理论。

（一）开放经济下的宏观经济政策概述

在介绍蒙代尔–弗莱明模型之前，需要先解释何为开放经济下宏观经济政策协调，为蒙代尔–弗莱明模型的学习奠定理论基础。目前，主要国家对宏观经济政策目标的概括基本上都围绕着"经济增长、物价稳定、充分就业和国际收支平衡"而展开。不难看出，前三项描写了理想的封闭经济的宏观均衡。由于三个目标之间存在现实冲突，许多政府致力于实现的内部宏观经济均衡一般为"低失业率下的国内经济稳步增长"。随着经济的对外开放，宏观经济均衡的含义又增加了"国际收支平衡"这一反映外部均衡状态的目标。因此，开放经济中的政策当局所追求的宏观经济均衡既包括内部均衡，也包括外部均衡。

然而，在开放经济条件下，为追求某一均衡目标而采取的政策措施，既可能同时有利于开放经济另一均衡目标的实现，也可能对另一均衡目标的实现形成干扰甚至破坏。前一种情况称为内外均衡的一致，后一种情况则称为内外均衡的冲突。例如，一国要促进经济增长，往往降低利率以刺激投资。投资的增加会引起国民收入的增长，从而导致进口增加，利率的降低则会导致资本外流，这两方面合力作用的结果往往造成国际收支逆差。又如，国内出现物价上涨的时候，为了平抑物价可能增加进口、减少出口，结果一方面是通货膨胀率的下降，另一方面却可能引起国际收支逆差，打破原有的国际收支平衡。在开放经济状态下，汇率制度的安排、国内经济条件的变化、国际经济波动的传递、国际资金的投机性冲击等因素均会导致内外均衡的冲突。

为了研究开放经济下的内外均衡问题以及相应的政策协调搭配，诸多经济学家对此进行了深入探索，并建立了相关理论体系。其中，最经典的有英国经济学家米德提出的"米德冲突"（Meade conflict）、荷兰经济学家丁伯根（Tingbergen）提出的"丁伯根法则"、澳大利亚经济学家斯旺提出的"斯旺模型"以及出生于加拿大的美国经济学家蒙代尔和英国经济学家弗莱明提出的"蒙代尔–弗莱明模型"等。下文将对其中最为系统也最具有影

响力的"蒙代尔–弗莱明模型"进行具体介绍。

专栏 7-2　开放经济下的宏观经济政策调节经典模型

1. 米德冲突

英国经济学家米德首先于 1951 年提出了固定汇率制度下的内外均衡冲突问题。作为凯恩斯学派的学者，米德侧重需求而非供给，其在同年出版的《国际收支》一书中指出，在固定汇率制度下，政府只能主要运用影响社会总需求的政策来调节内外均衡，因而在开放经济的特定运行区间，会出现内外均衡难以兼顾的情形。经济学上称为"米德冲突"。需要说明的是，"米德冲突"所说的"影响社会总需求的政策"指的是"影响社会总需求大小的政策"，确切地说是指"支出增减型政策"而非"支出转换型政策"。因为后者以汇率政策为核心，但固定汇率制度下的汇率无法调整（见表 7-2）。

表 7-2　固定汇率制度下内外经济失衡状况

情形	内部经济状况	外部经济状况
1	经济衰退 / 失业	国际收支逆差
2	经济衰退 / 失业	国际收支顺差
3	高通货膨胀	国际收支逆差
4	高通货膨胀	国际收支顺差

在表 7-2 中，第 2 种、第 3 种情形下，内外均衡是一致的。在第 2 种情形下，政府可采取扩张性的财政货币政策，通过扩大国内总需求推动经济增长与就业，同时，总需求的增加导致进口需求的上升，从而减少国际收支的顺差；在第 3 种情形下，政府可采取紧缩性的财政货币政策来减少国内总需求，从而抑制国内通货膨胀，同时，总需求的减少有利于改善国际收支的逆差。而在第 1 种、第 4 种情形下，内外均衡则是不可兼顾的。在第 1 种情形下，为了达成国内均衡目标而采取扩张性的财政政策，将带来国际收支逆差扩大的结果。反之亦然。在第 4 种情形下，为了达成国内均衡目标而采取紧缩性的财政政策，将带来国际收支顺差的扩大，加剧了国际收支的不平衡。

当然，由于米德冲突仅针对固定汇率制度下的情况，未考虑资本流动对内外均衡的影响，故被称为"狭义的内外均衡冲突"。实际上，在浮动汇率制度下，政府往往不能完全依赖汇率机制实现对国际收支的自发调节，通过国内总需求的变动来实现内外均衡仍相当常见，因而也存在着内外均衡的冲突问题。经济学上称为"广义的内外均衡冲突"，其性质及表现形式与固定汇率制度下的情况有诸多不同。

2. 丁伯根法则

为了解决经济内外均衡的矛盾，荷兰经济学家丁伯根针对国际收支调节政策的有效性问题进行了卓有成效的研究，最先提出了将政策目标与政策工具相联系的理论模型，并总结提出了著名的"丁伯根法则"。他明确指出，在政策由决策当局集中控制的情况下，要实现若干个独立的政策目标，至少需要若干个有效的、相互独立的政策工具，这被称为丁伯根法则。

丁伯根法则的政策含义是，要同时实现内外均衡两个目标，只运用支出增减型政策调节支出总量的方法是不够的，必须寻找新的政策工具，并进行合理配合使用。这一法则对于开放经济宏观政策的实施具有深远含义，并在多国政策实践过程中得到证明。由于建立并运用动态模型分析经济过程，丁伯根于 1969 年成为首届诺贝尔经济学奖获得者之一。

需要指出的是，丁伯根法则隐含假定了各种政策工具可以供决策当局集中控制，从而通过各种工具的密切配合可以实现政策目标，这与经济现实存在较大差距。另外，丁伯根并未说明每种工具有无必要在调控中侧重于某一目标的实现。

在丁伯根法则的基础上，米德结合了凯恩斯理论和新古典理论尤其是希克斯（Hicks）的一般均衡理论，建立了政策工具和政策目标相互关联的 2×2 模型，并将国际收支平衡概念从只包括贸易项目扩大到包含资本流动的总平衡，建立了现代意义上第一个较系统的内外均衡理论框架。因为对国际贸易和国际资本流动的开创性研究，米德与瑞典经济学家俄林（Ohlin）共同分享了 1971 年的诺贝尔经济学奖。

3. 斯旺模型

澳大利亚的经济学家斯旺进一步研究了内外均衡冲突，于 1955 年提出了用支出增减型政策和支出转换型政策搭配来解决内外均衡冲突的思想，这一思想被称为"斯旺模型"，具体详见本教材第五章。

斯旺模型由 IB（internal balance）曲线和 EB 曲线（external balance）构成，EB 曲线和 IB 曲线结合在一起，可划分出 4 种情况。在斯旺模型中，大多数情况下单一政策调节——仅运用支出增减型政策进行调节，就会出现"米德冲突"。为了避免米德冲突，斯旺认为，可以根据丁伯根法则，针对经济失衡的性质和情况及政策效力的不同，采取支出增减型政策和支出转换型政策搭配的办法，对各种失衡情况进行调节。支出增减型政策主要用以调节内部均衡，而支出转换型政策主要用于调节外部均衡。在实践中，大多数国家以财政、货币政策调节内部均衡，以汇率政策调节外部均衡，或者根据内外经济状况采取相应的政策搭配。表 7-3 简要说明了支出增减型政策与支出转换型政策的搭配情况。

表 7-3　支出增减型政策与支出转换型政策的搭配

区间	开放宏观经济情况	支出增减型政策（主对内）	支出转换型政策（主对外）
I	通货膨胀 + 国际收支逆差	紧缩	本币贬值
II	失业 + 国际收支逆差	扩张	本币贬值
III	失业 + 国际收支顺差	扩张	本币升值
IV	通货膨胀 + 国际收支顺差	紧缩	本币升值

（二）蒙代尔-弗莱明模型

在凯恩斯宏观经济学的基础上，蒙代尔和弗莱明在 20 世纪 60 年代分别独立地将分析封闭经济的 IS-LM 模型推广到开放经济中，提出了蒙代尔-弗莱明模型，也称 IS-LM-BP 模型。

1. 前提假设

蒙代尔–弗莱明模型的前提假设如下。

第一，开放的小国经济模型。该国的经济规模小，其国内经济形势、政策变化都不会影响世界经济状况。从利率方面看，该国是世界市场利率的接受者。

第二，存在闲置资源，总供给曲线具有完全弹性，这意味着该国经济的总供给可以随着总需求的变化迅速做出调整，因而该国的总产出完全由需求方面决定。

第三，资本流动由两国的利率差异决定。

第四，国内外价格水平不变，因而实际汇率与名义汇率同比例变动。

2. 基本框架

蒙代尔–弗莱明模型描述了开放经济条件下，商品市场、货币市场和外汇市场的均衡条件，分析了不同汇率制度和不同资本流动程度下宏观经济政策的效果。用简单线性的形式表述，可得如下方程。

（1）IS 曲线

IS 曲线代表商品市场平衡。商品市场平衡是指国内总供给等于总需求，可以用式（7-1）表示。

$$Y = (\bar{A} - bi) + (ce - tY) \tag{7-1}$$

式（7-1）的左侧 Y 代表总供给（总产出），式（7-1）的右侧代表总需求，总需求由国内吸收和净出口组成。具体而言，$(\bar{A} - bi)$ 表示国内吸收，包含投资、消费和政府支出，其中，$\bar{A}$ 是不受利率影响的自发吸收；bi 是受利率影响的吸收（i 代表利率，b 代表利率对需求影响的系数，$b > 0$），它是利率的减函数；$(ce - tY)$ 表示净出口，e 是外币直接标价法下的汇率（特别需要注意，是外币直接标价法，e 变大代表本币贬值），c 是汇率对需求影响的系数（$c > 0$），ce 表示出口需求随本币贬值而上升，是 e 的增函数，而 tY 表示进口需求是收入（产出 Y）的增函数，t 是边际进口倾向（$0 < t < 1$）。通过移项，式（7-1）可以改写成：

$$i = \frac{\bar{A} + ce - (1 + t)Y}{b} \tag{7-2}$$

从式（7-2）可以看出，就 IS 曲线的斜率而言，利率（i）与产出（Y）呈负相关关系，因此 IS 曲线在 i—Y 平面内的斜率为负（见图 7-3）。就 IS 曲线的移动而言，本币贬值后，e 增大，要维持等式成立，i 或 Y 就必须增大，因此本币贬值时 IS 曲线便向右上方移动。

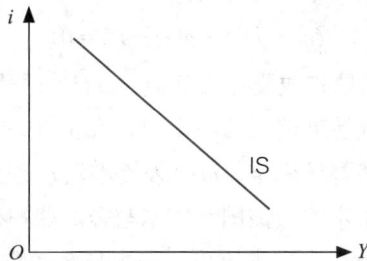

图 7-3　IS 曲线图示

（2）LM曲线

LM曲线代表货币市场平衡。货币市场平衡是指居民对货币的需求等于货币的供给，可以用式（7-3）表示：

$$M^s = M^d = p\,(kY - hi) \tag{7-3}$$

式（7-3）中的M^s代表由货币当局决定的货币供给，M^d代表国内的名义货币需求，货币需求又进一步可以表示为$p\,(kY - hi)$。具体而言，P代表国内物价水平，k和h分别代表产出和利率对货币需求的影响系数（$k>0$，$h>0$）。可以看到，货币需求是国民收入的增函数，即随着国民收入的增加，居民的货币需求也会增加；货币需求是利率的减函数，因为随着利率的上升，居民会将手中持有的货币转换为生息资产（可以简化理解为，利率高了大家反而喜欢储蓄，因为储蓄可以得到更高的利息收入），则居民的货币需求会下降；货币需求是物价水平的增函数，即随着物价的上升，居民希望手中持有的货币增加，因此对货币的需求亦会上升。此外，因为假设商品价格不变，所以可以将物价水平p简化为1，则式（7-3）可转换为：

$$i = \frac{kY - M^s}{h} \tag{7-4}$$

从式（7-4）中可以看出，就LM曲线的斜率而言，利率（i）与产出（Y）呈正相关关系，因此IS曲线在i—Y平面内的斜率为正（见图7-4）。就LM曲线的移动而言，货币供给M^s增大，要维持等式成立，Y必须增大而i必须减小，因此货币供给增加时LM曲线便向右下方移动。

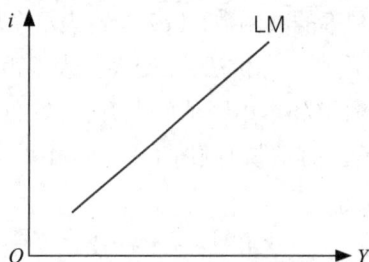

图7-4　LM曲线图示

（3）BP曲线

BP曲线代表国际收支平衡。国际收支平衡是指经常账户差额和资本与金融账户差额之和的平衡（等于0），可以用式（7-5）表示。

$$(ce - tY) + \omega\,(i - i_f) = 0 \tag{7-5}$$

式（7-5）中的$ce - tY$代表经常账户收支差额数值，$\omega\,(i - i_f)$代表资本与金融账户收支。具体而言，经常账户的收支由贸易决定，即净出口，在上文IS曲线中已有解释。资本与金融账户的收支由国内外的利率差异决定，ω代表资本流动程度，当国内利率（i）高于国际市场利率（i_f）时，就会有资本流入该国，资本与金融账户数值为正；而当国内利率（i）低于国际市场利率（i_f）时，就会有资本流出，资本与金融账户收支则为负。式（7-5）可转换为：

$$i = i_f - \frac{ce - tY}{\omega} \qquad (7\text{-}6)$$

需要指出的是，当资本完全不流动时，$\omega = 0$，在i—Y平面内，国际收支只与产出有关，与利率无关，国际收支平衡等同于贸易平衡，在图形上表现为BP曲线是一条垂直线；当资本完全流动时，$\omega \to +\infty$，在i—Y平面内，国际收支只与国内外利率差异有关，与汇率和产出无关，利率差异会引起资本流动，当且仅当国内利率等于国际市场利率时国际收支才能平衡，在图形上表现为BP曲线是一条水平线；当资本不完全流动时，$\omega > 0$，在i—Y平面内，一定的汇率水平下，产出扩大时会带来进口的增加，进而引起逆差增加，为了维持国际收支平衡，本国利率应上升以吸引更多的资本流入，i和Y呈正相关关系，这一特性通过式（7-5）也可以得到验证，因此在i—Y平面内，BP曲线是一条斜率为正的曲线。就BP曲线的移动而言，本币贬值，e增大，要维持等式成立，产出（Y）必须增大或者利率（i）必须变小，IS曲线向右或右下方移动。具体如图 7-5 所示。

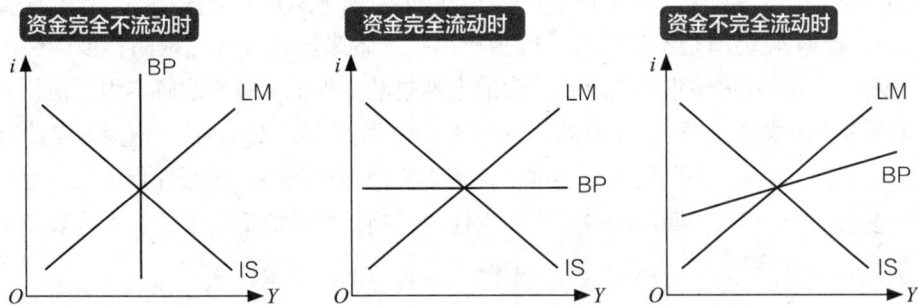

图 7-5 IS-LM-BP 曲线图示

3. 固定汇率制度下的宏观经济政策有效性分析

（1）资本完全不流动时

当资本完全不流动时，BP曲线是一条垂直线。在图 7-6 中，假设经济的初始状态位于A_0，其为IS_0、LM_0和BP三条曲线的交点，意味着一国的国内外经济达到均衡。就在此时，假设政府采取了扩张性的财政政策刺激总需求，则在简化表达式（7-2）中反映为不受利率影响的国内自发吸收$\bar{A}$的上升，要维持等式成立，Y会增大，IS_0曲线右移至IS_1，并与LM_0曲线交于点A_1，利率从i_0上升为i_1，产出从Y_0增加至Y_1。由于产出扩大带来国民收入的提高，人们对进口商品的需求增加，该国会出现国际收支（经常账户）逆差，平衡点落在BP曲线外，这意味着国内外均衡并未达到，因此A_1是不稳定的。从机制上来看，一国国际收支的逆差会带来对外币需求的相对增加，本币存在贬值趋势。由于是采用固定汇率制度，政府有维持汇率稳定的义务，故为缓解本币的贬值压力，该国会抛售外汇储备，由此带来了国内货币供应量的减少，这会使得LM曲线从原先的LM_0向左移动至LM_1，并与IS_1和BP曲线交于点A_2，国内外均衡重新实现。此时，该国产出回归Y_0，利率水平从i_1进一步上升至i_2。综上可知，在固定汇率制度下，资本完全不流动时，扩张性财政政策仅能在短期内提高产出，而在长期不能对产出产生任何影响，只会进一步提高国内利率水平，说明此情形下的财政政策无效。

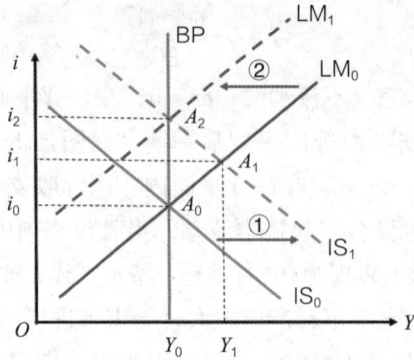

图 7-6　固定汇率制度下资本完全不流动时的财政政策效应

从货币政策来看，假设政府在 A_0 基础上采取了扩张性的货币政策，则国内货币供应量增加，在简化表达式（7-4）中反映为 M^S 的上升，要维持等式成立，Y 会增大，在图 7-7 中，LM_0 曲线右移至 LM_1，并与 IS_0 曲线交于点 A_1，利率从 i_0 下降为 i_1，产出从 Y_0 增加至 Y_1。然而，此时 A_1 仍旧是不稳定的，因为产出扩大带来国民收入的提高，该国会出现国际收支逆差。同样在固定汇率制度下，政府会通过减少外汇储备来缓解本币贬值压力，进而使得国内货币供应量减少，LM 曲线从 LM_1 向左回归至 LM_0，IS_0、LM_0 和 BP 曲线重新交于点 A_0。也就是说，在固定汇率制度下，资本完全不流动时，扩张性货币政策也仅能在短期内提高产出，而在长期不能对产出产生任何影响，说明此情形下的货币政策亦无效。

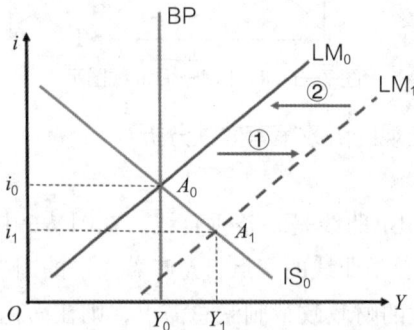

图 7-7　固定汇率制度下资本完全不流动时的货币政策效应

（2）资本完全流动时

当资本完全流动时，BP 曲线是一条水平线。在图 7-8 中，同样假设初始国内外经济均衡状态位于 A_0。此时，若政府采取了扩张性的财政政策刺激总需求，则其一开始的变化与如上所述的资本完全不流动时受到财政政策刺激的状态一致：国内自发吸收 $\bar{A}$ 上升，Y 增大，IS_0 曲线右移至 IS_1，并与 LM_0 曲线交于点 A_1，利率从 i_0 上升为 i_1，产出从 Y_0 增加至 Y_1。因为资本完全流动，而国内利率高于国际市场的利率，会使得资本内流，资本与金融账户产生顺差，在外汇市场上会形成对本国货币的需求，本币面临升值压力。由于处于固定汇率制度下，该国政府会通过卖出本币、买入外币的操作来缓解本币升值压力，此举会带来国内货币供应量的增加，LM 曲线从 LM_0 不断右移至 LM_1，最终 IS_1、LM_1 和 BP 曲线交于新点 A_2，该国产出从 Y_1 进一步增加至 Y_2，利率回归至 i_0。可以看到，在固定汇率制度下，当资本完全流动时，财政政策对于实现经济扩张的目标是有效的。

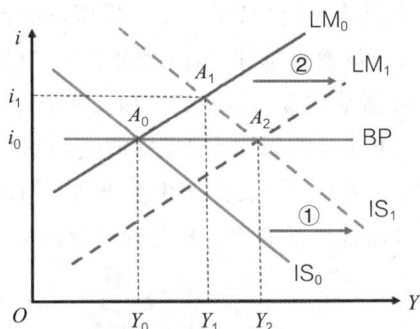

图 7-8　固定汇率制度下资本完全流动时的财政政策效应

从货币政策来看，假设政府在 A_0 基础上采取了扩张性的货币政策，则国内货币供应量 M^s 增加，产出 Y 会增大，在图 7-9 中，LM_0 曲线右移至 LM_1，并与 IS_0 曲线交于点 A_1，利率从 i_0 下降为 i_1，产出从 Y_0 增加至 Y_1。因为资本完全流动，而国内利率低于国际市场的利率，会使得资本外流，资本与金融账户产生逆差，本币面临贬值压力。由于采用了固定汇率制度，故该国政府会紧缩货币，通过买入本币、卖出外币的操作来缓解本币贬值压力，使得国内货币供应量减少，LM 曲线重新从 LM_1 回归至 LM_0，该国最终产出仍为 Y_0。由此可知，在固定汇率制度下，当资本完全流动时，扩张性的货币政策是无效的。

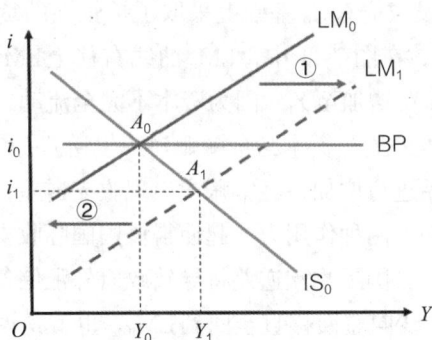

图 7-9　固定汇率制度下资本完全流动时的货币政策效应

（3）资本不完全流动时

当资本不完全流动时，BP 曲线斜率为正，在图 7-10 中，同样假设初始国内外经济均衡，位于 A_0。若政府在此基础上采取了扩张性的财政政策，则其一开始的变化与如上所述的资本完全不流动时或完全流动时受到财政政策刺激的状态一致：国内自发吸收 $\bar{A}$ 上升，Y 增大，IS_0 曲线右移至 IS_1，并与 LM_0 曲线交于点 A_1，利率从 i_0 上升为 i_1，产出从 Y_0 增加至 Y_1。此后，由于资本不完全流动，一方面，利率的上升会使得国内利率高于国际市场利率，资本内流，资本与金融账户产生顺差；另一方面，产出扩大会带来国民收入的提高，外国商品进口增加，经常账户出现收支逆差，因而国际收支的最终变化取决于以上两种情形作用的大小对比。从图 7-10 可知，因为 A_1 点在 BP 曲线的上方，所以最终国际收支为顺差，本币面临升值的压力。进一步地，由于处于固定汇率制度下，该国政府会增加国内的货币供应量，LM 曲线从 LM_0 右移至 LM_1，最终 IS_1、LM_1 和 BP 曲线交于新点 A_2，该国产

出从 Y_1 进一步增加至 Y_2，利率从 i_1 下降为 i_2。因此，在固定汇率制度下，当资本不完全流动时，财政政策实施的最终结果与 BP 曲线的斜率（即资本的流动性）密切相关，资本流动性越高（斜率越小），财政政策效果越好。若 BP 曲线与 LM 曲线的斜率一致，即初始阶段两条曲线重合时，则扩张性财政政策的短期效应和长期结果相同，最终产出为 Y_1，比初始 Y_0 大，财政政策有效；若 BP 曲线的斜率大于 LM 曲线的斜率，扩张性财政政策会导致国际收支逆差，使得 LM 向左上方移动，最终产出低于 Y_1，但依旧比初始 Y_0 大，财政政策有效；若 BP 曲线的斜率小于 LM 曲线的斜率，扩张性财政政策效果更佳，取得的最终产出比 Y_1 还要大。

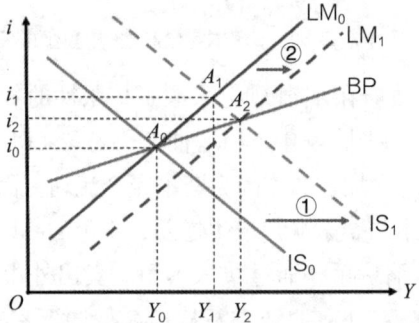

图 7-10　固定汇率制度下资本不完全流动时的财政政策效应

从货币政策来看，假设政府在 A_0 基础上采取了扩张性的货币政策，则国内货币供应量 M^S 增加，产出 Y 会增大，在图 7-11 中，LM_0 曲线右移至 LM_1，并与 IS_0 曲线交于点 A_1，利率从 i_0 下降为 i_1，产出从 Y_0 增加至 Y_1。因为资本不完全流动，一方面，国内利率低于国际市场的利率，会使得资本外流，资本与金融账户产生逆差；另一方面，产出扩大会带来国民收入的提高，外国商品进口增加，经常账户出现收支逆差，因而国际收支的最终变化取决于以上两种作用的叠加。两种作用力一起使得该国国际收支逆差强化。在固定汇率制度下，当资本不完全流动时，国际收支逆差将导致政府外汇储备减少，进而使得国内货币供给量减少，会使得 LM 曲线向左回移直至回到 LM_0。也就是说，在固定汇率制度下，当资本不完全流动时，扩张性的货币政策无效。

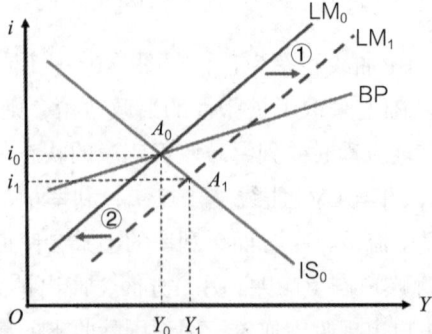

图 7-11　固定汇率制度下资本不完全流动时的货币政策效应

4. 浮动汇率制度下的宏观经济政策有效性分析

（1）资本完全不流动时

当资本完全不流动时，在图 7-12 中，经济的初始状态位于 A_0。假设此时政府采取扩张性的财政政策刺激总需求，不受利率影响的国内自发吸收 $\bar{A}$ 上升，则 Y 会增大，IS_0 曲线右移至 IS_1，并与 LM_0 曲线交于点 A_1，利率从 i_0 上升为 i_1，产出从 Y_0 增加至 Y_1。由于产出扩大带来国民收入的提高，人们对进口商品的需求增加，该国会出现国际收支（经常账户）逆差，本币存在贬值趋势。由于是浮动汇率制度，政府不再有维持汇率稳定的义务，故本币实际贬值，这一方面会使得 IS 曲线进一步从 IS_1 向右移至 IS_2；另一方面，本币贬值会使得 BP 曲线右移，从 BP_0 变成 BP_1，最终，IS_2、LM_0 和 BP_1 曲线交于新点 A_2，此时产出为 Y_2，高于初始产出 Y_0。因此，在浮动汇率制度下，资本完全不流动时，扩张性财政政策有效。

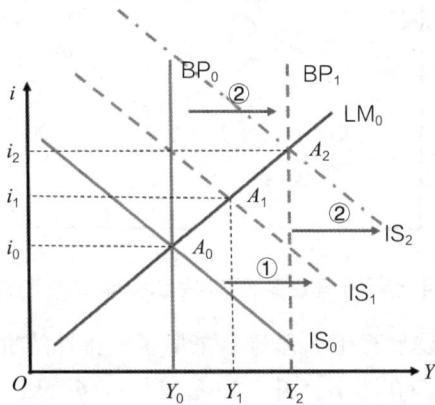

图 7-12　浮动汇率制度下资本完全不流动时的财政政策效应

从货币政策来看，假设政府在 A_0 基础上采取了扩张性的货币政策，则国内货币供应量 M^S 增加，产出 Y 会增大，在图 7-13 中，LM_0 曲线右移至 LM_1。产出的增加会引起国民收入的提高，该国会出现国际收支（经常账户）逆差，进一步使得货币出现贬值趋势。因为是浮动汇率制度，本币会实际发生贬值，这一方面带来 IS 曲线从 IS_0 向右移至 IS_1，另一方面使得 BP 曲线从 BP_0 右移，变成 BP_1，最终，IS_1、LM_1 和 BP_1 曲线交于新点 A_2，此时产出为 Y_2，高于初始产出 Y_0。因此，在浮动汇率制度下，资本完全不流动时，扩张性货币政策也有效。

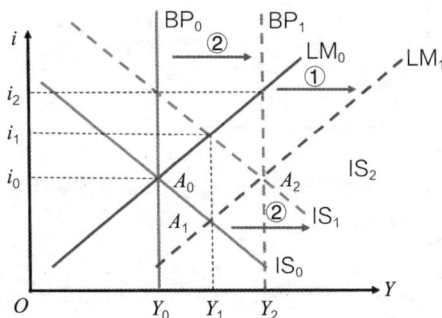

图 7-13　浮动汇率制度下资本完全不流动时的货币政策效应

（2）资本完全流动时

当资本完全流动时，在图7-14中，经济的初始状态位于A_0。此时，若政府采取了扩张性的财政政策刺激总需求，则国内自发吸收$\bar{A}$上升，Y增大，IS_0曲线右移至IS_1，并与LM_0曲线交于点A_1。因为资本完全流动，而国内利率高于国际市场利率，会使得资本内流，资本与金融账户产生顺差，在外汇市场上会形成对本国货币的需求，本币面临升值的压力。由于处于浮动汇率制度下，该国货币实际升值，这会带来出口的下降和产出的下降，会使得IS曲线从IS_1向左移动，回归至IS_0，也只有此时，也就是国内利率重新回到与国际市场利率相一致时，国际资本才不会继续发生流动，国内外经济得以同时达到均衡。可以看到，在浮动汇率制度下，资本完全流动时，扩张性的财政政策无效。

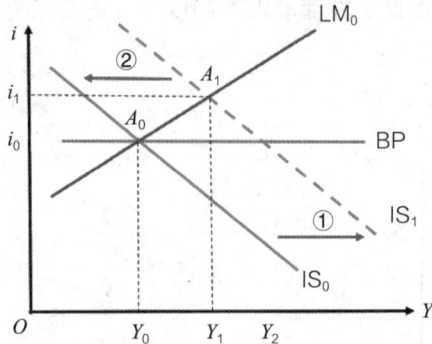

图7-14　浮动汇率制度下资本完全流动时的财政政策效应

从货币政策来看，假设政府在A_0基础上采取了扩张性的货币政策，则国内货币供应量M^S增加，产出Y会增大，在图7-15中，LM_0曲线右移至LM_1，进而该国会出现国际收支（经常账户）逆差，货币出现贬值趋势。因为是浮动汇率制度，本币会实际发生贬值，这会引起出口和产出的上升，IS_0曲线右移至IS_1，最终，IS_1、LM_1和BP曲线交于新点A_2，此时的产出为Y_2，高于初始产出Y_0。因此，在浮动汇率制度下，资本完全流动时，扩张性货币政策有效。

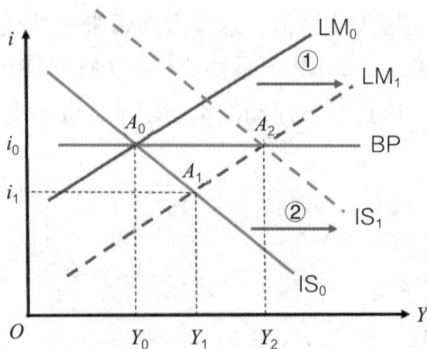

图7-15　浮动汇率制度下资本完全流动时的货币政策效应

（3）资本不完全流动时

当资本不完全流动时，在图7-16中，初始国内外经济均衡位于A_0。若政府在此基础上采取了扩张性的财政政策，国内自发吸收$\bar{A}$上升，Y增大，IS_0曲线右移至IS_1，并与LM_0

曲线交于点 A_1。此后，由于资本不完全流动，与固定利率时的情况相似，利率的上升不仅会使得资本与金融账户产生顺差，也会使得经常账户出现收支逆差，从图 7-16 可知，因为 A_1 点在 BP 曲线的上方，所以假设最终国际收支为顺差，本币面临升值压力。由于处于浮动汇率制度下，本币实际升值，引发出口的下降和产出的下降，使 IS 曲线从 IS_1 向左移至 IS_2，同时使 BP 曲线左移，从 BP_0 变成 BP_1，最终，IS_2、LM_0 和 BP_1 曲线交于新点 A_2，此时的产出为 Y_2，虽然比中间过程中的产出 Y_1 要低，但仍旧高于初始 Y_0。因此，在浮动汇率制度下，资本不完全流动时，扩张性财政政策有效，不过其实施效果同样与 BP 曲线的斜率（资本流动性）息息相关，资本流动程度越低（斜率越大），效果越好。

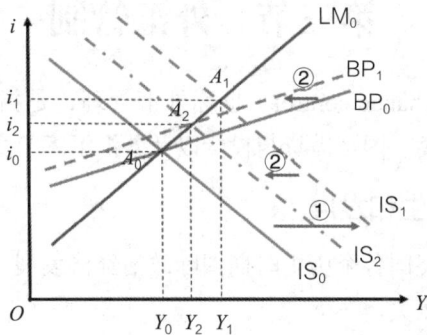

图 7-16　浮动汇率制度下资本不完全流动时的财政政策效应

从货币政策来看，假设政府在 A_0 基础上采取了扩张性的货币政策，则国内货币供应量 M^S 增加，产出 Y 会增大，在图 7-17 中，LM_0 曲线右移至 LM_1，进而该国会出现国际收支（经常账户）逆差，货币出现贬值趋势。浮动汇率制度会进一步使得本币实际贬值，IS_0 曲线右移至 IS_1，同时使 BP 曲线右移，从 BP_0 变成 BP_1，最终，IS_1、LM_1 和 BP_1 曲线交于新点 A_2，此时的产出为 Y_2，高于初始产出 Y_0，说明扩张性货币政策有效。

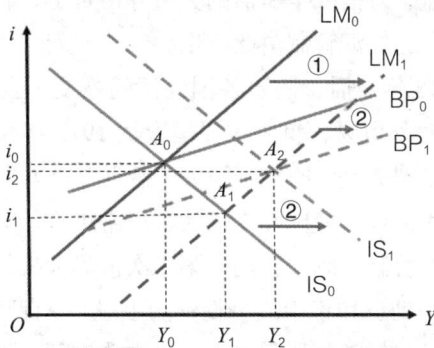

图 7-17　浮动汇率制度下资本不完全流动时的货币政策效应

总而言之，蒙代尔-弗莱明模型研究在不同汇率制度下，如何运用财政政策和货币政策以实现宏观经济的内外平衡，其结论是：

在固定汇率制度下，若资本完全不流动，则财政政策无效，货币政策无效；若资本完全流动，则财政政策有效，货币政策无效；若资本不完全流动，则财政政策有效，且实施效果与资本流动性相关，资本流动性越高，效果越好；货币政策无效。

在浮动汇率制度下，若资本完全不流动，财政政策有效，货币政策也有效；若资本完全流动，则财政政策无效，货币政策有效；若资本不完全流动，则财政政策有效，资本流动性越低，效果越好；货币政策有效。

尽管蒙代尔-弗莱明模型没有考虑汇率的预期变化，也没有考虑净国外债权存量和与之相关的利息支付流量等因素，且其在发达国家的解释力远强于发展中国家，但其仍是一个从提出至今始终被广泛运用的最经典的开放经济模型，它所得出的结论在一定前提下是符合实际情况的，因而具有很高的理论性和实用性，值得重点学习。

第三节　外汇管制

外汇管制（foreign exchange control）也称外汇管理，是指一国政府通过法令、规章等，对国际结算、外汇买卖、国际借贷与投资以及外汇汇率等实行的限制性管理。

一、外汇管制的产生和发展

外汇管制的产生和发展同各个历史时期国际政治经济发展、国际贸易格局的变化以及国际货币制度的演变密切相关。

（一）两次世界大战期间的外汇管制

第一次世界大战（1914年）以前，资本主义国家广泛实行自由贸易，货币制度是金本位制。金本位制下金币可以自由铸造、自由兑换，黄金可以自由输出和输入，使汇率和国际收支可以通过自动调节机制实现均衡，不需要用行政或法律的手段人为调节，因而基本上不存在外汇管制。第一次世界大战的爆发，打破了金本位制度赖以存在的外部条件。由于战争的影响，参战国都出现了巨额的国际收支逆差，本币对外币的汇率猛跌，资金大量外流。为了控制资金外流，筹措战争所需的大量外汇资金，各国纷纷禁止资金尤其是黄金输出，取消外汇自由买卖，外汇管制由此产生。

第一次世界大战（1918年）后，随着各国经济的恢复，全球经济进入了一个相对稳定的发展时期。为了扩大对外贸易，世界主要国家从1923年起先后实行金块本位制和金汇兑本位制，并相继取消了外汇管制。然而1929年西方资本主义世界"经济大萧条"的爆发引起了严重的货币信用危机，使国际支付无法正常进行。为了缓解经济危机带来的冲击，各国又相继恢复了外汇管制。此后，随着第二次世界大战的爆发，德国、日本等法西斯国家首先把外汇管制作为动员和集中战争物资的手段；一直坚持货币自由兑换的英国和法国，为了补充外汇资金，应付巨额战争支出，也被迫实行外汇管制。当时世界100多个国家和地区中，只有美国和依附美国的美洲国家及瑞士未实行正式的外汇管制，其余几乎都实行了严格的外汇管制。

（二）第二次世界大战后的外汇管制

1945年第二次世界大战结束后，国际经济发展极度不平衡。英国、法国、德国、日本、意大利等国受战争破坏最严重，经济运行困难，通货膨胀高企，国际收支大量逆差，黄金外汇储备枯竭。为了保证国内经济金融的稳定发展，这些国家进一步强化了外汇管制，而美国在战争中获得了巨大的经济利益，集中了世界绝大部分黄金存量，因而依旧未实行外汇管制。

20世纪50年代后期开始，西欧各国、日本等经济逐步恢复和发展，经济实力增强，外汇储备增加。1946年成立的国际货币基金组织在其协议中规定，会员方有义务取消外汇管制，实现货币的可自由兑换。美国利用其在布雷顿森林体系中的有利地位，一再对西欧各国和日本施加压力，迫使其放松外汇管制。在20世纪50—70年代，西方主要国家先后放松外汇管制，从有限度的货币自由兑换过渡到全面的货币自由兑换。同时，一些亚太地区的新兴工业国和中东富裕的石油输出国也逐步放宽甚至取消了大部分外汇管制。然而，直至今日，绝大多数外汇资金还不宽裕的发展中国家仍实行宽严不一的外汇管制。正因为如此，了解外汇管制的相关知识，依旧是学习国际金融学不可或缺的一环。

二、外汇管制的分类、机构及对象

外汇管制的基本要素包括外汇管制的目的与分类、负责机构和对象。

（一）外汇管制的目的与分类

从前述外汇管制的历史演变来看，各国实行外汇管制的主要目的是促进国际收支平衡、维持本币汇率的稳定、开展政策搭配，以利于本国经济金融的稳定和发展。

具体而言，不同国家实行外汇管制的目的不尽相同。发达国家在战争时期实行外汇管制，是为了防止外汇流出，保障军费开支；经济危机时期则是为了防止资本外逃，改善国际收支逆差。顺差国在必要时实行外汇管制，是为了限制外来资本大量流入，防止输入性通货膨胀，以减轻其对国内经济的冲击。对于经济实力薄弱、外汇资金匮乏的发展中国家，实行外汇管制可能是为了防止外国商品的大量流入冲击国内民族工业，以保证本国经济的独立发展；也可能是鼓励外国资本流入的同时避免资本大量外逃；等等。

根据外汇管制范围的大小和程度的宽严，外汇管制可以分为三大类。

第一，严格型外汇管制。大多数发展中国家和地区对贸易收支、非贸易收支和资本项目收支都实行严格的外汇管制。这些国家（地区）经济不发达，出口创汇有限，缺乏外汇资金，市场机制不成熟，经济的自动调节机制因各种缺陷难以发挥效力。为了提高外汇资源的使用效率，加快经济发展，不得不实行严格的外汇管制。大多数发展中国家如印度、缅甸、秘鲁、巴西、赞比亚等便属于此类型。据统计，这类国家（地区）大约有90个。

第二，非严格型外汇管制（部分型外汇管制）。有些国家和地区对贸易和非贸易收支原则上不加以管制，但对资本项目的收支仍加以不同程度的管制。这类国家（地区）经济比较发达，市场机制在经济活动中起主导作用，并已承诺遵守《国际货币基金组织协定》的第八条款，不对经常项目的收支加以限制，不采取有歧视性的差别汇率或多重汇率。目前，这类国家（地区）有30个左右，包括法国、丹麦、澳大利亚、挪威等发达经济体，以及南非、牙买加、圭亚那等经济金融状况较好的发展中国家，我国也属于此类。

第三，松散型外汇管制。有些国家（地区）对经常项目和资本与金融项目下的外汇交易不实行普遍的和经常性的限制，但不排除从政治和外交需要出发，对某些特定项目或国家采取冻结外汇资产、限制外汇交易等制裁手段。这些国家（地区）的汇率一般为浮动汇率制度，其货币也实行自由兑换，经济发达，黄金和外汇储备充足，国际收支整体情况良好。此类国家（地区）有20多个，包括美国、英国、德国、加拿大、瑞士等发达国家，以及科威特、沙特阿拉伯等石油输出国。

总体而言，一个国家外汇管制的范围和程度主要取决于该国的经济、贸易、金融和国际收支状况。由于世界各国的经济处于不断发展变化之中，其外汇管制也在不断发展和变化。

（二）外汇管制的负责机构

总体上，负责外汇管制工作的机构，其主要职责是负责制定、执行和监督外汇管制的政策、法令、规章和条例，并随时根据实际情况变化和政策需要，采取各种措施控制外汇的收支和存兑。外汇管制机构的设立通常有三种类型。

一是由国家设立专门的外汇管制机构。例如，法国、意大利和中国等均设立了专门的外汇管理局来负责外汇管理的事务。

二是由国家授权中央银行直接负责外汇管制。例如，英国即由其央行——英格兰银行负责外汇管理工作。

三是由国家行政管理部门直接负责外汇管制。例如，美国由其财政部负责外汇管理，日本则由财务省和金融厅（原大藏省）负责。

（三）外汇管制的对象

根据对象的不同，外汇管制具体可分为对人、对物和对地区的管制。

第一，对人的管制。外汇管制中一般把"人"分为居民和非居民两类。由于居民的外汇收支涉及居住国的国际收支，所以对居民的外汇管制较严，而对非居民的外汇管制较松。

第二，对物的管制。这里的"物"是指外币（包括现钞和铸币）、外币支付凭证（汇票、本票、支票）、外币有价证券，以及在外汇收支中使用的其他外汇资产。另外，大多数国家将黄金、白银等贵金属以及本币的出入境也列入外汇管制的范围。

第三，对地区的管制。地区一般以本国为限，但也包括因政治经济关系而形成的国家集团，如欧盟、以美国为中心的北美自由贸易区等。在这些国家集团之间办理国际结算与资本流动是较为自由的，但对集团之外的外汇结算和收付则会有不同程度的管制。还有些国家对本国的不同地区实行不同的外汇管制政策，比如对出口加工区（保税区）、自由港实行较宽松的外汇管制政策。

三、外汇管制的方法

实行外汇管制的国家一般对贸易外汇收支、非贸易外汇收支、资本输出入、黄金和现钞的输出入等采取一定的管制措施，这些措施可以分为两大类。

（一）数量管制

1. 对贸易外汇的管制

贸易收支通常在一国国际收支中所占的比重最大，所以实行外汇管制的国家大多对贸易外汇实行严格管制，以增加出口外汇收入、限制进口外汇支出，从而减少贸易逆差，实现国际收支平衡。

（1）对出口收汇的管制

对出口收入实行的外汇管制一般采取颁发出口许可证（其中载明出口商品的价格、金额、收汇方式等）的办法，规定出口商必须把全部或部分外汇收入按官方汇率结售给指定银行，以保证国家集中外汇收入和统一调配外汇使用。为了鼓励出口，外汇管理部门还常常规定不同的出口结汇办法。例如，规定不同类别的出口商品按官定汇率结售一部分外汇收入，剩余部分既可用于本企业进口，也可按自由市场的汇率转售他人。许多国家在税收、信贷、汇率等方面采取措施，以促进本国商品出口，同时，对国内供应短缺的某些商品则实行限量出口。也有些国家按其与有关国家达成的协议，对某些商品的出口进行数量限制。有些发达国家虽对出口收汇并无限制，但出于政治上的原因，对某些国家采取各种临时性的贸易制裁，或禁止某些战略物资和尖端技术的出口。

（2）对进口付汇的管制

出于控制外汇支出、防止资本外逃、扭转国际收支逆差等目的，实行外汇管制的国家一般都规定进口商品所需外汇需向外汇管理部门申请并获批准后方可供出售。除对进口外汇进行核批外，有时还实行以下管制措施：进口存款预交制，即进口商在进口某些商品时，应根据进口商品的类别或所属的国别按一定比例向指定银行预存一定数额的进口货款，且银行无须支付利息；进口商购买进口所需外汇时，需缴纳一定的外汇税；限制进口商对外支付使用的币种；进口商品一定要获得外国提供的一定数额的出口信贷，否则不允许进口；提高或降低开出信用证的押金额；进口商在获得批准的进口用汇之前，必须完成向指定银行的交单工作，增加进口成本；等等。

2. 对非贸易外汇的管制

非贸易外汇收支主要包括：与贸易收支有关的运输费、保险费、佣金；与资本输出和输入相关的股息、利息、专利费、许可证费、特许权费、技术劳务费；与文化交流有关的版权费、稿费、奖学金、留学费；驻外机构经费；旅游费、赡家汇款等。其中，与贸易有关的从属费用，如运输费、保险费和佣金等，基本按贸易外汇管制办法处理，一般无须通过核准手续，就可以由指定银行供汇或收汇。其他各类非贸易外汇收支，常要向指定银行报告或得到其核准。

实行非贸易外汇管制的目的在于集中非贸易外汇收入，限制相应的外汇支出。各个国家根据其国际收支状况，往往在不同时期实行宽严程度不同的非贸易外汇管制。20 世纪 80 年代中期以后，多数发达国家放松了对非贸易外汇收支的管制，以吸引外资和利用国外先进技术。此外，目前许多发展中国家对非贸易外汇收支的相关管制也在逐渐放宽。

3. 对资本输出和输入的管制

资本的输出和输入直接影响一国的国际收支，因此，无论是发达国家还是发展中国家，都很重视对资本输出和输入的管制，但由于各自情况不同，对资本输出和输入的管制目的、要求和措施也各不相同。

发展中国家由于外汇短缺，一般都限制外汇输出，同时对有利于本国经济发展的外国资金则实行各种优惠措施，积极引进。例如，对外商投资企业给予税收减免优惠，允许外商投资企业的利润用外汇汇出等。此外。有些发展中国家对资本输出入还采取如下措施：一是规定输入资本的额度、期限与投资部门；二是规定必须在一定期限内将一定比例的国外存、借款存放于管汇银行；三是规定国内商业银行从国外借款不能超过其资本与准备金的一定比例；四是规定借款部门的利率和附加利率水平等。

相对而言，发达国家较少采取措施限制资本的输出和输入，即使采取一些措施，也是为了缓解汇率和储备所受的压力。例如，20 世纪 70 年代时，由于国际收支顺差，日本、瑞士、德国等发达国家的货币经常面临升值压力，成为国际游资的主要冲击对象，并且这些国家国际储备的增长又会加剧本国的通货膨胀，因此采取了以下限制资本流入、避免本币汇率过分上浮的措施：规定银行吸收非居民存款需缴纳较高的存款准备金；规定银行对非居民存款不付利息或少付利息；限制非居民购买本国有价证券；等等。与此同时，这些国家还采取了鼓励资本输出的措施。例如，日本从 1972 年起对于居民购买外国有价证券和投资于外国的不动产基本不加限制。20 世纪 80 年代中期以后，由于国际资本市场一体化以及融资工具的不断创新，发达国家对资本流动的管制总体趋于放松。

4. 对黄金和现钞输出和输入的管制

实行外汇管制的国家一般禁止私人输出或输入黄金。由于现钞输出可能伴随资本外逃，并导致本币汇率下跌，故实行外汇管制的国家对现钞输出也往往规定最高限额，但对现钞收入的管制则相对宽松，一般实行登记制度，规定输入的限额并要求用于指定用途。

（二）价格管制

价格管制又称汇率管制，是一国从本国经济利益出发，为调节国际收支、稳定本币价值而对本国汇率水平进行的管制。具体方法包括以下几种。

1. 直接管制

直接管制是指一国根据本国货币的相对购买力及国际收支状况制定、调整、公布汇率，并规定各项外汇收支必须按公布汇率兑换本国货币。发展中国家多采取该种办法。直接管制可分为本币高估和本币低估两种情况。

（1）本币高估

本币高估也称汇率高估，是指一国政府为了实现其汇率政策目标，人为地提高本币的对外汇率，使其超过本币的实际价值或国内外通货膨胀率的差异幅度。一般来说，本币高估有利于进口而不利于出口，有利于劳务收入而不利于劳务输出，有利于资本输出而不利于资本输入。

（2）本币低估

本币低估也称汇率低估，是指一国政府为了实现其汇率政策目标，人为压低本币的对外汇率，使其低于本币实际价值或国内外通货膨胀的差异。与本币高估相反，本币低估有利于出口而不利于进口，有利于劳务输出而不利于劳务收入，有利于资本流入而不利于资本流出。

在直接管制汇率的情况下，汇率的形成中人为因素影响很大，汇率水平难以反映真实的供求，故极易造成价格信号的扭曲。采取直接管制方法的国家（地区）通常都伴以较严格的外汇管制。

2. 间接管制

由市场供求决定汇率水平的国家，政府一般不对汇率进行直接的管制，而是运用经济手段干预汇率，以间接调节市场汇率。这就是所谓的外汇干预（foreign exchange intervention）。

根据干预外汇市场手段的不同，外汇干预通常分为直接干预和间接干预两类。

（1）直接干预

直接干预是指货币当局直接进入外汇市场购买或抛售外汇，以达到调节外汇供求、稳定汇率的效果。为此许多国家建立了外汇平准基金，运用基金在外汇市场上进行直接干预，另外一些国家则直接动用外汇储备或通过中央银行之间的调拨以及官方借贷等方式进行干预。按照干预是否引起货币供应量变化，还可将直接干预区分为冲销式干预（sterilized intervention）和非冲销式干预（unsterilized intervention）。冲销式干预是货币当局在进行外汇买卖的同时，通过其他货币政策（如公开市场操作）来抵消前者对货币供应量的影响。例如，中央银行在买入外汇（使本币供应量增加）的同时，在公开市场上卖出公债券（使本币供应量减少），从而使外汇市场干预措施不影响或较少影响货币供应量。非冲销式干预则是指货币当局在进行外汇市场直接干预时，并不同时采取其他货币政策来抵消其对货币供应量的影响。

（2）间接干预

间接干预主要有两种：一是通过改变利率等国内金融变量，使本外币资产收益率发生变化，引起本外币金融资产的调整，从而引起汇率的变动；二是通过告示效应影响外汇市场参与者的预期，进而间接影响外汇市场供求状况和汇率水平。例如，政府可以通过传媒渠道表达对汇率趋势的看法，或者发布有利于央行政策意图的经济指标，进而影响市场参与者对汇率趋势的预期，从而影响汇率水平。

3. 复汇率制

复汇率制是对不同情况的外汇兑换规定不同汇率的外汇管制措施。从表现形式上看，复汇率制有公开的复汇率制和隐蔽的复汇率制两种。

（1）公开的复汇率制

公开的复汇率制是指政府明确规定针对不同交易使用不同的汇率。例如，政府可能分别公布适用于国际贸易及非贸易的汇率，适用于国际金融的汇率，也可能公布分别适用于进口与出口的汇率，甚至对不同的商品种类（如生活必需品、奢侈品等）规定不同的汇率。

（2）隐蔽的复汇率制

隐蔽的复汇率制是相对于公开的复汇率制而言的，是指政府并不针对不同交易公布不同的适用汇率，而是通过相关的政策和措施造成事实上的双重或多重汇率。具体来看，隐蔽的复汇率制有以下多种表现形式：一是按商品类别对出口给予不同的财政补贴或税收减免，或者按类别对进口征收不同的附加税。这些相关的政策和措施都将导致不同的实际汇率。二是对不同企业或不同的出口商品实行不同的外汇留成比例，并允许企业将其外汇留成在调剂市场上按市场汇率换成本国货币。当官方汇率低于市场汇率时，意味着政府对这些企业变相地给予不同程度的补贴，从而形成事实上的多重汇率。三是政府对不同种类进出口商品在官方汇率上附加不同的折算系数（采用"影子汇率"），因而有多少种折算系数，就有多少种实际汇率。

四、外汇管制的作用和弊端

外汇管制是开放经济实现内外均衡目标的政策搭配中经常使用的措施，实施外汇管制的利弊表现在以下方面。

（一）外汇管制的作用

第一，防止资金外逃。国内资本外逃是国际收支不均衡的一种表现。在自由外汇市场下，当资金大量外移时，若不及时阻止或调整，势必造成国家外汇储备锐减，酿成国际收支危机。为防止资金外逃，有必要采取外汇管制，对外汇的供求加以控制。

第二，维持本币汇率稳定。汇率的大起大落会影响国内经济和对外经济的正常进行。实行外汇管制可以分离本币与外币流通的直接联系，维持本币在国内流通领域的唯一地位，维护本币在国内的统一市场不受投机影响，使之不发生经常性的大幅度波动，增强国内居民对本币的信心，抵御外部因素对本币的冲击，提升一国的国际经济地位。另外，当别的国家实施外汇管制而对本国经济和政治产生不利影响时，一国可启用外汇管制作为一种政策工具。

第三，便于实行贸易上的差别待遇以及保护民族工业。一国实行外汇管制，对外有利于实现该国对各国贸易的差别待遇，或作为政府之间谈判的手段，还可通过签订清算协议发展双边贸易，以克服外汇短缺的困难；对内而言，通过实行差别汇率或补贴政策，有利于鼓励出口、限制进口，增加外汇收入、减少外汇支出。对涉及国计民生的必需品，在国内生产不足时鼓励其进口，而对非必需品、奢侈品则予以限制，有利于国计民生和经济结构的调整。另外，发展中国家由于工业基础薄弱、一般工艺技术有待发展完善，如果不采取外汇管制及其他贸易保护政策，任由货币完全自由兑换，则发达国家的商品就会大量涌入，从而使其民族工业遭到破坏甚至扼杀。实行外汇管制一方面可限制那些可能摧残本国新兴工业产品的外国商品的输入，同时鼓励进口必需的外国先进技术、设备和原材料，具有发展民族工业的积极意义。

第四，稳定国内物价。纸币对外表现为汇率，对内表现为物价。当一国主要消费物资和生活必需品价格上涨过于剧烈时，通过外汇管制，对其进口所需外汇给予充分供应或按优惠汇率结汇，可增加资源，促进物价回落，抑制物价水平上涨，保持物价稳定。因此，外汇管制对稳定物价也有一定的作用，可避免或减轻国外通货膨胀对国内物价的冲击。

（二）外汇管制的弊端

外汇管制对国际贸易和国家经济也会产生一定的负面影响。

第一，使外汇市场机制的作用不能得到充分发挥。官方对汇率进行干预和控制，会导致汇率不能充分反映供求的真实状况，可能使汇率出现高估或低估的现象，以致长期偏离均衡水平。尤其是复汇率制下，高昂的管理成本可能导致复汇率的错误运用，扭曲价格机制，导致企业间的不公平竞争，使经济运行效率下降。

第二，阻碍国际贸易的均衡发展，增加国与国之间的摩擦。实施严格外汇管制后，由于本国货币无法与其他多数国家的货币自由兑换，必然限制多边贸易的发展。且由于汇率不能充分反映供求的真实状况，可能出现长期大幅度偏离均衡水平的低估或高估现象，而汇率高估对出口不利，汇率低估又对进口不利，汇率水平不合理使进出口贸易难以均衡发展。当一国实行外汇管制以实现减少本国国际收支逆差等政策目标时，可能对贸易伙伴国的出口和国内经济产生不利影响，从而招致其他国家的报复措施，增大与其他国家的摩擦，对国际经济关系造成不利影响。

第三，降低资源的分配与利用效率。实行外汇管制使得外商在该国投资的还本付息、红利收益等难以自由汇回母国，势必影响其投资积极性，进而影响资本流入，不利于本国经济的发展。在外汇管制的环境下，资金有盈余的国家不能将其顺利调出，而急需资金的国家又不能得到所需资金，资金不能在国际市场有效流动和利用。另外，外汇管制造成国内的商品市场和资本市场与国际分离，国内价格体系与国际相脱节，使一国不能充分参加国际分工和利用国际贸易的比较利益原则来发展本国经济，资源不能有效分配和利用。

因此，虽然目前全球范围内实行外汇管制是一件常见之事，但是从长期来看，逐步放松和取消严格的外汇管制是大势所趋。

第四节　中国外汇管理体制与人民币汇率制度改革

外汇管制在我国习惯上被称为外汇管理。我国外汇管理的基本目标是：建立独立自主的外汇管理体制，正确制定国家的外汇法规和政策，保持国际收支的基本平衡和汇率的基本稳定，有效地促进国民经济的稳定和发展。

一、中国外汇管理体制的演变

我国在改革开放前一直实行高度集中的外汇管理体制，对外汇集中管理、统一经营；改革开放后，外汇管理体制进行了一系列重大变革，为实现人民币自由兑换做出准备。

（一）1979 年以前的外汇管理体制

我国在 1979 年以前实行高度集中的外汇管理体制。具体表现为：外汇政策以外汇的国家垄断为基础，实行"集中管理、统一经营"；外汇收支实行全面计划管理，由国家计划委员会（简称"国家计委"）采取行政手段、依靠指令性计划和各项内部管理办法，统一平衡和分配使用，统收统支；国家的外汇资金和外汇业务由中国银行（中国银行建国以后长期作为外贸外汇专业银行）统一经营；人民币汇率由政府直接制定和统一公布，币值长期处于高估状态；国家基本上不向外国借债，也不吸收外商直接投资。

这种高度集中统一的外汇管理体制，与计划经济管理体制和国家垄断的外贸专营体制相适应。这种体制对当时的外汇收支平衡、汇率稳定发挥了一定的作用，但由于集中过多、统得过死，导致经济效率低下，不利于调动各方面创汇的积极性，不利于对外贸易和经济的发展。

（二）1979—1993 年的外汇管理体制

1978 年 12 月，党的十一届三中全会确立了改革开放的方针，我国的外汇管理体制也进行了相应的变革。

一是完善了外汇经营管理组织体系。1979 年以前，国家计委、财政部、经贸部、中国人民银行分别承担管理外汇的职能。1979 年 3 月，国务院批准设立了专门的外汇管理机构——国家外汇管理局，归属于中国银行，由此改变了外汇多头管理的混乱状况。1979 年 10 月，中国国际信托投资公司被批准经营外汇业务，改变了原来外汇业务只有中国银行一家经营的状况。此后，包括外资金融机构在内的一大批银行、信托投资公司、财务公司、租赁公司等金融机构陆续涉入外汇经营，逐步形成了由国家外汇管理局统一管理、以外汇专业银行为主体、多种金融机构并存的外汇经营体制。

二是公布并实施了《中华人民共和国外汇管理暂行条例》及一系列实施细则。为了规范改革开放后资本的跨国流动，促进对外贸易的发展，我国自 1980 年 12 月起先后颁布了包括《中华人民共和国外汇管理暂行条例》在内的一系列外汇管理办法和实施细则，逐步为我国的外汇管理建立起了一个法律框架，进一步完善和健全了我国的外汇管理制度。

三是改革了外汇分配制度，实行外汇留成办法，建立外汇调剂市场。1979 年 8 月 13 日，国务院颁发了《关于大力发展对外贸易增加外汇收入若干问题的规定》，提出外汇由国家集中管理、统一平衡、保证重点的同时，实行贸易和非贸易留成制；1980 年 10 月，制定了《调剂外汇暂行办法》，开始外汇调剂试点，随后扩大了调剂主体范围，增加了交易品种，放松了对外汇调剂价格的限制，我国外汇调剂市场逐渐发展起来，形成了计划管理和市场调剂并行的管理方式以及官方汇率和外汇调剂价格并存的双重汇率制度。外汇调剂市场的发展在弥补出口企业亏损、促进外商投资企业的外汇平衡等方面也发挥了重要作用。

四是改革人民币汇率，提高市场化程度。为了发展对外贸易、适应外贸体制改革的要求，1979 年我国开始实行双重汇率制，即贸易外汇内部结算汇率和官方公布的非贸易外汇收支牌价并存。这种制度在一定程度上鼓励了出口，支持了外向型经济的发展，但总体上并没有改变改革前外贸亏损的局面，且双重汇率的实施给国际经济往来带来了很大障碍。1985 年后，随着外汇调剂市场的发展，我国开始实行官方牌价和外汇调剂价格并存的新型双重汇率制。

（三）1994—2005 年的外汇管理体制

1994 年 1 月 1 日，我国外汇管理体制改革迈出了重大而关键的一步，实现了官方汇率和调剂汇率并轨，并在此后取得了丰富的改革成果。

一是实行银行结售汇制，取消了外汇留成制和上缴制。中资企业单位、机关和社会团体的外汇收入，都应向外汇指定银行全额结汇（《结汇、售汇及付汇管理规定》允许的持有外汇的单位和个人除外）；取消了经常账户下贸易和与贸易有关的非贸易项下的用汇计划审批制度，企业用汇条件趋于宽松。只要有进口合同和境外金融机构的支付通知，一般企业即可向外汇指定银行购汇；对非贸易项下的经营性支付，凭支付协议或合同及境外机构支付通知书即可办理购汇。

二是逐步放松对资本与金融账户的外汇管理，积极有序地推进人民币资本账户可兑换。1994 年进行外汇管理体制改革后，我国对资本与金融账户下的用汇继续实行审批制度。1997 年东南亚金融危机后，为防范外部冲击，外汇管制一度加强。进入 21 世纪后，随着我国宏观经济形势的好转，2001 年我国正式加入世界贸易组织，外汇储备迅速增长，我国对资本账户下的外汇管制逐步放松；但对跨境资本流动仍实行一定的限制，特别是严格控制短期资本的流入和证券类的资本交易。我国对资本账户的管理主要包括交易数量审批和规模控制等，外汇管理部门根据交易类型的不同，执行不同的管理政策。

三是建立银行间外汇交易市场，改进汇率形成机制。1994 年 4 月 4 日，全国统一的银行间外汇交易市场建立，为各外汇银行提供相互调剂资金余缺和清算服务。与以前的外汇市场相比，银行间外汇交易市场具有以下特点：一方面，市场的主体不是企业而是各外汇指定银行；另一方面，交易主体间实现计算机联网，打破了地区分割，交易规则统一、汇率统一，形成了一个统一的市场。1998 年 12 月 1 日，我国取消了外商投资企业的外汇调剂业务，外商投资企业的外汇买卖全部纳入银行结售汇体系，各地原有的外汇调剂中心关闭或更名为中国外汇交易中心的分中心，外汇市场进一步统一和规范。

四是取消外汇收支的指令性计划，禁止外币在境内流通。从 1994 年 1 月 1 日起，我国取消了任何形式的境内外币计价结算，境内禁止外币流通，停止发行外汇兑换券以及禁止对发行的外汇券进行收兑。国家取消外汇收支的指令性计划，主要利用经济和法律手段，实现对外汇和国际收支的宏观调控（仅外商投资企业外汇管理体制仍维持原状）。

五是初步建立国际收支统计申报制度。1996 年初，国家外汇管理局推出了《国际收支统计申报办法》，引入新的数据采集办法，采用交易主体申报制度，将直接申报与间接申报、逐笔申报与定期申报有机结合。这种统计方法摒弃了以往行业统计的弊端，提升了国际收支统计数据的完整性、准确性和及时性，为宏观经济决策提供了重要的参考依据。

总之，这一时期我国对外汇管理体制的改革不仅在很大程度上放松了外汇管制，而且逐步运用经济和法律的手段、通过市场对外汇和国际收支进行宏观调控，这对促进国内外价格体系的接轨、发展市场经济以及逐步实现人民币完全自由兑换都具有重要意义。

（四）2005 年至今的外汇管理体制

2005 年 7 月 21 日，我国宣布进行人民币汇率形成机制改革，从单一钉住美元改为以市场供求为基础、参考一篮子货币进行调节、有管理的浮动汇率制度，并于 2008 年 8 月 5 日发布实施了《中华人民共和国外汇管理条例》。这些举措标志着我国的外汇管理和汇率制度改革进入了一个新阶段。

一是人民币经常账户实现可兑换，资本与金融账户部分实现可兑换。企业可以将经常账户下交易所得的外汇卖给银行，也可以开立外汇账户，自主支配。同时，我国在服务用汇、个人用汇方面的限制也基本放开。从 2007 年 2 月起，对个人结汇和境内个人购汇实行年度总额管理，年度总额分别为每人等值 5 万美元。考虑到现阶段的国情和金融安全的需要，目前在资本与金融账户下还实行一定的限制。

二是银行间外汇市场日渐成熟。中国外汇市场的网络交易平台日趋发达，产品、工具日益增多，交易机制和交易方式不断创新，市场参与主体大幅度增加，并更加多元化。从2006年开始，在原有竞价交易的基础上，引入了询价交易等制度，并逐步增加交易的品种，开展远期、掉期产品的交易，使市场价格发现功能显著增强。

三是实行与国际接轨的国际收支统计申报制度。国际货币基金组织一直重视国际收支相关数据报表的编制、质量和公布频率。我国国际收支相关数据报表从无到有、从少到多，报表质量和公布频率不断提高。目前，我国的国际收支相关数据报表已基本与国际接轨。

四是实行金融机构外汇业务监管。对于外汇业务，我国仍然采取市场准入的监管方式，由国家外汇管理局与相关金融监管机构对所有金融机构的外汇业务实行监管。此外，国家外汇管理局还通过各种制度和电子技术手段，对金融机构及事业单位的跨境收付行为进行实时监测。

同时，我国持续修订完善并颁布了《中华人民共和国外汇管理条例》《境外直接投资外汇管理规定》《银行执行外汇管理规定情况考核办法》等一系列法律法规，外汇管理框架和法规进一步健全。

二、人民币汇率制度改革

1948年12月1日，中国人民银行成立并发行了统一的货币——人民币。1949年1月18日，中国人民银行在天津首次正式公布人民币汇率。在不同的历史阶段，人民币汇率制度有着不同的特点。

（一）改革开放前的人民币汇率制度（1949—1978年）

从1949年新中国成立到1978年改革开放以前，我国处于中央计划经济的特殊阶段，人民币汇率主要由官方制定，并先后经历了1949—1952年汇率大幅度波动、1953—1973年由中国人民银行按"国内外物价对比法"确定的基本固定的人民币汇率以及1973—1978年人民币钉住货币篮子三个阶段。由于不存在真正意义上的外汇市场，这一时期的人民币汇率政策从属于经济计划尤其是贸易计划，人民币汇率设定缺乏市场依据，人民币汇率变化既不能真正反映外汇供求状况，也难以对经济起调节作用。可以说，人民币汇率在当时只是作为连接国际与国内经济的一种计划手段、记账单位和内部结算工具，基本丧失应有的经济杠杆作用。

（二）改革开放后至人民币汇率形成机制改革前的人民币汇率制度（1979—2005年）

这一阶段具体可分为三个时期。

1. 官方汇率与内部结算汇率并存时期（1979—1984年）

从国际经济环境来看，这一时期我国与西方资本主义国家逐步开始了正常的经贸往来。1980年，我国正式恢复了在国际货币基金组织中的合法地位，并面临国际货币基金组织要求其成员方可以实行多种汇率但必须尽量缩短向单一汇率过渡时间的压力。从国内经济环境来看，改革开放的号角激发了社会各界对人民币汇率政策的密切关注和热烈争论，且扩大出口需要人民币贬值，但人民币贬值对非贸易外汇收入不利。在此背景下，1979 年 8 月，国务院决定从 1981 年 1 月 1 日起，在官方汇率（1 美元兑 1.5 人民币）之外开始试行贸易内部结算汇率（1 美元兑 2.8 人民币，由全国出口平均换汇成本加一定幅度的利润计算得出），从而开启了人民币汇率双轨制。

2. 官方汇率与外汇调剂市场汇率并存时期（1985—1993 年）

人民币官方汇率与内部结算价并存的安排明显调动了我国出口企业的积极性，国家外汇储备也有所增加。但是，其存在的两大问题也逐步显现：一方面，从国际来看，以国际货币基金组织为代表的国际社会将双重汇率视作政府对出口的补贴，被国际社会认为是贸易不公平的主要表现，进而成为西方国家对我国实行经济报复的理由；另一方面，从国内来看，双重汇率也给外汇管理带来了混乱，而且在我国当时外贸部门仍"吃大锅饭"的情况下也并不能有效抑制进口。因此，1985 年 1 月 1 日起，内部结算价被取消，人民币又恢复为单一汇价。同时，为了配合外贸改革和推行承包制，我国逐步取消财政补贴，从1988 年起增加外汇留成比例，普遍设立外汇调剂中心，放开调剂市场汇率，逐步形成官方汇率和调剂市场汇率并存的局面。1993 年 12 月 31 日外汇调剂价格约为 1 美元等于 8.7 元人民币。

3. 逐步走向市场化时期（1994—2005 年）

从这一时期的国际经济环境来看，市场经济在全球范围内得到了跨越式发展。从国内经济环境来看，社会主义市场经济体制已初步建立，我国要想加入世界贸易组织、融入全球经济一体化、发展市场经济，就必须按照国际惯例改革外汇管理体制。在此情况下，1994 年 1 月 1 日起，我国对外汇管理体制进行了重大改革，建立了统一规范的外汇市场，开始实行以市场供求为基础的、单一的、有管理的浮动汇率制度。可以说，经过多年的市场化改革，我国汇率市场化程度已有了很大提高。不过，1997 年爆发的亚洲金融危机对我国汇率制度的发展方向产生了深刻影响，我国政府收窄了人民币汇率的浮动区间以进一步保持汇率的稳定，人民币汇率呈现出近乎钉住美元汇率的状态。在 1997—2005 年汇改前，人民币兑美元汇率一直维持在 1 美元等于 8.278 元人民币左右，波幅非常小。1999 年起国际货币基金组织将我国汇率制度划分为钉住单一货币的固定汇率制度（传统钉住制）。

2001 年我国加入 WTO 成了人民币汇率制度改革的一个重要节点。按照加入 WTO 后金融市场开放时间一览表，我国外汇管理制度将逐步由准外汇管理向宏观间接外汇管理转变，并逐步朝着实现资本账户下人民币可自由兑换的目标前进。2004 年，中国外汇交易中心在外汇衍生产品的研发上，与芝加哥商品交易所开展合作，并于当年 10 月成功加入国际资金清算系统（SWIFT）。

（三）人民币汇率形成机制改革后的人民币汇率制度（2005 年至今）

2005 年 7 月 21 日，中国人民银行进行了人民币汇率形成机制的重大改革，这是继1994 年人民币汇率并轨之后对人民币汇率制度进行的又一次大变革。人民币汇率自此开始不再钉住单一美元，开始实行以市场供求为基础、参考一篮子货币进行调节、有管理的浮动汇率制度，形成了更富有弹性的人民币汇率机制。同时，2005年7月21日19时，美元兑人民币交易价格调整为1美元兑8.11元人民币，作为次日银行间外汇市场上外汇指定银行之间交易的中间价，外汇指定银行可自此时起调整对客户的挂牌汇价。中国人民银行于每个工作日闭市后公布当日银行间外汇市场美元等交易货币兑人民币的收盘价，作为下一工作日该货币兑人民币交易的中间价。每日银行间外汇市场美元兑人民币的交易价在中国人民银行公布的美元交易中间价上下3‰的幅度内浮动，非美元货币兑人民币的交易价在中国人民银行公布的该货币交易中间价上下一定幅度内浮动。

2006年1月4日起，我国在银行间即期外汇市场上引入询价交易方式（简称OTC方式），改进了人民币汇率中间价的形成方式。中国人民银行授权中国外汇交易中心于每个工作日上午9时15分对外公布当日人民币兑美元、欧元、日元等汇率的中间价，作为当日银行间即期外汇市场（含OTC方式和撮合方式）以及银行柜台交易汇率的中间价。

人民币汇率形成机制改革后，又相应进行了一些小的调整和变动。从2007年5月21日起，银行间即期外汇市场上人民币兑美元名义汇率的日均波动区间由3‰扩大至5‰。随后，由于受2008年国际金融危机的冲击，从2008年8月起，人民币事实上恢复重新钉住美元的汇率机制，维持在1美元兑6.8元人民币附近超过20个月，以稳定经济。国际货币基金组织将我国这段时间的汇率制度称为"稳定化安排"。

2010年6月19日，中国人民银行决定"进一步推进人民币汇率形成机制改革，增强人民币汇率弹性"。2012年4月，中国人民银行将人民币汇率浮动区间由±5‰调整至±1%，2014年3月再次扩大至±2%。

2015年8月11日，中国人民银行宣布完善人民币中间报价机制，将人民币汇率弹性扩大的焦点由增加日波幅转到中间价的确定上，做市商报价时参考上日银行间外汇市场的汇率收盘价格。2015年12月11日，中国外汇交易中心首次发布CFETS人民币汇率指数，该指数首发时包括在中国外汇交易中心挂牌的13个外汇交易币种，样本货币权重由考虑转口贸易因素的贸易权重法计算而得。因此，中间价报价机制调整为"收盘价+一篮子货币汇率变化"。

2017年5月，中国人民银行宣布在人民币兑美元汇率中间价报价机制中引入"逆周期因子"（countercyclical factor），中间价报价模型调整为"收盘价+一篮子货币汇率变化+逆周期因子"。引入逆周期因子有助于合理引导市场预期，避免人民币汇率剧烈波动。

总体上，我国目前实行的人民币汇率制度是以市场供求为基础、参考一篮子货币的汇率浮动，浮动幅度根据经常账户尤其是贸易平衡状况动态调节。国际货币基金组织将中国2006年8月至2008年5月间的汇率制度归类为"爬行钉住"，2008年6月至2010年5月间的汇率制度归类为"稳定化安排"，2010年6月后的汇率制度归类为"其他有管理的汇率制度"或"类似爬行安排"。

专栏7-3 人民币自由兑换与人民币国际化进程

改革开放以前，我国实行高度集中的外汇管理体制，原则上不允许人民币携带出境，或用于对外贸易和投融资活动的计价结算，人民币是完全意义上的境内货币。改革开放以后，为满足市场现钞使用量上升的需要，我国政府适应性地调整了人民币出入境的政策。1993 年 2 月，国家外汇管理局规定中国公民出入境和外国人出入境每人每次携带的人民币限额为 6000 元；2005 年 1 月，又将出入境携带人民币现钞标准进一步提高到 2 万元。个人携带人民币出入境限制的放宽，打开了人民币国际化（RMB internationalization）的第一条路。

进入 21 世纪以来，随着我国与周边国家边境贸易的快速发展和人民币区域影响力的不断增强，人民币作为边境贸易计价货币的市场需求增加。2003 年 3 月，国家外汇管理局规定，境内机构在签订进出口合同时，可以采用人民币作为计价货币，但实际对外交割的货币，仍然是按当日银行外汇牌价折成等值外汇进行收付和结算。2003 年 9 月，国家外汇管理局再次发文，允许边境贸易用人民币计价结算和办理进出口核销，允许境外贸易机构在我国边境地区银行开立人民币边境贸易结算专用账户，办理边境贸易结算项下的资金收付。同年，《内地与香港关于建立更紧密经贸关系的安排》（CEPA）签署，中国人民银行正式为香港办理个人人民币存款、兑换和汇款等业务提供清算安排，香港离岸人民币市场得以启动发展。此后，该项业务的限额逐步放宽，范围逐渐扩大。2004 年 8 月，比照香港，中国人民银行正式为澳门特别行政区的银行开办个人人民币业务提供清算安排。

真正意义上的人民币国际化是从 2008 年国际金融危机爆发后开始的。2009 年 7 月，中国人民银行等六部门联合发布《跨境贸易人民币结算试点管理办法》，决定在上海、广州、深圳、珠海、东莞开展跨境贸易人民币结算试点，揭开了人民币国际化的大幕。该试点于 2011 年逐步推广至全国，自此跨境人民币结算迅速推进，到 2014 年，人民币经常账户下的跨境使用基本实现了地域范围、交易项目和使用主体的全覆盖。人民币跨境贸易规模从 2010 年的 5063 亿元快速上升至 2015 年的 7.23 万亿元，增长了 13 倍。在 2015 年最高点时，约有三分之一的跨境贸易以人民币结算。

同时，离岸人民币市场实现快速发展。2010 年 7 月，中国人民银行与香港金融管理局签订《补充合作备忘录》（四），明确只要不跨境，香港可以按市场化原则自主开展离岸人民币业务。2011 年，香港推出离岸人民币即期汇率定价，这使得离岸人民币市场定价更为透明，降低了香港人民币外汇衍生品的结算风险，迎来了香港离岸人民币市场的大发展。2014 年底，中央经济工作会议明确提出要"稳步推进人民币国际化"，正式将人民币国际化确定为国家战略。

人民币"入篮"是人民币国际化的一次新高潮。2015 年 11 月，人民币被国际货币基金组织以 10.92% 的权重纳入特别提款权（SDR）货币篮子，并于 2016 年 10 月 1 日起生效，这标志着人民币成为继美元、欧元、日元、英镑之后的第五大国际货币，全球部分央行开始将人民币纳入外汇储备。

此后，为了平抑 2015 年股市和汇市震荡带来的冲击，我国适时采取了一些临时性的逆周期干预措施，调节包括人民币在内的跨境资本流动，但这并未改变人民币国际化的稳步发展。

一是相关金融基础设施进一步完善。为整合人民币跨境清算渠道、提高人民币跨境支付结算效率，中国人民银行组织建设了人民币跨境支付系统（cross-border interbank payment system, CIPS）。2015 年 10 月，CIPS 一期顺利投产；2018 年 5 月，CIPS 二期投产试运行。此外，我国还继续稳步推动境外人民币清算中心和清算行的建设，推动中国人民银行与外国央行签订本币互换协议，推动中资银行广设境外分支机构，并注重在离岸金融中心、共建"一带一路"国家、《区域全面经济伙伴关系协定》（RCEP）等重点区域的布局。

二是人民币国际投融资货币功能稳步提升。在推进人民币国际化的过程中，扩大人民币在国际投融资中的使用成了一大重点。2021 年，全球直接投资中人民币跨境收付金额合计为 5.8 万亿元，其中，对外直接投资 1.64 万亿元，外商直接投资 4.16 万亿元。此外，境内外金融市场逐步实现互联互通，跨境证券投资渠道更加丰富和顺畅。目前，我国推出沪港通、深港通、沪伦通、债券通、QFII、RQFII、QDII、RQDII、熊猫债、基金互认等措施，并于 2019 年 9 月不再限制 RQFII 试点国家和地区的投资额度。在人民币跨境流动方面，我国首次引入了宏观审慎的监管框架，在加强跨境资本流动管理上进行了有益的探索；此外，我国还进一步加强了本外币跨境流动政策的协调，提高了跨境资本流动的监管效率。

三是人民币计价货币功能逐步拓展。2018 年 3 月，在上海证券交易所推出首个以人民币计价、对境外投资者开放的中国原油期货产品（INE），开启了人民币计价货币的国际化。2018 年 5 月，以人民币计价的铁矿石商品期货引入了境外投资者，上市原油期权也于 2021 年 6 月挂牌交易。当前，俄罗斯、委内瑞拉、伊朗等国已逐步开始使用人民币替代美元进行石油贸易结算，人民币作为计价货币的功能开始显现。

可以说，自 2009 年正式启动至今，人民币国际化已历经了 15 年时间，取得了举世瞩目的成绩：2021 年 12 月，环球银行金融电信协会（SWIFT）的数据显示，人民币在国际支付中的份额提高至 2.7%，首次超过日元成为全球第四位支付货币，2022 年 1 月，人民币国际支付份额进一步提升至 3.2%，创历史新高。国际货币基金组织的数据显示，2022 年二季度，人民币在全球外汇储备中的占比达 2.88%，在主要储备货币中排名第五，同时，人民币在国际货币基金组织特别提款权（SDR）中权重为 12.28%，排名五大货币中的第三位。

本章小结

1. 汇率制度是一国货币当局对本国汇率水平的确定、汇率变动方式及调整原则等做出的一系列安排与规定。汇率制度的选择、汇率水平的确定以及汇率水平的变动和调整是一国汇率政策的主要工具。最基本的汇率制度是固定汇率制度和浮动汇率制度，此外还有一些介于这两者之间的中间汇率制度。不同汇率制度具有不同的优缺点，会从不同角度影响一国的经济。

2. 影响各国选择汇率制度的因素有很多，主要有经济活动规模、经济发达程度、经济开放程度、本国货币的国际化程度、对大国的政治经济依附程度以及冲击本国经济的主要干扰源等。

3. 经济学家米德于 1951 年提出，在固定汇率制度情况下，政府只能主要运用影响社会总需求的政策来调节内外均衡，因而在开放经济的特定运行区间，会出现内外均衡难以兼顾的情形，经济学上称之为"米德冲突"。

4. 在凯恩斯宏观经济学基础上，蒙代尔和弗莱明在 20 世纪 60 年代分别独立地将分析封闭经济的IS-LM模型推广到开放经济中，提出了蒙代尔−弗莱明模型（IS-LM-BP模型），其为IS-LM模型在开放经济条件下的形式。该模型描述了开放经济条件下商品市场、货币市场和外汇市场的均衡条件，分析了不同汇率制度和不同资本流动程度条件下宏观经济政策（财政政策和货币政策）的效果。蒙达尔−弗莱明模型的政策含义是，在固定汇率制度下，若资本完全不流动，则财政政策无效，货币政策无效。若资本完全流动，则财政政策有效，货币政策无效。若资本不完全流动，则财政政策有效，且实施效果与资本流动性相关，资本流动程度越高，效果越好；货币政策无效。在浮动汇率制度下，若资本完全不流动，财政政策有效，货币政策也有效。若资本完全流动，则财政政策无效，货币政策有效。若资本不完全流动，则财政政策有效，资本流动程度越低，效果越好；货币政策有效。

5. 经济学家克鲁格曼等基于蒙代尔−弗莱明模型的研究提出，在开放经济条件下，一国要同时实现汇率稳定、本国货币政策独立性和资本自由流动是不可能的，最多只能同时实现其中的两个目标，而放弃另一个目标。这被称为开放经济条件下政策选择的"三元悖论"。

6. 外汇管制的方法主要可分为数量管制和价格管制两大类，前者包括对贸易外汇收支，非贸易外汇收支，资本输出和输入，黄金和现钞的输出、输入等采取一定的管制措施；后者包括直接管制、间接管制和复汇率制。外汇管制能够给各国经济带来一些正面效应。但是其缺陷也同样明显，故通常作为权宜之计使用。

7. 我国在改革开放前一直实行高度集中的外汇管理体制，对外汇集中管理、统一经营；改革开放后，尤其是在 1994 年之后，我国对外汇管理体制进行了一系列重大变革。中国外汇管理体制的改革使人民币实现了经常项目可兑换，并正向人民币自由兑换迈进。人民币汇率制度改革使人民币汇率弹性增大，汇率水平逐步向均衡汇率靠近。外汇管理体制和人民币汇率制度的改革也推动了人民币国际化的步伐，人民币的国际认可度和国际接受度稳步提高。

核心术语

汇率制度（exchange rate system）

固定汇率制度（fixed exchange rate system）

浮动汇率制度（floating exchange rate system）

自由浮动（free floating）

管理浮动（managed floating）

硬钉住（hard pegs）

货币局制度（currency board arrangement）

软钉住（soft pegs）

稳定化安排（stabilized arrangement）

爬行钉住（crawling peg）

汇率目标区（target zone）

三元悖论（the impossible trinity）

米德冲突（Meade conflict）

蒙代尔－弗莱明模型（Mundell-Fleming model）

外汇管制（foreign exchange control）

外汇干预（foreign exchange intervention）

人民币国际化（RMB internationalization）

思 考 题

1. 简述汇率制度的分类，比较金本位制与布雷顿森林体系下的固定汇率制度的差异。

2. 目前IMF汇率制度的实际分类主要有哪些？

3. 比较固定汇率制度和浮动汇率制度的优劣。

4. 中间汇率制度是否可以调和固定汇率制度和浮动汇率制度的优缺点？

5. 一国在实践中应如何选择合适的汇率制度？

6. 简述米德冲突及其政策主张。

7. 介绍蒙代尔－弗莱明模型的主要内容和图形表示，并分析不同情形下一国财政政策和货币政策的有效性。

8. 简述"三元悖论"和汇率目标区的内容。

9. 简述 1994 年以来人民币汇率制度演变的主要特征。

10. 简析人民币国际化的意义。

第四篇

国际金融市场与国际资本流动

PART 4

INTERNATIONAL
FINANCE

CHAPTER 8　第八章　国际金融市场

学习要点

1. 了解国际金融市场的形成条件和作用，掌握国际金融市场的分类；
2. 理解国际货币市场的组成，了解短期国库券利率期货交易的规则和应用；
3. 理解国际资本市场的组成，熟悉国际债券的分类，能够准确区分欧洲债券和外国债券；
4. 了解国际股票市场的组成，掌握股票价格指数期货及期权交易的规则和应用；
5. 了解影响黄金价格波动的因素，并对我国黄金市场的发展有清晰的认知；
6. 理解欧洲货币市场形成的原因及主要构成，了解香港离岸人民币市场的发展现状及趋势。

第一节　国际金融市场概述

国际金融市场是金融资源在全球优化配置的重要场所和渠道，在国际金融活动中起着极为重要的作用，20 世纪 80 年代以来，世界经济和金融形势发生了巨大变化，由此也推动了国际金融市场地位、功能、运行机制和全球格局的巨变。

一、国际金融市场的定义

同一国居民相互之间进行资金借贷等金融活动的场所称为"国内金融市场"，而当这种资金融通关系跨越国界时，即形成了国际金融市场。国际金融市场（international financial market）因此被定义为资金在国际流动或金融产品在国际买卖和交易的场所，其相对于国内金融市场的本质区别是，国际金融市场至少有一方交易主体为市场所在国的非居民。

目前的国际金融市场主要是无形市场，较少受到地理位置或范围的局限，业务范围十分广泛，业务活动大多借助各种现代化的电信工具完成，金融交易者可以 24 小时不间断地从事交易活动。而我们通常提到的国际金融中心（international financial center），相对来说，常与许多大都市密不可分，是一个建立在地理因素上的有形市场，可以视为国际金融市场的代表。

二、国际金融市场的形成条件

下面将介绍国际金融市场的形成应具备的条件。

第一，稳定的政治局面。这是最基本的条件，只有政局稳定才能吸引众多的境外金融机构和境外资金，才能进行正常的国际金融活动。如果一个地区政局不稳、内乱不断，甚至发生战争，那么该地区即便原来已是国际金融中心也会崩溃。

第二，有较强的国际经济活力，国际贸易具有一定规模，且拥有具备较高国际金融专业知识水平和较丰富实务经验的专业人才。

第三，高度开放和宽松的金融环境。如取消外汇管制或者外汇管制很宽松，资金流动基本不受限制，利率、汇率及其他的金融资产价格在市场充分竞争条件下形成，具有公开、公平、公正的交易环境等。

第四，完善的金融制度和金融体系，健全的法律法规。这样可以使各项国际金融活动按照国际规则有条不紊地顺利展开。

第五，现代化的国际通信设施，较为有利的地理位置，能与世界各主要国际金融市场保持密切的联系，各种信息在短时间内可以相互迅速传递。随着信息技术的跨越式发展，通信技术和清算清偿系统的电子化和现代化大大削弱了地理空间和时间上的间隔限制，为金融市场的扩大提供了坚实的技术支持，全球性交易的深度和广度大大增强。

三、国际金融市场的作用

国际金融市场的作用具体体现在以下方面。

第一，促进了国际贸易和国际投资，进而为各国经济发展提供了资金。一方面，国际金融市场的发展为各国对外贸易融通资金和国际投资提供了资金来源，在世界范围内调配资金的余缺进一步为资金短缺国家利用外资、扩大生产规模提供了便利。第二次世界大战后德国和日本的兴起就依赖欧洲货币市场，而亚洲货币市场对亚太地区经济发展起到了积极作用。另一方面，国际金融市场为对外贸易及国际投资提供了避险工具和避险场所，从而降低了国际经济交易活动中的汇率和利率风险等。

第二，优化国际分工，促进了经济和金融的国际化与一体化。国际金融市场上的资金总是首先流向经济效益好、资金利润率高的国家或地区，这对优化世界经济资源配置，建立合理的国际分工体系起到了积极的作用。同时，随着国际贸易和资本流动总额的扩大以及跨国金融机构的发展，世界各国间的经济与金融联系日益密切，国际化、一体化趋势越来越明显，提升了经济金融活动的效率。

第三，调节国际收支。国际收支顺差国家或逆差国家均可借助国际金融市场来进行调节，顺差国家可以将其盈余的外汇资金投放到国际金融市场以获取利息收入，逆差国家可以从国际金融市场借入外汇资金以平衡赤字。

当然，国际金融市场的发展也会带来一些副作用：首先，国际金融市场的发展日益与实体经济脱节，成为世界经济的不稳定因素；其次，大量积累的跨国资本势必影响一些国家国内金融政策的实施，同时也造成了外汇市场的波动和风险，影响汇率和利率稳定；再次，国际金融市场的一体化增加了通货膨胀以及风险在国际上传递和扩散的可能性，并为投机活动提供了便利条件；最后，国际金融市场的过度借贷还可能引发外债危机。

四、国际金融市场的分类

国际金融市场按照不同划分标准可以有不同的分类，下面介绍其中主要的几种。

（一）按交易对象划分

按交易对象不同，国际金融市场可分为国际货币市场（international currency market）、国际资本市场（international capital market）、国际外汇市场、国际保险市场和国际黄金市场（international gold market）。此外，20 世纪 70 年代以来形成和发展的国际金融衍生品市场（international financial derivative market）是国际金融市场新的组成部分。国际货币市场又称为"短期资金市场"，是 1 年或 1 年以下的短期资金借贷及短期证券发行与交易的市场。国际资本市场又称为"中长期资金市场"，是 1 年以上中长期资金借贷及中长期证券发行与交易的市场。国际外汇市场是经营国际货币买卖的场所或网络。国际保险市场是跨国保险公司和国际保险业务相对集中的市场。国际黄金市场是世界各地黄金买卖的交易中心。国际金融衍生品市场是进行金融衍生品跨国交易的市场。这几类金融市场相互之间存在密切联系。

（二）按市场性质划分

按市场性质不同，国际金融市场可分为传统国际金融市场和新型国际金融市场。传统国际金融市场又称为"在岸金融市场"（on-shore financial market），是在国内金融市场的基础上发展起来，主要从事市场所在国货币借贷，并受市场所在国政府政策和法令管辖的金融市场，其交易主体是市场所在国居民和非居民。这类金融市场必须首先是国内金融市场（中心）和经济贸易中心，逐步发展为国际金融市场（中心），如纽约、伦敦、东京等。新型国际金融市场又称"离岸金融市场"（off-shore financial market）或"欧洲货币市场"（Euro currency market），其在 20 世纪 60 年代后产生，在参与主体、经营对象、市场监管等方面与传统国际金融市场有所区别，具体详见本章第五节"离岸金融市场"。此外，传统国际金融市场和新型国际金融市场的区分主要是依据其运营管理机制的不同，但并不一定在场所上完全分开，例如伦敦国际金融市场、纽约国际金融市场、东京国际金融市场等，均既是传统国际金融市场，又是新型国际金融市场。当然，开曼群岛、百慕大等国际金融市场一般仅提供离岸金融功能，因而被定义为完全的新型国际金融市场。

（三）按交割方式划分

按交割方式不同，国际金融市场可分为国际现货市场、国际期货市场、国际期权市场。现货交易是指买卖双方根据商定的支付方式与交货方式采取即时或在较短时间内进行实物商品交收的一种交易方式，国际现货市场是指国际现货交易活动及场所的总和。国际期货市场是投资者进行国际期货交易的场所。国际期权市场是投资者进行国际期权交易的场所。

（四）按地理区位划分

按地理区位不同，国际金融市场可分为西欧区、北美区、亚洲区、拉美区和中东区国际金融市场。西欧区以伦敦为中心，包括苏黎世、巴黎，法兰克福、布鲁塞尔、卢森堡、米兰等金融中心；北美区以纽约为中心，包括加拿大的多伦多、蒙特利尔等金融中心，虽然其形成比西欧区晚，现在已完全可以与西欧区相抗衡；亚洲区包括东京、香港和新加坡，虽然这三地发展为金融中心的时间先后不一，但目前已然呈三足鼎立之势；拉美区，包括巴拿马、巴哈马和开曼群岛等，这是新兴的国际金融中心，其国土面积不大，却云集了众多跨国金融机构，如世界银行数据显示，2021年开曼群岛人口仅为6.8万人，却有700多家银行在这里注册或设有分支机构；中东区，主要包括巴林、科威特以及沙特阿拉伯的利雅得等。

第二节　国际货币市场

如前所述，国际货币市场，又称"短期资金市场"，是国际市场上进行短期资金融通与短期证券买卖的市场，在这个市场上资金借贷的期限最短的不到1天，最长的也不超过1年，因而其主要目的是以流动性为主、以盈利性为辅。按照业务种类的不同，国际货币市场可分为银行短期信贷市场、短期证券市场、贴现市场。

一、银行短期信贷市场

银行短期信贷业务可分为两个层次：一是银行对非市场所在国工商企业的贷款，这种贷款常与国际企业的商品流通相联系，贷款期限短，利息率较高，而且对企业信誉要求很高，一般需要抵押品；二是银行间的同业拆借（inter-bank offer），主要是指银行间相互买卖在中央银行存款账户上的准备金余额，以平衡银行资金头寸，调剂银行短期资金余缺。因而相对应地，银行短期借贷市场（short-term credit market）可进一步细分为银行对外国工商企业的信贷市场以及银行同业拆借市场，且后者是国际货币市场最主要的构成部分。

与银行对外国工商企业的短期贷款相比，银行同业拆借有以下特点。

第一，贷款期限短。最短为日拆，如隔夜欧洲美元、隔日回购协议等，最长不超过1年，以3个月及其以下期限最为常见。

第二，每笔贷款金额大。由于是银行之间的借贷，所以通常以批发形式进行，因而同业拆借又称"批发业务"，如伦敦同业拆借市场每笔拆借金额最低为25万英镑。

第三，利率较低。利率曾主要依据伦敦银行同业拆借利率（LIBOR），其他常用的银行同业拆借利率还包括纽约银行同业拆借利率（NIBOR）、新加坡银行同业拆借利率（SIBOR）、欧洲货币单位银行同业拆借利率（ECUBOR）、巴林银行同业拆借利率（BIBOR）等。2007年1月4日，中国人民银行正式推出上海银行同业拆借利率（SHIBOR），其报价银行团现由18家商业银行组成。报价银行是公开市场一级交易商或外汇市场做市商，在中国货币市场上是人民币交易相对活跃、信息披露比较充分的银行。经过多年的建设和培育，SHIBOR的报价质量不断提高，应用范围不断扩大，其货币市场基准利率的地位已初步确立。

专栏 8-1　LIBOR 的退出及影响

伦敦同业拆借市场是世界上规模最大、最为典型的同业拆借市场，它的参加者相当广泛，除了商业银行以外，还有票据交换银行、贴现行、海外银行和外国银行等。伦敦银行同业拆借利率（LIBOR）曾是伦敦第一流银行之间的拆借利率，主要依据约20家大银行（包括瑞士银行、美国银行巴克莱银行、花旗银行等）的自我报价，英国银行家协会（BBA）负责对该利率进行管理。这20家大银行在伦敦时间每天上午11时左右提交一个代表自己在同业银行拆借中愿意支付的利率，英国银行家协会在此基础上，去除报价最高和最低的各5家银行，剩余的10家数据平均后就是当天的LIBOR。

但由于LIBOR的形成是基于报价而非真实交易，因此在LIBOR发生多起重大操纵丑闻后，英国金融行为监管局（FCA）积极推动了国际基准利率的改革并于2017年宣布LIBOR计划于2021年末退出市场。2021年3月，FCA公告了LIBOR的退出时间表，除部分期限（隔夜/1M/3M/6M/1Y）的美元将于2023年6月终止报价外，其他币种的LIBOR将在2022年之前退出历史舞台，并建议市场机构于2021年底后的新签业务不再挂钩LIBOR。2023年6月30日，仅剩的最后一个LIBOR银行小组——美元LIBOR银行小组结束运作，意味着过去长达数十年金融市场的利率定价基准——LIBOR已经正式退出了历史舞台。

LIBOR退出市场的影响主要分为以下几方面。

一是目前尚不存在替代性的全球统一基准利率，各经济体采用不同的基准利率。例如，美元采用的新基准利率被选定为SOFR（secured overnight financing rate，有担保隔夜融资利率）。SOFR用真实交易产生的无风险利率替代了主观判断的报价利率，降低了人为操纵的可能性。此外，报价市场也从同业拆借市场转向回购市场，市场参与者更多、流动性也更强，从而有利于提高国际基准利率的透明度和代表性。

二是基准利率切换可能会引发金融市场波动。LIBOR涉及多个期限，最常用的是3个月LIBOR，而目前LIBOR的替代利率大部分为隔夜利率。另外，LIBOR为无担保拆借利率，但目前LIBOR的替代利率主要为担保利率或是隔夜无担保利率，隐含的信用风险不同。国际基准利率改革工作组研究了后顾法和前瞻法两种方式来解决新基准对长期限业务定价的问题。

三是基准利率切换可能带来较大的交易成本。基于LIBOR的金融产品数额巨大，基准利率的改变将带来较高的切换成本，比如需要设计新的交易模型、风险评估模型等，而且未到期合约可能需要再谈判，这都会使得交易成本上升。

第四，无须担保和抵押。银行同业拆借全凭信誉，无论每笔交易金额多大，均利用电话、电传等通信工具进行，交易简便快捷，无须担保或抵押。

第五，常通过经纪人进行借贷。银行同业拆借有的在银行之间直接进行，但更多的是通过货币经纪人进行。

二、短期证券市场

（一）国库券市场

国库券（treasury bills）是中央政府为解决财政急需资金而发行的短期债券。国库券市场是国库券发行和流通转让的市场，是国际短期证券市场中最主要的组成部分。由于国库券具有风险小、期限短、流动性大的特点，各国政府常把本国的外汇储备用来购买货币发行国的国库券。

西方国家的国库券发行市场规模相当庞大，例如美国3个月期和6个月期的国库券每周都会发行。国库券的发行多采用招标方式，即财政部只公布发行期限和数量，发行价格由购买者竞价形成。国库券的发行价格一般低于国库券的面值，到期时则按面值归还，差价便是购买者的利息收入，其差价大小主要取决于市场利率。国库券发行市场的参加者一般是商业银行、专业证券商等机构投资者，购买的数额相当大，价格竞争也很激烈，一般在小数点后两位竞争，但由于购买数额大，差价也相当可观。

国库券的流通转让市场也相当发达，任何想买卖国库券的机构或法人和自然人投资者均可到二级市场上进行买卖。若购买的国库券未到期又急需用资金，便可在二级市场上卖掉以取得资金。国库券二级市场的交易一般通过证券交易商进行，这些证券交易商有的是银行，有的是大经纪行，他们购买和储存国库券并准备随时出售，从买卖差价中获取利润。这种差价一般不大，在美国每100万美元国库券交易收入小于500美元，即收入不足交易额的万分之五。但由于交易量很大，总收入还是较为可观的。

购买国库券几乎不存在信用风险，但市场风险仍然存在。假如买了国库券后市场利率上升，那么国库券的市场价格便会下降，此时如果转让国库券便会直接减少收入，如果将国库券保留至到期日，持有国库券的收益率则会低于市场利率。为了避免利率波动给购买或持有的国库券造成损失，在金融期货市场上出现了利率期货交易，短期国库券利率期货交易是其中主要的交易品种。下面以芝加哥国际货币市场（international monetary market，IMM）的短期国库券利率期货交易为例加以简单介绍。

IMM短期国库券利率期货交易遵循如下规则。第一，报价。以100与国库年收益率的差额表示，称为IMM指数。例如，3个月期国库券报价IMM指数92.00，则表示3个月期国库券年收益率8%。第二，交易额。每份短期国库券利率期货交易合约的交易金额固定为100万美元的国库券。第三，每份期货合约价格。这可以从报价中算出，计算公式如下：每份短期国库券交易价格=每份合约交易金额×（1−长期国库券收益率×实际天数/360）。其中，短期国库券收益率=100−IMM指数。例如，报价为94.00的3个月期国库券期货合约，其年收益率是6%，那么代入公式，其每份期货合约价格为98.5万美元，即100×（1−6%×90/360）=98.5。第四，最小价格波动是0.01。即IMM指数只报到小数点后两位，指数值变动必须是0.01的倍数。

买进短期国库券利率期货交易合约，可以避免或减少利率下跌给国库券投资造成的损失。假设某证券商1月初预测4月份利率将下降，因此4月份购买国库券的收益率比1月初低。但是他拥有的1000万美元的国库券在4月3日到期，他打算到期后再投资国库券，如果利率降低，届时再买入就会降低收入。于是，他交一定的保证金，买入4月3日到期的国库券期货合约。操作过程如表8-1所示。

表 8-1　短期国库券期货交易的多头套期保值

国库券现货市场	国库券期货市场
1 月 3 日 • 假设 3 个月期国库券每百元面值价格为 98 美元 • 拥有 4 月 3 日期的 1000 万美元国库券	1 月 3 日 • 购买 10 份 3 个月期国库券期货合约，每份 100 万美元，总价值为 1000 万美元 • 假设 IMM 指数为 92.00 • 应付出 980 万美元

续表

国库券现货市场	国库券期货市场
4月3日	4月3日
• 兑换到期的 1000 万美元国库券，再购买 1000 万美元 3 个月期国库券，假设每百元面值价格为 98.25 美元 • 应付出 982.5 万美元	• 出售 10 份 3 个月期国库券期货合约，每份 100 万美元，总价值为 1000 万美元 • 假设 IMM 指数为 93.00 • 应付出 982.5 万美元
损失：2.5 万美元	盈利：2.5 万美元

当 3 个月期国库券收益率从 1 月初的 8% 下跌到 4 月初的 7% 时，由于该证券商购买了国库券期货合约，用期货市场的盈利对冲了现货市场的损失，使其仍然保持了 8% 的收益率。当然，如果 4 月初市场利率不是下降而是上升，比如升高到 9%，那么现货市场就会盈利，期货市场会损失，对冲结果为 4 月初购买的 3 个月期国库券仍然是 8% 的收益率。因此，购买了国库券期货合约后，无论市场利率是升还是降，期货购买方都可以把将来要买的国库券的价格及收益率固定下来。

同理，出售国库券期货合约，可以避免或减少利率上升给将来借入资金造成的损失，操作过程与表 8-1 相同，只是方向相反。

（二）商业票据市场

商业票据（commercial bills）最初是伴随商品流通而产生的债权债务凭证，是商业信用的一种工具。但是现在，货币市场上交易的商业票据已与商品买卖相脱离，成了非银行金融机构及一些大的工商企业为筹措短期资金，凭借信用发行的短期无担保的票据。商业票据的特点主要包括如下方面。

第一，发行要求高。因其仅凭借信用发行，所以不是所有的企业都能发行商业票据，尤其是在国际票据市场，一般只有资金实力雄厚、信誉良好的大企业才具有发行商业票据的资格。例如，英国规定，发行商业票据的公司的资产净额必须在 5000 万英镑以上，且公司股票必须在伦敦证券交易所上市交易。信誉很高的大公司可以直接向社会公众发行商业票据，并可直接进入流通。但大多数商业票据的发行要经过大商业银行或证券经纪商等中介机构。

第二，发行利率通常稍高于国库券，且发行金额大。商业票据一般没有票面利息率，与短期国库券一样采用贴现形式发行，即低于面值发行，到期按面值归还，差额便是购买商业票据的收益。商业票据的发行利率取决于市场供求状况、面值、期限、发行人信誉、银行借贷成本等因素，但通常稍高于国库券。此外，商业票据的票面金额较大，美国商业票据的票面金额一般是 10 万美元的倍数，高的可达 200 万美元。因此，尽管商业票据发行要求高，但其发行市场很大，仅次于短期国库券。

第三，期限较短，发行手续简便易行。一般商业票据的期限为 30 天到 1 年不等，以 30~60 天为最多。美国商业票据的期限一般不超过 270 天，因为超过 270 天就必须经过美国证券委员会的批准，手续要复杂得多。

第四，票据可转让。商业票据也有二级市场，未到期的商业票据可以在二级市场上流通转让，也可以出售给银行，这样大大加强了商业票据的流动性。商业票据的购买者主要是金融机构和工商企业等，较少有个人投资者。

（三）银行承兑汇票市场

银行承兑汇票（bank acceptance bills）是由银行签字承兑保证到期付款的商业票据。国际金融市场上的银行承兑汇票主要是指由出口商或出口方银行签发的，经进口方银行承兑，保证到期付款的汇票。其信用风险较低，金额不限，也可以在二级市场上流通转让。银行承兑汇票期限一般为30~180天，且以90天最为常见。

需要强调的是，只有大企业才能通过发行商业票据筹措短期资金，中小企业则基本不具有发行商业票据的权利。而银行承兑汇票具有发行企业和银行的双重信用，使得中小企业的商业票据信用在经过银行承兑后大大提高，进而就能跻身国际货币市场筹措短期资金。换言之，商业票据仅可依赖于企业信用，而银行承兑汇票可同时依赖企业信用和银行信用。

（四）可转让定期存单市场

可转让定期存单（negotiable certificates deposit, CDs）是银行等金融机构发行的类似于定期存款的凭证，凭证上载有发行的金额及利率，还有偿还日期和方法。其与定期存款不同的方面如下。

第一，定期存款是记名且不能转让的，而可转让定期存单是不记名、可转让的。

第二，定期存款的金额不限，且有大有小、有整有零，而可转让定期存单按照固定标准单位发行且面额较大。

第三，定期存款虽然有固定期限，但没到期之前仍可提前支取，不过损失了应得的利息，而可转让定期存单则只能到期支取，不能提前支取。

第四，定期存款的期限多为长期的，而可转让定期存单的期限为短期，从14天到1年不等。

第五，定期存款的利率大多是固定的，而可转让定期存单的利率有固定的也有浮动的。

总而言之，可转让定期存单既可以使投资者获得定期存款利息，又可以像活期存款一样具有较高的流动性。其最早诞生于1961年的美国，随后在全球各地得到了极大的发展，不仅成了金融机构获取短期资金的重要工具，也成了金融机构、跨国企业和社会公众短期投资的理想方式。

三、贴现市场

贴现市场（discount market）是经营贴现业务的货币市场。所谓贴现，是指票据所有者以未到期票据或短期证券向银行交换现金而贴以利息。具体做法是，票据或短期证券的所有者将未到期的票据或短期证券提交银行，银行根据票面价值按一定贴现率扣除自贴现日到到期日的贴现利息，把余额支付给持票人，票据到期时，由贴现银行按票据价值向票据的债务人收回款项。贴现实际上是一种特殊的贷款，只是具有与普通贷款不同的特点而已。

贴现市场的交易主体相当广泛，包括企事业单位、个人、商业银行、贴现行和中央银行等。贴现的票据主要包括国库券、商业票据和银行承兑汇票等。对银行来说，经营贴现业务比普通放贷款有利，因为资金回收快，利息较为优厚。对工商企业来说，票据贴现可以解决资金周转困难，促进企业发展。此外，央行还可用再贴现业务来调节信用、调节利率并调节经济。

伦敦贴现市场是目前世界上最大的贴现市场，它的历史悠久而且颇具特色。英国的商业银行不能像其他国家那样，把它们从客户那里贴现来的票据直接向中央银行（英格兰银行）再贴现，而必须首先拿到贴现行进行贴现，由贴现行再拿到中央银行进行再贴现。因此，英国的贴现行不仅是贴现市场的最主要成员，而且是商业银行和中央银行之间的纽带。

第三节　国际资本市场

国际资本市场，又称"中长期资金市场"，是提供期限在 1 年以上的中长期资金融通和中长期证券买卖的市场。国际资本市场的优点体现在资金周转期限长，借贷关系稳定，而缺点则是，因时间跨度较长，其涉及风险较广（如利率和汇率风险、信用风险、价格风险、市场风险、政治风险、企业经营风险等），不稳定因素较多，是导致国际金融市场动荡的重要原因。按照业务种类的不同，国际资本市场可分为银行中长期信贷市场、国际债券市场和国际股票市场，后两者亦被合称为国际证券市场。

一、银行中长期信贷市场

银行中长期信贷市场（long-term credit market），是银行为企业等长期资本需求者提供 1 年以上的中长期贷款的市场。银行中长期信贷具有金额大、期限长、利率浮动、需要担保、贷款条件严格、使用比较自由等特点，尤其是双方一般需要签订协议，且若是没有物资担保，一般会由政府有关部门对贷款协议的履行和贷款的偿还进行担保；中长期银行信贷的手续相较于债券和股票发行而言较为简便，且一般在资金的使用上不受贷款行为的任何限制，故中长期银行信贷又有"自有外汇贷款"之称。

根据贷款方式的不同，银行中长期贷款可分为独家银行贷款和银团贷款。顾名思义，独家银行贷款是指一国某一家贷款银行对另一国银行、政府、企业提供的中长期贷款。由于其仅由一家银行单独提供贷款，风险较大，因此其贷款期限较短，一般为 3~5 年，金额不超过 1 亿美元。

银团贷款（consortium loan），又称"辛迪加贷款"（Syndicate loan），是由一家或几家银行牵头，联合几家甚至几十家国际银行组成一个银团，共同向某客户或某工程项目进行贷款的融资方式。银团贷款可达上亿甚至几十亿美元。银团贷款起源于 20 世纪 60 年代，经历了三个主要发展阶段：一是项目融资，主要为公路、电力、石化和通信等基础设施建设提供融资；二是杠杆融资，特别是并购融资快速增长，促进了银团贷款业务的快速发展；三是银团贷款与证券市场融合，这是以资产证券化和贷款二级市场交易为主的金融创新，商业银行在银团贷款业务中加入证券融资的某些特征以增强竞争。银团贷款是目前银行中长期信贷市场中最主要的贷款形式。以下将重点介绍银团贷款。

（一）银团贷款的分类

银团贷款有两种：一种为直接银团贷款，即银团内各成员直接或间接通过代理行与借款人签署贷款协议，每一家银行的贷款义务仅限于它在银团贷款协议中承诺的部分。另一种为间接贷款，即由一家银行（牵头银行）与借款人先签订贷款协议，然后再将债权以银团贷款参与权的形式转让或出售给其他银行。

（二）银团贷款的组织构成

一般来说，银团贷款的当事人包括借款人、牵头行、代理行、参加行和担保人，也可根据实际规模与需要在银团内部增设副牵头行、联合牵头行等，并按照银团贷款合同履行相应职责。

1. 借款人（borrower）

国际银团贷款中的借款人主要有各国政府、中央银行、国家机构、具有法人资格的企业、国际金融组织等。

2. 牵头行（leading bank）

牵头行又称经理行，是指经借款人同意，负责发起组织银团、分销银团贷款份额的银行。牵头行通常是由借款人根据贷款需要物色的实力雄厚、在金融界享有较高威望、和其他行有广泛联系的、和借款人自身关系密切的大银行或大银行的分支机构。牵头行对银团的义务主要包括：为借款人物色贷款银行，组织银团，并向借款人提供贷款的基本条件，准备资料备忘录，在贷前尽职调查的基础上向潜在的贷款人发送资料备忘录和邀请函，向贷款人如实披露借款人的全部事实真相，并主持借款人、贷款人、担保人三方对贷款文本协议条款的谈判工作及最后文本的签字，协助借款人准备首次提款的基本文件并监督各贷款人首期贷款的到位。国际银团贷款根据贷款金额的大小和组织银团的需要，可以有一个牵头行或多个牵头行。如果牵头行不兼任代理行，那么在银团贷款协议签订后，牵头行就成了普通的贷款银行，和其他贷款人处于平等地位，贷款的管理工作由代理行负责。

3. 代理行（agent bank）

代理行是全体银团贷款参加行的代理人，是代表银团负责与借款人的日常业务联系，担任贷款管理人角色的一家银行。代理行负责向银团各参加行提供借款人、担保人的财务状况；在银团贷款协议签订后，负责对借款人发放和收回贷款，承担贷款的贷后管理工作；协调贷款人之间、贷款人和借款人之间的关系；监督贷款的使用情况，负责违约事件的处理等。代理行作为银团中一个承担较多义务的参加行，同时也享受较多的权利，包括：确认作为贷款先决条件的各种法定要求的权利、宣布借款人违约的权利、确定罚息的权利、因履行其代理义务产生的费用而取得各参加行补偿的权利等。

4. 参加行（participants）

参加行是指接受牵头行邀请，参加银团并按照协商确定的承贷份额向借款人提供贷款的银行。参加行在银团贷款中的义务是按照其承诺的贷款份额及贷款协议有关规定向借款人按时发放贷款，权利是有权通过代理行了解借款人的资信状况、有权通过代理行取得一切与贷款有关的文件、有权按照其参与贷款的份额取得贷款的利息及费用、有权独立地向借款人提出索赔的要求、有权建议撤换代理行。

5. 担保人（guarantor）

担保人是指以自己的资信向债权人保证对债务人履行债务承担责任的法人。可以是私法人如公司，也可以是公法人如政府。担保人在银团贷款中的责任是在借款人发生违约时代替借款人履行合同及相关文件所规定的义务。

（三）银团贷款的金额、币种、利率和期限

1. 贷款金额和币种

贷款金额是借款人根据借款用途需要在委托牵头行组织银团、经牵头行承诺后确定的借款金额。贷款金额一经借款人和牵头行商定，未经双方同意，不得改变。对于牵头行来说，贷款金额是其组织银团的基础之一。此外，对于借款人来说，选择银团贷款币种应考虑以下几个方面：第一，借款货币和用款货币、收入货币应尽量一致，以减少外汇风险。第二，选择流通性较强的可兑换货币。第三，充分考虑借款成本。在国际金融市场上，软货币的借贷利率较高，硬货币的借贷利率低，但软货币所承受的汇率变动较硬货币更有利于借款人。因此，借款人在确定借贷货币时应将利率和汇率两种因素一并考虑，以保证所借贷的资金成本最低。

2. 利率

在国际银团贷款中，通常采用的利率有两种：一是固定利率，它是银团与借款人双方商定，在贷款协议中规定整个贷款期间固定不变的利率作为贷款的适用利率；二是浮动利率，它由基础利率和利差两部分构成，其中利差根据贷款数额、期限的长短、市场资金供求情况、贷款所用货币、借款人资信高低等设定且一般是固定的，而基础利率是随着时间的变动而变化的。

3. 贷款期限

国际银团贷款的期限比较灵活，短则 3~5 年，长则 10~20 年，并以 3~10 年最为常见。

（四）银团贷款的费用

在国际金融市场上，借款人筹措中长期资金，除支付利息外还要支付各种费用。费用多少视信贷资金状况、信贷金额和信贷期限的不同而异。银行中长期信贷费用，主要有管理费、代理费、承担费和杂费等。

二、国际债券市场

国际债券市场（international bond market）是一国筹资者在国外发行债券筹集中长期资金的场所或渠道。国际债券的发行者均为市场所在国的非居民，购买者可以是市场所在国居民，也可以是非居民。

（一）国际债券的分类

1. 按发行主体不同

按发行主体不同，国际债券可分为政府债券和公司债券。

政府债券（government bond）由外国政府发行，主要用于弥补财政赤字和筹措建设资金；公司债券（corporate bond）由外国金融机构和工商企业发行，主要用于筹集扩大再生产的中长期资金。公司债券与政府债券相比，具有收益高、风险大、流动性较小等特征。因此，在国际金融市场上发行公司债券的企业，往往是信誉良好的金融机构或是由银行担保的大公司。

2. 按发行市场不同

按发行市场不同，国际债券可分为欧洲债券和外国债券。

欧洲债券（Euro bond）是指在债券面值货币所在国以外的国家发行的债券，并以发行人、发行地以及面值货币分别属于三个不同国家的情形最为常见，其本质是尽可能不受任何国家资本市场的限制。第一笔欧洲债券于 1961 年 2 月 1 日在卢森堡发行。外国债券（foreign bond）是指发行者在外国金融市场上发行的，以该国货币为面值的债券，如英国企业在美国发行的美元债券，中国企业在日本发行的日元债券等。这种债券只在一国市场上发行并受该国证券法规制约。有关国内债券、外国债券和欧洲债券的辨析见表 8-2。

表 8-2　国内债券、外国债券、欧洲债券辨析

	发行者所属国	市场所在国	货币发行国	举例
国内债券	A	A	A	英国企业在英国发行的英镑债券
外国债券	A	B	B	英国企业在美国发行的美元债券
欧洲债券	A	B	A	英国企业在美国发行的英镑债券
	A	B	C	英国企业在美国发行的日元债券。实践中，木兰债属于此类债券，其是世界银行在中国发行的 SDR 债券
	A	A	B	英国企业在英国发行的美国债券。实践中，泡菜债券属于此类债券，其是韩国企业在韩国发行的外币债券

美国的外国债券又被称为"扬基债券"（Yankee bond），具有市场容量大、银团承购技术发达、债券期限长等特点，因此吸引了各国筹资者。但在美国发行扬基债券要求较为严格，必须同时向证券交易委员会和州政府注册，并由权威信誉评级机构进行信誉评级。日本的外国债券被称为"武士债券"（Samurai bond）。1984 年以后日本政府放宽了武士债券的发行条件，如放宽了许可标准，扩大了每一次发行数量，简化了发行手续等，从而大大加强了日本债券市场的国际化、自由化程度，对外国筹资者也更具吸引力。在日本发行武士债券必须具备两个条件：一是发行人要有两次以上在国际市场上发行债券的经历；二是必须事先向大藏省（日本中央政府财政机关）申报并获批准。自 1982 年以来，我国多次在日本市场发行武士债券。此外，英国的外国债券被称为"猛犬债券"（Bulldog bond），中国的外国债券被称为"熊猫债券"（Panda bond）。

在国际债券市场上，欧洲债券所占比重远远超过了外国债券，其原因主要在于：第一，欧洲债券的发行完全自由，既不需要向任何监管机构登记注册，又不受各国金融法令的约束，无利率管制和发行数额限制，还可选择多种计价货币。第二，发行欧洲债券筹集的资金数额大、期限长，而且对财务公开的要求不高。以前，欧洲债券期限多为 5~12 年，现在延长到 20~30 年，甚至还出现了无偿还期的永久性债券。第三，欧洲债券通常由几家大的跨国金融机构办理发行，发行面广、手续简便、发行费用较低。比如，欧洲美元债券比在美国发行的美元债券成本低大约 0.2%。第四，欧洲债券的利息收入通常免交所得税。第五，欧洲债券以不记名方式发行，并可以保存在国外，可满足一些希望保密的投资者的需要。第六，欧洲债券发行者多为大公司、各国政府和国际组织，对投资者来说是安全可靠且收益率高。

3. 按债券特点不同

按债券特点不同，国际债券可分为固定利率债券、浮动利率债券、可转换债券、附有新股认购权债券、零息票债券、合成债券、双重货币债券等。

固定利率债券（straight bond）又称"普通债券"或"直接债券"，一直居国际债券发行量的首位，在债券发行时就固定面值、利率和期限等，直至债券到期都不会发生变化；期限一般在3~7年。浮动利率债券（floating rate note），在债券发行时只规定面值和期限，而不固定利率，在债券约定期限内，债券利率随市场利率的变化定期调整，通常是每隔3个月或6个月，按为SOFR（有担保隔夜融资利率）或其他基准利率进行调整，这样可以使投资者和筹资者双方避免利率风险。在市场利率波动较大时期，浮动利率债券尤其受欢迎。可转换债券（convertible bond），其综合了债券和股票的优点，除按期还本付息外，还允许债券持有人按条件约定（如日期、转换比率、转换价格、转换汇率等）将债券转换为发行公司的等值股票。这种债券对发行者的好处是，能以低于普通债券的利率发行。一旦该债券转换为股票即对外币债务作了清偿，消除了汇率风险。对投资者的好处则是，当股票价格或汇率上升时，将债券转换为股票再在二级市场上卖出股票，可以得到较高的资本收益。附有新股认购权债券（bond with warrants），其持有者可以在债券约定期限内，按规定的价格优先购买发行债券的企业新发行的股票。与可转换债券不同的是，在行使了新股认购权后，该债券仍然有效。因此对投资者来说，这种债券既有稳定的利息收入，又能从股票价格上升中获得资本收益。但该债券的利率一般比普通债券要低一些。零息票债券（zero coupon bond），是指不附带息票、购买者不收利息，而是按较大的票面价值折扣购买的债券，在到期日实现资本收益。合成债券（synthetic bond），由固定利率债券和利率互换合同组合而成。双重货币债券（dual currency bond），是指以一种货币发行和付息，而以另一种货币还本的债券。

（二）国际债券的发行与流通

1. 国际债券的发行方式

国际债券的发行方式分为公开和不公开两种。公开发行是指没有特定投资者，面向社会出售债券的方式，公开发行债券必须在某公认的证券交易所登记上市。经过登记的债券，可以在证券交易所挂牌上市，但发行人必须向投资者定期公布财务状况及市场行情。

非公开发行债券是面向少数特定的投资者出售债券的方式，其不需要在任何证券交易所登记上市。非公开发行债券的发行对象常常是金融机构或投资基金。与公开发行债券相比，非公开发行债券手续简单，成本较低，并可以不公开发行者的财务状况。但该债券的流动性较小，不能在公开的证券交易所上市，因此利率略高一些。

2. 国际债券的信誉评级

国际债券的风险程度对国际投资者来说至关重要，而国际债券的风险与发行者的信誉密切相关。国际债券的信誉评级是由专门的信誉评级机构对发行债券公司的信誉进行评价，从而对其发行的债券的信用做出评判。

在国际债券市场上，最具有权威性及应用最为广泛的信誉评级机构是标准普尔（Standard & Poor's）、穆迪（Moody's）和惠誉（Fitch），三者并称为世界三大评级机构。

它们根据债券发行者的财务报表和其他相关资料，评判债券发行者的偿债能力或信誉情况，并将评判结果公布于众。一般而言，这三家公司评判的企业信誉分为诸多等级，其中AAA为最高级，以后逐次降低，D级为最低级。低信誉等级企业发行债券的利率要比高信誉等级企业发行债券的利率高，其差额相当于风险补偿金。只有这样，低信誉等级企业发行的债券才有人愿意购买。

国际债券的信誉评级并非法律所要求，但由于投资者往往根据债券信誉等级来决定投资方向，所以事实上没有经过评级的债券其发行难度会明显上升。

3. 国际债券的流通转让

公开发行的国际债券可以在公开的二级市场上流通转让，既可以在证券交易所挂牌上市进行交易，也可以在证券公司或银行的柜台进行交易。有许多国际债券虽然在某一国际市场发行，但可以在多个国家的二级市场上流通转让。流动性越大的国际债券往往在一级市场越好发行。

专栏 8-2　中国国际债券市场

中国债券市场从20世纪90年代以来不断发展壮大，已于2019年超越日本成为亚洲第一大债券市场以及世界第二大债券市场。人民币国际债券市场起步较晚。2005年10月，国际金融公司和亚洲开发银行在中国发行以人民币计价的债券"熊猫债"。2007年，国家开发银行在香港地区首发离岸市场上的人民币债券"点心债"。2010—2014年，中国境内债券市场加速对境外开放，银行间债券市场作为对外开放的主渠道地位已确立，境外投资者债券持有量很快超过较早开放的股票持有量。2014年3月，戴姆勒股份公司人民币定向债务融资工具在银行间债券市场成功发行，这是首家境外非金融企业在中国银行间债券市场发行的首个债务融资工具。据彭博社数据，截至2023年6月28日，2023年上半年熊猫债发行规模达723亿元人民币，创2005年中国推出熊猫债以来的同期新高。同时，在近些年国际债券市场发行规模下降的背景下，点心债发行量逆势上升，2022年的点心债发行量超过2021年，达4090亿元人民币，成为点心债创纪录发行之年。点心债存量自2018年以来逐步增长，到2022年底达到近7000亿元人民币，亦是点心债推出以来的峰值。

除此之外，2016年10月，人民币正式纳入特别提款权（SDR）货币篮子，为中国债券市场的开放发展提供了新的机遇。当年8月，世界银行获准在中国发行额度为20亿元、以人民币认购的SDR计价债券"木兰债"。在中国仍处于资本管制的情况下，SDR计价债券为境内投资者提供了一个配置外汇资产而不涉及跨境资本流动的途径。但是，对于投资者来说，SDR只是多种货币组合中的一种，相对固定的货币权重限制了其投资的灵活性。

三、国际股票市场

国际股票市场（international stock market）是指在国际金融市场上通过发行股票筹集资金的市场。目前世界上主要的股票市场已经高度国际化，一方面，现代化的通信设施将主要的股票市场连为一体，任一股市行情都可以迅速地传递到其他股市；另一方面，随着生产国际化的发展，越来越多的跨国公司和国际企业的股票在异国发行或上市交易，投资者也可以自由选择是买本国企业还是买外国企业的股票。

（一）国际股票发行市场

股票发行市场，又称初级市场、一级市场等。

在发行方式方面，与国内市场相似，国际股票发行方式也可分为直接发行和间接发行两种，直接发行是发行公司自己募集资金，自己负责股票发行各项事宜。其好处是可以减少发行费用，降低发行成本，缺点是一旦认购，申请额低于发行额，便不能按期如数筹集到股本金。间接发行是发行公司委托专门的证券公司或投资银行代为发行股票。根据证券代理发行机构的角色以及购买股票的比例不同，还可细分为代销、助销、包销三种形式。间接发行方式是国际股票发行的最重要方式。

在发行价格方面，常规的国际股票价格确定方法包括议价法、竞价法和定价法三种。其中，议价法即由发行公司与股票承销机构协商议定承销价格与公开发行价格。承销价格为发行公司实际筹得的股本，承销价格与公开发行价格之差就是股票承销机构的收入。竞价法即由发行公司公开招标，由投资银行、证券公司等机构投标竞争购买发行公司的股票。中标者愿意出的价格即为承销价格，亦即发行公司的实际发行价格。定价法即无承销机构参与，由发行公司自行定价。此外，目前国际金融市场上一般参考市盈率还原值、股息率还原值、发行公司最近一期的每股资产净值、发行公司当年度预计的股利除以银行1年期定期存款利率所得等指标设定股票的发行价格。

与此同时，在国际金融市场一体化趋势下，在异国发行或购买股票的活动日益活跃，一国公司要在另一国市场发行股票通常需要具备以下条件：第一，遵守市场所在国资本市场的发行规则。第二，发行方法和手续与市场所在国保持一致，准备并在必要时公布详尽、严格且规范化的财务报表和计划书等资料。第三，由于各国股票的式样、文字管理方法不同，原有股票无法依照原样在国外市场流通。通常的做法是，原股票由本国银行负责保存，发行公司委托外国银行担保，以用外国文字记载发行条件的预托证券（DR）代替原股票在国外发行。

（二）国际股票交易市场

国际股票交易市场是国际金融市场上股票流通转让的市场，国际股票交易量比发行量要大得多。

1. 股票交易市场的构成

与国内股票交易市场类似，国际股票交易市场主要由证券交易所和场外交易市场构成。证券交易所的组织形式有会员制和公司制两种。会员制证券交易所本身不以盈利为目的，而是为了向全体会员提供必要的交易服务设施，并对场内交易进行必要的管理。为了维持交易本身的费用，全体会员有义务缴纳一定的会费。纽约证券交易所、伦敦证券交易所、东京证券交易所及世界多数证券交易所都实行会员制。公司制证券交易所是以盈利为目的的法人，通常由银行、投资公司、证券公司等法人共同出资建立，并按照股份有限公司的形式成立与管理。这种形式的证券交易所常见于东南亚和拉美国家。

证券交易所挂牌上市具有非常高的门槛，因而大量中小公司的股票便在证券交易所之外进行交易，由此形成了庞大的场外交易市场，其交易量已远远超过证券交易所。场外交易市场最主要是柜台交易市场（over the counter market），此外还包括在美国被称为第三市场和第四市场的股票交易市场。其中，柜台交易市场又称店头交易市场，是指证券公司、商业银行、投资银行等金融机构在自己的营业处所直接与客户买卖公开发行但没在交易所上市的股票等有价证券。

场外交易市场与证券交易所的核心区别在于：第一，场外交易市场交易品种繁多，不像证券交易所那样对上市交易的股票进行严格审查。第二，场外交易市场的交易方式是议价成交，即由买卖双方通过讨价还价后自愿成交，而证券交易所常通过竞价成交。第三，场外交易市场的交易手续简便、成本较低，而证券交易所通常手续较为复杂且交易成本较高。第四，场外交易市场的证券流动性相比证券交易所要差。

专栏 8-3 全球证券交易所发展现状

根据世界交易所联合会（World Federation of Exchanges，WFE）的统计数据，截至 2022 年底，全球范围内共有近 90 个证券交易所，总市值达到 101.2 万亿美元，主要集中于北美、亚太和欧洲地区。同时，证券交易所的规模也呈现出较大的差异，其中，市值超过 20000 亿美元的证券交易所有 11 家，占到全球股票总市值的 78%，市值超过 10000 亿美元的证券交易所有 19 家，占到全球股票总市值的 91%。

如图 8-1 所示，2022 年全球市值最大的 10 家证券交易所分别为纽约证券交易所（纽交所）、纳斯达克证券交易所、上海证券交易所、泛欧交易所、日本证交所集团、深圳证券交易所、香港交易及结算所（港交所）、印度国家证券交易所、伦敦证券交易所和加拿大 TMX 集团。其中，纽交所以 24.1 万亿美元的市值占据首位，它也是世界上成立时间最早的证券交易所，伯克希尔哈撒韦、可口可乐、迪士尼、麦当劳等知名蓝筹公司在纽交所上市；纳斯达克证券交易所是世界上第一个实现电子交易的股票市

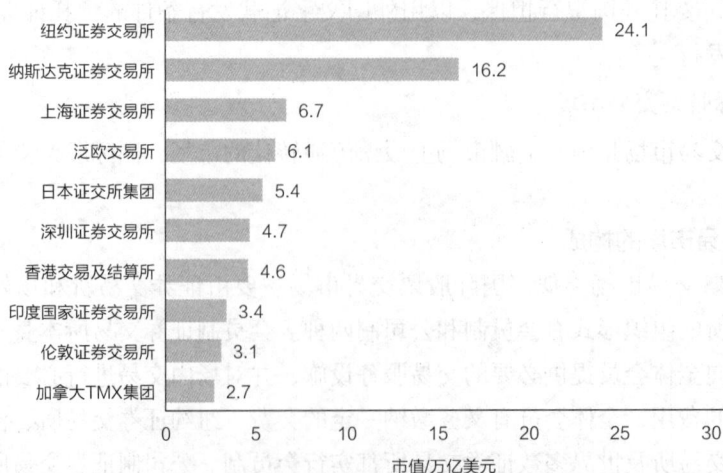

图 8-1 2022 年全球主要证券交易所市值

资料来源：世界交易所联合会（WFE）。

场，苹果、微软、谷歌、Facebook、亚马逊、特斯拉和英特尔等世界科技巨头均在纳斯达克上市；上海证券交易所创立于 1990 年 11 月 26 日，是新中国第一家证券交易所，见证了我国资本市场发展的伟大成就，截至 2022 年底，上市公司数量达到 2174 家；泛欧交易所成立于 2000 年，主导着阿姆斯特丹、伦敦、布鲁塞尔、里斯本、奥斯陆、都柏林和巴黎的金融市场，是唯一在欧洲多个市场提供多种金融工具交易服务的交易所，也是欧洲第一大证券交易所；日本证交所集团由东京证券交易所和大阪证券交易所于 2013 年 1 月 1 日合并而来，丰田、铃木、本田、三菱、索尼等具有国际影响力的大型日本巨头在此上市。

2. 股票价格指数

股票价格指数是表示多种股票价格变动的一个比例数，其综合反映了股票市场上股票价格的变动方向和变动幅度，是投资者选择股票投资的主要参考依据之一，也是反映各国经济状况的晴雨表。目前世界主要股价指数有以下几种。

（1）道·琼斯指数

道·琼斯指数（Dow Jones index）是目前世界上影响最大的一种股价指数，由美国《华尔街日报》出版者——道·琼斯公司每天编制和公布。这一指数根据在纽约证券交易所上市的 65 家美国公司的股票交易价格编制，共分四组：30 家工业企业、20 家运输公司、15 家公用事业公司、前三组合计的 65 家公司。常被引用和报道的是第一组 30 家美国最具代表性的大工业公司的股价指数。道·琼斯股价指数以 1928 年 10 月 1 日为 100 点作为基期，最初采用简单算术平均法编制，以后对此方法中的除数做了修改，采用加权平均法编制。

（2）标准·普尔股价指数

标准·普尔股价指数（Standard and Poor's stock price index）是由美国著名的投资顾问公司——标准普尔公司编制并公布、反映美国股市交易价格变动的指数，是美国除道·琼斯指数以外最有名的股价指数。该指数依据纽约证券交易所上市的 500 种股票价格计算，其中既有最好的股票，也有中等的股票和最差的股票，因此代表性相当强。标准·普尔股价指数以 1941 年至 1943 年为基期，基期指数定为 10。

（3）金融时报股价指数

金融时报股价指数（Financial Times ordinary shares index）是伦敦《金融时报》社编制并公布、反映伦敦股票市场交易价格变动的指数，亦具有广泛的世界影响力。该指数分为三组，第一组根据英国工业中最具有代表性的 30 家公司股票编制，最初以 1935 年 7 月 1 日为基期，后来调整为以 1962 年 4 月 10 日为基期，基期指数为 100。第二组挑选了伦敦证券交易所内 100 家规模最大、交易最活跃的公司，其基期为 1984 年 1 月 3 日，基期指数为 1000。第三组采用 700 种股票编制，其范围包括了各行业，以 1962 年 4 月 10 日为基期，以 100 为基期值。

（4）日经指数

日经指数（Nikkei index）是由日本经济新闻社编制并公布、反映日本股票价格走势的股价指数。这一指数根据在东京证券交易所第一市场上市的 225 种股票价格编制，因此又称为日经 225 指数。其基期为 1949 年 5 月 16 日。

（5）恒生指数

恒生指数（Hang Seng index）是由香港恒生银行编制的反映香港股票价格变动的指数。恒生指数是以香港股票市场中的 50 家上市股票为成份股样本，以其发行量为权数的加权平均股价指数。2021 年 5 月，成分股数量扩容为 100，基期仍为 1964 年 7 月 31 日。

3. 股票交易方式

股票交易方式主要包括现货交易、信用交易、股票价格指数期货交易和股票期权交易四种。前两种是传统的交易方式，后两种是在 20 世纪 70 年代后才产生和发展起来的衍生工具交易方式，下面重点介绍后两种。

（1）股票价格指数期货交易

股票价格指数期货交易的买卖对象是股票价格指数期货合约，因而它在交易价格、交易数量、交割时间、保证金要求、交割方式等方面均是标准化的（见表 8-3 和表 8-4）。

表 8-3　股票价格指数期货合约规范

	标准·普尔 500 指数	纽约证券交易所股票综合股价指数	伦敦股票交易所100 种股票指数
每份价格	500 美元 × 指数数值	500 美元 × 指数数值	25 英镑 × 指数数值
交易所名称	芝加哥商品交易所	纽约期货交易所	伦敦国际金融期货交易所
交割月	3 月、6 月、9 月、12 月	3 月、6 月、9 月、12 月	3 月、6 月、9 月、12 月
最后交割日	交割月份的最后一个星期四		交割月份的最后交易日
报价	以指数报价		以指数 /10 报价
最小变动价位	0.05 个指数点（每张合约 25 美元）		0.5 个指数点（每张合约 12.5 英镑）
交割形式	现金交割		
保证金	每份 5000 美元		每份 1000 英镑

表 8-4　沪深 300 指数期货合约

合约标的	沪深 300 指数
合约乘数	每点 300 元人民币
报价单位	指数点
最小变动价位	0.2 点
合约月份	当月、下月及随后两个季月
交易时间	北京时间：9:30—11:30，13:00—15:00
每日价格最大波动限制	上一个交易日结算价的 ±10%
最低交易保证金	合约价值的 8%
最后交易日	合约到期月份的第三个周五，遇国家法定节假日顺延
交割日期	同最后交易日
交割方式	现金交割
交易代码	IF
上市交易所	中国金融期货交易所

资料来源：中国金融期货交易所。

股票价格指数期货交易于 1982 年 2 月由美国堪萨斯期货交易所最先提出，经营的是价值线综合指数。同年，芝加哥商品交易所和纽约期货交易所也开始分别经营标准·普尔500指数和纽约证券交易所综合股价指数。随后，英国伦敦、日本东京、新加坡、法国、德国等重要的国际金融市场也陆续经营各自的股票价格指数期货交易。

股票价格指数期货交易的主要作用是对股票现货市场交易进行套期保值，避免价格波动的风险。一般而言，股票的价格风险有两种：一种是有规则的风险，即个别股票价格变动同整个股票市场价格变动相一致，受共同因素的影响而出现股价的较大波动；另一种是无规则的风险，即个别股票价格的变动受其公司经营状况的影响，与整个股市没有必然的联系。对于无规则的风险，可以通过分散投资来抵消。对于有规则的风险，分散投资也无能为力。甚至在很多情况下，全球各大股票市场的股票价格易出现同升同降的情况，如被西方人称为黑色星期一的1987年10月19日，道·琼斯指数一天内下降了50个点，不仅纽约证券交易所上市的所有股票价格均下跌，且其几乎引起了世界各地的所有股价下跌。股票价格指数期货交易可以用来降低有规则的风险。下面将用两个极为简单的例子来说明如何利用股价指数期货交易来对股票现货交易进行套期保值。

【例8-1】假设2月1日某投资者拥有1000股W公司股票，这天股价指数是131，而1月份平均股价指数是136，该投资者通过分析后认为，未来两个月内股价指数将继续下跌，他担心手中持有的W公司股票受共同因素影响也将下跌。虽然他可以在现货市场上卖掉这1000股W公司的股票，但从各种指标分析来看，W公司经营状况不错，若卖掉这些股票则较为可惜，于是该投资者决定利用股价指数期货交易来进行套期保值。假设两个月后股价指数跌到126，其套期保值操作过程见表8-5。

表8-5　股价指数期货交易的空头套期保值

现货市场	期货市场
2月1日 • 假设W公司股票每股110美元 • 110美元×1000=11（万美元）	2月1日 • 出售3月底到期的股价指数期货合约：500美元×131=65500（美元）
3月31日 • 假设W公司股票每股106美元 • 106美元×1000=10.6（万美元）	3月31日 • 补进3月底到期的股价指数期货合约：500美元×126=63000（美元）
损失：4000美元	盈利：2500美元
套期保值净结果：亏损1500美元	

从表8-5可见，该投资者用股价指数期货交易的盈利减少了现货市场的损失。这里我们是以一份股价指数期货为例的。一般而言，出于套期保值目的出售股价指数期货的数额应与其持有的股票市价总值大致相同，这样该投资者应出售两份期货合约，结果可盈利1000美元。如果股市行情出乎该投资者的预料，股价指数与W公司股票价格均上升，那么反之，现货市场会盈利，期货市场则会亏损，依旧可以起到套期保值的目的。

股价指数期货交易还为投机获利提供了方便。如果某人预测股价将普遍上涨，但对购买何种股票举棋不定时，最好的办法就是买进股价指数期货合约。如果某人预测股价将普遍下跌但手中并没有股票时，其在现货市场上无论如何也不能获利，但他可以在期货市场上出售股价指数期货合约，如果股价果真普遍下跌，那么他便可获利。

（2）股票期权交易

股票期权是买者和卖者签订合同，买者付给卖者一定的保险费，就有权利在合同有效期内，不管这种股票价格如何变动，按某一协议价格买进（看涨期权）或卖出（看跌期权）一定数量的某种股票。

下面将用一个简单的例子来说明股票期权交易；假设A公司股票价格为每股100美元，某一投资者判断A公司在以后的3个月内股票价格会大幅度上升，这时他如果直接买进100股则需要1万美元。然而，一则可能该投资者手上没有足够的资金，二则他可能会认为一次投下1万美元所冒风险太大，于是他有些踌躇不决。而股票期权交易是一种两全其美的方法。他可以委托经纪人买进一份协议价格为100美元、期限为3个月的A公司股票看涨期权。假如期权行情表上显示的保险费为4美元，那么他只需花400美元（每份股票期权合约的数额为100股）就拥有了一种权利，即无论以后3个月内A公司股票价格如何变化，他始终可以从卖者手中按每股100美元的价格买进100股A公司的股票。

该投资者买进A公司股票看涨期权后，无非会出现三种情况：一是A公司股票价格上升，行使期权，结果是追回部分保险费（每股价格不超过104美元时）或获取盈余（每股价格超过104美元时）。二是A公司股票价格下降或不变，放弃期权，即让该期权合约到期自动作废，结果是损失全部保险费400美元。三是在该期权合约到期前进行转让，转让期权可以在A公司股票上升的情况下进行，也可以在A公司股票下跌的情况下进行。若A公司股票价格上升，看涨期权保险费也会上升，转让期权可以获取保险费差价收入；若A公司股票价格下跌，看涨期权保险费也会下跌，转让期权只能追回部分保险费，但如果保留至到期日可能损失的是全部保险费。

第四节　国际黄金市场

本节从黄金的基本概念出发，详细介绍影响黄金价格波动的因素、境外主要黄金市场以及中国黄金市场的发展。

一、黄金的基本属性

黄金的属性是指黄金在人类社会发展过程中所展现出的显著的、稳定的并且被多数人认可的功能与作用。黄金具备多重社会属性，能够满足人类多方面的需求，其中商品属性、货币属性和金融属性已被广泛接受。

（一）黄金的商品属性

黄金的商品属性侧重于使用价值，归因于黄金具备能够满足人们某种需要的自然属性。黄金价格昂贵、资源稀少，具有独特的物理和化学性质，加之自古以来深厚的黄金文化的积淀，使其具有特殊而广泛的用途。除了传统的作为珠宝首饰之外，黄金被作为原材料越来越广泛地应用于电子、航空航天、医疗等现代工业领域。

（二）黄金的货币属性

由于便于久藏、价值高、稳定、易分割携带等特点，黄金早在2700年前就开始被当成货币使用。马克思说："货币天然不是金银，金银天然是货币。"他从自然属性的角度总结出黄金适用于担当货币的职能，因而黄金作为货币的历史十分悠久。近代，黄金作为货币所发挥的功能或强或弱，在金币本位制时期黄金是中心货币，在金汇兑本位制时期黄金是货币发行的基础，信用货币的发行也与黄金建立某种平价关系，黄金始终是决定信用货币购买力的基础。直到以《牙买加协议》为标志的浮动汇率时代，才最终确定了纯粹的信用本位，黄金不再成为货币定制的标准，其货币属性逐渐暗淡。但是，黄金的货币属性从未消失，每当面临金融危机和化解危机时，信用货币的脆弱性便显现出来并遭受质疑，黄金的货币属性被人们重新认识。

（三）黄金的金融属性

黄金是金融资产中具有内在价值的、永不违约的资产，也是重要的投资工具。从 20 世纪 70 年代开始，全球出现新一波金融创新浪潮，在黄金现货交易基础上，逐渐衍生出黄金期货、期权、借贷、租赁、账户黄金、黄金 ETF（exchange traded funds，交易型开放式指数基金）等投资品种。在动荡的世界政治、经济形势下，黄金以其显著的保值避险特点，受到众多投资者的青睐，越来越成为了人们不可或缺的投资工具。

二、影响黄金价格波动的因素

20 世纪 70 年代布雷顿森林体系解体以后，国际黄金市场取消官方定价，黄金非货币化和价格市场化进程逐渐开启。伴随着全球黄金市场和黄金行业的发展，影响黄金价格变动的因素逐渐增多，总体而言包括以下几个方面。

（一）黄金供给

一般来说，黄金供需的基本情况在中长期内会影响黄金价格。世界黄金的供应主要来自矿产金、生产者套期净头寸、官方机构售金、再生金等。黄金矿产资源的开采是黄金供应最主要的来源，全世界每年金矿产量为 3000 多吨，且产量每年变动平稳（见表 8-6）。生产者套期净头寸是生产者为了规避价格风险，卖出与买入的期货等衍生品的数量之差。官方机构售金是指持有黄金储备的国家为发展对外贸易和进口的需要，而出售黄金储备换取外汇资产。再生金主要来自旧首饰、报废的电脑零件、电子设备、假牙以及其他黄金制品的回收熔化，再生金受价格影响较大。

表 8-6　世界黄金供给分项数据

	2021 年	2022 年	年度变化
总供应量 / 吨	4718.9	4779.2	↑ 1.3%
金矿开采量 / 吨	3589.5	3649.4	↑ 1.7%
生产者净对冲 / 吨	− 6.8	− 10.8	−
回收金 / 吨	1136.2	1140.6	↑ 0.4%

资料来源：世界黄金协会。

（二）黄金需求

黄金的需求主要来自制造业、官方储备和零售投资等方面。第一，制造业需求，包括首饰用金和工业用金两部分，其中首饰用金多于工业用金。传统金饰消费大国为印度、中国、沙特、阿联酋、土耳其等。首饰用金需求对黄金价格的影响较大，呈现季节性与周期性变化，通常第一季度和第四季度首饰金需求增长明显；而工业用金受行业发展形势影响，需求变动相对平稳，对金价影响较小。第二，官方储备需求，黄金非货币化的实施虽然使黄金储备的重要性日益降低，但是在各国的官方储备资产中，黄金仍然占有重要的比重。第三，零售投资需求，主要体现在投资金条、金币和金章等金制品，以及投资黄金现货、开展黄金租借、黄金ETF、黄金期货买卖等。

（三）美元汇率

当前国际黄金市场上，黄金、白银等贵金属的价格都是以美元进行标价的。当美元等信用货币出现贬值，而黄金作为硬通货的价值较为稳定时，黄金价格相对于贬值的美元来说属于上涨趋势，这本质上也是黄金抗通货膨胀功能的原理。

（四）通货膨胀率与利率水平

通货膨胀实质上反映的是宏观经济的变化，美国、欧盟等经济体宏观经济疲软时，多以通货膨胀率的升高为信号。此时，美联储、欧洲央行等货币政策的制定者就会在是否加息上进行利率的抉择。如果市场有加息和通货膨胀预期，在金融市场中，特别是股票市场中的资金就会寻找避险港湾而流向黄金市场，黄金价格随之上涨。黄金价格与通货膨胀的相关性，正是黄金货币属性和金融属性的重要表现。

（五）石油价格

自工业革命以来，有"黑金"之称的石油被称为工业文明的血液。黄金价格与石油价格的关系十分紧密，通常两者是呈正相关的关系，因为一般而言，石油价格的上涨，带来投资者对商品价格普遍上涨的预期，即通货膨胀预期，此时黄金作为硬通货的保值避险功能凸显，黄金价格随之上涨。但历史上也发生过例外的情况，且石油与黄金价格的同向关系在短期内并不十分显著。

（六）全球地缘政治局势

黄金等贵金属的价格之所以会受到国际地缘政治的影响，是由全球各个利益主体对于资源的争夺以及黄金作为贵金属的保值避险功能共同决定的。据统计，1973年10月第四次中东战争爆发以后，黄金价格连续上涨9个月，涨幅达88%。除此之外，苏联阿富汗战争、"两伊战争"、两次海湾战争、"9·11"事件等都导致黄金价格出现不同程度的上涨。

三、境外主要黄金市场

全球黄金交易市场在长期发展过程中，已形成具有明显特征的格局，并主要分布在欧洲、北美和亚洲三个区域，欧洲以伦敦、苏黎世黄金市场为代表，北美主要以纽约黄金市场为代表，亚洲主要以上海、香港、东京、新加坡黄金市场为代表。下面将大致按照黄金市场的规模，介绍几个主要的境外黄金市场。

（一）伦敦黄金市场

伦敦黄金市场是世界上最大的黄金现货交易市场和黄金场外交易中心之一。伦敦黄金市场具有悠久的历史，其发展可追溯到300多年前。1804年，伦敦取代阿姆斯特丹成为全球黄金交易的中心，1919年伦敦金市正式成立，每天进行上午和下午的两次黄金定价。自发布以来，伦敦黄金定盘价一直是世界各黄金市场基准价的主要参考标准，广泛应用于厂商、消费者和金融机构之间的交易结算，也是众多黄金衍生交易合约的定价基准。1987年，伦敦金银市场协会（LBMA）成立，它是一家负责黄金和白银现货交易的全球金银行业公会，也是为会员和市场参与者提供服务的贸易行业中介机构，是会员与交易对手的协调者。

近一个世纪以来，伦敦金定价机制主体均为欧美银行，尤其是伦敦的五大金商——巴克莱银行、德意志银行、加拿大丰业银行、汇丰银行和法国兴业银行。由于该定价机制易产生操纵黄金价格的风险，国际黄金市场呼唤更加公正、透明的定价体系的呼声越来越高。2015年3月，伦敦金银市场协会黄金定盘价的机制转交给洲际交易所（ICE），采取全新的电子化报价方式提供现货黄金定价管理。目前，伦敦金银市场协会共有13家商业银行和投资机构作为定盘商，中国银行（伦敦分行）、中国建设银行、中国工商银行、交通银行、浦发银行、平安银行和中国民生银行先后成为伦敦金银市场协会会员，直接参与国际黄金市场。

（二）纽约黄金市场

纽约黄金市场是在商品交易中建立起来的，以黄金期货和期权交易为主。纽约商品交易所（COMEX）成立于1933年，并于1975年开始进行黄金期货交易。1994年，纽约商品交易所并入纽约商业交易所（NYMEX）后成为其金属交易分部，合并后的纽约商品交易所一跃成为世界上交易量最大和最活跃的黄金期货市场。2007年和2008年，芝加哥商品交易所（CME）分别收购芝加哥期货交易所（CBOT）和纽约商品交易所（NYMEX），成为全球规模最大且多元化的交易所集团。

根据芝加哥商品交易所的界定，黄金期货交易归下属的纽约商品交易所负责，目前交易的品种有黄金期货、迷你期货、微型期货以及期权和基金。参与纽约黄金期货交易的客户主要有三类：一是套期保值客户，如生产商、提炼商、制造商、经营商、金属交易和用户终端；二是投机者，如大型对冲基金；三是场内职业投机者。

（三）苏黎世黄金市场

苏黎世黄金市场是在第二次世界大战后发展起来的，由于瑞士具备特殊的银行体系和辅助性的黄金交易服务体系，为黄金交易者提供了一个既自由又保密的环境。南非是世界黄金市场的主要供应者，而瑞士与南非之间存在优惠协议，从而获得了南非大部分的黄金，苏联的黄金也曾聚集于此，使得瑞士不仅成为世界上新增黄金的最大中转站，也是世界上最大的私人黄金的存储与借贷中心。

苏黎世黄金市场没有正式的组织结构，由瑞士银行、瑞士信贷银行和瑞士联合银行集团负责清算结账，三大银行不仅可以为客户代理交易，而且黄金交易也是这三家银行本身的主要业务，并提供优良安全的保险柜和黄金账户。苏黎世黄金总库（ZGP）建立在瑞士三大银行非正式协商的基础上，不受政府管辖，作为交易商的联合体与清算系统混合体在市场上起中介作用。苏黎世黄金市场无金价定盘制度，在每个交易日特定时间，根据供需状况议定当日交易金价，这一价格为苏黎世黄金官价，全日金价在此基础上的波动无涨停板限制。

（四）东京黄金市场

东京黄金交易所成立于 1981 年 4 月，其前身是由 14 家大商社组成的日本贵金属协会。成立初期，东京黄金交易所从事现货交易，1982 年开设期货业务，是日本政府正式批准的唯一黄金期货市场，为日本的黄金行业提供了一个透明且高效的交易平台。1984年，东京黄金交易所与东京橡胶交易所等合并为东京工业品交易所。[①]1991 年 4 月，东京工业品交易所将黄金市场原有的日本传统定盘交易方式改为与世界主要市场一样的动盘交易，同时引进电子屏幕交易系统。在全球 24 小时的黄金交易市场中，东京市场成为伦敦、纽约交易时间外的亚洲时段的重要交易市场。日本黄金市场与欧美黄金市场的不同之处在于，欧美黄金市场以美元/盎司计，而日本黄金市场以日元/克计，每宗交易合约为 1000克，交收纯度为 99.99% 的金锭，在指定的地点交割。

（五）香港黄金市场

香港黄金市场分为场内现货市场、场外本地"伦敦金"市场和黄金期货市场。黄金场内现货交易在香港金银业贸易场进行，其起源可以追溯至 1910 年香港金银业行[②]的成立，发展历史已逾百年，是实行会员制自律管理的法人组织。虽然与伦敦黄金市场相比，香港黄金市场起步相对较晚，但是 1974 年港英政府撤销了对黄金进出口的管制，香港黄金市场开始快速发展。香港黄金市场在时差上正好填补了纽约黄金市场收市和伦敦开市前的空档，连贯亚洲、欧洲和北美黄金市场，形成连续且完整的世界黄金市场，因此，伦敦五大金商、瑞士三大银行等机构纷纷在香港设立分公司，它们将在伦敦的黄金交易带至香港，形成了一个无形的"伦敦金"市场。

国际主要黄金市场联合其他地区交易场所，如法兰克福、巴黎、布鲁塞尔、悉尼和新加坡等，可以实现黄金市场各时区连续 24 小时不间断的交易。

四、中国黄金市场发展

（一）中国黄金市场的发展历程

新中国成立前，中国已经存在黄金市场。1917 年，上海成立了金业公会；1921 年，上海金业交易所成立。之后，北平、天津、武汉等地陆续建立了黄金交易机构，一些证券交易场所也设立了黄金交易部门。由于当时社会动乱，内忧外患，民众纷纷买入黄金进行保值，拥有资产实力的投资者则进行黄金交易牟利。1926 年至 1931 年间，上海的黄金市场交易最为活跃，交易量最高达到近 2 万吨，成为当时世界第三大黄金市场。抗日战争爆发后，国民政府实行黄金管制，黄金市场走向沉寂。抗日战争胜利后，国内曾出现了一个相对稳定的时期，当时的国民党政府决定实行黄金自由兑换，放开黄金价格。但随着内战的爆发，物价飞涨，人们纷纷抢购黄金，1947 年 2 月黄金兑换被迫停止。

新中国成立后，我国黄金市场大致可分为全面管制、统购统配、过渡时期和全面市场化四个发展阶段。

---

① 东京工业品交易所于 2013 年 2 月更名为东京商品交易所。

② 香港金银业行后改名香港金银业贸易场。

第一阶段，全面管制（1949—1982 年）。出于稳定人民币市场流通和保证外汇储备的目的，国家对私人黄金买卖实行全面管制，黄金的市场流动须经中国人民银行申请和配额。1950 年 4 月，中国人民银行制定下发了《金银管理办法》（草案），冻结民间金银买卖，规定国内的金银买卖统一由中国人民银行经营管理。

第二阶段，统购统配（1983—1992 年）。随着国家经济的不断发展以及国民收入的提高，我国黄金饰品市场恢复。1983 年 6 月，国务院颁布了《中华人民共和国金银管理条例》，明确规定国家对金银实行统一管理、统购统配的政策；在中华人民共和国境内，一切单位和个人不得计价使用金银，禁止私相买卖和借贷抵押金银；金银的收购，统一由中国人民银行办理；凡需用金银的单位，必须按照规定程序向中国人民银行提出申请使用金银的计划，由中国人民银行审批、供应。

第三阶段，过渡时期（1993—2001 年）。20 世纪 90 年代初，邓小平同志南方谈话和党的十四大提出发展社会主义市场经济，以辽宁感王镇民营黄金市场为代表的黄金私卖风潮乘势而起。1993 年国务院办公厅 63 号函回应了当时社会黄金市场化改革的争论，对黄金仍实行统收统配，金价由固定制改为浮动制，但未来将对黄金市场的管理逐步推行市场化。2001 年 4 月，中国人民银行行长戴相龙宣布取消黄金"统购统配"的计划管理体制，在上海组建黄金交易市场。

第四阶段，全面市场化（2002 年至今）。2002 年 10 月 30 日，上海黄金交易所正式开业，中国黄金市场走向全面开放，黄金市场迎来了大发展时期，黄金交易品种不断增加，市场规模持续提升。与此同时，商业银行陆续推出面向个人客户的黄金业务，上海期货交易所于 2008 年推出了黄金期货。目前，中国黄金市场已初步形成了上海黄金交易所黄金现货及衍生品市场、上海期货交易所黄金期货市场和商业银行场外市场共同发展的多层次、多元化的黄金市场格局（见图 8-2）。

图 8-2　中国黄金市场格局

（二）上海黄金交易所市场

上海黄金交易所，简称"上金所"，英文名称为 Shanghai Gold Exchange（SGE），是经国务院批准，由中国人民银行组建，在国家工商行政管理局登记注册的，不以营利为目的，实行自律性管理的会员制法人。上金所遵循公开、公平、公正和诚实信用的原则组织黄金、白银、铂金等贵金属的交易，它的成立实现了中国黄金生产、消费、流通体制的市场化，是中国黄金市场开放的重要标志。自成立以来，上金所始终贯彻落实中国人民银行关于建设金融基础设施的工作部署，不断完善黄金市场基础设施效能，持续提升市场服务水平，基本建成了多层次、立体化的黄金市场体系，国际一流的贵金属交易定价中心、清算结算中心、仓储物流中心、登记托管中心、咨询服务中心等五大中心（见图8-3）。2021年，上金所黄金现货交易量和交割量分别为3912.45吨和8127.86吨，在场内黄金现货交易和交割规模上均居世界第一。

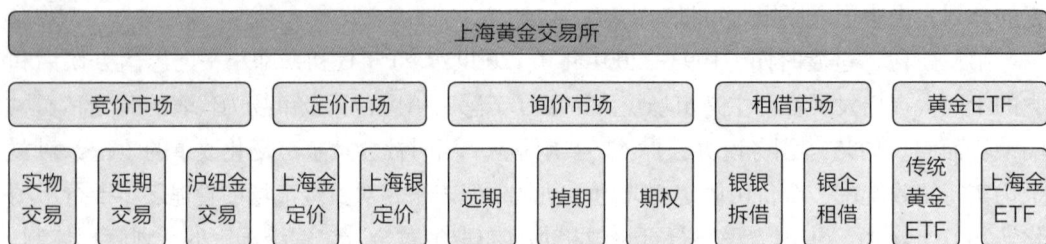

图8-3 上海黄金交易所市场及产品体系

根据交易模式的不同，上金所市场可被进一步细分为竞价市场、定价市场、询价市场、租借市场和黄金ETF。

竞价市场主要对应竞价交易，竞价交易是指在交易所按照"价格优先、时间优先"的原则，以自由报价、撮合成交的方式进行的交易。定价市场主要对应集中定价交易，集中定价交易是指市场参与者在上金所平台上，按照以价询量、数量撮合的集中交易方式，在达到市场量价相对平衡后，最终形成上海金（银）人民币基准价的交易，其本质上是集中竞价的一种变形。询价市场主要对应询价交易，询价交易是指在上金所指定询价交易平台达成的询价交易业务，或交易双方通过其他方式达成询价交易后，在上金所进行的询价登记、结算、交割等业务。租借市场分为黄金租赁和黄金拆借市场。黄金租赁是指符合规定条件的法人客户（含中小企业客户）向金融机构租赁黄金，并按照合同约定以人民币的形式支付租赁费，到期从上金所购买黄金进行归还的业务。上金所为会员及客户提供黄金租赁办理实物库存的过户转移、非交易过户等业务服务。拆借交易是指在金融机构以及上金所批准的其他机构之间进行的，交易一方以约定利息从另一方拆入黄金等贵金属实物，并约定在未来某一日期归还的交易。ETF又被称为交易所交易基金，是一种在交易所上市交易的、基金份额可变的一种开放式基金。黄金ETF是指绝大部分基金财产以黄金为基础资产进行投资，紧密跟踪黄金价格，使用黄金品种组合或基金合同约定的方式进行申购赎回，并在证券交易所上市交易的开放式基金。作为一种可在证券交易所交易的开放式基金，黄金ETF运作机制与股票ETF大体上类似，两者的区别主要在于成份股由一篮子股票组合变为单一实物商品（黄金现货），标的指数从股票价格指数变为单一商品价格指数，且作为被动型投资基金，黄金ETF不能持有或交易高风险的衍生产品，如黄金期货和期权等。

2013 年 7 月 18 日，国内首只黄金ETF——华安黄金ETF（518880）发行。2020 年 7 月 6 日，首只上海金ETF——富国上海金ETF发行。目前国内已经上市多只黄金ETF、上海金ETF和黄金ETF联接基金（见表 8-7）。截至 2022 年 2 月底，上金所登记的存续黄金资产管理产品共计 72 只，募集期产品 1 只。截至 2021 年底，中国黄金ETF的总持仓量为 75.3 吨（约合 278 亿元人民币），为历史最高纪录。

表 8-7　不同黄金ETF对比

类型	跟踪标的	代表基金
黄金 ETF	投资于上海黄金交易所挂盘交易的黄金现货合约	华安黄金 ETF、博时黄金 ETF、易方达黄金 ETF、国泰黄金 ETF、华夏黄金 ETF、工银瑞信黄金 ETF、前海开源黄金 ETF
上海金 ETF	投资于上海黄金交易所的上海金集中定价合约及其他黄金现货合约	富国上海金 ETF、广发上海金 ETF、中银上海金 ETF、建信上海金 ETF、天弘上海金 ETF
黄金 ETF 联接基金	投资于目标 ETF 基金份额以及上海黄金交易所挂盘交易的黄金现货合约等黄金品种	博时黄金 ETF 联接基金、工银瑞信黄金 ETF 联接基金 A、建信上海金 ETF 联接基金 A、前海开源黄金 ETF 联接基金

（三）上海期货交易所市场

上海期货交易所，简称"上期所"，英文名称为Shanghai Futures Exchange（SHFE）。2007 年 9 月，经国务院同意，中国证监会《关于同意上海期货交易所上市黄金期货合约的批复》（证监期货〔2007〕158 号）批准上期所上市黄金期货。2008 年 1 月，黄金期货合约正式在上期所挂牌交易。黄金期货合约的上市交易是对国内黄金现货市场的重要补充，进一步挖掘了黄金的金融属性，有利于发挥黄金期货价格发现功能，促进黄金定价机制的完善和发展。

自黄金期货合约在上期所上市以来，投资交易规模不断增大。2022 年上期所黄金期货成交金额已高达 15.35 万亿元，成交量为 3901 万手。黄金期货的价格发现和风险规避功能可满足市场参与主体对黄金保值、套利和投机方面的需求。2012 年 5 月 10 日，白银期货在上海期货交易所挂牌上市，这也是我国上市的第二个贵金属期货品种。白银期货作为已上市黄金期货的补充，对于优化白银的价格形成机制、提高白银上下游企业风险管理水平发挥着重要作用。

（四）商业银行黄金市场

随着国内黄金市场的发展，商业银行已成为国内黄金交易的重要参与者，发挥自身渠道优势，深度发展黄金客户群，扩大交易规模，与黄金企业、投资机构一起，为黄金市场的发展注入了原动力。商业银行黄金业务主要包括：黄金交易类业务、黄金保管仓储和资金清算业务、账户金业务、黄金租赁业务、代理黄金交易业务、实物黄金销售及回购业务、黄金衍生品业务、黄金质押业务、黄金积存业务、黄金结构性产品和"互联网+"黄金业务等。能够较好地满足企业的融资需求、避险需求以及个人的投资需求等，与场内市场互为补充，向黄金产业提供多方位的金融服务。

第五节 离岸金融市场

如前所述，离岸金融市场又称"新型国际金融市场"或"欧洲货币市场"，是开展离岸金融业务的场所。由于离岸金融市场与欧洲货币市场是同一概念，为便于介绍离岸金融市场的发展历史，下文主要以"欧洲货币市场"视角来对相关知识进行整理，并在此基础上梳理"香港离岸人民币市场"的相关内容。

一、欧洲货币市场

下面将分别从形成与发展、内涵、构成等方面对欧洲货币市场的相关知识进行介绍，并在此基础上阐述欧洲货币市场对世界经济的影响。

（一）欧洲货币市场的形成与发展

欧洲货币市场的前身是产生于20世纪50年代的欧洲美元市场。20世纪50年代初期，朝鲜战争爆发。美国政府冻结了中国在美国存放的全部美元资产。苏联与其他东欧国家为避免同样的风险，纷纷将在美国的资产转移至英国伦敦和法国巴黎的银行中，由此便形成了最早的欧洲美元。由于数量不大，没有引起人们的重视。当时欧洲国家之所以允许本国商业银行吸收美元存款，除了缓解布雷顿森林体系初期的美元短缺之外，也为了获得更多的资金，加强本国货币（如英镑）的地位以及支持国内经济的发展。1956年，英国和法国不顾美国的反对，联合入侵埃及，重新控制了苏伊士运河。美国于是采取行动，在国际外汇市场上大量抛售英镑，使英国的国际金融条件迅速恶化。为了控制外汇市场上的英镑供给，英格兰银行开始限制本国银行对外发放英镑贷款。出于保持客户关系的目的，同时也看到市场上对美元的旺盛需求和相当可观的放贷利润，当时伦敦的一些商业银行便把自己吸收的境外美元存款贷出，从而出现了最早的欧洲美元贷款。1958年以后美国的国际收支赤字为欧洲美元市场提供了大量的资金，美国的资本流出管制也迫使美国境外居民在欧洲美元市场进行借贷。因此到了20世纪60年代，欧洲美元贷款业务迅速发展起来。20世纪70年代后，全球石油经历了两次大幅度提价，使得欧洲美元市场的资金供需不断增加。

与此同时，从20世纪60年代末开始，在欧洲市场上交易的货币不再局限于美元，而是逐步向德国马克、瑞士法郎等多币种扩大。同时，亚洲的新加坡、中国香港等地也纷纷出现了美元、马克等货币的借贷业务。从此，原有的"欧洲美元市场"便演变为"欧洲货币市场"，并且"欧洲"不再是一个地理位置的概念，而是意味着"货币发行国的境外"。

进入20世纪80年代，欧洲货币市场的"境外"意义又发生了变化。随着经营欧洲美元业务的跨国银行机构遍布全球，1981年12月，美国联邦储备银行批准在纽约设立国际银行业务设施（international banking facility，IBF)，一是允许美国银行和在美国的外国银行吸收外国客户的美元或其他外币的存款；二是免除存款准备金的规定及利率的限制；三是允许对外国居民提供信贷，但贷款必须用于美国境外。也就是说，美国政府除了把在美国境内流通的外国货币视为欧洲货币外，又将在美国境内流通但不受美国金融当局管理的非居民美元存贷款定义为欧洲美元，这意味着美国境内的欧洲美元市场的诞生。1986年建立的日本离岸金融市场经营的是日元，因此它也属于日本境内的欧洲货币市场。但如前文所述，对于能经营本国货币的欧洲货币市场而言，其经营的本币仍然要求来源于非居民。

综上，欧洲货币市场的形成和迅速发展，有其内在原因和外在原因。

从内在原因来看，第二次世界大战结束后，西方国家经济加快复苏，且各国间的经济联系越来越密切，其生产和市场均日趋国际化。世界各国大工商企业、跨国公司为了进行全球性生产发展和业务扩张，自然就促进了货币市场和资本市场的国际化，大量企业需要从欧洲货币市场筹集资金。

从外在原因来看，当时美国长期国际收支逆差、限制资本外流政策与美元币值下降，加之其他各国政府金融政策变化、两次石油提价等都是重要影响因素。具体而言：

第一，美国长期国际收支逆差。20世纪50年代，美国海外军事开支庞大，海外投资增加，美元大量外流，国际收支出现巨额逆差。相应的，境外美元数量明显增加。

第二，美国限制资本外流政策。为改善国际收支状况，美国从20世纪60年代起采取了一系列限制美元外流的措施，如1963年开征了"利息平衡税"，规定美国居民购买外国债券所得收益高出本国证券投资收益的差额部分，必须作为税款交给国家。这使得美国资本市场的低利率优势丧失，大批美元存款从美国国内转移到欧洲货币市场。1965年，美国政府实行"自愿限制贷款计划"，旨在限制本国银行向外国居民的借贷额度。1968年，美国政府又颁布了"国外直接投资规则"，禁止美国企业汇出美元到国外投资，导致美国银行纷纷到海外设点开展业务，以摆脱国内政策的限制。

第三，美元币值降低。20世纪60年代以后，美元的霸主地位开始动摇，美元危机频频爆发。每当出现美元危机时人们纷纷抛售美元，购买黄金和德国马克、英镑、法国法郎等货币，从而壮大了欧洲货币市场。

第四，其他国家的政策影响。1958年，西欧各国基本上取消了外汇管制，货币可自由兑换，资本流动自由，免缴存款准备金。宽松的环境成为欧洲货币市场发展的有利条件。另外，一些新兴的工业国和苏联、东欧等国，为加快经济发展，也积极进入欧洲货币市场筹资，进一步扩大了欧洲货币市场的业务。

第五，20世纪70年代后，世界石油两次大幅度提价，石油输出国获得了大量的出口盈余，这些盈余因以美元表示而被称为石油美元。石油输出国把大量石油美元投入到欧洲美元市场，非产油的发展中国家则向欧洲美元市场借债以弥补石油贸易的赤字，于是欧洲美元市场的资金供需不断增加。

（二）欧洲货币市场的内涵

结合欧洲货币市场的发展历史，我们可以清晰地看到欧洲货币（Euro currency）和欧洲货币市场（Euro currency market）的内涵经历了变化。起初，欧洲货币在传统意义上被理解为货币发行国境外经营的货币的统称，欧洲货币市场则被理解为进行这类货币交易的市场。然而，随着市场的发展，特别是美国国际银行的发展，用交易货币的特殊性和"货币发行国的境外"来界定欧洲货币和欧洲货币市场虽然仍是主流但已不再确切。目前，欧洲货币和欧洲货币市场从"交易货币"视角拓展到了"参与主体"视角，带来的重要变化是从关注"货币发行国"转到"市场所在国"。因而，现代意义上的欧洲货币是指由市场所在国非居民持有并参与交易的、一般是可自由兑换的货币；欧洲货币市场是指由市场所在国非居民参与的、一般以可自由兑换货币进行资金融通的场所。相同的，根据IMF的定义，离岸金融是银行和其他金融机构向非居民提供的金融服务。我国《离岸银行业务管理办法》规定，离岸银行业务是指银行吸收非居民的资金，服务于非居民的金融活动。

可以看到，欧洲货币市场与传统国际金融市场之间有着两个重要的区别：第一，参与主体不同。欧洲货币的交易在市场所在国非居民之间进行，而传统国际金融市场在市场所在国居民和非居民之间进行。"非居民参与"是现代意义上欧洲货币和欧洲货币市场的基本特性。第二，市场监管不同。欧洲货币市场的经营活动一般既不受货币发行国也不受市场所在国金融法规条例的限制，所以是自由化的市场，尽可能减少各方交易所受到的金融政策与金融法规条例约束是欧洲货币和欧洲货币市场产生和发展的本质原因。

与此同时，对欧洲货币市场内涵的理解，要注意以下两方面：第一，这里的"欧洲"并非只指代地理位置上的"欧洲"，其实际上是"离岸"的同义词，只是因为离岸业务最早起源于欧洲，人们习惯于将离岸金融市场称为欧洲货币市场并沿用至今。因此需要注意的是，亚洲货币市场、拉丁美洲货币市场等也是欧洲货币市场的一部分，因为此时的亚洲、拉丁美洲是地理区位的概念，而欧洲并非指地理区位。第二，这里的"货币市场"也并非前文所述"国际货币市场"中的"货币市场"，因为其不强调交易对象期限而仅仅偏向于字面上的"货币"二字，因此欧洲货币市场经营的业务既包括短期货币市场的业务也包括中长期资本市场的业务。离岸金融市场与在岸金融市场的概念辨析见表8-8。

表8-8　离岸金融市场与在岸金融市场的概念辨析

	离岸金融市场	在岸金融市场
别称	• 欧洲货币市场 • 新型国际金融市场	• 传统国际金融市场
参与主体	• 市场所在国非居民与非居民之间	• 市场所在国居民与非居民之间
经营货币	• 主要为世界上所有可自由兑换货币	• 一般为市场所在国货币，其本质上是一种资本输出的形式
市场监管	• 一般既不受货币发行国也不受市场所在国的政府政策与法规条例的制约和管制。即基本不受任何国家政府金融政策与金融法规条例的制约和管制，高度自由	• 受市场所在国政府金融政策与金融法规条例的制约和管制

与此同时，欧洲货币市场又可分为三种类型。

第一，内外混合型，或称一体型。即国际金融业务与国内金融业务不分离，金融机构可以同时经营。其特点是限制少，交易自由，并且主要经营市场所在国以外货币，在岸和离岸金融业务的界限已逐步模糊。这类市场以伦敦市场最为典型，香港及其他大多数离岸金融市场均属于这种类型。

第二，内外分离型。即市场所在国政府当局要求金融机构将离岸市场业务与国内市场业务分离，分离型的市场有助于隔绝国际金融市场的资金流动对本国货币存量和宏观经济的影响。这类市场以纽约、东京、新加坡市场为代表，三者分别依次通过设立国际银行业务设施、设立海外特别账户以及亚洲货币账户等方式来开展业务。

第三，避税港型，或称为走账型。即那些既可以自由经营离岸金融业务又可以享受税收减免的市场。这类市场以开曼群岛、加勒比海的巴哈马等最为典型。这些岛国的政局相对稳定，资金流动不受管制，可自由出入且免征税，于是便有许多外国银行到这些地方设立分支行，经营离岸金融业务。但实际上很多外国银行的分支机构只是在这些地方注册或开立账户，便于进行资金划拨，以逃避税收或资金流动方面的限制。

（三）欧洲货币市场的构成

欧洲货币市场上的交易对象主要有欧洲短期借贷、欧洲中长期信贷和欧洲债券。

1. 欧洲短期信贷

欧洲短期借贷，是指期限在 1 年以内（含 1 年）的短期欧洲货币的借贷，其接受欧洲货币存款和提供 1 年及以内的短期欧洲货币贷款，是欧洲货币市场产生最早、规模最大的业务。其具有六大特点：一是存贷款期限短，最短为隔夜，多则 3 个月，最长不超过 1 年。二是借贷金额大，少则数万美元，多则可达数十亿美元。三是银行同业交易占很大比重，偶有大企业参加。四是一般情况下，借贷通过电话、电传等进行，无须担保品，也不需签订协议，主要凭双方信誉。五是市场存在很少的限制，因而竞争激烈，效率很高。六是存在独特的利率结构，由于不受管制又不需要保留存款准备金，利差可以保持很小的水平。

2. 欧洲中长期信贷

欧洲中长期借贷的相关知识和运行规则与本章第三节"银行中长期信贷市场"中所述的基本一致，主要用于政府或企业进口成套设备或大型工程项目的投资，期限在 1 年以上，大部分为 5~10 年，有的可长达 20 年。其资金来源主要是短期欧洲货币存款、发行各种欧洲票据筹得的资金以及银行内部的资金调拨。可见，欧洲银行业"借短放长"的特征十分突出。欧洲中长期信贷一般也需签订合同，有时还需经借款国的官方机构或政府担保。此外，与短期信贷一样，长期信贷的用途也由借款人自行安排，贷款人不加限制。

3. 欧洲债券

欧洲债券见本章第三节相关内容。

（四）欧洲货币市场对世界经济的影响

欧洲货币市场的产生与发展对世界经济产生了广泛而深刻的影响，包括有利影响和不利影响两个方面。

从有利影响来看：第一，其促进了国际金融市场的全球一体化，不仅有利于降低国际资金流动的成本，也提高了国际资本的使用效率，从较大程度上优化了全球资金配置。第二，为各国经济的发展提供了巨额资金，促进了全球国际贸易的增长和世界经济的发展。第三，为国际收支顺差国提供了理想的投资场所，为国际收支逆差国提供了筹资渠道，从而缓解了各国国际收支的不平衡。第四，作为一个高度竞争的市场，欧洲货币市场为金融创新创造了广阔的发展空间和强烈的市场需求。

从不利影响来看：第一，经营欧洲货币业务的银行要承担更大的风险。欧洲货币借款金额巨大，又缺乏抵押担保，而且有存短贷长的矛盾，在经济出现衰退或信贷过度集中在一个国家或一个对象时，很容易诱发偿还危机。第二，当前欧洲货币市场上的资金来源中的 90% 左右为 1 年以下的短期资金，此外，套利、套汇等投机活动十分活跃，由此造成利率、汇率等波动增强，对国际金融稳定造成了威胁。第三，欧洲货币基本不受任何国家管制，常在各国之间频繁流动，在固定汇率制情况下，当它大批量涌入某一国时，必然会引起该国为兑换这些货币而增大本国货币发行，从而引起或加剧该国的通货膨胀，并加剧世界性通货膨胀。第四，影响了各国货币政策的有效性。例如，当某国实行紧缩性货币政策、收紧银根时，该国银行或企业却可能从欧洲货币市场借入资金。当某国实行扩张性货币政策，降低利率时，该国资金又会流向国外，致使紧缩或扩张的力度大大降低。欧洲货币市场对国际经济金融局势的稳定是一个潜在的威胁，世界诸多国家已在探讨对它加强管制的问题，但这种设想的提出和各种方案绝非短期所能实现。

二、香港离岸人民币市场

随着对外贸易的发展，中国跨境贸易不断攀升，离岸人民币业务迅速发展起来。作为重要的国际金融中心，我国香港地区自然成了离岸人民币市场发展的桥头堡，并在人民币国际化进程中扮演着独特和无可取代的角色。

（一）香港离岸人民币市场发展的现状和优势

香港离岸人民币市场的发展主要分为三个阶段：第一阶段是 2003 年到 2006 年，以开展个人人民币业务为核心，其标志性事件为 2004 年 2 月香港银行正式开办个人人民币业务。第二阶段是 2007 年到 2010 年，主要特征为内地金融机构在香港发行人民币债券，并开展跨境贸易和投资人民币结算试点。其中，最具里程碑意义的两大事件分别是，2007 年 7 月国家开发银行在香港发行了首个人民币债券——"点心债"，2009 年 7 月跨境贸易人民币结算试点正式启动，香港成了我国境外唯一的试点地区。第三阶段为 2011 年至今，离岸人民币业务发展进入了快车道，业务形式和内容不断丰富。具体而言，2011 年底人民币合格境外机构投资者（RQFII）试点推出，正式允许符合条件的境内基金公司、证券公司的香港子公司作为试点机构开展 RQFII 业务。此外，自 2014 年启动"股票通"以来，我国内地和香港金融市场互联互通机制不断扩容，从 2017 年的"债券通"、2021 年的"跨境理财通"，到 2022 年的"互换通"，人民币业务产品涵盖范围也从股票、基金、债券、理财等领域，进一步拓展至金融衍生品市场。

随着各类举措的陆续出台，香港离岸人民币业务取得了骄人的成绩，其作为全球离岸人民币业务枢纽的地位也随之不断巩固。具体而言，香港拥有离岸人民币业务有四个"最大"。

1. 全球最大的离岸人民币清算中心

环球银行金融电信协会（SWIFT）2023 年 5 月发布的人民币追踪报告显示，中国香港的离岸人民币支付交易额占全球的 73.48%，英国、新加坡、俄罗斯紧随其后，占比分别为 5.17%，3.84%，2.58%（见图 8-4）。此外，香港金融管理局数据显示，2022 年经过香港银行处理的人民币贸易结算额达 9.3 万亿元人民币，同比增长高达 32%。可以说，人民币跨境支付和跨境贸易结算决定着人民币"国际货币"功能的实现和提升，而香港在其中的作用尤为耀眼。此外，在人民币结算所自动转账系统（RTGS）下，香港支付系统支持港元、美元、欧元及人民币转拨，可进行即时支付结算。根据香港金融管理局数据，香港人民币 RTGS 系统平均每日交易额不断增加，2022 年香港人民币 RTGS 系统的平均每日交易额高达 1654 万亿元人民币，相比 2021 年增长了 9%。

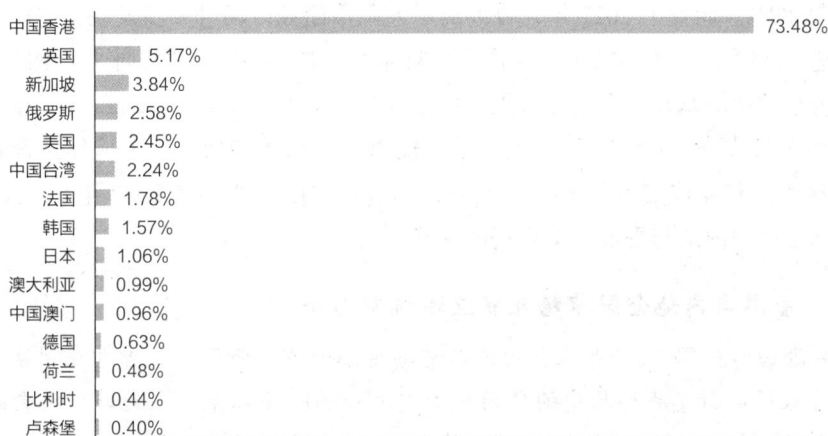

图 8-4　2023 年 5 月全球排名前 15 的离岸人民币清算中心

资料来源：SWIFT 网站人民币追踪（RMB tracker）。

2. 全球最大的离岸人民币资金池

一直以来，香港都拥有除了我国内地以外最庞大的人民币资金池，且总额呈稳步上升状态（见图 8-5）。2016 年至 2022 年，香港离岸人民币存款余额年均增长率为 8.18%。尤其是，截至 2021 年底，全球主要离岸市场人民币存款余额超过 1.54 万亿元，而香港离岸人民币存款余额就有 9447 亿元，在各离岸市场中排名第一，远超排名第二的我国台湾地区，且同比增长 22.4%。截至 2022 年底，香港离岸人民币存款余额继续上升至 9817 亿元。资金池规模是衡量市场深度的重要指标，也是香港发展成为全球离岸人民币业务枢纽的关键所在。

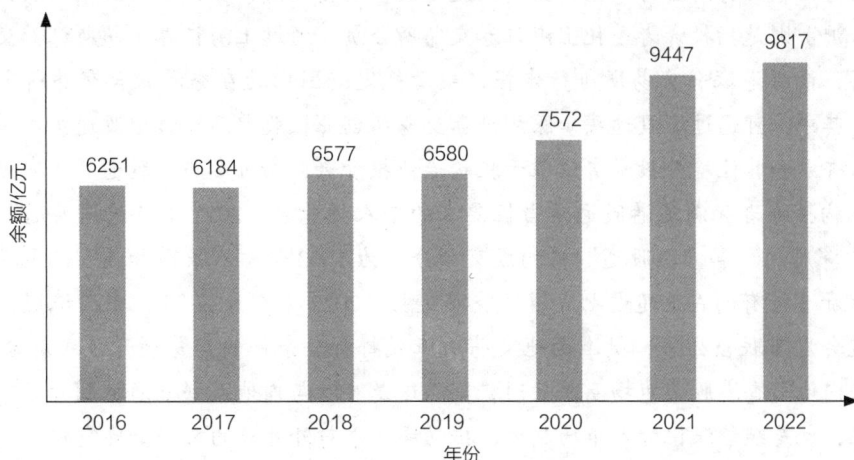

图 8-5　2016—2022 年香港离岸人民币存款余额

资料来源：香港金融管理局。

3. 全球最大的离岸人民币债券市场

香港是重要的人民币融资中心，债券发行人包括财政部、内地各省区市政府以及世界各地的金融机构和企业。香港金融管理局年报显示，2015 年至 2022 年，香港一直是全球最大的离岸人民币债券市场。2021年，香港离岸人民币债券发行额为1096亿元，相比2020年猛增87%。而到了2022年，香港离岸人民币债券市场进一步发展，离岸人民币债券发行额达1434亿元，相比2021年增长了31%。其中，债券通"北向通"继续是国际投资者通过香港的市场基建及金融服务投资内地债券市场的主要渠道。2022年，债券通"北向通"平均每日成交额达322亿元人民币（较2021年增加25%），占境外投资者在中国银行间债券市场整体成交额的61%。此外，债券通"南向通"在2022年9月正式开通，进一步推动了中国内地与香港金融市场的互联互通。

专栏8-4 香港与内地金融市场互联互通机制简介

香港回归祖国20多年来，内地与香港金融合作不断深化，香港在国家发展大局特别是双循环新发展格局中的作用愈加重要。2014年以来，内地与香港金融管理局密切合作，相继推出"沪深港通""债券通""跨境理财通""内地与香港基金互认"等互联互通机制，两地金融市场互联互通不断扩容。

内地与香港股票市场交易互联互通机制（包括"沪港通"和"深港通"）是内地与香港资本市场互联互通的首次重大尝试。沪港通（深港通）即沪港（深港）股票市场交易互联互通机制，上海证券交易所（深圳证券交易所）和香港联合交易所有限公司建立技术连接，使两地投资者通过当地证券公司或经纪商买卖规定范围内的在对方交易所上市的股票。沪港通于2014年11月10日获得批准，深港通于2016年11月25日获得批准。沪港通采用"双通道"独立运行机制，具体分为"沪股通"和"沪港通下的港股通"（"深港通"同理，以下以"沪港通"为例）两部分。其中，沪股通是指投资者委托香港联合交易所参与者，通过香港联合交易所证券交易服务公司，向上海证券交易所进行申报，买卖规定范围内的在上海证券交易所上市的股票。港股通（沪）则是指投资者委托上海证券交易所会员，通过上海证券交易所证券交易服务公司，向香港联合交易所进行申报，买卖规定范围内的在香港联合交易所上市的股票。其中，可通过深股通买卖深圳证券交易所创业板股票及通过沪股通买卖科创板股票的香港和其他境外投资者仅限于机构专业投资者，而可参与港股通的境内投资者限于机构投资者和满足港股通适当性要求的个人投资者。2022年"沪深港通"项下的"沪/深股通"和"港股通"日均成交额分别为1033亿元人民币和325亿元港元，国际投资者持有的A股超过七成通过香港交易。2022年6月28日，中国证监会和香港证监会发布联合公告，批准两地交易所正式将符合条件的交易型开放式基金（ETF）纳入内地与香港股票市场互联互通机制。这是香港与内地互联互通机制升级的标志性成果，也是继续深化资本市场改革、推动高水平对外开放的又一重要突破。

内地与香港债券市场互联互通的合作机制（"债券通"）是指境内外投资者可通过香港与内地债券市场基础设施机构连接，买卖香港与内地债券市场交易流通债券。与沪港通（深港通）的双向通道类似，债券通分为"北向通"及"南向通"。北向通是指香港和其他境外投资者经由香港与内地在交易、托管、结算等方面互联互通的机制安排，投资于内地银行间债券市场，而南向通的路径与之相反。2017年7月3日，北向通正式试运行，南向通则于 2021 年 9 月 24 日上线。北向通项下可投资交易的产品主要为债券现券，投资者可以分为主权类机构与商业类机构；南向通项下可投资的标的债券为境外发行并在香港债券市场交易流通的所有券种，投资者为经中国人民银行认可的部分公开市场业务一级交易商，合格境内机构投资者（QDII）和人民币合格境内机构投资者（RQDII）也可通过南向通开展境外债券投资。2022 年，"债券通"日均成交额为 337 亿元人民币，国际投资者持有的内地债券约有四分之一通过香港交易结算。

"跨境理财通"业务是粤港澳大湾区投资者理财业务双向闭环式资金管道。长期以来，内地居民的跨境投资理财产品的途径和额度有限，港澳居民亦缺少途径直接投资内地的理财市场。在跨境理财通下，粤港澳大湾区的内地和港澳投资者可以通过本地银行账户汇出资金，直接跨境投资对方银行销售的合格理财产品，因此，跨境理财通是内地和港澳资本互联的又一次重要试验。2021 年 9 月 10 日，中国人民银行广州分行等广东省区域的"二行六局"、香港金融管理局与澳门金融管理局共同发布了《粤港澳大湾区跨境理财通业务试点实施细则》，标志着跨境理财通业务进入正式落地阶段。与股票通、债券通类似，跨境理财通可以进一步分为"南向通"和"北向通"两个资金通道。南向通是指粤港澳大湾区内地投资者通过在港澳销售银行开立个人投资账户购买港澳销售银行销售的投资产品；北向通是指港澳投资者通过在粤港澳大湾区内地代销银行开立个人投资账户购买内地代销银行销售的投资产品。跨境理财通业务项下的试点投资者为粤港澳大湾区三地十一城的个人投资者，不包括公司投资者等其他类型的投资者。跨境理财通业务实行闭环式资金管道机制，即投资者只能在本地一家合作银行开立一个"汇款账户"，并选定一家对方销售银行或代销银行开立一个"投资账户"，两个账户为一一对应的资金闭环划汇关系。值得一提的是，跨境理财通业务试点使用人民币进行跨境结算，资金跨境汇划需通过人民币跨境支付系统办理，有利于进一步扩大大湾区人民币跨境使用规模。

内地与香港基金互认指的是符合一定条件的内地与香港基金按照简易程序获得对方监管机构的认可或许可后，在对方市场向公众投资者进行销售。互认基金一定程度上打通了两地基金产品跨境销售的渠道，为内地与香港的资产管理业务创造了新的机会，也给两地的投资者提供了更加多元化的产品选择。2015 年 5 月，中国证监会与香港证监会就开展内地与香港基金互认工作正式签署《中国证券监督管理委员会与香港证券及期货事务监察委员会关于内地与香港基金互认安排的监管合作备忘录》，并于 2015 年 7 月 1 日正式实施。按注册地划分，互认基金可以分为香港互认基金和内地互认基金，前者包括单位信托、互惠基金以及其他形式的集体投资计划，后者包括股票型基金、债券型基金、混合型基金、非上市指数基金和实物跟踪指数交易所买卖基金。

2022 年 7 月 4 日，中国人民银行、香港证券及期货事务监察委员会、香港金融管理局发布联合公告，决定开展香港与内地利率互换市场互联互通合作（"衍生品互换通"）。这标志着内地和香港金融市场的互联互通，从股票、债券、理财产品等领域，进一步扩展至金融衍生品市场。

4. 全球最大的离岸人民币外汇及衍生品交易中心

香港金融管理局数据显示，2022 年全球超 70% 的离岸人民币支付款额经香港处理。除了外汇市场，香港的离岸人民币投资市场也发展蓬勃，投资产品种类比其他离岸人民币市场更丰富多元，尤其是 20 世纪 90 年代中期以来，香港人民币衍生金融资产交易日趋活跃。目前主要有四个品种：一是无本金交割人民币远期（non-delivery forward，NDF）；二是 2006 年推出的无本金交割人民币期权（non-deliverable option，NDO）；三是 2007 年 8 月推出的无本金交割人民币掉期（non-delivery swaps，NDS）；四是 2010 年 7 月推出的传统形式的人民币远期。

总体而言，香港离岸人民币市场的发展优势体现在以下几个方面：一是相较于伦敦和新加坡，"一国两制"给香港的离岸人民币发展带来了得天独厚的机会。二是与使用外语为主的国家和地区相比，香港因为中英文通用而更加具有语言优势，这是其成为离岸人民币业务首选地的重要条件之一。三是香港拥有健全和高效的离岸人民币金融基础设施。支付系统方面，香港的人民币 RTGS 系统由中国银行（香港）有限公司担任清算行，清算行在中国人民银行开立交收账户，是中国国家现代化支付系统的成员。债券交收系统方面，债务工具中央结算系统（CMU）能为系统成员提供即时及日终货银两讫（DvP）结算服务，并已与 RTGS 系统联网，为港元、人民币、美元及欧元的支付结算系统提供即日及隔夜的回购设施。

（二）香港离岸人民币市场未来发展的重点

虽然香港离岸人民币市场建设硕果累累，但仍有较大的发展空间，需要不断满足企业、个人、储备管理机构及机构投资者对人民币日益增长的需求。据香港金融管理局报告，其未来将聚焦三个重点方向推动香港离岸人民币市场的持续发展。

第一，增加离岸人民币的流动性，优化货币互换协议及人民币流动资金安排。2022 年 7 月，中国人民银行与香港金融管理局宣布优化现行的货币互换协议为常备协议；协议的规模亦由 5000 亿元人民币（5900 亿元港元）扩大至 8000 亿元人民币（9400 亿元港元）。此举使香港有别于其他地区，无须续签有关协议，货币互换规模亦属最大。在此背景下，香港金融管理局还会优化其人民币流动资金安排，进一步支持市场流动性，促进市场参与者把握人民币业务机遇，包括离岸人民币产品与服务的提升及创新。

第二，促进离岸人民币产品多元化发展。在提升流动性的基础上，香港金融管理局提出，将开发更多元化的人民币计价产品，并持续优化香港与内地的各项互联互通机制，让国际投资者通过两地基础设施机构之间的连接，以方便、安全的方式在内地进行利率互换交易，同时沿用香港现有的国际市场交易惯例及营运架构。此外，香港金融管理局将继续探索提供更多元化的风险管理工具，以推动国际投资者配置内地债券及内地债券市场的进一步开放，同时促进香港作为风险管理中心的发展。

第三，进一步优化金融基础设施建设，其中以提升债务工具中央结算（central money-market unit，CMU）系统的三年计划为主要抓手，以期将 CMU 发展成为亚洲主要的国际中央证券托管平台（international central securities depository，ICSD），更好地从跨境清算、交易结算、托管等方面支持我国内地与国际金融市场之间的联通，进而降低跨境结算成本。这亦有助于香港积极把握市场机遇，吸引内地及国际发行人前往香港发行债券，促进香港债券市场的蓬勃发展，尤其是提升点心债市场发展的深度及多元程度。

本章小结

1. 国际金融市场是金融资源在全球优化配置的重要场所和渠道，在国际金融活动中起着极为重要的作用。国际金融市场的形成应具备的条件包括：稳定的政治局面；有较强的国际经济活力，国际贸易具有一定规模，且拥有具备较高国际金融专业知识水平和较丰富实务经验的专业人才；高度开放和宽松的金融环境；完善的金融制度和金融体系，健全的法律法规；现代化的国际通信设施，较为有利的地理位置，能与世界各主要国际金融市场保持密切的联系；等等。

2. 按交易对象不同，国际金融市场可分为国际货币市场、国际资本市场、国际外汇市场、国际保险市场和国际黄金市场。其中，国际货币市场又称"短期资金市场"，是1年或1年以下的短期资金借贷及短期证券发行与交易的市场，主要包括银行短期信贷市场、短期证券市场、贴现市场。国际货币市场的主要作用是在世界范围内调剂短期资金余缺，增大资金流动性，平衡国际收支和加速商品与资金的周转。国际资本市场又称为"中长期资金市场"，是1年以上中长期资金借贷及中长期证券发行与交易的市场，主要包括银行中长期信贷市场、国际债券市场和国际股票市场。国际资本市场的主要作用是为各国筹措生产建设资金提供渠道与便利，可优化国际分工，促进世界经济发展。国际黄金市场是世界各地黄金买卖的交易中心，黄金供给、黄金需求、美元汇率、通货膨胀率与利率水平、石油价格和全球地缘政治局势等都会影响黄金价格的波动。

3. 按市场性质不同，国际金融市场可分为传统国际金融市场和新型国际金融市场。新型国际金融市场又称"离岸金融市场""欧洲货币市场"，其前身是产生于20世纪50年代的欧洲美元市场，其内涵随着时间变化而经历了较大的变化。对欧洲货币市场内涵的理解，要注意以下两方面：第一，这里的"欧洲"并非只指代地理位置上的"欧洲"，其实际上是"离岸"的同义词，只是因为离岸业务最早起源于欧洲，人们习惯于将离岸金融市场称为欧洲货币市场并沿用至今。因此需要注意的是，亚洲货币市场、拉丁美洲货币市场等也是欧洲货币市场的一部分，因为此时的亚洲、拉丁美洲是地理区位的概念，而欧洲并非指地理区位。第二，这里的"货币市场"也并非"国际货币市场"中的"货币市场"，因为其不强调交易对象期限而仅仅偏向于字面上的"货币"二字，因此欧洲货币市场经营的业务既包括短期货币市场的业务也包括中长期资本市场的业务。

4. 欧洲货币市场与传统国际金融市场之间有两个重要的区别：第一，参与主体不同。欧洲货币的交易在市场所在国非居民之间进行，而传统国际金融市场在市场所在国居民和非居民之间进行。"非居民参与"是现代意义上欧洲货币和欧洲货币市场的基本特性。第二，市场监管不同。欧洲货币市场的经营活动一般既不受货币发行国也不受市场所在国金融法规条例的限制，所以是自由化的市场，尽可能减少各方交易所受到的金融政策与金融法规条例约束是欧洲货币和欧洲货币市场产生和发展的本质原因。

5. 随着对外贸易的发展，中国跨境贸易不断攀升，离岸人民币业务迅速发展起来。作为重要的国际金融中心，我国香港地区自然成了离岸人民币市场发展的桥头堡，并在人民币国际化进程中扮演着独特和无可取代的角色。目前，香港离岸人民币市场是全球最大的离岸人民币清算中心、全球最大的离岸人民币资金池、全球最大的离岸人民币债券市场、全球最大的离岸人民币外汇及衍生品交易中心。

核心术语

国际金融市场（international financial market）

国际货币市场（international currency market）

银行短期借贷市场（short-term credit market）

同业拆借（inter-bank offer）

国库券（treasury bills）

贴现市场（discount market）

国际资本市场（international capital market）

银行中长期信贷市场（long-term credit market）

银团贷款（consortium loan）

辛迪加贷款（Syndicate loan）

国际债券市场（international bond market）

国际股票市场（international stock market）

国际黄金市场（international gold market）

在岸金融市场（on-shore financial market）

离岸金融市场（off-shore financial market）

欧洲货币市场（Euro currency market）

思 考 题

1. 简述国际金融市场的形成条件及作用。
2. 银团贷款的组织构成有哪些？
3. 我国发行了哪些比较有代表性的国际债券？
4. 股价指数期货交易套期保值的原理是什么？试举一个例子，说明如何利用股价指数期货交易对股票现货交易进行套期保值。
5. 股票期权交易有何特点？如何利用股票期权交易进行套期保值？
6. 影响全球黄金价格波动的因素有哪些？上海黄金交易所和上海期货交易所分别有哪些主要的黄金产品？
7. 简述欧洲货币市场产生的原因，并说明其内涵的变化历程。
8. 与传统国际金融市场相比，新型国际金融市场有何特点？
9. 与外国债券市场相比，欧洲债券市场有何特点？

CHAPTER 9

第九章　国际资本流动

学习要点

1. 掌握国际资本流动的基本概念、分类、发展历程和特点；
2. 了解国际资本流动对经济的影响及相关风险案例；
3. 理解并掌握中国利用外资、对外投资的方式、特征和问题；
4. 掌握外债的概念、衡量指标、中国的外债现状和管理问题。

第一节　国际资本流动概述

第二次世界大战结束后，尤其是 20 世纪七八十年代以来，随着经济一体化、全球化趋势的加强，国际资本流动日益频繁，对世界经济产生了巨大影响。本节对国际资本流动的概念、类型和特点做一个概括的介绍。

一、国际资本流动的定义

国际资本流动（international capital flow）是指资本从一个国家转移到另一个国家，也就是资本跨越国界、跨越地区流动。国际资本流动与各国的国际收支关系密切，国际资本流动的情况不仅可以从各国国际收支平衡表的资本和金融账户中反映出来，而且国际资本流动和国际收支两者相互影响。通过对国际资本流动的调节和控制，可以达到调节国际收支顺差或逆差、实现国际收支平衡的目的；国际收支的持续顺差或逆差，也可以通过影响该国货币的汇率而影响国际资本的流动。

从流向上，国际资本流动可以分为资本在国际流出与流入两个方面。资本流出是指资本从国内流向国外，亦称本国的资本输出，通常表现为：一是外国在本国的资产减少；二是外国对本国的负债增加；三是本国对外国的负债减少；四是本国在外国的资产增加。相反地，资本流入是指资本从国外流入国内，亦称本国的资本输入，因而相对应地，其通常表现为：一是外国在本国的资产增加；二是外国对本国的负债减少；三是本国对外国的负债增加；四是本国在外国的资产减少。

资本要在各国间顺利地实现流动必须具备一定的条件。一般而言，外汇管制较松并且有较健全、完善的国际金融市场的国家，资本的流动就比较自由和顺利。反之，在实行严格外汇管制的国家，国际资本流动就会受到较大的限制和阻碍。

二、国际资本流动的分类

国际资本流动按照不同的角度可以划分为不同的类型。

（一）生产性和非生产性国际资本流动

按照资本流动与实际生产、交换的关系，国际资本流动可以分为生产性国际资本流动和非生产性国际资本流动两种类型。

生产性国际资本流动是指与实际生产、交换发生直接联系的国际资本流动，例如发生在国际市场上兴办特定企业、控制或介入企业的实际经营管理的产业性资本流动——国际直接投资及国际证券市场上以获取企业控制权为目的的证券买卖，又如作为商品在国际市场流动的对应物，在国际贸易支付中发生的资本流动、与之直接联系而发生的各种贸易信贷等贸易性资本流动以及国际衍生工具市场上与商品贸易、投融资等活动中的套期保值交易相关的保值性资本流动。这类国际资本流动形式多样，可以用实物形式，也可以用货币资本形式，甚至还可以通过管理、专有技术、商标的方式进行投资。

非生产性国际资本流动则是与实际生产、交换没有直接联系的国际资本流动，一般仅限于货币、金融衍生工具等金融形式。例如，国际银行存贷市场上与国际贸易支付不发生直接联系的银行同业拆借活动，国际证券市场上不以获取企业控制权为最终目的的证券买卖，外汇市场上与商品进出口没有直接联系的外汇买卖，国际衍生工具市场上与商品贸易套期保值无关的交易等。

（二）长期和短期国际资本流动

通常按资本使用期限的长短可将国际资本流动分为长期资本流动和短期资本流动两大类。

1. 长期资本流动

长期资本流动（long-term capital flow）是指使用期限在一年以上或未规定期限的资本流动，按照资本流动的不同方式，还可细分为国际直接投资、国际证券投资和国际贷款三种类型。

（1）国际直接投资

国际直接投资（international direct investment），又称对外直接投资（foreign direct investment，FDI），是指一国的居民或实体与另一国的企业建立长期关系，具有长期利益，并对之进行控制的投资。投资主体以对外投资为媒介，以取得企业经营控制权为手段，以最终获取利润为目标。国际直接投资主要有三种类型：一是开办新企业。这种方式既能集中各方优势，又可分散投资风险，是目前较普遍的投资方式。二是收购并持有的国外企业的股权达到一定的比例。国际货币基金组织的规定为10%，中国则为25%，这种方式最大的优点是投资者可以较快进入国际市场。三是利润再投资。这是指母公司把国外子公司的部分或全部利润作为新投资追加在原项目上或投资于新项目上。需要注意的是，这种方式虽然实际上不引起一国资本的流入或流出，但仍需要在国际收支平衡表中记录和体现。

（2）国际证券投资

国际证券投资（international portfolio investment）是指投资者通过在国际证券市场上购买债券、股票所进行的投资。国际证券投资的主要特征有：是一种金融投资活动，投资收益主要来自利息、股息和证券买卖差价收入；相对于国际直接投资而言，具有较强的流动性和变现能力；投资者对投资企业无实际控制权和管理权；在国际证券市场上发行债券，构成发行国的对外债务。对于在国际证券市场上购买股票、债券的国家来说是资本流出，称为投资；对于在国际证券市场上发行或卖出股票、债券的国家来说是资本流入，称为筹资。

（3）国际贷款

国际贷款（international loan）是指一年以上的政府贷款、国际金融机构贷款、国际银行贷款和出口信贷。国际贷款的基本特征有：不涉及在外国建立生产经营实体或收购企业的股权；不涉及国际证券的发行和买卖；贷款的收益是利息和相关费用，其风险主要由借款者承担；构成借款国的对外债务。

政府贷款指各国政府之间的贷款，一般是发达国家向发展中国家提供，目的是促进本国商品和劳务的出口及企业的对外投资等。这种贷款利率较低，期限较长，有些甚至是援助性的无息贷款，但往往附带条件或指定用途，通常建立在良好的政治外交关系的基础上。

国际金融机构贷款是指国际货币基金组织、世界银行、亚洲开发银行、非洲开发银行等全球性或区域性的国际金融机构向其成员方提供的贷款。这种贷款具有国际援助的性质，往往限定用途，主要用于平衡成员方国际收支逆差，支持成员方基础设施建设等，在提取和使用过程中，都有国际金融机构派出的专门人员监督。

国际银行贷款是国际商业银行提供的贷款，可以由独家银行提供或银团共同提供，其用途自由、金额大、期限长，但贷款利率和费用较高。能否借到国际商业银行贷款取决于借款人自身的信誉，一般低收入发展中国家很难大规模利用国际商业银行的贷款资金。

出口信贷（export credit）是一种中长期贸易信贷方式，是出口国为了支持本国商品的出口，鼓励本国银行对本国出口商或外国进口商（或进口方银行）提供的利率较低的贷款，其目的是解决本国出口商资金周转的困难，或满足外国进口商支付货款的需要。具体而言，出口信贷可分为买方信贷和卖方信贷两种形式：买方信贷是出口商所在地银行对进口商或进口商所在地银行提供的信贷，用于向出口商支付货款。一般的做法是进出口商签订贸易合同后，进口商先以现金支付 10%~15% 的货款定金，然后进出口双方的开户银行也签订一项买方信贷协议，规定由出口方银行向进口方银行提供一笔信贷资金。根据协议，资金必须转贷给指定的进口商，待出口商交货后，进口商将利用贷款资金支付全部进口商品货款，然后进口商银行将根据买方信贷协议的规定，分期向出口商银行偿还贷款本息。卖方信贷是为了便于出口商以赊销方式出售商品，由出口商所在地银行对出口商提供的信贷。出口商可以利用这笔资金向外国进口商提供延期分期付款的信贷，相当于在银行信用基础上提供的商业信用。贷款程序一般是进出口商签订商品买卖合同后，买方先支付一部分定金（通常为 10%~15%），其余货款在出口商全部交货后的一段时间内陆续偿还，比如每半年或者一年支付一次，包括延付期间的利息。出口商将从进口商分期收取的货款陆续归还银行贷款。

2. 短期资本流动

短期资本流动（short-term capital flow）是指期限在一年或一年以内的资本流动，其特点是流动频繁，大多借助于各种信用工具，如短期政府债券、可转让银行定期存单、商业票据、银行承兑汇票及银行活期存款等。这些短期资本很容易转化为货币，因此可直接对一国的货币和金融政策产生影响。根据资本流动的不同动机，短期资本流动可以分为贸易性资本流动、金融性资本流动、保值性资本流动和投机性资本流动。

贸易性资本流动是指由国际贸易引起的国际资本流动。为结清国际贸易往来所产生的债权债务，货币资本必然从一个国家流向另一个国家，从而形成贸易性资本流动。这种资本流动一般是从产品进口国流向产品出口国，带有明显的不可逆转性。

金融性资本流动也称银行资本流动，是指由各国经营外汇的银行和其他金融机构之间的资金融通而引起的国际资本转移，包括套汇、套利、掉期、头寸调拨、同业拆借等形式。这种流动主要为金融机构相互调剂资金余缺服务，与实际生产、贸易无直接关系，但因其金额大、流动频繁，对利率、汇率的短期变动有一定的影响。

保值性资本流动又称避险性资本流动或资本外逃（capital flight），是金融资产持有者为了保证短期资金的安全性或保持其价值不下降，进行资金调拨转移而形成的短期资本流动。促使保值性资本流动的主要原因有国内政局动荡、外汇汇率波动较大、外汇管制或征税过高等。

投机性资本流动是指投资者利用国际金融市场上利率、汇率、金融资产或产品的价格变动和差异，进行各种投机活动而引起的国际资本转移。这种资本流动以获取差价收益即投机盈利为根本目的，常被称为游资或热钱（hot money），具有非常强的流动性和投机性，已成为国际短期资金流动中最主要、最有影响的组成部分。

三、国际资本流动的发展历程及特点

国际资本流动是伴随着国际贸易的发展和国际分工的深化而发展起来的，现代意义上的国际资本流动大致经过了以下四个发展阶段。

（一）第一次世界大战前：萌芽期

第一次世界大战前，在金本位制盛行的 1870—1914 年，各国对国际资本流动不加任何限制，因此，这时的国际资本流动得到了迅猛的发展，既是国际资本流动的萌芽期，也是第一个鼎盛期。英国是当时最大的资本输出国，法国和德国次之。就流向而言，资本输出多集中在北美洲、拉丁美洲和大洋洲，其次是东亚、中东和非洲等殖民地附属国，占主导地位的输出方式是私人股票和债券等证券投资，主要投向输入国的公用事业部门。

（二）两次世界大战之间：低潮期

两次世界大战期间，各国实行严格的资本管制，长期资本输出的规模不大，资金流动方式、地区和部门结构均较为单一，资本主要流向拉丁美洲、加拿大和西欧等地，资本输出方式主要是政府借贷取代了私人资本借贷，美国由原来的债务国跃升为债权国，欧洲国家特别是德国成了最大的债务国。资本流动的动因从追求高回报和超额利润转向寻求资本的安全避难地。

（三）第二次世界大战结束到 20 世纪 80 年代：上升期

第二次世界大战后至 20 世纪 80 年代，尤其是 1973 年布雷顿森林体系崩溃前近 30

年，伴随着美元的大规模跨国流动，国际资本流动也被赋予了美元特色，这一时期，国际资本流动的规模空前膨胀，国际直接投资取代国际贸易成为推动世界经济发展的主要力量，对外直接投资的重点由发展中国家转向发达国家，占据主导地位的是发达国家间的相互直接投资。从输出方式看，20 世纪 70 年代前，直接投资取代间接投资成为主要投资方式，20 世纪 80 年代以后，国际资本流动出现证券化的趋势。从结构上看，制造业成为各国投资的主体，且对金融、邮电、通信等服务业的投资占比也迅速上升。

（四）20 世纪 90 年代到 2007 年：高速发展期

20 世纪 90 年代以来，伴随着经济一体化、金融全球化的深入发展，国际资本流动再次进入高速发展期，速度和规模都快速上升，并出现许多新的特征。

1. 国际资本流动的规模迅速扩大，对经济发展的影响力大幅提升

国际资本流动的增长速度远远高于全球国内生产总值和国际贸易的增长速度，资本跨国流动与各国经济规模的相对比例明显提高。世界银行 2001 年发布的《全球发展融资报告》显示，2000 年，全球资本交易总值达到 83 万亿美元，较 1980 年的 5 万亿美元增长 15.6 倍；资本市场流量为 43240 亿美元，较 1991 年的 7940 亿美元增长 4.4 倍；外国直接投资达 11180 亿美元，较 1991 年的 1600 亿美元增长近 7 倍。据统计，1991—1997 年，发展中国家的国际长期资本流入额的年均增长率达到了 72%，是世界出口贸易平均增长率的 2.3 倍，是 GDP 年均增长率的 2.7 倍。国际资本流动已取代国际贸易成为世界经济发展的主要力量。

2. 机构投资者发挥着越来越重要的作用

得益于金融自由化和金融创新的发展，以共同基金、养老基金、保险公司、信托公司等为代表的机构投资者数量不断增加，其管理的资产规模迅速膨胀。机构投资者规模的迅速增长必然在客观上需要将其资产在全球范围内进行配置，从而使得其在国际资本市场中的作用也日益凸显。

3. 国际资本流动具有越来越强的风险性和破坏性

以对冲基金为代表的各类机构投资者利用各种衍生金融工具频繁进出不同金融市场，虽然在一定程度上推动了国际金融市场的发展，也打破了资金市场的垄断，但其逐利性和流动性同时也伴随着高风险性和极大的破坏性。

4. 国际资本流动高度集中于发达国家之间，流向新兴市场的国际资本具有强波动性

得益于较为发达的金融市场和更大的经济规模，20 世纪 90 年代至 21 世纪初的国际资本流动多集中在发达国家。如 2000 年，70% 左右的外国直接投资流入额和 80% 左右的流出额发生在美国、欧盟各国和日本之间，国际银行贷款也是如此，有 80% 左右集中在发达国家。与此同时，20 世纪 90 年代初期，发达国家经济开始面临衰退和调整，而一些新兴市场国家的经济改革则取得了一定的成效，由此赢得了国际资本的逐步关注。1996 年底，国际私人资本流向新兴市场的规模达到了历史新高。然而，由于新兴市场国家的金融市场并不发达，投资环境具有较大的不确定性，加上金融危机的频繁发生（如 1997 年亚洲金融危机），致使流向新兴市场的国际资本流动波动剧烈。

5. 国际资本流动证券化趋势强化

20世纪80年代以后，国际资本流动便呈现出证券化的趋势。到了20世纪90年代后，随着发达国家金融管制的逐渐放松和发展中国家金融自由化进程的加快，国际金融市场融资证券化趋势得到了进一步的加强。据《国际清算银行年报（1996）》数据，1990—1995年，全球国际证券发行净额从164亿美元增加到了313亿美元，而国际银行贷款规模则相对有所下降。

（五）2008年金融危机以来：重塑期[①]

2008年金融危机以来，全球外国直接投资流入量呈现增长乏力的态势，据联合国贸易和发展会议（United Nations Conference on Trade and Development，UNCTAD）统计，2007—2021年全球外国直接投资流入量除2015年、2016年外，其余年份均未超过2007年的1.91万亿美元（见图9-1）。具体而言，这一时期的国际资本流动呈现以下特点。

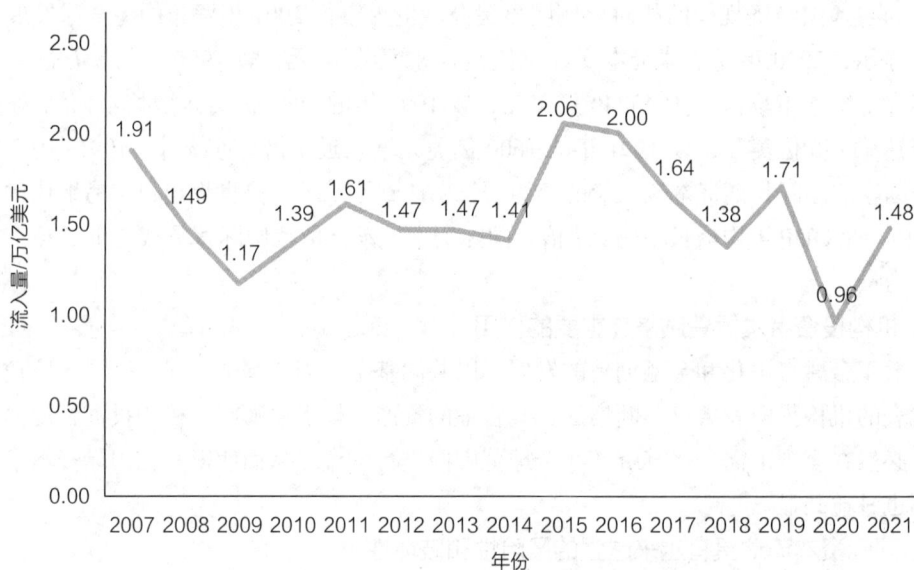

图9-1　2007—2021年全球外国直接投资流入量

1. 资金流向和投资模式发生深刻变化

从流向结构看，发展中经济体在FDI流入量中的占比稳步上升，2020年跃升至67.21%，2021年仍保持在59.59%的历史次高位。其中，在流入发展中经济体的外国直接投资中，亚洲发展中经济体占比自2015年起持续超过70%，2021年达到75.17%。从投资结构看，制造业领域的绿地投资长期下滑。2020年制造业绿地投资金额下降28%，2021年虽有明显反弹，但较2019年仍萎缩35%。

2. 国际贷款减少，债券融资成为跨境资本流入主渠道

国际清算银行（BIS）的数据显示，2021年第二季度国际银行业务占全球GDP的比重已由2007年的60%降至46%。越来越多的借款人通过投资基金和其他投资组合进行外币融资，证券投资成为最大的跨境信贷来源。BIS的数据显示，从2008年第三季度至2021

---

① 参考文献：姚淑梅. 国际资本流动格局演变、趋势展望及相关举措建议[J]. 中国投资（中英文），2022（Z4）：16-18.

年第二季度，美国以外地区非银行部门借款人的美元信贷余额（包括银行贷款和债券融资）增加了 1 倍，多达 13.2 万亿美元，其中债券融资占比由 31% 升至 53.8%。

3. 美元主导全球流动性，中国成为重要塑造者

一方面，美元仍然是全球资本流动的主要货币。根据 BIS 的全球流动性指数，截至 2023 年 6 月，美国以外地区非银部门借款人的美元未偿信贷存量达 13 万亿美元，欧元区以外非银部门借款人的欧元未偿信贷存量为 4 万亿欧元（约合 4.39 万亿美元），日本以外借款人的日元未偿信贷存量为 58 万亿日元（约合 0.4 万亿美元），美元计价债务占三者合计的 73%。

另一方面，中国对全球金融活动的深度参与推动了全球资本流动模式发生重大改变。根据中国商务部的相关统计，2022 年，中国对外直接投资流量为 1631.2 亿美元，居全球第二位，存量达 2.75 万亿美元，连续六年排名全球前三。据 UNCTAD 统计，2021 年，中国吸引外商直接投资 1735 亿美元，占发展中经济体 FDI 流入量的比重约为 20%。此外，据 BIS 统计，截至 2021 年 6 月底，国际银行对中国的综合国际债权超过 9700 亿美元，占其对所有新兴市场和发展中经济体国际债权总规模的 18%。随着中国对外开放的不断深入，国际资本流动格局也正在重塑。

第二节　国际资本流动的影响与管理

国际资本流动对资本输出国、资本输入国以及世界经济都会产生深刻影响，这些影响既有积极的，也有消极的，以下从长期和短期两个视角分别加以讨论。

一、长期国际资本流动的经济影响

（一）对资本输出国经济的影响

长期资本流动对资本输出国经济的积极影响主要表现为以下方面。

第一，提高资本的边际效益，增加国民收入。长期资本输出国大多是生产力发达、国内市场竞争激烈、资本相对过剩的国家。在这些国家，由于资本的边际效益递减，新增投资的预期利润率比较低，如果把预期利润率较低的资本和社会上闲散的资本转移到资本短缺或投资机会较多的国家，就能够提高资本使用的边际效益，增加投资的总收益，为资本输出国带来更多的利润，也使得国民收入实现较快增长。

第二，克服贸易保护主义壁垒，绕过关税壁垒占领市场。随着国际市场竞争的加剧，国际贸易摩擦增多，全球范围内的贸易保护主义倾向日趋明显。而向国外输出长期资本可以有效地跨越贸易保护主义的壁垒，维持和扩大海外市场份额，同时减轻与伙伴国的贸易摩擦。如 20 世纪 80 年代，日本对美国的直接投资增长迅速，其目的就是规避汇率波动和贸易保护主义制裁，保持和扩大其在美国市场的份额。

第三，提升国际地位和影响力。一国资本输出意味着该国的经济实力较强，通过资本输出，一方面可以增强输出国的经济实力，另一方面可以借此从资本输入国获取某种政治利益，进一步扩大其在国际经济、政治事务中的影响，提升其国际地位。

长期资本流动同时也会给资本输出国的经济带来消极影响，主要表现为以下方面。

第一，对本国经济发展造成压力。任何一个国家的资本都是有限的，如果长期资本输出过多，就会削弱输出国的国内投资项目和生产部门的资金供给能力，导致就业困难、税收减少，从而影响本国经济发展。

第二，面临较大的投资风险。与国内环境不同，其他国家政治、经济、法律、文化等环境因素复杂，输出的资本面临着汇率波动、利率波动、东道国政局不稳定等多种风险。例如，资本输入国实施某些不利于输入外资的法令条例，管制外国企业利润使之无法正常汇出国外，或没收外国投资资产以收归国有，都可能降低输出资本的安全性，减少输出资本的实际价值和收益。

第三，增加潜在的竞争对手。伴随着资本输出国的资本输出，先进技术和现代管理方法也会被带进资本输入国，这会促进资本输入国民族经济的发展和产品竞争能力的提高。一旦资本输入国的经济发展起来，产品竞争能力得到提高，就可能成为资本输出国的潜在竞争对手，甚至取而代之。例如，日本和亚洲其他新兴国家过去积极引进外资，后逐渐发展成为欧美主要发达国家强劲的竞争对手。

（二）对资本输入国经济的影响

长期资本流动对资本输入国经济的积极影响主要表现为以下方面。

一是弥补资本不足，缓解资金短缺的困难。资本形成不足是阻碍欠发达国家经济发展的主要问题，通过引入外国资本，可以在短期内获得大量的资金，一方面可以缓解资金短缺，补充输入国的资本供给，另一方面通过有效利用引进的外资，提高资源利用效率和生产能力，从而促进经济的发展，实现国民收入增长。

二是引进先进技术设备，促进产业结构调整升级。资本输出国为充分吸取新技术、新工艺和新产品所能带来的利润，或迎合输入国对外来资本中新技术、新工艺和新产品的偏好，往往以技术入股、技术转让等方式向输入国提供比较先进的技术、工艺和产品，从而改善输入国的技术装备状况。此外，直接投资也可以引入管理水平，推动资本输入国产业结构调整和升级。

三是增强出口创汇能力，改善国际收支。发达国家通过资本输出，把劳动、能源和原材料密集的生产工序和一般消费品的生产过程迁往发展中国家和新兴工业化地区，再将产品销售到本国市场和国际市场，有利于输入国扩大产品出口规模。同时，输入国利用外资所带来的先进技术和海外销售渠道，可以增强出口商品的国际竞争能力，提高产品的出口创汇能力，从而起到改善国际收支的作用。

四是增加财政收入，创造就业机会。大量外商投资企业的建立和投产开业，为资本输入国增加了财政收入来源。同时，资本输入为输入国带来了资金、技术设备和其他生产要素，从而开辟出新的就业领域，创造了大量的就业机会。

长期资本流动同时也会给资本输入国的经济带来消极影响，主要表现为以下方面。

一是损害经济发展的自主性，对外国资本产生依附性。盲目过量的资本输入，可能使输入国在经济、技术等方面成为输出国的附庸地。大量外国资本渗透到国民经济的重要部门，或控制众多的工商企业，或支配着国内资本和外汇市场的供求，都可能使输入国丧失

270

民族经济特色和经济政策的自主权，增加对资本输出国的依附性。

二是冲击民族企业，挤占国内市场。资本增值的本性决定了资本对资源和市场的渴求，国际资本的输入往往是为了绕过各种关税和非关税壁垒挤占输入国市场，掠夺资源。过分利用外资，一方面容易使得当地资源遭受掠夺性的开采，另一方面会致使当地销售市场被大幅挤占，使民族企业生存和发展的空间变得狭小，进而影响本国经济的正常运行。

三是造成沉重的债务负担，引发债务危机。资本输入国如果过多地借入国际贷款或发行国际证券，而又不能有效地管理和使用筹集到的外资以取得预期效益，很可能面临还本付息困难的境地，进而陷入债务危机。

（三）对世界经济的影响

长期资本流动对世界经济的积极影响主要表现在以下方面。

第一，提高世界的总产量和投资收益率，推动世界经济增长。资本只有在流动过程中才能创造财富、实现增值，而且其流动范围越大，其创造财富、实现增值的能力就越强。资本要素超越国界的限制，使得资本得以在更大范围内优化配置，资本输出所产生的产值和利润一般都大于资本输出国因资本流出而减少的产值和利润。资本流动带动了其他生产要素的国际转移和重新配置，推动资本输入国生产力的进步和管理水平的改善，所以，国际资本流动有利于提高世界总产量和投资收益率，从而成为当代世界经济发展的主要动力。

第二，加快经济全球化、一体化进程。资本在国与国之间大规模流动，不仅打破了各国金融市场之间的封闭状态，加强了彼此之间的联系，而且带动了各种生产要素和产品在国际的流动，并通过在不同地方投资建厂、销售产品等经济活动，使各国的生产、流通和消费领域相互沟通，进而推动"你中有我，我中有你"的经济全球化和一体化进程。

第三，促使国际分工深化。国际资本流动推动了以发挥各自特长为基础的国际分工，跨国公司将基本生产过程分解成各个相对独立的部分，把各个不同的零部件加工乃至各个不同的工序转移到不同的国家，从而把国际分工和协作推向了一个更加广泛而深入的新水平。跨国公司对公司拥有的生产资源和各个增值环节进行跨国界的配置、协调和管理，将每一个海外子公司从事的活动作为其整体价值的有机组成部分，其所开创的以公司内部分工为特征的国际生产一体化体系，是更深层次的生产一体化。

第四，使国际金融市场日趋成熟。在经济利益的驱动下，国际资本的流量越来越大，使国际金融市场迅速成长起来。首先，资本输出与输入增加了国际货币资本流动的数额，从而为国际金融市场规模的扩大提供了前提条件。其次，国际资本流动涉及投资、证券、借贷、外汇和黄金等许多方面，这进一步拓宽了国际金融市场的业务范围。最后，随着国际资本流动，各种金融机构蓬勃发展，建立全球性经营网络并展开激烈竞争，从而极大地提高了国际金融市场的效率。

长期资本流动对世界经济也有消极影响，主要表现在以下方面。

第一，国际资本流动加剧了各国在世界经济领域的竞争，在某种程度上激化了国家之间的矛盾。

第二，国际资本流动加剧了国际金融市场波动，影响汇率稳定、利率稳定、银行稳定等，一旦处理不当，可能引发债务危机、金融危机、经济危机，乃至政治危机和国家危机。

专栏 9-1 拉美债务危机[①]

20世纪70年代末至80年代初，由于1973—1974年、1979—1980年两次石油危机的爆发，石油价格大幅上涨，使得发展中国家特别是非产油发展中国家的进口支出扩大，国际收支经常账户逆差不断增加。与此同时，石油输出国将大量的"石油美元"投入欧洲美元市场，导致国际商业银行的贷款资金充裕，而主要发达国家实行紧缩性货币政策，国内信贷资金需求萎缩，因而国际商业银行被迫转向国外寻求贷款对象，致使国际金融市场利率相对较低。再加上国际商业银行普遍认为国家的信用最强，官方借款不会发生到期违约或拖欠偿还的情况，对发展中国家贷款的意愿由此迅速提高。因此，非产油发展中国家因面临严重的国际收支赤字而被迫在国际金融市场举借大量外债，一些产油的发展中国家（如墨西哥、委内瑞拉、尼日利亚等）也在石油出口收入可观的情况下，盲目相信未来不会出现偿债困难，试图通过外债来弥补国内储蓄不足和资金短缺以发展经济，大量借取国际商业银行贷款来增加国内投资。

然而，在举债过程中，发展中国家往往高估了本国的经济实力，盲目扩大借债规模，不切实际地追求经济高速增长，甚至出现各借债机构、借债单位在国际金融市场上相互竞争、盲目借债、多头举债的矛盾现象，从而抬高了借债的利率成本，引起本国外债规模膨胀，但外债却因国内经济结构和基础设施的落后而得不到相应的产出。而且发展中国家举借的外债也存在投向不当的问题，一方面，它们将外债主要投向周期长、见效慢的生产性建设项目，但对这些项目却又缺乏良好的经营管理，致使投资效率和创汇率较低；另一方面，它们将部分外债用于生产和进口消费品、奢侈品，部分发展中国家甚至实行"债务军事化"政策，把大量的外债用于军事设备、技术的进口和生产，由此极大地影响了外债的使用效益，难以形成稳定的外债偿还资金来源。同时，发展中国家缺乏有效的外债宏观调控机制：一是缺少对外债的宏观指导政策，对由何部门举债、怎样举债、如何避免外债风险、如何控制借债成本和提高外债使用效率等问题缺乏统一的研究与对策；二是并未构建有效的外债管理机构，无法对举债过程中发生的盲目性及各种矛盾进行有效的协调与控制；三是尚未对外债形成明确的概念、分类和统一口径，没有建立统一的报表报告制度和监测统计指标体系，无法对外债进行有效的统计和监控，因此举借的外债没能得到妥善管理，出现贷款期限安排不当、还款期限过于集中等问题，极大地加剧了本国的偿债负担。

除此之外，受第二次石油危机的影响，20世纪80年代初以发达国家为主导的世界经济开始衰退，而且以美国为首的发达国家为了转嫁危机，纷纷实行严厉的贸易保护主义，利用关税和非关税贸易壁垒减少从发展中国家的进口，使发展中国家出口产品的价格，尤其是低收入国家主要出口的初级产品价格大幅下跌，发展中国家的出

---

① 参考文献：戴建中. 拉美债务危机和东南亚金融危机比较研究[J]. 国际金融研究，1999（8）：29-35；余文健. 拉美债务危机：成因与对策[J]. 求是学刊，1992（2）：62-67，61.

口收入随之急剧下降，偿债能力也相应减弱。同时，英美等主要发达国家纷纷实行紧缩性的货币政策以克服日益严重的通货膨胀，国内金融市场利率由此提高，特别是 1981 年以后，美国货币市场利率显著提高，吸引了大量国际资金流向美国，引起美元汇率的大幅提高，而其他主要西方国家为避免国内资金的大量外流，也被迫提高国内货币市场利率，导致世界范围的利率上涨。然而，发展中国家的债务大多为浮动利率的债务，基准利率的上升引起已发放的商业贷款利率同幅度上升，加之发展中国家债务以美元债务为主，高利率形成的美元汇率上浮更是大大加重了债务国的偿债负担。

在上述内外因素影响下，1982 年 8 月 12 日，墨西哥因外汇储备下降到危险线以下，无法偿还到期的外债本息，被迫宣布无限期关闭全部汇兑市场，暂停偿付外债，并把国内金融机构中的外汇存款一律转换为本国货币，成为拉美债务危机的导火索。随后，巴西、委内瑞拉、阿根廷、玻利维亚等债务国发生连锁反应，拉美债务危机全面爆发：1984 年 6 月，玻利维亚、厄瓜多尔等国家相继因偿债困难而宣布终止或推迟偿还外债；1986 年初，随着国际油价暴跌，墨西哥等国家也出现债务危机，停止偿还外债；1987 年 2 月，巴西因外汇短缺宣布停止偿还外债利息；1989 年 1 月，委内瑞拉宣布暂停偿还拖欠国际私人银行的公共外债。以拉丁美洲的中等收入国家为主的30 多个国家都发生了债务危机，无法偿还的外债高达 4000 多亿美元，涉及债权银行1400 多家，由此不仅导致发展中国家的信用严重下降，也使得国际银行业陷入了资金危机，严重影响了国际金融业乃至整个国际货币体系的稳定。

拉美债务危机爆发以后，国际金融机构、债务国和债权国相继采取了一系列挽救措施，对缓解债务危机问题起到了一定的积极作用。在国际金融机构方面，国际货币基金组织不仅向债务国提供了紧急贷款，还提供了中长期经济结构调整贷款，世界银行也通过快速拨付政策性贷款对债务沉重的发展中国家给予资金支持。在债务国方面，发展中国家既通过与主要债权国的双边或多边协商重新安排债务偿还期、重新提供资金、延期偿付和债务削减等，将债务国大量的短期债务转变为中长期债务，又通过债务资本化以具有吸引力的折扣向投资者出售债务股票，将债务转化为投资股权，从而在削减债务规模的同时促进债务国的生产投资，还通过债务回购、限制偿债等方式缓解债务危机。在债权国方面，主要发达国家纷纷提出了解决债务危机的各种方案，如美国提出的贝克计划和布雷迪计划、法国提出的密特朗方案、日本提出的日本大藏省方案等，都旨在将债务国的偿债负担降至其经济增长可承担的范围。

二、短期国际资本流动的经济影响

因贸易、融资等产生的短期资本流动，规模相对有限，其影响也相对较为积极和正面。不过，近年来迅速崛起的国际投机资本及其机构化的运作方式，极大地影响了国际金融市场的发展。以下将从积极和消极影响两方面分别加以阐述。

（一）短期国际资本流动的积极影响

第一，促进国际贸易的发展和生产的扩大。国际的短期资本流动，如应收账款融资、国际保理、信用证融资等短期贸易融资方式，有利于贸易双方获得必要资金和进行债权债务的结算，从而保证国际贸易的顺利进行，直接推动了国际贸易的扩大，而贸易的扩大会持续改进生产要素的国际配置，从而使生产进一步扩大。同时，国际的短期资本流动为国际贸易提供融资服务，也培养和锻炼了发展中国家的金融机构，为其进入国际金融市场做好了技术和声誉上的准备。

第二，促进国际金融市场发展。首先，国际资本流动加速了经济和金融一体化进程。国际投机资本在世界主要金融市场的套汇、套利活动，缩小了各种金融资产价格的差异，呈现出价格一体化的趋势；同时，也加强了各国经济和金融的相关性，为经济金融一体化创造了条件。其次，国际资本流动增加了国际金融市场的流动性，借助于现代通信技术和交易工具，国际资本可迅速地在国家间流动，提升了国际金融市场的效率。

第三，在一定程度上解决国际收支不平衡问题。国际收支不平衡的国家，可通过短期资本在国际的流动弥补国际收支赤字，或者充分使用国内的盈余资金。当一国的国际收支出现暂时性逆差时，该国货币汇率下跌，如果投机者认为这种下跌只是暂时的，他们就会按较低的汇率买进该国货币，等待汇率上升后再卖出该国货币，这样就形成了短期资本流入，有助于弥补国际收支逆差；当一国的国际收支出现暂时性顺差时，该国货币汇率上升，如果投机者认为这种上升只是暂时的，他们就会以较高的汇率卖出该国货币，等待汇率下跌后再买进该国货币，这就形成了短期资本外流，从而有利于减少国际收支顺差。

（二）短期国际资本流动的消极影响

第一，造成资产价格的波动和国际金融市场的动荡。在浮动汇率制度下，短期资本特别是投机资本流动十分频繁，当大量资本在国际市场迅速和大规模地流动时，势必会导致市场利率、汇率大起大落，造成国际金融市场的动荡局面，也增加了国际贸易中的风险。

第二，加大国际收支失衡。当一国国际收支出现持续性逆差时，该国货币汇率持续下跌，如果投机者认为汇率可能进一步下跌，就会卖出该国货币，造成资本外流，进一步扩大国际收支逆差。与此相似，当一国国际收支出现持续性顺差时，该国货币汇率持续上升，投机者预期汇率可能进一步上升，就会买入该国货币，形成资本流入，国际收支顺差会进一步扩大。

第三，影响货币政策的独立性。短期资本的流动性强，而且对货币政策的变化十分敏感。当短期资本大量涌入时，会导致本国货币升值，而市场利率、汇率下跌会导致短期资本迅速抽逃，使汇率暴跌。为稳定汇率，中央银行会增加基础货币的投放，买进外汇，这会导致货币供给的增加，形成通货膨胀的压力。当一国为了控制通货膨胀而采取紧缩性货币政策时，利率提高会在短期内带来大量资本的涌入，从而破坏货币政策的紧缩力度；反之，扩张性的货币政策又会因短期资本的抽逃而削弱货币政策的效果。因此，短期资本的频繁流动不利于维护各国货币政策的独立性和有效性。

专栏 9-2　欧洲货币危机 [①]

1978 年 12 月 5 日，欧洲理事会决定构建欧洲货币体系，即以欧洲共同体 12 个成员方货币共同组成的一篮子货币——欧洲货币单位（European currency unit, ECU）为中心，让成员方货币与欧洲货币单位挂钩，再基于欧洲货币单位确定成员方货币的双边固定汇率，其实质是可调整的固定汇率制度。欧共体各成员方货币在欧洲货币单位中的比重由各成员方的经济实力决定，并且规定每五年调整比重。然而，一旦各成员方的经济实力对比发生重大变化，但各成员方货币的比重却并未进行调整，此时外汇市场将自发调整各成员方的汇率，为欧洲货币危机的爆发埋下隐患。除此之外，欧洲货币体系不仅对各成员方货币汇率的波动幅度加以限制，要求各成员方在汇率大幅波动时进行干预，还对美元实行联合浮动，要求软货币国承担维持对美元、欧洲货币单位以及其他成员方货币汇率的压力，一旦各成员方的外汇储备难以维持规定的汇率，也将引发货币危机。

20 世纪 90 年代初，随着联邦德国与民主德国的统一，德国的经济实力急剧上升，打破了欧共体内部经济实力的均衡局面，但是德国马克在欧洲货币单位中的比重并未做出调整，导致德国马克与其他成员方货币的汇率逐渐失衡，从根源上导致欧洲货币危机的爆发。与此同时，德国政府加大货币投放以振兴经济和解决失业问题，由此出现了巨大的财政赤字，加剧了通货膨胀的压力。对此，德国政府自 1991 年以来不断提高利率，甚至拒绝了七国首脑会议降低利率的要求，在 1992 年 7 月将利率提高至 8.75%。虽然欧洲货币体系的联合浮动汇率制度要求各成员方采取一致的货币政策和汇率政策，但是西欧各国的经济普遍低迷，失业率日益高涨，亟须实行低利率政策以降低企业借款成本，增加企业的投资，从而扩大就业，增加产量，刺激经济增长。因此，由于欧共体内部经济发展水平的差异，其他成员方难以维持与德国相一致的高利率政策，致使国际投机资本在外汇市场上大量抛售芬兰马克、英镑、里拉、法郎等货币，转而购买德国马克，其他成员方货币对德国马克的汇率大幅下跌，直接引发了欧洲货币危机。

为了维持各国货币对德国马克的汇率，欧共体其他成员方不仅采取与德国一致的货币政策，纷纷提高本国利率，还在外汇市场上抛售其外汇储备的德国马克，大量购买本国货币，但却持续遭到国际投机资本卖空。1992 年 9 月 8 日，芬兰中央银行在干预外汇市场无果后，被迫宣布芬兰马克与德国马克脱钩，实行浮动汇率制度，这也成为欧洲货币危机的导火索。对此，英国、法国等欧共体成员方建议德国降低利率以维持欧洲货币体系下各成员方货币的汇率稳定，但却遭到德国的拒绝，甚至德国中央银行于 1992 年 9 月 11 日公开宣布绝不降低利率，从而加剧了国际投机资本的卖空攻势。

1992 年 9 月 12 日，欧洲货币体系内的软货币意大利里拉的汇率再度大幅下跌，甚至跌到欧洲货币体系汇率制度下里拉对德国马克汇率的下限，意大利政府被迫在

[①]　参考文献：纽航. 欧洲货币危机的爆发及影响[J]. 国际金融研究，1992（10）：9-11；潘勇. 1992 年 9 月以来欧洲货币体系危机评述[J]. 上海金融，1993（2）：24-26；杨惠昶. 欧洲货币危机的直接原因与根本原因[J]. 社会科学战线，1993（4）：48-54.

9 月 13 日宣布里拉贬值，将里拉对其他成员方货币的汇率下调 3.5%，成为 1987 年 1 月 12 日以来欧洲货币体系下汇率的第一次调整。出于维持欧洲货币体系稳定的目的，德国政府于 1992 年 9 月 14 日正式宣布将利率由 8.75% 下降至 8.25%，与德国马克挂钩的瑞士、荷兰、比利时等国家也随之宣布降低利率，但是已经难以逆转此次货币危机。9 月 15 日，英镑汇率跌破了欧洲货币体系汇率制度下设的三道防线，突破了英镑对德国马克的最大波动幅度下限。应对英镑汇率的暴跌，英国首次在一天内提高两次利率，于 9 月 16 日先将利率由 10% 提高至 12%，随后又将利率提高至 15%，希望吸引国际短期资本流入，从而增加外汇市场对英镑的需求以稳定英镑的汇率，同时其他成员方中央银行也动用了价值上百亿英镑的资金在外汇市场上吸纳英镑，但却依旧无法改变英镑汇率下跌的态势。因此，9 月 16 日晚上，英国政府被迫宣布退出欧洲货币体系，实行浮动汇率制度，并将利率恢复至 10%。当天，意大利也在动用价值 40 万亿左右里拉的外汇储备无效后，宣布退出欧洲货币体系，实行浮动汇率制度。随后，欧共体宣布同意英国、意大利暂时脱离欧洲货币体系，西班牙比赛塔应声贬值 5%，法国法郎、爱尔兰镑、荷兰盾等其他成员方货币的汇率也出现了不同程度的下跌，欧洲货币体系汇率制度遭受了重大打击。

1992 年 9 月 20 日，法国公民投票通过了《马斯特里赫特条约》，欧共体成员方在建立欧洲联合的政治实体、实行共同外交和安全政策、推出成员方统一货币等方面达成了一致，欧洲货币危机得以暂时平息，英镑、里拉等成员方货币汇率也逐渐趋向贬值后的均衡状态。

三、国际资本流动的管理

鉴于国际资本流动风险的不断上升，及其与国际金融危机相关性的不断显现，对国际资本流动尤其是短期国际资本流动加强监管也被提上了议事日程，但是，由于其既有积极的影响，也有消极的影响，学界对是否该控制国际资本流动一直有着不同的看法，各国也根据经济发展的不同阶段，选择了对资本流动进行不同程度的管制。

（一）国际资本流动的管制情况

长期以来，世界各国都在不同程度上对国际资本流动有所限制。

第二次世界大战结束初期，国际货币基金组织鼓励各成员方取消经常账户下各类交易的支付和汇兑限制，但对资本与金融账户下的交易和汇兑管制却较为认同。尽管存在资本外逃现象，但总体看，资本管制在 20 世纪五六十年代还是较有成效的，主要体现在：缓解了国内储蓄和资本存量的不足；缓解了投机性资本冲击所带来的动荡和对国内经济稳定的不利影响；防止了国内自然资源的过度消耗和某些行业的垄断形成；避免了某些小国国内税收的流失。

20 世纪 60 年代起，发达国家逐步放松资本管制。1961 年，OECD 通过了《资本移动自由化通则》，推动了工业化国家的资本自由化进程，至 1994 年，所有工业化国家已实现资本账户可兑换。

20世纪70年代末开始，拉丁美洲和亚洲部分发展中国家陆续开始放松资本管制，到1994年底，阿根廷、哥斯达黎加、印度尼西亚等10余个国家完成了资本账户的自由化，其他国家也不同程度地放松了资本管制。

在资本账户自由化过程中，放松管制的总体趋势一直未变，但暂时恢复管制的情况时有发生。20世纪80年代初的拉美债务危机中，面对大规模的资本外逃，阿根廷、智利、墨西哥等国均加强了对资本流出的管制；20世纪90年代初，由于资本大量流入严重影响了国内经济，智利、哥伦比亚等国恢复和加强了对资本流入的管制。在1997年的东南亚金融危机中，泰国、马来西亚、印度尼西亚等遭受重创的国家都暂时加强了对资本流出的管制。

进入21世纪，伴随着部分新兴经济体因大规模国际资本流动而引起的金融动荡不断发生，国际货币基金组织也改变了其多年来积极推动资本账户开放的政策立场，转而对必要的资本管制持认可态度。

（二）国际资本流动的管理工具

为控制国际资本流动的不利影响，各国在实践中选用了货币政策、财政政策和汇率政策等政策工具。以下以大规模国际资本流入为例分别加以说明。

1. 货币政策

大量国际资本的流入容易引起国内信贷急剧扩张和本币实际汇率上升，并由此引发一系列经济问题，这时，一国货币当局往往会采取冲销性货币政策来减轻这种影响，具体包括调整法定存款准备金、公开市场操作、改变再贴现率或是提前收回对商业银行再贷款等。

法定存款准备金率的提高，可以降低商业银行存款货币派生倍数、降低货币乘数，从而缓解国际资本流入对国内信贷扩张的压力。公开市场操作的最大优点是既能缓解本币升值压力，限制信贷扩张，又不会给银行体系造成额外负担。再贴现率的调节会带来利率的变动，而利率是调节短期国际资本流动的一个较好手段。此外，还可以通过将公共部门存款从商业银行转移到中央银行，或是提前收回对商业银行的贷款等方式进行调节。

2. 财政政策

紧缩性的财政政策或者直接对国际资本流动征税可以控制大规模资本流入带来的不利影响。财政紧缩的目的是缓解资本流入对国内通货膨胀的压力，由于财政政策目标往往联系着国家基础设施建设，压缩财政开支对中长期资本有抑制作用，但对短期资本流动难以奏效。然而，对一国金融安全形成威胁的主要是短期资本流动，因此，减少财政支出并不是最优政策选择。提高税率则有助于引导投资，使其在形成投资决策时配合政府意图，因此，临时性税收的作用会更显著。

3. 汇率政策

汇率政策的作用是让名义汇率实现某种变动，以减轻资本流入造成本币实际汇率上升的压力，在实践中，可以采用的方法有实行浮动汇率制度或是采取较为灵活的汇率制度等。

实行浮动汇率制度可以使汇率随资本流入而自动调整，但是会相应带来外汇风险；相对而言，采取较灵活的汇率制度可能更为有效，比如，实施汇率目标区方案，在资本流入增加时，货币当局可放宽汇率波动幅度，在目标区间内不加干预，这样既有利于解决国际资本流动带来的问题，又避免了汇率过度波动的风险。

需要注意的是，在管理国际资本流动的风险时，由于不同的政策工具作用于不同的对象，拥有不同的政策效果，各国在实践中往往将货币政策、财政政策和汇率政策组合使用，以实现取长补短，事半功倍的目的。

第三节　中国利用外资和对外投资

自1978年改革开放以来，积极引进外资成为中国经济发展外向型战略的一项核心工作，外资在中国国民经济的各个方面都发挥了重要的作用。同时，我国的对外投资也有了一定的发展，但由于体制和国内资本短缺等原因，在较长时间内，对外投资并没有成为我国对外开放的主要形式，直到2000年"走出去"战略的提出才开启了我国对外投资的新篇章。本节对我国利用外资以及对外投资的方式、特征及其存在的问题等方面进行介绍。

一、中国利用外资

（一）中国利用外资的方式

中国利用外资的方式多种多样，其中最主要的有外商直接投资、国际信贷、债券融资和股票融资等，以下逐一加以介绍。

1. 外商直接投资

中国吸收外商投资采用最多的方式是中外合资经营、中外合作经营、外商独资、合作开发和外商投资股份制公司；其他还包括补偿贸易、加工装配等。

（1）中外合资经营

中外合资经营企业亦称股权式合营企业。它是外国企业、其他经济组织或个人与中国企业、其他经济组织或个人在中国境内共同投资举办的企业。其特点是合营各方共同投资、共同经营，按各自的出资比例共担风险、共负盈亏，外国经营者的出资比例一般不低于25%。中外合资经营是各种方式中最早兴办和数量最多的一种。

（2）中外合作经营

中外合作经营企业亦称契约式合作企业。它是由外国企业、其他经济组织或个人与中国企业、其他经济组织或个人在中国境内共同投资或提供合作条件举办的企业。各方的权利和义务在签订的合同中确定。中外合作经营企业一般由外国合作者提供全部或大部分资金，中方则提供土地、厂房、可利用的设备、设施，有的也提供一定量的资金。在合作期内，合作外方可以优先分配利润，但前提是在合作期满后，外方将在合作企业内的全部权益无偿转让给中方。

（3）外商独资

外商独资企业是指外国企业、其他经济组织或者个人，依照中国法律在中国境内设立的全部资本由外国投资者投资的企业。外资企业的组织形式一般为有限责任公司。

（4）合作开发

合作开发是海上和陆上石油合作勘探开发的简称。它是目前国际上在自然资源领域广泛使用的一种经济合作方式，其最大的特点是高风险、高投入、高收益。合作开发一般分为三个阶段，即勘探、开发和生产阶段。合作开发相比以上三种方式，所占比重很小。

（5）外商投资股份制公司

外国企业、其他经济组织或个人可与中国企业、其他经济组织或个人在中国境内共同举办外商投资股份有限公司。股份有限公司的全部资本以等额股份构成，股东以其所认购的股份对公司承担责任，公司以全部财产对公司债务承担责任，中外股东共同持有公司股份。其中，外国股东持有的股份占公司注册资本的25%以上。股份公司可以发起方式或募集方式设立，现有的外商投资有限责任公司也可申请改制为股份有限公司。符合条件的外商投资企业还可以申请发行A、B股和在境外上市。

2. 国际信贷

国际信贷的形式也很丰富，主要有外国政府贷款、国际金融组织贷款、国际商业贷款等。一般将外国政府贷款和国际金融组织贷款统称为优惠贷款。

（1）外国政府贷款

外国政府贷款是指外国政府向中国政府提供的贷款，也称为双边政府贷款。外国政府贷款具有一定的援助性质，期限长，利率低。但是债权人对贷款的投向有一定的限制。目前中国的外国政府贷款主要投向城市基础设施、环境保护等非盈利项目。

（2）国际金融组织贷款

国际金融组织贷款是指由国际金融组织向中国政府或企业提供的贷款。国际金融组织主要是指世界银行、国际货币基金组织等国际金融机构和亚洲开发银行等地区性金融机构。

（3）国际商业贷款

国际商业贷款是指中国从境外金融机构按照市场条件获得的贷款。

3. 境外债券融资

境外债券融资是指在境外金融市场上发行以外币表示的、构成债权债务关系的有价债券，包括欧洲债券和扬基债券、武士债券等外国债券以及可转换债券、大额可转让存单、商业票据等。由于外币债券所涉及的债权比较多，一旦违约造成的负面影响较大，所有外币债券的发行均需事前获得中国人民银行总行的批准。

4. 股票融资

股票融资分为境外股票融资和境内外币股票融资。境外股票融资是指境内企业以现金资产或以新设立的公司的名义在境外发行股票并在境外证券交易所上市的融资活动，如H股、S股、N股等。最近几年，境外股票融资已成为中国重要的利用外资手段。境内外币股票融资是指在中国境内发行的以人民币标明币值，最初面向非居民发行的，以外币购买，在境内证券交易所上市的股票（即B股），2001年向境内居民开放。另外，从2003年1月起，经国家外汇管理局和中国证监会批准，获得合格境外机构投资者（QFII）资格的境外证券投资者，在规模、期限和持有比例等方面受到一定限制的情况下，可以有限度地进入深沪两地证券交易所，从事各类股票和债券的买卖。与之相对的是QDII，即合格境内机构投资者，在2007年6月中国证监会颁布了《合格境内机构投资者境外证券投资管理试行办法》及相关通知后正式起航。

5. 其他融资方式

中国利用外资的方式还有很多种，如国际项目融资、外国企业贷款、国际租赁、延期付款、非居民存款、国际对外担保等。这里主要介绍国际项目融资、国际租赁和对外担保三种方式。

（1）国际项目融资

国际项目融资是指以境内项目的名义在境外筹措外汇资金，并仅以项目自身的预期收入和资产对外承担债务偿还责任的融资方式。它具有以下特点：债权人对建设项目以外的资产和收益没有追索权；不需要境内机构以建设项目以外的资产、权益和收入进行抵押、质押或者偿债；境内机构不提供任何形式的融资担保。项目融资主要适用于发电设施、高等级公路、城市供水及污水处理等基础设施项目，以及其他投资规模大且有长期稳定预期收入的建设项目。

（2）国际租赁

租赁是指出租人在一定时间内把租赁标的借给承租人使用，承租人分期付给出租人一定租赁费的经济行为。国际租赁也称跨国租赁，是指不同国家出租人与承租人之间的租赁活动。国际租赁的主要形式有金融租赁和经营租赁。

金融租赁（financial lease），也称融资租赁，是国际租赁中最常见的一种租赁方式。它是指承租人选定机器设备，由出租人购置后出租给承租人使用，承租人按期支付租金。金融租赁一般期限较长且不可中途毁约，设备维修由承租人负责，租赁期满承租人可以有退租、续租、留购等多种选择。

经营租赁（operating lease），又称操作租赁、服务性租赁等，是指承租人向出租人租用设备，按期支付租金。经营租赁一般租期不太长，可提前退租；由出租人负责维修、保养及零部件更换，故租金较金融租赁高。租赁标的多为技术进步快或是具有通用性的机械设备。

金融租赁与经营租赁的主要区别在于：金融租赁实质就是转移了与资产所有权有关的全部风险和报酬，像是承租方分期付款购置固定资产的一种变通方式，但比直接购买要高得多。就经营租赁而言，出租人仅仅转移了该项资产的使用权，并没有转移与该项资产所有权有关的风险和报酬，承租人只按合同规定支付相关费用，承租期满的经营租赁资产由承租企业归还出租方。

中国较多采用国际租赁方式进行融资的行业是民用航空业。

（3）国际对外担保

国际对外担保是指中国境内机构以保函、备用信用证、本票、汇票等形式出具对外保证，以特定的财产对外抵押或者以特定的动产或特定的权利对外质押，向境外机构或境内外资金融机构承诺，当被担保人未按合同约定履行义务时，由担保人履行义务。或者受益人将抵押物或者质押物折价拍卖、变卖的价款优先受偿。对外担保包括融资担保、融资租赁担保、补偿贸易项下的担保、境外工程承包中的担保、其他具有对外债务性质的担保。对外担保属于或有外债。

（二）中国利用外资的概况与问题[①]

1. 利用外资的三个阶段

对外开放政策实施以来，中国利用外资大致经历了以下三个阶段。

（1）1979—1991 年：初步发展与制度建设阶段

这一阶段，引资规模虽然不大，但制度建设突飞猛进，为后续引资奠定了基础。改革开放逐步承认和确立了私营经济的合法地位，该阶段初步建立了鼓励性引资政策，政策目标面向资金和技术引进，实践中鼓励企业出口创汇。主要特征有：利用外资以对外借款为主，外商直接投资比重不高；引资对象以港澳台同胞和华侨为主；外资进入方式以在沿海地区成立中外合资、合作企业为主。

（2）1992—2011 年：全方位引资与效率导向阶段

经过之前十多年的发展，外商对中国经营环境信心大幅提升，1992 年邓小平同志南方谈话之后，外商投资中国的信心更是空前高涨。该阶段国家确立了社会主义市场经济体制改革目标，对外开放的地域和领域进一步扩大；储蓄和外汇储备缺口逐渐消失，加强了对引资项目的产业引导；外资并购中国企业现象推动制度框架建立。主要特征有：外商直接投资规模快速增长，成为中国利用外资的主导方式；外商直接投资来源多元化，来自港澳台和东南亚地区华人的外商直接投资比重下降；中西部利用外资迈上新台阶；外商独资经营的比重显著提高；外资并购中国企业开始活跃，但并购额占全部直接投资金额的比重仍旧不高。

（3）2012 年以来：开放型经济新体制构建与高质量发展阶段

中国经济逐渐步入"新常态"，"制度均一化"的外资管理体制加速转型。2012 年以来，中国为积极探索对外开放新形式，构筑全方位对外开放新格局，倒逼政府管理体制改革提速，开始启动自由贸易区试点。中国对外开放迈入全方位、全区域、全领域、全体系对外开放新阶段。主要特征有：外商直接投资流量增长趋缓，利用外资质量和水平明显提升；服务业替代制造业成为吸收外资的主要领域；外商直接投资中并购方式比重明显上升；西部地区利用外资快速增长，实际利用外资表现出区域转移态势；金融领域对外开放提速，间接利用外资获得快速发展。

2. 当前中国利用外资存在的主要问题

（1）利用外资质量仍有待提高

受传统绩效考核思维影响，各地在引进外资时仍然存在"重引进轻效果、重规模轻效益"的倾向，尤其是中西部地区在承接产业转移的过程中，一些开发区对外资来者不拒，对外资项目评估过于草率，从而导致低水平重复引进和重复建设问题，尤其是在经济发展进入"新常态"之后，产业结构升级面临阵痛期，地方外贸出口和经济增长都存在一定压

[①]　参考文献：刘建丽. 新中国利用外资 70 年：历程、效应与主要经验[J]. 管理世界，2019（11）：19-37.

力，利用外资过程中高能耗、高污染、低技术产业项目有回流倾向。在国家层面进行产业结构转型升级的背景下，仍然引进污染程度高、技术含量低的项目，不符合国家利用外资的导向，也不利于中西部地区在新旧动能转换过程中实现弯道超车。

（2）结构性失衡问题仍然突出

首先，外资来源结构严重失衡。香港一直居于内地利用外资第一来源地的地位，20世纪80年代，港资曾占内地利用外资比重的60%以上，20世纪90年代随着西方发达国家资本的进入，港资占比明显下降，并长期处于40%以下。但最近10年，港资占比不降反升，多数年份达到60%以上。这种来源地结构隐含了超国民待遇下虚假外资套利等一系列问题。其次，利用外资的区域不平衡问题仍然非常突出。2010年开始，中西部地区利用外资占全国的比重一度上升并保持在15%以上，但2014年之后，该比重又降低至2010年水平。其中，中部地区利用外资规模在2015年之后出现明显下降，2016年实际利用外资仅70.97亿美元，不及2008年水平。在服务业加快对外开放的背景下，中西部地区现代服务业吸引外资存在明显劣势。最后，产业间利用外资规模和水平存在巨大差距。三次产业中第一产业利用外资规模明显偏低，占全部利用外资总额的比重长期不足2%，2017年更是低于1%。

（3）外商投资安全审查制度亟待细化和落地

外商投资安全审查是成熟市场经济体的通用制度安排。在美国频繁掀起贸易战的背景下，国家安全审查成为美国阻止外国投资的惯用手段。2019年4月，《欧盟外商直接投资审查框架》已经正式生效，新的框架规则强化了各成员需遵循的共同原则，并规定在各成员独立进行外商投资安全审查的基础上，欧盟委员会有权对一国未进行安全审查而可能影响欧盟安全的外商投资项目发表意见。我国新出台的《中华人民共和国外商投资法》填补了之前外商投资安全审查制度的空白，这是外资管理制度里程碑式的进步，但目前制度体系对外资进入前国家安全审查的实施主体和操作规程缺乏具体规定，之前的相关规定对外资的约束力也有限。在国家大力推进"放管服"改革和推行外资准入负面清单管理制度的背景下，对于危及我国产业链安全和重大经济利益的投资项目审核非常重要，如制度落实不到位，将为经济安全埋下隐患。

二、中国对外投资

对外开放政策提出之后，在较长时间内，我们都是"引进来"为主，直至2000年3月"走出去"战略的正式提出，这之后，对外投资有了较快的发展。党的十八大以来，我国积极推进高水平对外开放，构建开放型经济新体制，不断完善对外投资合作管理体系，跨国企业数量持续增加，对外投资合作量质齐升，为加快建设贸易强国、服务构建新发展格局、推动构建人类命运共同体等发挥了重要作用。党的二十大报告指出："我国成为一百四十多个国家和地区的主要贸易伙伴，货物贸易总额居世界第一，吸引外资和对外投资居世界前列，形成更大范围、更宽领域、更深层次对外开放格局。"

（一）中国对外投资的发展历程[①]

新中国成立后的前 30 年，国内产业和工业体系初建，尚未出现企业层面的"走出去"，国家层面的对外援助成为"走出去"对外经济交流的主要形式。新中国成立之初就开始进行对外援助，先从周边友好国家开始，1995 年万隆会议后援助范围扩大到亚非发展中国家。1964 年，中国政府宣布以平等互利、不附带条件为核心的对外经济技术援助八项原则。20 世纪 70 年代，中国对外援助国家从 32 个增加到 66 个，援助范围从亚非国家拓展到拉美和太平洋国家。通过广泛开展对外援助，中国与广大发展中国家建立了友好关系，并在其支持下于 1972 年恢复了在联合国的合法席位。应该说，该时期由于国际形势和国内发展的局限，并未出现真正意义上的企业"走出去"，但是国民经济产业体系的构建和完善，为后来企业"走出去"奠定了坚实的国内基础。

1. 1979—2001 年：探索起步期

改革开放后，中国企业开始了"走出去"的早期探索。1979 年 8 月，国务院提出"要出国办企业"后，一些长期从事进出口业务的专业外贸公司和具有对外经济合作经验的企业利用自身有利条件，首先跨出国门到海外投资。20 世纪 80 年代参与对外投资的企业数量较少、规模较小、类型单一，主要是有进出口经营权的专业外贸公司、省市所属的对外经济技术合作公司，以及少数大中型工业企业和综合性金融企业。1992 年后，随着建立社会主义市场经济体制目标的确立，更多有竞争力的企业开始"走出去"，以中石油、中海油为代表的大中型国有企业是主要力量，华为、中兴等企业也开始探索对外投资合作。同期，对外承包工程以 1992 年完成营业额 28 亿美元为起点，逐步成为国内企业"走出去"的重要方式之一。

2. 2002—2012 年：快速上升期

加入 WTO 后，随着对"走出去"管制的不断放宽以及相关服务体系的建立，中国企业对外投资步伐明显加快。2002 年，党中央明确加快实施"走出去"战略，有关部门自 2003 年开始每年发布对外直接投资统计数据。中国对外投资进入快速发展阶段，投资规模稳步攀升，全球位次也急速上升，从 2003 年的 28.5 亿美元，居全球第 26 位，发展到 2012 年的 878 亿美元，居全球第 3 位。同时，企业"走出去"形式趋向多样化，全球分布更加广泛，投资行业和主体也趋向多元。尤其在 2008 年金融危机前后，境外产业园区加快发展，境外并购投资发展迅速，我国越来越多的地方企业和民营企业开始主动走向世界。截至 2012 年底，中国对外直接投资存量达 5320 亿美元，境外企业近 2.2 万家，分布在全球 179 个国家和地区，年末境外企业资产总额超过 2.3 万亿美元。

3. 2013 年至今：跨越发展期

党的十八大以来，顺应中国经济深度融入世界经济的趋势，我国对外投资实现跨越式发展。相关部门大力推进"简政放权、放管结合、优化服务"，投资便利化取得实质性进展。通过明确企业主体地位，简化审核管理程序，全面实现网上备案，对外投资管理体制总体上实现从核准制向备案制的转变，人员、货物、资金跨境流动便利化程度大幅提高，为"走出去"实现跨越发展奠定了制度基础。2013 年"一带一路"倡议的提出为"走

① 参考文献：黄勇，谢琳灿. 中国对外投资发展的历史回顾、最新形势和趋势展望[J]. 全球化，2020（5）：29-41，134-135.

出去"发展提供了历史性机遇。2015 年中国对外直接投资额首次超过实际利用外资额，2016 年对外直接投资一度达到将近 2000 亿美元，此后几年出现理性回调，但结构趋向优化，效益稳步提升。

（二）中国对外投资的现状与特征

"走出去"战略提出以来，我国对外投资保持健康平稳发展，在全球的影响力不断提升，并呈现出以下结构性特征。

1. 投资规模平稳增长

自商务部 2003 年发布年度对外直接投资统计数据以来，中国已连续 10 年位列全球对外直接投资流量前三，对世界经济的贡献日益凸显。如图 9-2 所示，2021 年我国对外直接投资流量是 2002 年的 66 倍，年均增长速度高达 24.7%。截至 2021 年末，中国对外直接投资存量达到近 2.8 万亿美元，较上年末增加 2044.9 亿美元，是 2002 年末存量的 93.1 倍，占全球直接投资流出存量的份额由 2002 年的 0.4% 提升至 6.7%，排名由第 25 位攀升至第 3 位，仅次于美国（9.8 万亿美元）和荷兰（3.4 万亿美元）。

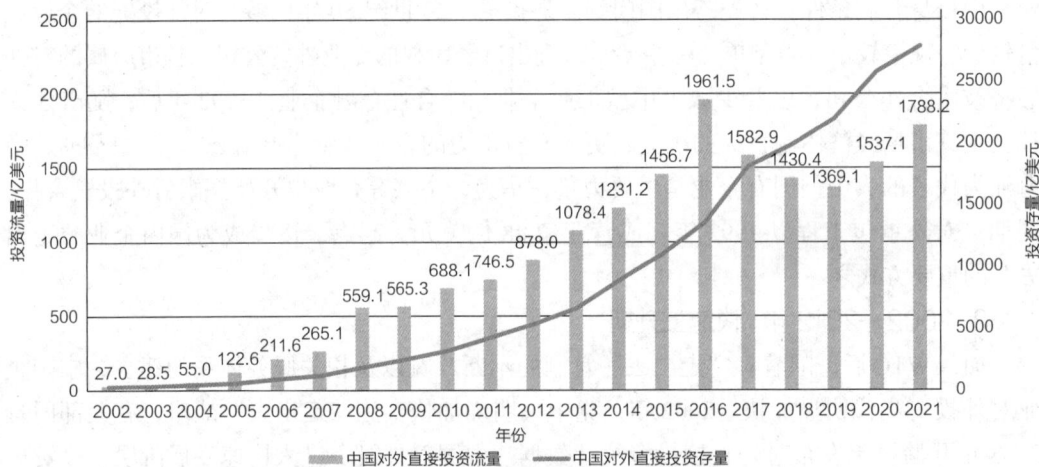

图 9-2　2002—2021 年中国对外直接投资流量和存量

2. 投资行业结构持续优化

据商务部统计数据，从行业分布来看，2008 年全球金融危机之前，中国境外投资的主要领域为能源、金属、运输等，尤其是能源、金属领域的对外投资占比一度高达 57.9% 和 26.1%；而此后则呈现投资产业分散化的趋势，中国对外投资从目标资源能源寻求为主转而向产能合作、技术升级、开拓服务市场、布局全球价值链等多元目标迈进。2021 年，中国对外直接投资涉及领域广泛，涵盖了国民经济的全部行业大类，行业结构进一步优化（见图 9-3）。租赁和商务服务，批发和零售，制造，金融，交通运输、仓储和邮政业等传统领域依然是中国对外直接投资的主要领域，上述五个领域合计投资 1434.1 亿美元，占当年对外直接投资的 80.1%。制造业对外直接投资 268.7 亿美元，同比增长 4.0%，占当年对外直接投资的 15.0%。其中，流向装备制造业的对外投资 141.2 亿美元，增长 18.7%，占当年制造业对外投资的 52.5%。而信息、建筑、电力、房地产、农业、卫生等行业对外投资受国际投资环境变化影响，出现不同程度的下降。

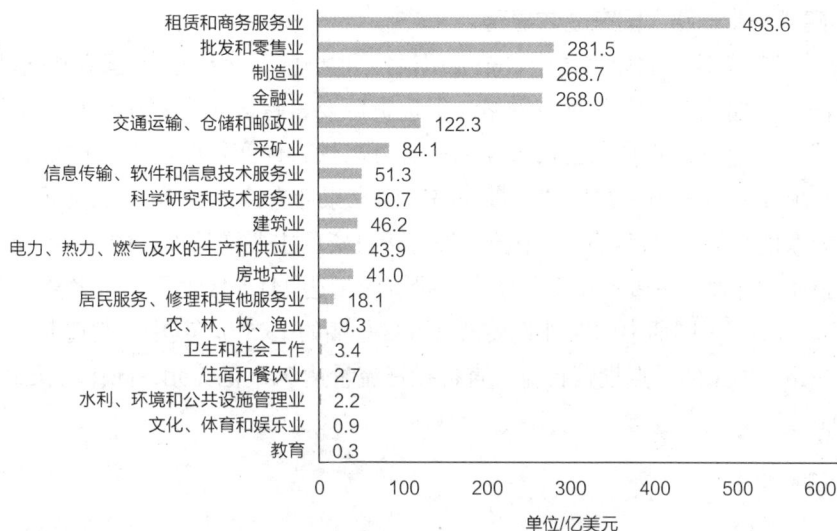

图 9-3　2021 年中国对外直接投资流量行业分布

3. 投资区位向亚洲回归

据商务部统计数据，从投资区域结构来看，2017 年之前，中国对外投资着力开拓欧洲和美国市场，欧美地区投资占比从 2005 年的 9.6% 上升为最高值时期的 48.7%，此外，受政策导向、投资环境等因素影响，我国对非洲、西亚、南美、阿拉伯中东和北非的投资比重也曾达到过 24.7%、37.4%、29.7%、21.3% 的阶段性高值。2017 年之后，我国的对外投资重点放在了亚洲和拉丁美洲地区。2021 年，我国对亚洲的直接投资流量达 1281.0 亿美元，同比增长 14.0%。其中，对东盟的直接投资流量为 197.3 亿美元，同比增长 22.8%，显示出中国与东盟国家在深化经贸合作上的强劲动能和巨大潜力。与此同时，我国对拉丁美洲的直接投资流量也达到了 261.6 亿美元，同比增长 57.0%，是中国对外直接投资增速最快的区域。相较而言，我国对欧洲和北美洲的直接投资流量分别为 108.7 亿美元和 65.8 亿美元，前者同比下降了 14.4%，后者虽然仍在增长，但其增长率也仅为 3.8%（见图 9-4）。

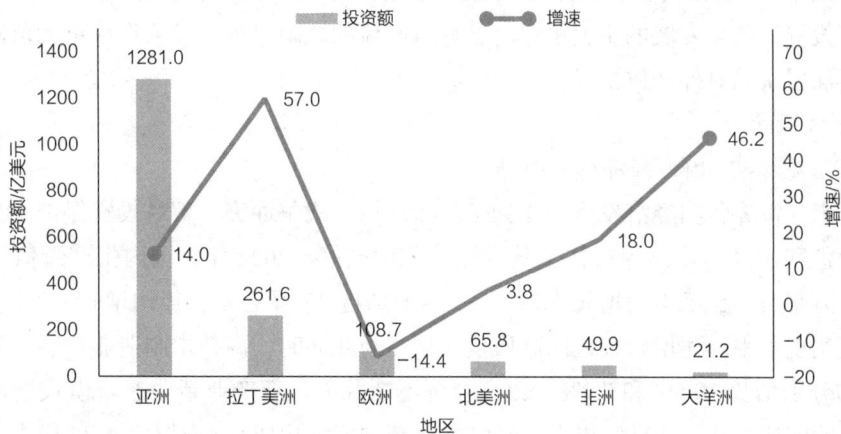

图 9-4　2021 年中国对外直接投资区域分布

4. 共建"一带一路"国家成效显著

"一带一路"倡议提出以来,中资企业积极推进共建"一带一路"国家基础设施建设,持续拓展国际运输线路,完善物流网络,促进资源要素跨区域有序流动和优化配置。中老铁路全线建成通车,希腊比雷埃夫斯港、雅万高铁、匈塞铁路等重点项目取得积极进展,2013—2021 年,中国对共建"一带一路"国家累计直接投资 1640 亿美元,共建"一带一路"国家的相关项目已经成为中国对外直接投资的主要增长点。如图 9-5 所示,2021年,中国企业对共建"一带一路"国家直接投资流量达 241.5 亿美元,同比增长 7.1%,较2012 年翻了一番,占同期中国对外直接投资流量总额的 13.5%。其中,制造业是中国对共建"一带一路"国家的重点投资行业,直接投资流量达 94.3 亿美元,同比增长 22.8%,份额占比 39.0%。

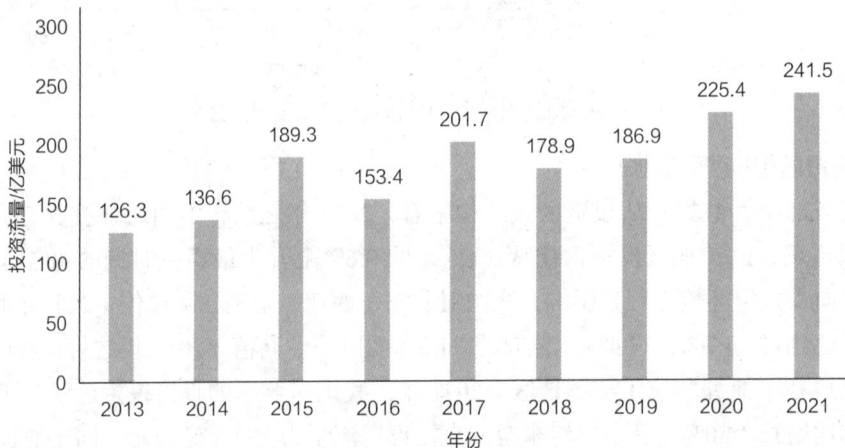

图 9-5 2013—2021 年中国对共建"一带一路"国家直接投资流量

(三)中国对外投资面临的机遇与挑战

党的二十大报告提出,要"推进高水平对外开放。依托我国超大规模市场优势,以国内大循环吸引全球资源要素,增强国内国际两个市场两种资源联动效应,提升贸易投资合作质量和水平"。这便需要我国充分认清当前与未来一段时期内的国际国内发展形势,在寻找对外投资高质量发展的重大机遇时,规避相应的风险挑战,助力形成更大范围、更宽领域、更深层次的对外开放格局。

1. 重大机遇

(1)基础扎实:国内经济稳中向好

近年来,世界各国经济发展均受到了新冠疫情、战争冲突、贸易投资保护主义等因素的挑战,但我国经济依然保持住了基本面的稳中向好。2022 年,国内生产总值增长 3%,达到 121 万亿元,5 年年均增长 5.2%,10 年增加近 70 万亿元、年均增长 6.2%,在高基数基础上实现了中高速增长、迈向高质量发展。与此同时,高技术制造业和装备制造业增加值年均分别增长 10.6% 和 7.9%,数字经济不断壮大,新产业新业态新模式增加值占国内生产总值的比重达到 17.0% 以上,经济发展新动能加快成长。国内经济的稳中向好是实现"国内国际双循环"新发展格局的基础,在经济规模稳健增长、经济结构持续优化的基础上，对外投资才能更加有保障、有规模、有质量。

（2）格局提升：深度参与规则制订

长期以来，中国在国际金融市场中多以参与者的身份出现，但随着综合国力的不断提升，我国已经开始积极参与全球投资规则的制订，在国际金融市场中的话语权显著提升。2013 年，"一带一路"倡议的提出，连接起了亚非欧大陆在经济、政治、文化等方面的共商共建共享。截至 2023 年 6 月底，中国已与 150 多个国家、30 多个国际组织签署了 230 多份共建"一带一路"国家合作文件。2022 年，《区域全面经济伙伴关系协定》（RCEP）正式生效，标志着当前世界上人口最多、经贸规模最大、最具发展潜力的自由贸易区正式启航。2022 年，我国对 RCEP 其他成员方进出口额达 129499 亿元，比上年增长 7.5%。此外，中国正积极推动加入《全面与进步跨太平洋伙伴关系协定》（Comprehensive and Progressive Agreement for Trans-Pacific Partnership，CPTPP）和《数字经济伙伴关系协定》（Digital Economy Partnership Agreement，DEPA），推动与挪威、韩国、新加坡等国家的自贸谈判进程。这一系列由中国主导推动的多双边交流将为中国对外投资合作提供更广阔的发展空间和机遇。

（3）布局优化：自由贸易网络渐成

随着对外开放的逐步深化，中国正在进一步优化区域开放布局，巩固东部沿海地区开放先导地位，提高中西部和东北地区开放水平。一方面，从深圳、珠海、汕头、厦门经济特区的创办，到 14 座沿海港口城市的全部开放，东部沿海地区作为中国对外开放的排头兵，始终引领着我国的对外开放进程。未来，这些地区仍将凭借自身的区位优势深化对外开放。另一方面，《中华人民共和国国民经济和社会发展第十四个五年规划和 2035 年远景目标纲要》提出，要"加快中西部和东北地区开放步伐""助推内陆地区成为开放前沿""推动沿边开发开放高质量发展""构建陆海内外联动、东西双向互济的开放格局"。如覆盖西部 12 个省份的西部陆海新通道，北接丝绸之路经济带，南连 21 世纪海上丝绸之路，截至 2022 年底，海铁联运班列已开行 8345 列，线路辐射中国 17 个省份、60 个城市、113 站。此外，自由贸易试验区的推行如火如荼，截至 2023 年 11 月，第 22 个自由贸易试验区——新疆自贸试验区挂牌成立，将进一步扩大我国面向全球的高标准自由贸易区网络。

（4）支付便利：人民币国际化稳步推进

2022 年 5 月，国际货币基金组织将人民币在 SDR 中的权重由 2016 年确定的 10.92% 进一步上调至 12.28%。同年，根据中国银行的统计数据，人民币跨境支付系统处理业务 440.04 万笔，金额 96.70 万亿元，同比分别增长 31.68% 和 21.48%。日均处理业务 1.77 万笔，金额 3883.38 亿元。2023 年的中央金融工作会议强调，要"稳慎扎实推进人民币国际化"。可见，在未来相当长的一段时期内，人民币国际化进程将不断加深，这将为我国的对外投资活动提供更多的安全保障和支付便利。

（5）选择众多：投资方向丰富多样[①]

一是新技术革命催生技术出口市场。以新一代信息技术、生物技术、新能源技术、新

---

① 参考文献：中国对外投资合作发展报告（2022）。

材料技术、智能制造技术为代表的新技术革命快速推进,为中国开展对外投资合作创造了新的机遇和空间,中国企业可以通过开展对外投资合作,整合海外优质技术资源,开展国际技术交流,推动技术引进和优势技术对外输出。二是数字经济带来数字基建需求。数字经济的快速兴起推动了大量新业态和新模式的产生,带来持续扩大的数字消费市场,引发全球价值链、供应链的重构,也为中国企业进入海外市场带来更多新的机遇,特别是在"一带一路"倡议中,数字基础设施建设对互联互通的重要性不断加强,这方面的需求也日益突出。三是绿色发展促进对外投资合作升级。在国际国内加速推进经济发展绿色转型的背景下,绿色发展理念将进一步融入企业对外投资合作业务中,这将推动中国对外投资合作朝着绿色投资方向转型升级,以满足全球日益增长的环境、气候变化等对绿色经济发展的新要求。

2. 风险挑战

(1)增长乏力:世界经济复苏艰难

一方面,全球增长面临的风险仍偏向下行,尽管美国债务上限的紧张问题得以化解,但在偿债成本不断上升的情况下,一半以上的低收入发展中国家已经处于或很可能陷入债务困境。另一方面,尽管IMF预计全球通货膨胀率将稳步下降,但仍认为多数经济体的通货膨胀要到2025年才能回到目标水平,而这都将对我国对外投资的规模增长形成挑战。

(2)投资保护:外部营商环境趋严

2008年全球金融危机以来,全球经济增速大幅放缓,经济"蛋糕"无法像过去那样迅速做大,而是进入"分蛋糕"的利益争夺阶段。在这一过程中,单边主义、贸易保护主义、逆全球化思潮不断涌现,经济全球化进程遭遇严峻挑战。2017年美国特朗普政府执政后,推行"美国优先"的对外经济政策,在积极推动本国海外产业回流的同时对其他国家投资采取限制性措施。近年来,欧盟中制定外资审查机制的成员方数量持续增加,审查力度不断加强,外资企业在欧盟投资将面临更大范围和更大力度的外资审查。澳大利亚2019年以来也收紧了外资审批政策,多次以"国家安全"为由否决中资企业的海外收购,加强敏感领域投资的合规审查;日本2020年出台《外汇法》,提高外资在日本的投资门槛,重点审核武器、石油、飞机、航天、核能、网络安全、电力、煤气等领域的外资企业;印度政府在2020年也重新修改了外资审批规则,限制新冠疫情期间外资对印度企业进行"投机性收购"。投资保护主义的抬头在一定程度上影响着我国对外投资的顺利推进,投资者应当时刻关注各国投资政策的变动,降低投资风险。

(3)地区冲突:安全形势日益复杂

近年来,以俄乌冲突、巴以冲突等为代表的地缘政治冲突时有发生,而地缘政治冲突的爆发将增加相关地区的经济不确定性,对我国企业在周边地区开拓新项目带来诸多挑战,既有投资项目的权益保护也面临一定风险。以俄乌冲突为例,冲突爆发以来,全球能源、粮食价格上涨,全球通货膨胀压力骤增,西方国家不断采取措施对俄罗斯进行经济制裁。众多中国企业在俄乌地区的项目因为战乱或制裁等不可抗力因素而无法继续,不仅面临项目被迫暂停造成的经济损失,甚至可能需要承担未能按期履行合同的违约和赔偿责任。

专栏 9-3　中国构建"国内国际双循环"的新发展格局

构建"国内国际双循环"的新发展格局是我国基于国内外环境的显著变化推动开放型经济向更高层次发展的重大战略部署。2020 年 4 月 10 日，习近平总书记在中央财经委员会第七次会议上首次提出"构建以国内大循环为主体、国内国际双循环相互促进的新发展格局"[①]。随后，党的十九届五中全会也将"加快构建以国内大循环为主体、国内国际双循环相互促进的新发展格局"纳入《中共中央关于制定国民经济和社会发展第十四个五年规划和二〇三五年远景目标的建议》。

从国际环境来看，由于受到新冠疫情的影响，2020 年以来世界经济持续低迷，全球市场大幅收缩，供应链、产业链循环受阻，金融市场剧烈动荡，国际投资贸易严重萎缩，国际经济大循环动能弱化。与此同时，随着西方主要国家民粹主义、贸易保护主义的盛行，逆全球化趋势日益凸显，经济全球化遭受重大挫折，多边主义也受到巨大冲击。除此之外，中美贸易摩擦、地缘政治冲突、俄乌战争等因素加剧了当今世界政治经济格局的大分化，世界经济正面临着极大的不确定性。

从国内形势来看，我国经济正面临着需求萎缩、供给冲击和预期减弱三大压力，产业构成比例不合理，产业结构仍需改善，而且 2010 年以来我国经济运行不再保持高速增长，GDP 增速有所放缓，由 2010 年的 10.6% 下行至 2019 年的 6.1%，随后更是受到中美贸易摩擦、新冠疫情等多重因素的重大打击，一度出现负增长的情况。然而，在需求潜力端，我国形成了拥有 14 亿多人口、4 亿多中等收入人群的超大规模市场，2022 年第一季度对外贸易依存度降低至 34.8%，2022 年内需对经济增长的贡献率也提升至 82.9%，经济增长的内需潜力不断释放，国内消费已然成为经济增长的主要动力；在供给潜力端，我国不仅拥有全球最完整、规模最大的工业体系和完善的配套能力，还拥有 1.6 亿户市场主体和 1.7 亿多受过高等教育或拥有各种专业技能的人才，已经具备构建国内大循环，实现国内国际双循环相互促进的能力。

因此，应对国内外环境变化引发的新挑战，我国在努力打通国际循环的同时，进一步畅通国内大循环，把实施扩大内需战略同深化供给侧结构性改革有机结合起来，增强国内大循环的内生动力和可靠性，提升国际循环的质量和水平。一方面，我国以国内大循环为主体，推动建设国内统一大市场，充分释放内需潜力，增强经济社会发展的风险抵御能力，同时深化供给侧结构性改革，利用宏观政策合理调控打通生产、分配、流通、消费的各个环节，打造更加自主可控、安全可靠的供应链和产业链体系，提升我国经济发展的韧性、自主性、可持续性，保持我国经济平稳健康运行。另一方面，我国开展更大范围、更多领域、更深层次的对外开放，不断拓宽经济发展空间、促进多边经贸合作、推进经济全球化进程，强化国内国际两个市场、两种资源的联动效应，依托庞大的国内市场规模吸引全球资源要素，打造更加开放、更高水平的经济新体制，培育国际合作和竞争新优势，从而提升国际循环的质量，提高我国在全球经济发展和治理中的话语权，增强我国对外部环境不确定因素的适应能力，为国内国际经济健康稳定发展保驾护航。

---

① 构建新发展格局 重塑新竞争优势 [EB/OL]. (2022-09-22)[2024-11-26]. http://www.xinhuanet.com/world/2020-09/22/c_1126527652.htm.

第四节　中国的外债与外债管理

一、外债概述

（一）外债的定义

外债，即国际债务，世界银行、国际货币基金组织、国际清算银行、经济合作与发展组织对其定义为：在某一给定时间内，一国居民对非居民承担的已拨付但尚未偿还的契约性债务。这种债务或需偿还本金（无论是否支付利息），或需支付利息（无论是否偿还本金）。

按照中国国家外汇管理局发布的《外债统计监测暂行规定》和《外债管理暂行办法》的规定，中国的外债是指中国境内的机关、团体、企业、事业单位、金融机构或者其他机构（包括国务院部委、中资金融机构、外资金融机构、外商投资企业、中资企业及其他机构等）对中国境外的国际金融组织、外国政府、金融机构、企业或者其他机构用外币承担的具有契约性偿还义务的全部债务。

根据国家外汇管理局的界定，中国对外债务的类型具体包括外国政府贷款、国际金融机构贷款、境外银行及其他金融机构贷款、买方信贷和延期付款、向国外出口商及国外企业或私人借款、非居民外币存款、对外发行债券、国际金融租赁、补偿贸易中用现汇偿还的债务、与贸易有关的信贷以及其他形式的对外债务。

（二）外债的衡量指标

一国举借外债的能力受制于该国的偿还能力。外债偿还能力既反映了一国的经济实力和应变能力，又决定了一国的信誉。外债的衡量指标主要有以下几个。

偿债率（debt service ratio）：一国当年外债还本付息额与当年货物与服务贸易出口外汇收入（国际收支统计口径）之比。其公式为：偿债率＝（一国当年外债还本付息额／当年货物与服务贸易出口外汇收入）×100%。偿债率是衡量一国还款能力的主要参考指标，国际上一般认为该指标在20%以下是安全的。

负债率（liability ratio）：一国年末外债余额与当年国内生产总值（GDP）之比。其公式为：负债率＝（一国年末外债余额／当年国内生产总值）×100%。负债率表明了一国对外负债与整个国民经济发展状况的关系，国际上通常认为安全线为20%。

债务率（foreign debt ratio）：一国年末外债余额与当年货物与服务贸易出口外汇收入（国际收支统计口径）之比。其公式为：债务率＝（一国年末外债余额／货物与服务贸易出口外汇收入）×100%。债务率反映了对外举债能力的大小，是衡量一国偿还能力和风险的指标，一般控制在100%以内。

短期债务比率：一国年末外债余额中短期（一年和一年以下期限）外债占整个外债的比率。国际上通常认为，一个国家的短期外债占全部外债的比率不应超过25%。短期外债的比重不可过高，否则偿债期过于集中，会增大偿付压力。

其他债务衡量指标：除以上常用指标外，各国在实践中还会以一些其他指标作为参考。比如，一国当年外债还本付息额占当年GDP的比率，一般认为控制在5%以下是安全的；短期外债余额占本国外汇储备额的比率，一般公认的警戒线为100%。

上述指标能清楚地反映一国的债务负担情况，容易操作，但是就各国具体情况而言，还应具体研究各国国情，结合国内外发展变化的趋势，做出客观的判断。

二、中国的外债现状

20 世纪 80 年代初，中国外债尚不足 100 亿美元；从 20 世纪 80 年代中后期开始，我国外债规模逐年递增。1995 年，外债余额已突破 1000 亿美元，2003 年突破 2000 亿美元，2010 年突破 5000 亿美元，2015 年突破 10000 亿美元。到 2022 年底，中国外债余额已高达 24528 亿美元。

从表 9-1 中的外债风险指标可以看出：第一，中国外债的偿债率在 2000 年后出现先下降后上升的趋势。2008 年的偿债率降至 1.8%，2013 年偿债率仅为 1.6%。但是，2016 年又回升至 6.1%，之后几年呈波动状态。第二，中国外债的负债率呈现出稳中有降再上升的趋势。1991—2002 年的外债负债率维持在 14% 左右，2004 年之后出现了下降趋势，2009 年下降至 8.4%。2022 年，外债负债率又回升至 13.6%。第三，中国外债的债务率经历了一个先升后降、再上升的态势。1985—2002 年的外债债务率一直维持在 50% 以上，其中 1990 年、1991 年、1993 年更是达到了 90% 以上的峰值，在加入 WTO 后出现了下降趋势，从 2001 年的 67.9% 下降到了 2008 年的 24.7%，2022 年又回升至 66.0%。

表 9-1 中国外债余额与外债风险指标 单位：亿美元

年份	外债余额	偿债率	负债率	债务率	年份	外债余额	偿债率	负债率	债务率
1985	158	2.7%	5.1%	56.0%	2004	2475	3.2%	13.4%	40.2%
1986	215	15.4%	7.1%	72.1%	2005	2965.5	3.1%	13.0%	35.4%
1987	302	9.0%	9.2%	77.1%	2006	3385.9	2.1%	12.3%	31.9%
1988	400	6.5%	9.8%	87.1%	2007	3892.2	2.0%	11.0%	29.0%
1989	413	8.3%	9.1%	86.4%	2008	3901.6	1.8%	8.5%	24.7%
1990	526	8.7%	13.3%	91.6%	2009	4286.5	2.9%	8.4%	32.2%
1991	606	8.5%	14.6%	91.9%	2010	5489.4	1.6%	9.0%	29.2%
1992	693	7.1%	14.1%	87.9%	2011	6950.0	1.7%	9.2%	33.3%
1993	836	10.2%	13.5%	96.5%	2012	7369.9	1.6%	8.6%	32.8%
1994	928	9.1%	16.4%	78.0%	2013	8631.7	1.6%	9.0%	35.6%
1995	1066	7.6%	14.5%	72.4%	2014	8954.6	2.6%	17.0%	69.9%
1996	1163	6.0%	13.5%	67.7%	2015	13830	5.0%	12.5%	58.6%
1997	1310	7.3%	13.6%	63.2%	2016	14158	6.1%	12.6%	64.4%
1998	1460	10.9%	14.2%	70.4%	2017	17580	5.5%	14.3%	72.6%
1999	1518	11.2%	13.9%	68.7%	2018	19828	5.5%	14.3%	74.8%
2000	1457	9.2%	12.0%	52.1%	2019	20708	6.7%	14.3%	77.8%
2001	1848	7.5%	15.2%	67.9%	2020	24008	6.5%	16.3%	87.5%
2002	1863	7.9%	13.8%	55.5%	2021	27466	5.9%	15.5%	77.3%
2003	2088	6.9%	13.2%	45.2%	2022	24528	10.5%	13.6%	66.0%

资料来源：1985—2021 年中国外债与国民经济、外汇收入，http://www.safe.gov.cn/safe/2018/0410/8817.html；外债风险指标，https://www.zgcznet.com/yhfw/gkcx/qkgkcxzgcznj/zgcz2020njz/zgcznj2020nj/202204/20220409/j_20220409010911000164943788389911151.html。

注：2015 年，我国按照国际货币基金组织数据公布的特殊标准（SDDS）调整了外债统计口径并对外公布全口径外债数据，将人民币外债纳入统计，并按照签约期限划分中长期外债和短期外债。为保证数据的可比性，将 2014 年末的外债数据相应调整为全口径外债数据，之前年份未做调整。

从币种结构看，2022 年末本币外债在全口径外债余额中的占比由 2016 年末的 34% 提升至 45%，上升 11 个百分点。由于本币外债偿还时不存在货币兑换问题，不会对外汇市场和外汇储备产生影响，且对企业而言，无汇率风险担忧，故风险相对较小，境内机构抵御汇率风险的能力有所增强。

从期限结构看，中长期外债在全口径外债余额中的占比由 2016 年末的 39% 提升至 2022 年末的 45%，占比增加 6 个百分点。中长期外债占比上升有利于降低中国外债期限错配风险，减少债务偿付的流动性风险。可以说，本币外债占比提升、中长期外债占比增大助推中国外债结构进一步优化。

2022 年末，中国外债负债率为 13.6%，债务率为 66.0%，偿债率为 10.5%，短期外债与外汇储备的比例为 42.8%。目前，中国外债每年需要还本付息的压力较小，外债偿还能力较强，但是近年来债务率已升高，外债风险已变得不可忽视。

三、中国的外债管理

外债管理，是指一国对外部债务实行统筹安排，集中管理，以达到降低外债成本，保持适度外债规模，从而确保按期还本付息的目标。中国外债管理部门为国家外汇管理局与国家发展和改革委员会。国家外汇管理局根据国家确定的方针、政策和利用国外贷款计划，行使管理外债的职能；国家发展和改革委员会负责编制利用国外贷款计划。

（一）外债管理的目标与原则

1. 外债管理的目标

我国外债管理的目标是：在保证外债规模适度的宏观控制下，积极有效地利用国外资金，降低筹资成本，以满足国内经济建设对外资的需求；建立健全外债经营管理，保持较合理的债务规模和债务结构，有效防范和控制外债风险；发挥外债的最大经济效益，以期具备还本付息的充分能力，促进国民经济的持续、快速、健康发展；维护国家对外信誉。

2. 外债管理的原则

中国外债管理的基本原则如下。

一是总量适度。借债规模要与国内资金的配套能力、偿债能力以及资金需求相适应。按照世界银行的建议，中国外债指标的安全线为 15% 的偿债率、20% 的负债率和 75% 的债务率。

二是结构合理。外债的种类结构、利率结构、期限结构和币种结构要合理搭配。

三是注重效益。要通过借、用、还三个环节的良性循环，实现外债经济效益与社会效益的统一，把外债投资项目自身创汇占偿债总额的比重调整到占偿债总额的 80% 以上，以达到出口创汇与偿还外债平衡有余。

四是保证偿还。应按照中央统借统还与地方统借统还、自借自还的方式确定偿债责任制，做到"谁借谁还"，确保对外信誉。

（二）外债管理的内容

1. 规模管理

我国外债规模主要取决于以下因素：第一，经济发展对外汇资金的需求，经济增长速度越快，对外汇资金的需求越大；第二，外债的承受能力，即我国对外债的偿还能力和消化吸收能力；第三，国际资本市场的资本供求状况。

2. 结构管理

外债结构管理主要体现为外债的种类结构、利率结构、期限结构和币种结构要合理搭配。

第一，种类结构，是各种性质的外债在外债总额中所占的比重。要有多元化的融资来源，还要根据用途和目标选择外债种类。商业银行贷款利息高、风险大，一般不得超过其债务总额的70%，应多向国际货币基金组织、世界银行和政府融资。

第二，利率结构，是各种利率的外债在外债总额中所占的比重。应尽可能利用优惠利率的贷款，并使固定利率和浮动利率的债务保持适当的比例以降低借款成本。浮动利率贷款在债务总额中的比重不可过大，应控制商业贷款和短期贷款的数额。一般而言，在国际利率趋降的情况下，可借浮动利率的贷款；而在国际金融市场利率动荡不定的情况下，可借固定利率的贷款。

第三，期限结构，是各种期限的外债在外债总额中所占的比重。外债偿还期限有短期、中期、长期三种，应使债务偿还期限均匀分布，避免集中借贷和偿还。要少借利率高的短期债务，尽量控制在25%以内；切忌将短期债务用于中长期项目，避免因期限错配导致的偿债风险；尽量避免借入大量相同的外债，防止还本付息过于集中。

第四，币种结构，是各种以外币计价的外债在外债总额中所占的比重。币种适宜以收汇结算使用较多的货币为主，适当兼顾软硬货币的搭配，以避免国际金融市场上汇率频繁变动的风险。外债币种应分散化，避免因币种错配导致的币种风险。

3. 效益管理

只有高效率地运用外债资金，使投入能产出较高的经济效益和社会效益，才能达到利用外资的目的。按不同的划分标准，外债效益可划分为项目效益和社会效益，也可分为外汇效益和人民币效益。我国利用外债首先强调产生外汇效益，这是实现外债良性循环的保证。

4. 偿还管理

根据我国外债偿还管理谁借谁还的原则，可将偿还方式分为统借统还，统借自还和自借自还三种。为维护国家对外偿债的能力和信誉，加强外债偿还管理十分必要。可通过规模管理将外债增长速度和总量控制在适度的水平上；通过结构管理合理配置和调整债务的利率、期限和币种结构，防范债务风险；通过提升效益管理为外债偿还打下基础。

目前中国外债管理中存在的主要问题有国家外汇管理局的监管能力比较薄弱、外债流入速度加快、外债使用效率不高、隐性外债问题严重等。建议的外债管理方法：①根据国内外经济形势的变化，加强对外债的宏观管理，做到短期债务和长期债务搭配合理、比例恰当；②区分外债清偿力与流动性，外债种类结构、利率结构、期限结构和币种结构搭配要适当；③严格控制外债流入，保持适度的外债规模，对外债要实行监测和预警；④明确借入外债的目的，对外债用途要实施监控，提高外债使用效益；⑤完善外债信息披露机制，加强对隐性外债的管理。

本章小结

1. 国际资本流动是指资本从一个国家转移到另一个国家。这里所说的资本包括货币资本和借贷资本、与国外投资相联系的商品资本和生产资本以及近几年来脱离实物经济而独立高速增长的金融性资本。依据资本流动与实际生产、交换的关系，国际资本流动可以分为两大类型。一种是与实际生产、交换发生直接联系的生产性的国际资本流动；另一种则是与实际生产、交换没有直接联系的非生产性的国际资本流动。按照资本的使用期限也可以将其划分为长期资本流动和短期资本流动两类。

2. 国际资本流动对资本输入国、资本输出国乃至世界经济都会产生深远的影响，既有正面的积极影响，也有负面的消极影响。因此，一般各国都对国际资本流动进行适当的管理和控制，扬长避短。

3. 20世纪80年代发展中国家爆发的债务危机虽较为久远，但其产生的原因、解决的措施及其教训至今仍具有很大的现实意义。国际债务危机爆发的内因包括：盲目借取大量外债，不切实际地追求高速经济增长；债务国缺乏有效的外债宏观调控，管理混乱；外债投向不当，投资效率和创汇率较低。债务危机爆发的外因包括：20世纪80年代初以发达国家为主导的世界经济衰退；国际金融市场上美元利率和汇率的上浮；两次石油提价使非产油发展中国家进口支出扩大；国际商业银行贷款政策的影响。

4. 国际债务危机缓解的方案与措施主要有：重新安排债务；债务资本化；债务回购；限制偿债。

5. 发展中国家债务危机的启示：举借外债应根据国情选择适度的借债规模；应根据具体情况合理安排外债结构；扶植和发展出口产业，提高偿还能力，稳定协调地发展国民经济；建立集中统一的外债管理机构，加强外债管理。

6. 国际资本流动与国际金融危机的关系。从20世纪90年代以来发生的几次金融危机来看，国际资本流动与国际金融危机的关系主要表现在以下几个方面：一是国际资本大量流入，加剧国内经济失衡；二是国际游资的冲击是国际金融危机爆发的导火索；三是资本大量抽逃使危机国雪上加霜。

7. 自1979年实行对外开放政策以来，中国利用外资取得了举世瞩目的成就。利用外资规模不断扩大、方式和渠道趋于多样化。通过利用外资，有效地弥补了中国建设资金的不足，引进了中国急需的先进技术和管理经验，促进了产业结构的升级，增强了中国的出口创汇能力，增加了国家的财政收入，创造了一些就业机会，促进了开放型经济的发展，促进了社会主义市场经济体系的建立和完善。

8. 中国对外投资经历了新中国成立后到改革开放前的内部积累期、改革开放后到加入WTO前的探索起步期、加入WTO到党的十八大前的快速发展期、党的十八大以来的跨越发展期四个时期。中国对外投资总额呈先增长后下降趋势，投资产业结构趋向多元化，投资选择区位向东亚回归，投资主体结构呈现市场化、技术化特征。中国对外投资面临的挑战有：新冠疫情严重冲击全球投资体系；主要经济体间经贸关系与投资环境变化；投资主体可持续性与资本流动政策变化。

9. 外债的监控指标主要有：偿债率、负债率、债务率和短期债务比率。偿债率是衡量外债适度规模的核心指标，国际上通行的做法是将其控制在 20% 以下；负债率高低反映了一国对外债的负担能力，国际上通常认为安全线为 20%；债务率是衡量一国偿还能力和风险的指标，一般控制在 100% 以内；国际上通常认为，短期债务比率不超过 25%。目前，中国外债每年需要还本付息的压力较小，外债偿还能力较强，但是近年来债务率已升高，外债风险已变得不可忽视。

核心术语

国际资本流动（international capital flow）

国际直接投资（international direct investment）

国际证券投资（international portfolio investment）

国际贷款（international loan）

贸易性资本流动（trade capital flows）

金融性资本流动（financial capital flows）

保值性资本流动（hedging capital flows）

投机性资本流动（speculative capital flows）

热钱（hot money）

国际债务危机（international debt crisis）

中外合资经营企业（sino-foreign joint venture）

外商独资企业（wholly foreign-owned enterprise）

外债（external debt）

偿债率（debt service ratio）

负债率（liability ratio）

债务率（foreign debt ratio）

短期债务比率（short-term debt ratio）

外债结构（foreign debt structure）

思 考 题

1. 简述国际资本流动的概念、类型与特征。

2. 国际资本流动的原因是什么？

3. 论述国际资本流动对世界经济的影响。

4. 简述发展中国家债务危机的形成原因。

5. 为了解决国际债务危机，一国政府一般会采取哪些措施？

6. 试述国际资本流动与国际金融危机的关系。

7. 中国利用外资的主要方式有哪些？

8. 简述今后中国利用外资的主要任务和政策措施。

9. 简述今后中国对外投资的主要任务和政策措施。

10. 简述今后中国对外债务管理的主要任务和政策措施。

第五篇

国际金融协调与合作

PART 5

INTERNATIONAL
FINANCE

CHAPTER 10

第十章 国际货币体系和区域货币合作

学习要点

1. 了解国际货币体系的含义、作用与历史沿革；
2. 了解国际金本位制的演变和崩溃；
3. 理解布雷顿森林体系的内容、作用及崩溃原因；
4. 理解牙买加体系的内容、作用及存在问题；
5. 掌握区域货币合作理论与实践。

第一节 国际货币体系概述

一、国际货币体系的定义与作用

国际货币体系（international monetary system）是指国际货币制度、国际金融机构以及由习惯和历史沿革形成的约定俗成的国际货币秩序的总和。国际货币体系既包括有法律约束力的有关国际货币关系的法令条例、规章制度、组织形式等，也包括不具有法律约束力的相关传统习惯和约定俗成。

国际货币体系的作用主要包括以下四个方面。

第一，确定国际支付手段及国际储备资产的来源、形式、数量。即确定哪些货币或什么样的货币可以作为国际货币，用于国际支付、清偿国际债权债务关系及调节国际收支，并规定国际货币与各国货币之间的相互关系准则。

第二，确定国际收支的调节机制，包括汇率制度和汇率形成机制，对国际收支逆差国的资金融通机制，对国际货币发行国的约束机制等。国际收支的调节机制要解决的问题是：通过什么方式来维持各国国际收支平衡，当出现国际收支不平衡时，各国政府及国际金融机构该如何采取措施促使其达到平衡，各国调节国际收支的政策措施该如何协调等。

第三，确定国际结算制度。包括规范国际结算的原则、国际结算方式，以及对黄金、外汇在国际的流动进行管理。

第四，确立有关国际货币金融事务的协商机制及建立国际性的协调和监督机构。

二、国际货币体系的分类与演进

（一）国际货币体系的分类

按不同的分类标准，国际货币体系可分为不同的类型。

根据国际储备资产分类，国际货币体系可分为国际金币本位制、国际金块本位制、国际金汇兑本位制和国际信用货币制。国际金币本位制是以黄金作为国际本位币和国际储备资产的货币制度，最典型的是金本位制（gold standard system）。相较于金币本位制，国际金块本位制下，黄金不再直接流通，银行发行纸币（银行券）作为主要流通手段，不过纸币的发行仍需以黄金为基础。金汇兑本位制又是在金块本位制的基础上进一步延伸的、广义的金本位制，实行金汇兑本位制的国家，会将本国货币的发行与某个实行金币或金块本位制的国家的货币相挂钩，并规定本国货币与该外国货币之间的兑换比价。换言之，国际金汇兑本位制是以黄金和某种自由兑换货币作为国际本位币和国际储备资产，且该种货币与黄金建立固定兑换比例关系的货币制度。国际信用货币制是以某种或某几种自由兑换货币作为国际货币和主要国际储备资产，且这些货币与黄金没有直接联系的国际货币制度。

根据汇率制度分类，国际货币体系可分为固定汇率制度与浮动汇率制度。固定汇率制度又可以分为金币本位制下的固定汇率制度、金块和金汇兑本位制下的固定汇率制度；浮动汇率制度又可分为自由浮动汇率制度、管理浮动汇率制度等。

（二）国际货币体系的演进

最早的国际货币体系为国际金本位制，其形成于 1880 年，建立在各主要资本主义国家国内均实行金币本位制（gold specie standard）的基础之上。在金币本位制下，各国均规定了黄金可以自由铸造成金币、可以在国际市场自由流动、纸币可以自由兑换成黄金，并实行以铸币平价为基础的固定汇率制。

因此，金币本位制是一种相对稳定的货币制度，对资本主义经济的发展起到了积极的促进作用。金币本位制盛行之时，正值资本主义自由竞争的全盛时期，被称为资本主义经济发展的黄金时期。但是金币本位制也有缺点，最主要表现在货币量的增长依赖黄金产量的增长、国际支付手段与清算手段依赖黄金的输出和输入等。当商品经济和国际经济交往不断发展，货币量需求随之增加，而黄金产量又制约了货币量增长，此时货币量与黄金量的矛盾就会激化。到 1914 年第一次世界大战爆发时，由于黄金分配不均，少数强国握有绝大多数黄金，使多数国家货币量与黄金量之间的矛盾日趋突出。此外，参战各国均实行黄金禁运和纸币停止兑换黄金政策，致使金币本位制走向崩溃。

第一次世界大战结束后，各国试图重建金币本位制。但由于当时黄金在各国间的分配更加不均衡，已经无法实行典型意义上的金币本位制，于是产生了金块本位制（gold bullion standard）和金汇兑本位制（gold exchange standard）。如前文所述，在这两种货币制度下，黄金依然是国际货币的基础和国际支付手段，各国纸币仍然规定含金量，但黄金并不参与流通，纸币也很难或者不能兑换成黄金。至 1925 年，除英国、美国和法国实行金块本位制外，其他国家均实行金汇兑本位制。然而，在 1929—1933 年世界性的经济危机（大萧条）中，各国金块本位制和金汇兑本位制相继崩塌，国际货币金融关系进入混乱状态。

第二次世界大战后，以美元为中心的国际货币体系——布雷顿森林体系（Bretton Woods System）建立。这一体系维持了将近 30 年的时间，直至 1972 年布雷顿森林体系崩溃。20 世纪 70 年代中期，国际货币体系与黄金完全脱钩，出现了汇率制度多样化、国际货币多元化的国际货币体系——牙买加体系（Jamaica system）。国际货币体系的演进历程见表 10-1。

表 10-1　国际货币体系的演进

货币体系	实行时间	核心要点
国际金本位制	1880—1936 年	• 历史上第一个国际货币体系 • 可细分为金币本位制、金块本位制和金汇兑本位制三种形式 • 以黄金为中心 • 固定汇率制度
布雷顿森林体系	1944—1973 年	• 第二次世界大战后建立 • 以美元（或者说美元—黄金）为中心 • 固定汇率制度
牙买加体系	1976 年至今	• 与黄金完全脱钩 • 汇率制度多样化，国际货币多元化

下文将详细介绍国际金本位制、布雷顿森林体系和牙买加体系。

第二节　国际金本位制

一、金本位制的确立

如前所述，国际金本位制大致经历了金币本位制、金块本位制和金汇兑本位制三种形式的演变，其为历史上第一个国际货币体系，是在英国、德国、荷兰、美国、拉丁货币联盟（含法国、比利时、意大利、瑞士）及若干北欧国家在实行国内金币本位的基础上建立的。

早在 1816 年，英国政府就颁布了《金本位制法案》，是最先从金银复本位制过渡到金本位制的国家。1871 年普法战争以后，德国从法国获得 50 亿金法郎的战争赔款，于是发行金马克作为货币本位，开始从银本位制变为金币本位制。继德国之后，丹麦、瑞典、挪威和荷兰也相继实行了金币本位制。直到 1880 年，法国、比利时、瑞士、意大利、美国等欧美国家才普遍通过相关法案开始实行金币本位制，因此，国际上通常把这一年作为金币本位制的起始年。接着，沙皇俄国和日本分别于 1897 年和 1900 年实行金币本位制。这种以各主要国家普遍采用金币本位制为基础的国际货币体系，就是国际金本位制的初始和经典形式。同时，由于当时英国在世界经济中具有突出地位，这一阶段的国际货币体系实际上是一个以英镑为中心、以黄金为基础的国际金本位制。

具体而言，金币本位制的主要内容是：第一，用黄金来规定货币所代表的价值，每一货币单位都有法定的含金量，各国货币按其所含黄金重量来确定彼此的比价；第二，金币可以自由铸造，任何人都可按本位货币的含金量将金块交给国家造币厂铸造成金币；第三，金币是无限法偿的货币，具有无限制支付手段的权利；第四，各国的货币储备都是黄金，国际结算也使用黄金，黄金可以自由地输出和输入。据此，金币本位制具有三个基本特征：自由铸造、自由兑换、黄金自由输出和输入。

金币本位制的特征决定了它是一种相对稳定的货币制度，其作用如下：在国内表现为流通中的货币对黄金不会发生贬值现象，约束了货币创造；在国外则表现为外汇汇率的相对稳定。正是由于这种稳定性，国际金本位制曾对世界经济的发展起过积极的推动作用，主要表现为：有利于商品的流通和信用的扩大；促进了各国生产的扩大和国际贸易的发展，国际收支得以自动调节；等等。

二、金本位制的演变和崩溃

可以说，在 1880 年至 1914 年第一次世界大战爆发前的 30 多年中，金币本位制在全球取得了长足的发展，这段时间也是国际金本位制的鼎盛时期。1914 年，随着第一次世界大战的爆发，金币本位制开始受到巨大冲击。在第一次世界大战中，各国为了筹集军费开支，发行了大量银行券（纸币），因此无法维持原先银行券和黄金的兑换比例，大部分国家都发生了严重的通货膨胀。在这种情形下，各国政府也不再有能力和意愿去维持原先的兑换比率，传统的国际金本位制——金币本位制，因此也暂时停止实行。

1918 年第一次世界大战结束后，为了稳定物价和促进国际贸易，各国努力恢复金本位制，1919 年，美国率先恢复，1922 年，各国通过了全面恢复金本位制的行动纲领。但当时，世界黄金产量严重不足，加上黄金存量在世界各国之间的分配严重不均，到了 20 世纪 20 年代，世界上一半的黄金存量都在美国，许多国家都不愿意把黄金投入流通，金币本位制再没能得到恢复，取而代之的是一个局部的金块以及金汇兑本位制，即大国以黄金作为储备货币，而小国可以用一些大国的货币作为储备货币。在这种制度下，大国实行的是金块本位制，银行券可按规定的含金量在国内兑换金块，但是数额和用途方面会受到一定的限制，黄金集中存储于本国政府。小国实行的是金汇兑本位制，银行券在国内不可兑换金块，只规定其与实行金块本位制国家的兑换比率，先兑换外汇，再以外汇兑换黄金，并将储备黄金存放在金块本位制国家。这两种货币制度实际上都是衍生版的金本位制，其稳定性相较于金币本位制已大大下降。

金块本位制和金汇兑本位制的基础本就脆弱，在遭受 1929—1933 年世界经济危机（大萧条）侵袭后，于 1936 年完全崩溃。其崩溃历程大致如下：1929 年 10 月，美国证券市场发生危机，拉开了世界经济危机的序幕。巴西、阿根廷、澳大利亚等国遭受严重打击，不得不放弃金本位制。1931 年初，经济危机的风暴席卷欧洲大陆。德国、奥地利放弃了金汇兑本位制。1931 年 7 月，德国和奥地利两国的金融危机波及英国，英国被迫于同年 9 月停止金块本位制，与英镑有联系的一些国家和地区也相继放弃金汇兑本位制。1933 年 3 月，美国再次掀起货币信用危机的浪潮，不得不放弃独自坚持多年的金币本位制，改用美元纸币进行流通。在英国和美国陷入信用货币危机时，法国、比利时、瑞士、意大利、波兰等国却组成黄金集团，仍想维持金块本位制和金汇兑本位制。由于受到经济危机与英镑、美元贬值的压力，黄金集团难以维持，到 1936 年也被迫放弃了金块本位制和金汇兑本位制。至此，整个国际金本位货币体系彻底崩溃。

第三节　布雷顿森林体系

1939—1945 年，全球经历了残酷的第二次世界大战，世界经济遭遇了巨大的冲击，国际货币体系也一直处于混乱的状态。随着第二次世界大战进入尾声，各国开始恢复和探求合理的国际货币制度，布雷顿森林体系应运而生，其对第二次世界大战后的国际金融格局及世界经济的发展都起到了极为重要的影响。

一、布雷顿森林体系建立的历史背景

第二次世界大战使当时主要国家的经济实力发生了巨大变化。战争结束时，美国的工业制成品产量约占世界 1/2，对外贸易总额占世界的 1/3 以上，对外投资急剧增长，已成为世界上最大的债权国，这些都为后来美元霸权的建立创造了条件。相比之下，虽然英镑仍是主要的国际储备货币和结算货币（国际贸易的 40% 仍用英镑结算），伦敦也还是最重要的国际金融中心，但英国却在战争中遭受重创。第二次世界大战期间英美两国经济地位的转换，深刻影响了两国在国际货币体系中的话语权。

早在第二次世界大战结束前，英美两国就开始各自设计对本国有利的国际货币体系。1943 年初，两国分别在伦敦和华盛顿公布了各自的方案。英国的方案是由当时英国财政部顾问凯恩斯拟定的国际清算同盟计划，又称凯恩斯计划；美国的方案是由当时美国财政部官员怀特提出的国际稳定基金计划，又称怀特计划。

凯恩斯计划的主要内容包括：一是建立国际清算同盟，使其具有世界中央银行的性质；二是创立一种叫"班柯尔"（bancor）的国际信用货币作为国际清算单位；三是会员方在同盟中开设往来账户，以转账方式清算各国间的债权债务；四是会员方在清算同盟中份额的大小，根据各国在第二次世界大战前三年进出口贸易平均值计算确定，不需另行缴纳份额；五是当国际收支出现不平衡时，债权国应主动承担调节责任；六是同盟总办事处设在伦敦、纽约两地，理事会在两地轮流举行。

怀特计划的主要内容包括：一是建立一个稳定的国际货币基金组织，基金由各会员方缴纳；二是各会员方缴纳的份额决定其发言权和投票权；三是创设一种国际货币单位"尤尼他"（unita），其单位含金量相当于 10 美元；四是采用固定汇率，各国货币汇率不经同意不能随便变动；五是国际货币基金组织的主要任务是稳定汇率，向会员方提供短期信贷，以帮助解决国际收支不平衡的问题；六是国际货币基金组织的办事处设在拥有最大份额的国家。

第二次世界大战后关于国际货币体系的方案公布后，英美两国展开了激烈的争论。1943 年 9 月，英美两国派出代表团在华盛顿进行谈判，谈判的实际主角是两国代表团顾问，即两国方案的拟定者凯恩斯和怀特。两人在谈判中争论得相当激烈，两种意见针锋相对互不相让。凯恩斯非常善辩，怀特远不是他的对手，但怀特有一个撒手锏，他不时地提醒凯恩斯，是他而不是凯恩斯代表更有利的一方。最终怀特计划得以通过，英美双方就第二次世界大战后的国际货币体系问题发表了第一个联合声明。不过作为一种补偿，英国得到了一笔庞大的美元贷款，这恰是英国战后恢复经济所急需的。这一过程被称为布雷顿森林前奏曲。

1944 年 7 月，44 个联合和联盟国家在美国新罕布什尔州的布雷顿森林召开了国际货币金融会议。会议通过了以怀特计划为基础的《国际货币基金组织协定》和《国际复兴开发银行协定》，总称布雷顿森林协定，从而确定了布雷顿森林体系。其宗旨是：第一，促进国际货币合作；第二，促进汇率稳定，防止竞争性的货币贬值，以促进国际贸易的发展和各国生产资源的开发；第三，向成员方融通资金，以减轻和调节国际收支的不平衡；第四，缩短各成员方国际收支不平衡的时间，并减轻不平衡的程度；第五，建立多边支付制度，取消外汇管制。

二、布雷顿森林体系的内容

布雷顿森林体系的内容主要是确立当时的国际货币制度，并建立国际金融机构，具体如下。

第一，美元与黄金直接挂钩。在这个体系下，美国承诺，美元按 35 美元等于 1 盎司黄金的官价与黄金建立起固定比价，各国政府持有的美元可以随时按这一官价向美国政府兑换黄金。但同时规定，各国政府必须协助美国政府将黄金价格维持在黄金官价水平上。这样，美元成为第二次世界大战后唯一直接与黄金挂钩的货币，凌驾于各国货币之上，成为等同于黄金的国际货币。

第二，各国货币与美元挂钩，与美元建立起固定汇率。协定规定，各国必须根据本国货币与美元的法定黄金平价来确定本国货币与美元的汇率，其波动幅度必须限制在黄金法定平价的 ±1% 范围内，超过这一幅度，各国政府有义务出面干预与维持。这样，以美元为中心的固定汇率制度在世界范围内得以建立。

第三，规定调节国际收支的措施。当协定成员方出现国际收支逆差时，国际货币基金组织将向其提供短期融资，以协助其解决国际收支困难。

第四，建立权威性的国际金融机构——国际货币基金组织。国际货币基金组织的宗旨是促进国际货币合作与稳定。

三、布雷顿森林体系正常运作的条件及崩溃的原因

（一）布雷顿森林体系正常运作的条件

1. 美国保持国际收支顺差，美元对外价值稳定

由于布雷顿森林体系的核心是美元与黄金挂钩，保持美元的黄金价格的稳定就变得相当重要。如果美国出现长期的国际收支逆差，大量美元就会流向境外。这一方面会使外国政府用美元向美国兑换黄金的数量增加，美国的黄金储备下降；另一方面美元会对外贬值，固定汇率制度就难以维持。同时还会引起其他国家抛售美元，美元的中心地位就会动摇，布雷顿森林体系就难以维持。

2. 美国的黄金储备充足，保持美元与黄金的可兑换性

布雷顿森林体系建立在美国承诺各国政府可以用美元向美国政府兑换黄金的基础上，如果美国黄金储备下降，不足以满足别国的兑换要求，美国的承诺不能兑现，布雷顿森林体系的运作基础就会动摇。

3. 黄金价格维持在官价水平上

美元与黄金挂钩及各国货币通过美元与黄金挂钩均是以黄金官价为基础的，如果黄金官价出现较大波动，两个挂钩就很难维持，布雷顿森林体系也就难以维持。

从以上条件可知，美国保持良好的国际收支及经济金融状况是布雷顿森林体系正常运行的前提条件。因此，第二次世界大战后初期至20世纪50年代初期，美国基本上满足了这几个条件，布雷顿森林体系得以正常运作，国际货币秩序也基本稳定。

（二）布雷顿森林体系崩溃的原因

1. 布雷顿森林体系本身的缺陷——特里芬难题

在布雷顿森林体系下，美元具有美国本币和世界货币的双重身份，同时具有保持美元与黄金可兑换性及满足国际清偿力的双重责任。而这双重身份及双重责任均是矛盾的，难以做到两全。美元作为本币必须受制于美国经济的发展状况与美国的货币政策，作为世界货币则要受制于世界经济和国际贸易发展状况。当美国经济发展与世界经济发展相偏离时，矛盾就不可避免。同样，美国要担负起按黄金官价兑换外国政府持有的美元的责任，就必须保持国际收支顺差和充足的黄金储备，美元对外供应不能太多。而美元作为国际支付手段和国际储备货币，又需要美国保持国际收支逆差，美元对外供应要充足。因此，布雷顿森林体系本身具有难以克服的缺陷，决定了其不可能长期维持下去，存在着崩溃的必然性。美国耶鲁大学教授特里芬在其1960年出版的《黄金与美元危机》一书中，首次指出了布雷顿森林体系的这一缺陷，故被称为"特里芬难题"（Triffin dilemma）。

2. 布雷顿森林体系发挥作用的条件逐渐丧失

如前所述，布雷顿森林体系正常运作需要一定的前提条件。第二次世界大战结束时，美国的经济实力和黄金储备在世界上占有绝对优势地位，布雷顿森林体系得以建立。第二次世界大战后初期，美国良好的经济增长与国际收支状况，使布雷顿森林体系得以正常运行。20世纪50年代中期以后的经济形势发生了很大的变化：一是美国国际收支由顺差变为逆差，境外美元大量增加，黄金储备不断下降；二是各国经济发展不平衡性加强，联邦德国和日本的经济实力不断增强，其货币地位也迅速上升；三是西方各国通货膨胀程度悬殊，固定汇率难以维持。这些变化使布雷顿森林体系正常运行的基本条件逐渐丧失，布雷顿森林体系的崩溃也就在所难免。

四、布雷顿森林体系的解体过程与最终崩溃

（一）第一次美元危机与十国集团和黄金总库

1960年10月，第一次美元危机爆发。美国当年的短期债务达到210亿美元，黄金储备只有178亿美元，国内全部黄金储备已不足以抵偿国外短期债务。人们对美元的币值是否能维持黄金官价普遍表示怀疑，结果引发了抛售美元的危机。为了预防和平息美元危机，1961年11月，美国、英国、法国、意大利、荷兰、比利时、日本、联邦德国、瑞士和加拿大等国在巴黎举行会议，成立十国集团，达成了《借款总安排协定》，此协定于1962年10月生效。1961年12月，为维持黄金和美元的地位，在美国的提议下，美国、英国、法国、意大利、荷兰、比利时、日本、联邦德国和瑞士参加，成立了黄金总库，所需黄金由各国分担，并指定英格兰银行为总库代理机构。黄金总库通过买卖黄金，使伦敦市场的金价稳定在每盎司35.2美元（黄金官价加上运费和保险费）。

（二）第二次美元危机与黄金双价制和特别提款权

1968 年 3 月，又一次严重的美元危机爆发。因为美国陷入越南战争后，其财政金融和国际收支状况更加恶化，黄金储备大大低于对外短期债务，美元不断贬值。危机之中，抢购黄金的风潮异常猛烈，黄金总库无力维持每盎司 35.2 美元的金价，改为执行黄金双价制，即仍维持每盎司 35.2 美元的官价，用于官方结算；而黄金的自由市场价由供求关系自发决定，政府不再进行干预。1969 年 10 月，国际货币基金组织第 24 届年会通过了设立特别提款权的决议，目的是进一步扩大国际货币基金组织的贷款能力，使它能够用特别提款权这种"纸黄金"来弥补国际收支逆差，减少美元外流，并逐步代替黄金作为国际储备。特别提款权的设立和黄金双价制的实行，实际上反映了布雷顿森林体系的基础已出现动摇。

（三）第三次美元危机与《史密森协定》

1971 年夏，美国出现严重的对外贸易逆差，随之爆发了第三次美元危机。法国政府带头以美元向美国兑换黄金，美国黄金储备降到了 102 亿美元，而同期美国对外短期债务高达 510 亿美元。为防止黄金继续外流，1971 年 8 月 15 日，美国总统尼克松发表声明，称美元不再与黄金挂钩，美国实行"新经济政策"。该政策的主要内容为：一是停止美元兑换黄金，以保持有限的黄金储备；二是征收 10% 的进口附加税。美元停止兑换黄金表明，布雷顿森林体系的一大支柱已倒塌。1971 年 12 月，十国集团在华盛顿一个以史密森命名的机构开会，达成《史密森协定》（Smithsonian Agreement）。该协定的具体内容为：其一，黄金官价从每盎司 35 美元提高到 38 美元，美元贬值 7.89%，但是仍不可兑换黄金；其二，美元同时对一些国家的货币贬值 2.76%~7.66% 不等；其三，将市场外汇汇率的波动幅度从黄金本价的 ±1% 扩大到 ±2.25%。然而，《史密森协定》只是应对美元危机的暂时性措施，并没有解决各国货币关系中的根本问题。

（四）第四次美元危机与布雷顿森林体系的最终崩溃

1972 年 6 月和 1973 年 2 月国际金融市场上掀起抛售美元抢购德国马克、日元和黄金的风潮。美国在 1973 年 2 月被迫再次宣布美元贬值 10%，黄金官价由每盎司 38 美元提高到 42.22 美元。同年 3 月，西欧金融市场上又出现抛售美元、抢购黄金的风潮，美元汇价一跌再跌。欧共体 6 个成员放弃固定汇率制度，改为执行联合浮动汇率，布雷顿森林体系就此最终崩溃。

因此，布雷顿森林体系崩溃有两大标志：一是 1971 年 8 月 15 日，美国总统尼克松宣布美国停止履行美元可兑换黄金的义务，美元公开与黄金正式脱钩，标志着布雷顿森林体系的两大支柱之一被破坏；二是 1973 年 3 月 19 日，欧共体 6 个成员的货币对美元实行联合浮动，标志着以美元—黄金为本位的布雷顿森林体系彻底崩溃。

五、对布雷顿森林体系的评价

从建立到崩溃，布雷顿森林体系仅仅存在了不到 30 年的时间，虽然其确实起过积极的作用，但也存在不少局限和问题。

布雷顿森林体系的积极作用包括以下方面。

第一，稳定了第二次世界大战后的国际金融秩序，促进了战后世界经济的恢复与发展。布雷顿森林体系的建立，促进了多边贸易体系与多边支付体系的建立，促进了自由贸易的发展。消除了第二次世界大战前各个货币集团间的相互对立以及互设贸易壁垒、金融壁垒等现象，从而促进了国际贸易与国际投资的发展。布雷顿森林体系时期，国际金融秩序相对稳定，世界经济发展迅速。

第二，促进了国际货币合作。布雷顿森林体系创建了维持国际货币体系运转的中心机构——国际货币基金组织，它在促进国际货币合作、建立双边或多边支付体系上起到了积极作用。

第三，促进了国际收支的平衡。布雷顿森林体系下，美元等同于黄金。美元作为黄金的代表物源源不断地流向世界各地，增加了国际支付手段和国际储备资产，弥补了当时普遍存在的国际支付手段与国际清偿力不足的问题。此外，国际货币基金组织在成员方出现国际收支困难时所采取的融资措施，也缓和了成员方的国际收支不平衡状况。

布雷顿森林体系的局限体现在以下方面。

一方面，确立了美元的霸权地位，助长了美国的对外扩张。布雷顿森林体系下，美元的特殊地位使美国获取了一系列的利益：其一，美国可以用美元直接对外支付，相当于向其他国家征收铸币税，使其他国家的财富源源不断地流入美国；其二，美国可以利用美元扩大对外贷款与投资，使其在获取高额利润的同时，在国际金融市场上的份额不断扩大；其三，黄金官价定得偏低，美元价格定得偏高，实际上使美国在国际市场上低价购买高价出售商品；其四，布雷顿森林体系建立并巩固了美元的国际货币地位，使之得以延续至今。

另一方面，加剧了通货膨胀的国际传播。布雷顿森林体系下，各国政府有义务维持本国货币与美元汇率的固定，这使各国丧失了货币政策的独立性。当美国出现国际收支逆差时，顺差国家货币兑美元的汇率就面临着升值的压力，为了维持其兑美元汇率的稳定，顺差国家只有用本币来收兑市场上过多的美元，从而引起顺差国家货币供应量的增加，由此引起或加剧其通货膨胀。当美国通货膨胀高于其他国家时，国际市场上也会出现抛售美元、抢购低通货膨胀国家硬通货的现象，为了维持汇率稳定，低通货膨胀国家必须在市场上用本币收购美元，结果使其通货膨胀加剧。

第四节　牙买加体系

布雷顿森林体系崩溃后，国际金融形势更加动荡不安，国际货币基金组织和各成员方竭力寻找国际货币体系改革方案。

1971年10月，国际货币基金组织理事会提出修改《国际货币基金组织协定》。1972年7月，理事会决定成立二十国委员会，具体负责研究国际货币体系改革方案。1974年9月，基金组织年会决定另行成立国际货币体系临时委员会。临时委员会于1976年1月在牙买加首都金斯敦达成了一个协议，称为《牙买加协议》。同年4月，成员方通过了《国际货币基金组织协定》第二修正案，该修正案于 1978 年 4 月 10 日起正式生效，由此形成了以《牙买加协议》为基础的新的国际货币体系，通常称其为牙买加体系。

一、牙买加体系的内容与特点

牙买加体系并没有完全摒弃布雷顿森林体系，而是在保留和加强布雷顿森林体系的重要内容之一——国际货币基金组织的前提下，对布雷顿森林体系进行了改革。但是这种改革使国际货币制度发生了重要变化，表现出以下特点。

（一）黄金非货币化

《牙买加协议》废除了《国际货币基金组织协定》中原有的黄金条款，取消了黄金官价，取消了会员方之间及会员方与国际货币基金组织之间用黄金清算债权债务的义务。并规定各会员方的货币不得以黄金定值，会员方中央银行可以按市场价格自由买卖黄金。为了做出黄金非货币化（demonetization of gold）的姿态，美国和国际货币基金组织还向市场抛售了其拥有的部分黄金。

（二）汇率制度多样化

牙买加体系放弃了对基金组织会员方实行固定汇率制的要求，允许会员方自由选择汇率制度的类型，于是出现了汇率制度多样化的局面。但《牙买加协议》强调，会员方应受基金组织的监督，遇到有关问题时要与基金组织协商，以确保汇率制度的有序性。

（三）国际储备多元化

在布雷顿森林体系下，美元是唯一的国际储备货币。牙买加体系强调了特别提款权的重要性，黄金的储备地位不断下降，特别提款权的地位有所加强。同时，随着日本、联邦德国等西欧国家经济的迅速发展，日元、德国马克和欧洲货币单位等也开始被越来越多的国家接受，成为重要的储备货币。于是国际储备中美元的垄断地位被打破，出现了多元化的国际储备货币体系。

（四）调节国际收支方式和手段的多样化

布雷顿森林体系下，国际收支不平衡的调节主要靠国际货币基金组织的融资。牙买加体系下，各国对国际收支不平衡采取了多样化的调节方式。

1. 汇率调节机制

牙买加体系下，主要的西方国家都采取了浮动汇率制，因此汇率机制便成为调节国际收支的主要方式。当一国国际收支出现逆差时，该国会出现外汇短缺，促使外汇汇率上升，刺激该国出口增加进口减少，从而改变国际收支逆差状况。否则，则相反。

2. 利率调节机制

一般而言，资金总是从利率低的地方向利率高的地方流动。当一国实际利率高于其他国家时，会吸引国际资金的流入，当一国实际利率低于其他国家时，会引起资金的流出。因此，可以通过调整利率的方式来引导资金的流向，从而改变国际收支状况。例如，20世纪 80 年代初，美国的经常项目出现了巨额逆差，当时的里根政府采取了紧缩性的货币政策，导致了美国的高利率，吸引了大量国际资金的流入，使美国资本项目出现了盈余，从而改善了美国国际收支逆差状况。

3. 国际金融市场调节

出现国际收支不平衡的国家可以通过国际金融市场的货币借贷、资本交易、外汇买卖等方式来调剂资金余缺，促使国际收支平衡。

4. 国际货币基金组织的调节

国际货币基金组织不仅通过向国际收支逆差国提供短期贷款，帮助其克服国际收支的困难，而且常常对成员方的国际收支调整进行监督和指导。

从上述特点可见，牙买加体系实质上是多元化国际储备和汇率制度的国际信用货币体系。

二、对牙买加体系的评价

自创立以来，牙买加体系在维持国际经济运转和推动世界经济的发展中起到了积极的作用，但其弊端也逐渐显现。

第一，多种汇率制度能够较为灵活地适应多变的世界经济形势和各国经济发展的差异，但同时增大了汇率风险和国际金融市场的波动性。牙买加体系下，汇率的灵活性增大，适应经济形势变化的能力也随之增强。实行浮动汇率制度的国家可以通过汇率的自发涨落来调节本国对外经济关系，政府不必过多地干预，从而有利于提高政府宏观决策的独立性和有效性，不会因为维持汇率稳定而丧失国内经济目标，一国经济也可以较少受别国经济的牵制与影响。但是灵活多样的汇率制度也使得汇率波动频繁，汇率风险增大，一般而言，不利于国际贸易与国际投资的发展，尤其增加了发展中国家经济金融的不稳定性。

第二，多元化的储备体系在一定程度上解决了"特里芬难题"，但也使国际支付手段在总量和结构上的调控变得更加困难。多元化的储备体系是布雷顿森林体系内在矛盾发展的必然产物，它使充当国际储备货币的好处和风险由多种货币分担，从而克服了"特里芬难题"。当某个储备货币国家发生国际收支逆差，该储备货币在国际市场上数量增多、币值下降，发生信用危机时，其他信誉良好的储备货币地位就增强；当某个储备货币国家发生国际收支顺差，该储备货币在国际市场上数量减少，难以提供足够的国际清偿力时，其他储备货币便可弥补国际清偿力的不足。这样，国际货币体系不会受个别储备货币国家经济波动的影响而出现波动或危机。但是多元化的储备体系也增大了各国管理国际储备的难度，增大了国际金融活动的复杂性，使国际清偿力总量和结构的调整变得更加困难。同时，在多元化的国际储备体系中，美元仍然占主导地位，美国的国际收支及经济发展状况，仍然在很大程度上左右着世界储备货币的增减及世界经济的稳定。

第三，多种形式的国际收支调节机制促进了国际收支平衡，但也带来了国际债务危机等问题。牙买加体系下，国际收支的调节除利用汇率、利率等市场机制外，还常利用国际商业性贷款补充国际清偿力，弥补国际收支逆差。这在一定程度上缓解了国际货币基金组织因资金不足而无力向逆差国家贷款的压力。与其他调节手段相比，利用国际商业贷款调节国际收支具有见效快、运用方便等优点。但商业性贷款是纯经营性贷款，其利率较之国际货币基金组织等国际金融机构的贷款利率要高得多，从而增大了借款国的利息负担。如果发展中国家过多借入国际商业贷款，又缺乏可靠的还款来源，便会出现偿债困难。发展中国家债务危机已成为牙买加体系下的一个突出问题。

专栏 10-1　当前国际货币体系的问题与改革方向[①]

国际上曾围绕国际货币体系的改革进行过多次协商和讨论，其中心议题包括：一是各种储备货币在国际货币体系中的地位；二是汇率制度的安排；三是货币可兑换性的重建；四是国际金融监管的完善；五是为适应新兴市场国家和发展中国家的特殊需要，应做出某些新的规定等。但是，由于国际货币体系的改革存在着诸多利益冲突，必然要经历一个长期的、复杂的、曲折的过程。

1. 国际货币体系存在的问题

牙买加体系并没有对主要货币之间的关系、汇率制度、国际收支调节以及资本流动监管做出实质性的规定，缺乏统一的制度安排和权威的监督管理。伴随着世界各国和地区经济实力的消长以及世界经济格局的调整，国际货币体系规则逐渐弱化，世界各国之间的矛盾日益凸显，各种区域性金融危机频频爆发，甚至进一步引发全球性金融危机。究其原因，现行国际货币体系主要存在以下缺陷。

第一，国际货币体系缺乏制度化的国际收支调节机制，再加上美元的主导地位，削弱了非储备货币发行国货币政策调节作用的自主性和有效性。目前，国际货币体系并未明确规定国际收支的调节机制，也没有在制度上进行任何的设计和约束来敦促或帮助逆差国恢复国际收支平衡。与此同时，国际货币基金组织开展救援的条件严苛，国际商业性融资的短期流动性也降低了国际收支调节政策的有效程度。除此之外，国际贸易大多以美元作为计价单位，相较于本国货币与其他国家货币之间的汇率，本国货币与美元的汇率更能影响本国的贸易条件和出口价格传导。当美元走强时，由于非储备货币发行国的进出口主要以美元计价，货币增发引发的汇率贬值无法有效地扩大出口，但却带来输入性通货膨胀，由此改变本国的"通胀—产出"波动平衡，迫使货币当局收紧货币政策，导致本国货币政策通过汇率渠道对国际贸易和国际收支的自主调控作用减弱。因此，现行国际货币体系难以通过汇率政策有效调节国际收支失衡，特别是美国一旦通过本币贬值缓解国际收支逆差，可能会引起其他国家的竞争性贬值，甚至引发货币危机。

第二，"美元计价"加剧了国际资本流动的动荡，严重威胁世界各国的金融稳定。现行国际货币体系中，美元作为核心的储备资产，主导着国际资本流动，使得全球资产配置风险都集中于美元，美元汇率和美国经济的波动将影响全球金融市场，极大地增加了全球金融市场的不确定性和不稳定性。与此同时，美元债务也给世界各国，尤其是新兴市场国家带来了货币错配风险，在美元走强的情况下，借入美元债务国家的债务负担上升，导致大量国际资本流出，引发国内资本市场下挫，加剧国内金融市场

① 参考文献：阙澄宇，李丹捷. 全球经济失衡与国际货币体系改革[J]. 财经问题研究，2014（2）：37-45；王晓芳，鲁科技. 国际货币体系改革与人民币国际化[J]. 经济学家，2023（2）：45-55；翁东玲. 国际货币体系变革与人民币的国际化[J]. 经济学家，2016（12）：45-51；袁志刚，伍曼玮. 后疫情时代全球经济金融结构演变与中国战略应对[J]. 东南学术，2022（3）：116-128，247；张明. 国际货币体系改革：背景、原因、措施及中国的参与[J]. 国际经济评论，2010（1）：114-137.

的失衡状态，甚至引发金融危机。

第三，美元储备货币地位与美国经济实力的非对称性不仅降低了美元的储备信心，也提高了新兴市场国家宏观调控的难度。一方面，美国在全球经济中的地位占比远远小于美元在国际货币体系中的地位占比，导致美国为国际贸易和投资提供流动性的同时，积累了大量的债务和资产泡沫，由此逐渐产生美元的信用风险和信任危机。另一方面，自布雷顿森林体系崩溃以来，全球频繁发生的金融危机和美元波动所带来的金融风险促使非储备货币发行国大大增加了对美元储备的预防性需求，大量储备美元外汇，导致全球储蓄过剩，由此产生全球流动性危机，带来全球均衡利率的结构性下行，进一步加剧了全球需求不足和产能过剩，致使全球经济失衡。而低利率也造成全球金融市场高杠杆率、盲目追求高回报等行为，从而在投机性房地产、大宗商品市场积累起大量泡沫，增加了金融市场的脆弱性。

第四，美国的宏观经济政策制定和美元发行缺乏制度性约束，特里芬难题并未得到根本解决。由于美元在国际储备货币中占据主导地位，美联储在制定货币政策时面临国内就业和通货膨胀目标与维持国际货币稳定之间的冲突。但因国际货币体系并未对美国的货币发行和货币政策加以有效约束，当两者的矛盾难以调和时，美国往往为了维护自身的国家利益，牺牲国际公共利益。近年来，美国采取过度宽松的货币政策以促进其经济发展，然而美元的泛滥发行引起全球流动性过剩，积累大量的资产泡沫，成为国际金融危机频繁发生的重要原因。甚至，在国际金融危机和新冠疫情期间，美国依然采取量化宽松的货币政策，虽然降低了金融危机和新冠疫情对美国经济的影响，但却向其他国家尤其是发展中国家转嫁危机，极大地增加了金融危机和新冠疫情对其他国家经济的打击，严重地影响了国际货币体系的稳定性。

第五，国际货币体系的监督机制和决策体制存在缺陷，国际协调效率有待提高。首先，随着信息技术的飞速发展和金融自由化的日益推进，全球金融市场快速发展，但是主要国家尚未建立与之相适应的监管机制，国际金融机构也没有充分履行对国际金融市场的监管职责，对主要国际储备货币发行国存在监管缺位，导致金融创新远远超出实体经济的发展需要，大量投机性资本也借机盲目流动，增大了货币危机爆发的可能性。其次，现行国际货币体系缺乏平等的参与权和决策权，作为投票权分配基础的国际货币基金组织基金份额并不适应国际经济格局的发展变化，仍是建立在少数发达国家利益基础上的制度安排，致使国际货币基金组织难以有效地发挥其作用。再次，国际金融机构和各国金融监管当局对国际金融监管缺乏有效的沟通和协调，既存在监管重叠，又存在标准不一致的多头干预，还存在监管真空与漏洞，从而难以及时防范和化解金融风险在全球范围内的扩散。最后，美欧等发达经济体也对国际货币体系改革的态度冷淡，使得国际货币体系改革难以深入开展。

2. 国际货币体系改革的主要方案

随着金融危机的频频爆发，改革现行的国际货币体系已然成为世界各国的普遍共识。2008 年，联合国大会主席关于国际货币体系改革的专家委员会报告指出，当前的国际货币体系改革应解决三个问题，即储备货币的发行与储备货币发行国的经常账户赤字相分离；约束经常账户盈余国；构建比美元更加稳定的国际储存货币。因此，针对国际货币体系的缺陷，国内外学术界提出了下述三种改革方案。

第一种方案是建立实物国际货币体系。自2008年国际金融危机以来，各国逐渐恢复对黄金货币属性的认同度，各国央行尤其是新兴市场国家大量增持黄金，世界银行也呼吁让黄金在国际货币体系中发挥作用。在此背景下，重回金本位国际货币体系的学者主张将由社会权威形成的"社会公信力"与依靠商品内在价值形成的"自然公信力"相结合，构建局部金本位制下的二元货币体系，即各国国内以"社会公信力"为基础建立信用货币体系，各国之间则以"自然公信力"为基础建立金本位国际货币体系。除此之外，随着碳排放权交易的发展，碳排放权逐渐具有商品货币的特征，成为与货币类似的资产，碳排放权交易市场和碳金融市场也得以快速发展，逐渐具备货币市场的诸多特征。因此，碳本位国际货币体系的学者主张以碳排放权作为可货币化的信用，基于碳排放权的相对价值形成碳货币，最终在世界各国不同的碳货币之间形成汇率交易市场和碳汇率机制。

第二种方案是完善主权信用货币体系。随着国际储备货币多元化趋势的日益增强，以现行的国际货币体系为基础进行多元化改革逐渐成为当前国际社会的主要构想，具体的改革方向分为以下两大类：一类是以美元为主、其他国际储备货币为辅的国际货币体系，主张构建一个不均衡的以主权信用货币体系为支撑的多元化国际货币体系，其中美元仍将长期保持国际储备货币的主导地位。另一类则是以美元、欧元和某种亚洲货币（既可能是人民币，也可能是人民币在其中占据重要地位的亚洲主要货币组成的货币篮）为主要储备货币，主张各经济体根据本国的经济基本面及其地域分布等特征形成美元区、欧元区和亚元区等统一货币区，构建美元、欧元和亚洲货币三大货币主导的有秩序、有层次的国际货币体系。

第三种方案是建立超主权储备货币体系。超主权储备货币是指与任何国家主权脱钩的具有稳定的定价基准且为各国所接受的货币，并以此作为国际储备和贸易的结算工具。2009年，中国人民银行行长周小川提出创建超主权储备货币以替代美元，随后得到俄罗斯、巴西等众多国家的支持，超主权储备货币也成为国际货币体系改革的一个热门方案。由于特别提款权（SDR）不仅具备成为超主权储备货币的可能性，还能有效地避免特里芬难题，因此大多数研究主张在改革SDR的基础上充分发挥其国际储备货币的职能，着力实现更加公平广泛地分配SDR，并不断拓宽SDR的使用范围，由此创建超主权储备货币体系。具体来看，一是构建由国际货币基金组织统一管理的替代账户，保证各国可以通过该账户以美元储备换取SDR债券和其他金融衍生产品，发挥SDR的国际储备货币职能；二是按照世界贸易的平均增长率或其他外生方式以及透支和替代账户功能的内生方式创造SDR，从而满足各国对国际储备货币的需求；三是完善SDR定价货币篮子权重，将新兴市场国家货币和黄金纳入SDR，进一步满足和协调不同发展程度国家的利益；四是完善SDR定价手段和发行方式，建立SDR结算机制和清算系统，推动SDR在国际贸易结算中发挥重要作用。

3. 国际货币体系改革的前景

除上述国际货币体系改革方案外，世界各国也就国际汇率制度体系、国际货币基金组织和国际金融监管体系的改革提出了相应的前景设想，并对部分改革建议达成共识。

第一，在国际汇率制度体系改革领域，提议实行更具灵活性的混合汇率制，强调世界各国基于本国的经济发展状况和发展阶段采取适当的汇率制度。在现行的国际货币体系下，主张设立汇率目标区，在主要储备货币之间确定一揽子双边汇率的波动幅度作为目标区，其他国家货币则钉住汇率目标区或随之波动，从而兼具浮动汇率的灵活性和固定汇率的稳定性。随着国际货币体系向多元化方向发展，汇率制度改革的主要提议也由此转向基于购买力平价的有管理、可调整的汇率制度。在该汇率制度下，首先，建立各货币区内所有国家盯住共同货币篮子的汇率制度，保持各货币区内汇率政策一致和汇率稳定；其次，逐步降低货币区外货币在本区域货币篮子中的比重，增加区域主导货币的权重；再次，建立各货币区内其他货币盯住区域主导货币的联合浮动汇率制度；最后，确定各货币区主导货币间的官方汇率，并根据购买力平价及时进行调整。

第二，作为国际金融监管的主要机构，国际货币基金组织由于其治理结构存在缺陷，监管机制和救援机制的发挥受到约束和限制，难以有效地防范和化解国际金融危机，因此，自2008年以来，国际货币基金组织开展了一系列改革措施。就改革的主要提议来看，在治理结构方面，国际货币基金组织进一步扩大基金份额，完善基金份额分配公式，提高成员方的基本投票权并增大基本投票权的权重，增加非洲国家执行董事席位，由此提高新兴市场国家和发展中国家的比重；在监管机制方面，国际货币基金组织将双边监管扩展为多边监管，不仅关注全球宏观经济和金融市场对国际货币体系稳定的影响，还重视各成员方政策对国际货币体系的影响，从而更快、更准确地监测全球范围内的金融风险；在救援机制方面，国际货币基金组织既对贷款条件进行改革，使得贷款条件更加符合不同成员方的国情，降低贷款条件的严苛程度，又提高贷款限额，简化贷款的成本结构和到期日结构，提高贷款的反应速度，还改革了针对低收入国家的贷款协议，增强国际货币基金组织提供减让性短期贷款和紧急融资的能力，进而强化国际货币基金组织在金融危机期间提供贷款援助的作用。

第三，随着新兴市场国家的发展和全球金融监管弊端的暴露，国际金融监管体系也面临着重大改革。2009年，G20伦敦峰会就加强国际金融监管达成共识，把金融稳定论坛发展为金融稳定委员会（FSB），作为全球性的金融监管机构，将所有系统性重要性机构、金融市场和金融工具都纳入监管体系，主导和协调国际金融政策和金融监管规则的制定与实施，评估和审查全球金融市场发展现状、国际金融体系脆弱性与监管政策有效性，促进世界各国金融监管当局的协调和信息交换，支持建立跨国监管机构和实施跨境金融风险管理应急方案，同时与国际货币基金组织合作建立针对宏观经济与金融风险的联合预警机制。未来，国际金融监管体系改革将以国际资本流动和金融体系资本监管作为改革重心，强化对短期资本流动、资本信息披露、系统重要性金融机构的监管，建立完善的大型商业银行监管机制，加强对非银行金融机构和保险业的监管力度，同时提高所有国家宏观经济、财政状况和货币状况的透明度，增强世界各国金融监管当局和国际金融机构的监管协同能力。

第五节　区域货币合作

一、区域货币合作概述

随着世界经济尤其是区域经济一体化的发展，很多地理位置相近的国家在经济发展水平和发展阶段上呈现出较高的相似性，并因此开始进行区域性的货币合作（regional monetary cooperation）。从 20 世纪 60 年代开始，货币区域化逐渐成为经济一体化的载体。1961 年，中美洲一些国家成立了中美洲经济一体化银行；1962 年，西非 6 国成立了西非货币联盟；1972 年，21 个阿拉伯国家建立了阿拉伯货币基金；1972 年，西欧诸国实行了货币汇率联合浮动，并进而演变为较紧密的欧洲货币体系，再发展到更紧密的欧洲货币联盟和欧元区；如此等等，都是区域货币合作的具体表现。

根据区域内货币合作的程度，区域货币合作可分为三个层次：第一层次是区域货币合作协议，即有关国家通过协商、制定协议等方式对货币方面的某个或某几个问题达成共识，采取共同的行动。这种合作方式较为松散，在合作形式、内容和时间等方面均有较大的选择余地。第二层次是区域货币同盟，这是区域货币合作的深入发展形式，在合作内容与形式上都进入到较深程度，有关国家通过法律文件就货币金融方面的一系列重大问题达成共识，进行合作，并且共同组成专门性的组织机构，对货币合作的有关事宜进行指导、监督和协调。第三层次是区域货币一体化，这是区域货币合作的最高级层次，突出表现为有关国家取消原有的本国货币，统一使用由区域内共同中央银行发行的统一货币，并实行统一的货币政策和相关的经济政策。这三个层次的区域货币合作在世界不同区域均有存在。

二、区域货币合作理论

20 世纪 60 年代初，蒙代尔提出了"最佳通货区"理论，开创了区域货币合作理论研究之先河；20 世纪 90 年代初，爱默生（Emerson）和格罗斯（Gros）的"一个市场一种货币"思想，打破了"一个国家一种货币"的传统货币主权观，为不同主要国家间的货币融合扫清了思想障碍；20 世纪 90 年代中期，克鲁格曼的"GG-LL 模型"，贝育梅（Bayoumi）和爱切格利姆（Eichengreen）的《最佳通货区与汇率波动：理论与实证比较》等著作，为单个国家选择是否加入共同货币区提供了有益的分析方法和工具。

（一）最佳通货区理论

1961 年蒙代尔在《美国经济评论》杂志上发表了《最佳通货区理论》一文，最先对区域货币一体化理论进行了系统阐述。他所指的最佳通货区（Optimum Currency Areas，OCA）是：地理位置相近的两个以上主权国家，组成一个对内汇率固定，对外实行浮动汇率的货币联盟。该区域内部以高度的经济融合和完整的市场结构，维持相互汇率稳定和内部经济均衡。同时以浮动汇率调节对外经济，达到对外经济均衡，从而达到区域经济的稳定与发展。蒙代尔在理论上阐述了满足什么条件、具有怎样特征的地理空间才是最佳货币区。他认为，生产要素（尤其是劳动力）高度流动的几个国家或地区是组成单一货币的最佳区域。单一货币区域的主要优点是可以减少交易成本，促进货币稳定；主要缺点是当需求变化或者"非对称冲击"需要降低某一地区的实际工资时，难以维持就业水平。

此后的 20 世纪六七十年代，许多西方学者加入了最佳通货区理论的研究，形成了系列理论研究的早期成果——建立最佳通货区所需具备的充分条件，主要包括以下方面。

1. 生产要素的高度流动

该条件由蒙代尔提出，并由英格拉姆（Ingram）加以完善。他们认为，货币一体化使货币区成员方丧失了利用汇率工具调节彼此国际收支不平衡的可能性，通过生产要素（资本和劳动力）的自由流动，可以弥补这一不足。在生产要素自由流动的条件下，当货币区成员方之间出现国际收支不平衡时，资本和劳动力会自发地从盈余国向赤字国转移，促使各成员方经济结构及时调整，经济周期趋于同步，区域内经济协调发展，这样可以达到既实现区域经济均衡又不损害成员方内部经济均衡之目的。

2. 经济开放度与经济规模

与蒙代尔不同，麦金农把经济开放度作为最佳货币区的标准。他认为，经济越是开放的国家越有动机寻求汇率稳定、选择固定汇率制度，因为汇率频繁波动，有可能吞噬国际贸易与国际投资的收益，而经济规模越小，越倾向于实施开放性经济政策来达到规模经济效应，也越倾向于参加某种汇率合作制度的安排，麦金农把商品分为贸易商品和非贸易商品，以一国贸易商品占该国社会总商品的份额来衡量该国的经济开放度。他证明，当处于充分就业状况的国家面临实际出口下降时，为保持对外均衡，必然出现资源从非贸易商品生产部门向贸易商品生产部门转移。非贸易商品生产部门越小，为转移一定资源所需的汇率变动就越大，导致的内部价格变动也就越大。因此，他认为，在给定稳定价格的目标下，一些经贸往来密切的开放经济国家，适合组成一个共同的货币区；而在一些大量进口消费品且价格需求弹性较低的国家，汇率变动必须非常大才足以弥补失衡，这种区域单独成为一个货币区是非理性的。

3. 经济多元化

凯恩（Kane）认为，最佳通货区应由经济高度多元化的国家组成。一国经济的多元化意味着商品生产的多样化，而商品多样化，特别是贸易品的多样化可以分散商品受外界市场冲击的风险，并能以商品为纽带，在区域内编织相互依赖的国际经贸网，结成经济共同体。这样，一方面更能承受实行固定汇率后对本国经济稳定性带来的压力，另一方面可与其他成员方一起积极追求实行"最佳通货区"后带来的货币效率。

4. 金融一体化

英格拉姆认为，蒙代尔、麦金农和凯恩的研究都只考虑了经常项目的国际收支问题，忽略了货币和资本流动的作用。他提出，与长期资本自由流动相联系的金融一体化，才是衡量货币区是否最优的标准。在金融高度一体化条件下，利率的任何微小波动都可导致充分的资本跨国流动，从而调节各国市场货币数量，避免货币供求失衡引起的汇率大幅波动，使货币区内部的固定汇率得以保持。

5. 通货膨胀偏好相似

弗莱明（Fleming）将最佳货币区研究的视角从微观转向了宏观。他认为，物价稳定是"最佳通货区"追求的主要目标之一，相似的通货膨胀率是实行共同货币政策以保持物价稳定的前提条件。如果货币区内各成员方通货膨胀率高低有别，则利益不一，高通货膨胀国家要求实行紧缩的货币政策，低通货膨胀国家则可能希望维持不变，而出现通货紧缩的国家会强烈要求采取扩张性的货币政策。货币政策的"众口难调"，会使超国家的中央银行无所作为。因此，通货膨胀率的相似性是构建"最佳通货区"的一个重要前提。

6. 政策一体化

基于对宏观层面条件趋同必要性的理解和对现实中宏观结构差异的认识，英格拉姆等先后提出了达成最佳通货区的政策一体化条件。他们认为，为使货币区能够正常运行，各成员方必须对其货币、财政以及其他经济乃至社会政策进行协调，寻求一致。为此，各成员方必须对其主权实行部分让渡，核心是货币政策的协调和让渡，弗莱明还倡议建立一个超国家的中央银行来协调政策的一致。他认为，只有中央银行才能刺激短期利率的趋同，避免短期资金过度流动造成的汇率波动。凯恩则强调了财政一体化的重要性，他认为，财政高度一体化有利于提高货币区的财政转移支付能力，有利于平抑一体化引致的地区差异，使经济更接近于理想化的最佳货币区状态。

最佳通货区理论的重要贡献至少有四个方面：第一，对传统的"一个国家一种货币"的理论与思维定式提出了挑战，为不同主权国家之间的货币融合奠定了理论基础。第二，揭示了汇率制度安排的多样性与多层次性特征。国际金本位制与布雷顿森林体系均是全球同一板块的货币制度与汇率制度安排，最佳通货区理论提出了全球与各经济区域可以实行不同的货币与汇率制度，这使理论界关于固定汇率和浮动汇率孰优孰劣的争论有了折中方案，成为布雷顿森林体系崩溃后，全球出现的汇率制度多样化的理论先导。第三，通过条件分析的方式，将货币一体化社会福利影响可能涉及的诸多方面较完整地呈现出来，不仅为货币一体化实践提供了理论基础，而且提供了较具借鉴意义和可操作性的菜单。其中诸如生产要素流动性、通货膨胀率相似等条件对欧元的启动具有重要的指导意义。第四，这些研究成果为货币一体化理论的进一步研究和发展提供了思路，具有开创性意义。

但是最佳通货区理论也存在以下明显缺陷：其讨论的组成最佳货币区的诸多条件，就单个来说过于片面，就整体而言又较难实现，在宏观和微观效益上也难以两全，有的适宜条件即使在定性意义上也存在重大缺陷。也就是说，最佳通货区理论的过分理想化和形成条件的难以定量化是其主要缺点。

（二）一个市场一种货币思想

20 世纪 80 年代末至 90 年代初，区域货币一体化理论有了突破性进展。1992 年，爱默生和格罗斯发表了《一个市场一种货币》一书，系统阐述了"一个市场一种货币"的新思想。他们认为，在经济全球化、一体化涉及货币层面的时候，市场驱动的货币竞争极大地改变了货币关系的空间组成，显著地侵蚀了国家的货币垄断权利。世界需要根据货币运行的功能性分析，按每个货币的有效使用和影响力辐射的完整范围而不是政治疆界，来重新构筑货币层面的市场—制度关系的新框架。一个国家或地区的货币选择根本上应由市场状况尤其是市场需求来决定，具体的货币空间由实际的货币交易网络来划分，每个货币的空间就是其功能性权威的影响范围，即完整市场在货币层面的相应"货币圈"。显然，这里强调的是空间的功能性意义而不是空间的物理意义。此时，货币作为一种交换工具和价值工具，开始真正服务于市场，无论这个市场有多大，涉及多少个国家，只要是一个统一的大市场，那么单一货币就是最佳选择。

爱默生、格罗斯等的贡献在于，正式为主权国家间的货币融合扫清了思想上的障碍。以往，货币总是被贴上国家主权的标签，货币统一成为国家统一的关键性标志，因而主权国家都不愿意放弃对本国货币的控制权。爱默生等的"一个市场一种货币"思想，使人们认识到，货币从根本上是服务于市场的，国际经济交往的深化需要某种形式的货币融合。当一个国家无法更好地发挥其货币职能与作用的时候，如果货币权的让渡有利于经济的发展和福利的提高，那么就应该将货币权交给更高层次的超国家机构。

（三）GG-LL模型

20世纪90年代后，随着欧元的启动和拉丁美洲"美元化"进程的加快，多个国家面临着是否参与区域经济和区域货币一体化的现实选择，于是关于一个区域内，各经济体选择是否参加货币区的理论便应运而生，主要代表是克鲁格曼的GG-LL模型，该模型分析的前提假设为：一是货币区规模越大，区内价格水平的稳定性与可测性越高；二是货币区内固定汇率的承诺有保证；三是货币区内各国市场联系越紧密，加入货币区的收益越高。

克鲁格曼以欧盟和芬兰为例，分析了芬兰加入欧盟的成本—收益曲线，他认为：芬兰加入欧洲货币体系的收益大小主要取决于芬兰与欧洲货币体系成员贸易关系的一体化程度。图10-1的横轴表示加入国与货币区的经济紧密程度，它可以用经济交往占GDP的百分比表示；纵轴表示加入国收益（即货币效率收益）与成本（当一个国家加入货币区后，由于放弃了运用汇率政策和货币政策调节就业和产出以保持经济稳定的权利而引发的额外的经济不稳定性，即所谓的"经济稳定性损失"）。图10-1中GG曲线为收益曲线，其斜率为正，说明一个国家与其所在货币区的经济一体化程度越高，跨国贸易和要素流动越广泛，加入单一货币区的收益就越大；LL曲线为成本曲线，其斜率为负，说明一个国家的经济与其所在货币区的经济联系程度越密切，加入货币区的经济稳定性损失就越小，反之亦然。总之，一个国家与其所在货币区的经济一体化程度越高，加入货币区就越为有利，图中GG曲线和LL曲线的交点为E，它决定了一国是否加入货币区的经济一体化程度的临界点θ_1，当一国与货币区的一体化程度大于θ_1时，加入货币区有净收益，否则执意加入只会带来净损失。

此外，通过GG-LL模型，还可判断一国经济环境的变化是如何影响其加入货币区的选择的。例如，当某国出口需求增加，在经济一体化程度的任何一个水平上，汇率工具的缺失使该国产出和就业的不稳定性增大，于是LL_1曲线上移到LL_2，结果使得加入货币区的临界点由θ_1变动到了θ_2。因此，如果其他条件不变，产品市场的变动性增大，一国加入

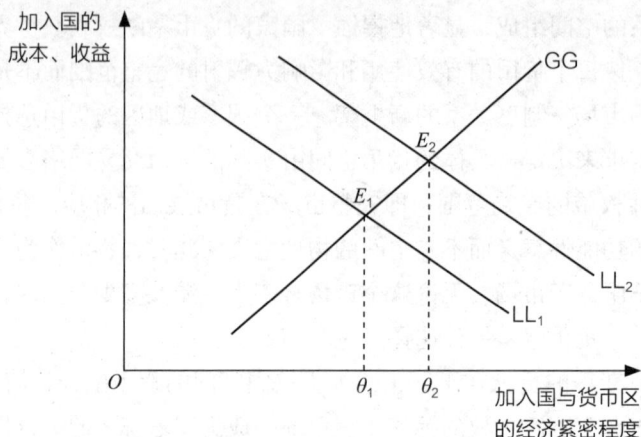

图 10-1 "GG-LL" 模型

货币区的意愿就会降低。这有助于解释为什么 1973 年石油危机后，许多国家都不愿意沿用固定汇率制度的布雷顿森林体系。

克鲁格曼用 GG-LL 模型来说明最佳通货区理论，他指出，最佳通货区是指通过商品贸易和服务贸易以及要素的流动，促使多国经济紧密相连的地区。如果各国之间的贸易和要素流动性较大，那么组建货币区对各成员均有益处，反之则不适宜。这对货币一体化的实践具有重要的指导意义。另外，克鲁格曼的 GG-LL 模型借用传统的成本－收益分析方法，以单个国家是否加入货币区作为切入点，分析了加入货币区的成本、收益等因素，有助于人们直观形象地分析单个国家加入货币区的利弊得失，从而成为确定一国是否加入货币区的一个重要分析工具。但克鲁格曼的 GG 曲线和 LL 曲线是一个相对抽象和简化的概念，在现实生活中，我们很难准确描绘某个国家加入货币区的成本曲线和收益曲线的位置，也就难以准确判断其是否加入货币区的临界点。

三、区域货币合作实践

（一）欧洲货币一体化

1. 欧洲货币一体化的沿革

根据欧洲货币一体化由低层次向高层次的演进过程可将其分为四个发展阶段。

（1）跛行货币区（1960—1971 年）

20 世纪 60 年代，欧洲存在英镑区、黄金集团和法郎区三个货币区，其中英镑区是较正式的货币区，区内各成员的储备资产主要是英镑，各国的货币也钉住英镑。但是由于英镑本身是钉住美元的，所以称之为跛行货币区。

（2）联合浮动（1972—1978 年）

1969 年欧洲经济共同体提出了建立欧洲货币联盟的建议，1970 年 10 月，欧共体负责此项工作的专门委员会向理事会提交了一份《关于在欧共体内分阶段实现经济和货币联盟的报告》，该报告于 1971 年 2 月由欧共体部长会议通过。根据该报告协定，欧共体成员的货币汇率实行联合浮动，即各参与国货币相互之间保持相对稳定，对外则实行共同浮动。其目的是抵制汇率波动的不利影响，促进区内商品和资本的流动。

（3）欧洲货币体系（1979—1998年）

联合浮动极易受美元汇率波动的冲击，为了防止汇率的剧烈波动，促进欧共体成员的经济发展，欧共体各成员于1979年初建立了欧洲货币体系，使欧洲货币一体化向前迈进了极为重要的一步。

（4）欧洲单一货币（1999年至今）

自20世纪80年代中期开始，欧洲经济一体化步伐加快。1985年欧共体通过了《单一欧洲法案》，决定在1992年实现成员之间商品、人员、劳务和资本自由流动的欧共体内部统一大市场，这为欧洲货币一体化奠定了重要的基础。经过各成员的共同努力，欧洲单一货币——欧元终于在1999年1月1日正式启动。

2. 欧洲货币体系内容

1979年成立的欧洲货币体系是欧元区的雏形，其主要包括以下三个方面的内容。

第一，创立欧洲货币单位。欧洲货币单位是欧洲货币体系的核心，是欧盟统一货币的基础。欧洲货币单位的价值按欧盟成员货币价值加权平均算出，每种货币所占权数按该国在欧盟内部贸易中所占的比重和国民生产总值（GNP）来确定。其中德国马克所占比重最大，超过30%。

第二，建立稳定的汇率机制。欧洲货币体系成员方内部实行可调整汇率制，成员方之间货币汇率相对固定，只可在中心汇率±2.5%的范围内波动，对外采取同升同降的联合浮动汇率制。

第三，建立欧洲货币基金。欧洲货币基金最初的资金来源是各成员按其黄金与外汇储备20%的比率缴纳的份额，以后每隔一段时间调整一次。欧洲货币基金主要用于向各成员提供贷款和干预外汇市场。这些为欧元区的建立和欧元的推出与运行奠定了重要基础。

3. 欧洲单一货币——欧元的启动与发展

1991年底，欧洲理事会第46届年会在荷兰马斯特里赫特市举行，会议通过了著名的《欧洲联盟条约》（又称《马斯特里赫特条约》，简称《马约》）。这次会议成为推动欧洲货币一体化的重要里程碑。

《马约》详细规定了欧盟成员加入单一货币区必须满足的条件：一是通货膨胀率不能高于欧共体三个最低国家平均水平的1.5%；二是政府长期债券利率不能高于欧共体三个通货膨胀率最低国家平均水平的2%；三是财政赤字不能超过GDP的3%；四是政府债务不能超过GDP的60%；五是货币汇率必须保持在欧洲货币体系规定的幅度内，并且至少有两年未发生过贬值；六是其中央银行的法规法则必须同欧洲中央银行的法规法则相兼容。

《马约》还提出了实现欧洲货币联盟，建立欧洲单一货币的战略步骤与时间表：1990年7月1日至1993年底，强化货币政策与财政政策的合作与协调；实现内部统一大市场，尤其是实现各成员之间的资本自由流动；使欧共体所有成员加入欧洲货币体系的汇率机制。1994年1月至1998年底，是为统一货币做准备的过渡阶段。这一阶段的主要目标是推动成员的经济趋同与政策协调，为向启动单一货币过渡建立起必要的法律、制度及组织基础。1999年1月至2002年6月，启动单一货币欧元，各成员的货币逐步退出流通。由欧洲中央银行实行共同的货币政策，各国官方储备交由欧洲中央银行体系统一管理。

《马约》签订以后，欧洲货币一体化进程明显加快，虽然在《马约》的实施过程中各国利益上的碰撞在所难免，并且出现过较大波折，如德国的统一带动了巨大的财政赤字，为了避免通货膨胀，德国采取了提高利率的紧缩性货币政策，欧洲货币体系其他成员（如英国、意大利等国）为了维护体系内汇率的稳定，不得不大幅度提高本国利率，结果超出了市场承受能力，加之当时国际游资的乘机投机炒作，迫使英国、意大利在1992年9月退出了欧洲货币体系。但各国政府都能恪守对《马约》的承诺，积极按《马约》规定推动单一货币的产生，使《马约》得以逐步落实。1994年1月，欧洲中央银行前身欧洲货币局在法兰克福成立；1995年在马德里举行的欧盟理事会就采取扩大就业措施、促进成员经济趋同问题达成协议；1997年6月，各国签署了《阿姆斯特丹条约》，对《马约》进行了修改；1998年5月负责欧元发行与执行单一货币区内中央银行各项职能的欧洲中央银行正式成立，同时确立了欧元区首批11个成员名单（德国、法国、比利时、西班牙、爱尔兰、意大利、卢森堡、荷兰、奥地利、葡萄牙和芬兰）。

1999年1月1日，欧盟单一货币——欧元正式推出；2001年1月1日，希腊正式成为欧元区第12个成员；至2002年6月，所有欧元区成员的货币退出流通，进入了完全实行单一货币的时代。2007年1月1日至2023年1月1日，斯洛文尼亚（2007年）、塞浦路斯（2008年）、马耳他（2008年）、斯洛伐克（2009年）、爱沙尼亚（2011年）、拉脱维亚（2014年）、立陶宛（2015年）、克罗地亚（2023年）陆续加入欧元区，使欧元区成员增加至20个国家。

4. 欧洲货币一体化的经济影响

（1）对欧盟宏观经济的影响

欧元的推出从根本上消除了各成员的汇率风险和交易成本，提高了价格与市场的透明度，从而促使欧洲统一大市场建设上了一个新台阶。同时，欧元还促进了各成员经济政策的统一与协调，增强了欧洲央行与欧盟委员会经济政策的权威性及协调区内经济的能力，进一步增强了成员的经济凝聚力与整体竞争力。在对外贸易方面，欧元启动后不仅区内贸易大幅增加，而且由于欧元汇率相对疲软，促进了欧元区对区外贸易的增长。如1999年，欧元区对区外出口和经常账户收入分别比上年增长2.4%和2.1%，2000年前比例则超过了10%；在经济增长方面，虽然欧元区较之处于"新经济"时期的美国要弱许多，但其经济增长质量——科技含量有了较大提高，电信、媒体、互联网、电子商务等行业出现了高增长。令世人瞩目的是，欧元区出现了以产业结构调整、资产重组为目的的大企业购并与重组。据统计，1999年欧洲的企业并购数占到全球企业并购总数（5000余件）的3/4；在通货膨胀率方面，欧元启动后，欧洲央行坚持以物价稳定为己任，各成员也都能遵守对《马约》的承诺，积极控制物价上涨率。因此，欧元启动后的几年内，其成员的物价虽有波动，但幅度不大，而且很快就调整至《马约》规定水平和欧洲央行控制的幅度内。

当然，欧元启动后也对区内宏观经济产生了负面影响，主要是为稳定物价而造成的失业率居高不下。据国际货币基金组织的有关统计，1998年，即将成为首批欧元区成员的11个国家平均失业率高达10.9%，欧元启动后，欧元区国家采取了诸如以减税为中心的税制改革，以税收优惠和产业指导等措施扶持中小企业、加强职业培训以提高就业者素质

等措施来整治失业问题，但 1999—2001 年欧元区国家平均失业率仍然为 10.2%、9.6% 和
9.2%，远高于同期美国和日本的水平。

（2）对欧洲国际金融市场的影响

欧洲是国际金融市场发展最早的地区，又是新型的离岸市场的发源地。在欧元启动
前，欧盟经济规模与美国大致相当，各占世界GDP总额的 1/4，金融资产总额甚至超过美
国，但欧洲金融市场在国际上的重要性远不如美国。其中一个重要的原因是欧洲金融资产
与市场结构落后于美国。在欧元推出前的 1998 年，欧洲金融资产中，银行资产占 54%、
债券市值占 32%、股票市值占 14%，其绝对值分别相当于美国的 300%、80% 和 55%，欧
洲证券市场远落后于美国。而欧元的启动对发展欧洲证券市场及提高其在国际上的影响力
起了积极的作用。

欧元启动对债券市场的影响最为明显，主要表现在两个方面：一是扩大了欧元债券市
场规模。二是促使欧洲债券市场在广度、深度和流动性方面进行了一系列改革，与美国债
券市场的差距正在逐步缩小。单一货币使债券价格透明度提高，流通范围扩大，而供求竞
争加剧也促使各国债券市场走向一体化。欧元的启动也加速了欧洲股票市场一体化进程并
促使欧洲的货币市场更趋统一，从而提高了货币市场效率。

（3）对国际货币体系的影响

20 世纪 70 年代初布雷顿森林体系崩溃后，国际货币体系出现了国际货币多元化、国
际收支调节手段多样化、固定汇率制度与浮动汇率制度并存的格局，欧元的产生影响并改
变着这种格局，促使国际货币体系加快改革。

首先，欧元的国际货币地位迅速上升，欧元运行几年来，其国际货币地位不断增
强，远非原来单一欧盟国家货币所能相比，至 2002 年 6 月，欧元已占到世界货币市场
的 24.00%、债券市场的 31.00%，全球资产管理机构投资货币的 28.00%、外汇市场的
38.00%，储备资产的 13.00%（1997 年欧元区货币在各国储备资产中的比重为 19.60%，其
下降的原因主要是欧元对区内成员来说已是本币）。在特别提款权定值货币的篮子中，欧
元的比重早在 2001 年 1 月就已达到 29.00%，此后更是一度增至 37.40%，截至 2022 年最
新一次的特别提款权定值货币篮子组成调整，在人民币占据 12.28% 的情况下，欧元仍占
据了 29.31%，其比重仅次于美元（43.38%）。可以说，虽然欧元的国际货币地位仍然落后
于美元，但其国际货币地位的不断增强已使美元的相对地位下降，更使包括日元、英镑等
在内的非欧元货币地位下降。

其次，国际货币基金组织的重要性受到挑战。作为权威性的国际金融机构，国际货币
基金组织自 1945 年成立以来在国际货币体系中起着举足轻重的作用。然而，随着欧元的
推出和欧元区重要性的加强，其重要性相对削弱。欧元启动为区域货币合作提供了成功范
式，推动了全球范围内的区域货币合作浪潮。不仅经济大国竭力扩大其货币区域，发展中
国家也看到了通过区域合作来增强货币稳定性和提高国际地位的希望，区域货币合作与区
域货币组织更受世人瞩目，国际货币基金组织相对受冷落。欧元成员在国际货币基金组织
等国际金融机构中以"一个声音"说话的结果必然是其在制定"国际游戏规则"中的重要
性加强。因此，国际货币基金组织若不加快改革，其重要性完全有可能被区域货币组织所

取代。

最后，汇率制度的选择更加多样化。布雷顿森林体系下，国际货币基金组织成员均实行固定汇率制度。布雷顿森林体系崩溃后，各国在固定汇率与浮动汇率中间自行加以选择。欧元推出后，国际上出现了诸多与欧元相关的汇率制度，欧元区外已有 50 多个国家和地区的货币以不同形式钉住了欧元，使全球汇率制度形式更加多样化。

专栏 10-2 欧元区的挑战与前景①

欧元的启用无论是对欧元区各成员的经济发展，还是对欧元在国际货币体系中的地位，都起到了不可忽视的积极作用。但是，受制于欧元区一体化的时间较短及各成员经济发展状况的现实差距，加之金融危机和欧洲主权债务危机的爆发，欧元区仍存在众多亟待解决的问题。

第一，《马斯特里赫特条约》的趋同标准与最佳通货区理论标准存在偏差，欧元区并不是按照衡量最佳通货区融合程度的标准设计的，而是在给定的区域内强调标准的可操作性与可计量性进行的货币制度创新设计。具体而言，首先，《马斯特里赫特条约》明确规定了五个主要的趋同标准作为加入欧元区的门槛条件，即通货膨胀率、政府长期债券利率、财政赤字、政府债务和货币汇率，但却忽视了最佳通货区理论的生产要素流动性、劳动力流动性、金融一体化、经济开放度和产品多样化等其他趋同标准。其次，最佳通货区理论要求实际趋同，需要各成员的经济结构、政策传导机制、经济增长模式、经济运行周期和外部冲击反应等因素动态趋同，而《马斯特里赫特条约》的趋同标准实际上是名义趋同，仅要求主要指标在数据上静态趋同，并未关注趋同的原因和推动各成员趋同的因素，所以欧元区各成员即使以较大的经济成长代价和社会代价实现了《马斯特里赫特条约》的趋同标准，也难以维持长期的持续趋同，甚至会因外部冲击而产生趋异的态势。最后，根据最佳通货区理论，最佳通货区首先要达到经济一体化和市场一体化，实现商品市场和要素市场的统一，最终达到货币一体化，实现单一货币和资本完全自由流动。然而，由于欧元区各成员在语言习惯、民族文化、社会心理、经济发展和消费偏好等方面都存在客观差异，再加上成员之间转移成本、国际利益关系等限制，欧元区内的劳动力流动、资本流动、财政一体化等问题并未得到有效解决，欧元区的商品市场和要素市场也尚未达到最佳通货区理论的统一程度。由此可见，《马斯特里赫特条约》的趋同标准成功与否并不代表最佳通货区理论标准的结果，欧元区仍未步入最佳通货区阶段。

第二，欧元区缺乏与统一货币政策相适配的统一财政政策，欧元区财政政策约束机制的有限作用以及各成员独立的财政政策之间的矛盾冲突致使欧元区陷入财政治理困境。一方面，虽然欧元区成员将各自的货币政策决策权移交给欧洲中央银行，但是各成员仍保留独立的财政政策决策权，以保证各成员能有效地应对宏观经济问题和开展经济结构调整。因此，欧洲中央银行虽然能够制定统一的货币政策，但是无法按照

① 参考文献：董一凡，王朔.后危机时代的欧元区改革前景[J]. 现代国际关系，2017（10）：54-62，64；刘明礼.试析欧元区的困境与前景[J]. 现代国际关系，2013（7）：35-40；孙杰. 论欧元区的波动发展——冲击的异质性影响与趋同的理论逻辑[J]. 欧洲研究，2021（1）：1-27，161；袁志刚，林燕芳. 国际货币体系变局的拐点与中国战略选择[J]. 探索与争鸣，2021（8）：4-17，177.

"央行—政府"模式规范各成员政府的财政政策。为了实现欧元区各成员的财政政策趋同,《马斯特里赫特条约》规定了成员财政赤字和政府债务的指标范围,《稳定与增长公约》也明确了对违反规定的成员的制裁措施,从而使各成员开展有条件的分散的财政政策。然而,由于违规处罚必须得到欧盟财经部长理事会三分之二同意后才能生效,《马斯特里赫特条约》和《稳定与增长公约》并未得到充分的执行和落实,使得欧元区众多成员违反了财政政策的约束条件,其政府债务占GDP的比重远远超过规定的60%(见表10-2),甚至多次发生债务危机。另一方面,欧元区货币政策主要基于欧元区整体的经济运行态势,而各成员的财政政策则是基于本国的经济发展现状,由于欧元区各成员的经济基本面有所差异,执行统一的货币政策不可避免地迫使成员在解决本国宏观经济问题时采取相互冲突、互不协调的财政政策,由此在欧元区成员之间产生非对称性财政政策冲突。例如,一国采取扩张性财政赤字政策以缓解失业问题,由此势必引起国内利率提高,并对欧元区其他成员的利率形成上升压力。此时,过度赤字的负外部性不仅降低了欧元区其他成员控制财政赤字的积极性,直接威胁欧元区的货币稳定和金融秩序,还会导致欧洲中央银行在制定货币政策时难以满足各成员的经济发展需要,从而增大欧元区潜在的分离张力,影响欧元区的平稳运行。

表 10-2　2000—2022 年欧元区主要国家的政府债务占GDP的比重　　单位:%

年份	法国	德国	意大利	希腊	西班牙
2000	58.90	59.30	109.00	104.90	57.80
2001	58.30	58.20	108.90	107.10	54.00
2002	60.30	59.90	106.40	104.90	51.20
2003	64.40	63.50	105.50	101.50	47.70
2004	65.90	65.20	105.10	102.90	45.40
2005	67.40	67.50	106.60	107.40	42.40
2006	64.60	66.90	106.70	103.60	39.10
2007	64.50	64.20	103.90	103.10	35.80
2008	68.80	65.70	106.20	109.40	39.70
2009	83.00	73.20	116.60	126.70	53.30
2010	85.30	82.00	119.20	147.50	60.50
2011	87.80	79.40	119.70	175.20	69.90
2012	90.60	80.70	126.50	162.00	90.00
2013	93.40	78.30	132.50	178.20	100.50
2014	94.90	75.30	135.40	180.30	105.10
2015	95.60	71.90	135.30	176.70	103.30
2016	98.00	69.00	134.80	180.50	102.70
2017	98.10	65.20	134.20	179.50	101.80
2018	97.80	61.90	134.40	186.40	100.40
2019	97.40	59.60	134.10	180.60	98.20
2020	114.60	68.70	154.90	206.30	120.40
2021	112.90	69.30	149.90	194.60	118.30
2022	111.60	66.30	144.40	171.30	113.20

第三，欧元区成员在经济增长、劳动力市场、通货膨胀、财政赤字等方面存在很大的差异，经济结构的互补性尚未达到较高的程度，从而既不能保证各成员面临外部冲击时可以依靠非货币的经济调整工具平抑冲击并保持趋同，也无法保证统一的货币政策能够满足各成员的经济发展需要，致使欧元区陷入经济失衡困境。首先，单一货币和统一货币政策扩大了欧元区内核心国和边缘国的竞争力差距，在欧元区内形成了德国等核心国多生产、少消费以及南欧等边缘国少生产、多消费的制造国与消费国关系，由此加剧了欧元区内部生产消费结构的失衡状况，增大了核心国对边缘国的贸易顺差，使得边缘国的经常账户长期逆差。其次，欧元区内部便利的借贷环境和低廉的借贷成本促使边缘国向核心国大量举借外债以应对经常账户逆差和增加社会福利开支，而核心国也在欧元区市场一体化的推动下将经常账户顺差以借贷的方式回流给边缘国，由此形成边缘国负债消费、核心国出口并贷款的经济增长模式，引起边缘国债务规模持续扩大，进而由生产消费结构的失衡扩展为边缘国的巨额债务，甚至演变为主权债务危机。再次，欧元区各成员之间的经济结构差异也导致各成员在应对金融危机、欧洲主权债务危机等事件时面临不对称冲击，经济基础薄弱、贸易持续逆差、产业结构单一的成员遭受更加严重的打击，从而进一步扩大了各成员的经济差距，迟滞了欧元区的趋同进程。最后，受制于欧元区各成员经济结构和经济发展水平的差异，欧洲中央银行统一的货币政策无法满足所有欧元区成员的实际需要，甚至产生顺周期效应，导致统一货币政策难以兼顾物价稳定、失业率降低和国际收支平衡等经济目标。

需要指出的是，虽然目前欧元区陷入了多重困境，但是欧元区成员和欧盟都在积极进行改革，试图寻找完善欧元区的方案。根据欧元区的相关措施，可以对欧元区的存续、改革以及欧元的国际地位做出以下前景设想。

在欧元区的存续方面，从历史的进展和现实的得失来看，欧元区各成员更愿意维续欧元和欧元区。第二次世界大战后，欧洲在经历许多挫折和挑战后启用了欧元。欧元的使用有效地降低了欧元区的汇率波动风险和交易成本，促进了欧元区内的贸易和投资开展，提高了欧元和欧洲的国际地位，从而满足了欧元区各成员的根本利益。虽然 2009 年爆发的欧洲主权债务危机暴露了欧元区经济结构、金融监管和经济治理体系的诸多弊端，欧元和欧元区的存续由此遭到了众多质疑，但是法德两国纷纷提出债务危机的解决方案，欧盟建立了欧洲金融稳定机制（European Financial Stability Mechanisim，EFSM）和欧洲金融稳定机构（European Financial Stability Facility，EFSF）以救助债务危机国家，欧洲中央银行公布了直接货币交易计划以维护货币政策框架并确保欧元区货币政策统一，时任欧洲中央银行行长的马里奥·德拉吉也坚持"无论采取何种方式，都要保留欧元"。此外，一旦欧元区解体，各成员将再次面临构建全新的货币合作机制问题，不仅需要承担高昂的货币重建成本，还需要承受庞大的经济风险和政治风险。因此，即使欧元区各成员之间存在分歧与冲突，但总体上都愿意维持欧元区继续存在，并不断达成共识，共同应对债务危机，推动欧元区进一步发展完善。

在欧元区的改革方面，随着改革措施的持续推进，欧元区各成员的经济差距有望缩小，经济治理体系和财政一体化有望进一步完善和发展。对于各成员而言，欧洲主权债务危机促使欧元区主要债务国采取紧缩政策，开展降低政府福利支出、提高劳动力市场弹性、国营企业私有化等一系列改革措施，使得债务国的劳动力成本逐渐下降，贸易逆差明显减小，与核心国的经济差距也有所缩减，由此巩固和发展了欧元区的经济基础。对于欧元区整体而言，欧盟启动了预算和经济政策协调机制"欧洲学期"，促进了成员之间的经济和财政政策协调，降低了因成员非对称性财政政策冲突引发的风险，同时还签署了《欧洲经济与货币联盟稳定、协调和治理公约》，既通过自动惩罚机制、严格预算监督等方式提高了欧元区各成员的财政纪律要求，又督促欧元区成员在经济政策和经济治理方面加强协调和趋同。通过上述举措，欧元区将强化对成员财政政策的监督力度，推动建立与统一货币政策相适配的统一财政政策，由此加快各成员财政一体化进程，进一步完善各成员的经济治理能力，加强欧元区的财政趋同和经济趋同。

在欧元的国际地位方面，随着欧元区经济实力的增长以及各成员的经济趋同和财政一体化的发展，欧元在国际货币体系中的地位将进一步提高。欧元区拥有高度发达的金融市场和健全完善的中央银行制度，其经济总量达到美国的九成左右，出口规模更是超越美国，已然是世界经济发展的重要组成部分。新冠疫情期间，欧盟各国对以欧盟名义共同举债达成了共识，出台了欧盟复苏计划，提出发行7500亿欧元的共同债券以成立"复苏基金"，其中，3900亿欧元是无偿拨款，而其余的3600亿欧元则是以低息贷款的形式发放，这标志着欧盟财政一体化迈出了重要的一步。与此同时，欧盟也已经计划将绿色环保税、碳排放税或者基于高科技企业的数字税作为欧盟的统一税源。因此，欧元区的财政一体化将解决欧元区财政政策乏力的缺陷，使得欧元区未来有望基于统一财政发行共同债券，提供与美国国债具有竞争性的全球安全资产，由此大幅度提升欧元的国际地位。

（二）美元化问题

布雷顿森林体系崩溃后，国际货币体系逐渐走向多极化，在此过程中，美元化（dollarization）成为区域货币合作的一种重要方式，推动着区域货币合作的发展。

1. 美元化的定义和分类

美元化是美元对一国主权货币的替代，是一种比货币局制度更为严格的制度。世界银行从三个不同侧面定义了美元化：一是资产美元化，即用美元替代本国货币行使货币的计价单位、交易媒介和价值贮藏等职能；二是债务美元化，即一国银行或政府拥有相当大的美元债务；三是完全美元化，即美元完全取代本国货币成为法偿货币。在此基础上，根据研究方向和侧重点的不同，专家学者们对美元化进行了不同的划分。常用的分类主要有以下几种。

（1）按影响范围，可分为事实美元化、过程美元化和政策美元化

按照美元的影响范围，国内学者张宇燕关于美元化界定的三层内涵得到了大多数学者

的认可，他认为一是美元在全球化的世界中扮演了越来越重要的角色，此时的美元化现象称为事实美元化；二是美元作为一种国际货币，无论是对境外金融市场的深度拓展还是广度延伸都发挥了越来越重要的作用，此时的美元化现象称为过程美元化；三是一国政府公开明确让美元完全取代本国货币，本币自动放弃金融主权，此时的美元化现象称为政策美元化。通常意义上的美元化就是指政策美元化。[①]

（2）按外币法律地位和范围，可分为民间美元化、半官方美元化和官方美元化

民间美元化是指当某种外币不是法定货币，而一国居民却还是选择以外币美元形式持有较高比例的金融资产。民间美元化包括以美元持有债券或其他非现金资产、持有合法或非法的美元现金、在本国银行拥有美元存款、在外国银行拥有美元存款四种形式。半官方美元化是指美元成了一国的法定货币，但只作为本币的辅助，该国家具有本币和美元两种法定货币，称为"双货币体系"。官方美元化是指一国没有本国货币，而是以美元作为主导的法定货币，最多发行一些本国硬币作为补充。官方美元化本质也就是完全美元化。

（3）按外币对本币替代程度，可分为货币替代层次、固定汇率层次和法偿货币层次

货币替代层次是指一国居民对美元资产的持有，美元逐渐取得主权货币"价值储藏""交易媒介"甚至"价值尺度"的功能，主权国逐渐失去部分铸币税和部分货币政策独立性。固定汇率层次是指美元化的国家通过汇率安排，钉住美元的固定汇率制度或货币局制度，正式将本国货币与美元的比价固定下来。美元化国家不得不建立庞大的美元储备，并将基本失去货币政策的独立性。法偿货币层次是指美元在美元化国家取得法偿货币地位。

2. 美元化的成因

美元化是不同国家主权货币竞争和替代的结果，主要有以下几个因素诱导美元化国家的经济主体使用美元替代本币。

（1）美元化的美元因素

美元的国际化建立在英镑国际地位衰落的基础上，并与国际货币体系从金本位制向布雷顿森林体系，再向《牙买加协议》三个重要阶段的演变密不可分。

第一，金本位制时期，美国在两次世界大战中积累了雄厚实力。第二次世界大战彻底改变了世界经济格局和主要发达国家的实力对比。德国、意大利、日本受到毁灭性打击，英国、法国遭受重创，而美国此时已是世界最大的债权国和最强经济实力国。未受战争破坏的美国在战争期间聚敛了巨额财富，经济实力大幅提升，使美国得以率先恢复了曾于第一次世界大战期间崩溃的金本位制，美元因此受到许多国家的青睐。

第二，布雷顿森林体系确立了美元储备货币地位。为改变20世纪30年代世界货币金融关系的混乱局面，美国积极谋求建立由美元主导的国际货币体系。1944年，国际货币金融会议通过《布雷顿森林协议》，确立了美元与黄金挂钩，其他货币与美元挂钩的国际货币体系。国际货币基金组织为美国所掌控，美国凭借其强大的实力，初步获得世界货币金融的主导地位。

---

① 张宇燕. 美元化：现实、理论及政策含义[J]. 世界经济，1999（9）：17-25.

第三，牙买加体系确立美元霸权地位。从 20 世纪 50 年代后期开始，美国迫于黄金储备难以满足日益增长的美元兑换需求，单方面终止美元对黄金的兑换，随后布雷顿森林体系瓦解。此后世界金融形势动荡不安，各国开始探寻新的国际货币体系，并于 1976 年签署《牙买加协议》。协议中规定黄金非货币化，标志着黄金正式退出国际货币机制，货币的信用彻底与黄金脱钩，从而美国可不受黄金储备量和外界因素约束自由发行美元。

（2）美元化国家的自身因素

第一，恶性通货膨胀。恶性通货膨胀是引发一国经济美元化的重要原因。经历过恶性通货膨胀的经济主体很容易会对本币失去信心。当一国货币因恶性通货膨胀而无法有效发挥货币职能时，为避免经济损失，就产生了使用外币（美元）替代本国劣币的动机。

第二，货币贬值。一国货币汇率持续贬值会严重影响本币的交易媒介和价值储藏功能。如果一国货币出现持续性贬值，一方面会增加经济主体的外币债务负担，尤其当经济主体的经营活动缺乏相应的外币收入来源时；另一方面还会影响该国本币的资产价值。因此，理性的经济主体会想方设法将本币转换成外币（美元）资产，以减少风险和损失。

第三，金融市场不完善。若一国金融市场体系和功能不健全，规模小，流动性差，该国从事进出口贸易的经济主体将面临无法及时、足额解决国际贸易收付款中的本外币汇兑问题，从而形成债务违约风险和汇率风险。因此，从事进出口贸易的经济主体不得不自行储备外币（美元）用于国际贸易结算，形成外币对本币职能的替代。

3. 美元化的影响

美元化对于放弃货币主权的经济体的影响可以从收益和成本两个角度考虑。

（1）美元化的收益

一方面，减小汇率波动、抑制通货膨胀、消除本币贬值风险。对于通货膨胀率高、汇率波动频繁的国家，特别是对小国来说，自由浮动的货币往往受到频繁和不可预测的波动的影响，而固定汇率制度则需要利用稀缺的外汇储备来维持汇率稳定。若是通过采用更稳定的美元作为锚定货币，美元化国家能减少汇率的波动，避免通货膨胀和货币贬值，进而提升民众的购买力。此外，由于真实利率和风险溢价挂钩，而风险溢价则取决于通货膨胀和货币贬值的预期。美元化能抑制通货膨胀，也能消减贬值的风险，因此，风险溢价减小，美元化也就降低了真实利率，促使达成长期的合约关系。

另一方面，降低贸易和借贷成本，更好融入全球经济发展。由于美元是世界上最广泛接受的货币之一，它使国际贸易和交易变得更加简单和直接，便利了国与国之间的贸易往来，节省了货币兑换的交易成本。同时，由于美元化的国家其本币已经消失或者退居次席，完全或部分消除了货币贬值的可能性，货币危机的可能性不复存在，国际收支账户危机也能得到有效缓解。这样，国家会有更大的经济开放度和透明度，有利于稳定一国的资本流动。此外，一国在经济生活中使用了美元这种强势货币，相当于借用了美国经济的可信度和稳定性，使得该经济体能够以更低的利率取得国外的借款，从而降低政府的外部借债成本，减小政府税收购买力的下降，改善美元化国家的政府财政。

（2）美元化的成本

在享受美元化的收益的同时，美元化国家也要付出很大的成本，主要体现在以下方面。

第一，丧失货币和汇率政策的独立性和灵活性。完全美元化的国家，由于本币已经消失，其不能再发行货币，不能通过赤字货币化来为财政融资，也无法通过本币贬值或者冲销动作来调整经济。完全美元化的国家只能接受外国的货币政策，而没有本国主导的货币政策和汇率政策，这对于本国的经济将产生较大的负面影响，政府制定应对宏观经济挑战的能力就会受到限制。此外，货币作为一个国家的象征，政府进行完全美元化意味着对国家经济主权的削弱，也常面临相当大的政治阻力。

第二，中央银行失去最后贷款人功能。完全美元化之后，美元化国家不再设有中央银行，进而失去了最后贷款人的强有力的保障。虽然完全美元化能够消除银行系统易受贬值风险影响的脆弱性，但不能消除银行危机的所有来源。一旦发生银行危机，完全美元化可能会妨碍有关国家发挥最后贷款人的作用，使中央银行难以应对金融体系出现的紧急情况。

第三，损失铸币税。政府从发行铸币中获得的利润称为"铸币税"，在纸币流通体系下，铸币税就是国内货币数量的增加减去印制纸币的微小成本。货币可以被视作无息债务，发行这种无息债务的能力是货币当局的收入来源。与发行货币相对应，中央银行获得付息资产，如外币储备、政府证券和对私人银行的贷款。但是，完全美元化就会产生铸币税损失，这种损失具体可分为两个部分：即时的存量成本和未来的流量成本。即时的存量成本，就是发生在本币向美元转换过程中需要支付的一次性成本；未来的流量成本就是美元化以后年复一年的铸币税损失。在美元化之前，本国的中央银行通过发行基础货币来购买真实资产，取得铸币税收入；在美元化之后，这笔收入则由本国货币当局转移到外国货币当局。

第四，面临经济冲击，威胁金融稳定性。如果美国和美元化国家所处的商业周期不同，外部冲击对两国的影响将是不对称的。外部冲击对美国和美元化国家影响的对称度越高，美元化的成本越低；相反，如果美元化国家生产集中的经济层面明显有别于美国，在外部冲击来临时，接受美联储的货币政策对于美元化的国家代价很高。

综上，一国是否最后决定实行美元化，必须权衡美元化的收益和成本。

4. 典型美元化国家案例

截至 2022 年底，全球实行完全美元化的国家和地区有 11 个，分别为：厄瓜多尔、萨尔瓦多、津巴布韦、英属维尔京群岛、特克斯和凯科斯群岛、东帝汶、博内尔岛（荷）、密克罗尼西亚、帕劳群岛、马绍尔群岛、巴拿马。这些国家大多数分布在太平洋或加勒比海的岛屿，国土面积较小，经济体量有限。同时，在中亚、东南亚和南美地区还存在着大量非官方美元化程度很高的国家，尽管美元并非这些国家的法定货币，但却比本币更广泛地流通。下文将分别以完全美元化的厄瓜多尔以及非官方美元化的柬埔寨为例，介绍其美元化的历程和特点。

（1）厄瓜多尔

厄瓜多尔是继巴拿马之后第二个实行完全美元化的拉美国家（后者早在 1904 年就将美元作为本国货币）。这是厄瓜多尔迫于金融危机压力的被动选择，也是内外部诸多因素共同推动的结果。厄瓜多尔经济结构的问题表现为失衡的产业结构和面对外部冲击时的经济脆弱性：第一，厄瓜多尔的经济结构比较单一，经济对外依赖性强，财政收入主要依赖石油和初级农产品，很容易受到外部冲击的影响；第二，长期的财政赤字、脆弱的金融体系以及政治不稳定等因素使得厄瓜多尔的通货膨胀率高居不下，尤其是 1990 之后的 10 年里，年均通货膨胀率曾一度高达 39.9%；第三，厄瓜多尔公共部门和私人部门在 20 世纪 70 年代石油繁荣时期无度举债，导致 1999 年厄瓜多尔外债总额已经达到国内生产总值的 95%；第四，人们已经对本币丧失信心，导致厄瓜多尔在 1998—1999 年民间美元化高度发展，这也成了厄瓜多尔最终实行官方美元化的重要原因之一。此外，直接将厄瓜多尔推向完全美元化的是 20 世纪末席卷拉美的金融危机，自然灾害和国际石油价格下跌等突发事件引发了一系列连锁反应，导致厄瓜多尔银行业迅速崩塌、人民生活水平大幅降低、失业率高居不下，全国经济处于形势严峻的经济衰退之中。

在此背景下，2000 年 1 月 9 日，厄瓜多尔政府宣布正式实施官方美元化，美元替代苏克雷成为该国唯一的法定货币。此后，该国的经济态势有了逐步好转。到 2000 年末，除了小于 1 美元面值的硬币外，97.4% 的原币苏克雷已基本退出流通领域。2001 年厄瓜多尔的实际 GDP 增长率高达 5.4%，成为当年拉美之最。2022 年，按当年市场价格计算，厄瓜多尔的名义 GDP 达到 1150.49 亿美元，同比增长 8.4%，人均名义 GDP 达到 6395 美元，同比增长 6.9%，经济增长态势喜人。

（2）柬埔寨

柬埔寨是东盟国家中美元使用率最高的国家之一，美元化程度高达 80% 以上。1953 年，柬埔寨独立，经济基础非常薄弱，只能接受美国的经济援助，美元开始大量流入柬埔寨。自 1970 年开始，柬埔寨国内冲突加剧，内战持续了 5 年，国内金融基础设施被彻底摧毁，柬埔寨的货币体系和货币瑞尔均被废止，经济援助带来的美元在柬埔寨国内开始大肆流通，美元开始大规模代替本币执行货币价值尺度和交易媒介的职能。1980 年，柬埔寨国家银行重建，瑞尔再次成为国家的法定货币。1980—1989 年，柬埔寨国家银行对美元和泰铢的使用进行限制。尽管如此，柬埔寨民众对瑞尔的信心依旧不足，美元依旧被认为是与黄金同等重要的避险资产之一。

与此同时，恶性通货膨胀也是柬埔寨美元化的重要推手。20 世纪 90 年代初期，柬埔寨经济疲软，在财政收入与国际援助匮乏的形势下，1990—1993 年间柬埔寨中央银行对政府的净债权增加了 4 倍，1990 年、1991 年和 1992 年货币供应量（M2）分别激增了 241%、29% 和 220% 左右，导致瑞尔急剧贬值，严重打击了民众的信心。以价值储藏功能为主的美元开始在柬埔寨国内更广泛、更频繁地使用。1997 年亚洲金融危机爆发后，当时的柬埔寨经济已高度美元化，在柬埔寨可自由持有美元有效减少了亚洲金融危机对柬埔寨经济的破坏。但 1998 年柬埔寨政府对银行的负债再次增长 300%，又一次打击了民众对瑞尔的信心，导致瑞尔兑美元的汇率大幅贬值 29%，并最终推动了美元在柬埔寨货币体系中的主导地位。1998 年 6 月，柬埔寨美元化程度不足 55%，而到 2007 年 12 月末已经上升至 82% 左右，并维持长期的稳定。

近年来，柬埔寨政府也采取了一些去美元化的措施，力图增加民众对瑞尔的需求，但因为柬埔寨并不禁止而是认可美元在国内的流通，因此其去美元化效果极为有限。2022

年，柬埔寨总存款中外币存款的比重仍高达92%，柬埔寨银行体系中的存款仍以美元为主。因此，当前柬埔寨只能选择和接受美元化。

专栏10-3　去美元化：现状、原因与趋势

2023年以来，俄罗斯、伊朗共同宣布推出加密货币进行国际贸易；沙特宣布同意以美元以外的货币出售石油；南非宣布金砖国家希望绕开美元建立一个更加公平的国际支付体系；阿根廷、巴西准备建立共同货币；巴西和中国达成协议不再使用美元作为中间货币等。"去美元化"成为当前的热点。

1. 去美元化的表现

一是"石油非美元化"格局渐趋清晰。第二次世界大战以来，全球巨大的石油销售额主要以美元计价。而石油作为工业之母，"石油美元"在维持美元全球霸权方面一直发挥着关键作用。然而，近年来，石油的"去美元化"正逐渐提速。2011年7月，伊朗国际原油交易所开始以欧元、伊朗里亚尔和其他一篮子货币作为结算货币；2016年11月，俄罗斯在圣彼得堡国际商品交易所推出乌拉尔原油期货，以卢布计价；2018年3月底，中国原油期货正式在上海国际能源交易中心挂牌交易，推出人民币计价原油期货；2023年1月全球最大的石油出口国沙特也修正了其奉行了半个世纪之久的"石油—美元"挂钩路线，正式开放以非美元货币进行石油和天然气贸易。越来越多的产油国愿意以非美元货币进行结算，这对于打破美元垄断石油贸易体系具有重大意义。

二是世界债权国纷纷大幅减持美元资产。长期以来，美国一直在利用美元国际储备货币的地位和美联储的货币政策在全球经济中谋取优势。现在，越来越多的国家开始摆脱对美元和美国国债的依赖，这已发展成为一大趋势性力量。2023年，美债危机愈演愈烈，传统盟友和石油生产国都在逐步减持美债，并将黄金作为替代资产的一部分。作为美国最大债权国的日本，2023年5月份卖出304亿美元，持有量减少到10.968万亿美元。自2021年峰值以来，日本累计净抛售额为2118亿美元，卖出率约为17.5%。沙特阿拉伯在2023年4月和5月出售了49亿美元，其所持美债从两年前的峰值1844亿美元下降到1113亿美元，累计净抛售为731亿美元，累计美债减持接近40%。阿联酋也在2023年5月份出售了12亿美元的美国国债。中国是美国国债的第二大持有者，2023年5月也将持有的美国国债减少了222亿美元，持有量减少到8467亿美元，接近2010年5月以来的历史低点。

三是美元在全球储备体系中的份额持续下降。2022年，全球减持美债规模超过4500亿美元。国际货币基金组织数据显示，截至2022年第四季度，美元占全球外汇储备的比重已降至58.4%，是1995年有数据记录以来的最低水平。此外，近年来，美元在全球贸易中的地位正在被削弱。根据环球银行金融电信协会（SWIFT）发布的数据，截至2022年底，美元在国际支付当中的占比约为40%；而在2014年，这一比例则高达51.9%。

四是人民币国际化进程正步入新阶段。在各国纷纷"去美元化"的同时，人民币国际化正在步入新阶段。目前，人民币在国际货币基金组织的特别提款权篮子中的权重排名第三，达到12.28%。在储备货币功能方面，国际货币基金组织发布的官方外汇储备货币构成数据显示，截至2022年第四季度，人民币在全球外汇储备中的占比约为2.69%，在主要储备货币中排名第五。在支付货币功能方面，在SWIFT基于金额统计的全球支付货币排名中，人民币保持全球第五大最活跃货币的位置，在国际支付中份额约为2.19%。在投融资货币功能方面，人民币资产对全球投资者保持较高的吸引力，证券投资项下人民币跨境收付总体呈现净流入趋势。此外，全球多国央行在其外汇储备资产池中主动配置人民币资产的需求上升。随着中国经济的稳步发展、金融市场保持相对较高的开放程度、人民币金融产品日益丰富、人民币跨境支付系统建设加快，人民币国际化进程得以加速推进。

2. 去美元化的原因

第一，美国金融制裁加快了美元信用危机。近年来，美国利用其货币金融霸权地位，不断将美元及美元支付体系"武器化"，对不符合其利益或价值观的国家和企业实施金融制裁，限制其使用美元和接入SWIFT系统。此举不仅使美元在国际货币市场的信用与声望大打折扣，同时也损害了其他被制裁国家货币的利益。例如，俄乌冲突升级后，美国冻结俄罗斯外汇储备，制裁俄主要银行，并将部分俄银行排除在SWIFT系统之外，导致国际金融及大宗商品市场剧烈波动。

第二，美国货币政策导致其他国家货币受损。为解决美国国内经济矛盾，美联储货币政策大起大落，带来严重的负面外溢效应，给许多国家造成金融市场大幅动荡、债务危机加重、通货膨胀形势严峻等一系列问题。例如，2022年，随着新冠疫情的日趋结束，美元的货币政策趋紧，开始大幅度加息缩表，这引发了一系列的全球资本外流和新兴市场货币贬值，也直接导致了美国以外的其他使用美元结算的国家背上了巨大的债务风险和金融货币成本风险。这些都导致美元信用降低，促使国际社会进一步反思以美元为主导的国际货币体系问题，越来越多的国家采取行动"去美元化"。

第三，经济重心与经济货币体系多元化发展。在全球经济市场一体化的今天，美国作为二次工业革命果实的主要受益体，占据着有利的经济市场地位和货币主导权，但是随着新兴市场经济体量的持续攀升，越来越多的经济体承载着经济增长的新引擎重任，如欧元、日元、人民币等货币在国际货币市场的地位也在逐步攀升，形成了与美元货币相互制约和竞争互补的局面。

3. 去美元化的未来展望

虽然有不少专家学者认为，去美元化趋势是不可逆转的，但随着美国本轮经济和政治风波的逐渐平息，"去美元化"进程未必如当前这般激流勇进。

首先，从绝对水平看，美元的储备和结算功能在全球仍保持"一枝独秀"。储备方面，美元储备的全球占比虽有下降，但规模仍是第二名欧元的3倍。结算方面，美元仍是SWIFT系统中占比最高的币种，且人民币、欧元等结算多发生于中欧两大经济体参与的区域贸易中，与美元结算的国际化水平仍有距离。人民币方面，中国政府一直强调"有序"推进人民币国际化，短期内不会积极寻求"取代"美元，更会审慎对待过快金融开放带来的风险。

其次，美国中小银行危机和政府债务上限风波或不会持续太久，待风险平息，市场对美国经济和美元信誉的恐慌有望退潮。一方面，美国中小银行危机已过"至暗时刻"，系统性金融风险尚可控；另一方面，历史经验显示，美国债务实质性违约是小概率事件，市场主流预期也是如此。

最后，美国政府和美联储很可能为捍卫美元地位而采取更多行动。历史上，美元走向离不开政策定调。早在 2021 年 1 月，新财长耶伦便代表拜登政府表明了汇率政策立场，明确表示美国不会主动寻求弱势美元，重申"市场决定汇率"的承诺。此后两年，美元步入升值周期。面对愈演愈烈的"去美元化"威胁，不排除美国政府进一步采取行动，巩固美元的储备和国际结算功能，向世界展现美国捍卫美元的决心。

（三）东亚货币合作

1. 东亚货币合作的历史沿革

20 世纪 50 年代至今，东亚各国已开展了一系列货币合作，并取得了一定的成果，欧元的成功实践更是为东亚国家和地区开展货币合作提供了良好的示范效应。东亚货币合作大致分为以下几个阶段。

（1）20 世纪 50 年代至 1997 年：萌芽阶段

这一时期，亚洲国家的贸易对象依然以欧美国家为主，支付交易仍使用美元作为主要货币，区域内货币合作的需求较低，货币金融领域的合作更多集中于信息交换层面。1956 年和 1966 年，东新澳央行组织（SEANZA）和东南亚央行组织（SEACEN）分别成立，为各国央行间的培训和交流创造了条件。1991 年，包括东亚及太平洋地区 11 个经济体的中央银行和货币当局的中央银行合作组织——东亚及太平洋地区央行行长会议组织（EMEAP）成立；1994 年，亚太经合组织（APEC）财长机制建立。一系列初具雏形的区域性组织的成立为东亚货币合作提供了坚实的基础。

（2）1997 年至 1999 年：倡议构想阶段

1997 年亚洲金融风暴是东亚货币合作历程中的重要转折点。在这场金融危机中，泰国、印度尼西亚、韩国、菲律宾等国的经济金融都遭遇不同程度的重挫，东亚国家开始普遍意识到区域货币合作的重要性。1998 年 10 月，日本提出"新宫泽构想"，提出建立 300 亿美元的"亚洲基金"，以满足中长期危机救助与短期资金需求，减少对国际货币基金组织条件苛刻援助贷款的依赖；1999 年，马来西亚总理马哈蒂尔在东亚经济峰会上提出建立"东亚货币基金"等。自此，东亚国家在日本主导下对区域货币合作达成了共识。

（3）1999 年至 2009 年：落地推进阶段

1999 年 11 月，东盟与中国、日本、韩国（以下简称"东盟 10+3"）峰会在马尼拉通过了《东亚合作的共同声明》，意在加强金融、货币和财政政策的对话、协调与合作；2000 年 5 月，东盟 10+3 财长通过了《建立双边货币互换机制》，即"清迈倡议"（Chiang Mai Initiative，CMI）。该倡议的提出标志着东亚货币合作从倡议到落地，东亚货币互换网络形成，大多数国家以本币换取美元，中国、日本、韩国则以本币互换为主。至 2009

年，各国签署双边本币互换协议 16 项，总金额达 780 亿美元。除此之外，早在 2003 年 6 月，第二次亚洲合作对话非正式外长会议通过了旨在发展亚洲债券市场的《清迈宣言》，在此基础上，东盟 10+3 进一步整合提出了"亚洲债券市场发展倡议（Asian Bond Market Initiative，ABMI）"。2003 年 10 月，中国国务院总理温家宝在东盟 10+3 领导人会议上首次提出"推动清迈倡议多边化"的倡议，建议将清迈倡议下较为松散的双边货币互换机制整合为多边资金救助机制，得到与会领导人的积极响应。[①]2007 年 5 月，东盟 10+3 财长同意建立区域外汇储备基金，即各成员分别在自己的外汇储备中划出一部分，建立自我管理的储备基金库，向面临国际收支和短期流动性困难的成员提供资金支持，这也是"清迈倡议多边化（Chiang Mai Initiative Multilateralization，CMIM）"的雏形。2008 年，区域外汇储备基金初始规模为 800 亿美元，其中，中国、日本、韩国三国与东盟出资比例分别为 80% 和 20%。

（4）2009 年以来：加速发展阶段

2009 年 2 月，各国财长决定加快清迈倡议多边化进程，将储备库规模扩大至 1200 亿美元，并就区域外汇储备库的出资份额达成共识。其中，中国出资 384 亿美元、日本出资 384 亿美元、韩国出资 192 亿美元，分别占储备库总额的 32%、32% 和 16%。同年 12 月，东盟 10+3 财长和央行行长以及香港金融管理局总裁宣布正式签署《清迈倡议多边化协议》。2012 年，CMIM 区域外汇储备基金规模扩大至 2400 亿美元。2011 年，东盟与中国、日本、韩国宏观经济研究办公室（AMRO）在新加坡成立，负责对区域宏观经济进行监测，向成员提供技术援助，并支持 CMIM 的运作。AMRO 的成立标志着 CMIM 的实体化。2016 年 2 月，AMRO 升格为一个具有完全法律人格的国际组织。2017 年，AMRO 与战略合作伙伴签署了第一份谅解备忘录，首次推出了东盟与中国、日本、韩国区域经济展望（AREO），公布了第一份年度咨询报告，并于 12 月被授予联合国大会常驻观察员地位。2021 年 10 月，AMRO 首次以观察员身份参加东盟与中日韩领导人会议。2022 年 6 月，AMRO 以观察员身份加入中央银行与监管机构绿色金融网络（NGFS）。2022 年 12 月，AMRO 在新加坡举办首届东盟与中国、日本、韩国经济合作与金融稳定论坛，就当前全球和区域经济发展面临的机遇和挑战以及如何加强东盟 10+3 财金合作，以更好地维护区域经济金融稳定等议题交换意见。

2. 当前东亚货币合作中存在的问题

"清迈倡议"提出至今已逾二十载，东亚货币合作的进程却始终未能取得进一步的重大突破，其原因既包括东亚地区固有的复杂的地缘政治因素，也包括 CMI 机制本身存在的问题。

（1）CMI（CMIM）的适用性和有效性有待提升

自 2000 年 CMI 正式启动至今，没有成员启用过互换基金。这一方面是因为亚洲金融危机后，东盟 10+3 国家纷纷增加外汇储备，各成员启用 CMI（CMIM）的动机并不强烈；另一方面则是因为 CMI（CMIM）作用的发挥受到其他因素，特别是其本身可使用的

---

① 东盟+中日韩（10+3）特别财长会议 22 日在泰国举行[EB/OL]. (2009-02-24)[2024-11-26]. https://www.gov.cn/gzdt/2009-02/24/content_1241525.htm.

资金规模受到国际货币基金组织援助框架的制约。例如，2008年国际金融危机爆发后，在金融危机中遭受严重冲击的韩国，本可以在CMI框架下通过与各国的货币互换协议筹集到185亿美元的援助资金，但由于其中仅有37亿美元可以脱离国际货币基金组织援助框架的限制，因此韩国转而通过与美联储签署300亿美元的货币互换协议来缓解外汇流动性短缺。

合作形式松散、缺乏有效率的运行机制是导致CMI（CMIM）有效性不足的另一个主要原因之一。虽然CMI（CMIM）是东亚地区达成的第一个区域性金融安排，但自其提出并实施以来，很大程度上以"论坛"的形式存在并运行，其象征意义远远大于实际作用；各国在储备基金库中的"出资额"只是成员的一种资金承诺，资金的管理权仍在各成员。另外，在东盟10+3框架中，中国、日本、韩国三国分别与对方和东盟展开双边合作，而在中国、日本、韩国之间缺乏有关货币合作的多边制度安排。此外，各方在建立严格的区域性监督体系、妥善处理同国际货币基金组织的关系等问题上依然任重道远。

缺乏有关区域货币合作的长期目标是CMI（CMIM）面临的又一关键问题。CMI诞生于危机之下，成立目的是应对紧迫的亚洲金融风险，因而未能就有关区域货币合作的未来发展方向达成共识并设立必要的长远目标，属于典型的"危机推动型"安排。一旦危机远去，合作意识便随之减弱，驱动力不足；与此相对应，一旦面临着新的危机，也会难以应对。

（2）主要国家在合作意识和机制中存在分歧

21世纪以前，日本始终是东亚货币合作的主导者。随着亚洲国家整体经济实力的增强，特别是中国经济的崛起，东亚货币合作的格局由过去日本主导转向共同参与、推动和建设，中国在其中的影响力不断提升。中国和日本同为地区举足轻重的大国，对东亚货币合作有重要影响，但两国在区域货币合作问题中的分歧始终存在。例如，日本并不满足于现存东盟10+3的合作框架，而是开始追求将东盟10+3的合作框架向东亚地区以外扩大。日本曾在2005年底召开的东亚峰会前，提议将东盟10+3扩大成为东盟10+7，即新增美国、印度、澳大利亚和新西兰参加到合作框架中来，后因东盟的强烈反对而未同意美国参加，但东盟10+6与东盟10+3之间的矛盾与冲突日益加剧，这种矛盾在2008年金融危机爆发后更加突出。中日之间对于权重分配的分歧也直接导致2002年建立的"亚洲货币单位（ACU）"至今仍无法达成共识。

中国作为东亚货币合作的积极倡导者，也并未全然将希望寄予区域货币合作。2008年以来，面对金融危机给中国经济造成的巨大冲击尤其是外汇储备缩水的巨大风险，中国货币当局于2008年底开始积极推进人民币国际化战略。这也在一定程度上表明中国货币当局有信心在一定范围和一定程度上积极地单独推进人民币的周边化或区域化。未来，中日两国如何处理竞争与合作的关系，并协调其他国家集体行动，将决定区域货币合作格局的演变。

3. 东亚货币合作的未来展望

以CMI为标志的东亚货币合作，已历经20多年持续发展至今。如今地缘政治局势紧张复杂，地区内大国携手又缺乏一定的政治基础，而东盟带动并有效推动地区货币合作的能力又存在客观限制。东亚货币合作要取得进一步实质性的突破，需要融入全球化发展的大势，需要各成员方厘清发展方向、求同存异、通力合作。结合现阶段的成果，东亚货币合作的未来路径可以从下述方面开展。

（1）利用区域经济一体化提升货币合作潜力

欧洲货币合作的主要动力就是来自区域经济一体化。第二次世界大战后，欧洲各国出于对两次世界大战的反思，认为只有经济一体化才能从根本上避免重蹈战争覆辙。对经济一体化的追求最终促成了欧元的诞生。全球化是不可逆转的历史潮流，在逆全球化抬头的背景下，各国都希望通过加强区域经济协作来应对保护主义，增添经济增长动力。东盟 10+3 地区经济发展水平存在梯度差异，产业结构互补性强，开展垂直和水平价值链分工合作方面有较大空间，未来经济一体化存在较大潜力。据亚洲开发银行统计，2018 年，亚洲区域内国际贸易规模占到总体国际贸易规模的 57.5%（欧盟为 64.0%），区域内股票类证券投资流入占比为 16.0%，债券类证券投资流入占比为 26.0%，提升空间巨大。经过长达 7 年的努力，《区域全面经济伙伴关系协定》（RCEP）在 2019 年 11 月结束所有文本谈判，2022 年 1 月 1 日起 RCEP 正式生效，覆盖整个东亚地区的现代、全面、高质量的自由贸易协定将大大推进地区经济一体化进程，为东亚区域货币合作奠定基础。

（2）加强中日之间政治上的信任和协作

众所周知，货币合作需要国家的协调，作为理性的国家会充分考虑在货币合作上的国家利益得失。中国和日本是东亚地区的大国，从国家利益出发，中日两国都希望在东亚区域内开展货币合作，正如欧盟内的领导者法德联合一样，中国和日本的合作很重要，尤其是在政治上的信任。2009 年，日本国际货币研究所前专务理事篠原兴曾撰文指出中日两国紧密合作对于东亚货币合作的重要性。当今中日两国经贸联系极为紧密，两国的相互依存程度在不断加深，相互联合对于双方来说都是一项双赢的事业。中日联合首先能够为东亚创造一个和平稳定的发展环境，其次中国的广阔市场再加上日本的资金与技术，能够促进整个东亚的经济一体化发展。然而，中国和日本由于历史认识问题上的分歧，两国在政治上缺乏深入合作。鉴于此，中日两国的政治合作，应按照中国政府提出的"和平共处五项原则"处理，日本政府不应该再做伤害中国人民感情的事情。只有这样，才能加强中日之间政治上的信任和协作，为货币合作提供良好的环境。

（3）进一步提高"清迈倡议多边化（CMIM）"的可用性

正如前文所述，CMIM 和 AMRO 现存体制中尚存在许多亟待解决的问题。2022 年 8 月 19 日，中国财政部副部长朱光耀在回顾亚洲危机 25 周年的研讨会上指出，应该进一步提高区域财金合作的水平和效率，特别是提高 CMIM 的可用性。朱光耀认为，应尽快明确贷款使用的成本标准，可以借鉴国际货币基金组织或世界银行旗下国际复兴开发银行类似功能贷款利率水平；应务实推进 CMIM 的实体化进程，具体包括将外汇储备金分为待缴和实缴资本，循序渐进推进；分步推进 CMIM 的实体化进程，先以有限公司的形式建立，再提升为国际组织，AMRO 转化为其秘书处等。

此外，为切实提高 CMIM 进行危机预防和救助的实效，应适当增加现有储备库规模。可通过改变储备库的现行管理方式，将分散管理的储备资金集中起来进行管理，不仅能保障碍危机应对资金的规模，还可以使得CMIM像欧洲稳定机制和国际货币基金组织那样在必要时通过发行债券和向成员借款等方式筹措资金，以增大危机时可以运用的资金。另外，可以通过其他多样化方式增资，如增加出资额度，将某些双边协议纳入CMIM的多边协议等。更为重要的是，CMIM应将和国际货币基金组织贷款的脱钩比例适当调整到合理水平。2021年3月，东盟10+3财长会议决定将与国际货币基金组织贷款脱钩的比例提升至40%，并且成员可以用本币出资，进一步降低对国际货币基金组织框架的依赖。

（4）人民币国际化为区域货币合作增添动力

人民币在东亚地区的国际化，本身就是东亚区域货币合作的重要组成部分。在区域内国际贸易和投资中扩大对本地货币的使用，是区域货币合作的发展方向。在东亚区域内，有望担当国际贸易投资工具的本地货币就是日元和人民币。其中，日元已经是重要的国际货币，但是受限于日本的国际政治地位，加上其经济长期疲软，日元进一步国际化的潜力有限。而中国经济正在迈向高质量发展，经济增速在全球主要经济体中居于前列，对东亚区域经济的辐射能力还在增加。区域内国家更多以人民币与中国进行交易，将降低交易成本、减少外部冲击，提升区域经济合作水平。2016年10月1日起，人民币被认定为可自由使用的货币，并作为除美元、欧元、日元和英镑之外的第五种货币加入特别提款权篮子。2022年5月14日，人民币在SDR篮子货币中所占比重达到12.28%，处于美元、欧元后的第三位。人民币国际化为东亚货币提供了新的锚定货币选项，拓展了更多元的支付手段与投融资标的，同时也有利于构筑更稳固的金融安全网，为区域金融稳定提供了灵活快速的响应方案。

近年来，基于实体经济需求和市场自主驱动，中国深度优化跨境人民币业务管理政策，推动资本市场双向开放，完善汇率形成机制和宏观审慎管理，为人民币国际化稳步发展创造了良好的政策环境。未来，人民币有望在东亚区域货币合作中发挥更加重要的作用。

本章小结

1. 国际货币体系是指国际货币制度、国际金融机构以及由习惯和历史沿革形成的约定俗成的国际货币秩序的总和。国际货币体系既包括有法律约束力的有关国际货币关系的法令条例、规章制度、组织形式等，也包括不具有法律约束力的相关传统习惯和约定俗成。国际货币体系经历了三个重要发展时期：国际金本位制、布雷顿森林体系和牙买加体系。

2. 国际金本位制起源于英国，经历了金币本位制、金块本位制和金汇兑本位制的演变。金本位制对保持物价稳定起到了良好的作用，但也存在着一些不足。

3. 第二次世界大战后建立起来的国际货币体系被称为布雷顿森林体系，是通过美元与黄金挂钩、各国货币与美元挂钩而形成的以美元为中心的国际金汇兑本位和固定汇率制度。这一体系对稳定第二次世界大战后的国际金融秩序，促进世界经济的恢复和发展起过积极作用，但其本身却有致命的缺陷，即"特里芬难题"。

4. 现行的国际货币体系是1976年的《牙买加协议》后形成的牙买加体系。牙买加体系是在保留和加强布雷顿森林体系的重要内容之一——国际货币基金组织的前提下，对布雷顿森林体系进行的改革。其特点是：黄金非货币化、汇率制度多样化、国际储备多元化、调节国际收支方式和手段的多样化。牙买加体系也存在着一些矛盾与问题，理论界提出了许多对之加以改革的方案，但至今尚未有实质性进展。

5. 20 世纪 60 年代初，蒙代尔提出了"最佳通货区"理论，讨论了区域货币一体化的条件。20 世纪 90 年代初，爱默生和格罗斯提出的"一个市场一种货币"思想，打破了"一个国家一种货币"的传统货币主权观，为不同主要国家间的货币融合扫清了思想障碍。20 世纪 90 年代中期，克鲁格曼的"GG-LL 模型"，提供了单个国家加入共同货币区利弊的分析方法和工具。

6. 欧洲货币一体化经历了漫长的发展过程，终于在 1999 年 1 月 1 日启动了欧盟单一货币——欧元，欧元的启动是区域货币合作的成功实践，对欧洲乃至世界经济产生了重大影响，但也带来了一系列亟待解决的问题。

7. 布雷顿森林体系崩溃后，以部分拉丁美洲国家为代表的发展中国家由于自身社会和经济等问题，选择以美元代替本币充当流通中的货币，由此开始了美元化进程。美元化会使得相关国家获取贸易投资方面的收益，但同时也带来了一定的风险。

8. 1997 年亚洲金融危机后，东亚国家开始讨论区域货币金融合作问题，2000 年 5 月的"清迈倡议"标志着东亚国家货币金融合作的开始。未来，亚洲区域货币合作仍有较大空间。

核心术语

国际货币体系（internationl monetary syestem）

金本位制（gold standard system）

布雷顿森林体系（Bretton Woods system）

特里芬难题（Triffin dilemma）

牙买加体系（Jamaica system）

黄金非货币化（demonetization of gold）

区域货币合作（regional monetary cooperation）

最佳通货区（optimum currency areas）

GG-LL 模型（GG-LL model）

欧洲货币一体化（European monetary integration）

欧元（Euro）

美元化（dollarization）

清迈倡议（Chiang Mai initiative）

思 考 题

1. 简述金本位制的内容。
2. 简述布雷顿森林体系的内容特点与作用。
3. 试析布雷顿森林体系崩溃的原因。
4. 试析牙买加体系的特点及其利弊。
5. 试述国际货币体系改革方案。
6. 试以蒙代尔"最佳通货区"理论为基础,分析区域货币一体化的条件。
7. 试析欧洲货币一体化的经济影响。
8. 实施美元化的国家将获得哪些收益,面临怎样的风险?
9. 结合欧元区的实践和美元化问题,分析并展望东亚货币金融合作。

第十一章　国际金融机构

学习要点

1. 了解国际金融机构类型、发展和作用；
2. 了解国际清算银行的主要业务；
3. 理解国际货币基金组织的宗旨、组织机构、资金来源和主要业务；
4. 理解世界银行集团下设相关机构的宗旨和主要业务；
5. 理解金融稳定委员会的成立背景和主要职能；
6. 了解主要区域性国际金融机构的概况。

第一节　国际金融机构概述

一、国际金融机构的定义和分类

国际金融机构，又称国际金融组织，是指从事国际金融管理以及国际金融活动，协调国际金融关系，维持国际货币及信用体系正常运作的超国家机构。

按成员多少和业务活动范围的大小，国际金融机构可以分为三类：一是全球性的国际金融机构，成员遍布世界各地，代表性的有国际货币基金组织、世界银行集团、国际清算银行以及 2009 年成立的金融稳定委员会等，其中，前两家机构的成员最多、机构最大、影响最为广泛；二是半区域性的国际金融机构，成员主要在区域内，但也有区域外国家参加，如美洲开发银行、亚洲开发银行、非洲开发银行、亚洲基础设施投资银行、金砖国家新开发银行等；三是完全区域性的国际金融机构，成员完全由某一地区内的国家组成，如欧洲投资银行、阿拉伯货币基金组织等。本教材把后两类统称为区域性国际金融机构。

其中，1930 年 5 月成立的国际清算银行，是目前普遍认为的最早成立的国际金融机构，其旨在处理德国第二次世界大战后的赔款支付以及协约国之间的债务清算问题。1945年 12 月成立了国际货币基金组织和国际复兴开发银行（世界银行的前身），旨在重建一个开放的国际经济环境以及稳定的汇率秩序，为国际经济和社会发展提供必要的资金。1956 年成立了国际金融公司（属于世界银行集团），1959 年成立了国际开发协会（属于世界银行集团），以及之后相继成立的欧洲投资银行、美洲开发银行、非洲开发银行、亚洲开发银行、阿拉伯货币基金组织、金砖国家新开发银行、亚洲基础设施投资银行等，意味着国际金融机构得到了迅猛的发展。本教材将对以上提及的代表性国际金融机构进行逐一介绍，一览表见表 11-1。

表 11-1 代表性国际金融机构一览

	英文名称	分类	成立年份	总部
国际清算银行	Bank for International Settlement（BIS）	全球性国际金融机构	1930 年	瑞士巴塞尔
国际货币基金组织	International Monetary Fund（IMF）	全球性国际金融机构	1945 年	美国华盛顿
世界银行集团	World Bank Group（World Bank）	全球性国际金融机构	1945 年	美国华盛顿
金融稳定委员会	Financial Stability Board（FSB）	全球性国际金融机构	2009 年	瑞士巴塞尔
欧洲投资银行	European Investment Bank（EIB）	区域性国际金融机构	1958 年	卢森堡
美洲开发银行	Inter-American Development Bank（IDB）	区域性国际金融机构	1959 年	美国华盛顿
非洲开发银行	African Development Bank（AFDB）	区域性国际金融机构	1964 年	突尼斯
亚洲开发银行	Asian Development Bank（ADB）	区域性国际金融机构	1966 年	菲律宾马尼拉
阿拉伯货币基金组织	Arab Monetary Fund（AMF）	区域性国际金融机构	1976 年	阿拉伯联合酋长国阿布扎比
金砖国家新开发银行	New Development Bank（NDB）	区域性国际金融机构	2014 年	中国上海
亚洲基础设施投资银行	Asian Infrastructure Investment Bank（AIIB）	区域性国际金融机构	2015 年	中国北京

二、国际金融机构的作用

自成立以来，国际金融机构在促进世界经济发展和稳定国际金融体系中发挥了重要作用，许多国际金融机构为各国尤其是发展中国家提供资金，或缓解其国际收支危机，或支持国家中长期建设，有效地促进了世界经济的协调发展。具体而言，其作用体现在以下方面。

第一，监管和规范全球经济秩序，推动全球经济治理能力提升。通过加强监管、促进政策协调等，国际金融机构可推动各国经济结构调整，帮助各国解决共同面临的经济问题，应对气候变化等各类全球性挑战。

第二，提供长期资金，促进经济增长。国际金融机构可为发展中国家提供贷款和援助，帮助其改善基础设施、开发人力资源、提高生产能力，从而促进经济增长和脱贫。

第三，应对经济风险，解决金融危机。国际金融机构可通过提供短期资金调节各国国际收支逆差，在一定程度上缓和了国际支付危机。依托其拥有的强大资源和专业知识，国际金融机构可通过紧急贷款和各类财务援助，帮助相关国家度过各种危机。如 IMF 自成立以来多次向发生危机的国家提供紧急贷款，帮助其恢复经济和稳定信心。

第四，促进全球贸易和投资发展。国际金融机构通过提供贷款、技术援助等方式，鼓励和支持跨国企业的投资和国际贸易。如世界银行集团在基础设施建设和发展项目方面起到了重要的引导和支持作用，促进了全球贸易和投资的增长。

第五，通过创造新的结算手段，适应国际经济发展的需要。

第二节　全球性国际金融机构

本节主要按照机构成立的时间先后顺序，依次介绍国际清算银行、国际货币基金组织、世界银行集团和金融稳定委员会四个代表性的全球性国际金融机构。

一、国际清算银行

国际清算银行（Bank for International Settlement，BIS）成立于1930年，最初是为处理第一次世界大战后德国战争赔款问题而设立的，后演变为一家与各国中央银行合作的国际金融机构，是世界上历史最悠久的国际金融组织，总部设在瑞士巴塞尔。

（一）BIS的组织机构

BIS的组织机构由股东大会、董事会和业务管理部门三部分组成。

股东大会是最高权力机构，每年举行一次，由认购该股票的各国中央银行派代表参加。BIS创立时的股本全部由参加创建的各国中央银行和美国银行集团认购。后来随着BIS规模的扩大，其股票开始在市场上交易，持股者相应包括与该行有业务关系的其他国家中央银行或金融机构，以及在市场上购进该行股份的个人。董事会是其实际领导机构，由13人组成，董事长兼行长由选举产生。董事会下设经理部，有总经理和副总经理及正副经理10余人，下设银行账户部、货币经济部、秘书处和法律处四个业务机构。

（二）BIS的资金来源

BIS的资金主要来源于：一是成员方缴纳的股金，BIS的80%股份为各国中央银行持有，其余20%为私人持有。二是借款，主要来自各国中央银行，用于补充该行自有资金的不足。三是存款，主要是来自各国中央银行的黄金存款和商业银行的存款。

（三）BIS的业务

BIS的业务主要包括以下方面。

第一，处理国际清算事务。第二次世界大战后，BIS先后成为欧洲经济合作组织、欧洲支付同盟、欧洲货币合作基金等国际金融业务的代理人，承担着大量的国际结算业务。

第二，为各国中央银行提供服务，包括办理成员方央行的存款和贷款、代理各国央行买卖黄金和外汇及可上市的证券，协助各国央行管理外汇储备与金融投资等。

第三，定期举办中央银行行长会议。BIS于每月的第一个周末在巴塞尔举行西方主要国家央行行长会议，商讨有关国际金融问题，协调有关国家的金融政策，推动国际金融合作。

第四，进行国际货币与金融相关问题的研究。

（四）巴塞尔银行监管委员会

巴塞尔银行监管委员会（Basel Committee on Banking Supervision，BCBS），简称"巴塞尔委员会"，是BIS全球金融监管框架下最重要的机构。其主要任务是"制定广泛的监管标准和指导原则，提倡最佳监管做法，期望各国采取措施，根据本国的情况通过具体的立法或其他安排予以实施"。巴塞尔银行监管委员会所制定的指导性文件不仅为其成员方监管当局所接受，也往往成为发达国家和众多发展中国家共同遵循的原则。

专栏 11-1 《巴塞尔协议》的演进与中国银行业监管的发展①

近年来，随着银行业的国际化和现代化发展，BCBS 陆续出台了一系列指导性文件，逐渐成为世界众多国家共同遵循的银行业监管原则。为了保证银行体系平稳运行并提高银行业的国际竞争力，我国金融监管部门也积极推动《巴塞尔协议》与我国实际情况相结合，旨在促进银行业改革和加强银行体系监管。

1. 《巴塞尔协议Ⅰ》时期

1988 年 7 月，巴塞尔委员会正式发布了《关于统一国际银行的资本计算和资本标准的协议》（简称《巴塞尔协议Ⅰ》），其主要内容包括三大方面：第一，资本的组成和分类，将资本划分为核心资本和附属资本。其中，核心资本包括股本和公开准备金，在全部资本中的占比不少于 50%；附属资本包括未公开的准备金、资产重估准备金、普通准备金或呆账准备金。第二，风险加权资产的计算标准，根据资产的类别、性质和债务主体，对银行资产赋予 0、10%、20%、50% 和 100% 五个风险权重。第三，资本充足率的标准，要求到 1992 年底，银行的资本与风险加权资产的标准比率不低于 8%，其中，核心资本与风险加权资产的标准比例不低于 4%。《巴塞尔协议Ⅰ》第一次建立了一套国际通用的、以加权方式衡量表内与表外风险的资本充足率标准和计算方法，确立了资本监管在审慎银行监管中的核心地位，由此推动世界各国银行的公平竞争，增强国际银行体系的稳健性。

在这一时期，我国正处于建设社会主义市场经济初期，尚未形成市场经济体制下的会计标准，商业银行的资产负债表结构也与其他国家存在较大差异，难以适用《巴塞尔协议Ⅰ》的资本和风险加权资产等要求。因此，自 1992 年以来，我国积极推动银行体制机制改革，根据国际惯例和《巴塞尔协议Ⅰ》规范银行的经营活动和监管模式。一方面，我国以资产负债比例管理替代原先的贷款规模管理，并明确了资本充足率的计量方法和标准要求。1995 年 5 月，《中华人民共和国商业银行法》颁布，规定商业银行依法接受中国人民银行的监督管理，并且要求其资本充足率不低于 8%，流动性资产余额与流动性负债余额之比不低于 25%。1996 年 12 月，中国人民银行参考《巴塞尔协议Ⅰ》推出了《商业银行资产负债比例管理监控、监测指标和考核办法》，首次提出了我国商业银行信用风险和资本充足率的计量方法。1997 年，中国人民银行在巴塞尔委员会《有效银行监管的核心原则》讨论中，承诺在 3~5 年内达到该文件提出的各项要求，并于同年 5 月参考该文件颁布了《加强金融机构内部控制的指导原则》，进一步完善银行的内控机制。另一方面，我国不仅开展商业银行的财务重组工作，提高银行的资本充足率，还在银行体系内试行资产风险管理，防范和化解潜在的银行风险。1998 年 3 月，财政部定向发行了 2700 亿元的特别国债，以增加国有商业银行的资本。1998 年 4 月，中国人民银行发布了《贷款风险分类指导原则（试行）》，

---

① 参考文献：戴秀河. 中国适用巴塞尔协议体系的过程及对商业银行业的影响[C]//上海市法学会.《上海法学研究》集刊 2022 年第 23 卷——社会治理法治化研究文集，2023：56-69；冯乾，游春. 操作风险计量框架最新修订及其对银行业的影响——基于《巴塞尔Ⅲ最终改革方案》的分析[J]. 财经理论与实践，2019（1）：2-9；宋士云，宋博. 三个版本的《巴塞尔协议》与中国银行业监管[J]. 理论学刊，2019（1）：80-88；杨凯生，刘瑞霞，冯乾.《巴塞尔Ⅲ最终方案》的影响及应对[J]. 金融研究，2018（2）：30-44.

根据贷款的风险将银行贷款的质量分为正常、关注、次级、可疑和损失五类。1999年3—10月，我国先后成立了负责处置四大国有商业银行不良资产的华融、长城、东方和信达四家金融资产管理公司，以改善国有商业银行的资产负债状况。2001年12月，中国人民银行发布了《关于全面推行贷款质量五级分类管理的通知》，在全国各类商业银行实行贷款风险分类管理。此外，我国根据《巴塞尔协议Ⅰ》要求改进会计准则，进一步完善了我国商业银行的治理机制。

2.《巴塞尔协议Ⅱ》时期

20世纪90年代，金融自由化盛行，金融衍生品、资产证券化等金融创新活跃，使得金融产品日益复杂，金融风险也由传统的信用风险拓展为市场风险、操作风险等多种风险。在此背景下，《巴塞尔协议Ⅰ》的风险加权资产计算模式已经难以适应银行业的发展需要，在1997年的亚洲金融危机中更是没有发挥其预警和防范作用。因此，巴塞尔委员会于1999年6月提出了一个更加具体、全面的《新巴塞尔资本协议》，并征求全世界银行业和监管部门的意见，最终于2004年6月正式发布了《统一资本计量和资本标准的国际协议：修订框架》（简称《巴塞尔协议Ⅱ》），并计划所有成员方于2006年底都开始实施《巴塞尔协议Ⅱ》。《巴塞尔协议Ⅱ》构建了互为补充的三大支柱：第一支柱是最低资本要求，在延续《巴塞尔协议Ⅰ》的资本分类和8%最低资本充足率的要求下，不仅提出了全新的信用风险内部评级法，还在风险计量框架中纳入了操作风险资本要求和市场风险资本要求，从而提升了资本监管的风险敏感性；第二支柱是监管部门对资本充足率的监督检查，要求银行建立合理有效的内部资本充足评估程序，并通过并表监管将资本充足率监管范围拓展到银行集团内部的商业银行和持股公司；第三支柱是以信息披露为核心的市场纪律，严格对银行资本充足率等信息披露的监管要求，提高银行日常经营的资本、财务和风险等信息的透明度和真实性。

随着《巴塞尔协议Ⅱ》的讨论、发布和实施，我国也积极加强金融监管体制机制建设，不断推动银行业的现代企业改革和风险管理体系完善。2003年4月，国务院决定设立中国银行业监督管理委员会（简称"中国银监会"），统一监督管理银行业及其业务活动。2003年12月，《中华人民共和国银行业监督管理法》正式颁布，既要求银行业建立监督管理评级体系和风险预警机制，强化银行业的监管制度和监管手段，又将原先单一的银行合规监管扩展到合规监管和风险监管并重，扩大对银行业的监管范围。2004年2月，中国银监会发布了《商业银行资本充足率管理办法》，不仅构建了一套操作性强、透明度高的资本充足率计量方法和监管标准，提出在充分计提贷款损失准备等各项资产损失准备的基础上计算商业银行的资本充足率，并要求商业银行的核心资本充足率不低于4%，总资本充足率不低于8%，附属资本不得超过核心资本的100%，计入附属资本的长期次级债务不得超过核心资本的50%；还形成了更加具体、严格的资本充足率信息披露要求，要求涵盖了风险管理的目标和政策、并表范围、资本、资本充足率、信用风险和市场风险等方面。2004年7月，中国银监会出台了《商业银行授信工作尽职指引》，要求银行建立严格的授信风险垂直管理体制以及完整的授信政策、决策机制、管理信息系统和统一的授信业务操作程序，对授信工作进行统一管理，并设立授信工作尽职问责制，从授信的全过程对尽职工作予以制度规范。2004年12月，中国银监会推出了《商业银行市场风险管理指引》和《商业银行内部控制评价试行办法》，督促商业银行进一步加强市场风险管理和完善内部控制体系，从根本上建立风险管理的长效机制，保证商业银行的平稳运行。2005年12月，中国银监会颁布了《商业银行风险监管核心指标（试行）》，将商业银行风险监管的核心指标分为风险水平、风险迁徙和风险抵补三个层次。其中，风险水平包括流动性风险指标、信用风险指标、市场风险指标和操作风险指标；风险迁徙包括正常贷款迁徙率和不良贷款迁徙率；风险抵补包括盈利能力、准备金充足程度和资本充足程度。2007年3月，中国银监会颁布了《中国银行业实施新资本协议指导意见》，涉及施行《巴塞尔协议Ⅱ》的战略意义、目标和原则、范围、方法、时间表和主要举措，随后还制定了一系列关于落实《巴塞尔协议Ⅱ》的指导性文件，覆盖了三大支柱的主要内容，推动了《巴塞尔协议Ⅱ》在我国的实施。

3.《巴塞尔协议Ⅲ》时期

2008年全球金融危机极大地暴露了银行监管领域资本金要求存在缺陷、宏观审慎监管缺位、表外资产杠杆化严重等漏洞，直接推动巴塞尔委员会于2010年12月发布《巴塞尔协议Ⅲ》以改革银行监管体系。第一，《巴塞尔协议Ⅲ》提高了银行资本的监管要求，不仅提出了更加严格的资本定义，即一级资本仅包括普通股和永久优先股，还加强了资本充足率要求，要求核心一级资本（普通股）充足率达到4.5%，一级资本充足率达到6%，总资本充足率达到8%。第二，《巴塞尔协议Ⅲ》建立了宏观审慎监管和微观审慎监管相结合的监管模式，要求银行建立2.5%的资本留存缓冲和0%~2.5%的逆周期资本缓冲，既增强了银行应对经济周期和防范系统性风险的能力，又加强了对全球系统重要性银行（Global Systemically Important Bank，G-SIBs）的监管，要求全球系统重要性银行具备1%的附加资本，从而由单一银行的稳定性监管扩展到整个银行体系的稳定性监管。第三，《巴塞尔协议Ⅲ》提出了3%的杠杆率监管指标，并利用表内外资产的简单加总替代风险加权资产来衡量资本充足程度，由此从单一银行的资产方扩展到资产负债表的所有要素，有效避免了风险加权资产计算模型的问题。第四，《巴塞尔协议Ⅲ》关注压力情形下的流动性管理，首次提出了统一的流动性风险定量监管标准，即流动性覆盖率和净稳定融资比率指标，进而从金融体系的稳定性监管扩展到金融体系与实体经济的内在关联，降低了银行体系的流动性风险。

在《巴塞尔协议Ⅲ》正式发布之际，我国银行业经过多年的改革已取得一定成就，截至2010年底，我国商业银行整体加权平均资本充足率达到12.2%，加权平均核心资本充足率达到10.1%，281家商业银行的资本充足率全部超过8.0%，主要商业银行的拨备覆盖率也达到217.7%。尽管我国银行业已经满足了《巴塞尔协议Ⅲ》的最低资本要求，但我国监管部门依然积极筹划推进《巴塞尔协议Ⅲ》在我国的落地实施。2011年4月27日，中国银监会基于《巴塞尔协议Ⅲ》的监管新标准，发布了《关于中国银行业实施新监管标准的指导意见》，提高了资本充足率、杠杆率、流动性风险和贷款损失准备等监管标准，并在市场准入、审慎监管标准、持续监管和监管合作等方面构建了有机统一的全球系统重要性银行监管制度，同时根据不同机构情况设置了差异化的过渡期安排，由此增强银行业抵御风险的能力。2012年6月7日，中国银监会综合《巴塞尔协议Ⅲ》和我国银行业的实际情况制定了《商业银行资本管理办法（试行）》，建立了资本定义、资本充足率计算和监管要求、信用风险加权资产计量、市场风险加权资产计量、操作风险加权资产计量、商业银行内部资本充足评估程序、监督检查和信息披露等方面的制度规范，被称为《中国版巴塞尔协议Ⅲ》。根据上述两个文件的监管标准，在资本定义方面，银监会将监管资本从两级分类（一级资本和二级资本）变更为三级分类，即核心一级资本、其他一级资本和二级资本；在资本充足率监管方面，将两个最低资本充足率要求（一级资本充足率不低于4%和总资本充足率不低于8%）调整为三个层次的资本充足率要求，即核心一级资本充足率不低于5%、一级资本充足率不低于6%和总资本充足率不低于8%，并引入逆周期资本监管框架，即2.5%的资本留存缓冲和0%~2.5%的逆周期资本缓冲，同时提出了1%的全球系统重要性银行的附加资本要求；在杠杆率监管方面，要求一级资本占调整后表内外资产余额的比例不低于4%，比《巴塞尔协议Ⅲ》的杠杆率要求高出1%；在流动性风险监管方面，银监会建立了多维度的流动性风险监管标准和监测指标体系，并要求流动性覆盖率、净稳定融资比例不得低于100%；在贷款损失准备监管方面，要求贷款拨备率不低于2.5%，拨备覆盖率不低于150%。此后，银监会还先后颁布了《商业银行流动性风险管理办法（试行）》《商业银行杠杆率管理办法（修订）》《商业银行并表管理与监管指引》《银行业金融机构全面风险管理指引》等法律法规，构建了我国银行业监管体系的基本框架，推动我国更好地满足《巴塞尔协议Ⅲ》的监管要求。

4.《巴塞尔协议Ⅲ最终方案》时期

《巴塞尔协议Ⅲ》的风险加权资产计量方法过于复杂，而且模型方法可能会低估银行资产风险和高估资本充足率，再加上世界各国监管部门在违约、损失等关键定义和风险参数估计等方面存在差异，《巴塞尔协议Ⅲ》的审慎性、一致性和可比性遭到了越来越多的质疑。因此，自2011年以来，巴塞尔委员会对风险加权资产计量框架进行了重构，陆续出台了一系列监管方案，如《监管框架：平衡风险敏感性、简洁性和可比性》，旨在提升其可信度、一致性和可比性，最终于2017年12月7日正式发布了《巴塞尔协议Ⅲ：危机改革的最终方案》，简称《巴塞尔协议Ⅲ最终方案》，涵盖了信用风险标准法、信用风险内部评级法、市场风险计量、操作风险计量、资本底线、杠杆率监管等方面的修订内容。第一，《巴塞尔协议Ⅲ最终方案》细化了信用风险暴露的分类体系，将信用风险资产的类别由《巴塞尔协议Ⅲ》的13个调整为14个，并且降低了对外部评级的依赖，要求在使用外部评级时必须开展尽职调查，同时增加风险暴露的权重档次以提高风险敏感性，如个人住房抵押风险权重由35%变更为20%~150%。第二，《巴塞尔协议Ⅲ最终方案》不仅调整了信用风险内部评级法的适用范围，禁止违约样本少、信息透明度高的银行、其他金融机构以及并表收入高于5亿欧元的大中型公司使用高级内部评级法计量风险暴露，同时禁止在银行账户中占比较小的股权风险暴露使用内部评级法，还将循环零售风险暴露细分为交易账户风险暴露和循环信用类风险暴露，并调整了内部评级法的违约概率、违约损失率、违约风险敞口等风险参数底线。第三，《巴塞尔协议Ⅲ最终方案》一方面细化了银行账户和交易账户的划分标准，防止银行使用内部模型法在交易账户和银行账户之间进行监管套利；另一方面，通过七大风险类别和三个风险维度的交叉计量，计算市场风险的敏感度资本、违约风险资本要求和剩余风险资本附加三大类资本要求，提升市场风险标准法的风险敏感性，同时构建了基于预期尾部损失的内部模型法，以预期尾部损失替代风险价值和压力风险价值，并引入预期尾部损失的调整比例系数和流动性期限，从而提高市场风险标准法与内部模型法的一致性和可比性。第四，为简化操作风险计量模型和提高操作风险资本要求的可比性，《巴塞尔协议Ⅲ最终方案》废除了《巴塞尔协议Ⅱ》中计量操作风险最低资本要求的基本指标法、标准法和高级计量法，启用了新标准法，即：操作风险资本要求＝业务规模指标（BI）×边际资本系数（α）×损失调节因子（ILM）。其中，BI由利息、租赁和分红部分（ILDC）、服务部分（SC）以及金融部分（FC）组成；α根据业务规模累进制确定，分别为12%（10亿欧元以下）、15%（10亿~300亿欧元）、18%（300亿欧元及以上）；ILM为单个银行操作风险的历史损失（过去10年年均操作风险损失的15倍）与业务指标参数（业务规模指标和边际资本系数的乘积）的比值。第五，《巴塞尔协议Ⅲ最终方案》取消了信用风险内部评级法1.06倍的调节因子，并且明确规定内部评级法计算的风险加权资产不低于标准法计算的72.5%，从而降低了内部评级法和标准法的差异，保证两者计量结果的可比性。第六，《巴塞尔协议Ⅲ最终方案》提高了全球系统重要性银行的杠杆率最低要求，不但规定全球系统重要性银行需要根据其系统重要性等级计提1%~3.5%的附加资本，而且提出了50%的杠杆率缓冲要求，因此，其杠杆率最低要求＝一般银行杠杆率最低要求＋全球系统重要性银行附加资本要求×50%。

为了适应《巴塞尔协议Ⅲ最终方案》的监管要求变化，中国银保监会将修订《商业银行资本管理办法（试行）》，列入《银保监会2022年规章立法工作计划》。2023年2月18日，中国银保监会、中国人民银行就《商业银行资本管理办法（征求意见稿）》公开征求意见，并于2024年1月1日正式实施《商业银行资本管理办法》。相较于《商业银行资本管理办法（试行）》，《商业银行资本管理办法（征求意见稿）》在以下几方面进行了改进：第一，构建了差异化的资本监管体系，将商业银行根据业务规模和风险差异划分为三个档次，匹配不同的资本监管方案，其中，第一档和第二档银行必须满足该文件各章及其附件的监管规定，而第三档银行仅需满足附件23的监管规定，从而在保证银行业整体平稳运行的同时，降低中小银行的合规成本，进一步发挥其作用。第二，《商业银行资本管理办法（征求意见稿）》全面修订了风险加权资产的计量模型和监管规则，旨在提高资本计量的风险敏感性。在信用风险方面，《商业银行资本管理办法（征求意见稿）》细化了信用风险暴露分类，调整了信用风险资产权重，如地方债一般债券的风险权重由20%下调为10%、商业银行次级债的风险权重由 100% 上调为 150%，从而提高信用风险标准法的风险敏感性，增强信用风险标准法与内部评级法的一致性。在市场风险方面，《商业银行资本管理办法（征求意见稿）》不仅参考《巴塞尔协议Ⅲ最终方案》修订了最低资本计量方法，既基于风险因子的敏感度指标计算敏感度资本要求、违约风险资本要求和剩余风险附加资本要求，以代替基于头寸和资本系数的标准法，又使用预期尾部损失替代风险价值，重新构建了内部模型法，还限制了内部模型法的使用，要求商业银行内部模型法覆盖率不低于10%，否则必须采用标准法计算资本要求。在操作风险方面，《商业银行资本管理办法（征求意见稿）》不但没有对原先的高级计量法进行专门说明，而且仿照《巴塞尔协议Ⅲ最终方案》以业务指标部分（BIC）和损失调节因子（ILM）构建了新标准法替代原先的标准法，同时根据商业银行的不同档次实行差异化的操作风险计量方法，其中，第一档银行使用新标准法计量操作风险资本要求，第二档银行则继续使用基本指标法计量操作风险资本要求。第三，《商业银行资本管理办法（征求意见稿）》在监管检查方面新增了对资本充足率较低的银行的最低利润留存比例要求，其中，对于不满足储备资本要求的银行，依据其核心一级资本充足率设定不同的最低利润留存比例要求；对于不满足核心一级资本充足率或杠杆率要求的全球系统重要性银行，依据其核心一级资本充足率或杠杆率设定不同的最低利润留存比例要求。第四，《商业银行资本管理办法（征求意见稿）》制定了差异化的信息披露要求，要求第一档银行披露全部报表，并详细规定了信息披露的格式、内容、频率、方式和质量控制等方面的要求；第二档银行则采用简化的信息披露要求，只需披露风险管理体系、关键审慎指标和风险加权资产概览、资本构成、资本充足率、杠杆率等 8 张报表；第三档银行仅需披露资本充足率、资本构成这 2 张报表。

二、国际货币基金组织

国际货币基金组织（International Monetary Fund，IMF）是一个致力于推动全球货币合作、维护金融稳定、便利国际贸易、促进高度就业与可持续经济增长和减少贫困的国际金融机构，成立于 1945 年，总部设在美国华盛顿。

1944 年 7 月，44 个国家的 300 多位代表聚集在美国新罕布什尔州的布雷顿森林，就重建国际货币体系召开会议，达成了《国际货币基金组织协定》，提出建立永久性的国际货币基金组织。该协定于 1945 年 12 月 27 日正式生效，在 1947 年 3 月 1 日开始运作，并在同年 11 月 15 日成为联合国所属专营国际金融业务的机构。IMF 最初有 39 个创始成员，截至 2023 年 4 月，已拥有 190 个成员，中国是创始成员之一，于 1980 年 4 月 18 日恢复了合法席位。

（一）IMF 的宗旨和职能

根据《国际货币基金组织协定》，IMF 的宗旨如下：一是通过设立一个常设机构，促进成员方在国际货币问题上进行磋商与合作；二是促进国际贸易的扩大和平衡发展，提高和保持高的就业率和收入水平，开发所有成员方的生产性资源，减少贫困，促进经济增长，以此作为经济政策的首要目标；三是促进汇率的稳定，保持成员方之间有秩序的汇率安排，避免竞争性货币贬值；四是协助建立成员方之间经常性交易的多边支付体系，取消阻碍国际贸易发展的外汇限制；五是在有充分保障的前提下，向成员方提供暂时性外汇资金融通，以增强其信心，使其有机会在无须采取有损本国和国际经济繁荣的情况下，纠正国际收支失衡；六是根据上述目标，努力缩短成员方国际收支失衡的时间，减轻失衡的程度。

根据上述宗旨，IMF 的职能主要有：其一，为成员方提供进行国际货币合作与协商的场所、技术援助和培训，以帮助其建立实施稳健的经济政策所需的专长与制度；其二，确立成员方在汇率政策、与经常账户有关的支付及货币的兑换性方面需要遵守的行为准则，并实施监督，从而保证有秩序的汇兑安排和汇率体系的稳定，消除不利于国际贸易发展的外汇管制，避免成员方操纵汇率或采取歧视性的汇率政策以谋取不公平的竞争利益；其三，向国际收支发生困难的成员方提供必要的临时资金融通和金融援助，以使它们遵守上述行为准则，并避免采取不利于其他国家经济发展的经济政策；其四，为成员方提供建议，使其采纳有助于实现宏观经济稳定的政策，进而加快经济增长并缓解贫困。

（二）IMF 的组织机构

IMF 的组织机构分为四个层次：理事会、执行董事会、总裁和发展委员会。

1. 理事会

理事会是 IMF 的最高权力机构，由各成员方选派理事和副理事各一人组成，任期 5 年（可以连任）。理事通常由各国财长或央行行长担任，理事会的主要职能是接纳新成员，决定或调整成员方的份额、分配 SDR 以及处理国际货币制度的重大问题。理事会每年秋季举行定期会议，必要时可举行特别会议。由于理事会十分庞大，1974 年 10 月，IMF 设立了由 22 个部长级成员组成的临时委员会，1999 年 9 月后更名为国际货币与金融委员会，该委员会每年举行 3~4 次会议，成为事实上的常设决策机构。

2. 执行董事会

执行董事会是理事会下面的常设机构，负责处理 IMF 的日常事务。执行董事会最初由 12 名执行董事组成，截至 2023 年，执行董事会名额增加到 24 人，由持有基金份额最大的 5 国各派 1 人担任常任执行董事，中国、俄罗斯与沙特阿拉伯各派出 1 名，另外 16 名选派董事由其他成员方按选区轮流选派。

3. 总裁

IMF 设总裁 1 人，副总裁 4 人。总裁由执行董事会选举产生，并兼任执行董事会主席，总管 IMF 的业务，是 IMF 的最高行政领导人。总裁平时无投票权，只有在执行董事会投票表决出现双方票数相等时，才可投决定性的一票。总裁通常来自西欧国家，任期 5 年，可连任。

4. 发展委员会

发展委员会是"世界银行和国际货币基金组织理事会关于实际资源向发展中国家转移的联合部长级委员会"的简称，致力于发展政策以及发展中国家关注的其他问题的磋商讨论，每年开会 2~4 次，其决议往往最后就是理事会的决议。

（三）IMF 的资金来源

1. 份额

IMF 的资金主要来自成员方缴纳的份额。成员方在加入国际货币基金组织时，需要用 25% 的外汇和 75% 的本国货币向国际货币基金组织认缴基金份额（quota），份额由各国各自的国民收入水平、进出口规模和国际储备水平等因素确定，定期调整，一旦认缴后，就成为国际货币基金组织的资产，被用于对成员方的资金融通。根据 IMF 的规定，成员方份额应每 5 年左右调整和扩大一次，但实际上，自 1998 年起，国际货币基金组织的份额一直没有增加过。2010 年 12 月，为了应对危机，国际货币基金组织决定将份额从 2385 亿增加约一倍。2016 年 4 月底时，IMF 的份额实际数已上升到 4768 亿特别提款权（SDR），中国的份额从调整前的 2.98% 上升到 6.40%，达 304.87 亿 SDR。

对于一个成员方来讲，份额不仅决定了它加入 IMF 时应认缴的款项数额，还决定了它在 IMF 的投票权、借款权和 SDR 分配权。根据最新规定，每个 IMF 成员方都有约 750 票基本投票权，此外每缴纳 10 万份 SDR 份额就增加 1 票投票权。IMF 官网 2023 年 9 月公布的基金组织成员方份额和投票权数据显示，美国目前拥有约 16.50% 的投票权，日本拥有 6.14% 的投票权，中国的投票权则为 6.08%，在 IMF 中名列第三。虽然中国的投票权在过去几年中得到了明显的提升，但与中国的经济规模相比，占比仍然过低。依据 IMF 重大问题须经全体成员方总投票权的 85% 通过才能生效的条款，美国在 IMF 内拥有绝对的否决权。

2. 借款

借款是 IMF 另一资金来源，目前有两个借款安排：借款总安排和新借款安排。IMF 通过协议向成员方借入资金，除了从各国财政部或中央银行这一政府渠道外，还可以向私人机构借款，唯一限制在于，如果向某一成员方的非政府渠道借入该国货币，必须征得该成员方政府的同意。

3. 信托基金

从 1976 年 1 月开始，IMF 决定将所持有黄金的 1/6（即 2500 盎司）分 4 年按市价出售，所获利润 46.4 亿 SDR 作为信托基金，向最贫困的发展中国家提供优惠贷款。

（四）IMF 的主要业务

围绕其宗旨，IMF 的业务活动主要包括：检查和监督成员方以及全球经济与金融发展，并提出经济政策建议；向成员方融通资金；为成员方提供技术援助和培训等。

1. 监督和政策建议

为维系国际货币体系的顺利运行，保证金融秩序的稳定和世界经济的增长，IMF 定期对成员方进行检查，并实行多边监督与协调。IMF 通常用以下三种方式实施监督：一是全球监督，执行董事会对全球经济走势和发展情况进行检查，每年撰写《世界经济展望》和《全球金融稳定报告》；二是区域性监督，主要是对区域安排下所执行的政策进行检查，如执行董事会对欧元区、西非经济和货币联盟等进行的检查；三是国别监督，通常 IMF 与成员方每年一次进行全面磋商，必要时还可进行中期讨论。

2. 资金融通

为成员方提供资金融通、帮助其改善国际收支状况是IMF最主要的业务活动，IMF有多种类型的贷款。

第一，普通贷款，又称基本信用贷款，是IMF最基本的贷款形式，主要用于弥补成员方国际收支逆差的短期资金需要，期限为3~5年，贷款额度最高为成员方缴纳份额的125%。

第二，补偿与应急贷款，其前身为1963年2月设立的出口波动补偿贷款，这是IMF对初级产品出口国因出口收入下降或进口支出增大而发生国际收支困难时提供的一项专用贷款。在满足贷款条件的前提下，成员方可以在普通贷款之外再申请该项贷款，期限一般为3~5年。

第三，缓冲库存贷款，这是IMF应发展中国家的要求在1969年5月设立的一种专项贷款，用于支持初级产品出口国稳定国际市场初级产品价格，建立国际缓冲库存的资金需要。这项贷款的最高额度为成员方份额的50%，期限为3~5年。

第四，扩展贷款或中期贷款，这是IMF于1974年9月设立的一种专项贷款，用于解决成员方较长时期的结构性国际收支逆差。最高额度可达成员方份额的140%，期限为4~10年，备用安排期为3年。IMF规定，中期贷款与普通贷款之和不能超过借款国份额的165%。

第五，补充贷款，其于1977年8月正式发放，用于补偿普通贷款的不足，贷款资金由产油国及发达国家共同提供，共100亿美元。这项贷款的备用安排期限为1~3年，贷款期限为7年，已于1981年4月全部提供完毕。1981年5月，IMF又实行扩大贷款政策，作为对普通贷款的一种延续，贷款限额视情况逐一确定。

第六，信托基金贷款，创立于1976年，旨在以优惠条件向低收入的发展中国家提供援助。IMF会审核申请贷款国的国际收支、货币储备及其他发展情况，证实其确有资金需要并有调整国际收支的计划。此项贷款期限为10年，利率为0.5%，每半年归还一次，5年内分10次还清。该项贷款目前已结束。

第七，临时性信用贷款，即IMF根据需要设立的临时性贷款。例如，20世纪70年代能源危机时，IMF于1974年6月设立石油贷款，从石油出口国及其他相关国家借入专项资金，再贷给石油进口国，帮助它们为与石油相关的逆差提供融资，该项贷款已于1976年5月停止。再比如，1993年4月，IMF设立制度转型贷款，旨在帮助苏联和东欧国家克服从计划经济向市场经济转轨过程中出现的国际收支困难，该项贷款已于1995年12月停止运作。

第八，结构调整贷款，该项贷款设立于1986年3月，旨在帮助低收入发展中国家通过宏观经济调整，解决国际收支长期失衡问题，贷款资金来源于信托基金偿还的本金和利息，期限最长可达10年，且有5年的宽限期。1987年底，IMF又设立了加强的结构调整贷款，资金主要来源于成员方的捐款。这两种贷款可以合并发放。1999年9月，IMF设立了减贫与增长贷款以代替加强的结构调整贷款，帮助面临长期国际收支问题的最贫困成员方缓解困难。

3. 技术援助和培训

IMF通过提供广泛的技术援助和培训，定期与成员方分享其专业知识，目的是帮助成员方经济政策的制定和实施，包括增强央行和财政部等专门机构的技能等，这一业务对前两项业务活动起到了较好的补充作用。IMF主要提供以下几个领域的技术援助和培训：一是面向货币和金融部门，为银行体系的监管与重组、外汇管理与操作、支付清算体系的建设等提供建议；二是面向财政和税务相关部门，为税收和关税政策制定与管理、预算制定、支出管理、内外债管理等提供建议；三是编制、管理及公布统计数据，并提高数据质量；四是起草并检查经济金融相关法律。

专栏 11-2　IMF 的缺陷与改革设想[①]

作为国际金融体系的主要监管机构，IMF由于其治理结构和决策机制的制度缺陷，在防范和化解国际金融危机方面的表现并不尽如人意。频频发生的区域性金融危机和全球性金融危机也进一步暴露出了IMF在监督机制和救援机制上的漏洞，使得IMF在监管成员方金融体系和救援成员方方面饱受诟病。

1. IMF 的缺陷

第一，IMF的治理结构失衡。IMF的投票权由基本投票权和加权投票权组成，成员方在相同数量的基本投票权的基础上，按照其认缴IMF的份额增加对应数量的投票权，即每增加10万SDR的份额就能获得一个单位的投票权。然而，尽管每个成员方都拥有750票基本投票权，但随着IMF的增资和成员方认缴IMF新发份额，基本投票权在总投票权中的占比被大幅稀释，尤其是2010年IMF总份额翻倍，进一步降低了基本投票权的比例，限制了贫穷国家和发展中国家在IMF决策中的作用。除此之外，IMF以份额公式决定成员方可认缴资金的最高限额，虽然其不断修正份额公式，但是美国等发达国家仍然占据认缴份额的主要部分，持有更高的投票权比重，使得IMF的投票权分配实际上以发达国家为主（见表11-2）。由于IMF的表决主要有简单多数（50%以上）和特别多数（85%以上）两种情况，美国等发达国家为了稳固本国在IMF中的话语权，不断主导增加需要特别多数通过的相关事项，从而扩大了发达国家一票否决权的使用范围，致使新兴市场国家无法撼动欧美在重大决策上的主导地位，难以有效发挥其投票权的作用。

表 11-2　IMF 主要国家的认缴份额与投票权比重

单位：%

国家	份额比重	投票权	国家	份额比重	投票权
美国	17.43	16.50	英国	4.23	4.03
日本	6.47	6.14	意大利	3.16	3.02
中国	6.40	6.08	印度	2.75	2.63
德国	5.59	5.31	俄罗斯	2.71	2.59
法国	4.23	4.03	巴西	2.32	2.22

[①] 参考文献：韩龙. IMF监督制度的晚近修改能否解决国际货币体系所受威胁?[J]. 中外法学，2016（4）：994-1013；岳华，赵明. 国际货币基金组织治理机制改革的新设计[J]. 经济问题探索，2012（7）：179-184；周圣. 国际货币基金组织治理体制缺陷、根源及其改革路径探寻[J]. 国际经贸探索，2019（10）：108-118。

第二，IMF监督机制的执行力和约束力有限。首先，IMF对区域性金融危机和国际性金融危机的系统性风险评估、监督和预警缺位，不仅没能做好金融危机的事前监督，避免金融危机的爆发，也没能在金融危机发生后及时展开救助行为，阻止系统性风险的扩散。其次，IMF的监管机制并未对发达国家、发展中国家和新兴市场国家采取相同的监督态度，放松对发达国家的经济政策及其货币高估现象的监督，但却对经常账户盈余的发展中国家及其货币低估现象展开过多的干预，特别是在次贷危机期间，由于IMF没有对美国的经济政策和金融体系实施监管和限制，美国通过量化宽松的货币政策将调整经济失衡和缓解金融危机的负担转嫁给世界其他国家，造成了全球金融市场的动荡。最后，IMF现行的监督手段和工具缺乏有效的约束能力，无论是IMF的《全球金融稳定报告》《世界经济展望》《财政监测报告》，还是IMF的磋商监管机制，都只是对成员方进行指导和建议，再加上IMF缺少有效的争端解决机制和违规处罚机制，进而难以对成员方的违规行为施加实质性的惩罚，监督机制的约束作用由此大打折扣。

第三，IMF的救援机制存在缺陷。一方面，IMF的救济资金规模和贷款期限形式难以满足应对金融危机的需要。虽然IMF通过增资提高了成员方可贷款资金的数量，但是相较于金融危机引发国际资本外逃而产生的巨额资金缺口，IMF现有的资金仍然非常匮乏。同时，由于成员方具有提回IMF认缴份额的权利，IMF为了保证资金的流动性大多向成员方提供短期贷款，而需要救援的国家往往需要长期贷款以恢复本国经济，导致贷款期限与经济复苏的长期需求并不匹配。另一方面，IMF的救援机制不仅对成员方的救济条件严苛，还在提供救济贷款时附带诸多捆绑条件，比如受援国需要开放金融市场和资本账户、控制赤字并接受IMF的监督和干预，甚至向受援国强加不符合本国国情的措施，因此，部分国家在遭受金融危机时不愿意向IMF申请贷款援助，从而加剧了金融危机的冲击程度。

2. IMF的改革设想

近年来，IMF针对上述问题经历了数次改革，多次修订了《国际货币基金组织协定》，尽管诸多问题仍未得到根本性的解决，但在一定程度上为IMF的治理结构、监督机制和救援机制的改革指明了方向，也有不少专家学者为IMF的改革提出了真知灼见。

在治理结构方面，IMF积极完善现行的投票分配和表决机制，提高发展中国家和新兴市场国家的投票权比重，解决治理结构失衡状况。一是虽然IMF在经历2008年改革后将基本投票权数量由250票提高至750票，但是基本投票权的比重仅为5.50%，甚至在后续的增资过程中被进一步稀释。因此，IMF可以采取双重多数的表决方式，即将原先的投票表决和只能使用基本投票权的表决相结合，赋予两者特定权重，并通过加权平均决定是否通过决议，由此可在兼顾基本投票权和认缴份额的情况下，提升基本投票权的重要性。二是随着新兴市场国家的发展，IMF应该考虑新兴市场国家在全球经济发展中的贡献，进一步完善其份额分配公式，增加新兴市场国家的份额和投票权，提高新兴市场国家在IMF中的话语权。三是由于美国等发达国家在

IMF决策中实际上拥有一票否决权，不利于IMF重要事项的表决通过，对此，IMF应当适当降低特别多数的投票门槛，使得发达国家无法完全左右IMF的汇率制度安排、扩大基金规模等重大事件。

在监督机制方面，一方面，IMF在《双边和多边的监管决议》中统合了双边监管和多边监管，在研究成员方汇率、国际收支对国际货币体系稳定的影响的基础上，不仅重视成员方国内政策对其他国家和国际货币体系的溢出作用及其传导渠道，也关注各国经济发展联系、全球宏观经济、国际金融体系对国际货币体系稳定的影响，从而扩大了IMF的监管范围，解决了原先对单一国家特定问题的双边监管盲点，强化了IMF监测全球范围内系统性风险的能力。另一方面，IMF既要加强与世界各国以及其他国际组织的合作，实现数据公开共享和定期磋商讨论，提升IMF对金融危机的事前监督和预警能力，又要制定一套具有约束能力的监管体系，构建成员方争端解决机制，并通过金融制裁等方式对成员方的违规行为进行处罚，增强IMF监督机制的约束力。

在救援机制方面，首先，IMF应该进一步增加救济资金的来源，既可以向新兴市场国家增发SDR，又可以吸引国际私人资本参与金融危机的救援，从而扩大IMF的资金池，拓宽IMF的救援方式和范围，并且避免IMF援助行动受到发达国家的干预，增强IMF在金融危机发生后的救援能力。其次，IMF应当调整贷款条件，在保证全球金融市场和成员方币值稳定的前提下适当放宽对申请援助国家的要求，由此降低贷款条件的严苛程度，使贷款条件更加符合受援国自身的政策与经济基本情况。再次，IMF也可以推出灵活的信贷额度，不仅实现拨付贷款的条件有所侧重，也可以提高IMF提供减让性短期贷款和紧急融资的能力，进而提升IMF救援机制的开展效率，降低危机对成员方，尤其是发展中国家的负面影响。最后，IMF应该明确《国际货币基金组织协定》中关于IMF向成员方设置的贷款条件的解释规则，确定贷款条件的决定因素、救援效果的评判标准和违反条款的责任认定等内容，并设立内部监督机构对IMF贷款方案进行审查，进而提高IMF救援机制的公信力。

三、世界银行集团

世界银行集团（World Bank Group）由国际复兴开发银行、国际开发协会、国际金融公司、多边投资担保机构和国际投资争端处理中心组成。其中，前三个是具有融资功能的金融机构，后两个是服务性附属机构，这五个机构侧重于不同的发展领域，但都致力于实现全球减贫的最终目标。

（一）国际复兴开发银行

国际复兴开发银行（International Bank for Reconstruction and Development，IBRD），是世界银行集团中第一个成立的机构，当时还没有"世界银行"这个概念，因此IBRD也被称为是世界银行的前身。IBRD根据1944年7月《国际复兴开发银行协定》，与IMF同时建立，总部设在美国华盛顿，1945年12月27日正式成立，1946年6月开始运营，

1947 年 11 月成为联合国的一个专门机构。中国是 IBRD 创始成员之一，并于 1980 年 5 月 15 日恢复了在 IBRD 的席位。

1. IBRD 的宗旨

根据《国际复兴开发银行协定》的规定，IBRD 的宗旨：一是与其他国际金融机构合作，为生产性投资提供长期贷款，协助成员方的经济复兴与开发，并鼓励不发达国家开发生产与资源；二是通过保证或参与私人贷款和私人投资的方式，促进私人对外贷款和投资；三是用鼓励国际投资以开发成员方生产资源的方式，促进国际贸易的长期平衡发展，维持国际收支平衡；四是配合国际信贷，提供信贷保证。

2. IBRD 的组织机构

与 IMF 类似，IBRD 的组织机构由理事会、执行董事会和行长、副行长等组成。

理事会是 IBRD 的最高权力和决策机构，由每个成员选派的理事和副理事各 1 名组成。理事一般由成员方的财政部长或中央银行行长担任。理事会每年举行一次会议，一般与 IMF 的理事会联合举行。理事会的主要职责是：批准接纳新成员，决定增加或减少成员方应缴股本，停止成员方资格，裁决执行董事会在解释银行协定方面发生的争执，决定银行净收益的分配等各类重大问题。

执行董事会是 IBRD 负责日常事务的机构，行使由理事会赋予的职权，首任执董会由 12 名执行董事构成。要增加当选执行董事的人数，需经理事会投票决定，赞成票需达到总票数的 80%。1992 年 11 月 1 日之前，执行董事人数为 22 名，其中 17 名是通过选举产生的。1992 年，鉴于多个新成员加入世界银行，当选执行董事人数增加到 20 名。俄罗斯和瑞士等国的两个新增席位使执行董事总数达到 24 名。2010 年 11 月 1 日至今，执行董事总数达到 25 名。

行长是世界银行的最高行政长官，负责领导银行的日常工作以及任免高级职员和工作人员。行长无投票权，只有在执行董事会在表决中双方票数相等时，才可投下决定性的一票。世界银行自成立以来，行长一直由美国人担任。

凡参加布雷顿森林会议并于 1945 年 12 月 31 日前在《国际复兴开发银行协定》上签字的国家皆为 IBRD 的创始成员。此后，任何国家都可以按规定程序提出申请，由理事会审查批准后加入 IBRD。按照协定规定，一个国家在加入 IBRD 之前，必须首先加入 IMF，而 IMF 成员不一定都要参加 IBRD。IBRD 的重大问题都要由成员方通过投票表决的方式做出决定。根据规定，每个成员方都有基本投票权 250 票，每认缴 1 股银行股份增加 1 票。因此，成员方认缴的股份越多，投票权就越大。美国一直是 IBRD 的最大股东，享有最大的表决权，截至 2023 年 9 月，美国占总股份的 16.53%、占总投票权的 15.64%，中国占总股份的 6.29%、占总投票权的 5.97%。

3. IBRD 的资金来源

第一，成员方缴纳的股金。IBRD 成立之初，协定规定其法定股金为 100 亿美元，每股 10 万美元（1978 年 4 月 1 日以后改为以 SDR 计值），共 10 万股，之后经历了多次增资，到 1995 年已达 1840 亿 SDR。成员方根据其经济相对实力认缴的股金可以分为两部分，20% 在加入时缴纳，剩余的 80% 属于代缴股金，只有当 IBRD 遇到资金困难时才缴纳，迄今，尚未有成员方缴付过代缴股金。

第二，国际金融市场借款。由于实有资本有限又不能吸收短期存款，IBRD所需的大部分资金主要通过在国际金融市场发行债券来筹措，此外，也会直接向成员方政府、中央银行等机构发行中短期债券。

第三，债权转让。为提高贷款资金的周转能力，20世纪80年代以来，IBRD将贷款债权的一部分有偿转让给国际商业银行等机构，以提前收回一部分资金。

第四，利润收入。自成立以来，IBRD除第一年略有亏损外，历年都有盈余，这些净收益除一部分以捐赠的形式拨给国际开发协会以及撒哈拉以南地区特别基金外，其余均充当了银行的自有资金，作为发放贷款的一个资金来源。

4. IBRD的主要业务

IBRD的主要业务包括以下方面。

一是为经济发展提供融资支持。为减少贫困和促进新千年发展目标的实现，IBRD提供不同形式的项目融资，此外还有其他赠款机制。

二是向那些无法进入国际市场或进入国际市场条件很差的国家提供低息贷款、无息贷款或赠款。IBRD提供货物、工程和服务投资贷款，支持诸多部门中的经济和社会发展项目。

三是提供分析和咨询服务以及技术援助。虽然IBRD是一个融资机构，但是其最重要的作用之一是提供分析和咨询意见，以促进各项政策的长期改善。

在这些业务中，贷款是IBRD最主要的业务活动。成立之初，IBRD主要向欧洲国家发放战后复兴经济贷款，同时也向发展中国家发放开发经济贷款。20世纪70年代以前，贷款的2/3用于资助基础结构方面的项目；20世纪70年代以后，IBRD将优先发展的重点放在农业和农村发展项目上，同时，对小型企业、教育、卫生、保健与营养、人口、城市发展、给排水等项目增加了投资；20世纪80年代以后，IBRD开始重视发展中国家的经济结构和政策的调整，增设了结构调整贷款；近年来，IBRD着重对能源项目扩大了贷款的数额。IBRD的贷款分为以下几个类型：一是项目贷款，又称为"投资项目贷款"，是最主要的贷款方式，用于资助成员方某个具体的发展项目。二是非项目贷款，是指没有具体项目做保证的贷款。这类贷款只能用于满足成员方克服自然灾害、实行发展计划的资金需要；为成员方提供进口自身短缺的原料和先进设备所需的外汇；为出口结构单一的成员方弥补出口收入的突然下降提供贷款；调整成员方因进口商品价格急剧上升而产生的国际收支严重逆差。三是部门贷款，分为部门投资及维护贷款、部门调整贷款和中间金融机构贷款。部门投资及维护贷款用于改善部门政策和投资重点，部门调整贷款用于支持某一具体部门的全面政策和体制改革，而中间金融机构贷款是IBRD将资金贷放给借款国或地区的中间金融机构，再由中间金融机构转贷给该国或地区的分项目。四是联合贷款，是指与借款国以外的其他贷款机构联合起来，对IBRD的项目共同筹资和提供贷款。五是窗口贷款，设立于1975年12月，到1977年结束，其贷款条件介于IBRD的一般贷款和国际开发协会的优惠贷款之间，主要用于援助低收入国家。

（二）国际开发协会

国际开发协会（International Development Association，IDA）是一个专门为欠发达国家提供无息长期贷款的国际金融机构。

1. IDA的宗旨

20世纪50年代，亚非拉地区的发展中国家由于长期受帝国主义的剥削和压迫，经济十分落后，外债负担沉重，自有资金严重不足，急需获得大量的外来资金以摆脱困境和发展经济。但是，IMF和IBRD的贷款条件较高且数目有限，不能满足这些较贫困国家对大量低息或无息贷款的需求。为此，它们迫切要求建立一个能为其提供优惠贷款的开发性国际金融机构。在这种情况下，美国于1958年提出成立国际开发协会的建议。1959年10月，该建议得到了批准。1960年9月24日，IDA正式成立，同年11月开始营业，会址设在美国华盛顿。IDA在其协定中规定，协会的宗旨是向符合条件的低收入国家提供长期优惠性贷款，帮助这些国家削减贫困，加速发展经济，以达到提高劳动生产率和改善人民生活的目的。

2. IDA的组织机构

IDA的机构设置与IBRD相同。其正副理事、正副执行董事、正副经理和办事机构，均由IBRD的相关人员兼任，理事会是协会的最高权力机构，因此，IDA和IBRD在组织机构上是"两块牌子，一套人马"。但是，这两家金融机构在法律和财务上是相互独立的。IBRD每年向IDA收取一笔管理费，以弥补因兼营协会业务而增加的开支。此外，加入IBRD是成为IDA成员的前提条件，而IBRD的成员方不一定都要参与IDA。

3. IDA的资金来源

第一，成员方认缴的股本。IDA初始的法定资本为10万亿美元，之后随着成员方的增多，其股本额也随之增加。IDA的成员方分为两类。第一类为发达国家和高收入国家，这些国家以黄金和自由外汇缴付；第二类为发展中国家，这些国家认缴的股本中，10%以黄金或自由外汇缴付，其余90%以本国货币缴付，且这些货币在未征得货币发行国同意之前，IDA不得使用。

第二，各国提供的补充资金。由于成员方缴纳的股本有限，IDA又不能在国际金融市场上发行债券来筹集资金，因此，IDA需要第一类成员方不时提供补充资金，以继续其后续的业务活动。

第三，IBRD的拨款。从1964年起，IBRD从每年的业务收入中拨出部分款项捐赠给IDA。

第四，IDA的业务收入。IDA本身也有一定的业务经营收入，但总金额较小。

4. IDA的贷款业务

IDA的贷款称为"开发信贷"，又叫作"软贷款"，以区别于IBRD的贷款，其最大的特点是具有高度的优惠性，国际开发协会的主要业务是向低收入的发展中国家和地区提供长期优惠性贷款。其主要贷款对象是那些相对贫困、国际信誉较差的国家和地区。根据1999年制定的标准，有资格获得IDA信贷的成员是1997年人均GNP低于925美元的成员。照此标准，当年有81个成员（包括中国）有资格获得贷款。IDA的贷款期限为50年，头 10 年为宽限期，不必还本；从第二个 10 年起每年还本 1%，其余 30 年每年还本 3%。在整个贷款期限中，免收利息，只对已拨付的部分每年收取 0.75% 的手续费，这充分体现了 IDA 信贷的援助性质。自 1960 年成立以来，截至 2022 年 9 月，IDA 已为 114 个国家和地区提供了约 4580 亿美元的资助。其中，对中国的援助项目有 71 个，贷款总额为 99.47 亿美元。不过，到 1999 年 7 月 1 日，中国就已从国际开发协会中脱贫，不再要求从国际开发协会借款。

（三）国际金融公司

国际金融公司（International Finance Corporation，IFC）的建立与 IBRD 的贷款原则有着密切的联系。IBRD 的贷款对象为成员方政府，如对私人企业贷款，必须由政府机构担保；同时，IBRD 只能经营贷款业务，无权参与股份投资或为成员方的私人企业提供其他种类有风险的投资。这些规定不仅在一定程度上限制了 IBRD 业务活动的扩展，而且不利于发展中国家经济的发展。因此，为了扩大对成员方私人企业的国际贷款，美国国际开发咨询局于 1951 年提出成立 IFC 的建议。1956 年 7 月，IFC 正式成立。

1. IFC 的宗旨

IFC 的宗旨：一是为发展中国家的私人企业提供没有政府机构担保的各种投资，以促进成员方的经济发展；二是促进外国私人资本在发展中国家的投资；三是促进发展中国家资本市场的发展。

2. IFC 的组织机构

IFC 的机构设置和管理方法也与 IBRD 一样，正副理事和正副执行董事由 IBRD 的正副理事和正副执行董事兼任，正副经理由 IBRD 的正副行长兼任，但是，它有自己的业务和法律人员。此外，与 IDA 相似，根据《国际金融公司协定》的规定，IFC 的成员必须是 IBRD 的成员，而 IBRD 的成员不一定都要参加 IFC。1980 年 5 月，中国恢复成为 IFC 的成员。IFC 成员的投票权采用按认缴股份额计算的原则，每个成员都有 250 票基本票，每认缴 1000 美元增加 1 票。美国是认缴股份最多的成员，拥有的投票权也最多。截至 2023 年 9 月 22 日，美国有投票权 4348434 票，占总投票权的 18.13%；中国有投票权 678516 票，占总投票权的 2.83%。

3. IFC 的资金来源和贷款业务

IFC 的资金主要来源于成员认缴的股份、借款和业务净收益三个方面。主要业务是对成员的生产性私营企业进行贷款，不需要所在国政府机构担保，每笔贷款的数额一般在 200 万~400 万美元，最高不超过 3000 万美元，期限较长，一般为 7~15 年；如确属需要，贷款期限还可以更长。贷款的利率根据资金投放风险和预期收益等因素决定，一般高于 IBRD 的贷款利率。从承诺贷款和入股之日开始，IFC 每年对未拨付部分收取 1% 的承诺费。办理贷款业务时，IFC 通常采用与私人投资者、商业银行和其他金融机构联合投资的方式。在进行投资的同时，IFC 也向项目主办企业提供必要的技术援助，并且向成员方政府提供政策咨询服务，以协助创造良好的投资环境，促进私人投资。

（四）国际投资争端处理中心

国际投资争端处理中心（International Center for Settlement of Investment Disputes，ICSID）成立于1966年，是世界银行为成员方政府与外国投资者在投资、结算等方面的纠纷提供仲裁和调解的机构。

作为一个国际性的常设机构，ICSID设有一个行政理事会和一个秘书处，并分别设立一个调停人小组和一个仲裁人小组。行政理事会是其权力机关，职责是制定ICSID的行政和财务规章，制定调解和仲裁的规则等。秘书处由秘书长、副秘书长和工作人员组成，秘书长负责ICSID的日常行政事务。

（五）多边投资担保机构

多边投资担保机构（Multilateral Investment Guarantee Agency，MIGA）成立于1988年4月，是世界银行集团的最新成员，它的主要功能是为跨国投资在东道国可能遇到的非商业性风险提供担保。MIGA的宗旨是鼓励生产性的外国私人直接投资向发展中国家流动，促进东道国经济的增长，以此协助IBRD等其他机构的活动。MIGA主要为非商业性风险提供担保，此外，还向其发展中成员方提供投资中介、技术援助和咨询服务，以促进相关国家间的投资流动。

MIGA有自己的业务和法律人员，设理事会、董事会和总裁，是一个完全独立于IBRD的实体。MIGA的一切权力归理事会，理事会由成员方按其自行确定的方式指派理事和副理事各一名。董事会负责机构的一般业务，董事人数可由理事会根据成员方的变动进行调整，但不应少于12人，世界银行行长兼任董事会主席，总裁在董事会的监督下处理机构的日常事务。加入IBRD也是成为MIGA成员的前提条件。

四、金融稳定委员会

（一）FSB的建立及职能

1999年2月，七国集团与澳大利亚、荷兰、新加坡、中国香港等国家和地区以及若干国际金融机构共同组建了"金融稳定论坛"（Financial Stability Forum）。作为一个议题广泛的中央银行论坛，其使命主要集中在三个方面：一是对全球金融体系的状况进行系统的短期监控，以便找出压力的可能根源；二是对金融市场所起的作用进行深入、长期的分析研究；三是明确提出旨在改进市场运作和增强稳健性的政策建议。

在全球金融危机以及中国等新兴市场国家对全球经济增长与金融稳定影响日益显著的背景下，2009年4月，伦敦G20峰会决定将金融稳定论坛扩展至所有G20成员，并将其更名为金融稳定委员会（Financial Stability Board，FSB）。作为一个全球性的金融监管机制，FSB的宗旨是通过协调国家（地区）金融当局和国际标准制定机构，制定强有力的监管、监督和其他金融部门政策，促进国际金融稳定；鼓励跨部门和辖区一致实施这些政策，促进形成公平的竞争环境。

FSB的具体职能包括：评估影响全球金融系统的脆弱性，并在宏观审慎的视角下，及时和持续地确定和审查这些脆弱性以及它们的结果所需要的监管、监督和相关行动；促进负责金融稳定的部门之间的协调和信息交流；监督和指导市场发展及其对监管政策的影响；在达到监管标准的最佳实践方面进行监督和咨询；对国际标准制定机构进行联合战略审查，并协调各自的政策制定工作，以确保这项工作及时、协调、有所侧重；为建立和支持监管协作机制制定指导方针；支持跨国的危机管理应急计划，特别是对具有系统重要性的公司；与IMF合作开展早期预警演习；通过监测执行情况、同行审查和披露，促进成员辖区实施商定的承诺、标准和政策建议等。

（二）FSB的组织结构

FSB每年不定期、不定点召开两次全体会议，成立时下设三个常设委员会，每个委员会对上述职能承担具体且互补的责任：脆弱性评估常设委员会（SCAV），是FSB识别和评估风险的主要机制；监督和监管合作常设委员会（SRC），负责进一步监督分析，或对脆弱性评估常设委员会所确定的脆弱性制定监管或监督政策；标准实施常务委员会（SCSI），负责监督国际标准的实施。后来，FSB又增加了资源预算委员会（SCBR），负责监督金融稳定理事会的资源和预算，并在必要时向全体会议提出建议，同时FSB也增加了六个区域咨询小组（RCGs）来支持相关工作的开展。

（三）FSB与全球系统重要性银行

为了防范大型银行的系统性风险，2011年11月，FSB发布《针对系统重要性金融机构的政策措施》。该文件提出了针对全球系统重要性金融机构的监管计划，同时发布了全球系统重要性金融机构（G-SIFIs）名单，圈定了最初的29家全球系统重要性银行（G-SIBs）。全球系统重要性银行评估方法由巴塞尔委员会制定，每年11月份由金融稳定委员会依据上年数据评出G-SIBs名单并予以发布。

专栏11-3　全球系统重要性银行

全球系统重要性银行的评估体系包含5个方面13项指标（见表11-3），最终得分为各项指标评分的加权加总。评分指标评估银行倒闭或出现财务困难的系统性影响，即系统性风险，并不评估其倒闭或出现财务困难的概率，即关注银行的违约损失率，而不衡量银行违约的可能性。评分体系包含跨境业务、规模、关联度、可替代性与金融基础设施及复杂性共五个方面。

表11-3　全球系统重要性银行评分指标及权重

分类	指标	权重	
跨境业务	跨境债权	20%	10%
	跨境负债		10%
规模	调整后的表内外资产余额	20%	20%
关联度	金融机构间资产	20%	6.67%
	金融机构间负债		6.67%
	发行证券和其他融资工具		6.67%
可替代性与金融基础设施	托管资产	20%	6.67%
	通过支付系统或代理行结算的支付额		6.67%
	有价证券承销额		3.33%
	交易量		3.33%

续表

分类	指标	权重	
复杂性	场外衍生产品名义本金	20%	6.67%
	第三层次资产		6.67%
	交易类和可供出售类证券		6.67%

资料来源：金融稳定委员会官方网站。

在求出该银行单个指标的得分后，即用单个银行的某个指标数值除以全部样本银行的该指标数值总和（全部银行为调整后按表内外资产余额排序的全球最大的75家银行），再乘以10000，即得出该指标以基点为单位的得分，最后对5个方面的13项指标得分进行加权加总，从而得出该银行的总得分。得分超过130分的国际大型银行列入全球系统重要性要求，并根据得分将全球系统重要性归入五个等级中的相应等级，一到五级依次为更重要，越重要就意味着更高的监管要求。目前，对全球系统重要性银行的更高监管要求主要包括：更高的资本充足率、杠杆率要求以及总损失吸收能力要求等。根据其G-SIBs评估的级别，要在最低资本要求（核心一级资本不低于7%）的基础上，一至五级额外增加1%~3.5%的附加核心一级资本要求（见表11-4）。

表11-4   对全球系统重要性银行的附加资本要求

等级	附加核心一级资本要求/%	得分区间
第五档	3.50	530~629分
第四档	2.50	430~529分
第三档	2.00	330~429分
第二档	1.50	230~329分
第一档	1.00	130~229分

资料来源：金融稳定委员会官方网站。

如表11-5所示，根据金融稳定委员会2022年11月公布的数据，全球系统性重要银行共有30家，其中包括中国银行、中国工商银行、中国农业银行、中国建设银行这四家中资银行。

表11-5   2022年全球系统重要性银行名单

等级	银行名称
5（3.50%）	（空缺）
4（2.50%）	摩根大通
3（2.00%）	美国银行、花旗集团、汇丰银行
2（1.50%）	中国银行、巴克莱银行、法国巴黎银行、德意志银行、高盛、中国工商银行、三菱日联银行
1（1.00%）	中国农业银行、纽约梅隆银行、中国建设银行、瑞士信贷银行、法国BPCE银行集团、法国农业信贷银行集团、荷兰商业银行、瑞穗金融集团、摩根士丹利、加拿大皇家银行、桑坦德银行、法国兴业银行、渣打银行、道富银行、三井住友金融集团、多伦多道明银行、瑞士联合银行、联合信贷集团、富国银行

资料来源：金融稳定委员会官方网站。

第三节　区域性国际金融机构

一、欧洲投资银行

欧洲投资银行（European Investment Bank，EIB）是欧洲经济共同体各国政府间的一个股份制金融机构，成立于1958年1月，1959年正式开业，总部设在卢森堡。EIB通常被认为是世界上成立最早的区域性国际金融机构。

（一）EIB的建立及其宗旨

1957年3月27日，比利时、法国、联邦德国、意大利、卢森堡和荷兰六个国家在罗马签订了《建立欧洲经济共同体条约》，成为EIB建立的基础。1958年1月1日，EIB正式成立，上述六国为其创始成员。20世纪70—80年代，英国、丹麦、爱尔兰、希腊、西班牙和葡萄牙等欧洲国家相继成为EIB的成员。1989年东欧剧变后，EIB开始为波兰、罗马尼亚、匈牙利、捷克等脱离苏联的东欧国家提供贷款，之后，这些国家在20世纪90年代也相继加入EIB。截至2023年9月底，EIB已拥有27个成员。

EIB的宗旨：利用国际资本市场和共同体内部资金，促进共同体的平衡和稳定发展。

（二）EIB的组织机构

EIB共设三个行政机构和一个审计机构，即理事会、董事会、管理委员会和审计委员会。

理事会是EIB的最高权力机构，其成员通常由27个成员方的财政部长组成，并设主席1人，由各成员根据欧洲联盟理事会设立的成员方顺序轮流担任。理事会每年举行一次常规会议，为EIB的信贷和其他业务制定总体方针政策，审议年度财务报告、年度资产负债表和损益表，批准EIB参与欧洲联盟以外的融资业务，任命董事会、管理委员会、审计委员会和咨询委员会等其他机构成员，以及决定增资事项。

董事会由28名董事（理事会根据各成员方政府提名27名董事，欧盟委员会提名1名董事）和31名候补董事共同组成。为了保证董事会在部分领域决策的专业性，最多可增加3名无表决权的执行董事和3名候补执行董事专家。董事会的主要职责是制定EIB日常业务的经营方针，通过财务方案，确保经营活动符合条约、EIB章程和理事会制定的总体政策规定。此外，EIB的每一笔借贷项目都必须经过董事会同意，董事会有权决定资金发放、贷款利率、佣金和其他费用。

管理委员会是EIB的常设执行机构，由理事会根据董事会的建议任命的1名行长和8名副行长组成，在行长授权和董事会监督下负责银行的日常业务。管理委员会还下设总管理部、共同体融资部、共同体对外融资部、资金部、国民经济部、法律问题部、技术咨询部等7个部门。

审计委员会由理事会任命并直接向理事会负责，由6名成员组成，理事会最多可以任命3名观察员，负责审查EIB的业务规范性和数据真实性。

（三）EIB的资金来源

EIB的资金来源主要是各成员认缴的股本金和借款。通过发行债券在国际金融市场上借款一直是其主要资金来源。在成立之初，其法定资本金为 10 亿美元，由联邦德国、法国、意大利、比利时、荷兰和卢森堡 6 个成员按比例分摊。1979 年，欧洲货币体系成立，EIB 的计价单位改为欧洲货币单位 ECU。随着欧洲共同体由 6 国扩大为 12 国，其成员数量也增加至 12 个，资本金也提高至 20 亿 ECU。20 世纪 80 年代，EIB 两次扩张基础资本，相继达到 140 亿 ECU 和 280 亿 ECU。在苏联解体后，由于芬兰、瑞典和奥地利等国家的加入，EIB 的基础资本进一步增加，达到 620 亿 ECU。截至 2021 年 12 月 31 日，EIB 的认缴资本总额为 2488 亿欧元，实缴资本总额也达到 222 亿欧元，其中，德国、法国和意大利均持有 18.78% 的股份，成为 EIB 的前三大股东，加上西班牙，四个国家的持股比例超过 67.00%。

（四）EIB 的主要业务

EIB 的业务重点是对欧洲共同体落后地区兴建的项目和有助于促进工业化和结构改革的计划提供长期贷款或担保。从 1962 年开始，EIB 贷款对象扩大到与欧洲共同体有密切联系或有合作协定的欧洲共同体以外的国家。EIB 提供贷款的种类有普通贷款和特别贷款，前者主要向欧洲共同体成员方政府和私人企业发放，后者主要向欧洲共同体以外的国家和地区发放。此外，其业务还包括促进成员方或欧洲共同体感兴趣的事业的发展和促进企业的现代化。

二、美洲开发银行

美洲开发银行（Inter-American Development Bank，IDB），又称为泛美开发银行，是世界上最大的区域性多边开发银行之一，1959 年 12 月由拉丁美洲国家和一些西方国家合作成立，1960 年 10 月正式开业，总部设在美国华盛顿。

（一）IDB 的建立及其宗旨

IDB 的 20 个创始成员包括美国和 19 个拉美国家。1976 年以后，扩大到欧洲和亚洲的一些国家和地区，目前共有 48 个成员，其中 28 个为拉丁美洲国家。随着中国与拉美经贸关系的日益紧密，我国于 1993 年向美洲开发银行正式提出了入行申请，并于 2004 年重申了这一申请，最终于 2009 年 1 月正式成为 IDB 第 48 个成员。

IDB 的宗旨是组织吸收拉丁美洲地区内外的资金，通过为拉丁美洲成员经济和社会发展项目提供贷款或为它们的贷款提供担保以及提供技术援助的方式，促进拉丁美洲地区各成员的经济与社会发展。需要指出的是，该行是拉丁美洲国家组织的专门机构，其他地区的国家可加入，但非拉美国家不能利用该行资金，只可参加该行组织的项目投标等活动。

（二）IDB 的组织机构

IDB 的最高权力机构是理事会，由各成员委派 1 名理事组成，理事通常为各国经济部长、财政部长、中央银行行长或其他担任类似职务者。理事会每年召开 1 次会议，决定 IDB 的重大方针政策问题。理事会下设的执行董事会是 IDB 的常设执行机构，由 14 名执行董事组成，其中拉丁美洲和加勒比地区成员 9 名，美国、加拿大各 1 名，其他地区成员 3 名。执行董事会负责银行的日常业务，并选出 1 名行长兼任执行董事会主席，在执行董事会指导下处理日常工作并主持执行董事会会议。

IDB在拉丁美洲和加勒比地区各成员首都以及马德里和东京设有分支机构。同时，IDB还设立了美洲投资公司、多边投资基金等投资机构和拉美一体化研究所。其中，美洲投资公司是其全资附属公司，旨在通过向中小型企业提供融资以促进美洲地区的发展，现有48个成员，其中26个成员为拉丁美洲和加勒比地区国家；多边投资基金主要是为私营企业创造更好的投资环境，由39个成员集资建立，并由IDB管理；拉美一体化研究所负责培养高级技术人才，研究有关经济、法律和社会等重大问题，为IDB成员提供咨询。

（三）IDB的资金来源

IDB的法定资本金分为普通资本和特种业务基金两种，初始为10亿美元，其中，普通资本为8.5亿美元（美国出资3.5亿美元），特种业务基金为1.5亿美元（美国出资1亿美元）。之后随着资本金的增加，又划分为普通资本、区际资本和特种业务基金。此外，IDB还通过发行债券在国际金融市场上筹集资金。

截至2022年底，IDB的总股本达到1767.5亿美元，其中，美国、阿根廷、巴西、墨西哥、日本、加拿大等国家认缴股份较多，分别占30.006%、11.354%、11.354%、7.299%、5.001%、4.001%。由于各成员的表决权根据其认缴的股本决定，这些国家在IDB中持有更高的投票权。我国的投票权则相对较低，仅占0.004%。

（四）IDB的主要业务

IDB的主要业务活动是贷款，可分为普通业务贷款和特种业务基金贷款。前者主要面向拉丁美洲和加勒比地区成员的政府机构、公共部门和私营企业的特定经济项目，贷款利率通常为8%，贷款期限为10~25年；后者主要针对拉丁美洲和加勒比地区成员的经济发展优惠项目和需要特别对待的经济社会项目，贷款利率通常为1%~4%，贷款期限为20~40年。此外，IDB还向成员提供技术合作援助。

三、非洲开发银行

非洲开发银行（African Development Bank，AFDB），简称"非行"，是非洲国家的政府间金融机构，它成立于1964年9月，1966年7月正式开业，总部最初设在科特迪瓦的阿比让，2003年因科特迪瓦政局不稳而临时搬迁至突尼斯。

（一）AFDB的建立及其宗旨

为了促进非洲的经济和社会发展，非洲高级官员及专家会议和非洲国家部长级会议于1963年7月在苏丹喀土穆召开，讨论建立AFDB的相关事项。1963年8月14日，23个创始成员在喀土穆签署了《建立非洲开发银行协定》，并于1964年9月生效，这标志着AFDB的正式成立。建立之初，AFDB只允许除南非以外的非洲国家加入。1980年5月，为了吸收更多资金和扩大贷款能力，AFDB理事会通过决议，欢迎非洲以外的国家入股。1985年，我国正式加入AFDB和非洲发展基金。截至2023年6月，AFDB成员已增至81个，由54个非洲地区成员和27个非洲以外的地区成员组成。

AFDB的宗旨是向成员提供贷款和投资或给予技术援助，以充分利用本大陆的人力和资源，促进各国经济的协调发展和社会进步，尽快改变非洲贫穷落后的面貌。

（二）AFDB的组织机构

AFDB也是股份制的金融机构，理事会是其最高权力机构，由各成员选派1名理事和副理事组成，理事一般由各成员的财政部长或经济部长担任。理事会每年召开一次会议，每个理事的投票表决权根据各成员缴纳的股本确定。理事会选举出18名成员组成董事会，其中非洲国家董事12名，负责AFDB的日常经营活动，同时决定日常重大事项。董事会选举产生AFDB行长，并兼任董事会主席，在董事会指导下安排AFDB的日常业务工作。

此外，为广泛动员和利用资金，解决贷款资金的来源，AFDB先后成立了非洲投资开发国际金融公司、非洲开发基金、尼日利亚信托基金和非洲再保险公司，其中，非洲投资开发国际金融公司是1970年11月在非洲国家倡议和参与下组建的控股公司，其宗旨是动员国际私人资本建设和发展非洲的生产性企业，促进非洲企业生产力的提高。非洲开发基金成立于1972年7月，由AFDB和AFDB以外的22个发达国家出资，主要向非洲最贫穷成员的发展项目提供长达50年的无息贷款（包括10年宽限期），为非洲最不发达国家的减贫和经济社会发展做出贡献。尼日利亚信托基金成立于1976年2月，由尼日利亚政府出资、AFDB管理。它与其他基金一起向AFDB成员提供低息项目贷款，主要用于解决公用事业、交通运输和社会部门的建设问题。该基金贷款期限为25年，且有5年的宽限期。非洲再保险公司成立于1977年3月，是发展中国家间建立的第一家政府间再保险机构。其宗旨是促进非洲保险和再保险事业的发展，并通过投资和提供保险与再保险的技术援助来促进非洲国家的经济自立和加强区域合作。

（三）AFDB的资金来源

AFDB的资金来源主要分为普通资金来源和特别资金来源。

普通资金来源主要包括法定资本的认缴额、通过发行债券在国际金融市场上筹集的资金、用实收资本或筹措资金发放贷款获得的还款金额以及待缴资本发放贷款或提供担保取得的收入。在AFDB成立之初，其法定资本为2.5亿UA（AFDB记账单位），每记账单位价值0.888671克纯金，并将法定资本分为2.5万股，每股1万UA。随着越来越多成员的加入，其认购资本规模不断扩大。

特别资金来源主要包括捐赠的特别资金和受托管理资金、用特别基金发放贷款或提供担保获得的偿还资金、从成员方筹措的货币贷款、为特别资金筹集的专款以及用上述任何一项特别基金或资金从事营业活动取得的收入。

（四）AFDB的主要业务

AFDB的主要业务是贷款，分为普通贷款和特别贷款。普通贷款是该行用普通股本资金提供的贷款和担保偿还贷款；特别贷款是用AFDB规定的专门用途的特别基金开展的优惠贷款业务，主要用于大型工程项目建设，既放宽贷款条件，又不计利息，贷款的期限还可以长达50年。此外，AFDB还支持一些非项目计划，如结构调整和改革贷款，同时也为非洲地区成员开发规划和项目建设的筹资与实施提供技术援助。

四、亚洲开发银行

亚洲开发银行（Asian Development Bank，ADB），简称"亚行"，成立于1966年，

总部设在菲律宾马尼拉。根据规定，凡属于联合国亚太经济合作委员会的成员和准成员，以及加入联合国或联合国专门机构的亚非地区的经济发达国家均可加入，因此，ADB 的成员除了亚太地区外，还有欧洲地区的国家。我国于 1983 年 2 月申请，1986 年 3 月正式加入 ADB，认缴股本 114000 股，约 13 亿美元。1987 年，中国当选为 ADB 的董事国，并于当年 7 月 1 日起正式在 ADB 设立执行董事会办公室。目前，中国已成为除日本、美国以外的第三大认股国和最大的发展中国家认股国。

（一）ADB 的建立及其宗旨

第二次世界大战后，获得民族独立的亚洲国家和地区面临着迅速发展本国和本地区经济的艰巨任务。但是，由于缺乏资金、技术等条件，这些国家和地区的经济发展十分缓慢。面对这一状况，亚洲国家和地区的政府意识到，必须在本地区建立一个开发性金融组织，通过该组织进行本地区以及本地区与其他地区之间的金融合作，为本地区经济发展提供资金。1963 年 3 月，日本提出了设立"亚洲开发银行"的建议。同年 12 月，联合国亚洲及远东经济委员会（简称"亚经会"）在菲律宾马尼拉召开第一次亚洲经济合作部长级会议讨论日本的建议，各国代表原则上同意建立 ADB。1965 年 11—12 月，在马尼拉召开的第二次亚洲经济合作部长级会议上，各国通过了 ADB 章程。1966 年 11 月 24 日，ADB 成立，并于同年 12 月开始营业，总部设在马尼拉。

ADB 的宗旨是促进亚洲及太平洋地区的经济发展和合作，特别是协助本地区发展中国家和地区以共同的或个别的方式加速经济发展。为了实现这一宗旨，其主要任务如下：一是为本地区发展中国家和地区的开发项目与计划提供贷款，并为这些贷款项目的确认、准备、实施和运转提供必要的技术援助；二是协调成员在经济、贸易和发展方面的政策和计划；三是促进以发展为目的的公共和私人投资；四是为成员发展项目和规划提供技术援助和地区咨询；五是通过和联合国及其专门机构的合作，促进亚太地区的经济增长。

（二）ADB 的组织机构

ADB 由理事会、董事会以及总部组成。理事会是最高权力机构，由各成员委派的 1 名理事和 1 名副理事组成。理事会设主席和副主席各一人，在每届理事会议结束时选举产生。理事会主要负责接纳新成员、增加或减少银行的核定股金、修改银行章程、批准与其他国际组织缔结合作协定、批准 ADB 的总资产负债表和损益报告书、决定 ADB 的储备金和纯利润的分配、选举董事和行长。理事会每年举行一次年会，对重大事项进行投票表决。

董事会是 ADB 日常业务的领导机构，行使由 ADB 章程和理事会赋予的权力。董事会现由 12 名董事组成，其中 8 名来自本地区，4 名来自区外。中国自 1986 年加入亚行后，作为单独选区指派了董事和副董事。董事会的最高领导是董事会主席，由 ADB 行长担任。行长是 ADB 的合法代表和最高行政长官，在董事会的指导下处理 ADB 的日常业务，并负责 ADB 官员和工作人员的任命和辞退。ADB 自成立以来，历届行长均由日本人担任。

总部是 ADB 的执行机构，负责 ADB 的业务经营。在总部内，设有 9 个局和 11 个局级办公室。

（三）ADB的资金来源

ADB的资金主要来源于普通资金和特别基金。

普通资金是ADB开展业务的主要资金来源，包括成员认缴的银行股本、借款、普通储备金和特别储备金。ADB建立初期股本为10亿美元，每股1万美元，分为10万股，以后经过多次增资扩股。目前，日本和美国是最大的出资者，我国排第三。ADB的借款主要依靠在国际金融市场上发行长期债券，也有向成员方政府及金融机构等直接安排债券销售，还有直接从商业银行借款。普通储备金主要从ADB每年的净收益中提取。特别储备金由部分佣金转化而成。

特别基金包括亚洲开发基金、技术援助特别基金和日本特别基金。亚洲开发基金创设于1974年，由发达国家成员捐赠而来，至今已补充多次，主要用于向亚太地区贫困成员发放优惠贷款。技术援助特别基金创立于1967年，也由成员捐赠而来，主要用于支持发展中国家和地区成员聘请咨询专家、培训人员、购置设备、加强机构建设与技术力量等。日本特别基金创立于1988年，全部由日本政府捐赠，用于支持发展中国家和地区与实现工业化、开发自然资源和人力资源以及引进技术有关的活动，以便加速发展中国家和地区的经济发展。

（四）ADB的主要业务

贷款业务和技术援助是ADB的两大核心业务。

1. 贷款业务

ADB的主要业务是向本地区发展中国家和地区提供贷款。自成立以来，ADB贷款业务的发展十分迅速，涉及农业和农产品加工业、能源、工业、交通运输业、通信、开发银行、环境卫生、给排水、教育、城市发展以及人口控制等众多领域。其中，农业和农产品加工业、能源、交通运输业是ADB发放贷款的重点领域。ADB的贷款发放对象为成员方政府及所属机构、其境内的公私企业以及与开发本地区有关的国际性或地区性组织。

ADB贷款业务的种类采用两种划分标准。

一是按贷款条件划分，分为硬贷款、软贷款和赠款。以普通资金提供的贷款称为硬贷款，主要贷给本地区比较富裕的发展中国家；以亚洲开发基金提供的贷款称为软贷款，主要提供给低收入成员；赠款用于技术援助，资金由技术援助特别基金和日本特别基金提供。

二是按贷款方式划分，主要有项目贷款、规划贷款、部门贷款、开发金融机构贷款、综合项目贷款等。项目贷款是为成员方的具体建设项目提供的贷款；规划贷款是对某个成员方要优先发展的部门或其所属部门提供的贷款；部门贷款是为了提高所选部门或其分部门执行机构的技术和管理而提供的；开发金融机构贷款其实属于转贷款，由ADB贷款给成员方的金融机构，再由成员方的金融机构转贷给国内中小企业进行技术改造；综合项目贷款是将较小成员的一些小项目捆在一起作为一个综合项目提供的贷款。

2. 技术援助

ADB在办理各项贷款业务的同时，还积极开展广泛的技术援助。ADB技术援助的类型分为项目准备技术援助、项目执行技术援助、咨询性技术援助和区域性技术援助等，主要用于与贷款项目有关的项目准备、项目咨询和执行等方面，以及组织各种地区性考察、咨询、培训和研讨活动。技术援助项目由 ADB 董事会批准，若金额不超过 35 万美元，可由行长批准，一般采用贷款、捐赠或联合融资的方式提供。

五、阿拉伯货币基金组织

阿拉伯货币基金（Arab Monetary Fund，AMF）成立于 1976 年，是阿拉伯伊斯兰国家为平衡国际收支，促进阿拉伯经济一体化的区域性国际金融机构。1977 年 4 月，AMF 在阿拉伯联合酋长国首都阿布扎比正式开始运行。

（一）AMF 的宗旨与职能

AMF 的宗旨是加强阿拉伯国家经济、金融、货币稳定与发展进程，实现阿拉伯国家的经济一体化，促进其经济发展。

AMF 的主要职能包括：在成员方财政预算出现失衡的情况下提供帮助；为阿拉伯国家间货币兑换提供指导价格，协助消除各国间货币兑换的障碍；为阿拉伯国家货币合作提供方案，推动阿拉伯国家实现经济一体化，加快成员方的经济发展；为成员方提供对外投资咨询和建议，确保各项投资的保值和增值；推动阿拉伯金融市场发展；研究使用结算货币——阿拉伯第纳尔和阿拉伯国家实行统一货币的可行性；在成员方金融和经济面临问题时负责进行协调，确保全体成员的利益，提出解决问题的方案；扩大成员间支付方式的多样化，促进成员间贸易往来。

（二）AMF 的成员及组织结构

AMF 的成员为阿拉伯国家联盟的 22 个国家，包括约旦、阿拉伯联合酋长国、巴林、突尼斯、阿尔及利亚、吉布提、沙特阿拉伯、苏丹、叙利亚、索马里、伊拉克、阿曼、巴勒斯坦、卡塔尔、科摩罗、科威特、黎巴嫩、利比亚、埃及、摩洛哥、毛里塔尼亚、也门。

AMF 理事会为其最高权力机构，负责制定阿拉伯经济一体化和成员之间贸易自由化政策。理事会由成员方各委派 1 名理事和副理事组成。任期 5 年，每年至少开会一次，并选举 1 名理事轮流担任主席。理事会下设执行董事会，负责该基金组织的日常业务。由理事会任命的总干事和选举的 8 名常务理事组成，总干事任期 5 年，常务理事任期 3 年，可连选连任。执行董事会举行季度会议，并在需要时举行特别会议，执行董事会下设经济部门、投资部门、财务部门等分支机构，分别负责 AMF 的各项业务。

（三）AMF 的资金来源及主要业务

AMF 的资金主要来自各成员缴纳的份额。1976 年，AMF 最初核定资本总额为 2.5 亿阿拉伯第纳尔（1 个阿拉伯第纳尔等于 3 个 SDR），2013 年，理事会决议将 AMF 的资本增加至 12 亿阿拉伯第纳尔，分成 24000 股，每股为 5 万阿拉伯第纳尔。各成员以认缴资本的数量决定投票权的大小。

AMF 向各成员提供不同类型的贷款以促进阿拉伯国家间的贸易活动及金融政策改革。

各成员可提取借用其缴纳资金的 75%，或借用全部缴纳资金，但均需在 3 年内还清。此外，各成员还可以从 AMF 处获得其他贷款，但在 1 年内其贷款额度不能超过其缴纳资金的 2 倍，而且在任何时候，其贷款余额也不能超过其缴纳资金的 3 倍。一般 AMF 发放的贷款须在 5 年内偿还，延期贷款在 7 年内偿还，贷款利息按特许的统一利率计算，期限越长，利率越高。

六、金砖国家新开发银行

金砖国家新开发银行（New Development Bank，NDB），简称"新开发银行"，又称"金砖国家开发银行"（BRICS Development Bank），是一个政府间合作的多边开发性金融机构，由"金砖五国"（巴西、俄罗斯、印度、中国、南非）作为创始国发起设立，总部设在中国上海。

（一）NDB 的建立及其宗旨

2013 年 3 月 27 日，在南非德班举行的第五届金砖国家领导人峰会上，各国领导人同意成立金砖银行。2014 年 7 月 15 日，在巴西福塔莱萨举行的金砖国家领导人第六次会晤上，"金砖五国"领导人签署协议，宣布成立 NDB，其法定资本为 1000 亿美元，初始认缴资本 500 亿美元，创始五国分别出资 100 亿美元，每 10 万美元的股本金额为 1 股，1 股对应 1 票；NDB 总部设在上海，同时在南非设立非洲区域中心；NDB 首任理事会主席和首任董事会主席分别来自俄罗斯和巴西，首任行长来自印度。NDB 的主席在 5 国之间轮值，5 年为一个任期。同时设立的还有一个规模为 1000 亿美元的"应急储备安排协议"（The BRICS Continent Reserve Arrangement，CRA），当成员面临短期国际收支失衡压力时，可通过货币互换提供流动性救助。其中，中国提供了 410 亿美元，俄罗斯、巴西和印度分别提供了 180 亿美元，南非提供了其余的 50 亿美元。2015 年 7 月 21 日，NDB 正式运行。2021 年 9 月，NDB 启动扩员程序，孟加拉国和阿拉伯联合酋长国分别于同年 9 月 16 日和 10 月 4 日加入；埃及于 2023 年 2 月 20 日加入。此外，乌拉圭已被 NDB 理事会接纳，一旦其提交加入书，将正式成为成员；2023 年 7 月 28 日，津巴布韦宣布申请加入 NDB。

NDB 的主要目的是为金砖国家以及其他新兴市场经济体和发展中国家的基础设施建设、可持续发展项目筹措资金。

（二）NDB 的组织结构及投票权设置

NDB 设有理事会、董事会和以行长为核心的管理层。其中，理事会为最高权力机构，每个成员均在理事会中有 1 名理事和 1 名候补理事作为本国的代表，负责接纳新成员、调整股本、修改协定、选举银行行长等一系列重大事项和关键问题；董事会负责 NDB 的一般业务经营以及由理事会授权的其他事项，包括就 NDB 的业务战略做出决定、批准银行预算等，金砖五国各有 1 名董事会成员和候补成员，其他三国（指已经正式成为成员的孟加拉国、阿联酋和埃及）选举产生 1 名董事会成员。2023 年 3 月 24 日，巴西前总统迪尔玛·罗塞夫出任新开发银行新任行长。

NDB 的所有投票权全部由股份决定，没有由全体成员均分的基本投票权，因此各成员的投票权数量直接等同于其认缴的股份数量。金砖五国在 NDB 中不仅拥有均等的股权和投票权，且在所有决策规则下的真实权利也完全均等，任何一国都不处于优势地位，任何国家都没有一票否决权。这种平权的发起、决策模式可以说是国际多边合作的一次创新和尝试，有利于充分尊重参与各方的意愿，彰显公平，避免机构被个别大国主导从而偏离设立之初的宗旨和愿景。随着更多国家的加入，目前金砖五国在NDB中的投票权已小于20.00%，但依然均等，各占18.98%。

（三）NDB的特点

作为南南合作型的多边开发银行，NDB在运营过程中主要有以下特点。

在与借款国的关系上采用了"国别体系"，即采用借款国自身的国家标准和制度体系，这一方面有助于维护借款国的主权独立和发展自主性，支持借款国探索适合本国国情的发展道路和发展模式，实现发展经验的相互学习和借鉴；另一方面，也有利于提高贷款项目的评估效率，缩短贷款项目的审批周期，从而减少借款国的贷款时间和成本。

在投融资上探索采用成员方的本币，有效降低了贷款项目的汇率风险，并促进了成员方本土资本市场的发展。由于基础设施项目的大部分收入都以本币计价，因此在成员方的本土资本市场上筹集本币资金，然后进行放贷，可以有效避免货币错配，降低投融资的风险。例如，2016年7月，NDB首次在中国银行间债券市场发行30亿元人民币债券；2019年2月、2020年4月和2020年7月又分别发行了30亿、50亿和20亿元人民币债券。

在投资项目上NDB更为关注可持续的基础设施项目，包括可再生能源、数字基础设施、智慧城市、水资源和卫生设施等。《新开发银行第一个五年总体战略：2017—2021》明确提出，NDB投资的项目约2/3须为可持续基础设施项目。根据国际开发性金融俱乐部的数据，自2014年成立以来，NDB累计批准成员方98个项目，投资总额约332亿美元。截至2023年一季度末，累计批准22个巴西项目，投资总额约62亿美元；累计批准24个中国项目，投资总额约90亿美元。在2022—2026年间，NDB预计将40%的资金用于支持促进气候变化项目、30%的资金投向非主权业务、30%的资金以本币提供、20%的项目与其他多边开发银行进行联合融资等。此外，NDB在未来5年间也致力于成为全球性银行。

七、亚洲基础设施投资银行

亚洲基础设施投资银行（Asian Infrastructure Investment Bank，AIIB），简称"亚投行"，总部设在中国北京，是一个政府间性质的亚洲区域多边开发机构。

（一）AIIB的建立及其宗旨

2013年10月2日，习近平总书记同印度尼西亚总统苏西洛举行会谈，并首次提出筹建亚洲基础设施投资银行。[①] 2014年10月24日，包括中国、印度、新加坡等在内的21个首批意向创始成员的财长和授权代表在北京签约，共同决定成立AIIB。2015年4月15日，AIIB意向创始成员确定为57个，其中域内成员37个，域外成员20个；同年6月29日，《亚洲基础设施投资银行协定》签署仪式在北京举行，AIIB的57个意向创始成员财

---

① 习主席关心亚投行发展纪实[EB/OL].（2016-01-16）[2024-11-16]. http://news.cntv.cn/2016/01/16/ARTIBhMseIpmkvTDNBGn5HR6160116.shtml.

长或授权代表出席了签署仪式；12 月 25 日，AIIB 正式成立，成为全球首个由中国倡议设立的多边金融机构。截至 2023 年 1 月，AIIB 有 106 个成员，包括 92 个正式成员和 14 个意向成员，覆盖全球 81% 的人口和 65% 的 GDP，成为成员数量仅次于世界银行的全球第二大国际多边开发机构。

AIIB 重点支持基础设施建设，旨在促进亚洲区域建设互联互通和经济一体化的进程，并且加强中国与其他亚洲国家和地区的合作。

（二）AIIB 的组织结构及投票权设置

理事会是 AIIB 的最高权力机构，每个成员均在理事会中有 1 名理事和 1 名候补理事作为代表，其职权范围包括选举行长、吸收和确定新成员等，投票原则分为超级多数、特别多数和简单多数。董事会是最高日常决策机构，由成员方选举的 12 名董事构成，负责常态化银行管理与业务运营活动，代表成员方行使权力。12 名董事包括 9 名域内董事和 3 名域外董事，分别由来自域内外的成员方组成不同选区。前两大股东——中国、印度是单独选区，其他 10 个选区由多个成员方组成。行长是 AIIB 的法人代表和管理层的行政首脑，在董事会指导下负责开展 AIIB 日常业务，任期 5 年，可连任 1 次。2016 年 1 月 16 日，金立群当选 AIIB 首任行长，并于 2020 年 7 月 28 日取得连任。

AIIB 法定资本为 1000 亿美元，其资本份额以 GDP 为基础，域内外国家和地区占比分别为 75% 和 25%，维护了以中国为代表的新兴市场和发展中国家与地区的利益。AIIB 成立之初，中国认缴股本为 297.804 亿美元，占总数的 30.34%，是 AIIB 的最大股东，拥有 26.06% 的投票权，具有一票否决权。此外，AIIB 基本投票权占总投票权的 12%，由全体成员平分，包括新纳入成员，即只要有新成员加入，所有成员基本投票权就会被稀释。同时，AIIB 规定每个创始成员均享有 600 票的创始成员票，约占总投票权的 3%。

（三）AIIB 的主要业务

自 2016 年至 2022 年底，AIIB 已累计批准 202 个项目，融资总额超过 388 亿美元，撬动资本近 1300 亿美元，投资项目涉及能源、交通、水务、通信、教育、公共卫生等领域，除全力支持成员的基础设施建设外，AIIB 在业务发展与融资工具创新领域不断提速，2022 年全年，AIIB 的气候融资总额已占到批准融资总额的 55%，提前三年实现其在中期发展战略中制定的气候融资目标。AIIB 目前的投资形式以主权担保贷款为主，AIIB 的贷款业务对象分布比较集中，均为发展中国家和地区；从区位结构上看，对南亚贷款最多，其次为西亚和东南亚，中亚、其他国家和地区较少；从投资领域上看，主要集中在本区域基础设施建设和相关生产服务领域（如能源、金融机构、交通、水利、城市建设等），贷款条件主要围绕经济事项展开；从行业结构上看，AIIB 成立之初几乎全部投向能源、交通等基础设施建设，现阶段逐步拓展到更多领域，比如金融行业的流动性支持、政策性融资以及公共卫生领域融资等。

本章小结

1. 国际金融机构是指从事国际金融管理以及国际金融活动，协调国际金融关系，维持国际货币及信用体系正常运作的超国家机构。按成员多少和业务活动范围的大小，国际金融机构可以分为全球性、区域性和半区域性的国际金融机构，后两类统称为区域性国际金融机构。

2. 国际清算银行最初为处理第一次世界大战后德国战争赔款问题而设立，后演变为一家各国中央银行合作的国际金融机构，是世界上历史最悠久的国际金融组织。巴塞尔银行监管委员会是BIS全球金融监管框架下最重要的机构。

3. 自成立以来，国际货币基金组织在推动全球货币合作、维护金融稳定、便利国际贸易、促进高度就业与可持续经济增长和减少贫困方面发挥了积极的作用，但也存在着内生缺陷，未来亟待改革。

4. 世界银行集团由国际复兴开发银行、国际开发协会、国际金融公司、国际投资争端处理中心和多边投资担保机构组成，其中，前三个是具有融资功能的金融机构，后两个是服务性附属机构，这五个机构侧重于不同的发展领域，但都致力于实现减贫的最终目标。

5. 作为一个全球的金融监管机制，金融稳定委员会的宗旨是通过协调国家金融当局和国际标准制定机构，制定强有力的监管、监督和其他金融部门政策，促进国际金融稳定；鼓励跨部门和辖区一致实施这些政策，促进形成公平的竞争环境。

6. 美洲开发银行、非洲开发银行、亚洲开发银行等开发性金融机构对于促进所在区域经济发展都起到了非常重要的作用。

7. 欧洲投资银行、阿拉伯货币基金组织等区域性国际金融机构较好地促进了所在区域的经济一体化。

8. 金砖国家新开发银行和亚洲基础设施投资银行这两家由发展中国家主导的国际金融机构为新兴市场国家的基础设施建设等提供了合作平台。

核心术语

国际清算银行（Bank for International Settlement）
国际货币基金组织（International Monetary Fund）
世界银行集团（World Bank Group）
国际复兴开发银行（International Bank for Reconstruction and Development）
国际开发协会（International Development Association）
国际金融公司（International Finance Corporation）
国际投资争端处理中心（International Center for Settlement of Investment Disputes）
多边投资担保机构（Multilateral Investment Guarantee Agency）
金融稳定委员会（Financial Stability Board）
欧洲投资银行（European Investment Bank）

美洲开发银行（Inter-American Development Bank）

非洲开发银行（African Development Bank）

亚洲开发银行（Asian Development Bank）

阿拉伯货币基金组织（Arab Monetary Fund）

金砖国家新开发银行（New Development Bank）

亚洲基础设施投资银行（Asian Infrastructure Investment Bank）

思 考 题

1. 国际清算银行的主要职能有哪些？

2. 比较国际货币基金组织和世界银行的基本职能与业务活动。

3. 国际货币基金组织有哪些缺陷？你觉得该如何改革？

4. 金融稳定委员会的主要职能有哪些？

5. 阐述美洲开发银行、非洲开发银行、亚洲开发银行的宗旨和主要业务。

6. 阐述欧洲投资银行、阿拉伯货币基金组织的宗旨和主要业务。

7. 金砖国家开发银行有什么特点？

8. 阐述亚洲基础设施投资银行的宗旨和主要业务。

第六篇

国际金融前沿专题

PART 6

INTERNATIONAL
FINANCE

CHAPTER 12　第十二章　国际金融创新

学习要点

1. 了解国际金融发展新趋势；
2. 理解国际金融创新的具体表现；
3. 了解国际金融创新的基础理论；
4. 理解金融科技的内涵，掌握全球金融科技发展格局和未来趋势。

第一节　国际金融发展新趋势

伴随着世界经济发展的深刻变化，国际金融呈现出自由化、一体化、多元化、证券化、创新化等诸多新的发展趋势，并由此带来了国际金融发展速度、格局、规则等的重构。

一、国际金融市场的自由化、全球化和一体化

自由化兴起于前文所述的 20 世纪 60 年代欧洲货币市场的产生，而 20 世纪 80 年代尤其是 90 年代以来，越来越多的发展中国家进入了金融自由化、开放化的行列，货币自由兑换和资本自由流动在全球范围内加速实现或成为重要方向。

全球化主要体现在金融机构的跨国化，以及金融机构跨国兼并与重组浪潮迭起。1997年，世界贸易组织成员方签署《金融服务协议》，把允许外国在其境内建立金融服务公司并按竞争原则运行作为加入该组织的重要条件。在此背景下，金融机构间的兼并和重组大量增加，由此造就了许多跨国超大金融机构。此后数轮的兼并重组浪潮通常拥有如下特点：一是除了对亏损、倒闭的银行进行收购和兼并外，更多的是"强强联合"，以规模优势提高竞争力，助其在全球金融竞争中处于有利地位；二是跨国并购异军突起，参与国家或地区不断扩大，除美国、日本、英国、德国等金融大国外，其他国家或地区的金融机构也纷纷加入并购行列；三是发达国家政府对银行兼并与经营范围的管制明显放松，为大型金融机构规模扩张奠定了法律基础。

一体化从微观上突出体现为国际银行业务的综合化、全能化，而从宏观上则体现为经济体的联系更为紧密，由此也带来金融风险的快速传播。一方面，20 世纪 70 年代"滞胀"的出现，使得银行和证券公司纷纷以创新金融工具与交易方式来规避法律的限制，金融业分业经营基础被动摇，政府对银行业务的种种限制或形同虚设或被迫取消。1999 年 11 月，美国《金融服务现代化法案》更是从法律上追认了实质上早已混业经营的既成事实。时至今日，国际金融业由"分业经营、分业管理"的专业化模式转向"合业经营、综合管理"

的全能化模式已成为主流。另一方面，2008 年以来，全球金融危机（美国次贷危机）、欧洲主权债务危机、日元利差交易、俄沙石油战、俄乌冲突等系列政治经济事件频发，引发世界经济金融波动加剧，且蔓延速度之快、涉及范围之广为此前所罕见，也让世界经济复苏缓慢且曲折。

二、国际金融中心的多样化

国际金融中心的多样化一方面体现在国际金融中心所属国家从原来少数发达国家向全世界各地包括发展中国家拓展，上海、迪拜、孟买、约翰内斯堡等成长中的金融中心不断涌现。另一方面，各金融中心的辐射范围和功能愈发丰富，既有伦敦、纽约、香港这样的全球性国际金融中心，也有法兰克福、东京、新加坡等区域性国际金融中心。从功能上看，伦敦是全球最大的外汇衍生品（foreign exchange derivatives）和场外衍生品交易中心，纽约有全球最大的资本市场，芝加哥是全球最大的场内衍生品交易中心，法兰克福有欧洲大陆最大的资本市场、债券市场和衍生产品生产市场。

当然，现代化的通信技术将遍布世界各地的金融中心（市场）紧密联结在一起，全球性的资金融通和资金调拨在几秒钟内便可完成，使得国际金融中心虽然多样，但仍能形成一个全时区、全方位的大整体。

三、国际融资方式的证券化

20 世纪 80 年代以前，国际信贷是国际融资的主要方式。20 世纪 80 年代上半期，发展中国家债务危机削弱了跨国银行的信用和贷款能力，使得证券市场作为融资渠道的重要性大大超过银行。目前，国际融资方式证券化不仅仅表现为传统的银行借贷款比例的下降，越来越多的经济主体通过发行商业票据和长短期债券筹集所需资金，也不仅仅表现为传统的住宅抵押贷款、汽车分期付款贷款等长期贷款凭证可在二级市场上流通转让，更是表现为银团贷款与证券融资相结合：一是在银团贷款安排中融入了某些证券融资的特征；二是在贷款管理中采取了证券市场的一些做法；三是使贷款证券化，商业银行将所持有的各种流动性较差的贷款组合成若干个资产库，出售给专业融资公司，再由融资公司用这些资产库作为担保，发放资产抵押证券。这样不仅可以加大贷款的流动性、扩大贷款资金来源，而且可以分散贷款风险。

四、国际货币体系的多元化

在布雷顿森林体系下，美元等同于黄金，成为唯一的国际货币；布雷顿森林体系崩溃后，国际货币多元化趋势加速，英镑、德国马克、日元及瑞士法郎等国家货币在国际市场中的地位不断凸显，但美元在国际货币格局中仍然占有垄断地位；1999 年 1 月欧元的产生是国际货币史上的伟大创举，开创了国际货币区域化和统一化的先河，美元在国际货币中的垄断地位因此受到了强有力的挑战。此外，人民币的国际地位不断提升，2015 年人民币加入特别提款权（SDR）无疑掀起了人民币国际化的新高潮，近些年的新冠疫情加速了现有的国际货币体系脆弱性和不稳定性，发达经济体无限量宽松对国际储备体系与全球资产价值产生巨大冲击，全球市场试图寻找维系全球货币体系的新锚，将为人民币国际化带来了又一轮新的历史机遇。

五、国际金融的创新化

金融创新（financial innovation），是指引进金融要素或对已有的金融要素进行重新组合，并按照最大化原则构造出新的金融函数的过程。国际金融创新主要来自国际金融机构竞争的加剧、国际金融活动风险的增大、金融管制的放松、世界经济发展不平衡的加强以及各类技术的跨越式发展。因而，国际金融创新内涵较广，包括金融产品和服务创新、金融机构创新、金融制度创新、金融相关技术创新等。尤其在金融产品和服务的创新中，不仅新的存款工具和支付结算工具不断被推出，而且衍生金融工具的创新以更快的速度发展，金融期货、期权合约品种和交易量大大增加，远期利率协议、利率上下限合约等也接连被推出。美国期货业协会数据显示，2022 年全球仅期货与期权成交量便达到了 838.48亿手，同比增加 33.98%，成交规模大幅增长。

此外，伴随着技术的发展，无论发达国家还是发展中国家，都在加快金融业的数字化转型，金融科技（FinTech）成为全球发展热点，使金融业的经营模式和交易方式发生了深刻的变化。

不得不提的是，金融创新是一把"双刃剑"，2008 年的美国次贷危机便是为全球金融创新发展敲响的一记警钟。因而如何兴利除弊是在对待金融创新时特别需要注意的问题。具体内容将在本章第二节和第三节中详述。

第二节　国际金融创新的实践表现和理论支撑

下面将从金融产品与服务、机构、制度和技术四个方面介绍国际金融创新的实践表现，并在此后从理论角度分析国际金融创新的动因。

一、国际金融创新的实践表现

国际金融创新是指整个金融领域出现的新创造和新发展，包括金融产品与服务的创新、金融机构的创新、金融制度和金融相关技术的创新。

（一）金融产品与服务的创新

金融产品与服务的创新是金融创新的核心内容。按照不同的标准，金融产品与服务的创新可以分为不同的类别。综合 1986 年 4 月国际清算银行按照创新金融产品满足的目的不同以及诸多学者的总结，本书将金融产品与服务的创新分为七种类型。

第一，风险转移型创新，如浮动利率债券、期货、期权、货币互换（currency swap）、利率互换（interest rate swap）等。其中，货币互换是指两个独立的借得不同货币的借款人签订协议，在未来的时间内，按照约定的规则，互相负责对方到期应付的借款本金与利息。利率互换是指两个独立借款人的两笔独立债务以利率方式互相调换，即两个以不同特征利率借入资金的借款人互相为对方支付借款利息。利率互换的最主要形式是同种货币的固定利率与浮动利率债务的利息互换。此外，还有某种货币的固定利率与另一种货币的浮动利率债务的利息互换，以某种利率为基准的浮动利率与以另一种利率为基准的浮动利率债务的利息互换，等等。利率互换的作用主要如下：一是互换双方可以享受对方的市场优惠，都能以较低的固定利率或浮动利率获得借款，从而降低了筹资成本；二是可以重新改善和组合债务结构，即将固定利率债务变为浮动利率债务，或相反。目前许多企业将利率互换作为资产负债管理的一种有效工具。

专栏 12-1　货币互换和利率互换的典型案例

世界最早也是最著名的货币互换是 1981 年世界银行 2.9 亿美元的固定利率债券与国际商业机器公司（IBM）的债务互换。世界银行希望筹集固定利率的德国马克和瑞士法郎低利率资金，但世界银行无法通过直接发行债券来筹集，而世界银行具有AAA 级的信誉，能够从市场上筹措到最优惠的美元借款利率，世界银行希望通过筹集美元资金换取 IBM 公司的德国马克和瑞士法郎债务；IBM 公司需要筹集一笔美元资金，但由于数额较大，集中于任何一个资本市场都不妥。因此，世界银行凭着极高的信誉从市场上筹借了最优惠利率的美元资金，而 IBM 公司则运用自身优势筹集了瑞士法郎和德国马克，然后双方通过互换得到了所需的瑞士法郎和德国马克资金，并得到了巨额的优惠利率美元资金。这次成功的货币互换也成了金融创新领域的一座里程碑。

与此同时，利率互换首次产生于 1982 年 8 月，由德意志银行发行的 3 亿美元 7年期固定利率欧洲债券与其他三家银行以 LIBOR 为基准的浮动利率债务互换。此后利率互换在国际金融市场上得到了较快发展。另一更加著名的利率互换案例是发生于1983 年、由所罗门兄弟公司促成的 Goodrich 公司与 Rabobank 之间的利率互换。美国橡胶产品公司 Goodrich 与荷兰农业银行 Rabobank 由于各自的融资成本优势与各自的融资需求不相匹配，希望进行利率互换，以获得低成本的固定利率和浮动利率资金，本次互换由摩根担保信托公司（Morgan Guaranty Trust）作为中介，和双方分别签订独立的互换合同。1983 年 3 月 7 日，互换合同正式达成，双方都获得了更低的融资成本，达到了"双赢"的效果。

第二，增加流动性型创新，如大额可转让定期存单、资产证券化和垃圾债券等。其中，大额可转让定期存单（CDs）由美国花旗银行在 1962 年首创，它使投资者既能按定期存款利率获得利息，又能在急需资金时在二级市场抛出，这不仅增大了银行定期存单的流动性，使银行的存款业务由被动变主动，更为重要的是，它开启了国际金融市场创新的大门。目前世界上几乎所有的银行金融机构都发行这种存单。

第三，信用创造型创新，如商业票据、票据发行便利（NIFs）、平行贷款、信用额度等。其中，票据发行便利是银行与借款人（通常为企业）之间签订协议，在未来的一段时间内银行以承购借款人连续发行的短期票据的形式向借款人提供信贷资金。票据发行便利实质上是银行向借款人融通资金，但与传统的融资方式不同，银行不是直接贷款给借款人，而是为客户创造融资条件，帮助其利用金融市场获得各种相对有利的借款资金来源。

第四，股权创造型创新，如可转换债券、附有新股认购权债券，具体详见第八章。

第五，规避管制型创新，如可转让提款通知书（NOWs）、超级可转让支付命令（super NOW）、自动转账服务（ATS）和回购协议等。其中，可转让提款通知书是银行允许储蓄存款户在一定数额内签发的类似于支票的凭证，由美国马萨诸塞州储蓄协会在1972年首创。可转让提款通知书绕过了只有活期存款才能签发支票的法律限制，使得客户在享受存款利息的同时提升了资金流动性，因而广受欢迎，以至于其被统计进了美国狭义货币供应量M1之中。自动转账服务则在1978年由储蓄机构在电话转账服务基础上开办，存户可以在同一家银行同时开立储蓄存款账户和活期存款账户。存户若要签发支票，可以电话通知银行，银行即将其需要签发支票的余额从储蓄账户转入活期账户。这样存户既可获得签发支票的便利，平时又可按储蓄存款计息。

第六，降低融资成本型创新，如欧洲货币、贷款承诺和租赁等。

第七，推动全球可持续发展创新。2016年初，联合国环境规划署发布的金融与可持续发展报告中列出了清洁饮水、洁净能源、气候变化、海上生物及农业生物保育等"绿色金融"范畴。中国绿色金融产品创新有：环保产业指数产品、环保节能融资产品和碳金融产品。

专栏 12-2　华电集团绿色转型的碳资产管理实践

2016年，全球178个缔约方共同签署《巴黎协定》，这是人类历史上继1992年《联合国气候变化框架公约》、1997年《京都议定书》后第三份里程碑式的气候协定。《巴黎协定》提出将全球平均气温较工业化前水平的升高幅度控制在2℃以内。自此，各缔约方开始积极落实绿色发展、优化碳资源管理。2020年9月22日，习近平总书记在第七十五届联合国大会一般性辩论上的讲话中提出："中国将提高国家自主贡献力度，采取更加有力的政策和措施，二氧化碳排放力争于2030年前达到峰值，努力争取2060年前实现碳中和。"[①]碳达峰，即二氧化碳的排放不再增长并达到峰值；碳中和，即二氧化碳实现净零排放。2022年1月，国务院印发《"十四五"节能减排综合工作方案》，对"十四五"期间的节能减排工作做出部署，"煤炭清洁高效利用"成为重要工程之一。

在此背景下，如何高效地进行碳资产管理、促进企业绿色转型，成为能源企业亟待思考与解决的问题。中国华电集团有限公司作为我国五大电力集团之一，早在2007年便开始了对碳资产的管理工作，推动集团绿色转型的高效发展。尤其是，该集团通过发行专项绿色债券、设立碳资产管理公司、参与碳排放权交易市场，充分发挥金融的"活水"功能，高效利用与配置各项资源，推进大型绿色项目的融资与集团碳资产的集约管理。

---

① 习近平在第七十五届联合国大会一般性辩论上的讲话（全文）[EB/OL]. (2020-09-22)[2024-11-26]. http://www.xinhuanet.com/world/2020-09/22/c_1126527652.htm.

首先，华电集团自 2017 年起便积极通过发行绿色债券的方式，对绿色项目的日常运营及债务偿还进行融资。2017 年，该集团公开发行了 4 期绿色债券；2021 年，该集团公开发行了 2 期专项用于"碳中和"的绿色债券（见表 12-1）。以 2021 年度华电集团面向专业投资者公开发行的第一期绿色公司债券（专项用于碳中和）为例，该笔筹措资金将主要用于水电开发项目，包括贵州乌江水电开发有限责任公司的构皮滩水电站、索风营水电站、洪家渡水电站、思林水电站、沙沱水电站等，以及云南华电鲁地拉水电有限公司的鲁地拉水电站。相比火力发电，水力发电是相对清洁的能源供应方式，其碳排放量也相应较低。华电集团通过发行"专项用于碳中和"的绿色债券，借助金融工具为自身的碳资产管理与转型发展提供了资金支持。专款专用的方式一方面可以尽可能享受国家的绿色政策红利，降低绿色转型相关项目的建设成本；另一方面也可以更加方便高效地实现资金管理，提高此类项目的建设效率。

表 12-1 华电集团绿色债券基本情况

序号	发行日期	发行期限 / 年	发行规模 / 亿元	募集资金用途
1	2017 年 6 月	3+2	20	• 绿色项目日常运营 • 偿还绿色项目前期债务
2	2017 年 7 月	3+2	10	
3	2017 年 7 月	5+5	5	
4	2017 年 8 月	3+2	15	
5	2021 年 3 月	3	10	• 70% 建设具有碳减排效益的绿色产业项目 • 30% 用于补充流动资金
6	2021 年 5 月	3	20	

其次，2021 年 6 月 18 日，华电集团在自己的"十三五"碳排放白皮书暨碳达峰行动方案发布会上正式为中国华电集团碳资产运营有限公司揭牌。该公司是华电集团进行碳资产集约化管理、运营、交易及相关咨询的专业公司，与中国华电集团物资有限公司合署办公，以提升集团内部碳资产的集约管理和统一运营水平，助力集团绿色低碳发展。该公司主要负责碳资产运营服务、碳交易账户管理服务、碳排放管理信息系统完善与运维以及其他延伸业务，是落实碳核算、碳监测、碳核查、碳交易、碳金融等碳资产保值增值活动的重要一环。

再者，2021 年，我国将 2000 多家发电企业作为首批企业纳入全国碳排放权交易市场，华电集团也通过挂牌交易和大宗交易等多种形式积极参与其中，单日交易额超 2500 万元。华电集团在参与碳资产交易的过程中，不断推动履约流程的标准化，最终形成了"事前审批制、事中监督制、事后校核制"的全过程管理模式（见图 12-1），推动了碳资产交易工作的规范化和程序化，从而促进了碳资产交易的效率提升。

此外，华电集团根据中国核证自愿减排量（China Certified Emission Reduction，CCER）抵消政策，评估自身 CCER 政策和交易风险，梳理筛查 CCER 减排量持有情况，结合火电配额盈缺制定了个性化的 CCER 交易抵消策略，并在此基础上建立了日协调机制，指导企业开户、交易和注销等操作的全过程，加快 CCER 交易流程。

```
                          ┌────────────────┐
                          │ 提出碳资产交易申请 │
                          └────────────────┘
```

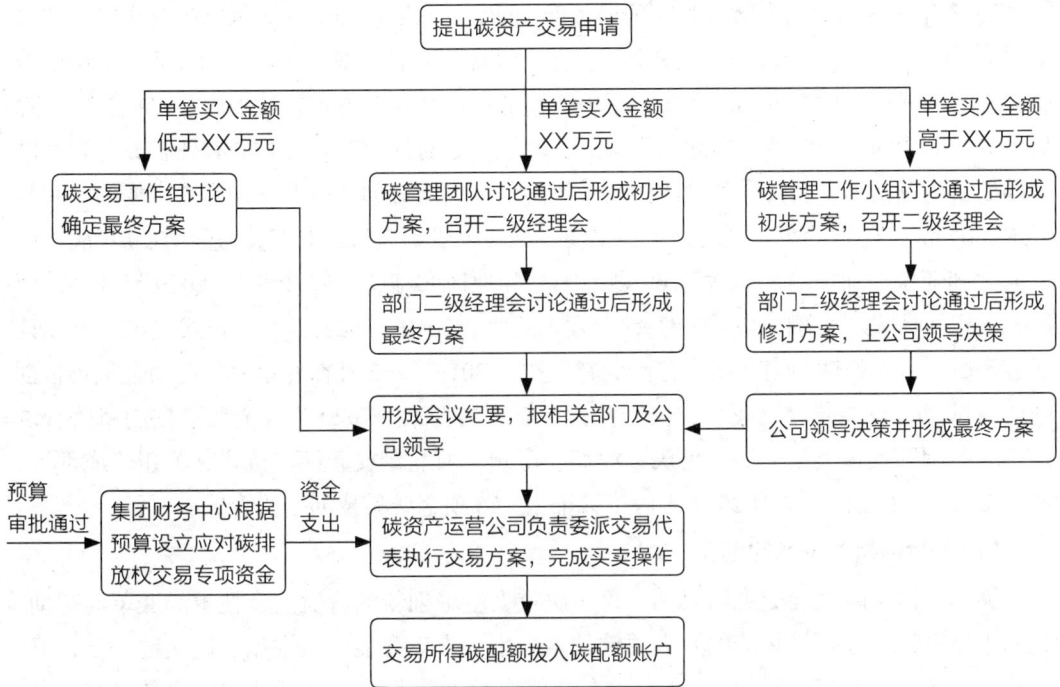

图 12-1　华电集团碳资产交易流程

（二）金融机构的创新

金融机构创新，是指建立新型的金融机构，或者是对原有的金融机构进行重组，变革现有的组织结构及管理方式，使其更好地适应内外部环境变化的创新活动。其特点可以总结为"三化"：一是金融机构多样化。除了传统的商业银行、投资银行等专业银行和保险公司等非银行金融机构外，还出现了诸如消费金融公司、对冲基金、养老基金、互助基金等各类共同基金组织，此外还出现了诸多的财务公司、租赁公司、金融公司、资产管理公司等。二是金融机构集团化，如银行持股公司的出现，连锁银行的产生以及跨国银行、银团组织的发展等。三是金融机构的业务综合化。如前文所述，商业银行除了继续办理传统的短期存贷款业务外，还发放中长期贷款、消费贷款、外贸贷款、国外贷款，证券投资的范围与比率也不断增大，此外，还可以办理信托与租赁等业务，因而有了"金融百货公司""全能银行"之称。其他的金融机构也千方百计地扩展业务范围，使得各金融机构之间的业务界限变得模糊不清。

（三）金融制度的创新

金融制度创新，是指金融管理法律法规的改变以及这种变革所引起的金融经营环境与经营内容上的创新，包括金融组织制度的创新与金融监管制度的创新。传统的金融监管主要通过三种方式进行：一是降低利率，增加银行信贷；二是公开市场操作，把货币直接从中央银行投放给金融机构；三是中央银行作为"最后贷款人"角色。随着国际金融的发展，国际上出现了新的监管制度和监管技术，例如起源于英国的"监管沙盒"制度，以及目前越来越成为各国监管创新核心发力点的"监管科技"。

2015 年 3 月，英国金融行为管理局（Financial Conduct Authority,FCA）首次提出"监管沙盒"（regulatory sandbox）的概念。"监管沙盒"可以创造一个"安全空间"，让创新企业检测和评估各项金融创新产品、服务、商业模式和营销方式，减少以往出现金融风险后再进行监管的传统滞后型金融监管模式的弊端，是对现有监管方式的有效补充。它可以帮助创新企业抵御可能会遇到的法律政策风险，从而缩短创新商业模式进入市场的时间与成本。因此，"监管沙盒"制度一经推出便在国际上受到广泛的欢迎，截至 2020 年底，已有澳大利亚、新加坡、加拿大等 60 多个国家和地区实施"监管沙盒"。2019 年 8 月，中国人民银行印发《金融科技（FinTech）发展规划（2019—2021 年）》，正式提出探索设计包容审慎、富有弹性的创新试错容错机制，并于 2019 年 12 月在北京率先启动金融科技创新监管试点，正式开启了我国"监管沙盒"制度的探索。2020 年，金融科技创新监管试点地区范围陆续扩大至上海、重庆、深圳、广州、河北雄安新区、杭州、苏州、成都等，截至 2022 年 4 月底，全国 29 个省区市共推出 156 项金融科技创新监管试点项目。

（四）金融相关技术的创新

纵观世界金融发展史可以看到，每一次重大金融创新的背后均有技术的变革与推动。近几十年来，与金融最相关的六大关键技术分别是人工智能、大数据、区块链、云计算、物联网与 5G、信息安全，且这些技术在具体应用上并非完全相互独立，而是兼容并蓄、协作发展的。

第一，人工智能（artificial intelligence）。人工智能是研究人类智能活动的规律，构造具有一定智能的人工系统，主要研究如何让计算机去完成以往需要人的智力才能胜任的工作，也就是研究如何应用计算机的软硬件来模拟人类某些智能行为的基本理论、方法和技术。当前人工智能技术主要运用机器学习（包括深度学习）算法，在海量数据中训练模型，模拟或实现人类的学习行为，以获取新的知识或技能。该技术研究的热点领域有计算机视觉、自然语言处理、软件缺陷检测、专家系统等，热点应用技术结合实际业务产生了智慧医疗、智慧交通、智慧金融和智慧制造等新兴应用概念。人工智能技术在金融领域主要应用于投融资、营销、风控和监管等业务。

第二，大数据（big data）。大数据是指无法在一定时间范围内用常规软件工具进行捕捉、管理和处理的数据集合，是需要新的处理模式才能具有更强的决策力、洞察发现力和流程优化能力的海量、高增长率和多样化的信息资产。当前大数据技术的常见流程是数据采集、数据处理、数据存储、数据分析、数据应用这样一整套业务流程。通常根据业务逻辑需要，人们将使用大数据技术对采集到的海量数据进行处理，并结合数据特性存储（例如关系型、非关系型、时序数据），在分析阶段运用数据挖掘算法提取数据之间的内在关联，对数据所展示的现象进行分析。该技术的应用研究热点有知识图谱、用户画像、精准营销、风险监控等方向。目前，大数据在金融行业的应用场景非常广泛，甚至可以说存在和适用于支付结算、投融资、保险和运营等几乎所有的金融行业数字化、科技化发展。

第三，区块链（blockchain）。区块链是一种分布式共享数据库，由集体而非单一中心维护，将大量交易信息打包存储在区块内，运用非对称加密技术对信息进行加密和签名，并按照时间戳顺序将区块依次连接，形成一条数据链。存储于其中的数据或信息，具有去中心化、不可篡改、全程留痕、可以追溯、集体维护、公开透明等特点。这些特点保证了区块链的"诚实"与"透明"，为区块链创造信任奠定基础。区块链节点之间由P2P网络连接，使用数字签名技术验证彼此身份，通过共识算法（POW、POS、PBFT等）实现数据同步并保证数据的一致性。在公有链上，往往会有激励机制鼓励节点参与区块链网络维护。区块链上不仅能存储信息，还能存储、执行智能合约，通过智能合约实现可编程货币、可编程社会、可编程金融等新兴构想。区块链技术在金融领域的运用潜力很大，目前主要应用于货币、支付结算、投融资和保险等业务。

第四，云计算（cloud computing）。云计算是分布式计算的一种，是指通过网络"云"将巨大的数据计算处理程序分解成无数个小程序，然后，通过多部服务器组成的系统处理和分析这些小程序，得到结果并返回给用户，各种应用可根据需要获取算力、存储空间和各种软硬件服务。当前，云计算按照服务的提供方式可划分为三个大类：SaaS（软件即服务，将应用作为服务提供给客户）、PaaS（平台即服务，将一个开发平台作为服务提供给用户）、IaaS（基础设施即服务，提供虚拟机或者其他资源作为服务提供给用户）。在IaaS这一层级，云计算厂商运用虚拟化技术分割计算硬件，为用户提供廉价且易维护的计算资源、网络资源、存储资源等。在SaaS这一层级，厂商直接提供开箱即用的应用服务，省去了烦琐的环境配置，进一步降低了云计算的使用门槛。PaaS层级介于SaaS与IaaS之间，PaaS提供用户编程语言、程序库与服务等内容的集合。用户不需要管理与控制云端基础设施（包含网络、服务器、操作系统或存储），但需要控制上层的应用程序部署与应用托管的环境。云计算拥有高灵活性、可扩展性和高性价比等诸多优势，是金融科技关键基础设施，在运营、客服、风控和监管等金融业务中都有着广泛的应用。

第五，物联网（Internet of things）与5G。物联网是指将所有物品通过射频识别、传感器、全球定位系统等信息传感设备与互联网连接起来形成信息网络，通过该种方式达到对物品的智能化识别和管理，实现了物到物、人到物和人到人的互联，是互联网应用的进一步拓展。物联网包含感知层、网络层和应用层三层。感知层负责物物相关的数据信息的采集、捕获和识别，主要的关键技术有传感器、射频识别、二维码等。网络层负责根据感知层的业务特征进行信息传递，通过优化网络特性实现整个网络之间的通信，目前采用的技术主要分为包括Wi-Fi、蓝牙和ZigBee在内的近距离通信和包括5G、LPWAN在内的远距离通信两种。应用层是负责对采集的信息进行处理和应用，涉及海量信息的智能处理、分布式计算、中间件、信息发现等多种技术，一般分为业务平台和数据平台两个类别。5G技术即第五代移动通信技术，是多种新型无线接入技术和现有无线接入技术演进集成后的解决方案的总称，作为4G技术的延伸，5G具有数据传输速率高、网络延迟短、功耗低和允许大规模设备连接等优势。5G的基站系统由天线、射频模块、小微基站组成。微基站体积小易安装，相比大基站，不仅辐射小，而且信号更强。通信频率的升高也让电线变得越来越短。现阶段5G技术主要应用于智慧城市、VR/AR、车联网、工业互联网、远程医疗等领域。目前，两大技术在金融领域最有效的应用即为支付结算业务，并在运营、风控和监管等领域也拥有很大的应用潜力。

第六，信息安全（information security）。根据国际标准化委员会的定义，信息安全是指为数据处理系统而采取的技术的和管理的安全保护，保护计算机硬件、软件、数据不因偶然的或恶意的原因而遭到破坏、更改、泄露，保证信息系统能正常工作。从信息角度看，信息安全可以分为数据安全和系统安全，按照层次体系分可以划分为多个层次，不同层次的信息安全包含不同的方面。其中，管理层包括信息安全管理体系和信息安全防护体系，终端安全分为移动终端安全和传统终端安全；网络层包括访问控制、边界完整性检查、入侵防范、恶意代码防范、网络设备防护、安全审计；应用层分为数据安全、Web安全、业务流程、安全审计、访问控制、身份识别；物理层包括环境安全、设备安全和介质安全。目前，金融信息安全最常见的问题包括攻击基于区块链技术的金融系统基础、攻击供应链、ATM恶意软件自动化、加密货币交易平台攻击增多等。信息安全技术主要应用在信息安全态势感知、信息安全威胁情报分析、信息安全策略集中管控等方面，促进信息安全防御和信息安全事件响应工作向纵深化、智能化、快速化的方向发展。

当然，技术的发展仍在分秒必争向前，数字孪生、虚拟现实、量子通信、元宇宙等前沿技术不断涌现并被应用于金融领域，赋能金融创新向更广阔的天地发展。

专栏 12-3　金融领域科技伦理与治理

随着金融与科技的融合进入深水区，"侵犯个人隐私""大数据杀熟""平台公司垄断"等金融领域科技伦理失范问题也频频发生，在造成了较大社会负面影响的同时，也为全球金融行业的健康可持续发展蒙上了阴霾。以美国为代表的西方发达国家在金融科技伦理领域起步较早，已经形成一些具有参考价值的经验。美国早在1974年就通过了《隐私法案》（The Privacy Act），对收集和使用个人数据的行为边界和责任做出了规定。随后美国又颁布了一系列行业隐私法律，包括《金融隐私权法案》《健康保险隐私及责任法案》《儿童在线隐私权保护法案》等，对最早的个人数据隐私保护法案做出补充，其中，《金融隐私权法案》规范政府机关对个人金融信息的利用，银行对个人信息的商业利用主要依据银行的行业规范。

欧盟十分注重数据伦理建设，设立有独立数据保护机构——欧洲数据保护专员公署，负责监督和确保个人数据和隐私保护，以及促进欧盟数据和隐私保护标准持续完善、数据保护领域的沟通协作等。该公署作为独立数据监管机构和政策顾问，将数据伦理见解融入其日常工作中，并设有数据保护伦理咨询小组。2018年11月，欧盟发布《伦理与数据保护指引》，主要是为欧盟研究与创新框架计划（Horizon 2020）中的研究项目提供数据伦理指引，指导研究者识别和应对有关伦理问题。欧盟《通用数据保护条例》（General Data Protection Regulation，GDPR）于2018年5月25日生效，是全球个人数据保护的最重要立法之一。《通用数据保护条例》明确规定了数据获取者与控制者的责任，给出了个人数据和隐私保护的严格规范，即使数据所有者位于欧盟以外，也将受到欧洲数据保护立法的约束。

就我国而言，我国金融领域科技伦理治理体系建设仍处于起步阶段，面临技术伦理隐患积聚、治理体系尚不健全、伦理支撑环境欠佳等问题。正因为如此，2022年10月，中国人民银行下发了国家金融行业标准——《金融领域科技伦理指引》（JR/T

0258—2022），其以科技伦理思想为基础，以金融行业为适用范围，明确了持牌金融机构在运用现代科技成果改造或创新金融产品、经营模式、业务流程等时所需遵循的价值理念和道德规范。更进一步地，其提出守正创新、数据安全、包容普惠、公开透明、公平竞争、风险防控、绿色低碳等七个方面金融领域科技伦理治理重点，颇受社会各界认可。

二、国际金融创新的理论支撑

经典的金融创新理论主要有技术推进理论、财富增长理论、约束诱导理论、货币促成理论、制度改革理论、金融中介理论和交易成本理论。

第一，技术推进理论，其认为新技术革命的出现，特别是信息技术成果在金融业的应用，是促成金融创新的主要原因。汉农（Hannon）和麦克道威尔（McDowell）通过实证研究发现，20世纪70年代美国银行业新技术的采用和扩散与市场结构的变化密切相关，因此新技术的采用，特别是计算机、通信技术的发展及其在金融业的广泛采用，为金融创新提供了物质和技术上的保证，这是促成金融创新的主要原因。

第二，财富增长理论，其认为经济的高速发展所带来的财富的迅速增长是金融创新的主要原因。财富的增长加大了人们对金融资产和金融交易的需求，促进了金融创新，以满足日益增长的金融需求。格林鲍姆（Greenbum）和海伍德（Haywood）是该理论的代表人物，他们在研究美国银行业的发展历史时发现，财富的增长是决定对金融资产和金融创新之需求的主要因素。他们认为，财富的增长使得人们规避金融风险的愿望增强，从而促进金融业的发展及金融创新的出现。

第三，约束诱导理论，其认为金融业回避或摆脱内部和外部制约是金融创新的根本原因。内部制约是指金融机构内部传统的增长率、波动资产比率、资本率等管理指标。外部制约是指金融监管当局的种种管理和制约，以及金融市场上的一些制约，与规避管制理论较为接近。西尔柏（Silber）和凯恩（Kane）是约束诱导理论的代表人物。西尔柏从寻找利润最大化的金融机构创新这个表象开始研究，发现金融创新是微观金融组织为寻找最大的利润，减轻外部对其产生的金融约束而采取的"自卫"行为。凯恩也认为回避各种金融控制与规章制度就会产生金融创新行为。

第四，货币促成理论，其认为货币因素的变化促成了金融创新的出现。20世纪70年代可转让提款通知书、浮动利息票据、浮动利息债券、与物价指数挂钩的公债、外汇期货等对通货膨胀率、利率和汇率具有高度敏感性的金融创新工具的产生，就是为了抵御通货膨胀率、利率和汇率波动造成的冲击，使投资者获得相对稳定的收益。弗里德曼（Friedman）是货币促成理论的代表人物。他认为，国际货币体系的特征及货币相关因素的变动是促成金融创新不断出现的主要原因。

第五，制度改革理论，其认为金融创新是一种与经济制度互相影响、互为因果的制度改革，因而金融体系任何因制度改革而引起的变动都可以视为金融创新。例如政府为稳定金融体制和防止收入不均而出台的一些存款保险制度等，也是金融创新。该理论认为，金融创新的成因可能是降低成本以增加收入，也可能是稳定金融体系以防止收入不均的恶化。制度经济学派的经济学家是这一理论的主要代表，如诺思（North）、戴维斯（Davis）、塞拉（Sylla）等。制度改革理论将政府行为也视为金融创新的成因，实际上是将金融创新的内涵扩大到包括金融业务创新与制度创新两个方面。相对于其他理论，它对金融创新的探讨范围更广。

第六，金融中介理论，其认为金融中介是经济增长、金融创新过程中一个必不可少的部分。金融中介理论的主要代表人物是格利（Gurley）和肖（Shaw）。他们认为，金融创新是货币赤字单位的融资偏好，是与金融部门提供的服务相匹配的结果，即满足实际部门的需要是金融创新的根源。在利润激励的驱使下，金融部门不断推出新的金融产品以满足消费者的需求。因此，金融中介部门是金融创新的主体，在金融创新过程中起着不可替代的作用。

第七，交易成本理论，其认为金融创新的支配因素是降低交易成本。交易成本理论的含义包括两方面：第一，金融创新的首要动机是降低交易成本，交易成本的高低决定了金融业务和金融工具创新是否具有价值；第二，金融创新实质上是对科技进步使交易成本降低的反映。希克斯（Hicks）和尼汉斯（Niehans）是交易成本理论的主要代表人物。他们认为，交易成本是作用于货币需求的一个重要因素，不同的需求产生对不同类型的金融工具的要求，交易成本高低使经济个体对需求预期发生变化。交易成本理论把交易成本的降低作为金融创新的主要动因。

必须要强调的是，金融创新本身的产生和发展是诸多因素综合作用的结果，以上任何一种理论都是基于某个视角去对现实的现象进行解释，因而均有其局限性。

第三节　全球金融科技发展

从锋芒初露到举世瞩目，金融科技的星星之火早已呈燎原之势在全球各地蓬勃发展，对世界经济、社会和技术变革产生深远的影响，并重塑着世界格局。下面将首先从金融科技发展的历程和内涵出发，对金融科技的"前世今生"进行介绍。此后，本书将分别对世界各国代表性城市的金融科技发展现状进行分析。

一、金融科技的发展与内涵

纵观全球金融科技发展历程，大致可将其分为金融科技 1.0、金融科技 2.0 与金融科技 3.0 三个阶段。

第一，金融科技 1.0（金融 IT 阶段）。金融科技 1.0 是金融科技的最初萌芽。在这一阶段，传统金融行业借助于 IT 技术来实现办公和业务的电子化、自动化，以提高其管理水平和业务效率，其中典型的代表包含银行记账系统、信贷系统、清算系统的电子化以及自动转账、支票处理机、ATM 机、POS 机的设立。

第二，金融科技 2.0（互联网金融阶段）。随着互联网的发展和移动终端的普及，金融科技逐渐步入以互联网金融为代表的 2.0 阶段。在这个阶段，金融机构开始搭建在线业务平台，利用互联网或者移动终端的渠道来汇集用户和信息，实现金融业务中的资产端、交易端、支付端、资金端的任意组合与互联互通。从金融科技 1.0 到金融科技 2.0 的过程，本质上更多的是对金融渠道的变革，实现了信息共享和业务融合，其中最具代表性的业态形式包括移动支付、网上银行、网络借贷、互联网保险、互联网基金销售等。

第三，金融科技 3.0（智能金融阶段）。目前，以人工智能、区块链、云计算、大数据为代表的新兴技术正在引领全球进入金融科技 3.0 阶段，金融科技正式步入高速成长期。在这个阶段，金融科技通过与各类新兴技术相结合，重塑金融信息采集、金融风险管理、资产投资决策等传统金融业务，不断提升金融智能化水平。相比金融科技 1.0 阶段强调 IT 技术在后台的应用、金融科技 2.0 阶段关注前端服务渠道的互联网化，金融科技 3.0 阶段更加侧重业务前中后台的全流程科技应用变革，使金融科技能够实现全方位赋能，大幅提升传统金融的效率。金融科技 3.0 阶段的代表性业态形式包含数字货币、智能投顾、大数据征信等。

随着金融科技的迭代升级，金融科技的内涵与边界也在不断拓展。2016 年 3 月，作为全球金融治理的核心机构——金融稳定理事会（Financial Stability Board，FSB）在其首次发布的关于金融科技的报告中给出了金融科技的明确定义，即金融科技是指由科学技术带来的金融创新及其所创造的新的业务模式、应用、流程或产品，而这一金融创新将在很大程度上影响金融市场、金融机构和金融服务的提供方式。其中，科学技术包括传统的信息技术以及新兴的物联网、大数据、云计算、人工智能和区块链等技术在金融领域的融合运用所形成的一些全新的技术、方法和应用，且其正在对银行、保险和支付这些传统金融领域产生深远影响。2019 年，中国人民银行发布《金融科技发展规划（2019—2021 年）》，开篇阐明的定义延续了 FSB 的主要思路，将金融科技定义为技术驱动的金融创新，旨在运用现代科技成果改造或创新金融产品、经营模式、业务流程等，推动金融发展提质增效。

通过整合国际国内权威研究，本书将金融科技 3.0 分为互联网银证保、新兴金融科技、传统金融科技化、金融科技基础设施这四大方面的内容，具体如图 12-2 所示。

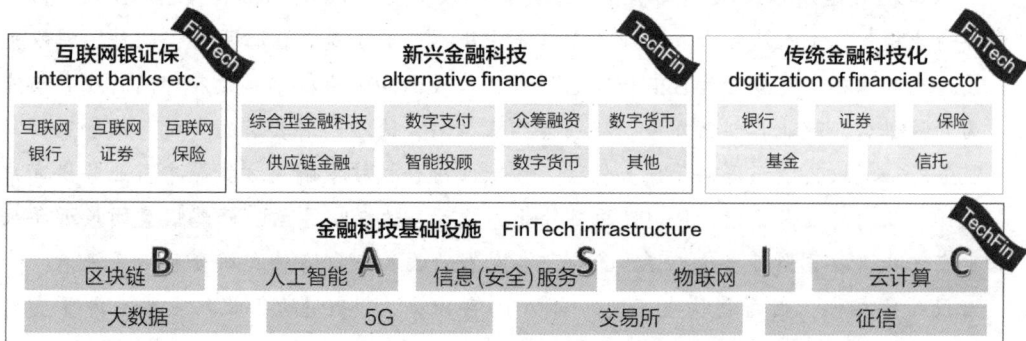

图 12-2 金融科技 3.0 图谱

资料来源：浙江大学金融科技研究院。

• 互联网银证保（Internet banks etc.）：以金融拥抱科技为主，是指通过互联网以纯线上的方式完成传统银行、证券和保险业务的业态，代表企业包括网商银行、老虎证券、众安保险等。

· 新兴金融科技（alternative finance）：以科技赋能金融为主，包含综合型金融科技（涵盖多种新兴金融科技业务）、数字支付、众筹融资、消费金融、供应链金融、智能投顾等业态，代表企业有蚂蚁集团、PayPal、Kickstarter等。

· 传统金融科技化（digitization of financial sector）：以金融拥抱科技为主，是指银行、证券、保险、基金和信托等传统金融机构利用技术所进行的数字化、科技化转型，主要体现在传统业务线上化、生活服务场景拓展及产品线上销售等方面。

· 金融科技基础设施（fintech infrastructure）：以科技赋能金融为主，是以上金融科技业态和相关应用的支撑，其中既包括交易所、征信等金融支撑，也包括以"BASIC"为代表的区块链、人工智能、信息（安全）服务、物联网、云计算等技术支撑，代表企业如Oracle（甲骨文）、趣链科技、Bloomberg等。

专栏 12-4　蚂蚁集团与PayPal——中美典型金融科技企业对比

　　蚂蚁集团与PayPal均是全球金融科技领域当之无愧的领头羊。其中，蚂蚁集团起步于2004年，是卓越的数字支付提供商和领先的数字金融科技平台，致力于以科技和创新推动包括金融服务业在内的全球现代服务业的数字化升级。2004年，蚂蚁集团凭借着电子商务的东风和敏锐的商业嗅觉，推出了全新的支付解决方案平台——支付宝，这一跨时代产品成了消费者与商家之间信任壁垒的"破壁人"。在之后的15年里，蚂蚁集团一路高歌，先后推出了余额宝、花呗、借呗等创新产品，融入了几乎每个中国人的生活缝隙。2019年，蚂蚁集团摘得胡润研究院《2019胡润全球独角兽榜》第一位，又先后两年入选《福布斯中国最具创新力企业榜》。PayPal则于1998年12月在美国加利福尼亚州圣荷塞市成立，是全球成立最早也是至今最有影响力的在线支付服务商。早在2015年7月，PayPal便成功在美国纳斯达克独立上市，上市后市值不断攀高，并在2021年达到顶峰，市值高达2744.8亿美元。

　　如表12-2所示，从模式和客群来看，蚂蚁集团与PayPal都以"B2B+B2C"为主要商业模式，个人消费者和企业（尤其是中小微企业）是其核心用户，此外，蚂蚁集团还在此基础上逐步开展B2F和B2G模式，建设面向金融机构和政府部门的业务与能力开放平台，赋能其创新发展。从业务组成来看，除了两者共有的支付、信贷及商家服务外，蚂蚁集团还提供了诸如保险、理财、综合性技术解决方案等丰富业务供客户选择。从海外业务来看，PayPal的海外业务收入高达50%左右，而蚂蚁集团虽近年来也在积极开拓国际业务，但其仍仅有5%左右的收入来自海外。从盈利模式来看，两者虽业务相似，但盈利构成不同。自2010年以来，PayPal的年收入主要来源于支付业务，如2021年，其支付业务营业收入占到了总营业收入的92.24%。相比之下，蚂蚁集团的数字支付与商家服务板块仅贡献了36%的营业收入，而含信贷、理财、保险等在内的数字金融科技平台业务则贡献了64%的营业收入。此外，蚂蚁集团的创新及其他业务目前仍处于初级阶段，营业收入占比不到1%，但其为蚂蚁集团的重要转型方向，旨在为金融机构、政府部门等提供技术赋能。

表 12-2　蚂蚁集团与 PayPal 基础信息对比

公司名称	PayPal	蚂蚁集团
成立时间与城市	1998 年，圣何塞	2004 年，杭州
模式与客群	B2C+B2B；个人消费者和企业	B2C+B2B+B2F+B2G；从个人消费者和企业，延伸到金融机构和政府部门
业务组成	• 核心业务为支付业务，包括在线支付（PayPal）、移动支付（Venmo）、线下支付（PayPal Zettle）、跨境支付（Xoom）等 • 衍生服务包括信贷金融服务（PayPal Credit、Simility）、跨境电商服务（Braintree、Happy Returns、Honey Science）等，如为消费者提供信贷产品、投资工具和消费工具，为商户提供商业贷款、库存管理和营销工具等	• 数字支付与商家服务，依托支付宝集成境内外支付、生活场景、多元金融服务等 • 数字金融科技平台，包括微贷科技业务（花呗、借呗、阿里小贷）、理财科技业务（余额宝、蚂蚁财富、帮你投）和保险科技业务（好医保、相互宝） • 创新及其他业务，包括综合性技术解决方案等
海外业务	约 50%	约 5%
盈利模式	以支付收入为主（90% 以上），核心是支付的交易手续费；衍生服务创造接近 10% 的营业收入，包括从借贷服务中获得的利息、支付网关费用、合作获得的分成、服务费等	数字支付与商家服务贡献了 36% 的营业收入，以交易手续费为主；数字金融科技平台贡献了 64% 的营业收入，以交易佣金、利息收入、投资收益为主；创新及其他业务贡献的营业收入不到 1%，以知识产权与技术服务费为主

就发展优势和劣势而言，两家企业的优势和劣势都较为鲜明。PayPal 的核心优势在于其突出的国际化能力以及海量全球用户。截至 2021 年 12 月，PayPal 服务覆盖全球 202 个国家和地区，支持 25 种货币，其支付网络连接超过全球 3.92 亿个人消费者和 3400 万商户，并与多家银行、卡组织和监管者保持深度合作关系。这都使得 PayPal 在全球市场拥有强劲的品牌效应和影响力。PayPal 的劣势为受限于美国等发达国家日臻完善的投资理财、保险等金融市场，PayPal 较难入局支付之外的业务领域，导致其业务模式非常单一，显著增加了其整体运营风险。相较而言，蚂蚁集团的最大优势在于其多元的业务结构和场景覆盖，其"发家"的数字支付业务虽仍贡献了 36% 的营业收入但占比逐年下降，而信贷、理财、保险、技术输出等业务比例逐年上升，各类金融场景覆盖愈发完善，使得场景与用户相互形成正反馈和生态效应，显著提升了用户黏性和业务发展的可持续性。就劣势而言，蚂蚁集团面临的最大挑战依旧是合规风险，是否符合金融监管要求、是否违反"反垄断法"、是否符合消费者保护规定等都是蚂蚁集团亟待解决的问题。

二、全球金融科技发展现状

本书编写团队长期追踪全球金融科技发展，且众多成员为浙江大学金融科技研究院（简称"浙大 AIF"）的研究人员，自 2018 年起主导了其全球金融科技中心指数（global fintech hub index，GFHI）的研究。根据《2024 全球金融科技中心城市报告》，世界各国金融科技的发展主要体现为产业、体验、生态建设上的进步。

（一）全球金融科技整体发展

1. 全球格局：全球金融科技竞争如潮涌至，进步不足即为退步

2024 全球金融科技中心城市 TOP50 总排名显示（见表 12-3），全球 TOP10 城市依次为北京、旧金山、纽约、伦敦、上海、深圳、杭州、新加坡、悉尼和香港。其中，香港继 2023 年总排名上升两位后，2024 年继续上升一位，时隔五年重回 TOP10。究其原因，香港一方面把提升跨境支付效率和用户体验作为提升我国粤港澳大湾区民众获得感和幸福感的抓手，依托不断普及的金融科技服务持续改善消费者体验，便商利民；另一方面，香港持续推出"金融科技 2025 策略""香港创新科技发展蓝图"以及新"金融科技推广计划"等，并通过推进金融科技监管制度接轨国际，不断优化金融科技发展生态。除 TOP10 以外的其余 40 座城市分别由巴黎、芝加哥、多伦多、孟买、广州等领衔。

表 12-3　2024 全球金融科技中心指数总排名

排名	城市／城市群	较 2023 年排名变动
1	北京（Beijing）	—
2	旧金山（San Francisco）	—
3	纽约（New York）	—
4	伦敦（London）	—
5	上海（Shanghai）	—
6	深圳（Shenzhen）	—
7	杭州（Hangzhou）	—
8	新加坡（Singapore）	—
9	悉尼（Sydney）	—
10	香港（Hong Kong）	↑ 1
11	巴黎（Paris）	↑ 1
12	芝加哥（Chicago）	↓ 3
13	多伦多（Toronto）	↑ 3
14	孟买（Mumbai）	↑ 1
15	广州（Guangzhou）	↓ 1
16	东京（Tokyo）	↓ 3
17	苏黎世与日内瓦（Zurich and Geneva）	↑ 1
18	亚特兰大（Atlanta）	↑ 1
19	墨尔本（Melbourne）	↓ 2
20	南京（Nanjing）	↑ 2
21	波士顿（Boston）	
22	圣保罗（Sao Paulo）	↑ 1
23	西雅图（Seattle）	↓ 3
24	阿姆斯特丹（Amsterdam）	—
25	班加罗尔（Bengaluru）	↑ 1
26	首尔（Seoul）	↓ 1
27	斯德哥尔摩（Stockholm）	—
28	洛杉矶（Los Angeles）	—
29	雅加达（Jakarta）	↑ 1

续表

排名	城市 / 城市群	较 2023 年排名变动
30	都柏林（Dublin）	↑ 2
31	柏林（Berlin）	↓ 2
32	新德里（New Delhi）	↑ 2
33	迪拜与阿布扎比（Dubai and Abu Dhabi）	↑ 4
34	米兰（Milan）	↑ 1
35	成都（Chengdu）	↑ 3
36	特拉维夫（Tel Aviv）	↓ 5
37	墨西哥城（Mexico City）	↓ 4
38	台北（Taipei）	新增
39	重庆（Chongqing）	↓ 3
40	苏格兰（Scotland）	—
41	巴塞罗那（Barcelona）	↓ 2
42	海得拉巴（Hyderabad）	—
43	法兰克福（Frankfurt）	↓ 2
44	吉隆坡（Kuala Lumpur）	—
45	开普敦（Cape Town）	↓ 2
46	曼谷（Bangkok）	↓ 1
47	布鲁塞尔（Brussels）	↓ 1
48	莫斯科（Moscow）	↓ 1
49	内罗毕（Nairobi）	↑ 2
50	西安（Xi'an）	↑ 4

资料来源：浙大 AIF 司南研究室。

全球 TOP50 城市在金融科技发展上持续角逐、争相落子。就金融科技 TOP10 城市而言，尽管其排名几乎未有变动，但各城市在金融科技中心指数的分值上差距不断缩小。2024 年，第 1 名和第 10 名的指数分差为 23.9 分，相比 2020 年（分差 29.7 分）缩小了近 20%。全球金融科技"高端玩家"的"棋局"看似波澜不惊，实则暗潮汹涌，城市间的竞争仍然十分激烈。其余 40 座城市的竞争亦如潮涌，40 座城市中共有 32 座城市的排名相比 2023 年发生了变动，变动率高达 83%。更值得注意的是，排名上升的城市数量（16座）与排名下降的城市数量（16座）持平，竞争持续存在且依然白热化。在排名上升的城市中，迪拜和阿布扎比表现突出，两者所在地区的总排名上升四位，其中迪拜上升五位，阿布扎比上升两位。前者实现了金融科技上市企业零的突破，金融科技产业排名上升五位；后者未上市高融资金融科技企业的融资金额几乎翻倍，金融科技产业排名上升六位。在排名下降的城市中，以特拉维夫和墨西哥城最为突出，前者在总排名中退步了五位，在产业和生态排名上也均下降了五位，后者在总排名中退步了四位，在金融科技产业、体验和生态三个排名上分别下降了两位、六位和一位。

与此同时，激烈的全球竞争也使得各城市的金融科技发展尤为逆水行舟。2024 年，金融科技中心指数总排名下降的 16 座城市中，其指数得分相比 2023 年均有上升，但因上涨幅度相较其他城市偏小，导致排名出现下降，呈现出"进步不足即为退步"的现象。

2. 区域分化：亚洲持续引领，各洲内城市发展喜忧参半

在 2024 年全球金融科技竞争格局中，区域分化的趋势进一步加剧。一方面，各大洲之间的金融科技差距日益明显，其中亚洲保持了强势的发展态势，继续引领全球金融科技的发展，2024 年全球金融科技 TOP10 城市中，来自亚洲、美洲和欧洲的城市各占 70%、20% 和 10%；TOP50 城市中，分别有 25 城、13 城、10 城和 2 城来自亚洲、欧洲、美洲和非洲，亚洲从往年的 23 城上升至 25 城，真正做到了"独占半壁江山"。

另一方面，各大洲内城市的金融科技发展也出现分化。其中，亚洲凭借众多且年轻的人口等优势，在整体保持引领姿态的基础上，头部城市逐渐步入稳定期，尤其是北京、上海、深圳、杭州、新加坡等 TOP10 城市，2024 年的金融科技中心指数总排名均未发生变化；其余城市虽然在总排名上进、退共存，但仍以上升力量为主，总排名进步的城市有 10 座，多于总排名下降的城市（7 座）。尤其是成都通过加快金融科技创业孵化载体建设、推出金融科技创新监管试点、出台《成都市金融科技发展规划（2020—2022 年）》等措施结束了其自 2022 年开始的总排名下降趋势，在 2024 年的总排名中上升了三位。欧洲受地缘政治冲突等因素的影响，金融科技发展喜忧参半，巴黎、苏黎世和日内瓦、都柏林、米兰在 2024 年的全球金融科技中心指数总排名中略有上升，而柏林、巴塞罗那、法兰克福、布鲁塞尔、莫斯科的总排名出现了一定程度的下降，尤其是持续受到俄乌冲突影响的莫斯科，其总排名在 2023 年下降了七位的基础上再次下降了一位。北美地区金融科技力量发生了"位移"，在美国进入 TOP50 的七座城市中，仅亚特兰大的总排名上升了一位，其余六座城市的总排名或不变或下降；与之相对应的是，来自加拿大的多伦多已经连续三年实现了总排名的上升，俨然已成为北美重要的金融科技力量。拉美和非洲地区表现相近，总排名上升和下降的城市并存，尤其是圣保罗在 2023 年排名进步五位的基础上依然保持了上升的态势，2024 年总排名上升一位；而开普敦已经连续三年排名下降，总排名从 2022 年的第 38 名下跌至 2024 年的第 45 名。

3. 五年变局：从传统金融中心转向新兴市场

在金融科技发展的激烈角逐中，表现亮眼的城市不断涌现，但在长期内保持进步绝非易事，这需要城市立足禀赋、发掘特长、有效突破，寻找并坚持适合自己的金融科技发展模式。回顾过往五年，自 2020 年以来，全球金融科技中心 TOP50 中，有 11 座城市在至少三年的时间里排名有所上升，在较长时间内维持了金融科技的向好发展。更加值得关注的是，这 11 座城市中，有 7 座城市来自新兴市场，占比 64%，这为"全球金融科技发展热点逐步从传统金融中心转向新兴中心"的趋势提供了又一力证。

更进一步观察各城市的金融科技发展模式，可以发现，"产业/技术驱动""消费者/市场拉动""生态/规则推动"三大金融科技发展模式均可为城市金融科技的长期进步供能续航，但其表现各有不同。首先，"产业/技术驱动"模式是维持城市金融科技进步的最有效模式，传统金融中心 75% 的城市和新兴市场 57% 的城市均依靠这一金融科技发展模式实现了排名的长期上升。具体而言，属于传统金融中心的苏黎世和日内瓦、米兰、多伦多在产业基础和技术创新上具有多年的积累和沉淀，其中，多伦多积极鼓励金融科技上市企业和未上市高融资企业发展，被誉为新一代"加拿大硅谷"。来自新兴市场的香港、雅

加达、圣保罗、内罗毕也在金融科技产业上有过人表现，尤其是连续五年排名上升的雅加达，其金融科技产业排名比其总排名高 10 位，金融科技产业的发展显著地驱动了该城市金融科技的整体发展。

其次，"消费者/市场拉动"模式因为可以有效缓解新兴市场普遍存在的金融抑制问题，成为新兴市场长期保持金融科技进步的重要"法宝"，来自印度的孟买和新德里均依托这一金融科技发展模式深化城市金融科技应用、提升金融科技消费者体验。以新德里为例，2024 年该城市金融科技体验排名比其总排名高 21 位，极大地推动了金融科技的整体发展。2023 年 10 月，位于新德里的全球最大数字钱包、支付及充值技术平台提供商 Comviva，与全球领先的金融机构系统集成商 Gnosys，宣布建立战略合作关系，携手推进数字银行系统及数字支付服务的进一步发展，这必然将进一步提升新德里甚至整个印度的金融科技消费者体验。

最后，"生态/规则推动"模式是近些年众多国家政府推动金融科技发展的着力点，不仅引领了以巴黎为代表的传统金融中心的金融科技发展，也逐渐成为部分新兴市场发展金融科技的重要选择，如迪拜和阿布扎比。作为来自发达国家的城市，巴黎拥有较为完善的数字基础设施、强大的金融产业、众多的人才，巴黎主办的金融科技论坛——Le Paris Fintech Forum 每年都吸引着约 40 个国家和地区数千位研究者、企业家、监管者与会交流，营造了活跃的金融科技生态。来自新兴市场的迪拜则通过颁布全球首部《数字资产法》和引入新的《证券法》，为金融科技企业的创新和拓展提供了明确的法律地位和操作规范。同时，迪拜与国际接轨、富有竞争力的监管环境，促进了城市金融科技的发展，2024 年其金融科技生态排名高出其总排名五位。

（二）全球金融科技产业、体验、生态发展

根据《2024 全球金融科技中心城市报告》，金融科技的发展主要体现在产业、消费者体验、生态建设三大方面。

从金融科技产业来看，中美两国依然保持引领态势（见表 12-4）。在 TOP20 城市中，中国拥有北京、上海、深圳、杭州、香港五座城市，五城共计 122 家金融科技上市企业，上市市值达 1955 亿美元；未上市高融资金融科技企业数为 304 家，累计融资额达 1084 亿美元。美国则拥有纽约、旧金山、芝加哥、亚特兰大四座城市，四城共计 39 家金融科技上市企业，上市市值高达 1 万亿美元；未上市高融资金融科技企业数为 428 家，累计融资额达 1108 亿美元。但与此同时，美国在金融科技产业上的优势地位正面临着来自新兴市场力量的挑战，2024 年的金融科技产业排名中，美国进入 TOP20 的城市首次跌破五城（相比 2023 年，西雅图跌出 TOP20），而来自印度尼西亚的雅加达和来自印度的班加罗尔则凭借迅速增加的金融科技企业首次进入金融科技产业 TOP20。作为新兴市场力量的代表，中国依然有五座城市进入产业 TOP20，这也得益于中国金融科技企业的积极"走出去"，各大企业通过出境参与国际会议、加强跨境合作、进行境外投资等相关措施拓展全球市场。具体而言，在国际会议方面，新加坡金融科技节等金融科技盛会上都有无数中国企业的身影；在跨境合作和境外投资方面，如杭州金融科技代表企业支付宝近年来与东南亚、非洲等多地企业达成了合作意向，与非洲支付系统公司Flutterwave的合作将为非洲的商户和消费者们提供更多、更便利的数字支付服务。可以看到，越来越多的中国金融科技领军企业走向全球并积极谋求合作，努力为全球金融科技产业的发展做出更大的贡献。

表 12-4　2024 全球金融科技产业 20 城排名

排名	城市 / 城市群	较 2023 年排名变动
1	北京（Beijing）	—
2	纽约（New York）	—
3	旧金山（San Francisco）	—
4	伦敦（London）	—
5	上海（Shanghai）	—
6	深圳（Shenzhen）	—
7	杭州（Hangzhou）	—
8	新加坡（Singapore）	—
9	圣保罗（Sao Paulo）	—
10	香港（Hong Kong）	—
11	多伦多（Toronto）	↑ 1
12	亚特兰大（Atlanta）	↑ 1
13	孟买（Mumbai）	↑ 2
14	巴黎（Paris）	—
15	悉尼（Sydney）	↑ 1
16	芝加哥（Chicago）	↓ 5
17	苏黎世与日内瓦（Zurich and Geneva）	↑ 1
18	东京（Tokyo）	↓ 1
19	雅加达（Jakarta）	↑ 7
20	班加罗尔（Bengaluru）	↑ 2

资料来源：浙大 AIF 司南研究室。

从金融科技消费者体验来看，发展中国家的优势地位尚存（见表 12-5），具体体现在中国的杭州依然排名全球第一，金融科技消费者体验TOP10 城市均来自发展中国家，在TOP20 中有 65% 的城市来自发展中国家。但与往年相比，发达国家在消费者体验上的排名有了显著改善，悉尼、斯德哥尔摩、旧金山、墨尔本、伦敦、阿姆斯特丹、苏格兰等七座来自发达国家的城市（城市群）进入金融科技消费者体验TOP20 榜单，相比 2023 年（25%）占比进一步提升至 35%。此外，进入TOP20 的七座发达国家城市中有五城排名上升。以进步五位首次进入消费者体验TOP20 的墨尔本为例，该城市在金融科技消费者体验上的飞速发展得益于澳大利亚近年来对金融科技支付手段的探索和推广。2018 年 2 月，澳大利亚储备银行（即澳大利亚央行）联合多家金融机构开发了澳大利亚新支付平台NPP（New Payment Platform），为家庭、企业和政府客户提供全天候快速、多功能和数据丰富的支付能力；2022 年 9 月，澳大利亚储备银行携手数字金融合作研究中心发布《澳大利亚央行CBDC金融创新试点》白皮书，进一步探索法定数字货币的使用场景。

表 12-5　2024 全球金融科技消费者体验 20 城排名

排名	城市／城市群	较 2023 年排名变动
1	杭州（Hangzhou）	—
2	深圳（Shenzhen）	—
3	上海（Shanghai）	—
4	北京（Beijing）	—
5	广州（Guangzhou）	—
6	南京（Nanjing）	—
7	成都（Chengdu）	—
8	西安（Xi'an）	—
9	孟买（Mumbai）	—
10	班加罗尔（Bengaluru）	—
11	新德里（New Delhi）	—
12	重庆（Chongqing）	—
13	悉尼（Sydney）	↑ 4
14	斯德哥尔摩（Stockholm）	↑ 5
15	旧金山（San Francisco）	↓ 1
16	墨尔本（Melbourne）	↑ 5
17	伦敦（London）	↓ 4
18	阿姆斯特丹（Amsterdam）	↑ 2
19	苏格兰（Scotland）	↑ 3
20	开普敦（Cape Town）	↓ 4

资料来源：浙大 AIF 司南研究室。

　　从金融科技生态来看，发达国家城市凭借其更优越的金融与科技环境、高端人才积累、政府监管经验继续保持引领之姿，在金融科技生态 TOP20 城市中占据 65% 的席位（见表 12-6）。其中，苏黎世与日内瓦进步最为明显，其 TOP500 金融机构和 TOP500 科技企业总市值增长 26%，为城市金融科技水平的进一步提升提供了丰厚的产业基础。同样值得关注的是，在全球城市极力弥补自身金融科技短板、跨越当前金融科技发展难题的背景下，越来越多的发展中国家向发达国家学习监管、研发、人才培养等生态建设经验，其补短板成效在 2024 年金融科技生态排名中得到了充分体现，不仅七座发展中国家城市在 2024 年进入生态 TOP20，而且这一占比从 2020 年的 20% 稳步上升至 35%。以南京为代表，其互联网普及率的提升（从 73% 提升至 76%）、知名高校综合实力的高涨以及政府对建设科创金融改革试验区的重视等，均推动了南京 2024 年全球金融科技生态排名的进步（进步三位）。

表 12-6　2024 全球金融科技生态 20 城排名

排名	城市／城市群	较 2023 年排名变动
1	北京（Beijing）	—
2	伦敦（London）	—
3	旧金山（San Francisco）	—
4	纽约（New York）	—

续表

排名	城市／城市群	较 2023 年排名变动
5	上海（Shanghai）	—
6	深圳（Shenzhen）	↑1
7	东京（Tokyo）	↓1
8	波士顿（Boston）	↑1
9	巴黎（Paris）	↓1
10	新加坡（Singapore）	—
11	墨尔本（Melbourne）	↑1
12	悉尼（Sydney）	↓1
13	香港（Hong Kong）	↑3
14	南京（Nanjing）	↑3
15	西雅图（Seattle）	↓2
16	首尔（Seoul）	↓2
17	杭州（Hangzhou）	↑1
18	苏黎世与日内瓦（Zurich and Geneva）	↑4
19	芝加哥（Chicago）	↓4
20	广州（Guangzhou）	↓1

资料来源：浙大 AIF 司南研究室。

专栏 12-5 数字人民币的发展和特点

区块链技术的横空出世催生了数字货币，以 2009 年比特币的正式诞生为代表，世界范围内众多私营部门已推出了多种私人数字货币，中国人民银行发布的《中国数字人民币的研发进展白皮书》显示，据不完全统计，截至 2021 年 6 月底，全球有影响力的私人数字货币多达 1 万种，总市值超 1.3 万亿美元。然而，私人数字货币存在缺乏价值支撑、价格波动剧烈、能源消耗巨大等缺陷。正因为如此，央行对法定数字货币的探索也已被各国政府提上议程。国际清算银行 2021 年的调查报告显示，接受调查的 65 个国家或经济体的中央银行中约有 86% 已开展法定数字货币研究，而正在进行实验或概念验证的央行也从 2019 年的 42% 增加到 2020 年的 60%。显然，法定数字货币已成为各国发展、竞争的又一重要赛道。

数字人民币是由中国人民银行发行的数字形式的法定货币，其也被命名为 DCEP（digital currency electronic payment，即数字货币和电子支付工具），由指定运营机构运营，以广义账户体系为基础，支持银行账户松耦合功能，与实物人民币等价，具有价值特征和法偿性。

早在 2014 年，我国就开启了对于数字人民币的探索，中国人民银行成立了法定数字货币专门研究小组。2016 年，中国人民银行正式成立数字货币研究所，搭建起了我国第一代法定数字货币概念原型，并确定了数字人民币顶层设计和基本特征。2017 年底，数字人民币研发工作正式开始，并于 2020 年开始面向试点城市正式发行数字人民币，截至 2022 年 4 月，已有 23 个城市开展了多样化的数字人民币应用试点工作。数字人民币发展历程具体如图 12-3 所示。

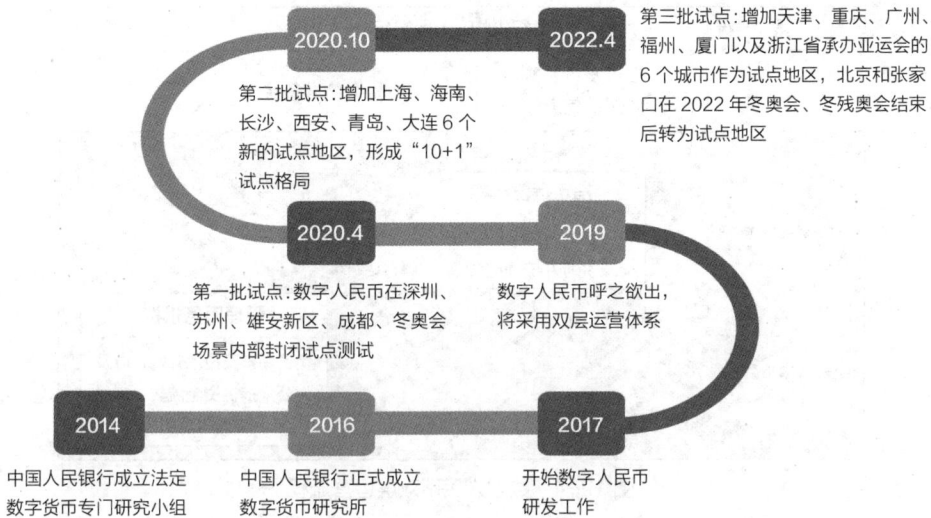

图 12-3 数字人民币发展历程

数字人民币具有四大特点。

第一,可控匿名性。中国人民银行在研发数字人民币过程中,非常重视其在监管和隐私保护两方面的作用,因此赋予了数字人民币"可控匿名性"特征,具体表现为:参与数字人民币交易的支付和清算等中间机构,对交易双方的个人完整信息是不可见的,而央行掌握全量信息,最终交易流向和资金链条可以且仅对央行开放。这既减轻了交易环节对金融中介的依赖,能够极大地保护用户隐私,还有助于精准打击洗钱、恐怖融资、逃税等违法犯罪行为。此外,可控匿名机制还可以实现在一定条件下数字人民币的追溯,增强了数字人民币资金的安全性。

第二,中心化管理与双层运营。数字人民币发行权属于国家,中国人民银行在数字人民币运营体系中处于中心地位,负责数字人民币发行、注销、跨机构互联互通和钱包生态管理。数字人民币采取"双层运营体系",第 1 层为中国人民银行,负责数字人民币的发行。第 2 层为中国人民银行审慎选择的指定运营机构(例如目前选定的中国工商银行、中国银行、中国农业银行、中国建设银行、中国交通银行、中国邮政储蓄银行、招商银行、网商银行、微众银行),在中国人民银行将数字人民币兑换给指定运营机构后,由其向社会公众提供数字人民币兑换和流通服务。在我国的试点应用期间,数字人民币双层运营架构在原有基础之上衍生发展出"第 2.5 层",由除指定运营机构外的其他商业银行、非银支付机构等受理服务机构组成,负责数字人民币钱包、应用场景及技术开发,为公众提供资金流转、支付结算等金融服务。具体运营模式可参见图 12-4。

第三,专注零售需求。截至目前,世界各国法定数字货币根据用户和用途不同可分为两类,一种是批发型法定数字货币,主要面向商业银行等机构类主体发行,多用于大额结算;另一种是零售型法定数字货币,面向公众发行并用于日常交易。数字人民币是一种面向社会公众发行的零售型法定数字货币,其推出旨在进一步推动国内支付系统的现代化和数字化转型,充分满足公众日常支付需要,持续提高零售支付系统

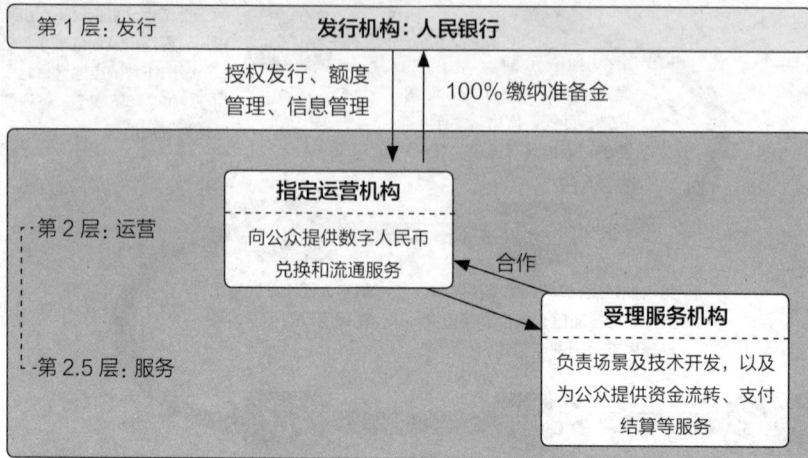

图 12-4　数字人民币双层运营流程

的效能，降低全社会零售支付成本。

第四，主要定位于M0。数字人民币现阶段主要定位于"流通中现金M0"，并与同属M0范畴的实物人民币一致，具有不计付利息的特点，这一特征也决定了数字人民币主要功能定位是"小额、高频的交易支付工具"，以降低金融脱媒发生的可能，故而其不适用于公众以数字人民币的形式保留大规模账户余额进行价值储藏。

三、全球金融科技发展展望

当前发展金融科技已成为全球共识，世界主要国家和地区已充分意识到金融科技在发展普惠金融、促进金融转型升级、推动经济可持续增长等方面的作用和潜力，资本市场也更为注重对金融科技的资源投入。全球金融科技发展正呈现以下特征。

第一，资金不断涌入，产业加速细分。在规范发展金融科技已成世界共识的背景下，2021年全球金融科技产业的投资交易数目、额度和估值均创历史新高。硅谷银行数据显示，2021年全球范围内公开披露的金融科技融资数量为4969笔，融资额度为1315亿美元，同比往年分别增长了42%和168%。2022年，虽然全球金融科技股权融资数量与金额有所下降，但仍是金融科技相关行业中的投融资重点。与此同时，随着新冠疫情常态化以及对数字化金融服务需求的增加，全球金融科技产业加速细分，以数字支付、零售金融为主力的传统金融科技业态发展持续回温，以数字基础设施及运营、保险科技、加密货币、数字银行、监管科技为代表的新兴业态成为热门。

第二，科技成为内核，引领金融创新。放眼全球，科技创新逐渐成为所有金融服务的底盘。一方面，越来越多的传统金融中心争做科技中心，纽约自21世纪起发力集聚科技产业，现已成为能与硅谷匹敌的美国第二大科创高地；伦敦奋力建设东伦敦科技城，现已成为又一世界一流科创中心；北京早在2014年就把建设"全国科技创新中心"与建设"政治中心、文化中心、国际交往中心"一起作为北京"四大中心"的城市战略定位。另一方面，金融机构也在加速拥抱科技，持续发力研发投入和科技人员储备，世界知识产权组织发布的 2020 年全球金融科技专利排行榜 TOP100 中，金融机构数量持续增长并占据 18 席，中国平安更是以 1604 件专利申请量位居世界第一。毕马威 2021 年的调研报告显示，大数据、人工智能和云计算在当前我国金融机构中的应用率分别高达 83%、76% 和 50%。同时，云原生、边缘计算、数字孪生、元宇宙等前沿技术将为金融机构数字化转型打开新一轮空间。

第三，基建蓬勃发展，夯实产业地基。近些年，数字新基建在全球蓬勃发展，世界银行数据显示，2021 年，全球互联网普及率增至 60.5%，智能手机普及率增至 58.2%；同时，宽带订阅率和上网速度相较往年亦持续稳步上升。放眼全球，欧洲互联网普及率持续领先，其中，英国高达 91.4%，美国为 85.8%，中国为 64.5%。而智能手机普及率则在中国增至 61.2%，与欧美差距进一步缩小。根据全球移动设备供应商协会（GSA）的统计，截至 2021 年底，全球达成了 200 个公共商用 5G 网络的里程碑，且预计到 2025 年，5G 连接数占总连接数的比重将从 2021 年的 8% 提升到 2025 年的 25%。各国政府在数字基础设施上的发力，为其金融科技相关上层产业技术的演进和应用创新提供了坚实地基。

第四，开放融合加剧，共享持续升级。金融科技的跨学科、强交叉、破壁垒特性使得"开放、共享"始终是其发展的关键词和趋势。一方面，金融科技相关跨国合作不断加强，亚太金融科技网络、全球金融创新网络等不断设立，中国与新加坡、英国与印度、澳大利亚与卢森堡等国家加快推进监管协作与战略合作，《FATF 建议书》《通用数据保护条例》等多国合作制定的金融科技相关标准持续发布。另一方面，金融科技产业要素共享持续升级，大到以欧盟、东盟、中东地区为代表的跨国区域一体化及以中国京津冀、长三角、粤港澳，美国旧金山湾区、纽约湾区等为代表的本国区域一体化联动发展持续推进，技术、数据、人才等要素在区域内流通共享，力图通过各类优势互补实现共赢。

第五，全球规则先行，强调可持续性。"规则先行"逐步成为全球各国政府发展金融科技的共识，而国际协同远远不够又导致"全球规则"缺乏，在此背景下，政策监管、规则制订及顶层设计能力成为各国的核心竞争力，推广监管沙盒制度、深化金融科技伦理体系建设、加强消费者保护、推动金融科技行业标准化等成为近些年各国的重点工作，并由此带来了市场对监管科技的需求爆发。据调查，33% 的全球系统重要性银行在 2022 年加大了对监管技术的投入。同时，绿色、可持续发展愈发重要，欧盟在 2021 年陆续推出《公司可持续发展报告指令》《可持续金融信息披露条例》，将多重披露标准统一规范化；美国环保协会（EDF）适时推出《关于强制披露气候相关金融风险》的报告，同期政府签署行政令，要求上市机构提高相关气候风险披露水平。2022 年 1 月，中国人民银行印发《金融科技发展规划（2022—2025 年）》，也重点强调了金融科技与绿色金融的深度融合和可持续发展。

本章小结

1. 国际金融发展的新趋势包括：国际金融市场的自由化、全球化和一体化，国际金融中心的多样化，国际融资方式证券化，国际货币体系多元化以及国际金融创新化。

2. 国际金融创新是整个金融领域出现的新创造和新发展，包括新的金融产品与服务、新的金融机构、新的金融制度和新的金融相关技术。其中，金融产品与服务创新是金融创新的核心内容，包括风险转移型创新，如浮动利率债券、期货、期权、货币互换、利率互换等；增加流动性型创新，如大额可转让定期存单、资产证券化和垃圾债券等；信用创造型创新，如商业票据、票据发行便利（NIFs）、平行贷款、信用额度等；股权创造型创新，如可转换债券、附有新股认购权债券；规避管制型创新，如可转让提款通知书（NOWs）、超级可转让支付命令（super NOW）、自动转账服务（ATS）和回购协议等；降低融资成本型创新，如欧洲货币、贷款承诺和租赁等；推动全球可持续发展创新等。

3. 金融稳定理事会在其首次发布的关于金融科技的报告中给出了金融科技的明确定义，即金融科技是指由科学技术带来的金融创新以及其所创造的新的业务模式、应用、流程或产品，而这一金融创新将在很大程度上影响金融市场、金融机构和金融服务的提供方式。其中，科学技术包括传统的信息技术以及新兴的物联网、大数据、云计算、人工智能和区块链等技术在金融领域的融合运用所形成的一些全新的技术、方法和应用，且其正在对银行、保险和支付这些传统金融领域产生深远影响。

4. 当前发展金融科技已成为全球共识，世界主要国家和地区已充分意识到金融科技在发展普惠金融、促进金融转型升级、推动经济可持续增长等方面的作用和潜力，资本市场也更为注重对金融科技的资源投入。全球金融科技发展正呈现以下特征：资金不断涌入，产业加速细分；科技成为内核，引领金融创新；基建蓬勃发展，夯实产业地基；开放融合加剧，共享持续升级；全球规则先行，强调可持续性。

核心术语

金融创新（financial innovation）

外汇衍生品（foreign exchange derivatives）

货币互换（currency swap）

利率互换（interest rate swap）

金融科技（FinTech）

监管沙盒（regulatory sandbox）

人工智能（artificial intelligence）

大数据（big data）

区块链（blockchain）

云计算（cloud computing）

物联网（Internet of things）

信息安全（information security）

互联网银行（Internet bank）

新兴金融科技（alternative finance）

传统金融科技化（digitization of financial sector）

金融科技基础设施（fintech infrastructure）

思 考 题

1. 简述国际金融发展的新趋势，思考其对国际金融市场发展的影响。

2. 简述国际金融创新的主要表现和原因，并用几个例子进行分析。

3. 国际金融创新有哪些相关理论？每个理论的核心思想是什么？

4. 目前与金融发展最相关的技术有哪些？分别在金融场景中有着怎样的应用？

5. 金融科技发展经历了哪些发展阶段？目前由哪些内容组成？

6. 试分析全球金融科技发展的现状，尤其是国家和城市格局，思考我国如何在全球金融科技发展中持续领先？

7. 简述数字人民币的特点，并比较数字人民币与纸币人民币的区别。

CHAPTER 13　第十三章　银行国际化

学习要点

1. 理解银行国际化的定义、分类与主要模式；
2. 了解全球银行国际化的现状，理解影响银行国际化的基本要素及银行在国际化过程中可能遇到的风险因素；
3. 熟悉中资银行的国际化历程，分析其国际化过程中可能遇到的问题与解决方法。

第一节　银行国际化概述

以商业银行为代表的金融机构是国际金融市场的重要参与者，各国金融机构的境外发展不仅拓宽了其在金融行业的全球版图，也为一般企业的境外金融活动提供了基础支撑，并由此推动各国经济国际化水平的提升。本节将以商业银行（包括以银行业务为主要业务的金融集团）为主体，介绍银行国际化（bank internationalization）的基本内涵、常见类型与实现模式。

一、银行国际化的定义

企业国际化是指一个企业的生产经营活动不再局限于一个国家，而是面向世界经济舞台的一种客观现象和发展过程，主要体现在生产国际化、销售国际化和管理国际化三个方面。商业银行等金融机构作为一类特殊的企业，其国际化是指该金融机构基于商业利润目标，积极在境外拓展分支机构，形成广泛的国际网络，全面发展国际业务的过程。

应当理解，商业银行的国际化不仅体现在其境外业务的扩张及境外机构的设立上，更为重要的是其在国际金融市场中话语权与定价权的掌握。因此，银行的国际化发展包含"硬实力"与"软实力"两个方面的整体提升。"硬实力"通过具体的数字（如境外机构数量、境外资产、境外营业利润等）得以体现，可以展示一家银行国际化的基本水平；"软实力"（如在国际金融业界的话语权、定价权等）则无法通过简单的量化指标完全展现，而"软实力"的发展又是商业银行国际化发展的更高目标。因此，"硬实力"与"软实力"的观察都十分重要，缺一不可。

二、银行国际化的分类

在国际金融实践中，众多银行都迈出了国际化的步伐，积极参与国际金融市场并对世界金融格局产生影响，但因各家银行的建立背景、发展战略及优势地位不同，银行的国际化也有着不同的模式。结合相关文献，本书将银行国际化的不同模式主要分为"天生"国际化与传统国际化两类。

（一）"天生"国际化

某些银行在成立之后不久便进入国际市场开展运营活动，试图从对不同国家资源的开发和利用中寻求竞争优势，属于"天生"国际化的类型。这类银行的创立者或者团队通常具备丰富的国外市场知识和经验，建立伊始便构想全球业务，将全世界视为一个市场，而不是将自身限定在一个国家，其业务增长也主要来源于国际市场而非国内市场。在"天生"国际化模式中，国内市场可能只占据银行资产或营业收入的很小份额。此类银行在成立之初便注重建立覆盖面广、联系紧密的国际网络，能够在短时间内获取国际市场资源，国际扩张速度很快。

由于"天生"国际化要求银行具备诸多特性，因此在目前的大型国际金融机构中，采用这一方法进行国际扩张的银行相对较少，较为典型的是来自英国的渣打银行集团（Standard Chartered Bank）。渣打银行的经营历史超过150年，在英国本土的市场占有率并不高，大约90%的收入和利润来自亚洲、非洲及中东地区，并通过各类金融服务带动了这些地区的投资及贸易发展。渣打银行于1969年由两家英国的境外银行合并成立（见表13-1）。一家是英属南非标准银行（Standard Bank），另一家是印度新金山中国渣打银行（Chartered Bank）。其中，前者主要对英国在南非的业务提供金融服务，后者则主要负责英国在印度、澳大利亚和中国的金融业务。两家银行均是高度国际化的银行，在英国本土的业务极少。因而，由这两家银行合并而成的渣打银行也在成立初期便具有了"天生"国际化的特性。在渣打银行成立之后，其分支机构遍及欧洲、阿根廷、加拿大、巴拿马、尼泊尔和美国等地。近10年以来，渣打银行集团的收入90%以上来自境外，2022年其境外分支机构数覆盖全球近60个国家和地区，境外贷款超过全部贷款总额的87%。

表13-1　英属南非标准银行与印度新金山中国渣打银行国际化大事件

银行名称	主要事件
英属南非标准银行	1862年，成立于伦敦，创始人约翰·帕特森 19世纪70年代，发展壮大，为金伯利钻石的开采提供融资 1886年，业务网络向北拓展至约翰内斯堡 1953年，在非洲南部、中部、东部分支机构达600多家 1956年，与西部非洲银行合并，业务遍布整个非洲
印度新金山中国渣打银行	1853年，维多利亚女王授予皇家特许状，创始人为詹姆斯·威尔逊 1858年，正式营业，于孟买、加尔各答、上海设立分行。该银行主要为传统贸易提供资金，包括孟买的棉花贸易、加尔各答的茶叶贸易、缅甸的大米贸易、苏门答腊的烟草贸易，以及横滨的丝绸贸易等 1859年，在中国香港、新加坡设立分行

资料来源：浙江大学金融科技研究院、金融研究所"银行国际化"系列报告。

渣打银行的国际化发展主要顺应了维多利亚时期英国的新帝国主义全球扩张战略。19世纪70年代到1914年第一次世界大战爆发的这段时期内，欧洲殖民扩张的政策与意识形态被称为"新帝国主义"，以大英帝国为首，各欧洲强权"为帝国而帝国"，在境外竞相争夺并巩固殖民地。这一时期，欧洲强权在境外的殖民地总面积达到了2300万平方千米。其中，非洲这片一直到19世纪80年代还鲜有欧洲人踏足的大陆成为帝国主义者的主要目标；同时，大英帝国的扩张亦延伸到了东南亚和东亚沿海地区。渣打银行的两大前身便借此契机分别实现了在非洲与亚洲的国际化发展。在渣打银行正式成立后，由于英国在其境外殖民地的霸权统治，渣打银行在境外的发展也具有了其他银行所不具备的政治优势，其面临的法律、文化冲击等风险均小于其他国家的银行。同时，当时渣打银行也以服务本国企业的发展为主要业务，因此异国文化的差异在当时并非制约其发展的主要因素。此外，由于非洲等地本土金融体系十分薄弱，渣打银行在进入境外市场时，几乎不曾受到本土银行的有力竞争。

（二）传统国际化

传统国际化是指商业银行首先选择在境内充分发展，当其自身具备了强大的境内市场基础之后才通过国际化活动向境外其他国家和地区扩张，包括新建境外分支机构、对外间接投资、境外并购、跨境联盟等。这一类型国际化的关键在于知识和投入，即银行根据所获得的关于境外市场的知识决定向这些市场投入更多的资源。从这个角度来说，传统国际化是银行一系列渐进决策的结果。通常情况下，采用传统国际化方法进行扩张的银行会先进入经济、文化、政治、语言等差异较小的境外市场，待国际化经营的经验知识积累到一定程度之后才会选择进入与境内市场差异较大的境外市场。

大多数商业银行的国际化发展均属于传统国际化的类型，如全球银行国际化的佼佼者——花旗银行，其国际化路径展现了一个本土银行向大型跨国集团转变的成长历史。

花旗集团（Citigroup Inc.）由花旗银行（Citibank）的持股公司花旗公司（Citicorp）与旅行者集团于1998年合并而成，成为美国第一家集商业银行、投资银行、保险、共同基金、证券交易等诸多金融服务业务于一身的金融集团，其前身可追溯至成立于1812年的纽约城市银行（City Bank of New York）。1914年前，花旗集团致力于国内业务的发展；1914年11月10日，该集团在阿根廷布宜诺斯艾利斯设立分行，开启了全球扩张之路。

总体来看，花旗集团的国际化历程大致经历了三个主要阶段。

立足国内开启国际化步伐的探索时期（1901—1918年）：在此阶段，花旗集团以国际银行集团成立为契机，逐渐向亚洲、欧洲扩张业务，并以邻近的拉丁美洲为重点，在巴拿马、阿根廷、巴西设立分支机构，推动拉丁美洲业务的蓬勃发展，并开拓亚洲贸易融资业务。

多手段推动国际化扩张的蓬勃发展时期（1919—1974年）：1918年第二次世界大战结束后，花旗集团的国际化布局迅速拓展。一方面，该集团在全球各地大量新设分支机构，包括欧洲地区的布鲁塞尔、马德里、巴塞罗那、里昂，中东地区的开罗、贝鲁特、吉达等。另一方面，跨国并购也成为这一时期花旗集团大力拓展海外市场的重要手段。1921年，国家城市银行收购了法国农民贷款和信托公司的巴黎分支机构，1955年，收购了蒙罗维亚银行；1969年，其银行控股公司第一国家城市公司收购了伊朗人银行35%的股份。

国际化水平趋于稳定的全能银行转型时期（1975年至今）：如表13-2所示，花旗集团的国际化发展在20世纪末达到高位后趋于稳定，之后该集团主要依托自身广泛的全球化布局拓展各类金融业务，向全能型银行转型。目前，花旗集团已成为集储蓄、信贷、证券、保险、信托、基金、财务咨询、资产管理等全能式金融服务于一体的、全球化程度最高的金融服务连锁公司。

表 13-2　花旗集团国际化大事件

时间	事件
1812	纽约城市银行成立
1901	国际银行集团（IBC）成立
1902	业务拓展至亚洲、欧洲、印度
1904	IBC 在巴拿马开设分支机构
1914	在阿根廷布宜诺斯艾利斯设立分行，进入南美洲
1918	收购美国银行"国际银行"
1921	收购 1906 年成立的农民贷款和信托公司的巴黎分支机构
1955	更名为"纽约第一国家城市银行"
1961	成立"第一国家城市海外投资公司"，作为海外分支及从属机构的控股公司
1966	在伦敦市场开办 dollar certificates of deposit（美元存单）
1969	收购伊朗人银行的股份
1974	第一国家城市股份公司更名为花旗公司
1984	伦敦分行成为钱伯斯清算公司（CHAPS Clearing Company）的创始成员机构之一
2001	以 125 亿美元的价格收购墨西哥的 Grupo Financiero Banamex-Accival

资料来源：浙江大学金融科技研究院、金融研究所"银行国际化"系列报告。

进入 21 世纪后，花旗集团已成为全球布局最广泛、国际化程度最高的金融集团之一。根据其 2022 年年度报告，花旗集团拥有约 2 亿个客户账户，在全球近 160 个国家和地区开展业务。

三、银行国际化的模式

商业银行常见的海外发展模式主要有两类。一是设立新的分支机构，包括分行（branch）、子行（subsidiary）和代表处（representative office）；二是通过并购参股或控股境外金融机构。两种模式在准入门槛、扩张速度、投资成本、风险等方面存在一定差异，并各具优劣（见表 13-3）。

表 13-3　银行国际化模式的比较

项目	新设分支机构			进行跨境并购	
	代表处	分行	子行	参股	控股
与母行关系	母行全资所有	母行全资所有，可利用母行资产和品牌声誉	母行拥有控股权或全部股权，对母行资金和品牌声誉的利用有限	母行拥有部分股份	母行拥有控股权
法人地位	非独立法人	非独立法人	独立法人	独立法人	－
准入门槛	设立相对简便	存在政策壁垒，监管要求适中	审批复杂，监管严格	依东道国金融开放程度确定，通常较小	
投资成本	运行花费低，退出成本低	初期较小，可追加投资	初期较小，可追加投资	资金需求大，可能增加主方财务压力	
扩张速度	设立较简便，扩张较缓慢	设立周期长，扩张较缓慢	设立周期长，扩张较缓慢	可使用被并购方原有网络，扩张速度快	
业务范围	进行前期调查，保持与客户、监管机构沟通	资本、业务等领域受限较小范围多以大额批发业务为主	经营范围广泛，可混业经营	可从事被并购方原有的业务	

续表

项目	新设分支机构			进行跨境并购	
	代表处	分行	子行	参股	控股
风险	低	母行承担连带责任	母行以出资为限，不承担连带责任	牵涉因素多，风险较高	
本土化程度	较低，成立初期母国有关客户占比高			本土化程度高，拥有被并购方原有的客户资源	

资料来源：浙江大学金融科技研究院、金融研究所"银行国际化"系列报告。

（一）新设分支机构

一般来说，新设机构这一模式主要包括设立代表处、分行和子行三种具体形式。首先，代表处是跨境银行在东道国设立的一种初级分支机构，不能经营具体的存贷款业务，但可以为母行收集关于东道国政治、经济、文化、法律以及商业机会的信息，建立并维护母行与东道国的关系网络，为开展具体业务做好前期准备工作。因此，许多商业银行在进入东道国的初期会设立代表处，用以进行东道国信息搜集、市场机会的调查，从而规避贸然进入东道国所带来的巨大风险。若经详细调查后，认为当地适宜建立正式的经营性机构，商业银行便可将原有的代表处升级为境外分行或者在当地成立子行。

其次，分行和子行均属于经营性的分支机构，但前者不具有独立的法人地位，后者则是按照东道国法律设置的、具有独立法人地位的实体。因此，当地监管部门对外资银行法人公司（子行）和外资分行也有不同的监管要求。通常情况下，分行在资本、业务等领域受到当地的监管限制比子行少，但子行的独立法人地位具有风险隔离作用，可以防止跨境银行在某一东道国的经营风险传递到其他地区。因此，在准入门槛较低、法律和监管制度健全、信贷业务资源丰富的地区（如东盟、欧盟国家），可通过设立分行的方式发挥集团优势；在准入和监管条件限制较多（如英国、美国）、经营风险相对较高的地区（如拉美国家），可通过设立子行的方式设立防火墙。而在具体业务分配上，子行可以开展的业务种类较多，但也会有资本充足率等监管指标要求；而分行业务种类相对简单，相应的监管指标要求也较低。因此，商业银行通常会将零售和小企业业务交予境外子行，而把大额批发业务交予境外分行，在利用总行授信优势的同时不占用境外子行的指标。

（二）进行跨境并购

并购（M&A）是兼并（merger）和收购（acquisition）的简称。兼并是两家或两家以上独立企业合并为一家企业的过程，一般由一家主导性企业吸收另外一家或多家企业。收购则主要包括要约收购和协议收购。要约收购是指收购方通过向目标公司股东发出收购要约的方式购买该公司的有表决权证券的行为；协议收购则是指收购方通过与目标公司的股票持有人达成收购协议的方式进行收购。基于此，商业银行的跨境并购（cross-border mergers and acquisitions）是指商业银行通过一定的渠道和支付手段购买另一国（地区）企业（多为金融机构）一定份额的股权或资产等，根据购买份额的不同，最终实现参股或控股境外企业。其概念的核心在于"跨境"，其并购交易涉及两个或两个以上国家（地区）的企业、金融市场、法律制度、文化习俗等。

一般来说，新设机构这一模式受当地监管限制较严，且在东道国（地区）的所有业务均需要从头做起，发展周期较长，对当地市场的适应和渗透速度较慢。同时，新设机构在发展初期的品牌知名度和市场认可度也较低，难以融入当地主流社会。相反，采用跨境并购这一模式则可以避免烦琐的机构设立审批手续，缩短进入东道国（地区）的时间，并获得被并购银行原有的客户群和本土化网络从而迅速打入当地市场，同时还能在一定程度上减少和规避目标市场国（地区）针对外资银行经营设置的种种壁垒，有利于在当地开展多元化经营。但这种方式存在并购后的企业文化、人力资源、财务管理等方面的整合问题，具有一定的风险。例如2007年中国民生银行出资1.26亿美元收购美国联合银行9.9%的股权，但最终这项投资因被收购公司的倒闭而宣告失败。

专栏13-1　中资银行的跨境并购

中资银行的跨境并购兴起于21世纪初，虽然相比国际上其他金融机构起步较晚，但很快受到了中资银行的重视，成为助力其国际化发展的新兴方式。此外，由于中国香港、澳门、台湾等地区的法律制度、金融市场等均与内地有较大差异，因此，学者们往往将中资银行在港澳台等地进行的并购活动也归类于跨境并购。自1984年中国银行收购澳门大丰银行以来，中资银行的跨境并购史已经走过了40余年，其间起伏不断、"胜负"常有（见表13-4）。

表13-4　部分中资银行跨境并购案例

年份	并购方	被并购方	并购金额	并购结果
1984	中国银行	澳门大丰银行	–	成功
2000	中国工商银行	香港友联银行	18.04亿港元	成功
2002	中国建设银行	香港大新银行	1.05亿港元	成功
2003	中国工商银行	华比富通银行	2.76亿美元	成功
2006	中国建设银行	美银亚洲	97.1亿港元	成功
2006	中国银行	新加坡飞机租赁有限责任公司	9.65亿美元	成功
2006	中国工商银行	印尼哈里姆银行	0.1亿美元	成功
2007	中国工商银行	澳门诚兴银行	5.83亿美元	成功
2007	中国工商银行	香港JEC投资公司	0.18亿美元	成功
2007	中国工商银行	南非标准银行集团	54.6亿美元	成功
2007	中国银行	东亚银行	5.1亿美元	成功
2008	中国工商银行	泰国ACL银行	5.5亿美元	成功
2008	招商银行	香港永隆银行	193.2亿港元	成功
2008	中国银行	瑞士和睦达基金公司	900万瑞士法郎	成功
2008	招商银行	香港永隆银行	约363亿港元	成功
2008	民生银行	美国联合银行	2.04亿元人民币	失败
2009	中信银行	中信国金	19.05亿美元	成功
2009	中国工商银行	加拿大东亚银行	0.73亿美元	成功
2009	中国建设银行（亚洲）	美国国际信贷（香港）有限公司	0.7亿美元	成功
2011	中国工商银行	美国东亚银行	1.4亿美元	成功
2011	中国工商银行	工银泰国	7276848股普通股及73533股优先股	成功
2011	中国工商银行	阿根廷标准银行	约6亿美元	成功

续表

年份	并购方	被并购方	并购金额	并购结果
2011	中国工商银行	工银加拿大（前身为加拿大东亚银行）	约 0.16 亿美元	成功
2013	中国建设银行	巴西 Banco Industrial e Comercial S.A.	16 亿雷亚尔	成功
2014	中国工商银行	台湾永丰商业银行	6.43 亿美元	成功
2014	中国工商银行	标准银行公众有限公司	7.7 亿美元	成功
2014	浦发银行	南亚投资管理有限公司	850 万港元	成功
2014	中国工商银行	永丰商业银行	187 亿新台币	成功
2014	中国工商银行	土耳其纺织银行	3.16 亿美元	成功
2014	中信银行	中信国金	约 10.53 亿美元	成功
2015	民生银行	华富国际控股有限公司	50 亿~70 亿港元	失败
2015	交通银行	BBM Bank	5.25 亿雷亚尔	成功
2015	中信银行	中信金控	130.9 亿元新台币	成功
2015	中国建设银行	印尼 Windu 银行	Windu 银行持有 60% 的股份	成功
2015	信达金融控股有限公司	中国银行	680 亿港元	成功
2016	厦门国际投资有限公司	中国银行	76.85 亿港元	成功
2016	光大集团	地拉那国际机场	–	成功
2017	中信银行	哈萨克斯坦阿尔金银行	约 4.3 亿元人民币	成功

资料来源：浙江大学金融科技研究院、金融研究所"银行国际化"系列报告。

　　正如表 13-4 所示，不同中资银行的跨境并购对象、金额、结果也各有不同，本专栏选择几起较为典型的并购事件予以分析。

1. 早期探索：中国工商银行并购香港友联银行

　　20 世纪 90 年代末到 21 世纪初是中国银行业境外并购的起步阶段。其中，中国工商银行收购香港本地注册、经营陷入困境的上市银行——香港友联银行并成功使之扭亏为盈的案例开启了境内商业银行在国际金融中心成功收购上市银行的先河，成为早期中资银行成功进行境外并购的典范。

　　20 世纪末亚洲金融危机的冲击打破了亚洲整体经济急速发展的景象，香港友联银行不良贷款有所增加，资产流动性表现较差，坏账问题比较突出。1999 年底，中国工商银行决定收购招商局集团持有的香港友联银行的控股股份并着手展开收购行为。在这一并购案例中，市场中的投资者信心在一定程度上决定了此次并购行为的成功与否。由于中国工商银行收购香港友联银行的股份超过了 35%，按照香港证监委和联交所的规定，中国工商银行必须做出全面收购承诺，以保证小股东的利益受到公正、公平的对待。同时，根据香港联交所上市规则，一旦在收购建议截止后公众持有的香港友联银行已发行的股票不足 25%，且如果联交所认为香港友联银行股份出现或可能出现虚假市场（如小股东少于 100 人），或公众持有的香港友联银行股份不足以维持一个有序市场，香港联交所将行使其酌情权，暂停香港友联银行股票买卖，即香港友联银行有可能丧失其上市地位。按照香港友联银行当时的形势，若想重新上市，最少需要三年的时间，这无疑是两家银行都不愿意看到的。因此，中国工商银行在入股香港友联银行后市场信心显得尤为重要。为此，中国工商银行做出了以下努力（见图 13-1）。

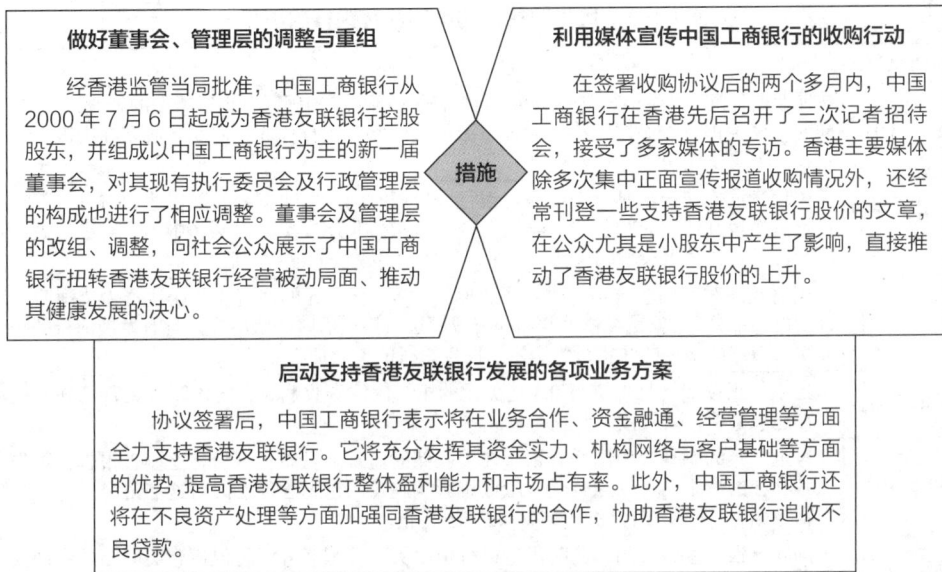

做好董事会、管理层的调整与重组

经香港监管当局批准，中国工商银行从2000年7月6日起成为香港友联银行控股股东，并组成以中国工商银行为主的新一届董事会，对其现有执行委员会及行政管理层的构成也进行了相应调整。董事会及管理层的改组、调整，向社会公众展示了中国工商银行扭转香港友联银行经营被动局面、推动其健康发展的决心。

利用媒体宣传中国工商银行的收购行动

在签署收购协议后的两个多月内，中国工商银行在香港先后召开了三次记者招待会，接受了多家媒体的专访。香港主要媒体除多次集中正面宣传报道收购情况外，还经常刊登一些支持香港友联银行股价的文章，在公众尤其是小股东中产生了影响，直接推动了香港友联银行股价的上升。

措施

启动支持香港友联银行发展的各项业务方案

协议签署后，中国工商银行表示将在业务合作、资金融通、经营管理等方面全力支持香港友联银行。它将充分发挥其资金实力、机构网络与客户基础等方面的优势，提高香港友联银行整体盈利能力和市场占有率。此外，中国工商银行还将在不良资产处理等方面加强同香港友联银行的合作，协助香港友联银行追收不良贷款。

图 13-1　中国工商银行并购香港友联银行后实行的方案示意

资料来源：浙江大学金融科技研究院、金融研究所"银行国际化"系列报告。

最终，截至收购完成日的 2000 年 7 月 14 日下午 4 时，在全面收购承诺的两个星期内，小股东共卖给中国工商银行 4571 万股股票，占股票份额的 10.28%。至此中国工商银行共拥有香港友联银行 70.69% 的股权，完全符合香港监管当局关于控股股东只能持有上市公司 75.00% 以下股份的要求，维护了香港友联银行的上市地位，取得了此次并购的成功。

2. 功败垂成：民生银行并购美国联合银行

中资银行进行跨境并购是风险与收益并存的。在中资银行境外并购的行为中，绝大多数银行通过对并购双方进行资源的优势互补，对自身进行资源的整合和业务的提升来获取成功，但实践中也不乏失败的案例。民生银行作为中资银行中首次尝试入股美国本土商业银行的银行，其并购美国联合银行却以失败告终的教训值得反思和总结。

作为一家全国性股份制商业银行，民生银行在经过 10 余年的发展与股改上市后，实力和规模均有了大幅增长。但其随后发现，银行分布的区域规模与快速发展的趋势并不匹配。截至 2006 年底，民生银行的业务几乎全部集中于境内经济发达地区，境外仅在香港拥有一家代表处。因此，在此次并购发生前，拓展业务领域，尤其是境外市场领域是民生银行所迫切希望的。美国联合银行经过较长时间的发展，在美国本土拥有较为丰富的经验与熟悉政策法律的管理团队，且与民生银行拥有相似的市场定位。在当时世界五大投行之一美林银行的推动下，民生银行通过与美国联合银行协商沟通，在 2007 年 9 月 27 日召开的临时董事会议中决定出资 3.2 亿美元并购美国联合银行 9.9% 的股份，借此成为美国联合银行的第一大股东。10 月，民生银行与美国联合银行正式签署了合作计划书，开始具体实施并购方案。然而，在并购具体实践操作过程中，问题却开始显现（见表 13-5）。

表 13-5 民生银行并购美国联合银行的历程

时间点	事件
2008 年 3 月	按照收购计划，民生银行支付 9690 万美元现金购买了美国联合银行增发的新股，占股 4.9%。同时，民生银行按照惯例将一名董事派往美国联合银行任职，但此名股东在决策上并无决定权，无实质作用
2008 年 3 月—2008 年 11 月	美国信贷危机快速蔓延，美国联合银行股价短时间内急速下跌，跌幅达 68%，大部分机构投资者抛售其股票止损。当时美国联合银行董事长胡少杰多次到访中国，对民生银行宣称股价已见底，马上会触底反弹，民生银行听信其说法并继续持股
2008 年 11 月	美国财政部对美国联合银行进行了金额为 2.987 亿美元的注资。此次注资为美国股权增资计划的一部分，对象是经过美联储和财政部层层挑选后财务状况良好且有发展前景的企业。此次看似"严格"的注资行为坚定了民生银行的持股信心
2008 年 12 月	民生银行正按照计划书进行 0.3 亿美元的第二次注资收购时，美国联合银行管理层被曝出存在违规事项，需要接受调查
2009 年 9 月	经过近一年的调查，美国联合银行在美联储的监督下发布了一份独立调查报告，报告中承认其存在的严重财务问题且受金融危机影响越发严重，管理层因对这一情况进行了隐瞒而面临被起诉，民生银行境外并购行为被迫终止
2009 年 11 月	美国联合银行宣告关闭，此时民生银行想要买下美国联合银行但遭到美联储的强硬反对，最终美国联合银行被华美银行收购

资料来源：浙江大学金融科技研究院、金融研究所"银行国际化"系列报告。

2009 年 11 月 10 日，民生银行在其对外发布的公告中表示，其对美国联合银行的累计投资折合为人民币约 8.87 亿元，约占美国联合银行控股公司总股本的 9.95%。截至 2009 年 9 月 30 日，已确认投资和减值损失共计 8.24 亿元。最终，民生银行并购美国联合银行以失败告终。

3. 战略调整：中国银行资产出售南洋商业银行

近年来，在大批中资银行积极进行境外并购、扩张境外版图的同时，有一部分中资银行开始逐步通过出售资产来进行境外资源的整合。如中国银行子公司中银香港于 2015 年 12 月 18 日向信达金融控股有限公司出售南洋商业银行，是其进行业务调整，打造"一带一路"金融大动脉的重要举措。

在成立之初，南洋商业银行的经营领域集中在零售市场，与其母行中国银行的客户群体并不相同，能够为其发掘更多的潜在客户群体与市场。然而，随着进一步的发展，南洋商业银行的市场定位与发展前景出现了一定的偏差，逐渐同中国银行在中银香港的业务和机构经营中产生了重叠，甚至一度被认为存在与母行抢占市场的行为，在一定程度上造成了银行资源和客户的分散。同时，伴随着近年来中国进入经济发展新常态的趋势，经济增速有所放缓，南洋商业银行的坏账率出现恶化。瑞银发表报告指出，此次出售行为发生前，南洋商业银行占中银香港整体资本及股本的 15%~20%，但其近年的股本回报率徘徊在 8%~10%，远低于中银香港 14%~15% 的水平。与此同时，南洋商业银行在 2014 年实现的总资产收益率（return on assets，ROA）仅为 0.94%，净资产收益率（return on equity，ROE）为 8.19%，均远低于集团平均水平。此外，结合共建"一带一路"国家的大背景，出售事件可为东盟部分机构和业务并入中银香港打下基础，促进中银香港加快进入东盟主流市场，配合中国银行国际化战略的推进，更好地支持人民币国际化进程和 21 世纪海上丝绸之路建设。基于多方面的考虑，中国银行于 2015 年 5 月 21 日发布公告称，拟出售中银香港旗下南洋商业银行股权，并重组东盟部分机构业务，开始其资产出售之路。

资产出售与重组计划的顺利完成对于中银香港来说是利好。在 2015 年 5 月 21 日公告日次日，中银香港股价随即上涨 8.16%，股价收盘于 33.15 元。具体见图 13-2。

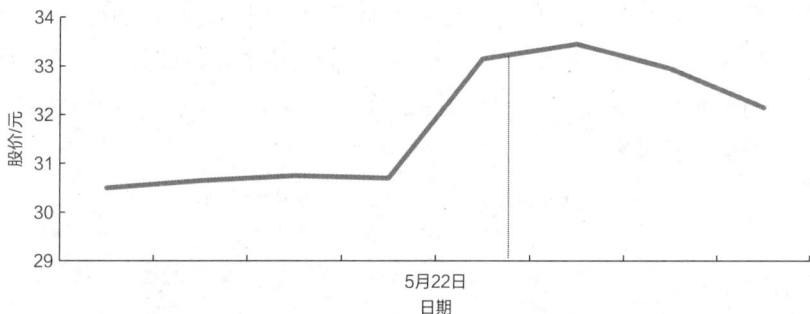

图 13-2　中银香港 2015 年 5 月 18—28 日股票收盘价变动情况

资料来源：浙江大学金融科技研究院、金融研究所"银行国际化"系列报告。

不仅如此，受益于对南洋商业银行的出售，中国银行非利息收入迅速增长。2016 年上半年，中国银行的非利息收入达 1070.37 亿元，实现了同比 40.52% 的增长，在营业收入规模中占比 40.87%。非利息收入的大幅增长主要来源于对南洋商业银行的出售，相应确认了投资处置收益。2016 年 5 月 30 日，中银香港就出售所持南洋商业银行全部已发行股份与信达金融控股有限公司完成交割，促使当期子公司投资处置收益达到 290.5 亿元，其他非利息收入达 592.1 亿元，同比增长 126.63%。

第二节　银行国际化的动因与风险

随着经济一体化和金融全球化的不断深入，银行国际化已逐渐成为商业银行（尤其是大型银行集团）谋求更高发展的趋势，但银行的国际化水平往往受到众多因素制约，银行的国际化发展也面临着形形色色的风险。本节在介绍全球银行国际化现状的基础上，以案例分析的形式深入探讨银行国际化发展的影响因素和风险因素。

一、全球银行国际化现状

自 20 世纪 80 年代以来，全球商业银行的国际化水平得到了整体提升，部分商业银行的金融产品与服务已经遍及全球并对各国金融市场产生了重要影响。本教材编写团队自 2015 年起便开始开展银行国际化的深入研究，并依托浙江大学金融科技研究院、金融研究所等机构每年发布相关研究成果，从全球银行的境外资产积累、境外营业收入成果、全球机构布局三个方面来展现当前商业银行国际化的全球格局。

（一）境外资产积累

考察 60 家境外资产数据较全的商业银行 2011—2020 年境外资产变动情况（见图 13-3），可以发现，全球主要商业银行的境外资产规模在 2011—2020 年间呈现小幅波动，而境外资产占比呈现波动上升趋势。2020 年，60 家商业银行的境外资产规模达 15.45 万亿美元，占总资产规模的 27% 以上。银行的境外资产积累需要一个长期的过程，大多需要通过建立境外分支机构或实施跨境并购才能实现，因而境外资产规模与占比在短期内不会发生大幅变化。但商业银行作为金融市场的重要参与者，境外经营受当地经济政治等因素的影响，企业境外资产变动也在一定程度上反映了全球化的变动趋势。2013 年英国首次正式提出"脱欧"公投，境外资产规模总量出现小幅下降；2016 年特朗普当选美国总统后主张逆全球化，银行业境外发展受到一定阻碍；2020 年英国正式"脱欧"加之新冠疫情的影响，境外资产规模再度回落。

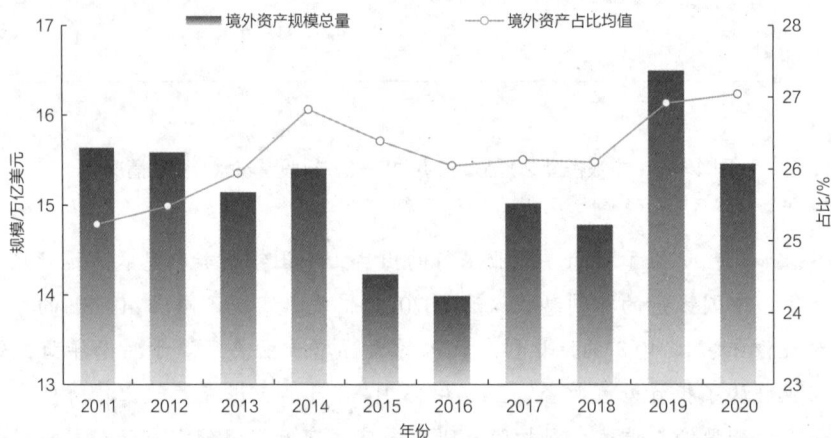

图 13-3　2011—2020 年全球主要商业银行境外资产规模与占比

资料来源：浙江大学金融科技研究院、金融研究所"银行国际化"系列报告。

（二）境外营业收入成果

考察 55 家全球主要商业银行的境外营业收入数据（见图 13-4），结果显示，相比境外资产，境外营业收入规模更易受到全球经济形势的影响，如 2020 年受新冠疫情的影响，全球经济陷入衰退，国际贸易总额大幅下降，全球银行境外营业收入规模也下降到 4200 亿美元左右。除此之外，银行境外业务占银行总营业收入的比例在扩大，境外业务越来越需要重视，也需要引入更多的监管。

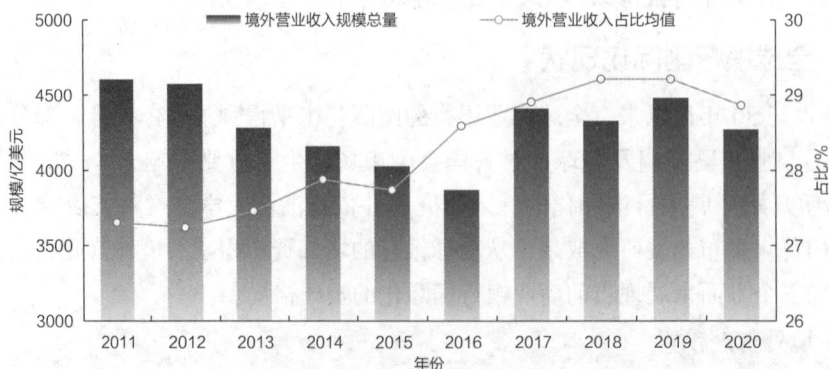

图 13-4　2011—2020 年全球主要商业银行境外营业收入规模与占比

资料来源：浙江大学金融科技研究院、金融研究所"银行国际化"系列报告。

此外，研究还发现，花旗银行（美国）、西班牙国际银行（西班牙）、汇丰银行（英国）、三菱东京日联银行（日本）和中国银行（中国）的境外营业收入规模最大，占据全球商业银行境外营业收入规模的前五名。渣打银行（英国）、西班牙国际银行（西班牙）、北欧联合银行（瑞典）、荷兰国际银行（荷兰）和瑞士瑞信银行（瑞士）的境外营业收入规模占自身总营收规模的比重最高，位居全球商业银行前五名。

（三）全球机构布局

受相关业务的限制，目前银行的发展仍然无法脱离线下渠道，因而境外机构的分布国家和地区以及境外机构的数目在很大程度上影响了银行境外发展的空间和潜力。一方面，以花旗集团、汇丰银行、中国银行等为代表的大型商业银行积极设立境外分支机构，覆盖60余个国家和地区。另一方面，随着全球经济增长陷入低迷以及数字经济的深度发展，银行的境外布局深度有所收缩。2020年，32家大型商业银行境外机构数的均值由2011年的420家降至353家，战略收缩趋势渐显（见图13-5）。

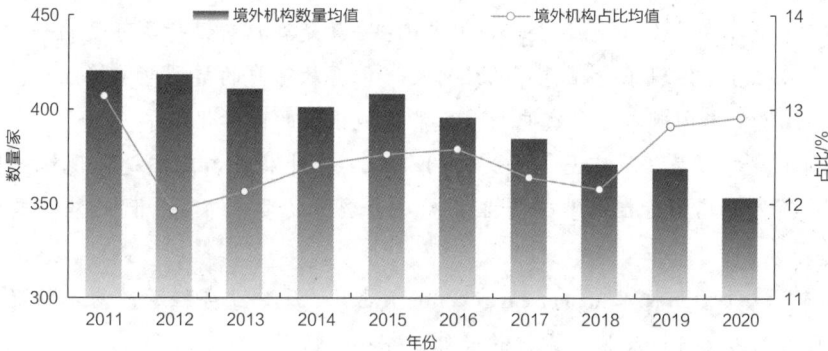

图 13-5　2011—2020 年全球主要商业银行境外机构数量与占比

资料来源：浙江大学金融科技研究院、金融研究所"银行国际化"系列报告。

专栏 13-2　银行国际化指数

本教材编写团队自2015年起便依托浙江大学金融科技研究院、金融研究所，以及中国人民大学国际货币研究所推出"银行国际化指数（bank internationalization index，BII）"及系列研究报告，以商业银行为落脚点，展示各国银行国际化历史与现状，直观描绘不同银行的国际化水平，梳理其国际化成果、挖掘其国际化因缘，为全球银行的国际化发展提出可行性建议。

1. BII 的指标维度

银行国际化指数以境外资产积累、境外营业收入成果、全球机构布局三大维度为支撑，从深度、广度、效果等多方面综合评价银行的国际化水平，同时对银行境外业务变迁、经营成本控制、国际人才培养等进行深入分析。

具体而言，BII保持核心与分析双层指标并行的架构。两层指标均围绕境外资产积累、境外营业收入成果、全球机构布局展开，其中，境外资产占比、境外营业收入占比、布局国家和地区占比作为核心指标参与BII评分，而其余指标则作为分析内容在报告中进行体现（见表13-6）。

表 13-6　BII 指标体系

三大维度	境外资产积累	境外营业收入成果	全球机构布局
核心指标	境外资产占比	境外营业收入占比	布局国家和地区占比
分析指标	境外贷款占比	境外利润占比	境外机构占比
	境外存款占比		跨境并购数量
	境外雇员占比		跨境并购金额

资料来源：浙江大学金融科技研究院、金融研究所"银行国际化"系列报告。

各指标的具体内涵如下。

（1）境外资产（overseas assets）占比：通过境外资产占比衡量境外发展的成果和后续发展的基础，同时，资产是规模的基本体现，该指标可以直接反映各银行境外资产规模的差异。

（2）境外贷款（overseas loan）占比：贷款利息是银行类金融机构的重要盈利来源，贷款数量及其占比反映银行的境外主营业务发展情况。

（3）境外存款（overseas deposit）占比：存款是客户对银行认可度的一种体现，境外存款占比可以体现银行在境外的认可度，但存款客户的类型也值得注意，外籍客户数量相比境外本国或本地区客户数量更能体现银行的国际化水平。

（4）境外雇员（overseas employee）占比：境外雇员占比亦是体现银行国际化水平的一项重要指标，但某些银行业务对雇员数量的要求不高，因此应与其他指标相结合。

（5）境外营业收入（overseas revenue）占比：反映业务经营的基本状况，通过境外营业收入占比可以反映出银行的境外业务拓展情况。

（6）境外利润（overseas profit）占比：反映银行境外盈利水平，这一指标十分重要，在数据可以获得的前提下，该指标均选取税前利润。

（7）布局国家和地区占比：境外分支机构覆盖的国家和地区数目越多，说明该银行的国际化水平越高，主要体现的是银行境外分支机构的分布广度。同时，为与其他相对性指标保持一致，该指标以世界主要国家和地区数（以各年联合国会员与观察员总数代替）为分母，对该指标进行相对化处理。

（8）境外分支机构占比：与机构所在国家和地区数相区别，该指标重在体现银行境外分支机构的分布深度，境外分支机构占比越高，国际化程度越高。

（9）跨境并购数量：跨境并购是银行境外扩张的重要方式之一，这一活动的多寡可以反映银行进行境外扩张的积极意愿。

（10）跨境并购金额：这一指标是对跨境并购数目的深化，更为具体地体现出各家银行在跨境并购活动中的差异。

2. BII 的样本范围

银行国际化指数关注 40 余个国家和地区近 150 家银行的国际化发展情况。其最新研究对其中数据较为全面的 114 家银行进行了 BII 测算，其中，56 家银行来自 22 个发达国家和地区，58 家银行来自 26 个发展中国家和地区。

3. BII 最新成果

根据银行国际化指数的最新研究成果。当前全球银行的国际化主要呈现三个特点。

（1）发达国家和地区银行保持领先，发展中国家和地区银行积极追赶

根据 2024 年全球银行国际化指数（BII）排名，发达国家（地区）银行中，国际化水平最高的 TOP10 银行分别为渣打集团（英国）、西班牙国际银行（西班牙）、荷兰国际银行（荷兰）、汇丰集团（英国）、北欧联合银行（瑞典）、德意志银行（德国）、花旗集团（美国）、法国兴业银行（法国）、匈牙利国家储蓄银行（匈牙利）、高盛集团（美国）；发展中国家（地区）银行中，国际化水平最高的 TOP10 银行分别为阿拉伯银行（约旦）、南非标准银行（南非）、马士礼格银行（阿联酋）、中国银行（中国）、马来亚银行（马来西亚）、国民联合银行（巴林）、伊塔乌联合银行（巴西）、肯尼亚商业银行（肯尼亚）、尼日利亚存取银行（尼日利亚）、盘谷银行（泰国）（见表 13-7）。

表 13-7　2024 年全球银行国际化指数（BII）排名

发达国家和地区银行 TOP20		
排名	银行名称	所属国家（地区）
1	渣打集团　Standard Chartered	英国
2	西班牙国际银行　Banco Santander	西班牙
3	荷兰国际银行　ING Bank	荷兰
4	汇丰集团　HSBC Holdings	英国
5	北欧联合银行　Nordea Bank	瑞典
6	德意志银行　Deutsche Bank	德国
7	花旗集团　Citigroup	美国
8	法国兴业银行　Société Générale	法国
9	匈牙利国家储蓄银行　OTP Bank	匈牙利
10	高盛集团　Goldman Sachs	美国
11	日本瑞穗金融集团　Mizuho FG	日本
12	瑞银集团　UBS Group	瑞士
13	三菱日联集团　Mitsubishi UFJ FG	日本
14	荷兰合作银行　Rabobank Group	荷兰
15	丹斯克银行　Danske Bank	丹麦
16	巴克莱银行　Barclays Bank	英国
17	联合信贷集团　Unicredit Group	意大利
18	丰业银行　Scotiabank	加拿大
19	三井住友银行　Sumitomo Mitsui Banking Corporation	日本
20	加拿大皇家银行　Royal Bank of Canada	加拿大
发展中国家和地区银行 TOP20		
排名	银行名称	所属国家（地区）
1	阿拉伯银行　Arab Bank	约旦
2	南非标准银行　Standard Bank	南非

续表

3	马士礼格银行	Mashreq Bank	阿拉伯联合酋长国
4	中国银行	Bank of China	中国
5	马来亚银行	Maybank	马来西亚
6	国民联合银行	Ahli United Bank	巴林
7	伊塔乌联合银行	Itaú Unibanco	巴西
8	肯尼亚商业银行	Kenya Commercial Bank	肯尼亚
9	尼日利亚存取银行	Access Bank Nigeria	尼日利亚
10	盘谷银行	Bangkok Bank	泰国
11	南非联合银行	Amalgamated Banks of South Africa Group	南非
12	尼日利亚第一银行	First Bank of Nigeria	尼日利亚
13	泛非银行	Ecobank	多哥
14	中国工商银行	Industrial and Commercial Bank of China	中国
15	锡兰商业银行	Commercial Bank of Ceylon	斯里兰卡
16	阿布扎比商业银行	Abu Dhabi Commercial Bank	阿拉伯联合酋长国
17	兆丰银行	Mega Bank	中国台湾
18	贸易金融住宅开发银行	The Housing Bank for Trade and Finance	约旦
19	莱利银行	Nedbank	南非
20	印度银行	Bank of India	印度

资料来源：浙江大学金融科技研究院、金融研究所"银行国际化"系列报告。

2024年，从全球银行国际化格局来看，发达国家和地区银行依然保持了长久以来的领先优势。发达国家和地区银行国际化TOP20的BII指数均值为44.36分，而发展中国家和地区银行国际化TOP20的BII指数均值为20.66分，约为发达国家和地区银行国际化水平的二分之一。这也从侧面反映出银行的国际化发展是久久为功之事，发达国家和地区金融体系的建立早于发展中国家和地区，其对全球市场的开拓也更具优势。

与此同时，发展中国家和地区银行在国际化开拓方面表现活跃。2024年，发展中国家和地区国际化TOP20的银行中有95%（19家银行）相比2023年排名发生了变动，且排名上升的银行数量（10家）与排名下降的银行数量（9家）几乎持平，竞争持续存在且保持白热化。

（2）发达国家和地区银行有所收缩，发展中国家和地区银行仍在扩张

从时间维度考察全球银行的国际化发展，可以发现，不同银行的国际化趋势出现了一定程度的分化。具体而言，56家发达国家和地区银行以及58家发展中国家和地区银行的BII均值在2007—2017年间均呈现稳中有升的态势，但近几年的国际化方向有所不同。发达国家和地区银行的BII均值自2018年以来整体呈下降态势，说明它们的国际化水平虽然整体较高，但随着全球经济和政治格局的变化，各家银行正在调整自身的国际化战略，国际化步伐有所收缩。发展中国家和地区的BII均值在2018—2020年呈现下降态势后，于2021年逆势上升，连续三年保持国际化的扩张状态，反映出发展中国家和地区银行积极走向全球市场的决心和姿态（见图13-6）。

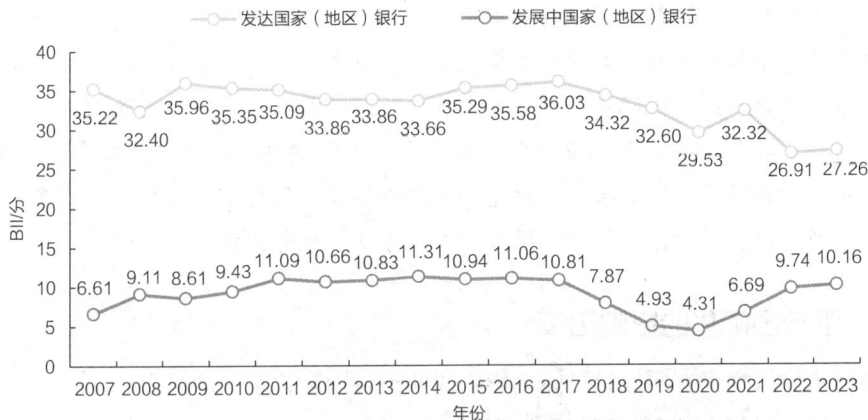

图 13-6　2007—2023 年全球主要商业银行的 BII 均值

（3）银行国际化收缩与扩张路径选择多样

基于当前全球银行国际化发展的收缩与扩张两大趋势，报告深入挖掘各银行的国际化战略与实践表现，梳理总结了不同银行在国际化发展上的四种路径选择：一是以苏格兰皇家银行、德意志银行为代表的本土化路径；二是以汇丰集团、渣打集团、花旗集团为代表的区域化路径；三是以马士礼格银行、阿拉伯银行、MCB 银行为代表的全球化路径；四是以中资银行为代表的协同化路径。

区域化路径意味着银行将重点关注并巩固核心境外市场业务，其具体表现为银行投资设点的国家或地区数目有所下降，但境外业务保持扩张。以汇丰集团为例，该集团自 2007 年起全球扩张的版图出现明显收缩，分支机构所在国家或地区的数目由 83 个下降至 62 个；但与此同时，该集团的境外资产规模与占比仍然呈现出上升态势，分别从 2017 年的 1.17 万亿美元和 50% 增加至 1.83 万亿美元和 60%。可见该集团的国际化战略正在从"广撒网"向"抓重点"转变，这正是该集团最新年度报告所提及的"保持优势市场领先地位"战略的直接体现。2024 年，该集团 BII 分值为 54.86 分，位列发达国家和地区银行国际化排名的第四位。

全球化路径意味着银行正在积极开拓境外市场且境外业务的扩张速度显著高于境内业务的增长速度。其具体表现为银行投资设点的国家或地区数目不断增加，且境外业务呈现明显的增长状态。以阿联酋的马士礼格银行为例，2024 年其国际化持续快速发展，BII 分值为 26.17 分，位列发展中国家和地区银行国际化排名的第三位，相比 2023 年上升一位。马士礼格银行近五年在其"成为全球银行领军者"的目标引领下实现了国际化的高速发展：一是境外机构所在国家或地区的数目明显增加，从 2019年的 12 个国家或地区增加至 16 个国家或地区；二是境外资产迅速积累，规模从 720亿迪拉姆增加至 1110 亿迪拉姆（约合 300 亿美元），占比上升至 46.1%；三是境外营业收入规模翻番，2023 年境外营业收入规模已达 26.2 亿迪拉姆（约合 7 亿美元），占比上升至 24.3%。

协同化路径意味着银行的境内外业务均迅速增长，其具体表现为银行投资设点的国家或地区数目持续增加、境外业务不断扩张，与此同时，境内业务也在迅速发展。

以中资银行为例，目前中国银行、中国工商银行、交通银行、中国建设银行、中国农业银行等大型商业银行在国际化发展上均有良好表现，且受全球政治经济格局变化影响与我国构建"国内国际双循环"新发展格局政策指引，中资银行注重境内外市场的同频发展。具体而言，相比五年前，各家中资银行均拓展或维持了自身的全球版图，境外机构所在国家或地区数目有所增加或保持不变，境外资产规模显著增多，国际化水平不断提升。同时，五家中资银行境内业务发展也势头强劲。

二、银行国际化的影响因素

下面将主要从六个方面探讨可能会影响商业银行国际化水平的因素。

（一）本国（地区）面积及其经济规模

一般来说，在相同情况下商业银行所属国（地区）的面积越小，银行国际化的程度将会越高；该国（地区）经济规模越大，其银行的国际化程度将会越高。

一方面，一个国家（地区）面积越小，其自身资源也往往受到诸多限制，因此越倾向于与其他国家或地区进行贸易以获得所需的资源。银行业作为国家（地区）金融体系的重要一环，同样也需要得到资金、客户等多种资源的支持，当本国（地区）的潜在客户不能满足本国（地区）银行的融资要求时，银行便会倾向于加快国际化的步伐，以培养世界各国或地区的潜在资金客户。

另一方面，一国（地区）的经济规模越大，越有可能利于该国（地区）银行国际化的发展。庞大的母国（地区）市场是商业银行国际化的坚实后盾，而国家（地区）经济规模的扩大将会吸引更多的潜在投资。国家（地区）整体经济规模的提高意味着该国（地区）的市场空间和发展潜力增加，对其他国家或地区潜在用户的吸引力也大大增加；同样，银行在选择国际化发展的地区时，也会倾向于那些经济发展相对较快的国家或地区，国家（地区）经济规模的扩大将会促进银行国际化的发展。

关于所属国（地区）面积与经济规模这两个要素对银行国际化的影响，荷兰与荷兰国际集团（Internationale Nederlanden Group，ING）可作为一组典型案例。荷兰国际集团是1991年由荷兰国民人寿保险公司和荷兰邮政银行集团合并组成的综合性财政金融集团，自成立以来就致力于积极拓展国际市场（见表13-8）。

表13-8　荷兰国际集团的国际化历程

年份	重大事件
1995	宣布合并巴林银行，成为其国际化发展的开局
2000	宣布合并安泰全球金融服务公司与安泰国际公司，完成了其位于美洲及亚洲的完整金融服务体系
2005	宣布出资17.8亿元入股北京银行，占股权比例的19.9%，每股买入价约为1.79元
2006	宣布取得中国台湾地区荷银投信公司的全部股权
2007	出资19.9亿欧元（约合26.73亿美元）收购土耳其Oyak银行。成立于1984年的Oyak银行在土耳其约有360家分支机构，是土耳其的第九大商业银行；同年，收购泰国军人银行部分股份，持有的股份增长至30%
2009	宣布将其所有的美国再保险业务部分转给美国再保险集团，作为其全球重组计划的一部分，并将其旗下位于亚洲的私人银行业务出售给华侨银行（OCBC Bank），以释放可用资金进行资产的重组

续表

年份	重大事件
2011	将旗下的美国网络银行事业以 90 亿美元出售给美国第一资本投资国际集团,同年将旗下拉丁美洲大多数保险业务售予哥伦比亚大型财团和投资管理公司
2012	荷兰国际集团保险亚洲分部售出其马来西亚全部股本,并出让 33.3% 的招商基金股权,同年出售价值为 21.4 亿美元的中国香港、澳门与泰国的保险业务
2013	将其韩国人寿保险业务出售给私人股权投资公司 MBK
2014	出售 3350 万股美国分公司股份,该次股份转让将使荷兰国际集团在美国分公司的占股从 2013 年末的 57% 降低到 45%
2018	收购第三方支付平台 Payvision 公司 75% 的股份,该平台能支持 150 种币种超过 80 种的支付方式

资料来源:浙江大学金融科技研究院、金融研究所"银行国际化"系列报告。

荷兰国土总面积仅为 41864 平方千米,在世界国家(地区)面积排行第 129 名。根据"银行国际化"系列报告,2023 年,荷兰国际集团的国际化指数在全球发达国家和地区商业银行中位居第三位,指数相对更高的渣打银行和西班牙国际银行也同属国土面积较小的欧洲国家,而总部位于美国的花旗集团的国际化指数值则居于部分欧洲银行之后。可见,银行的国际化程度与银行所属国(地区)面积大小具有一定的关联。与此同时,荷兰当年的 GDP 为 1.15 万亿美元,全球排名第 17 位,相比国土面积,荷兰的经济规模相当大,经济发展水平也远高于世界平均水平。同时,其他银行国际化指数排名较高的几家银行所在的国家或地区如英国、西班牙等 GDP 排名也均处于世界前列,可见在相同情况下,经济规模越大的国家(地区)其银行的国际化程度相对会更高。

(二)本国(地区)经济的发达程度

一般认为,一国(地区)经济发达程度越高,对该国(地区)银行国际化发展的促进作用也相应越强。

一是发达国家或地区总体经济环境良好,有助于银行的国际化发展。发达国家或地区经济运行机制较为成熟,市场体系健全,且拥有更为完善的宏观经济调控体系,为一国(地区)的金融发展营造了良好的基础环境,更有利于银行国际化进程的推进。与此同时,当商业银行在本国(地区)发展到一定程度后,其趋利本性促使其将金融服务领域向境外延伸,而发达国家(地区)整体经济实力强大,金融市场高度国际化,经济积极、稳定的发展为商业银行的境外发展提供了基本动力,在一定程度上促进了该国(地区)商业银行的国际化进程。

二是发达国家或地区政府往往高度重视和支持本国(地区)银行的国际化发展。一国(地区)银行的全球化并不完全取决于市场行为,还与母国(地区)的国际地位、话语权、国际关系等非市场因素有很大的关系。一般而言,一国(地区)银行的国际化经营有利于该国(地区)经济发展及影响力的提升,因而其政府会出台税收优惠等相关政策以鼓励和支持本国(地区)银行的境外拓展。

三是发达国家或地区注重创新和国际化人才的培养。很多发达国家或地区早在 20 世纪 90 年代便开始注重国际化人才的培养,对各自的国际化人才培养模式、教学方法等进行了改革和完善,这极大地增强了相关国家或地区的国际竞争力,更好地支撑和助推了其金融机构的国际化进程。

以汇丰银行（Hong Kong and Shanghai Banking Corporation，HSBC）为例，该行在发展初期便依托英国发达的金融体系建立起全球化的业务网络，目前亦是全球规模最大的金融机构之一（见表 13-9）。

表 13-9　汇丰银行的国际化历程

年份	重大事件
1865	香港上海汇丰有限公司在香港成立并于同年在上海建立分行，是第一家根据苏格兰银行原则运营的本地银行
1875	在亚洲、欧洲、北美洲等 7 个国家和地区设立分支机构
1900	业务已扩张到 16 个国家和地区，向全世界提供金融、外汇和商业银行业务
1959	收购有利银行和中东英格兰银行
1992	新成立汇丰控股有限公司，收购了英国米特兰银行的全部股份
2000	控股收购法国商业银行，改名为法国汇丰并在巴黎证券交易所上市
2002	控股收购 Grupo Financiero Bital 并改名为墨西哥汇丰
2004	收购百慕大银行有限公司，并在百慕大证券交易所上市，同年收购中国交通银行 19.9% 的股份
2005	收购美国麦特斯公司及伊拉克国民劳动银行 70.1% 的股份
2007	将旗下原来持有的越南科技商业银行的 10% 的股份增长到 20%，同年收购台湾迪和公司
2008	宣布出售墨西哥消费信贷机构 18.68% 的股份，同年收购印度尼西亚最大的工商银行之一 Bank Ekonomi88.89% 的股权，自此，汇丰在印度尼西亚的 24 座城市中拥有 190 个营业网点，成为继渣打银行和花旗集团之后的第三大外资银行
2009	将旗下持有的越南保险公司 10% 的股份增加至 18%，同年将旗下的汽车融资贷款管理部门出售给西班牙桑塔德银行，并将汇丰集团的法国总部出售
2010	将旗下持有的富国汇丰贸易银行 20% 普通股股权以及 100% 优先股股权出售给富国银行
2011	出售其一般保险业务，其中包括意大利忠利保险和安盛保险
2013	将旗下巴拿马分公司出售给哥伦比亚最大的银行，价值 21 亿美元
2015	将集团于巴西的全部业务出售给布拉德斯科银行，并宣布加强亚洲业务分支服务，意欲重整全球分支机构以优化其资产结构
2020	汇丰保险收购国民信托所持有的汇丰人寿 50% 的股权
2021	以 5.29 亿美元的价格收购新加坡 AXA Insurance 公司 100% 的股份；以 4.25 亿美元的价格收购印度共同基金管理公司 L&T Investment Management Limited
2022	以 100.1 亿美元的价格将其在加拿大的银行业务 100% 出售给加拿大皇家银行
2023	在硅谷银行倒闭之后，以 1 英镑的价格收购了硅谷银行英国分行

资料来源：浙江大学金融科技研究院、金融研究所"银行国际化"系列报告。

汇丰银行在国际化进程中取得的傲人成绩，在很大程度上得益于英国高度发达的经济水平。作为一个经济强国及世界金融中心，英国是全球技术最先进、经济最发达、人民生活水平最高的国家之一，近 10 年人均 GDP 均超过 4 万美元。相应的，该国金融机构在国际化发展方面历来处于世界领先地位，不仅境外机构遍布全球，跨境机构的境外资产比例也很高。而这种国际化的优势在一定程度上得益于其发展历史，从某种意义上说，英国的殖民统治为该国银行的境外发展起到了一定的推动作用。

（三）本国（地区）经济的国际化程度

一国（地区）经济的国际化是指本国（地区）放松与其他国家或地区的经济壁垒和金融管制，开放经济业务与贸易、开放金融业务、开放资本与金融账户的管理，使得本国或本地区的资本能够在世界各国（地区）的市场中自由流动。经济国际化是贸易国际化和生产国际化的最终结果，对本国（地区）银行的国际化发展也有同样重要的推进作用。

一方面，一国（地区）经济国际化程度的提高将带来其贸易开放程度的提高，推动该国（地区）银行跟随贸易主体到全球各地设立分支机构，以便更便捷地为企业提供贸易结算和支付等相关金融服务。

另一方面，随着一国（地区）经济国际化程度的提高，该国（地区）的资本流动限制等金融管制也将相应放宽，则该国（地区）银行可以更方便地将全球资金为己用，同时优化全球资源配置，以此进一步推进银行的国际化发展。

以花旗集团为例，花旗集团总部位于美国纽约，是目前世界上最大的银行和金融机构之一，也是美国第一家包括了商业银行、投资银行、保险、基金等金融服务的集团。花旗集团的历史以花旗银行的成立为起点，花旗银行的前身是1812年6月16日成立的纽约城市银行，在经过两百多年的发展后，花旗银行以其外汇和零售业务以及广泛的国际分支网络成为国际最知名的银行之一。

一国（地区）的经济国际化概念较为宽泛，包括经济贸易的对外开放、金融限制的放宽、对外投资的增加等，其中，外贸依存度是较为常用的衡量指标。以进出口总额占GDP的比例计算外贸依存度，可以发现，2010—2020年，美国的外贸依存度对总体呈现平缓下降的态势。与之相对应，花旗银行近年来的BII指数也出现了较为明显的下滑，在一定程度上可以认为花旗银行BII指数与美国外贸依存度高度相关（见图13-7）。当然，众多学者的研究也表明，母国（地区）国际贸易对该国（地区）银行国际化发展的影响在该行国际化发展初期更为明显，随着其境外发展的逐步成熟，境外扩张动因会愈加复杂，母国（地区）国际贸易水平对该行的影响也会有所下降。

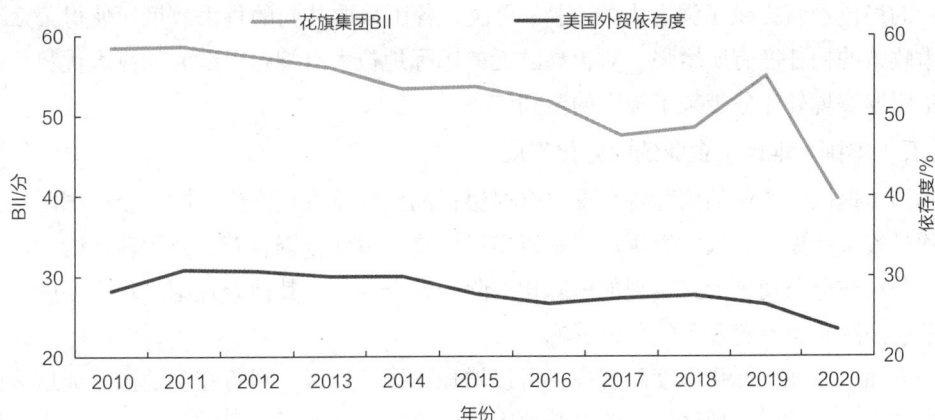

图13-7　2010—2020年花旗银行BII与美国贸易依存度

资料来源：浙江大学金融科技研究院、金融研究所"银行国际化"系列报告。

（四）本国（地区）货币的国际化程度

货币是国家（地区）硬实力和软实力的高度凝结。一般而言，货币国际化是指一国（地区）货币除了在本国（地区）发挥货币的作用外，还能作为国际交易媒介货币及储备货币。而一国（地区）货币国际化程度的提升，将会通过以下几个方面影响该国（地区）

银行的国际化进程。

一是降低交易成本，打破贸易壁垒。当一国（地区）货币成为国际货币后，将大大减少跨境交易时货币兑换的频率，由此带来交易成本的下降，使国际资本流动变得更为高效。此外，国际货币可以打破其他国家（地区）对银行业的垄断，打破由不同的货币体系所建立的各种贸易壁垒，从而有利于母国（地区）的金融机构进行跨境经营。

二是减少货币转换，规避汇率风险。当一国（地区）货币具有较高程度的国际化水平时，其大多可在世界范围内自由兑换、交易和流通，从而降低银行在开展跨境业务时由货币转换引起的汇率风险。由于不受货币转换的约束，银行可以以更少的时间和更小的成本去适应和融入国际市场环境，这在很大程度上减少了银行国际化经营的障碍，提高了其在发展国际化业务时的效率。

三是提高国际影响力，扩大境外市场。当一种货币的国际化程度较高时，由于其使用的频率较高，所以货币兑取的成本较低，流通能力较强，有利于该国（地区）银行在国际经贸活动中的计价和结算。同时，货币国际化在一定程度上与一国（地区）的国际影响力息息相关，有利于该国（地区）银行在境外设立分支机构。

以联合信贷集团为例，该银行是欧洲历史最悠久、规模最大的全球性银行集团之一，总部位于意大利米兰，在全球拥有 8400 多个分支机构和 147000 多名员工。根据"银行国际化"系列报告，2023 年该银行的国际化排名进入全球发达国家和地区商业银行TOP20，国际化水平较高。联合信贷集团的营业收入中 90% 以上来自欧洲地区，主要包括意大利、德国、奥地利等，欧元的出现和普及对其国际化发展颇有助益。首先，欧元打破了欧元区内因各国不同经济金融体系形成的各种壁垒，大大降低了跨境交易的一系列成本；其次，它彻底消除了原有区域内货币间汇率的不确定性，减小了区域内银行的利率和汇率风险，为银行的稳健经营提供了强有力的支持；再次，各国采取共同的货币政策，使得公众对各国货币政策的信任度有所增强，对提高欧元的国际地位大有裨益。欧元的巨大优势为联合信贷集团发展境外业务带来了极大的便利。

（五）本国（地区）企业的国际化程度

本国（地区）企业的国际化程度也会对银行的国际化发展产生影响。企业国际化是指企业通过资金、设备、人才等生产要素以出口贸易、境外合资合营、技术转让以及在境外建立子公司或分公司等形式实现的国际化。除金融企业外，其他企业国际化程度的提升对银行业的国际化也有着显著的积极影响。

一方面，企业国际化程度的提高，可以增加本国（地区）银行在其他国家或地区的潜在客户与资本。本国（地区）企业在其他国家或地区设立的子公司或分公司，在进行经营活动时，为便于与母公司进行经济交流，更倾向于向本国（地区）的银行进行借贷活动，尤其是涉及某些流通性并非特别强的货币时。因此，当本国（地区）企业的国际化程度提高时，本国（地区）银行在其他国家或地区设立分支机构时便有了更多的潜在客户，因而增加了银行向境外扩张的动力。

另一方面，跨境企业在世界范围内进行资本、产品、人力、科技、信息等多种层面上的交易活动，通过新技术及新产品的开发保持企业竞争力，这类企业的增多将使境内市场与国际市场的差距逐渐缩小，境内外金融市场的交流也将逐渐增多，为银行、保险、证券等金融企业的国际化发展营造了良好的氛围。

以德意志银行为例，该银行总部位于德国法兰克福，是德国最大的银行。德意志银行在世界多个国家或地区设有分支机构和附属机构网络，在世界范围内为个人、公司及政府提供借贷、证券交易、外汇买卖和衍生金融工具等金融服务。该行的国际化发展历史久远，早在1996年，德意志银行便在境外设有780个分支机构，在卢森堡、莫斯科、马德里、伦敦等地均设有分行或代表处。其中一个很重要的原因便是，德意志银行所在的德国拥有众多老牌国际化企业，在世界500强企业中，德国企业所占的名额便有28个，这些企业的国际化发展普遍非常成熟。以大众集团为例，早在1950年，大众集团的产品便已成功进入18个国家和地区，当时大部分集中在瑞典、荷兰等欧洲国家，后来巴西、美国等一些美洲国家也成了大众集团所关注的主要出口市场。1953年，大众集团进入了其国际市场开拓的一个重要转折点，它凭借所具有的竞争优势依次开辟了美洲、非洲和亚太市场，这也推动着德国金融机构境外服务的日趋完善。除大众集团外，宝马、西门子等一系列在国际上有着巨大影响力的企业都为包括德意志银行在内的德国金融机构提供了境外扩张的基础，并对它们的国际化有着积极影响。

（六）银行自身的业务定位

银行自身业务定位的不同，也会对银行的国际化进程产生很大的影响。一般而言，相较于零售银行，批发银行或者全能银行的国际化程度更高。全能银行是指不仅经营银行业务，还经营证券、保险、金融衍生业务以及其他新兴金融业务的银行。银行业务多元化有助于其国际化发展，具体体现在以下几个方面。

第一，多元化业务能在更大的程度上迎合客户需求，并通过共享客户资源降低服务成本。在多元化业务体系下，银行各部门的潜在客户将会出现不同程度的重合，通过对其客户资源的整合与共享，银行可以利用整体信息优势，为客户提供全方位、多领域、个性化的综合金融服务，同时各部门不同产品的交叉销售又为银行创造新商机提供了可能，有利于提高银行的盈利水平和经营体系效率。

第二，多元化经营可以加强银行与客户之间的联系，增强客户的黏性。一方面，随着多元化业务尤其是投资银行业务的开展，银行将对企业的债券进行承销，甚至会代理行使股东权利（如德国、日本的银行），使得银行与客户之间的关系更紧密持久；另一方面，由于银行与客户之间存在多方面的业务合作，双方都有动力保持自身良好的信用，有效促进了银行与客户之间内在守信机制的建立。

第三，多元化经营可以增强银行的抗风险能力。产品经营的多元化为银行进行新型金融产品的开发与业务市场的开拓提供了有力支持，进而使商业银行的抗风险水平与应对金融市场变化的调节能力大幅提高，使其能更加快速有效地针对金融市场的波动进行调整，也能更快速地融入境外的金融环境。

以同样来自美国的花旗集团与富国银行为例。正如前文所述，花旗集团集商业银行、投资银行、保险、基金等金融服务于一身，这些业务也支撑着花旗集团的国际化发展，该行2023年国际化指数在全球发达国家和地区商业银行中高居第七位。相比之下，富国银行（Wells Fargo）则是一家以零售为主的极具特色的银行，总部位于美国旧金山，其业务结构主要分为社区银行、批发银行和财富管理三个部分，其中，主营零售业务的社区银行收入占比最大。所以，尽管富国银行也是知名的全球性银行，但其境外业务占比相对偏低，在商业银行国际化方面的"硬指标"相对薄弱。2023年，该行国际化指数在全球发达国家和地区中仅排名第50位。

三、银行国际化的风险因素

金融风险是指金融市场的参与者在金融活动中对未来结果不确定性的暴露，或者说是指一定量的金融资产在未来一段时间内预期收入遭受损失的可能性。根据金融风险的形态，商业银行在国际化经营中经常面临的风险一般可分为市场风险、操作风险、法律风险和其他风险等。

（一）市场风险

市场风险（market risk）是指商业银行在金融市场的交易头寸由于市场价格因素（利率、汇率、商品价格、股票价格等）的不利变动而遭受损失的可能性。这些市场价格因素对金融参与者造成的影响可能是直接的，也可能是通过对其竞争者、供应商或消费者所造成的间接影响。具体到国际化发展中，商业银行在参与境外市场经营时，东道国（地区）市场利率的变动、投资产品价值的起伏、两国（地区）间汇率的波动等均会为银行带来跨境经营的市场风险。

以花旗集团在20世纪80年代末至90年代初曾经历过的市场风险为例。20世纪70年代末，花旗银行经过了160多年的发展，已初现规模。20世纪80年代初，在美国"泡沫经济"阶段，花旗银行的资产规模更是出现了爆炸式增长，极大地激起了花旗银行"国际化"的决心，于是花旗银行开始大举参与美国国内和南美国家的不动产（主要为房地产）投资以及企业的杠杆融资，并在业务战略上，提出了为实现全能型银行而准备的"5个I"战略，即individual（个人金融业务）、institution（法人金融）、investment Banking（投资银行业务）、information（信息服务）和insurance（保险业务）。但是到了20世纪90年代初，随着美国泡沫经济的破灭以及非产油发展中国家和地区的债务偿付危机，美国银行业开始出现亏损倒闭潮，花旗银行也未能幸免。此外，之前过快的国际化扩张致使其资产风险急速增大，产生大量的不良资产。1987年和1989年，花旗银行境外信贷损失准备金分别达到32亿美元和10亿美元。1990年、1991年和1992年三年，花旗银行的全部信贷损失准备分别达到26.62亿美元、38.70亿美元和41.46亿美元。1990年，尽管对子公司的财务做了有利于实现利润的处理，花旗银行的税后利润仍仅为3.18亿美元，且不良负债率高达7%，总额达100亿美元。1991年，花旗银行税后利润出现大额亏损，AA级的信用等级也被降为几乎没有任何投资价值的Baa级。

作为拥有雄厚资金实力的大型商业银行，花旗银行在国际化扩张的过程中依然遭遇了相当程度的金融风险，并承担了不菲的损失，究其原因，除当时美国金融改革带来的金融环境变化外，花旗银行自身的国际化扩张战略与方式也值得反思。一方面，花旗银行在发展中国家和地区大举支持企业进行大规模杠杆融资，但之后绝大多数进行杠杆融资的企业都因无法支付高额利息而破产，由此带来的信贷风险给花旗银行造成了极高的不良贷款率。另一方面，为了成为国际化、全能型的金融机构，花旗银行在缺乏审慎规划的情况下向不熟悉的领域过快扩张，但是新进入的领域却无法立即为花旗银行带来投资回报，从而使其陷入收支两难的境地。

为扭转这一局面，花旗银行自1991年开始实施重建计划，在多方面进行了重组和改革。首先，在组织结构方面，放弃原先等级决策体制，建立G-15委员会：世界各地15名负责人作为委员直接向集团CEO负责并定期集中开会。其次，在重建资本实力方面，花旗银行通过裁员、降低营业费用等减少成本支出，通过出售部分资产（先后卖出了花旗信息资源部和花旗保险合伙人公司）、停止支付股利以及发行债券与新股等方式增加一级资本。再次，在业务重组方面，花旗银行立足于本土业务向全球开拓，如聚焦于营业收入高的核心业务，暂停全能银行发展的步伐。这些举措帮助花旗银行迅速调整了资产结构、恢复了资本实力。1997年，花旗银行总资产达到3190亿美元，业务纯收入达到76亿美元，年度净利润达36亿美元，自有资本收益率高达18.11%，自有资本比率达12.31%。花旗银行的股票也从最低时的每股8.50美元上升至1997年的150美元。

（二）操作风险

操作风险（operational risk）是指由于金融机构的交易系统不完善、管理漏洞、控制缺失、技术原因等导致的金融参与者发生潜在损失的可能性。欺诈、交易系统及清算系统故障、不充足的员工训练及操作失误、突发事件、道德规范等都属于操作风险。在国际经营中，受地理距离、市场时差、法律差异等的限制，银行总部对各境外分支的指导与管理可能会有一定的延迟与缺失，从而无法及时发现不规范的操作行为，最终导致损失。

以中国银行纽约分行骗贷案为例。作为中国国际化和多元化程度最高的银行，中国银行的业务范围涵盖商业银行、投资银行、保险和航空租赁，在中国内地、香港、澳门、台湾以及其他全球40多个国家和地区为客户提供全面的金融服务。2000年初，中国银行纽约分行在整改中发现以美籍华人周强、刘萍夫妇控制的NBM公司和扬美公司为代表的一连串空壳公司涉嫌伪造关联公司之间的贸易合同，同时还贿赂了纽约分行的原信贷部副经理杨仲琦，双方里应外合，让中国银行纽约分行为根本不存在的贸易开立信用证、提供短期贷款，而周强夫妇则不断地借新债还旧债。在从1992年到2000年，周强等人向中国银行纽约分行共贷款8000余万美元，造成中国银行纽约分行损失3400万美元。2001年2月，中国银行纽约分行向纽约南区联邦法院对周强、刘萍等14位个人及公司提起诉讼请求。2002年1月18日，美国财政部货币监理署（Office of Currency Comptroller，OCC）与中国人民银行发布联合公告，对中国银行纽约分行的"不安全和不可靠的违规行为"做出处罚：中国银行纽约分行将向美国OCC缴纳1000万美元的罚款，其母公司中国银行则向中国人民银行缴纳等值于1000万美元的人民币罚款，两项罚款总计2000万美元。2002年7月11日，纽约南区联邦法院陪审团判给中国银行纽约分行3500万美元。依照美国RICO联邦法案（Racketeer Influenced and Corrupt Organization），这笔金额可获3倍赔偿，即中国银行获判1.25亿美元的惩罚性损害赔偿。2002年9月，美国纽约南区联邦法院的法官就此案做出了与陪审团完全一致的决定。此时，历时两年左右的中国银行纽约分行被诈欺案终于尘埃落定，虽然中国银行获得了诉讼的胜利，但是在这两年的时间里耗费了无数的人力、物力及财力，且最终的 1.25 亿美元罚金因刘强等人的入狱也未必能够获得。

这一案件在一定程度上反映了我国金融境外分支机构在内部客户信用管理上的漏洞。一方面，信贷审批流程不完善，容易引发操作风险。中国银行纽约分行当时对授信风险的流程管理非常不完善，对周强夫妇的贷款多以书面文件为主要依据，缺乏高端的防伪器材，从而给予了诈骗者可乘之机。而忽视实地考察、贷后不重视实时反馈更是不利于信贷风险的有效防范。另一方面，风控体系薄弱，将会加剧操作风险。周强夫妇之所以骗贷成功不仅是钻了中国银行纽约分行信贷审批不规范的漏洞，更是有以原信贷部副经理杨仲琦为代表的中国银行纽约分行中高层的"帮助"。杨仲琦只是中国银行纽约分行的一名中层主管，仅靠其一人是不足以支撑八年的欺诈骗局的。根据美国OCC的调查，在1992—2000 年间，中国银行纽约分行的"部分原高级管理层向与其有个人关系的个别客户提供了优惠待遇，并招致银行的重大损失"。因此，商业银行在"走出去"的过程中不应只一味寻求规模的扩张（包括境外建立分行、境外并购等），也应当加强对资产质量和风险控制的重视。

（三）法律风险

法律风险（legal risk）是指当交易对手不具备法律或监管部门授予的交易权利或得不到认可时导致损失的可能性。法律风险包括以下方面：一是金融合约不能受到法律应予以的保护而无法履行或金融合约条款不周密；二是法律法规跟不上金融创新的步伐，使创新金融交易的合法性难以保证，交易一方或双方可能因找不到相应的法律保护而遭受损失；三是经济主体在金融活动中如果违反法律法规，将会受到法律的制裁。商业银行在国际经营中，往往可能因为不了解东道国法律或恰逢东道国法律变动而遭遇法律风险。

以法国巴黎银行（BNP Paribas）为例。2014 年 6 月初，美国司法部宣布，法国巴黎银行触犯美国对外制裁法规《国际紧急经济权力法案》，因破坏美国从 2004 年到 2012 年间对古巴、伊朗、苏丹和利比亚的经济制裁，对其罚款 100 亿美元，并吊销其在美国的营业执照，不经审判就予以处罚，且数额和力度之大引发法国各界一片哗然。根据美国司法部的数据，法国巴黎银行近些年为一家伊朗能源公司转移资金超过 5 亿美元，为古巴转移的资金则超过 17 亿美元。由于这些用美元结算的交易必须通过美国的票据交换所进行，所以受到美国法律管辖。法国巴黎银行最初希望创建一个全新的子公司来认罪，但遭到了美国方面的拒绝。之后，法国巴黎银行又向法国政府的最高级别官员寻求帮助，奥朗德总统异乎寻常地直接以个人名义向奥巴马总统求情却遭到了婉拒。最终，法国巴黎银行与美国联邦及州政府达成和解，并发表了相关声明。声明中显示，法国巴黎银行违反美国法律，为美国实施制裁的国家转移资金，同意支付 89.7 亿美元罚款并承认犯罪，可保其在美国的经营执照但终止特定美元结算业务一年。同时，按和解协定，该行 13 名高层员工离职。虽然 89.7 亿美元相较于美国司法部最初公布的 100 亿美元罚款已经少了 10.3 亿美元，但是此罚款额仍然相当于法国巴黎银行一年的利润，且其部分美元结算业务在一定时期内遭到了冻结，其国际声誉和资本充足率均受到了影响。

法国巴黎银行此次受罚是银行业境外发展遭遇法律风险的典型案例，当商业银行未充分了解东道国（地区）法律时便极易遭遇此类风险。按照国际法惯例，任何国家都无权干涉别国主权，包括制裁别国银行。但是"9·11"事件之后，为切断国际恐怖组织的经费来源，严厉打击资助恐怖活动的资金交易活动，美国通过了《采用适当手段拦截和切断恐怖主义以助美国团结和强大2001年法案》（简称《爱国者法案》），特别是从打击洗钱活动的角度加强了对境内外金融机构的监管。美国法律关于洗钱的定义非常宽泛，且洗钱的"上游犯罪"被笼统地表述为"某些形式的非法活动"，制造、销售违禁品，谋杀，绑架，抢劫，勒索，欺诈，行贿，挪用，盗窃，走私等都可能构成洗钱的上游犯罪。不仅如此，《爱国者法案》还引入了"初步洗钱牵连"这一新概念。当美国境外的某一法域、金融机构或者有关的金融交易活动被美国主管当局认定具有"初步洗钱牵连"时，财政部长有权在美国境内采取相应的"特别措施"，尤其是美元的世界货币地位让众多银行"避无可避"，使其面临的法律风险持续加大。

（四）其他风险

除市场风险、操作风险、法律风险外，信用风险和政治风险也是较为常见的国际化风险因素。信用风险（credit risk）又称违约风险，是指交易对手的违约导致损失的可能性。进一步说，信用风险还指借款人信用评级的降低导致的其债券市场价值的下降而引起损失的可能性，几乎所有的金融交易都存在信用风险。除了传统的金融交易外，近年来兴起的网络金融市场（网上银行等）的信用风险问题也日益突出。随着线上渠道的不断拓展，商业银行在搭建国际线上渠道的同时，也应当重视境外线上交易可能带来的信用风险。政治风险（political risk）是指在国际经济往来中，由于未能预期到的政治因素变化而给国际投资活动带来经济损失的风险。具体而言，因种族、宗教、利益集团和国家之间的冲突，或因政策、制度的变革与权力的交替造成损失的风险等都属于政治风险。

第三节　中资银行国际化发展

1978年，中国对外开放逐渐展开，中资银行的国际化经营活动也日益丰富。从以香港为基础的境外经营探索，至当前全球化战略布局；从追随中资企业脚步、以利息差为主要盈利模式，至开始拓展国际性客户、加强对中间业务的关注；从仅以资产规模吸引国际市场目光，至越来越多地在国际平台上发出自己的声音。中资银行一直紧随市场，保持着积极的前进方向。本节将主要介绍中资银行的国际化发展现状和特点，探讨当前中资银行国际化发展存在的不足与风险，思考其未来国际化发展可能的道路与方向。

一、中资银行国际化发展的现状

自改革开放以来，中资银行的国际化影响力持续提升。一方面，银行规模不断扩大，根据英国《银行家》杂志最新发布的"全球银行1000强"榜单，中国共有140家银行上榜；另一方面，银行的全球影响力逐渐加大，2024年，中国银行、中国工商银行、中国农业银行、中国建设银行、交通银行均进入金融稳定委员会所发布的全球系统重要性银行名单。

（一）国际化水平持续提升

随着中国金融的整体开放，中资银行的国际化水平有了长足且明显的提升。根据浙江大学金融科技研究院、金融研究所"银行国际化"系列报告，中资银行的国际化水平在稳步提高，与全球银行的差距在逐渐缩小。2010 年，中资银行的 BII 均值仅为全球银行 BII 均值的四分之一；2023 年，中资银行的 BII 均值已达全球银行 BII 均值的二分之一。

与此同时，2023 年，中国银行、中国工商银行、中国农业银行、中国建设银行、交通银行、广发银行、招商银行、中信银行等代表性中资银行的境外资产规模已超 2.5 万亿美元，境外营业收入约 500 亿美元，相比 2010 年均增长了近 3 倍；全球布局网络更是拓展到了 60 多个国家和地区，相比 2010 年翻了一番。

（二）三梯队成型探索境外

当前，中资银行境外发展形成了较为鲜明的三个梯队。

一是国际化先行者，以中国银行和中国工商银行为主要代表。它们的国际化水平位列全球 TOP30 以内，境外分支机构覆盖 50 多个国家和地区，境外资产规模均超过 4 万亿元，占该行资产总规模的 10% 以上。具体而言，中国银行是目前中国国际化程度最高的银行，2011 年成为首家入选全球系统重要性银行的中资银行，其战略目标明确提到"要在 2035 年国家基本实现现代化时，实现从世界一流大行向世界一流强行的跨越，全面建成新时代全球一流银行"。中国工商银行已连续多年位列《银行家》"全球银行 1000 强银行"榜首，基于庞大的资产规模不断拓展全球市场，是进行跨境并购最多的中资银行，其战略目标是成为具有全球竞争力的世界一流现代金融机构。

二是国际化探索者，以交通银行、中国建设银行、中国农业银行、中信银行、民生银行、上海浦东发展银行、中国光大银行、招商银行和兴业银行为主要代表。它们均进入了《银行家》"全球银行 1000 强"榜单，但境外资产与营业收入规模多不足该行总规模的10%。在这一梯队中，交通银行、中国建设银行、中国农业银行等大型商业银行资产规模更具优势，对境外经营的探索也更早，具有国际化发展的战略愿景。交通银行的战略目标是"建设具有特色优势的世界一流银行集团"；中国建设银行致力于发展成为专注为客户提供最佳服务，为股东创造最大价值，为员工提供最好的发展机会的国际一流银行；中国农业银行致力于建设经营特色明显、服务高效便捷、功能齐全协同、价值创造能力突出的国际一流商业银行集团。与此同时，中信银行、中国民生银行、上海浦东发展银行、中国光大银行、招商银行和兴业银行等股份制银行的国际化水平也在迅速提升，梯队间两类银行的国际化差距在逐年缩小。

三是国际化初行者，以广发银行、平安银行等其他股份制银行和上海银行、北京银行等城市商业银行为主要代表。它们的国际化发展尚显稚嫩，如广发银行在 2023 年末境外资产规模达 673.9 亿元，仅占该行总资产的 1.55%。此外，部分发展较好的城市商业银行也开始试水国际市场。如 2018 年，北京银行推出"丝路汇通"专属品牌，进一步整合境内外资源，为共建"一带一路"国家的企业提供金融服务；2022 年，上海银行与西班牙银行 Santander 签署新一轮战略合作协议，未来将重点围绕绿色金融、跨境支付等方面展开合作。

（三）"走出去"依托国家开放

中资银行的"走出去"带有鲜明的中国对外开放色彩，无论是国际化提升的时间趋势，还是国际业务的落地开展，抑或是国际布局的战略方向，都与整个中国的对外开放政策息息相关。

一是中资银行国际化水平随着对外开放逐步深化。1978 年，中国正式拉开改革开放的大幕，各大国有银行先后恢复设立，新中国成立后中资银行的"走出去"也由此展开；21 世纪初，中国加入世界贸易组织，中资银行开始加速迈出全球化步伐，大型国有银行纷纷实现在中国内地与香港的上市；近年来，中国对外开放进一步深化，即使面临逆全球化事件的袭扰与众多国际化经营风险，中资银行的国际化水平也依然在稳步提升。

二是中资银行国际化业务与人民币国际化相辅相成。人民币国际化进程的持续推进是中国对外开放的重要内容之一。一方面，这一过程有赖于中资银行境外业务的拓展；另一方面，人民币日益广泛的使用可显著降低中资银行国际化经营面临的汇率风险。2019 年，人民币跨境使用政策不断优化，国际化基础设施进一步完善，推动了人民币跨境使用的持续增长，各中资银行也纷纷开展跨境人民币业务，在助推人民币国际化的同时，提高自己的国际竞争力，如交通银行在当年 7 月协助财政部在澳门首次发行 20 亿元人民币国债；2023 年，中国工商银行新加坡分行依托跨境人民币服务体系，成功办理了中国与海湾阿拉伯国家合作委员会成员首笔进口液化天然气人民币支付结算。

三是中资银行国际化布局从"一带一路"倡议中寻找机遇。"一带一路"倡议提出后，共建"一带一路"国家基础设施投资、企业跨境贸易和投资等对资金与金融服务的需求巨大，中资银行也多借此整合其国际化布局。截至 2023 年 6 月末，13 家中资银行在 50 个共建"一带一路"国家设立了 145 家一级机构，中资银行的国际化目光开始更多地转向共建"一带一路"国家。

二、中资银行国际化发展的问题

尽管中资银行的国际化水平持续提升，但相比国际化历史更为悠久的国际大型银行，仍然存在一定的不足。与此同时，受限于国际经济金融环境与银行的自身水平，中资银行的国际化发展也面临着一定的风险。

（一）国际化深度不足

尽管中资银行的国际化水平在近几十年的对外开放中得到了显著提升，但对比其他国际化表现优异的银行，仍有差距。根据浙江大学金融科技研究院、金融研究所"银行国际化"系列报告，即使是身处"走出去"第一梯队的中国银行与中国工商银行，它们与全球银行的"第一梯队"（即发达国家和地区 BII 排名 TOP20 的银行）相比，也仍有不足，且银行在国际化规模与国际化深度上的表现不尽相同。

具体而言，中资国际化水平最高的银行在国际化规模上已初具成效，但深度仍然较低。2023 年，中国银行与中国工商银行境外资产均值为 8350 亿美元，已超过全球银行"第一梯队"的均值（6710 亿美元），但两家中资银行的境外资产占比均值仅为 16.5%，远低于全球银行"第一梯队"的均值（48.4%）。与之相似，中资银行TOP2的境外营业收入规模均值与全球银行"第一梯队"的差距很小，不足100亿美元，但前者境外营业收入占比均值仅为后者的三分之一。此外，中国银行和中国工商银行约有一半的境外资产位于港澳台地区，其他境外市场的业务体量较小。

（二）国际话语权较弱

近年来，中资银行国际影响力的提升主要体现在其规模上，但其话语权依旧较弱。2024年，金融稳定委员会最新公布的29家"全球系统重要性银行"中，中资银行占据5席，工、农、中、建、交均在此列。但与此同时，以中资银行为代表的中国金融业尚未在国际金融市场中获得与中国经济实力相当的话语权。一方面，欧美国家仍然是当前国际金融规则与秩序的主导者，截至2023年6月，美元与欧元占据了全球支付金额的近75.00%，而人民币仅占2.77%；另一方面，在当前欧美国家主导的国际金融体系下，中资银行的发声渠道明显不足，在环球银行金融电信协会（SWIFT）25位董事会成员中，80%以上的董事会成员来自欧美国家的金融机构，美国、英国、德国、法国、瑞士、比利时均有2席，而作为金融大国的中国仅占有1席（中国银行）。

（三）境外服务和风控能力不足

依托境外分支机构，中资银行在业务推广、产品创新、科技营运等方面的能力不断提升，有力支持了中国企业"走出去"和当地经济发展，但总体业务体量较小，境外员工结构以中国员工为主，服务能力有待增强。同时，受限于金融监管环境和法规的差异、国际管理经验的不足，中资银行面临较大的跨境经营风险，各类操作风险、法律风险、合规风险等时有发生。外汇管理局数据显示，近年来，共有近百家银行出现外汇违规行为，涉案金额超20亿元。

专栏13-3　中资银行境外经营风险案例

以史为镜，可以知兴替。中资银行在国际化发展的初期阶段也经历了一定的挫折与风险。本专栏以中国工商银行马德里分行诉讼案为例，探讨中资银行在境外经营时可能面临的法律风险。

2016年2月17日，西班牙国民卫队中央行动队派出100多名警察，在得到当地反腐败特别检察院的支持后，警察手持帕拉市法院第七法庭的搜查令，搜查了中国工商银行马德里分行的办公大楼，并将包括总经理、副总经理、部门经理在内的6名高级管理人员带走，拷贝了银行电脑中的资料数据。搜查行动一直持续了约16个小时，这个行动被警方命名为"影子"行动。调查人员称，有人利用中国工商银行马德里分行将钱汇往中国，涉嫌汇款总额达到了4000万欧元，而对于这些资金的来源中国工商银行没有进行核查。西班牙《世界报》援引参与调查洗钱活动的一位负责人的话说："中国工商银行马德里分行存在一个完整的犯罪网络，以银行名义专门负责洗钱。"在西班牙方面起草的文件中，犯罪集团的具体名称未被点明，但是文件表示该集团在西班牙和中国两国作案，同时和偷税、走私等行为相关。文件称，犯罪集团为了降低被查处的可能性，单笔转移款项不大于5万欧元，同时还受到一家空壳公司的掩护。一旦中国工商银行马德里分行的洗钱罪名成立，中国工商银行将被判处巨额罚款，并且其在西班牙的银行营业许可也可能要重新审批。2016 年 2 月 22 日，马德里最高法院宣布，中国工商银行被逮捕的 6 名高级管理人员当中，有 3 名部门经理在缴纳了 10 万欧元的保释金之后获释，但是还剩 3 名高管无权保释。这 6 名高管被指控的罪名是对涉嫌洗钱的资金监管不力。

分析人士认为，本次行动存在过度执法问题。西班牙于 2015 年 12 月 20 日举行大选，约 4 个月过去仍没有选出首相，成为历史上时间最长、最困难的一次选举。在当时政治危机的情况下，西班牙政府此举或是希望释放自身压力，展示自身的强大。中方大使馆已经与西班牙外交、司法大臣和法官交涉，但是中国工商银行马德里分行 3 名高管依然被监禁无法保释，不难看出西班牙方面的政治意图。中国工商银行有关负责人称，根据总行掌握的情况，马德里分行认真遵守了当地的反洗钱法律法规，并且配置有反洗钱系统，聘用当地高级管理人员担任合规审查官，定期按照监管规定向当地金融监管机构报送业务资料，当地监管机构从未提出过任何意见。因为反洗钱工作十分复杂和特殊，一直存在着信息不对称的情况。中国工商银行总行要求马德里分行积极配合调查，同时也聘请律师介入该事件，希望能依法维护马德里分行和员工的合法权益。

应当意识到，当中资金融机构在全球扩张的时候，可能会遇到由于所在国家或地区的政治、文化差异而产生法律问题，因此在谋求境外发展时，除注重投资设点、跨境交易等金融活动外，也应当充分了解当地的法律、政治与文化，聘请专业法律机构化解法律风险，并注重口碑形象、企业文化、社会影响的打造。

三、中资银行国际化发展的方向

中资银行的国际化发展既非一日之功，也不是以一行之力便可实现的。时至今日，国际化水平最高的全球银行或多或少地受到了国内市场开放、地理区位优势、国际化战略悠久等多方面因素的综合影响，才能在世界经济舞台上大放异彩。未来，"一带一路"倡议与《区域全面经济伙伴关系协定》（RCEP）合作协议的推进、数字化转型的深化、国际化人才的增加均会为中资银行的国际化发展带来更多机遇。

（一）依托国家战略

1."一带一路"倡议

自 2013 年"一带一路"倡议提出以来，倡议的国际影响力不断提升，朋友圈逐步拓展，相关顶层规划及重大里程碑事件均成为全球舆论关注焦点。截至 2022 年底，中国已累计与 150 个国家、32 个国际组织签署了 200 份"一带一路"合作文件，亚洲、非洲、欧洲、大洋洲、拉丁美洲的众多经济体均参与其中。作为一项旨在造福世界各国人民的伟大事业，"一带一路"建设将在相当长的一段时间内为各国金融机构的国际化交流与发展提供重大机遇，推动国际多边金融机构与各类商业银行不断丰富投融资机制，提供多样化的融资渠道，解决"一带一路"建设中的资金问题，为全球协作发展、共同进步提供可能。

根据国务院新闻办公室发布的《共建"一带一路"：构建人类命运共同体的重大实践》白皮书，截至 2023 年 6 月，共有 13 家中资银行在 50 个共建"一带一路"国家设立 145 家一级机构，131 个共建"一带一路"国家的 1770 万家商户开通银联卡业务，74 个共建"一带一路"国家开通银联移动支付服务。此外，中国已与 20 个共建"一带一路"国家签署双边本币互换协议，在 17 个共建"一带一路"国家建立人民币清算安排，人民币跨境支付系统的参与者数量、业务量、影响力逐步提升，有效促进了贸易投资便利化。

"一带一路"建设带来的金融开放与交流机会是中资银行迈向全球金融市场的绝佳机遇，随着共建"一带一路"国家基础设施建设的不断推进、资金贸易往来的愈加频繁、思想文化交流的持续深入，"一带一路"的道路将越走越宽阔，希望在国际化道路上更进一步的中资银行机构也应当积极抓住这一面向全球、倡导多边的合作机遇，走进共建"一带一路"国家市场，在提升共建"一带一路"国家金融服务质量的同时提高自身的国际化水平。

2. RCEP

2020 年 11 月 15 日，东盟 10 国和中国、日本、韩国、澳大利亚、新西兰共 15 个亚太国家正式签署了《区域全面经济伙伴关系协定》（RCEP），标志着当前世界上人口最多、经贸规模最大、最具发展潜力的自由贸易区正式成立。2022 年 1 月 1 日，RCEP 正式生效，首批生效的国家包括文莱、柬埔寨、老挝、新加坡、泰国、越南等东盟 6 国和中国、日本、新西兰、澳大利亚等非东盟 4 国；2 月 1 日起 RCEP 对韩国生效；3 月 18 日起对马来西亚生效；5 月 1 日起对缅甸生效。2023 年 1 月 2 日起，对印度尼西亚生效；6 月 2 日起，对菲律宾生效。

RCEP 15 个成员涵盖全球约 23 亿人口，占全球人口的 30%；GDP 总和超过 25 万亿美元，占全球经济总量的 29%。RCEP 明确表示，"期望通过本协定，在缔约方之间现有经济联系的基础上，扩大并深化本地区经济一体化，增强经济增长和公平的经济发展，推进经济合作"。随着 RCEP 区域内各成员相关措施的推进，中资银行也将迎来更多国际化的发展机遇，可以通过为 RCEP 区域内的产能合作项目提供长期、稳定、可持续的资金支持，为企业跨境投融资提供全面、安全的金融方案，为金融服务供给不足地区的客户提供普惠金融服务等方式深入参与东道国经济建设与金融市场，持续提升自身的国际化发展水平。

（二）加强数字化转型

随着金融科技实践的如火如荼与其理论研究的愈加深入，金融行业的数字化转型也成为热点，金融科技与持牌金融机构间的互动愈加频繁、融合愈加深入。一方面，以大数据、人工智能、分布式技术、信息安全技术等为代表的金融科技技术不断应用在持牌金融机构的各类业务中，成为金融行业转型升级的重要通道；另一方面，以商业银行为代表的持牌金融机构愈加重视金融科技创新，成为金融科技实践的积极参与者，相信在可以预见的将来，持牌金融机构将成为推动金融科技领域持续进步与普惠共享的重要力量。据相关研究报道，中国互联网金融的市场渗透率已达 42%，众多银行纷纷热议金融科技创新与数字化转型，但在战略规划、生态搭建、综合发展等方面仍显稚嫩。与此相对应，国际领先的外资银行平均每年投入税前利润的 17%~20% 用于数字化转型和创新，对金融科技的应用自然更加系统而深入。中资银行数字化转型代表事件见图 13-8。

- 兴业银行成立国内首家金融科技子公司——兴业数金
- 中信银行与百度合作成立首家获批的独立法人形式的直销银行——百信银行

- 中国平安成员企业金融壹账通推出金融业首个开放平台Gamma O，赋能开放银行
- 中国银行金融科技子公司正式开业，全国银行系金融科技公司逼近10家

- 中国银行数字化转型"1号+"工程——"绿洲工程"实现首批次投产
- 郑州银行联合数据智能服务商"诸葛智能"，提出了"数字化三步走"战略

| 2015年 | 2017年 | 2019年 | 2021年 | 2022年 |

- 浙商银行推出业内首款基于区块链技术的企业应收款链平台
- 泰隆银行与部分信息安全公司联合成立"泰隆银行信息安全联合实验室"

- 兰州银行推出基于机器学习与行为感知的大数据智能行为风控平台
- 中国光大银行推出"扶贫832平台"，用数字化金融服务助力乡村振兴

图 13-8　中资银行数字化转型代表事件

资料来源：浙江大学金融科技研究院、金融研究所"银行国际化"系列报告。

　　未来，中资银行应当充分利用中国金融科技的先发优势，探索数字化转型的多元方案，并总结场景化、普惠性数字金融服务的实践经验，在"走出去"的同时，输出"金融+科技"的创新模式、经验与标准，推出具有中国特色的数字金融品牌，提高中资银行在全球市场的知名度。

（三）重视国际化人才培养

　　银行走向国际化的背后必不可少需要国际化人才的支撑，而人才的国际化，主要体现在两个方面：一是境外员工的整体比例，这是对企业境外发展规模的基本反映，当前，欧洲各国、美国、日本等的银行在境外雇员规模与占比上均有明显优势。二是银行高级管理人员的国际化能力。相比普通员工，银行的高级管理人员将对银行的国际化战略、治理等产生更加直接与深刻的影响，因此他们的国际化教育及工作经历更能体现一家银行国际化的态度与潜力。目前，中资银行拥有境外经历的高管平均占比不足1/3，其中，大型商业银行相比股份制银行的国际化人才储备相对更强。对于国际化探索时间较短的中资银行而言，这一比例或许表现尚可，但在全球经济环境日益复杂的背景下，中资银行需要更多专业能力强、具有全球战略眼光的领军人物，带领其更稳更好地"走出去"。

　　目前，无论是普通员工还是高级人才，处于国际化早期阶段的中资银行与国际大银行相距甚远，是其未来国际化发展不可忽视的关键点。当前，越来越多的高校与金融机构意识到了国际人才的重要性，开始注重金融人才的国际交流与培养。十年树木，百年树人，国际化人才需要的不仅仅是国际教育与工作经历，更要深刻理解国际形势、国际市场、各地文化，并具备指导银行可持续国际化发展的战略眼光与格局，而这样的人才培养亦需要长期、多方的努力。

本章小结

1. 银行国际化是指银行基于商业利润目标，积极在境外拓展分支机构，形成广泛的国际网络，全面发展国际业务的过程。

2. 按照国际化的进程特点，银行国际化可以分为"天生"国际化和传统国际化两类。"天生"国际化的银行在成立之初便进入国际市场并以此作为利润主要来源；传统国际化的银行则是在境内充分发展后逐步向境外拓展。

3. 商业银行常见的境外发展模式主要有两类。一是设立新的分支机构，包括分行、子行和代表处；二是通过并购参股或控股境外金融机构。两种模式在与母行关系、法人地位、准入门槛、投资成本、扩张速度、业务范围、风险、本土化程度等方面均存在一定的差异。

4. 20世纪80年代以来，全球商业银行的国际化水平得到了整体提升，在境外资产积累、营收成果、机构布局上均有明显表现。银行的国际化水平高低可能受到其所在国家或地区面积和经济规模、经济发达程度、经济国际化程度、货币国际化程度、企业国际化程度、银行业务定位等多方面的影响。市场风险、操作风险、法律风险等也在一定程度上影响着银行的国际化进程。

5. 改革开放以来，中资银行的国际化影响力持续提升，但仍然面临着国际化深度不足、话语权较弱、风控能力较差等问题。

核心术语

银行国际化（bank internationalization）

分行（branch）

子行（subsidiary）

代表处（representative office）

跨境并购（cross-border mergers and acquisitions）

银行国际化指数（bank internationalization index）

全球性银行（global banks）

区域性银行（regional banks）

境外资产（overseas assets）

境外贷款（overseas loan）

境外存款（overseas deposit）

境外雇员（overseas employee）

境外营收（overseas revenue）

境外利润（overseas profit）

全球系统重要性银行（global systemically important bank）

思 考 题

1. 银行国际化发展的"硬实力"与"软实力"有何不同?

2. "天生"国际化和传统国际化分别具有哪些特点?

3. 比较分析银行国际化不同模式的特征与优缺点。

4. 举例说明影响银行国际化水平的常见因素。

5. 银行在国际化的发展过程中可能会遇到哪些风险因素?应当如何规避风险?

6. 分析不同类型中资银行(如大型商业银行、全国股份制银行、城市商业银行、农村商业银行等)近 10 年的国际化发展趋势和在国际化进程中遇到的问题。

7. 如何理解"一带一路"倡议、《区域全面经济伙伴关系协定》、数字金融浪潮等对中资银行国际化发展的影响?

参考文献

[1] Evans M D. Exchange-Rate Dynamics[M]. Princeton: Princeton University Press, 2011.

[2] Krueger A O. Exchange-Rate Determination[M]. Cambridge: Cambridge University Press, 1983.

[3] Obstfeld M, Rogoff K. Foundations of International Macroeconomics[M]. Cambridge: MIT Press, 1996.

[4] 巴曙松，刘晓依，朱元倩，等. 巴塞尔Ⅲ：金融监管的十年重构[M]. 北京：中国金融出版社，2019.

[5] 贾圣林，俞洁芳，等. 2016 中资银行国际化报告：对标国际一流[M]. 杭州：浙江大学出版社，2017.

[6] 贾圣林，俞洁芳，顾月，等. 风云渐起 图之未萌：2020 年全球银行业国际化报告[M]. 北京：中国金融出版社，2021.

[7] 陈雨露. 国际金融[M]. 6 版. 北京：中国人民大学出版社，2019.

[8] 丹尼尔斯，范胡斯. 国际金融学[M]. 路蒙佳，译. 北京：中国人民大学出版社，2016.

[9] 范小云，陈平. 国际金融[M]. 2 版. 北京：高等教育出版社，2019.

[10] 黄卫平，彭刚. 国际经济学教程[M]. 4 版. 北京：中国人民大学出版社，2022.

[11] 黄燕君，何嗣江. 新编国际金融[M]. 3 版. 杭州：浙江大学出版社，2013.

[12] 霍尔伍德，麦克唐纳. 国际货币与金融[M]. 何璋，译. 北京：北京师范大学出版社，1996.

[13] 姜波克. 国际金融新编[M]. 6 版. 上海：复旦大学出版社，2018.

[14] 凯伯. 国际经济学：第 15 版[M]. 侯锦慎，刘兴坤，译. 北京：中国人民大学出版社，2017.

[15] 克鲁格曼，奥伯斯法尔德，梅利兹. 国际经济学：理论与政策（国际金融）：第 10 版[M]. 蒙佳，译. 北京：清华大学出版社，2021.

[16] 梅尔文，诺尔宾. 国际货币与金融：第 8 版[M]. 何青，译. 北京：中国人民大学出版社，2016.

[17] 萨尔瓦多. 国际经济学：第 12 版[M]. 刘炳圻，译. 北京：清华大学出版社，2019.

[18] 沈国兵. 国际金融[M]. 3 版. 北京：北京大学出版社，2018.

[19] 奚君羊. 国际金融学[M]. 3 版. 上海：上海财经大学出版社，2019.

[20] 杨胜刚，姚小义. 国际金融[M]. 4 版. 北京：高等教育出版社，2016.

[21] 张礼卿. 国际金融[M]. 2 版. 北京：高等教育出版社，2018.